U0493748

“十三五”国家重点出版物出版规划项目
中国智能铁路核心技术之一——智能牵引供电系统丛书

高速铁路接触网
故障预测与健康管理

于 龙　高仕斌　刘志刚 ◎ 著

西南交通大学出版社
·成　都·

在版编目（CIP）数据

高速铁路接触网故障预测与健康管理 / 于龙，高仕斌，刘志刚著. -- 成都：西南交通大学出版社，2023.9
（中国智能铁路核心技术之一——智能牵引供电系统丛书）
"十三五"国家重点出版物出版规划项目
ISBN 978-7-5643-9513-1

Ⅰ. ①高… Ⅱ. ①于… ②高… ③刘… Ⅲ. ①高速铁路－接触网－故障检测②高速铁路－接触网－安全管理 Ⅳ. ①U238②U225

中国国家版本馆 CIP 数据核字（2023）第 183601 号

"十三五"国家重点出版物出版规划项目
中国智能铁路核心技术之一——智能牵引供电系统丛书

Gaosu Tielu Jiechuwang Guzhang Yuce yu Jiankang Guanli
高速铁路接触网故障预测与健康管理

于　龙　高仕斌　刘志刚　**著**

出 版 人 / 王建琼
策划编辑 / 李芳芳
责任编辑 / 李芳芳
封面设计 / 何东琳设计工作室

西南交通大学出版社出版发行
（四川省成都市金牛区二环路北一段 111 号西南交通大学创新大厦 21 楼　610031）
发行部电话：028-87600564　028-87600533
网址：http://www.xnjdcbs.com
印刷：四川玖艺呈现印刷有限公司

成品尺寸　185 mm × 240 mm
印张　30.5　　字数　650 千
版次　2023 年 9 月第 1 版　　印次　2023 年 9 月第 1 次

书号　ISBN 978-7-5643-9513-1
定价　128.00 元

前言

PREFACE

我国高速铁路已经从大规模建设阶段转为全面运营阶段。高速铁路接触网作为高速铁路的重要基础设施，如何对其进行科学合理的维修是管理部门关注的焦点。西南交通大学 2015 年主持了中国铁路总公司重大课题——高速铁路接触网故障预测与健康管理；2017 年主持了国家自然科学基金高铁联合基金重点项目——双弓受流下接触网波动传播规律与弓网参数匹配特性；2021 年主持了国家重点研发计划子课题——牵引供电系统 RAMS 指标体系研究；2022 年主持了国家自然科学基金项目——高速铁路接触网复发故障形成机制与预测修方法。本书是上述科研课题成果的集结。

本书是“十三五”国家重点出版物出版规划项目“中国智能铁路核心技术之一——智能牵引供电系统丛书”之一，共分 8 章。第 1 章扼要介绍了高速铁路接触网的功能与基本要求，重点介绍了高速铁路接触网主要设备及其故障模式。第 2 章全面介绍了高速铁路接触网可靠性、可用性、维修性及安全性指标，阐述了接触网零部件可靠性设计与接触网系统可靠性分配的方法。第 3 章和第 4 章重点阐述了单弓-网和双弓-网动力学模型及相关的仿真分析结果。第 5 章介绍了高速铁路接触网外因故障预测方法，重点阐述了雷击、大风、雾霾条件下接触网故障预测模型。第 6 章介绍了高速铁路接触网内因故障预测与风险预估方法，重点介绍了基于贝叶斯网络的内因故障预测模型。第 7 章介绍了高速铁路接触网可用性评估方法，重点介绍了基于马尔可夫过程和随机 Petri 网的可用性评估模型。第 8 章扼要介绍了接触网健康管理策略，重点阐述了高速铁路接触网集中修周期与巡检周期优化方法。

本书由西南交通大学于龙教授负责统稿工作，第 1、2 章由西南交通大学于龙撰写，高仕斌修改；第 3 章由中国铁路设计集团有限公司白裔峰撰写，于龙修改；第 4 章由西南交通大学刘志刚、段甫川、宋洋撰写；第 5 章由昆明理工大学王健撰写，于龙修改；第 6 章由西南交通大学于龙、昆明理工大学王健撰写；第 7、8 章由西南交通大学于龙、张志超、李凯撰写，高仕斌修改。

感谢提供基础素材的各位撰稿人；感谢上述 4 个科研课题的全体参研人员；感谢历届博士、硕士研究生提供的算法与案例；感谢编辑出版本书的西南交通大学出版社及李芳芳编辑。同时，也感谢国家自然科学基金（52177115）和国家重点研发计划项目（2021YFB2300104）对本书的支持。

限于作者水平，书中疏漏之处在所难免，恳请读者指正为盼！

作者　于龙

2023 年 9 月

目录 CONTENTS

第1章 高速铁路接触网概述

1.1 高速铁路接触网系统与基本要求

1.1.1 高速铁路接触网系统

高速铁路在不同国家有着不同的定义和标准，一般泛指能供列车以 200 km/h 以上最高速度行驶的铁路系统，而适用于高速电气化铁路运行的接触网称为高速铁路接触网（high speed overhead contact lines）。与普速铁路接触网相比，高速铁路接触网在其设备及零部件的机械、电气强度、系统弹性及均匀性、弓网振动特性等方面具有更高的技术要求。高速铁路接触网是沿高速铁路轨道上方架设的复杂机械载流系统，它由多种设备及不同类型零部件通过有序连接装配而成，从而构成向动车组供应电能的支持结构网络。与电力系统的配电网或输电网不同，接触网是通过与受电弓的高速滑动接触，将电能传输给动车组。

高速铁路接触网由支柱与基础、支持及定位装置、接触悬挂、牵引供电线、隔离开关及配件、回流与接地六大功能组件（functional groups）构成，而不同的功能组件又含有不同的设备及零部件。

支柱与基础（poles and foundations）包括不同类型的支柱及其基础，其作用是承受接触悬挂、支持及定位装置、附加导线等全部自重载荷以及风、冰等环境载荷，将接触悬挂固定在规定的位置和高度上。

支持及定位装置（support and registration equipment）包括腕臂支持装置、横跨支持装置及其支持结构中的定位装置。支持装置用以悬挂、支撑接触悬挂，并将其载荷传给支柱或其他结构物；接触线支持装置，亦称定位装置，作用是固定接触线的横向位置，使接触线运行在受电弓滑板的有效工作范围之内。

接触悬挂（contact line equipment）包括承力索、接触线、吊弦、补偿装置、中心锚结等。接触悬挂通过支持及定位装置架设在轨道上方，将来自牵引变电所的电能传输给电力机车或动车组。

牵引供电线（traction power line）主要为馈电线与加强线。馈电线是位于接触悬挂与牵引变电所或开闭所之间的电气连接线，其作用是将电能从牵引变电所输送到接触网上；加强线是在接触悬挂附近安装并与其直接连接，从而加大接触网有效载流截面的架空导线。

隔离开关及配件（disconnectors and accessories）包括隔离开关本体及引线等配件。隔离开关由固定触头和活动触头构成，用于隔离或连接接触网各个区段、供电分段或牵引供电线区段。

回流与接地（return circuit and earthing）包括正馈线、保护线、回流线、吸上线、架空地线等回流回路中的附加导线以及接地零部件。回流的目的是为牵引电流流回牵引变电所提供路径；接地的目的是减少钢轨和大地的电位差，确保故障状态下系统能安全断电。

1.1.2 高速铁路接触网功能与基本要求

出于技术和经济的考量，高速铁路接触网在牵引供电系统中是单一的且无备用，因此，牵引供电系统的稳定运行很大程度上依赖于接触网的可靠性与可用性。

1. 高速铁路接触网功能

高速铁路接触网主要有两大功能：

（1）将电能从牵引变电所传输给动车组的配电线路（distribution line）。

（2）为高速移动的受电弓滑板提供滑动接触的滑道（slideway for sliding contact）。

2. 高速铁路接触网基本要求

运行中的高速铁路接触网必须遵循以下基本要求：

（1）在所允许的最高速度范围内，在正常工况下，受电弓滑板与接触线的动态作用必须确保电能传输不发生中断。

（2）人员和设备不得处于接触网运行可能产生危险的任何地方。

（3）接触网设备及零部件应具有较长的使用寿命，具体体现在：拥有足够的机械与电气强度，对环境载荷的耐受性，对活性物质的耐腐蚀性，对于弓网的滑动摩擦接触线具有低磨损性。

（4）在全寿命周期内，接触网的运行和维修费用应尽可能低。

1.2 高速铁路接触网主要设备及故障模式

高速铁路接触网的功能组件含有不同类型的接触网设备。例如，按用途划分，支柱可分为中间柱、转换柱和锚柱；根据支柱类型、载荷、土壤等情况，基础又有混凝土整体式、重力型、打入桩式等。为了便于对不同类型的设备进行统一管理，中国铁路供电运维部门按照接触线的延展范围对接触网设备进行统计。接触网延展公里指接触网接触线的累积长度，单位为条公里。由于接触悬挂、支柱与基础、腕臂支持装置及定位装置等功能组件与设备是随着接触线延展而分布的，一般不进行单独统计。隔离开关、分段分相绝缘器、中心锚结等设备则按照换算系数转换成条公里。部分设备换算系数如表 1-1 所示。

表 1-1　高速铁路接触网部分设备换算系数表

功能组件及设备名称	单位	换算系数
正、站线接触网延展	条公里	1
隧道（含桥梁）悬挂延展	条公里	1.3
电动隔离开关	台	0.2
分段、分相绝缘器	台	0.12
软（硬）横跨	组	0.13
中心锚结	组	0.1
锚段关节	组	0.25
补偿装置	组	0.1
关节式电分相	组	0.45

下面针对不同功能组件中典型的高速铁路接触网设备进行介绍。

1.2.1　接触线

接触悬挂中直接与受电弓接触的导线称为接触线（contact wire），它在接触悬挂中起着接触滑道的作用，保证将电能不间断地传输到车辆受电弓上。为了使受电弓滑板磨损均匀，接触线与受电弓中心线形成交角，以“之”字形布置。由于铜和铜合金有较高的电导率、硬度以及承受温度变化和抗腐蚀的能力，而且铜接触线与碳滑板的组合会使弓网磨损率较低，铜和铜合金成为电气化铁路使用的接触线材料。依据 TB/T 2809—2016，接触线磨耗比要小于 0.015 mm^2/万弓架次。此外，接触线截面两侧一般带有沟槽，便于线夹夹持，其横截面面积的选择主要取决于载流量与施加的张力，而接触线最大允许张力则主要由接触线最小抗拉强度决定。中国 200 km/h 以上高速铁路接触网接触线横截面面积主要为 120 mm^2 和 150 mm^2。根据 TB/T 2089—2016 和 EN 50149：2012，铜及铜合金接触线材料及其机械性能参数如表 1-2 所示。

表 1-2　铜及铜合金接触线材料及其机械性能参数

机械性能参数	单位	CT	CTA	CTM	CTMH
杨氏模量	kN/mm^2	120	120	120	120
热膨胀系数	$10^{-6}K^{-1}$	17	17	17	17
电阻温度系数	$10^{-3}K^{-1}$	3.8	3.8	3.1	2.7
电阻率（20 °C）	$\Omega\cdot mm^2/m$	≤0.017 77	≤0.017 77	≤0.021 55	≤0.026 53
电导率（20 °C）	$S\cdot m/mm^2$	56.3	56.3	46.4	37.7
密度	$10^3 kg/m^3$	8.9	8.9	8.9	8.9
比热	$J/(kg\cdot K)$	380	380	380	380
导热系数	$W/(K\cdot m)$	377	375	—	245
退火点	°C	220	320	370	370
最小抗拉强度（120）	MPa	≥365	≥377	≥439	≥540
最小抗拉强度（150）	MPa	≥360	≥370	≥430	≥530
最小拉断力（120）	kN	43.2	44.7	52	64
最小拉断力（150）	kN	53.2	54.7	63.6	78.4
短路电流持续 1 s 温度	°C	170	200	170	200
受电弓静止受流 30 min 温度	°C	120	150	130	150
长时间允许工作温度	°C	80	100	100	100

注：（120/150）表示接触线横截面积为 120 mm^2 或 150 mm^2，一般记为 CT120；CT 表示铜含量大于 99.99%；CTA 表示银含量为 0.08%～0.12%；CTM 表示镁含量为 0.1%～0.4%；CTMH 表示镁含量为 0.3%～0.7%。退火点指在此温度下材料能保持 1 h 直到其抗拉强度降至原先的高抗拉强度和材料长期处在高温下而具有的低抗拉强度之差的一半。

从表 1-2 可以看出，不同铜合金接触线的杨氏模量、热膨胀系数、密度、比热等材料参数基本一致，但采用铜镁合金材料的接触线电导率和导热系数较小，其载流能力与导热性能相对较差。对于接触线的机械性能，由于在铜中添加合金并通过数次冷拔将材料微结构拉拔成纤维状的晶体结构，这种结构可提高接触线的抗拉强度。因此，与纯铜相比，铜银或铜镁合金接触线最小抗拉强度与最小拉断力都较大，而且进一步加大横截面面积，其最小拉断力会更大，这样使接触线可承受更大的张力，从而有效地提高接触线的波动速度，限制动态抬升量，提高弹性系数的不均匀度。然而，过大的横截面面积会使接触线线密度增加，从而降低波动速度，同时还会使接触线在架设时的平直性的控制难度增加。值得注意的是，横截面面积为 120 mm^2 的接触线最小抗拉强度比横截面面积为 150 mm^2 的接触线最小抗拉强度高 2%。这是由于拉制横截面面积为 120 mm^2 的接触线需要经历更多的冷拔过程，从而增加了其变形抗力。需指出，在运行过程中，由于接触线局部出现异常磨损，导致其横截面面积减小，则其所能承受的最小拉断力会变小，从而在张力作用下会造成接触线断线，引发接触网停电，中断运输。最近，我国研制出铬锆铜（CTCZ）接触线，铬含量为 0.25%～0.45%，锆含量为 0.06%～0.15%，其最小抗拉强度可达 590 MPa，最小拉断力达 85 kN。CTCZ 接触线可承受 40 kN 张力，从而提升了它的波动速度，使弓网极限运营速度提升至 445 km/h。

接触线长期发热会造成其晶状体结构重新回到冷拔过程前的结构状态。因此，随着温度的升高，接触线会永久性伸长，其抗拉强度也会降低，接触线抗拉强度的降低程度可利用退火点进行评价。从表 1-2 中的退火点可看出，接触线选用铜合金材料可显著延缓其随工作温度升高而导致抗拉强度降低这一情况。通过性能测试发现，接触线抗拉强度 σ 与温度 θ、工作应力 S 和在该温度下持续工作的时间 t 紧密相关，用函数表示为

$$\sigma = f(\theta, S, t) \tag{1-1}$$

进一步，可利用性能测试实验数据绘制接触线抗拉强度 σ 与上述各控制参量的曲线，从而表征式（1-1）描述的函数关系。对于 CT120 和 CTA120 接触线，在更高的工作应力下，接触线抗拉强度减少得更早；接触线在高温下持续工作时间越长，抗拉强度下降越大。需要指出，电流负荷造成的接触线长期发热是使接触线抗拉强度下降的主要原因，但在正常工况下，电流负荷不会使接触线温升超过 100 °C。接触线与电连接线夹、受电弓滑板间不良的电气接触带来的短期热效应会引起接触线局部发热，进而造成接触线局部抗拉强度下降，在张力的作用下导致接触线折断。从接触线断口观察，其会呈现断面收缩现象。产生短期热效应的原因有电腐蚀致接触电阻增大、机车高压互感器短路、绝缘子闪络等。

1.2.2　吊　弦

吊弦（dropper）是链形悬挂接触网的重要设备，它可将接触线固定在承力索或弹性吊索上，通过设置其长度保证接触线的高度、调整接触线的弛度、改善接触悬挂的弹性。一般来讲，吊弦的可靠性设计要考虑接触线自重载荷，风、冰载荷以及接触线纵向窜动引起的纵向载荷的影响，同时还要考虑受电弓通过时产生的移动载荷，这种移动载荷会引起吊弦反复地压缩和拉伸；此外，吊弦设计还会考虑其导电性能，如设置载流环。载流环一般固定在吊弦线夹螺栓的外侧，接触线吊弦线夹处载流环与列车前进方向一致，承力索吊弦线夹处载流环则相反。根据受电弓通过时吊弦弯曲变形程

度，吊弦可分为刚性吊弦（rigid dropper）和柔性吊弦（flexible dropper）。理论上，刚性吊弦不会发生弯曲变形，这是由于其吊弦棒的环形结构不会限制接触线的抬升。刚性吊弦可使接触网具有较好的抗风能力，在我国的海南东环线、兰新高铁以及日本的东日本铁路均有应用，它的主要失效模式有吊弦棒环形部分变形、绝缘护套异常磨损等。

我国高速铁路接触网主要采用柔性整体吊弦（flexible integral dropper），它有可调式和不可调式两种结构，一般由承力索吊弦线夹、接触线吊弦线夹、心形环、压接管、吊弦线、连接线夹、固定螺栓组成，其中可调式结构增加了调整螺栓。我国部分线路，如成绵乐、合宁、温福等，高速铁路接触网采用了可调式整体吊弦；京津、武广、郑西、京沪、哈大等大部分高铁的高速铁路接触网均采用了不可调式吊弦。特别指出，当作为道岔处交叉吊弦使用时，其承力索线夹一般采用全包覆式或半包覆式结构。在整体吊弦布设时，悬挂点两侧第一吊弦处接触线高度应相等，相对于悬挂点处接触线高差应在±10 mm 以内，而吊弦线的长度要尽可能适应在极限温度范围内接触线的伸缩和弛度的变化，在直线区段，始终保持吊弦线夹的铅垂状态；而在曲线区段，则垂直于接触线工作面。

我国 300 ~ 350 km/h 高速铁路接触网整体吊弦各零部件的常用材料如表 1-3 所示，主要采用纯铜、铜合金及不锈钢材质。在机械性能方面，整体吊弦的最大垂直工作载荷为 1.3 kN，垂直破坏载荷大于或等于 3.9 kN，吊弦线夹、压接管与线索之间的滑动载荷要求见表 1-4。为满足吊弦线与压接管间的滑动载荷要求，一般采用压接工艺保证两者间的摩擦阻力。目前，三点齿形压接方式在国内应用最为广泛，但该方式会产生过大的局部应力，从而对吊弦线造成过度的塑性变形，形成损伤。针对这一问题，可采用椭圆环形压接，该压接方式采用压接力可控的液压压接机一次压接，压接后压接管内壁与吊弦线接触面积增大，摩擦力提高，而且应力分散。通过分析计算，该方式产生的平均压接应力仅为三点齿形压接应力的 20%左右，减少了压接管对吊弦线的损伤。

表 1-3　整体吊弦零部件常用材料及执行标准

零部件	材料
线夹本体	CuNi2Si
吊环	CuNi2Si
压接管	T2
连接线夹	T2
吊弦线	CuNi2Si
心形环	12Cr18Ni9
固定螺栓	12Cr18Ni9

表 1-4　高速铁路接触网整体吊弦不同零部件之间的滑动载荷要求

吊弦线夹与接触线	吊弦线夹（螺栓型）与承力索	吊弦线夹（无螺栓型）与承力索	吊弦线与压接管
1.0 kN	1.0 kN	0.6 kN	2.0 kN

根据国内外高速铁路接触网运行经验，吊弦失效在接触网缺陷或故障中占比较高，其失效模式主要有吊弦线松弛，心形环端部、中间处或压接处吊弦线断裂，心形环变形、断裂，压接管断裂，线夹螺栓松动，载流环下垂等，其中吊弦线失效占 90%以上，是最主要的失效模式。吊弦线不同的失效模式对应的失效机理不尽相同。当受电弓通过引起接触线抬升时，吊弦线处于压缩弯曲状态，而且越靠近跨中的吊弦，其压缩弯曲程度越大；当弯曲程度过大，弯曲应力超过铜合金材料屈服强度时，吊弦线将发生弯曲与扭转塑性变形，从而产生松弛现象，如外层股线松股等。因此，吊弦线松弛的失效机理属于屈服失效中的塑性变形。

心形环端部吊弦线断裂属于塑性断裂，这是因为当受电弓通过时，吊弦线振动导致心形环上下运动，使其与接触线线夹发生碰撞；加之，在心形环端部位置吊弦线弯曲程度最大，本身容易造成绞线外层出现塑性变形。随着吊弦线与线夹的频繁碰撞，其塑性变形继续增大，直至发生塑性断裂。从心形环端部吊弦线断口观察，断裂处无明显缩径现象，部分裂源处塑性变形明显，具有典型的塑性断裂特征。中间处吊弦线断裂属于疲劳断裂。究其原因，当受电弓反复通过时，吊弦线会承受着垂直方向变化的动态力且处于不断压缩和拉伸的状态。以现场测试的吊弦动态抬升量作为输入条件，基于有限元对吊弦动态力进行仿真分析，结果表明：在单次受电弓运行下的吊弦动态力是低频波动的；通过仿真双弓运行下的吊弦动态力，表明：双弓工况下动态力为吊弦最大垂直工作载荷 1.3 kN 的 10%～20%，若吊弦线采用铜镁合金绞线 JTMH10，其计算截面面积为 9.62 mm^2，则可推算出它的工作应力一般不会超过 30 MPa，其值远小于铜合金绞线材料的屈服强度。然而，随着运行弓架次的增加，吊弦线会反复受到循环交变载荷作用，经过一定周期后，可能会发生低拉伸应力断裂失效，即高周的拉伸疲劳断裂。吊弦线反复的压缩与拉伸会引起吊弦线上各点曲率不断变化，而且越靠近接触线，曲率变化越大。随着受电弓反复通过，吊弦线弯曲次数不断增加，最终发生弯曲疲劳断裂。综上，中间处吊弦疲劳断裂是拉伸疲劳和弯曲疲劳共同作用的结果。压接处吊弦线断裂与压接方式紧密相关，如前所述，三点齿形压接容易对吊弦线造成严重压痕，同时吊弦线在靠近接触线一端的振动幅值最大，在相互压紧的压接管和吊弦线间又易发生小振幅振动而产生微动磨损，从而在压痕处出现表面缺陷并形成裂纹源；裂纹在高周应力循环下不断扩展，当达到临界尺寸时会快速发生断裂。压接处吊弦线断裂是微动磨损与高周机械疲劳共同作用的结果。

上述吊弦失效机理主要围绕受电弓引起的机械载荷展开分析。事实上，随着电气化铁路电力机车牵引功率的大幅度提升，接触网电流也在不断增大，电气载荷对整体吊弦的作用已不容忽视。通过断口微观形貌分析，电流过载加速了吊弦线表面的氧化腐蚀，从而促使吊弦疲劳微裂痕提前形成；微裂痕间电容放电引起的融结又继续加剧电流过载，从而加速了吊弦疲劳断裂的进程。吊弦在工作过程中受到电流引发的电致塑性效应影响，其变形抗力降低，使其在载流条件下更易发生塑性变形。

1.2.3 定位装置

定位装置（steady equipment）是支持装置的主要组成部分，用于在悬挂点处固定接触线的横向位置并将作用在接触线上的载荷传递给支持装置，具有定位和夹持接触线的功能。关于定位功能，在直线区段，定位装置中的定位器需要把接触线拉成之字形；在曲线区段，则拉成割线或切线，从而使受电弓的滑板磨耗均匀。关于夹持功能，定位器应能跟随接触线在垂向和纵向移动，同时满足受电弓最大摆动量及抬升量的要求，且不形成硬点。表 1-5 给出了不同速度等级下受电弓动态包络线摆动量和抬升量。因此，定位装置的性能直接决定着弓网受流质量，它的可靠性设计应使其具有足够的强度和刚度，同时具有良好的耐疲劳和耐磨损性；在长期振动下，其连接件具有较好的防松性能。根据对接触线抬升的限制程度，定位装置可分为限位型和非限位型。非限位型定位装置在悬挂点处允许接触线自由抬升空间为受电弓包络线抬升量的 2 倍，它在法国 TGV 以及我国广深、石太高铁均有应用。非限位型定位装置的详细技术要求可参见 TB 2075.4—2020。

表 1-5　受电弓动态包络线摆动量和抬升量

设计速度/（km/h）	左右摆动量/mm	上下抬升量/mm
120	250	120
160	250	120
200	直线：250；曲线：300	120
250	直线：250；曲线：350	150
300	直线：250；曲线：350	150
350	直线：250；曲线：350	150

限位型定位装置在悬挂点处一般仅允许接触线自由抬升空间为受电弓包络线抬升量的 1.5 倍，它最早在德国 Re200 ~ Re330 型接触悬挂上使用，目前在我国京沪、武广、郑武等高铁也普遍应用。限位型定位装置一般由定位管、定位环、定位支座、限位定

位器、定位线夹、吊线定位钩、防风拉线固定环等组成，其总体机械性能应满足在定位线夹处径向载荷为定位器最大工作载荷的 1.5 倍受力条件下任何零部件不发生开裂、塑性变形和滑移等失效。限位型定位装置主要零部件常用材料及机械性能要求如表 1-6 所示。

表 1-6　限位型定位装置主要零部件常用材料及机械性能要求

<table>
<tr><th colspan="2">零部件</th><th>材料</th><th>最大工作载荷/kN</th><th>滑动载荷/kN</th><th>破坏载荷/kN</th><th>耐拉伸载荷/kN</th><th>耐压缩载荷/kN</th></tr>
<tr><td rowspan="3">定位管</td><td>本体</td><td>铝合金</td><td rowspan="3">4.5</td><td rowspan="3">—</td><td rowspan="3">≥13.5</td><td rowspan="3">6.75</td><td rowspan="3">4.5</td></tr>
<tr><td>双耳套筒</td><td>铝硅镁合金</td></tr>
<tr><td>定位钩</td><td>铝硅镁合金</td></tr>
<tr><td colspan="2">定位环</td><td>铝硅镁合金</td><td>水平：4.5
垂直：4.9</td><td>≥6.75</td><td>水平：≥13.5
垂直：≥14.7</td><td>—</td><td>—</td></tr>
<tr><td colspan="2">定位支座</td><td>铝硅镁合金</td><td>3.0</td><td>≥4.5</td><td>≥9.0</td><td>—</td><td>—</td></tr>
<tr><td rowspan="4">限位定位器</td><td>矩形管型（250 km/h）</td><td rowspan="4">铝硅镁锰合金</td><td>2.5</td><td rowspan="4">—</td><td>≥7.5</td><td>3.75</td><td>—</td></tr>
<tr><td>矩形管型（350 km/h）</td><td>3.0</td><td>≥9.0</td><td>4.5</td><td>—</td></tr>
<tr><td>圆形管型（250 km/h）</td><td>2.5</td><td>≥7.5</td><td>3.75</td><td>2.5</td></tr>
<tr><td>圆形管型（350 km/h）</td><td>3.0</td><td>≥9.0</td><td>4.5</td><td>3.0</td></tr>
<tr><td colspan="2">定位线夹</td><td>铜镍硅合金</td><td>3.0</td><td>≥1.5</td><td>≥9.0</td><td>—</td><td>—</td></tr>
<tr><td colspan="2">吊线定位钩</td><td>奥氏体不锈钢</td><td>1.5</td><td>≥2.25</td><td>≥4.5</td><td>—</td><td>—</td></tr>
<tr><td colspan="2">防风拉线环</td><td>铝硅镁合金</td><td>1.5</td><td>≥2.25</td><td>≥4.5</td><td>—</td><td>—</td></tr>
</table>

目前，定位管主要有钩环连接型和销轴铰接型两种，其中销轴铰接型又根据其双耳套筒结构，分为顶丝固定式和螺丝纹扣固定式。定位管角度的设置与定位器坡度、定位器长度相关，从而保证受电弓通过时的动态抬升空间。当定位管水平或抬头时一般需安装管帽，而低头时不宜安装管帽。根据定位管与定位环连接的方式，定位环也相应地分为钩环连接用定位环和销轴铰接用定位环。钩环连接的定位管与定位环连接处接触面积较小，造成局部应力大，容易发生机械磨损；而顶丝固定式双耳套筒也可能存在因顶紧螺栓紧固力矩过小而造成定位管松脱的隐患。

常用的定位支座主要有直形和弯形两种；相应的，限位定位器也有直形和弯形两种结构。为确保弓网安全校验时受电弓不与定位器发生碰撞，那么控制定位器坡度就非常重要。定位器坡度过小，可能发生定位器与受电弓碰撞；过大，则要减少拉出值或加大第一吊弦与定位点的距离。根据运行经验，应确保在役定位器处于受拉状态且拉力大于 80 N，定位器坡度则控制在 6°～10°内。定位器坡度 θ 可采用下式计算：

$$\theta = \arctan[(F_y + G_{\text{ste}}/2 + G_{\text{cla}})/F_x] \tag{1-2}$$

式中：F_x 和 F_y 分别表示接触线作用于定位器的径向与垂向载荷；G_{ste} 表示定位器自重载荷；G_{cla} 表示定位线夹自重载荷。在平均工作温度时，定位器应垂直于线路中心；当工作在极限温度时，定位器的纵向偏移量也不应大于定位器长度的 1/3。

定位线夹根据其与定位销钉的连接方式，分为 U 形销型、凹槽型、凸槽型等结构。对于 U 形销型定位线夹，一般要求 U 形销向上折弯 60°，但根据运行经验发现，当定位线夹受拉力小于 80 N 时，会导致 U 形销与定位销钉圆弧槽存在间隙，在高频振动下容易造成 U 形销磨损。此外，在定位线夹安装时，它与接触线的接触面一般会涂导电介质，以保证良好的电接触。

我国高速铁路接触网定位器和定位底座之间普遍采用钩环连接方式。在实际应用中，钩环失效普遍存在，通过对磨损区域进行 SEM（扫描电子显微镜）分析发现，钩环失效属于摩擦磨损失效，损伤形式以层状剥落和犁削产生的犁沟为主，失效机理主要是疲劳磨损、磨粒磨损和一定的氧化磨损构成的组合磨损。由于钩环的特殊结构，定位器和定位底座在配合上存在点、线接触，导致出现局部应力集中现象。在高应力循环作用下，平行于磨损表面的亚表面产生裂纹，裂纹逐渐生长、凝结、相互交错并显现在表面上。经过一定的弓架次数后，钩环材料会从磨损表面剥落且呈层状，材料损失形成的凹坑浅而面积大，属于疲劳磨损。需指出，在实际工况下，定位器和定位底座的接触区域并不稳定，尤其当定位器承受的径向载荷较小时，定位器与定位底座出现滑动，在滑动接触区域出现的硬颗粒或硬突起物会对表面产生切削或犁沟作用，造成磨料磨损。研究发现，与疲劳磨损相比，钩环之间磨料的磨损量显著增加，是影响定位器寿命的主要原因。此外，通过能谱分析发现，钩环磨损区域氧元素含量明显高于未磨损区域，说明两者在工作过程中还存在着一定的氧化磨损。这是由于钩环滑动摩擦产生的热量引起的，然而铝合金材料生成的氧化物在很短的时间内会受到自抑制作用，其氧化膜一般不会超过 10 nm，但是铝的氧化物非常坚硬，会加剧磨料磨损中的三体磨蚀情况。

定位线夹的夹板大都采用螺栓方式连接，运行实践表明，螺栓连接时常出现螺母松动，甚至发生脱落现象。螺母松动是螺栓在预紧后的使用过程中紧固力下降造成的。造成紧固力下降的原因主要有 3 种：初始松动、支承面压陷变形和轴向与垂向的振动载荷。螺栓各接触面由于存在波纹、形状误差等因素，在受力后会产生塑性变形，从而造成初始松动。螺母支承面接触压强容易引起被连接件的表面产生塑性的环状压陷变形，在运行中这种支承面压陷会继续发展，导致螺栓紧固力下降，造成螺母松动。对于承受轴向振动的螺纹件，轴向外力使螺母在靠近支承面的部位产生径向弹性膨胀，引起螺纹面和支承面上的微观滑移；对于承受垂向振动的螺纹件，垂向外力使螺栓在螺母内摇摆而产生滑移，这种滑移会引起塑性磨损，最终导致螺母松动。

1.2.4　绝缘子

绝缘子（insulator）的作用是把接触网带电体与支柱或其他接地体分隔开，它的性能直接关乎接触网供电的可靠性。在服役过程中，接触网绝缘子承受着工作电压与雷击、操作等过电压，同时承受着接触悬挂、附加悬挂、支持装置等设备作用的机械载荷及冰、风载荷。因此，要求绝缘子有足够的电气和机械强度，并能经受不利环境的影响。根据 EN 50119 中关于接触网绝缘子的一般规定，它的雷电冲击、工频、人工污秽工频耐受电压要满足电气性能相关要求；在机械性能方面，它的最小抗拉强度不得小于其所应用的安装导体所要求抗拉强度的 95%，而作用于绝缘子的最大工作张拉与弯曲（扭转）载荷不得大于该绝缘子最小抗拉与弯曲（扭转）强度的 40%。除了满足上述电气与机械性能要求，绝缘子表面应能防止大气污染、低电压腐蚀、电化学腐蚀而产生破损，其端部装配件也应耐腐蚀并与其他零部件可靠连接。接触网绝缘子按结构可分为棒形（long rod）绝缘子和盘形（cap-and-pin）绝缘子；按绝缘材料又可分为玻璃绝缘子、瓷质绝缘子和复合绝缘子（composite insulator）。盘形绝缘子一般为绝缘帽盖构成的绝缘子串，主要用来悬吊附加悬挂；棒形绝缘子是根据接触网工作条件专门设计的一种整体式绝缘子，与盘形绝缘子相比，其故障率低、抗污染能力强。与玻璃和瓷质绝缘材料相比，复合绝缘材料，如环化脂环氧树脂（CEP）、聚氨酯铸模树脂（PUR）、聚四氟乙烯（PTFE）、硅橡胶（SR）等，容易塑形，质量轻，抗破坏性好，耐污闪性强，具有良好的憎水性及憎水迁移性。因此，棒形复合绝缘子在我国高速铁路接触网中广泛应用。

棒形复合绝缘子一般由芯棒和伞套制成，芯棒上有时会带有中间护套，或者把伞套一次或数次直接模压在芯棒上，这样芯棒与伞套之间、伞套与中间护套、伞套与端部装配件会存在界面。芯棒是内部绝缘部件，用来保证绝缘子机械性能；伞套是外部绝缘部件，提供必要的爬电距离并保护芯棒免受环境影响。接触网棒形复合绝缘子按功能结构形式分为棒形腕臂复合绝缘子、棒形支柱复合绝缘子、棒形横担复合绝缘子、棒形悬式耐张复合绝缘子和棒形悬式定位复合绝缘子。我国高速铁路接触网大量采用了支柱复合绝缘子和横担复合绝缘子，用作正馈线支承悬挂；在普速铁路单线隧道中，也大量采用了悬式定位复合绝缘子；悬式耐张复合绝缘子则在悬挂点或终端处用于承受张拉载荷。棒形腕臂复合绝缘子是接触网中用量最大的绝缘子，其结构尺寸与电气性能如表 1-7 所示，机械性能如表 1-8 所示。20 kN、25 kN 机械强度等级棒形腕臂复合绝缘子抗弯性能更好，适用于更大张力接触网系统及大风区接触网，如我国兰新高铁。

鸟窝、雷击、过电压或严重污染等随机的外部因素会导致复合绝缘子闪络继而发生电弧，电弧会侵蚀复合材料，从而使潮气侵入造成绝缘子机电强度下降。受侵蚀的绝缘子长期工作在拉伸、弯曲载荷下可能会断裂，严重时造成接触悬挂塌落，因此必须将受侵蚀的绝缘子更换。在紫外线、高温、盐雾、降雨等环境因素作用下，随着时间的推移，绝缘子伞套和中间护套的机电性能逐渐变差，即老化（aging），老化的绝缘子会发生粉化、硬化，憎水性下降，复合材料表面出现起痕、开裂等现象。我国一些 200 km/h 电气化铁路是客货混跑线路，如即将建成的川藏铁路上有内燃机车、扬尘和原材料运输，这些污染物与大气中水分结合会形成电解质附着在绝缘子表面上，从而使泄漏电流增大，严重时产生局部放电现象。局部放电会使复合材料分子链断裂，发生氧化，加速复合绝缘子老化。潮湿和脏污是接触网复合绝缘子老化的主要原因。

表 1-7　棒形腕臂复合绝缘子结构尺寸与电气性能

爬电距离/mm	结构高度单绝缘/mm	伞裙直径/mm	电弧距离/mm	标准雷电冲击耐受电压峰值/kV	工频耐受电压峰值/kV		人工污秽工频耐受电压/kV		
					干	湿	灰密 1 盐密 0.1 /(mg/cm^2)	灰密 2 盐密 0.3 /(mg/cm^2)	灰密 2 盐密 0.35 /(mg/cm^2)
1 200	760	≤230	490	270	160	130	36.0	31.5	—
1 400	800		490	290	175	140	40.0	—	31.5
1 600	800		520	310	190	150	45.7	—	36.0

表 1-8　棒形腕臂复合绝缘子机械性能

机械强度等级/kN	最小机械破坏载荷/kN				滑动载荷/kN	70%载荷偏移量/mm	恢复后剩余偏移量/mm
	弯曲	低温弯曲	拉伸	低温拉伸			
8	8	7.2	80	72	≥20	≤8%结构高度	≤3%结构高度
12	12	10.8	100	90		≤7%结构高度	
16	16	14.4	120	108			
20	20	18.0	140	126			
25	25	22.5	150	135			

1.2.5 隔离开关

隔离开关（disconnector）是隔离或连接接触网各个区段、供电分段或牵引供电线区段的开关电器。当接触网发生故障或对其进行维修时，隔离开关可将相应的区段隔离，而不影响接触网其他区段正常供电。它一般安装在支柱托架上，采用水平旋转的双柱形式。在断开时，触头间具有一定绝缘能力的可视空气间隙；在闭合时，能承载正常工况下的牵引电流及在规定时间内的短路电流。在车站的货物线、电力机车折返段的整备线等需经常进行停电作业的地方使用带接地闸刀的隔离开关；在分相电分段、馈电线、并联线等不需要经常操作的处所安装无接地闸刀的隔离开关。

隔离开关一般由导电系统、绝缘支柱、底座和操作机构组成。导电系统一般由主闸刀、触头和进出线端子组成，其作用是传导电流，闸刀与触头接触应紧密，要满足 TB 10758—2018 检验要求；绝缘支柱一般为瓷质棒形绝缘子，起绝缘和支承作用；底座均由金属构架和旋转轴承组成，承担隔离开关的全部自重载荷，固定其他部件；操作机构则用来改变隔离开关运行状态，可采用手动、电动或气动方式。接触网隔离开关分为单极型和双极型，前者是拥有能分离自身主电路电气连接的单个电气通道的开关；后者则拥有两个电气独立的导电通道，在 AT 供电时，其中一极连接在接触线上，另一极连接在正馈线上。我国武广高铁上使用的隔离开关主要是 SR16200-27.5 kV 型单、双极隔离开关，其主要技术指标如表 1-9 所示。高速铁路隔离开关的主要用途是故障排查、改变供电方式，或在特殊情况下为动车组供电。

表 1-9 SR16200-27.5 kV 隔离开关主要技术指标

技术指标	额定电压	额定电流	额定短时耐受电流（1 s）	额定工频耐受电压（1 min）
数值	27.5 kV	2 000 A	40 kA	相对地：36 kV 断口间：100 kV
技术指标	额定峰值耐受电流	机械寿命	主回路电阻	雷电冲击耐受电压
数值	104 kA	2 000 次	35 μΩ	相对地：250 kV 断口间：450 kV

运营实践发现，隔离开关的操作机构容易出现雷击故障及拒动等远动控制问题。这是由于隔离开关托架上安装的氧化锌避雷器无法防护直击雷电，远程监控单元箱、操作机构箱与 H 形钢柱之间未采取绝缘措施，箱内弱电元件容易被雷电流烧损，造成操作机构雷击故障；另外，低温、腐蚀、潮湿等恶劣环境会造成操作机构内部齿轮卡滞、传动齿轮锈蚀等现象，从而导致隔离开关拒动。在 AT 供电中，双极性隔离开关引线数量较多，我国新疆、沿海地区的大风环境会造成引线长期舞动，导致引线及线夹松断，进一步，若引线搭垂在支柱上，则会造成接触网短路跳闸。此外，隔离开关的

导电系统是闸刀与触头构成的电接触系统，闸刀与触头接触不良也是隔离开关常见的失效模式。受列车高速运行的影响，接触网隔离开关长期处于振动环境中，从而使闸刀与触头在接触的过程中受到微动作用。经过长时间运行，微动会在接触面上产生堆积的磨损碎屑和氧化物，从而导致接触电阻增加，温度升高，严重时会产生电火花。湿度与温度是影响微动磨损过程的两个重要因素，有研究表明，当湿度增加时，微动磨损速度降低；对于镀锡铜合金，在温度低于 60 °C 时，当温度增加时，微动磨损会加剧，这是锡的氧化导致的。

1.2.6 电连接

电连接（electrical connector）是为接触线和承力索、两段接触悬挂或接触悬挂与加强线之间电流提供载流连接的电气设备。它用线夹将软绞线可靠地连接到不同导线上，从而保证电气回路畅通。电连接可根据与被连接设备的串、并联关系，分为横向电连接和纵向电连接。横向电连接是垂直于电流方向设置的，与被连接设备是并联的，即使不存在横向电连接，被连接设备仍然带电。它可用于连接接触线和承力索、加强线等，实现并联供电，从而改善接触悬挂局部电流分布，提高接触悬挂载流能力[38]。在长大坡道、重载线路等电力负荷较大区段，一般在接触悬挂每隔 200 m 处安装一组横向电连接，从而提高并联供电能力。纵向电连接是沿电流方向设置的，与被连接设备是串联的，它可连通机械分段两侧的接触悬挂。根据不同的安装位置，纵向电连接分为股道电连接、线岔电连接、锚段关节电连接等。股道电连接可将多股道接触悬挂连接起来，当电力机车启动时，避免由于电流过大而造成悬吊零件烧损，它一般安装在距悬挂点 5 m 处。线岔电连接和锚段关节电连接是为了实现线岔处和锚段关节处接触悬挂的电气连通，前者一般安装在线岔工作支侧两承力索间距 0.5 m 处，后者一般安装在锚段关节转换柱外侧 10 m 处。

电连接的零部件包括电连接线夹和电连接线，在我国高速铁路接触网中它们均采用导电率高的 T2 铜材质。电连接线夹按照功能划分为接触线电连接线夹、承力索电连接线夹和并沟型电连接线夹，其滑动载荷要求如表 1-10 所示。与螺栓型线夹重量相比，压接型线夹重量仅为其重量的 1/3。试验表明，在压接规范情况下，压接型承力索线夹与截面面积 120 mm^2 承力索、截面面积 95 mm^2 电连接线滑动载荷也可达到 5.7 kN 和 10.4 kN，与表 1-10 中滑动载荷要求相比具有较大的安全裕量。在电气性能方面，电连接线夹与线索连接处的温度不能超过被连接线索的温度。不同材质接触线允许的工作温度如表 1-2 所示。线夹的载流量也要不小于被连接线索的载流量。电连接线一般采用 TJR-95 或 TJR-120 型绞线，其额定载流量不小于被连接线索的额定载流量。为了使电连接线适应接触线和承力索由于热胀冷缩而导致其承受拉力，避免电连接处应力集中影响接触悬挂弹性，一般在接触线、承力索间距小于 1 m 时电连接线采用“C”形方式；间距大于 1 m 时采用“S”形方式。

表 1-10　电连接线夹滑动载荷要求

线夹名称	接触线线夹		承力索线夹		并沟型线夹	
线夹类型	螺栓型	压接型	螺栓型	压接型	螺栓型	压接型
滑动载荷/kN	≥4.0	≥2.0	≥4.0	≥2.0	≥4.0	≥2.0

电连接由于受到机械和电气载荷的双重作用，是较为薄弱的环节。电连接机械强度失效与吊弦失效机理类似，电连接线会受微动疲劳作用，从而使电连接线夹处软绞线发生断裂；此外，通过电连接电流的电致塑性效应还会使电连接线产生塑性变形而加速失效。在电气可靠性方面，电连接的电接触失效是主要问题，即电连接线夹处接触电阻增大而导致温升远大于允许接触运行的温度。这是由于电连接线夹处会发生微动磨损，从而使线夹处损伤区域的接触电阻增大，因此在大电流作用下，磨损区域会发生明显的焦耳热效应，使运行温度升高。研究发现，微动磨损并不是电连接失效的唯一原因，环境腐蚀也起着非常重要的作用。在腐蚀作用下，电连接线夹处磨损速率会增大，同时磨损碎屑和氧化物会导致接触电阻迅速增加。为保证电流连续通过电连接，无论是螺栓型还是压接型电连接线夹都需要提供足够的接触压力，以保证有足够的接触区域。对于前者，接触压力是由紧固力矩和紧固率决定的；对于后者，则需要提供足够的压紧力。但是，电连接线夹处接触压力不能超过材料的弹性极限，否则塑性变形会增大接触部件的应力松弛和蠕变，造成电接触失效。

1.2.7　分段绝缘器

分段绝缘器（section insulator）是使同相位的相邻两段接触悬挂实现电分段，并保证受电弓平稳受流和不断电通过的电气设备。通过分段绝缘器与并联的隔离开关的联合作用，可实现接触网的电气分区隔离或连续供电，方便各区域停电检修，减小出现故障或者事故时的停电范围，大大提高了接触网运行的可靠性和灵活性。分段绝缘器通常安装在车站货物装卸线、机车整备线、折返线、联络线及双线区段车站内上下行之间渡线等处所。由于它是接触悬挂的质量集中点，当受电弓高速通过时，自然会形成硬点，而当滑道面不平顺时，硬点会加大。因此，分段绝缘器在静态时，一般要求其滑道面应平行于轨面，并且相对于两侧吊弦点有一定的负弛度。受电弓通过分段绝缘器时，速度不宜超过 120 km/h，而且通过时要求分段绝缘器处于受电弓弓头中心处（偏差不超过 100 mm），避免分段绝缘器受到的抬升力不均衡。

分段绝缘器一般由导流滑道、绝缘部件、接头线夹、引弧角隙及悬吊元件等组成，具有高强度的机械特性和良好的电气绝缘性能。它的引弧角隙是具有一定空间绝缘间隙（一般要求大于 300 mm）的金属构件，要求其具有良好的引弧性能。因为当受电弓通过分段绝缘器时，其过程是滑板从工作支导流滑道离开，转到非工作支导流滑道。若分段绝缘器两侧电位完全相等，则受电弓平稳受流，但在实际运行中，分段绝缘器两侧阻抗可能不均等，导致它的两端存在一定的电压差，在受电弓滑板与非工作支导流滑道接触瞬间，导流转换处电位差会击穿空气产生电弧。引弧角隙的作用是自行引开电弧，防止或减轻电弧对分段绝缘器的烧损。值得注意的是，引弧角隙顶端在高海拔、潮湿环境下容易发生局部放电，可采用球面设计，降低其起晕场强。根据绝缘部件的运行模式，分段绝缘器可分为接触式和非接触式。接触式分段绝缘器的绝缘部件兼具机械连接和为受电弓提供滑道的功能，它直接与受电弓滑板接触，典型的有英国 Burr-Browr（BB）公司的菱形分段绝缘器、瑞士 Arthur Flury（AF）公司的开放式分段绝缘器，我国在此基础上又研制了 XTK 分段绝缘器。菱形分段绝缘器为闭口结构，沿线路方向两侧结构基本对称，受电弓滑板通过时两侧受力基本平衡，因此它相对轨面平行的要求较低，维护工作量小；但菱形分段绝缘器消弧能力差，不适用于高电位差的电气化区段。开放式分段绝缘器为开口结构，在引弧角隙处受电弓滑板单侧受力，因此要求对导流滑道进行精准调平，否则容易出现打弓现象。在我国，一般采用“6 点标定检测法”保证开放式分段绝缘器的水平状态，水平误差不超过 10 mm。非接触式分段绝缘器的绝缘部件只起到机械连接作用，其机电性能需符合 TB/T 3199.2—2018 要求，典型的有法国 GSM 公司的框架式分段绝缘器、德国 Adtranz 公司的鱼叉式分段绝缘器，我国在此基础上又研制了 DXF 分段绝缘器。框架式分段绝缘器是通过在绝缘部件上的辅助绝缘滑道，实现滑板的平稳滑行。辅助绝缘滑道与带电体之间的空气绝缘间隙要大于 100 mm。鱼叉式分段绝缘器没有绝缘滑道，因此不会因为受电弓滑板磨损而使其绝缘性能下降；但是它有单向行车要求，而且重量较大。上述分段绝缘器的机电性能技术要求如表 1-11 所示。

表 1-11　分段绝缘器的机电性能技术要求

分段绝缘器	拉伸破坏载荷	拉伸试验载荷	雷电冲击耐受电压	工频闪湿电压	人工污秽耐受电压	爬电距离
A 型	⩾49.5 kN	⩾24.8 kN	⩾160 kV	⩾87 kV	⩾37 kV	⩾1 600 mm
B 型	⩾94.5 kN	⩾47.3 kN				

注：A 型分段绝缘器最大工作载荷为 16.5 kN；B 型分段绝缘器最大工作载荷为 31.5 kN。

受电弓冲击、导流转换处电弧、滑板碳粉、环境污染、雨雾天气等因素都可能会引起分段绝缘器发生不同的失效模式，失效机理也不尽相同。开放式和框架式分段绝缘器均有断口，一旦分段绝缘器调平不到位或滑板表面磨损不均匀，导流滑道都会受到冲击并伴随着电弧的产生，进而使滑道应力集中点处发生脆性断裂；严重时，弓头会发生扭转，直接刮坏分段绝缘器，酿成弓网事故。冲击还可能使接头线夹螺栓松动，在张力作用下引发接触线抽脱事故。绝缘部件是分段绝缘器较易发生失效的另一环节。菱形分段绝缘器绝缘滑道材料主要为玻璃纤维覆盖树脂，由于菱形分段绝缘器消弧能力差，故导流转换处电弧烧蚀会使绝缘滑道碳化，造成其机电性能下降。另外，滑板的长期滑动摩擦会对绝缘滑道表面产生磨损，而滑板摩擦产生的碳粉、内燃机车排放的废气、大气环境中的悬浮颗粒等污秽物会沿磨痕逐渐累积，并逐步扩展形成导电通道，在雨雾天气的潮湿条件下，泄漏电流会迅速增加，导致绝缘部件闪络；框架式分段绝缘器绝缘靴上附着的碳粉还会降低空气间隙的绝缘强度，进而造成绝缘失效。开放式分段绝缘器绝缘部件一般用环氧树脂作为芯棒，外覆聚四氟乙烯，它的端部接头也是薄弱环节。这是因为在交变温度作用下，聚四氟乙烯护套会蠕变收缩，加之，保持负弛度姿态会使绝缘部件两端承受垂向剪切力，造成金属接头与绝缘部件界面出现间隙。水汽顺着间隙侵入绝缘部件内部后，其整体绝缘性能急剧下降，进而发生贯穿性击穿。

1.2.8　锚段关节及关节式电分相

为了满足机械受力要求，缩小接触网事故范围，将接触网分成若干一定长度且相互独立的分段，每一个分段称为锚段，相邻两个锚段的衔接区段称为锚段关节(overlaps)。根据锚段关节所起的作用可将其分为三种：非绝缘锚段关节、绝缘锚段关节和电分相锚段关节。非绝缘锚段关节仅起机械分段作用，绝缘锚段关节不仅起机械分段作用，还起同相电分段作用。锚段关节的跨数一般综合考虑风速、线路条件、关节布置以及导线张力等来确定。我国高速铁路接触网普遍采用五跨绝缘锚段关节，其中心柱和转换柱均采用双腕臂。以五跨绝缘锚段关节为例，它在锚段关节内，两组接触悬挂间的绝缘距离须大于 500 mm；在两转换柱内，两悬挂在水平面内的投影平行且距离保持在 450 mm；在转换柱和中心柱处，两悬挂的垂直距离应保持在 550 mm 和 150 mm；两工作支的等高点位于中心跨中间，以保证过渡平稳。在日常检修过程中，应关注工作支与非工作支线索的两线间距，避免空气绝缘间隙被击穿而烧损部件。此外，中心柱处拉出值也要检调妥当，避免超出受电弓的工作范围，造成钻弓、刮弓事故。

常规的电分相装置动态特性差。为保证良好的弓网受流质量，高速铁路接触网电分相都采用锚段关节的过渡形式，即关节式电分相(neutral sections with adjacent insulating overlaps)。关节式电分相中间嵌入了中性段，中性段长度选择主要取决于同时升起的双弓的间距，以防止两个受电弓将两侧供电臂短接而造成相间短路。以九跨关节式分相为例，它是在两个不同相电源供电的锚段间嵌入九跨中性段，中性段与相邻锚段构成两个五跨绝缘锚段关节，因此九跨关节式分相两线间距、转换柱拉出值等技术条件与五跨绝缘锚段关节相同。

实际运营中发现，列车在通过关节式电分相时，由于电弧熄灭和重燃使弓网短时经历多个暂态过程，导致随机出现过电压现象，引起车顶互感器和绝缘设备击穿，威胁行车安全。为了抑制过电分相产生的操作过电压，可在中性段或电分相双边加阻容保护装置，改变电分相处电路的结构参数。

1.2.9 中心锚结

中心锚结（midpoint anchor）是设置在锚段的适当位置将接触悬挂固定的设备，它的作用是防止接触悬挂在温度变化或其他力作用下（如坡道处接触悬挂自身重力沿下坡方向产生的分力、旋转腕臂偏转出现的分力、受电弓对接触线产生的滑动摩擦力等）向一侧整体窜动，避免两端出现不平衡的张力，保持接触悬挂弹性均匀性。此外，中心锚结还可缩小断线事故范围，当中心锚结的一侧接触线发生断线时，不会影响另外一侧的接触网，而断线侧接触网也仅有 3～4 个跨距会受到影响。根据接触网的悬挂类型，中心锚结分为简单悬挂中心锚结、半补偿中心锚结和全补偿中心锚结；根据其安装位置，可分为支柱式和跨中式中心锚结（两跨或三跨结构的中心锚结）；根据其功能，又可分为防断式和防窜式中心锚结。在曲线区段，通常安装支柱式中心锚结，这是由于曲线内侧因旋转腕臂偏转出现对线索作用的分力，造成线索上各种拉力、阻力不同，而产生张力差。若将中心锚结设置在跨距中间，中心锚结绳两端会因曲线偏移产生不平衡拉力，因此，曲线处将中心锚结设置在支柱上形成一个“八”字结构。在直线区段或曲线半径相同的曲线区段，中心锚节一般设置在锚段中部；在直线和曲线共有区段且曲线半径不等时，则设置在靠曲线多、半径小的一侧。当站场上的接触网为全补偿链形悬挂时，对承力索锚结绳进行锚固是不现实的，因此站场一般采用防窜式中心锚结，其又分为软横跨式和硬横跨式两种。对于前者，承力索通过锚结绳固定在软横跨的定位索上，通过定位索来平衡中心锚结两端的张力差；后者将中心锚结处腕臂底座设计成三底座形式，即额外增加两根斜腕臂形成稳定的三角结构，利用不能水平旋转的三角腕臂结构防止线索窜动。

区间两跨式全补偿中心锚结由承力索中心锚结绳、接触线中心锚结绳、中心锚结线夹等构成。接触线中心锚结绳一般采用不锈钢软绞线（横截面积不小于 50 mm^2），在定位点两侧通过中心锚结线夹与接触线固定，中心锚结线夹处接触线高度与相邻吊弦处接触线高度应保持相等，误差不宜超过 10 mm；接触线中心锚结绳的长度和张力也应保持相同，使其时刻处于受力状态。承力索中心锚结绳是在定位点两侧跨距内增加的一根承力索，在定位点的腕臂上固定后，锚固在定位点两侧的支柱上，其材质和型号一般与承力索相同，而它的弛度等于或略高于跨距内承力索弛度。我国高速铁路接触网中心锚结线夹一般为铜镍硅合金材质，其中，承力索中心锚结线夹分为中夹板单侧孔无螺母和中夹板双侧孔有螺母两种结构，前者广泛应用在我国武广、郑西、京沪等高速铁路接触网，后者主要应用在广深港及合宁、长吉等 250 km/h 高速铁路接触网；而接触线中心锚结线夹本体上有与接触线牙形角适配的带有防滑齿的沟槽，以达到防滑目的。中心锚结线夹与接触线、承力索及锚结绳之间的滑动载荷应满足 TB/T 2075.6—2020 的要求，详见表 1-12。

表 1-12　高速铁路接触网中心锚结线夹与接触网、承力索及锚结绳滑动载荷要求

中心锚结线夹	接触线	接触线中心锚结绳	承力索中心锚结绳
防断型接触线中心锚结线夹	≥33 kN	≥33 kN	—
防窜型接触线中心锚结线夹	≥3 倍接触线最大张力差	在 3 倍接触线最大张力差载荷范围内，锚结绳不脱落	
中心锚结线夹	承力索	接触线中心锚结绳	承力索中心锚结绳
防断型承力索中心锚结线夹	≥33 kN	≥33 kN	≥25.3 kN
防窜型承力索中心锚结线夹	≥3 倍接触线最大张力差	在 3 倍接触线最大张力差载荷范围内，锚结绳不脱落	

中心锚结一旦发生故障或缺失，在温度变化等因素作用下会使接触悬挂发生整体窜动，从而引起腕臂偏移，导致定位点拉出值改变，引发打弓或钻弓等弓网事故；偏移严重时，还会导致承力索与吊柱、跳线等空气绝缘距离不够而引起放电，造成承力索烧断等更为严重的接触网停电事故。例如，在兰渝铁路渭源车站，硬横跨处的防窜式中心锚结三腕臂底座抱箍与圆吊柱之间的摩擦力不足，无法抵消因张力差对三底座形成的扭力，当接触悬挂向一侧整体窜动时，造成补偿坠砣落地；在沪昆铁路某区间，当中心锚结故障未及时恢复时，锚段整体窜动造成非绝缘锚段关节的非支定位管坡度不足，引发打弓事故。

1.2.10　线　岔

线岔（wiring above track points）是在道岔处实现两支交汇接触线相互转换的设备，它的作用是使受电弓从一支接触线平稳地过渡到另外一支接触线上。线岔与道岔类型、道岔柱位置、接触线几何参数、受电弓宽度均紧密相关。此外，由于受到受电弓弓头

动态抬升和横向摆动的影响，运行受电弓弓头与非工作支接触的位置（始触点）会发生变化，而变化的区域为始触区。为了防止弓头刮碰线夹而引起打弓事故，始触区内不允许有任何悬吊零件，因此始触区又称无线夹区（fitting-free area）。我国电气化铁路接触网线岔分为交叉线岔和无交叉线岔，本质区别在于两支接触悬挂是否相交。交叉线岔是我国接触悬挂在道岔处的传统布置方式，它是利用限制管或交叉吊弦使两支接触线同时被抬升且位于运行受电弓中心轴的同侧，以免钻弓。一般对限制管施加垂直工作载荷 0.18 kN 时其挠度不大于 8 mm。德国的高速铁路和我国的京津城际都有采用这种交叉布置的方式，但是当列车高速通过正线时，在交叉点处易形成硬点。

目前，我国高速铁路接触网广泛使用无交叉线岔技术，与交叉线岔相比，它提高了接触悬挂的弹性均匀性。无交叉线岔有两种：一种是采用两支接触悬挂组成的普通无交叉线岔；另一种是采用三支接触悬挂组成的带辅助悬挂的无交叉线岔。前者侧线接触线有一定坡度，这使得侧线行车时受电弓的转换过渡不是很平缓，必须限制行车速度，一般不超过 80 km/h，否则将产生较严重的弓网冲击；后者则可以避免上述情况，但需要较大的安装空间。对于普通无交叉线岔，根据侧线布置方式不同，又分为大、小拉出值布置方式，如我国郑西、武广、京沪等高铁无交叉线岔均采用大拉出值布置方式。列车正线通过时，无交叉线岔处受电弓仅与正线接触线接触，不会触及侧线接触线，从而获得与区间正线一样的弓网关系。列车从正线进入侧线时，对于大拉出值布置方式，在进入始触区前侧线接触线位于受电弓侧方，随着受电弓的前进，侧线接触线将从受电弓弓角上爬升到工作面。该方式侧线接触线会对受电弓产生一定的侧面压力且容易发生侧磨，若存在极端的接触线风偏，还可能会引发钻弓，存在一定的安全隐患。对于小拉出值布置方式，始触区处侧线接触线位于受电弓动态包络线的上方，不存在上述隐患，但是对侧线接触线进入受电弓动态包络线的位置要求较高。无交叉线岔在列车从侧线进入正线时的工作原理与上述方式类似，不再赘述。

运营实践发现，弓网事故易在线岔处发生。例如，当温度变化时，接触线伸缩，吊弦线夹和电连接线夹可能会随着接触线的窜动进入始触区，从而引起打弓事故。此外，温度的变化还可能引起交叉点横向与纵向位置的变化，使始触区正侧线导高形成高差，导致钻弓。通常，要求线岔工作支和非工作支的中心锚结尽量安装在相同的位置。

1.2.11 下锚补偿装置

下锚补偿装置主要指承力索终端锚固线夹、接触线终端锚固线夹和张力补偿装置（tensioning equipment）。300 ~ 350 km/h 高速铁路接触网接触线终端锚固线夹一般采用铝青铜、不锈钢等材质，它按组成及工艺又分为铸造一体式结构和顶丝型结构。京沪高铁先导段接触线和承力索均使用了双级夹紧顶丝型终端锚固线夹，其破坏载荷最大分别可达 118 kN 和 84 kN。张力补偿装置装在锚段两端，串接在接触线和承力索上，作用是补偿线索张力变化，保持张力恒定。因为环境温度变化时，接触线或承力索会伸缩，其伸缩量可按下式计算：

$$\Delta l = \frac{L\alpha}{2}\Delta T \tag{1-3}$$

式中：Δl 为线索伸缩量；L 为接触线锚段长度；α 为热膨胀系数；ΔT 为温度变化量；取 1/2 是考虑锚段中间中心锚结的作用。这种伸缩会使线索内张力发生变化，从而导致线索产生弛度，影响弓网受流。补偿装置要有较高的传动效率，即实测张力与设定张力之比，依据 TB/T 2073—2020 要求不小于 97%。此外，张力补偿装置还应具有快速制动功能，以防止一旦发生断线，坠砣落地而造成事故扩大、恢复困难。张力补偿装置可分为两大类：一类是重力式，如滑轮、棘轮、鼓轮补偿装置等；另一类是非重力式，如弹簧、机电、液压补偿装置等。重力式补偿装置是通过滑轮组（多个定滑轮、静滑轮）或一体工作轮将坠砣重力和行程传送到接触悬挂上，用于补偿张力和线索伸缩距离，而补偿张力的大小取决于设计的传动比，一般为 1∶1.5～1∶5。利用坠砣重力可对接触线和承力索分别补偿，即使接触线和承力索随温度变化其伸缩不同，分开补偿也能维持设计的张力。滑轮补偿装置在我国普速电气化铁路广泛应用，但其维护工作量较大，一旦安装不到位，容易出现补偿绳、定滑轮偏磨，严重时造成脱槽。非重力式补偿装置维护工作量小，但是补偿距离较短。在我国，一般用 a 值（坠砣顶端至轮体的距离）和 b 值（坠砣底端至地面的距离）来表述重力式补偿装置的工作范围，即

$$a = a_{\min} + n\frac{L\alpha}{2}\Delta T \tag{1-4}$$

$$b = b_{\min} + n\frac{L\alpha}{2}\Delta T \tag{1-5}$$

式中：$a_{\min}$ 和 $b_{\min}$ 表示 a 值和 b 值的最小允许距离；n 表示传动比。

棘轮补偿装置稳定性较好，是我国高速铁路接触网张力补偿下锚的首选方案。它主要由接触线/承力索棘轮轮体、补偿绳、棘轮支架、制动卡板、平衡轮、下锚连接件、坠砣及其限制架、坠砣杆等组成。棘轮的棘齿按其位置和形状分为侧面三角齿、正面三角齿和伞状齿，当接触线或承力索断线时，棘轮在重力作用下会跟着支架摆杆转过一定角度运动到制动卡板位置，而制动卡板与棘齿相互作用阻止棘轮转动，从而实现断线制动的目的，而断线的平动时间、释放绳长和自转角度可由棘轮质量与半径、坠砣重量、摆杆角度等计算获取。棘轮的轴承分为滑动轴承与滚动轴承。在正常状态下，棘轮绕着轴承转动实现对接触线或承力索的张力自动补偿。接触线和承力索补偿绳是同轴安装的，小轮线盘上缠绕的补偿绳连接到平衡轮上，并通过下锚连接件与绝缘子

和接触线或承力索相连；大轮线盘上缠绕的补偿绳连接至坠砣，补偿绳的拉断力要求不小于 75.4 kN。目前，平衡轮直径可达 160 mm，较大的弯曲半径可提高补偿绳的耐疲劳性能，并且防止补偿绳与大轮互磨。下锚连接件按其结构分为 U 形可旋转双耳、单双耳连接器和球头挂环结构。U 形可旋转双耳的螺杆螺纹承受了水平张力，因此对螺杆强度和螺纹精度要求较高；球头挂环结构采用螺栓紧固后的双耳连接球头挂环，转动灵活，但安装烦琐。我国 300 ~ 350 km/h 高速铁路接触网棘轮补偿装置主要零部件材料及机械性能如表 1-13 所示。

表 1-13　300 ~ 350 km/h 高速铁路接触网棘轮补偿装置主要零部件材料及机械性能

零部件名称	材料	最大水平工作载荷/kN	水平破坏载荷/kN
棘轮轮体	铝合金	31.5	≥94.5
补偿绳	浸沥青钢丝	—	—
棘轮支架	碳素结构钢	31.5	≥94.5
平衡轮	铝合金	31.5	≥94.5
下锚连接件	铝合金	31.5	≥94.5

在我国，坠砣按其材料可分为混凝土坠砣、铁坠砣和复合材料坠砣。不同材料的单个坠砣标称厚度不同，如圆形铁坠砣标称厚度为 35 mm，质量一般为 25 kg。棘轮补偿装置的安装形式根据接触线和承力索棘轮布置方式分为两种：垂直安装和水平安装。水平安装的棘轮补偿装置在低净空隧道、电气绝缘距离不足等方面具有较大的技术和经济优势。

棘轮补偿装置在高速铁路接触网中得到广泛应用，其施工安装要求很高，例如，补偿绳均应缠绕在相应的线槽中；棘轮底座连接角钢相对支柱中性面左右对称且确保支架水平等。若安装不到位，容易出现补偿绳偏磨、平衡轮偏斜、限制架卡滞坠砣等问题，造成传动效率下降。具体地，棘轮支架安装时没有调整竖直或螺栓紧固力矩不达标，亦或支架卡滞而不能自由转动，会使补偿绳偏斜，而导致其与大轮棘齿互磨，严重时引发补偿绳断股等现象，形成严重的安全隐患；棘轮补偿绳在缠绕时，没有将绞线内应力释放，或预配时没有顺着绞线的方向缠绕也可能造成平衡轮偏斜甚至补偿绳扭绞；坠砣位置和棘轮不在同一铅垂面，造成坠砣卡滞。

1.2.12　腕臂装置

腕臂支持装置，简称腕臂装置（cantilever equipment），其作用是承载接触悬挂，同时可以在接触悬挂因温度变化发生位移时跟着移动。腕臂装置包括腕臂结构与定位装置，本节主要介绍腕臂装置中的腕臂结构。根据腕臂结构在线路中的作用，可分为中间柱腕臂、非绝缘锚段关节转换柱腕臂、绝缘锚段关节转换柱腕臂、中心柱腕臂、锚柱腕臂、道岔柱腕臂等。中间柱腕臂只悬吊一支接触悬挂。转换柱、中心柱腕臂需要悬吊两支接触悬挂，其中，非绝缘锚段关节转换柱上安装两组定位器，它们在电气上是连通的；而绝缘锚段关节转换柱上则安装两组腕臂结构，两者在电气上互相分开，即使在风载荷作用下，两支接触悬挂也不得小于最小绝缘空气间隙；中心柱腕臂结构要保证两支接触线平行且等高，实现受电弓的平稳过渡。道岔柱腕臂位于道岔处，承受两支接触悬挂，而且均为工作支，对交叉线岔，两支接触悬挂在道岔柱附近通过线岔相交。我国高速铁路接触网主要采用铝合金三角水平腕臂结构，但不同高铁安装形式略有差异，如武广、郑西高铁采用平腕臂向下倾斜一定角度的安装方式，哈大、京沪高铁腕臂结构采用平腕臂水平安装方式。在沿海和隧道内的强碱性滴漏区、化工企业周边区以及空气中含有盐、碱和酸性等腐蚀物质的区段，铝合金在服役过程中容易发生腐蚀问题，需要在腕臂结构表面进行阳极氧化处理，在污染十分严重区段还要采用微弧氧化和封闭处理。在我国沿海、大风等区域，如兰新、海南环线高铁，为了增加腕臂结构的抗风特性，采用了引入弯形设计的整体腕臂结构，该结构连接部件较少，整体性强。

我国高速铁路接触网腕臂结构一般由平腕臂、斜腕臂、腕臂连接器、承力索底座、腕臂支撑、支撑连接器等组成，其载荷要求如表 1-14 所示。在工作载荷下，平腕臂和斜腕臂挠度不大于 1%。腕臂连接器有两种结构：一种是单双耳连接结构，即套管单耳通过 U 形螺栓固定在平腕臂上，双耳通过顶紧螺栓固定在斜腕臂端部，如我国京津城际；另一种是双套筒连接结构，即平腕臂和斜腕臂都用套筒连接，通过顶丝固定，如武广、郑西、京沪等高铁。承力索底座结构按固定方式主要有：U 形螺栓结构、套筒顶丝结构和直螺栓结构，托线夹与本体连接方式均为可自由旋转一定角度且下端凸台限位连接在支撑线夹上，下部连接拉线的固定钩均有防脱挡块。目前，套筒顶丝结构承力索底座应用最为广泛，如京沪、郑武、哈大等高铁，它采用对称结构设计，通过斜切面与腕臂管接触、杯口螺栓顶紧旋入腕臂管表面固定。腕臂支撑根据双耳套筒与铝合金管的连接形式分为两种结构：顶丝连接型和螺纹丝扣连接型，前者安装预配简单，在我国京津、武广、郑西等高铁广泛应用，但对于顶紧螺栓及备母需要严格按照规定的紧固力矩实施安装。套管单耳可用作支撑连接器，它通过 V 形斜面和 U 形螺栓与管材连接，滑动载荷可达 16.6 kN。腕臂结构各零部件的机械性能要求如表 1-15 所示，腕臂支撑最大拉伸和压缩工作载荷均为 5.0 kN，而腕臂结构各零部件破坏载荷都是按照≥3 倍工作载荷设计的。

表 1-14　高速铁路接触网腕臂结构最大垂直和水平工作载荷要求

工作支及非工作支接触悬挂最大垂直载荷/kN	最大水平工作载荷/kN			
	工作支承力索	工作支接触线	非工作支承力索	非工作支接触线
4.0	2.0	2.5	4.0	4.5

表 1-15　高速铁路接触网铝合金腕臂结构零部件机械性能要求

零部件名称	最大水平工作载荷/kN	最大垂直工作载荷/kN	滑动载荷/kN
腕臂连接器	5.8	4.9	与腕臂间：≥7.5
承力索底座	6.0	6.0	与平腕臂间：≥6 与单根承力索间：≥2.0
支撑连接器	4.5	4.9	与腕臂间：≥6.75

腕臂结构的连接零部件是腕臂发挥整体功能和性能的关键所在。我国 300～350 km/h 高速铁路接触网腕臂结构连接件，如双耳套筒、承力索底座、套管单耳等，大都采用铸造铝合金。然而，运营实践发现，受制造工艺、运行工况等影响，这些连接零部件也会出现断裂等失效，若不加以修理，严重时将直接导致腕臂支撑功能失效。腕臂结构连接零部件的结构一般比较复杂，在工作载荷作用下，应力会集中出现在连接件的一些位置，例如，套管单耳的连接孔位置、双耳套筒的螺栓孔倒角位置、旋转双耳两平面间圆弧过渡位置等，虽然应力集中区域的最大应力小于材料的强度，但如果存在铸造工艺缺陷，铸造后存在残余应力，抑或安装时紧固力矩过大，容易造成零部件应力集中区域的塑形变形，使连接件危险点处的强度下降，在动载荷作用下发生断裂、变形等失效模式。

1.3　高速铁路接触网零部件分类

高速铁路接触网设备中零部件根据用途可大致分为悬吊、定位、连接、锚固、补偿、支承、电连接、接地、隧道专用及预绞式金具 10 大类别。接触网零部件在接触网中起支持悬挂、定位，机械及电气连接，终端下锚等作用。

1. 悬吊类

悬吊零件是悬吊接触线、承力索及其杆件的零件，包括整体吊弦、承力索座、鞍子、吊弦线夹、悬吊滑轮、定位环线夹、吊环、承力索线夹、耳环杆、中心锚结线夹等。悬吊零件在接触网及其功能装置中主要起悬吊、悬挂及夹持作用。

2. 定位类

定位零件是固定承力索及接触线位置的零件，包括定位线夹、支持器、限位型定位器、非限位型定位器、定位齿座、定位连接头等。定位零件的作用是把承力索和接触线固定在相对于轨面有一定高度、相对于轨道中心有一定横向偏移或居中的位置上。

3. 连接类

连接零件是连接接触线对接触线、定位器对腕臂、拉杆与压管等相应部件及杆件的零件，包括接触线和承力索线夹、单/双耳连接器、定位环、套管铰环、套管双耳、套环管接头等。连接零件把功能装置或部件连接在一起，主要起整体接触及关节性作用。

4. 锚固类

锚固零件是固定接触网终端各线索的零件，包括锚固螺杆、楔形线夹、接触线/承力索终端锚固线夹等。锚固零件的作用是在接触网终端把承力索和接触线锚固到终端支柱或永久性建筑上。

5. 补偿类

补偿零件是接触线/承力索张力补偿调整用的零件，包括补偿滑轮组、补偿绳、棘轮、平衡轮、坠砣、坠砣限制架等。补偿零件主要起张力施加和调整的作用。

6. 支承类

支承零件是支承装置用的零件，包括旋转腕臂底座、单腕臂上/下底座、双腕臂上/下底座、腕臂、腕臂支承、定位管、定位管支承、软横跨横向承力索、硬横跨倒立柱等。支承零件主要用以支持接触悬挂，并将其负荷传递给支柱或其他悬挂。

7. 电连接类

电连接零件是由馈线向接触网供电的电气连接零件或接触网内线索之间的电气接续零件，包括接触线/承力索电连接线夹等。电连接零件的作用是把馈线中的电流输送给接触网或为线索之间电流的流通提供通道。

8. 接地类

接地零件是固定接地线或接地电缆的零件，包括接地线连接夹、接地线夹、接地跳线固定板、接地线固定抱箍等。接地零件的作用是保证接地线、接地电缆连接可靠，从而起到接触网有效接地的作用。

9. 隧道专用类

隧道专用零件是隧道内接触网系统专用的零件，包括水平悬挂底座、棘轮下锚底座、隧道用调整螺栓/悬吊滑轮、吊柱、弓形腕臂用非限位型/限位型定位器等。隧道专用零件具有在隧道内为接触网系统提供定位、连接、补偿等用途。

10. 预绞式金具

预绞式金具是由螺旋预成形工艺制造的金属绞丝结构的零件，包括预绞式耐张线夹、预绞式保护条、预绞式悬垂线夹等。预绞式金具在分散集中应力、延长使用寿命、降低金具损耗等方面作用显著。

部分 300 ~ 350 km/h 高速铁路接触网零部件的材料、机械与电气性能已在 1.2 节有介绍，具体可详见 TB/T 2075—2020。

第 2 章　高速铁路接触网系统与零部件可靠性

高速铁路接触网零部件类型繁多，即使同一种零部件，其规格、形式、材质也不尽相同；此外，由于线路、环境、架设范围等不同，高速铁路接触网设备的形式也不完全相同。不管使用何种形式的接触网，它在机械和电气载荷作用下必须能够满足可靠性、安全性要求，有足够的机械和电气强度。接触网的可靠性包括固有可靠性（inherent reliability）和运行可靠性（operational reliability）。接触网固有可靠性是在生产过程中建立的可靠性，它与设计、制造、安装紧密相关。在服役过程中，不同运行条件对接触网运行可靠性影响很大，有的会导致接触网设备及零部件失效，从而形成接触网缺陷，使系统性能下降，严重时更会引发接触网故障，使其无法实现电能传输或为受电弓提供滑道的功能。

2.1　可靠性指标

高速铁路接触网是由许多个不同种类的零部件装配而成的复杂系统，同类相同的零部件具有同质性（homogenous）。为了评价其设备及零部件的可靠性，需要制定一些描述可靠性的量化指标，包括可靠度、失效率、平均失效间隔、故障率、可靠寿命、有效寿命等。有了统一的可靠性指标，就可以在接触网零部件设计时用数学方法来计算和预测其可靠性。

2.1.1　零部件可靠度与不可靠度

接触网零部件可靠度（reliability）是指零部件在载荷条件下，在寿命周期（life cycle）内执行预期功能的能力。这里，寿命周期是指从零部件设计需求到服役终止的时段，包括设计需求、制造安装、测试验收、运行维修、服役终止等一系列寿命周期阶段。接触网零部件可靠度可定义为在载荷条件下和规定的时间内，完成预期功能的概率。考虑到它是工作时间的函数，可表示为 $R(t)$，故也称为可靠度函数（reliability function）。若将零部件工作时间（也称为失效时间、役龄或寿命，本书将不加区别）看作随机变量 T，将零部件在载荷条件下和规定时间内完成预期功能这一事件 (E) 的概率以 $P(E)$ 表示，则可靠度又可作为描述零部件正常工作时间这一随机变量的概率分布，即

$$R(t)=P(E)=P(T\geqslant t),\quad 0\leqslant t\leqslant\infty \tag{2-1}$$

这里，式（2-1）是可靠度分布函数（reliability distribution function），也是累积分布函数，表示对给定时间 t，零部件工作时间大于等于 t 的概率。与可靠度相对应的有不可靠度（unreliability），表示接触网零部件在载荷条件下和规定的时间内，不能完成预期功能的概率，又称为失效概率（failure probability）。失效概率也是工作时间的函数，又称为失效概率函数或不可靠度函数，一般记为 $F(t)$，它也是累积分布函数，表示为

$$F(t)=P(T<t),\quad 0\leqslant t\leqslant\infty \tag{2-2}$$

显然，可靠度与不可靠度呈互补关系，即

$$R(t)+F(t)=1 \tag{2-3}$$

可靠度函数与不可靠度函数如图 2-1 所示，$R(t)$ 在区间 $[0,\infty)$ 内为递减函数，且 $R(0)=1$；$F(t)$ 与 $R(t)$ 刚好相反。

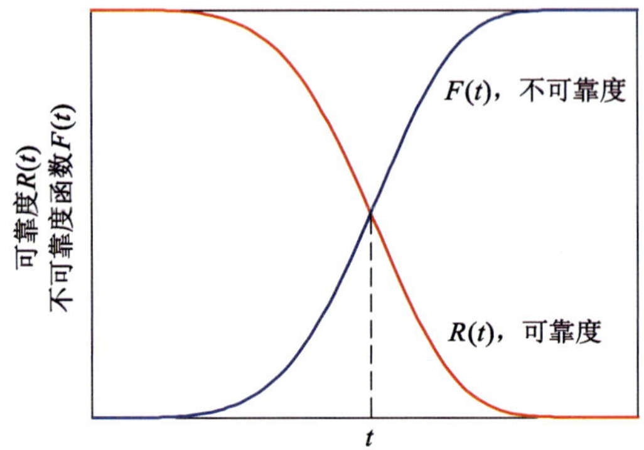

图 2-1　可靠度函数与不可靠度函数

考虑到接触网由多个相同型号、不同种类的零部件组成，对于指定范围内区段或站场的接触网，设有 N 个同一型号的接触网零件，从开始投运（$t=0$）到任意工作时间 t，有 $n(t)$ 个零件失效，则该零件可靠度为

$$R(t)\approx\frac{N-n(t)}{N} \tag{2-4}$$

Kaplan-Meier（KM 法），亦称乘积极限法，可用于估计可靠度[3]，它是一种可靠度函数的非参数极大似然估计方法。对于 $t_1<t_2<\cdots<t_i<\cdots<t_k\leqslant t$，$t_i(1\leqslant i\leqslant k)$ 表示在第 t_i 时刻设备或零部件发生失效，则可靠度的估计可采用下式计算：

$$\hat{R}(t)=\prod_{i:t_i\leqslant t}\left(1-\frac{d_i}{n_i}\right) \tag{2-5}$$

式中：d_i表示t_i时刻失效的零部件数量；n_i表示到t_i时刻为止仍然能正常工作的零部件数量。

由于不可靠度是累积分布函数，它可表示为

$$F(t)=P(0\leqslant T<t)=\int_0^t f(t)\mathrm{d}t \tag{2-6}$$

式中：$f(t)$为失效密度函数（failure density function）。对上式求导，则

$$f(t)=\frac{\mathrm{d}F(t)}{\mathrm{d}t}=-\frac{\mathrm{d}R(t)}{\mathrm{d}t} \tag{2-7}$$

由式（2-6）和式（2-7），得出

$$R(t)=1-F(t)=1-\int_0^t f(t)\mathrm{d}t=\int_t^{\infty} f(t)\mathrm{d}t \tag{2-8}$$

2.1.2 零部件失效率

对于新投运的接触网零部件，失效率是非常重要的指标，它能够很好地描述失效的历程。接触网零部件失效率（failure rate）可定义为工作到时间t尚未失效的零部件，在该时间以后的下一个单位时间内发生失效的概率，亦可理解为零部件一直工作到时间t的可靠度$R(t)$在下一个瞬间将以何种比率发生失效。失效率，也称失效率函数，其表达式为

$$\lambda(t)=\frac{\mathrm{d}F(t)/\mathrm{d}t}{R(t)}=-\frac{\mathrm{d}R(t)/\mathrm{d}t}{R(t)}=\frac{f(t)}{R(t)}=\frac{-\mathrm{d}\ln R(t)}{\mathrm{d}t} \tag{2-9}$$

式中：$\lambda(t)$亦称为风险函数（hazard function），为可靠度函数条件下的失效密度函数，它是一种条件概率。

累积失效率（cumulative failure rate）可定义为

$$M_{\lambda}(t)=\int_0^t \lambda(t)\mathrm{d}t \tag{2-10}$$

平均失效率（average failure rate）可表示为

$$m_{\lambda}(t)=\frac{1}{t}\int_0^t \lambda(t)\mathrm{d}t \tag{2-11}$$

若考虑接触网统计的单位，接触网零部件平均失效率的单位可用%/（年·百正线条公里）表示，也可用%/（万弓架次·百正线条公里）表示。

类似地，对于指定范围内区段或站场的接触网，设有 N 个同一型号的接触网零件，服役到时刻 t 时零部件失效数为 $n(t)$，而到时刻 $(t+\Delta t)$ 时零部件失效数为 $n(t+\Delta t)$，即在时段 $[t,t+\Delta t)$ 内有[$n(t+\Delta t)-n(t)$]个零部件失效，则定义接触网零部件在时段 $[t,t+\Delta t)$ 内的平均失效率为

$$\bar{\lambda}(t)=\frac{n(t+\Delta t)-n(t)}{[N-n(t)]\Delta t}=\frac{\Delta n(t)}{[N-n(t)]\Delta t} \tag{2-12}$$

而当 $N\to\infty$、$\Delta t\to 0$ 时，则有瞬时失效率，亦即失效率的表达式：

$$\lambda(t)=\lim_{\substack{N\to\infty\\ \Delta t\to 0}}\bar{\lambda}(t) \tag{2-13}$$

根据瞬时失效率的定义，可采用下式估计失效率：

$$\hat{\lambda}_i=\frac{d_i}{n_i} \tag{2-14}$$

式中：d_i 和 n_i 与式（2-5）中定义相同。借助 Nelson-Aalen 法（NA 法），累积失效率和可靠度的估计为

$$\hat{M}(t)=\sum_{t_i\leqslant t}d_i/n_i=\sum_{t_i\leqslant t}\hat{\lambda}_i \tag{2-15}$$

$$\hat{R}(t)=\exp\left(-\sum_{t_i\leqslant t}\hat{\lambda}_i\right) \tag{2-16}$$

在一些特殊情况下，NA 法和 KM 法估计的可靠度并不一致，但在大样本条件下两者估计的结果趋于一致。

接触网在刚刚服役时，若材料、工艺质量、装配等存在缺陷，则接触网零部件有较高的失效率。随着失效单元被修理或更换，失效率开始逐步下降，这一阶段称为“早期失效阶段”。为了缩短这一阶段的时间，可选择合适的巡检方法（我国通常采用接触网状态检测监测装置及早发现并排除早期缺陷），或通过一段时间的试运行筛选出材料或工艺质量缺陷。在早期失效阶段的末尾，失效率逐渐稳定，失效的发生一般是随机的，此阶段称为“偶然失效阶段”。需指出，随着工作时间的延续，制造和材料缺陷也会在这一阶段引发失效。在接触网服役的后期，周期性的集中维修和临时维修已无法将零部件失效率控制在稳定状态，若不对接触网系统展开恢复性的彻底修理，即大修，零部件失效率将会随役龄的增加而逐步上升，这是因为多种类型的零部件已过度疲劳、磨损或腐蚀，其机械和电气强度已满足不了使用要求，我们把这可能到来的阶段称为“损耗失效阶段”。因此，需要提前预计损耗失效阶段到来的时间，提前对接触网系统开展大修，从而延长接触网的使用寿命。

常用的参数化失效率模型有：

1. 恒定失效率模型

失效率函数为

$$\lambda(t)=\lambda \tag{2-17}$$

式中：λ 为常数。

失效密度函数为

$$f(t)=\lambda \mathrm{e}^{-\lambda t} \tag{2-18}$$

失效概率函数为

$$F(t)=\int_0^t \lambda \mathrm{e}^{-\lambda t}\mathrm{d}t=1-\mathrm{e}^{-\lambda t} \tag{2-19}$$

可靠度函数为

$$R(t)=\mathrm{e}^{-\lambda t} \tag{2-20}$$

恒定失效率模型对应的可靠度函数 $R(t)$、不可靠度函数 $F(t)$、失效密度函数 $f(t)$、失效率函数 $\lambda(t)$ 曲线如图 2-2 所示。在可靠性工程中，指数分布常用于描述一般意义上的寿命分布。值得注意的是，指数分布具有无后效性，即如果寿命服从指数分布，那么在经过一段时间 t_0 的工作后若其仍然正常，则在 t_0 以后的寿命仍然服从原来的指数分布，也就是说，在发生前一个失效和发生下一个失效之间没有任何联系。

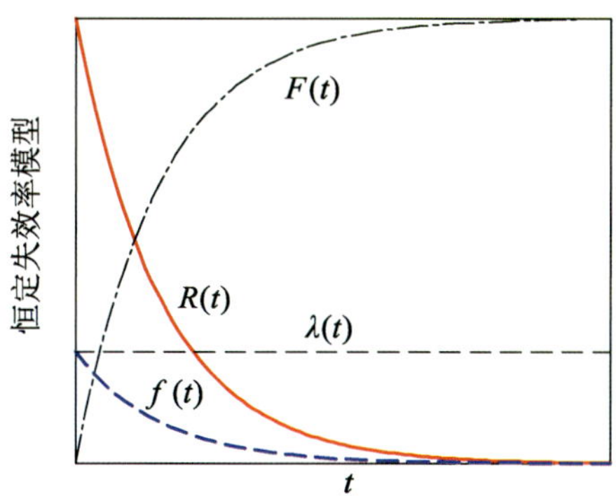

图 2-2　恒定失效率模型对应的可靠度函数 $R(t)$、不可靠度函数 $F(t)$、失效密度函数 $f(t)$及失效率函数$\lambda(t)$曲线

2. 威布尔分布模型

在可靠性工程中，威布尔分布也常用来描述零件的疲劳寿命，如零件的疲劳失效。

3 参数威布尔分布的失效率函数为

$$\lambda(t)=\frac{m}{\eta}\left(\frac{t-\gamma}{\eta}\right)^{m-1},\quad t\geqslant\gamma \tag{2-21}$$

式中：m 为形状参数；η 为尺度参数；γ 为位置参数。

失效密度函数为

$$f(t)=\frac{m}{\eta}\left(\frac{t-\gamma}{\eta}\right)^{m-1}\exp\left[-\left(\frac{t-\gamma}{\eta}\right)^{m}\right],\ t\geqslant\gamma \tag{2-22}$$

失效概率函数为

$$F(t)=1-\exp\left[-\left(\frac{t-\gamma}{\eta}\right)^{m}\right],\ t\geqslant\gamma \tag{2-23}$$

可靠度函数为

$$R(t)=\exp\left[-\left(\frac{t-\gamma}{\eta}\right)^{m}\right],\ t\geqslant\gamma \tag{2-24}$$

威布尔分布模型对应的可靠度函数 $R(t)$、不可靠度函数 $F(t)$、失效密度函数 $f(t)$ 及失效率函数 $\lambda(t)$ 曲线如图 2-3 所示。由于接触网零件的疲劳失效是其主要的失效形式，故可采用威布尔分布描述接触网零件的疲劳寿命。此外，大量实践证明，凡是由于某一局部疲劳失效引起系统机能失效的零件、部件、设备或子系统的寿命，都是服从威布尔分布的。

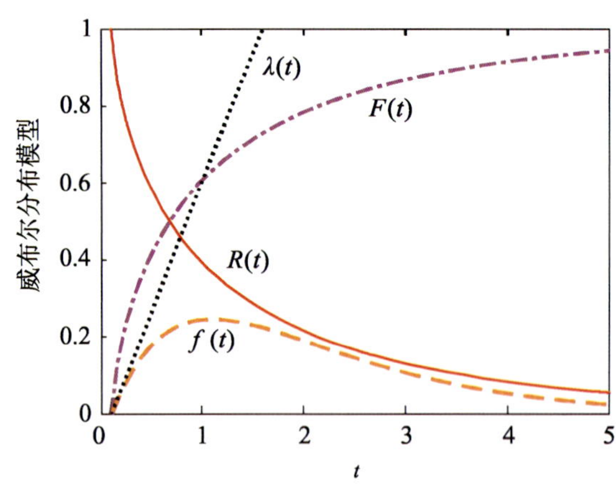

图 2-3　威布尔分布模型对应的可靠度函数 $R(t)$、不可靠度函数 $F(t)$、失效密度函数 $f(t)$ 及失效率函数 $\lambda(t)$ 曲线

3. 伽马分布模型

失效率函数为

$$\lambda(t)=\frac{\dfrac{t^{\gamma-1}}{\theta^{\gamma}\Gamma(\gamma)}\mathrm{e}^{-\frac{t}{\theta}}}{1-\displaystyle\int_0^t\frac{\tau^{\gamma-1}}{\theta^{\gamma}\Gamma(\gamma)}\mathrm{e}^{-\frac{\tau}{\theta}}\mathrm{d}\tau} \tag{2-25}$$

式中：$\gamma>0$ 为形状参数；$\theta>0$ 为尺度参数：$\Gamma(\gamma)$ 为伽马分布，它的数值可由专用数表查出。

失效密度函数为

$$f(t)=\frac{t^{\gamma-1}}{\theta^{\gamma}\Gamma(\gamma)}\mathrm{e}^{-\frac{t}{\theta}} \tag{2-26}$$

失效概率函数为

$$F(t)=\int_0^t\frac{\tau^{\gamma-1}}{\theta^{\gamma}\Gamma(\gamma)}\mathrm{e}^{-\frac{\tau}{\theta}}\mathrm{d}\tau \tag{2-27}$$

可靠度函数为

$$R(t)=\int_t^{\infty}\frac{\tau^{\gamma-1}}{\theta^{\gamma}\Gamma(\gamma)}\mathrm{e}^{-\frac{\tau}{\theta}}\mathrm{d}\tau \tag{2-28}$$

伽马分布模型对应的失效密度函数 $f(t)$ 及失效率函数 $\lambda(t)$ 曲线如图 2-4 所示。若某一接触网设零部件的失效是由受电弓冲击引起的，当失效修复后，该零部件仍可能受到冲击且这种随机冲击的发生服从泊松分布，则该零部件受到 γ 次冲击而失效的概率可用 $\Gamma(\gamma)$ 分布来描述。

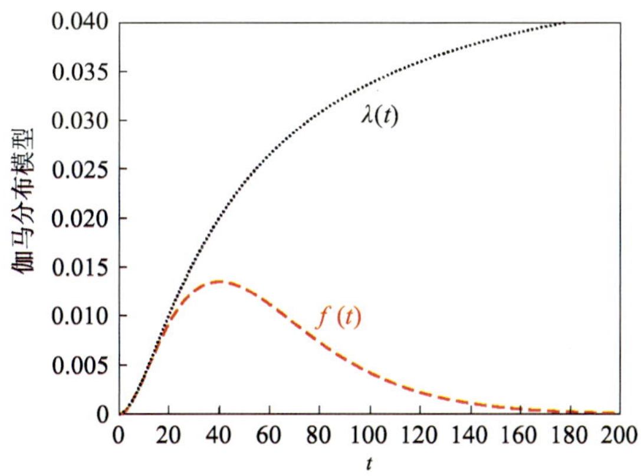

图 2-4　伽马分布模型对应的失效密度函数 $f(t)$及失效率函数 $\lambda(t)$曲线

常见的其他描述失效率函数的参数化模型还有线性增长失效率、线性下降失效率、逆高斯分布模型、正态分布模型等。上述模型可用于描述由磨损导致的失效率增长、早期失效阶段失效率呈递减、零部件承受周期循环载荷时的失效率以及将失效机理纳入失效率函数等情况，本书不再赘述。

针对收集的接触网零部件失效时间的历史数据，一旦选取了合适的模型，运用矩量法、极大似然法、贝叶斯法等，便可估计相应参数值。

2.1.3 平均失效间隔

接触网零部件发生失效后，通过更换零部件可恢复设备功能。平均失效间隔（Mean Time Between Failures）是指相邻两次零部件失效之间的时间，记为 $\mathrm{MTBF_{fai}}$：

$$\mathrm{MTBF_{fai}}=\frac{1}{\sum_{i=1}^{N}n_i}\sum_{i=1}^{N}\sum_{j=1}^{n_i}t_{ij} \tag{2-29}$$

式中：N 表示零部件总数；n_i 表示第 i 个零部件发生的失效数；t_{ij} 表示第 i 个零部件从第 $(j-1)$ 次失效到第 j 次失效的时间。

平均失效间隔也可定义为随机变量 T（寿命）的数学期望，即

$$\mathrm{MTBF_{fai}}=E(T)=\int_0^{\infty}tf(t)\mathrm{d}t=\int_0^{\infty}t\left(-\frac{\mathrm{d}R(t)}{\mathrm{d}t}\right)\mathrm{d}t=\int_0^{\infty}R(t)\mathrm{d}t \tag{2-30}$$

由此可见，对可靠度函数在从 0 到 ∞ 的时间区间上进行积分，便可求出平均失效间隔。特别地，若 $R(t)=\mathrm{e}^{-\lambda t}$，则 $\mathrm{MTBF_{fai}}=1/\lambda$。

2.1.4 设备及系统故障率

当接触网零部件失效后，该失效可能导致相应的接触网设备发生故障，造成接触网系统停电或打弓。接触网设备故障率（fault rate）是指接触网设备从初始状态持续运行时间 t 处于正常工作状态条件下，在 t 时刻之后的单位时间内发生故障的概率。令 $f(t)$ 表示从零部件失效到接触网设备发生故障的时间间隔的概率密度函数，设备中各零部件失效是相互独立的，则接触网设备故障率可表示为

$$\rho_i(t)=\sum_{j=1}^{n_i}\int_0^{t}\lambda_{ij}(x)f_{ij}(t-x)\mathrm{d}x \tag{2-31}$$

式中：$\rho_i(t)$ 表示第 i 类设备的故障率；$\lambda_{ij}(x)$ 表示第 i 类设备中第 j 类零部件的失效率；n_i 表示第 i 类设备中共包含 n_i 类零部件；$f_{ij}(t)$ 表示第 j 类零部件失效引发第 i 类设备发生故障的时间间隔的概率密度函数。

若假设每种设备故障模式相互独立，则接触网系统故障率可表示为

$$\rho(t)=\sum_{i=1}^{n}\rho_i(t) \tag{2-32}$$

式中：$\rho(t)$ 表示接触网系统故障率；n 表示接触网系统包含的设备种类数量。

上述由零部件失效引发的接触网设备及系统的故障属于渐发故障（gradual fault），也可将其称为内因故障（internal fault）。极端天气（雷击、雾霾、大风等）、异物入侵（漂浮物、鸟窝等）、机车过负荷等外部因素也会直接导致接触网出现故障，这一类故障为突发故障（sudden fault），也称为外因故障（external fault）。因此，可直接令 $R_\rho(t)$ 表示接触网系统正常工作时间这一随机变量的概率分布，那么接触网系统故障概率（fault probability）的分布函数为

$$F_\rho(t)=1-R_\rho(t)=\int_0^t f_\rho(t)\mathrm{d}t \tag{2-33}$$

式中：$f_\rho(t)$ 表示故障概率密度函数。对上式求导，可得

$$\frac{R_\rho(t)}{\mathrm{d}t}=-f_\rho(t) \tag{2-34}$$

根据接触网系统故障率定义，它是发生在时间段 $t\sim(t+\Delta t)$ 的条件概率，因此它与接触网系统故障概率 $F_\rho(t)$ 的关系为

$$\rho(t)=\frac{f_\rho(t)}{1-F_\rho(t)} \tag{2-35}$$

由式（2-34）和式（2-35），可得

$$R_\rho(t)=\mathrm{e}^{\left[-\int_0^t\rho(\zeta)\mathrm{d}\zeta\right]} \tag{2-36}$$

需指出，式（2-31）描述的失效是抽象的随机事件，接触网零部件的性能状态被划分为正常、潜在故障、功能故障三种离散状态。其中，零部件潜在故障状态下的失效并未引发设备故障，而零部件功能故障状态下的失效则引发了设备故障。以失效时间作为统计分析的对象，基于失效时间数据借助概率统计方法描述接触网零部件的失效规律，基于上述指标的可靠性建模方法称为基于失效时间的可靠性建模方法。接触网零部件失效时间数据（failure time data）主要有两种来源：一是接触网运行的原始记

录，包括故障或事故报告、接触网检测监测数据、维修数据等；二是通过可靠性试验获取的零部件检验数据。基于失效时间的可靠性指标是以概率统计为基础的，可靠的数据非常重要，而且使用这些数据时应注意它们是在什么条件下得到的。

接触网零部件的性能状态（performance state）是逐步退化的，可引入多级潜在故障状态描述退化过程。在我国，根据零部件失效引发故障的可能性，引入了一级潜在故障状态和二级潜在故障状态，并把它们称为接触网一级缺陷和二级缺陷。一级潜在故障状态极易引发系统故障，需要通过临时修进行修理；二级潜在故障状态风险较低，一般可通过延时预防维修进行集中修理。根据上述潜在故障状态的定义，令 $\lambda_{ij}^{2}(x)$ 表示第 i 类设备中第 j 类零部件二级潜在故障状态对应的失效率，$f_{ij}^{2\to 1}(t)$ 表示第 i 类设备中第 j 类零部件二级潜在故障状态到一级潜在故障状态的时间间隔的概率密度函数，则第 i 类设备中第 j 类零部件一级潜在故障状态对应的失效率可表示为

$$\lambda_{ij}^{1}(x)=\int_{0}^{t}\lambda_{ij}^{2}(x)f_{ij}^{2\to 1}(t-x)\mathrm{d}x \tag{2-37}$$

类似地，根据式（2-37），可以利用一级潜在故障状态对应的失效率定义系统或设备故障率，此处不再赘述。

累积故障率（cumulative fault rate）可定义为

$$M_{\rho}(t)=\int_{0}^{t}\rho(t)\mathrm{d}t \tag{2-38}$$

平均故障率（average fault rate）可表示为

$$m_{\rho}(t)=\frac{1}{t}\int_{0}^{t}\rho(t)\mathrm{d}t \tag{2-39}$$

若考虑接触网统计的单位，接触网设备平均故障率的单位可用 %/（年·百正线条公里）表示，也可用 %/（万弓架次·百正线条公里）表示。

2.1.5 平均故障间隔

接触网设备发生故障后，经修复可恢复相应功能。平均故障间隔（Mean Time Between Faults）是指相邻两次故障之间的时间，记为 $\mathrm{MTBF_{fau}}$。

$$\mathrm{MTBF_{fau}}=\frac{1}{\sum_{i=1}^{N}n_{i}}\sum_{i=1}^{N}\sum_{j=1}^{n_{i}}t_{ij} \tag{2-40}$$

式中：N 表示设备总数；n_i 表示第 i 类设备发生的故障数；t_{ij} 表示第 i 类设备从第 $(j-1)$ 次故障到第 j 次故障的时间。

2.1.6　零部件平均剩余寿命

平均剩余寿命（mean residual life）是接触网零部件正常工作至时间 t 时，所期望的剩余寿命为 $(T-t)$。平均剩余寿命可采用下面的条件期望进行表述：

$$L(t)=E[T-t|T\geqslant t] \tag{2-41}$$

由于条件期望：

$$E[T|T\geqslant t]=\int_t^{\infty}\tau f_{T|T\geqslant t}(\tau)\mathrm{d}\tau=\int_t^{\infty}\tau\frac{f(\tau)}{R(t)}\mathrm{d}\tau \tag{2-42}$$

可以推导得出平均剩余寿命为

$$E[T-\tau|T\geqslant t]=\int_t^{\infty}(\tau-t)\frac{f(\tau)}{R(t)}\mathrm{d}\tau=\frac{1}{R(t)}\int_t^{\infty}\tau f(\tau)\mathrm{d}\tau-t \tag{2-43}$$

2.1.7　零部件可靠寿命、使用寿命和更换寿命

当可靠度函数已知时，可以求得任意工作时间的可靠度；反之，若给定可靠度，也可求出相应的工作时间（寿命）。可靠寿命（reliable life）指可靠度为给定值时零部件的工作时间，一般记为 t_{R}。

接触网零部件一般不可修，在其投入使用后，失效率曲线符合浴盆曲线（bath tub curve）。浴盆曲线由 3 种形态的失效率曲线组成，反映了在零部件全部工作过程中的早期失效阶段、偶然失效阶段和损耗失效阶段，如图 2-5 所示。

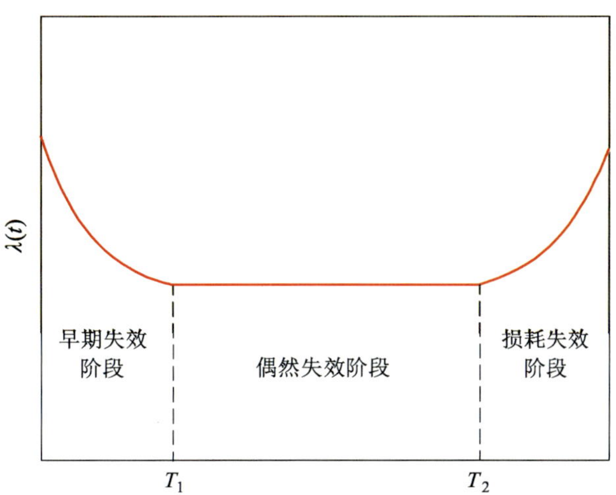

图 2-5　接触网零部件典型失效率曲线

接触网是复杂可修系统，预防维修和事后维修可使其寿命处于稳定状态，零部件失效率近似于稳定值。接触网零部件失效率曲线可由图 2-6（a）表示。需指出，随着接触网制造与施工技术的进步，早期阶段零部件失效率也在逐步降低，甚至在接触网刚刚投运时，其失效率就基本稳定，如图 2-6（b）所示。例如，武广客运专线在施工技术方面，采用了弹性吊索安装调整专用弹性吊索张力紧线器、电连接线夹压接设备、腕臂和整体吊弦专用预制平台、接触线展放平直度专用测量仪等先进的施工机具与精确的测量仪器，保障了接触网施工过程中的施工质量和精度，避免了由装配误差带来的施工缺陷。

使用寿命（service life）指接触网零部件的失效率最低且稳定的时期的长短，即最佳使用时期的长短，一般记为 t_S，如图 2-6（a）和（b）中标记所示。

更换寿命（replacement life）指接触网零部件使用到 t_{RE} 时必须进行更换，否则失效率将会显著上升，如图 2-6（c）中标记所示。

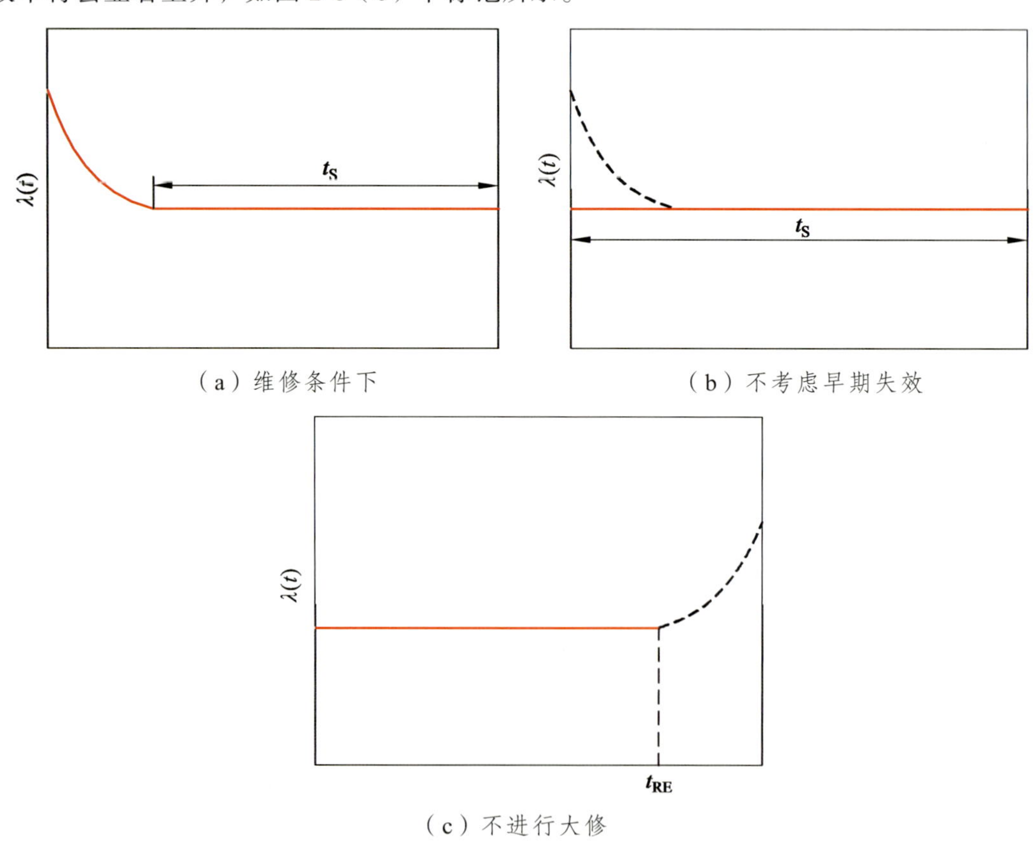

（a）维修条件下

（b）不考虑早期失效

（c）不进行大修

图 2-6　接触网零部件的失效率曲线

2.2 可用性、维修性与安全性指标

高速铁路接触网是复杂可修系统，它的可用性是在所要求的维修、管理等外部资源得到提供的情况下，在规定的运行工况条件下，在给定的时间区间内，接触网系统可执行持续供电的能力。需指出，如前文所述，大部分零部件失效并不会造成设备或系统故障，因此不会影响接触网系统的可用性。接触网系统的维修性（maintainability）指使用规定的程序和资源进行接触网维修时，在给定的使用条件下，保持或恢复接触网系统能完成要求的状态的能力。接触网系统的安全性（safety）是接触网系统包含的所有设备所具有的不导致人员伤亡、动车组等移动装备损坏、重大财产损失，不危害人员健康与环境的能力。安全性是 RAMS 体系中比较特殊的环节，它涉及的不仅仅是接触网系统本身，还涉及一定范围内所有与物的不安全状态、人的不安全行为、环境及管理因素有关的行为。

2.2.1 可用度与不可用度

高速铁路接触网可用度（availiability）是复杂可修系统可用性最重要的性能指标之一，它包含系统的故障率和修复率两方面因素。当接触网系统发生故障时，它可以被修复并恢复到最初的工作状态。故障与修复的过程是交替重复进行的，整个过程称为交替更新过程。如果接触网系统没有在时间区间 $(0,t]$ 内发生故障，即概率为 $R_\rho(t)$，若最后一次故障修复出现在时刻 $x(0<x<t)$，系统在时刻 t 正常工作，并且在该时刻后以概率 $\int_0^t R_\rho(t-x)n(x)\mathrm{d}x$ 继续正常工作，这里 $n(x)$ 表示更新次数的概率密度函数。因此，接触网系统在时刻 t 的可用度是这两个概率的和，即

$$A(t)=R_\rho(t)+\int_0^t R_\rho(t-x)n(x)\mathrm{d}x \tag{2-44}$$

接触网系统的不可用度可表示为

$$\bar{A}(t)=1-A(t) \tag{2-45}$$

式（2-44）是当前时刻接触网系统可用度，是一种瞬时可用度，其稳态的可用度表示为

$$A=\lim_{x\to\infty}A(t) \tag{2-46}$$

若接触网具有恒定的故障率 ρ 与修复率 μ，则接触网系统固有可用度（inherent availability）可表示为

$$A=\frac{\mu}{\rho+\mu}=\frac{\mathrm{MTBF}}{\mathrm{MTBF}+\mathrm{MTTFR}} \tag{2-47}$$

式中：MTBF 为平均故障间隔时间；MTTFR 为平均故障修复时间（Mean Time to Fault Repair）。接触网缺陷都是通过预防修对其进行消除的。开展预防修时，分别采用即时式的临时修和集中式的综合修来处理一级缺陷和二级缺陷。除了考虑故障修所带来的停电时间，若计及预防修带来的停电时间，可采用可达可用度（achieved availability）表征接触网可用性，即

$$A_{\mathrm{a}}=\frac{\mathrm{MTBM}}{\mathrm{MTBM}+\mathrm{MTTFR}+\mathrm{MTTPM}} \tag{2-48}$$

式中：MTBM 表示平均维修间隔时间（Mean Time Between Maintenance）；MTTPM 表示平均预防性维修时间（Mean Time to Preventive Maintenance）。

2.2.2 可用率与可用频率

可用率和可用频率是衡量高速铁路接触网可用性的指标。可用率（availabiltiy rate）定义为在某一时间段内，未发生故障的接触网划分单元数量除以划分单元总数，即

$$\mathrm{AR}=\frac{\bar{n}}{N} \tag{2-49}$$

式中：$\bar{n}$ 表示未发生故障的接触网划分单元数量；N 表示接触网划分单元总数。这里接触网划分单元可指供电臂或锚段。

不可用频率（un-availabiltiy frequency）定义为针对范围的接触网，单位时间内故障次数 n_{F} 除以运行总时间 T，即

$$U_{\mathrm{AF}}=\frac{n_{\mathrm{F}}}{T} \tag{2-50}$$

式中：n_{F} 表示故障次数；T 表示运行总时间。

供电臂停电频率（frequency to feeding section power down）定义为单位时间内供电臂停电次数 n_{PD} 除以运行总时间 T，即

$$\mathrm{FFSPD}=\frac{n_{\mathrm{PD}}}{T} \tag{2-50}$$

平均停电时间（Mean Time to Power Down）定义为除接触网维修天窗时间外，在某一时间段内，停电累计时间除以停电次数。

$$\mathrm{MTTPD}=\frac{\sum_{i=1}^{n_{\mathrm{PD}}}T_i}{n_{PD}} \tag{2-51}$$

式中：T_i 表示第 i 次的停电时间。高速铁路接触网实际运行时，停电致因有雷击跳闸、雾霾闪络等，参照式（2-50）和式（2-51）可定义平均雷击跳闸频率、平均雾霾闪络频率等可用性指标，此处不再赘述。

打弓也是接触网系统故障之一。锚段打弓频率（Frequency to Pantograph Hitting in Sections）定义为单位时间内各锚段打弓总次数除以运行总时间 T，即

$$\mathrm{FPHS}=\frac{n_{\mathrm{PH}}}{T} \tag{2-52}$$

式中：n_{PH} 表示打弓总次数；T 表示运行总时间。

2.2.3　设备及系统修复率与修复时间

修复率是接触网维修性的重要指标。接触网设备修复率（repair rate）可定义为故障修复时间达到时间 t 时，设备故障尚未修复，在该时刻之后的单位时间内完成修复的概率，记为 $\mu(t)$。若假设每种设备修复活动相互独立，则接触网系统修复率可表示为

$$\mu(t)=\sum_{i=1}^{n}\mu_i(t) \tag{2-53}$$

式中：$\rho(t)$ 表示接触网系统修复率；n 表示接触网系统包含的设备种类数量；$\mu_i(t)$ 表示第 i 类设备的修复率。

式（2-53）是针对故障修提出的一种维修性指标，在 2.2.1 节中还定义了平均故障修复时间（MTTFR），MTTFR 也是衡量故障修的维修性指标。需指出，接触网一旦发生故障，在最短的时间内消除故障是运营维护部门的首要目标。因此，可以把故障修复时间理解为故障持续时间。

如前面所述，接触网缺陷是通过预防修对其进行消除的，这里的预防修是一种计划式的维修。类似地，可以定义一级缺陷修复率（Repare Rate to Level1-Defects），即一级缺陷修复时间达到时间 t 时，设备缺陷尚未修复，在该时刻之后的单位时间内完成修复的概率，记为 $\mu_{\mathrm{d1}}(t)$。针对某个一级缺陷，可通过临时形式的预防修对其进行修理。

临时修时间（TTTR，Time to Temporary Repair）除了修理该缺陷的直接时间，即一级缺陷修复时间（TT1D，Time to Level1-Defects），还包含临时修修复的间接时间，即天窗外的管理时间（MT，Management Time）和天窗内的准备时间（ST，Set-up Time），因此，可采用下式表示：

$$\mathrm{TTTR}_i = \mathrm{TT1D}_i + \mathrm{MT}_i + \mathrm{ST}_i \quad (i = 1, \cdots, n) \tag{2-54}$$

式中：i 表示第 i 个一级缺陷；n 表示一级缺陷总数。因此，一级缺陷临时修的总时间为

$$\mathrm{TTTR} = \sum_{i=1}^{n} \mathrm{TTTR}_i \tag{2-55}$$

特别地，当一级缺陷修复率为常数时，有

$$\mu_{\mathrm{d1}} = \frac{1}{\mathrm{TT1D}} \tag{2-56}$$

二级缺陷是通过集中式预防修对其进行修理，通常是针对批量二级缺陷开展计划形式的综合维修。针对单次综合修，综合修时间（TTCR，Time to Comprehensive Repair）除了修理该批二级缺陷的直接时间，即二级缺陷修复时间，也包括综合修修复的间接时间。因此，综合修时间可采用下式表示：

$$\mathrm{TTCR}_j = \mathrm{TT2D}_j + \mathrm{MT}_j + \mathrm{ST}_j \quad (j = 1, \cdots, m) \tag{2-56}$$

式中：TTCR_j 表示第 j 次综合修时间；m 表示综合修总数；MT_j 表示第 j 次综合修的管理时间；ST_j 表示第 j 次综合修的准备时间；$\mathrm{TT2D}_j$ 表示第 j 次综合修修理所有二级缺陷所花的时间。

令 n_{2D} 表示单次综合修二级缺陷总数，则平均二级缺陷修复时间为

$$\overline{\mathrm{TT2D}} = \frac{\mathrm{TT2D}}{n_{\mathrm{2D}}} \tag{2-57}$$

2.2.4 事故率

事故率是最常用的衡量高速铁路接触网安全性的指标之一。事故率（Accident Rate）可以定义为高速铁路接触网运行过程中，每年每百正线条公里事故发生的数量 n_{A} 与乘客或运营管理人员数量 N_{p} 之比，即

$$\mathrm{AcR} = \frac{n_{\mathrm{A}}}{N_{\mathrm{p}}} \tag{2-58}$$

表 2-1 给出了我国高速铁路接触网安全指标水平。

表 2-1　每百正线条公里接触网安全指标

对象	事故率/年每百条公里
乘客	2.79×10^{-7}
运营管理人员	5.4×10^{-5}

2.3　高速铁路接触网承受的载荷

运行中，高速铁路接触网要承受来自电压、电流、运行工况及气候环境等的机械载荷和电气载荷。接触网设备及零部件必须有足够高的可靠性以承受机械和电气的作用。接触网可靠性要求可采用下式描述：

$$载荷\cdot\gamma_1 \leqslant 强度/\gamma_s \tag{2-59}$$

式中：γ_1 表示载荷分项系数；γ_s 表示强度分项系数。这里，载荷（load）是接触网所承受的机械载荷和电气载荷的统称；强度（strength）指接触网能够承受所有载荷的程度。如果接触网可靠性满足上述不等式条件，就可满足基本设计要求。下面以机械载荷为例。

接触悬挂借助于腕臂支持装置悬挂到支柱上，在悬挂点处，通过悬吊或定位零件与支持装置连接，支持装置及其零部件则承受着由接触悬挂带来的垂向、纵向及径向作用力，我们把这些力称为机械载荷（mechanical load），本小节称为载荷。载荷作用在零部件上会引起应力、应变及变形等载荷效应。静载荷（static load）引起的效应通常不会发生变化，它一般可用正态分布描述。最简单的一种情况是，零部件在载荷力 F 作用下，在计算截面上产生应力（工作应力）S，两者之间呈线性关系，即

$$S = kF \tag{2-60}$$

式中：k 为与零部件几何参数有关的常数。

垂向静载荷主要由接触线、承力索、吊弦、线夹、弹性吊索等接触悬挂自重产生，因此又将其称为自重载荷（gravity load）。自重与接触悬挂设备及零部件的规格、尺寸等相关。接触悬挂单位长度自重载荷表达式为

$$G' = m'g \tag{2-61}$$

式中：g 表示重力加速度；m' 表示单位长度质量，单位为 kg/m，可将接触线、承力索、吊弦、线夹等看作一个整体，采用平均悬挂间距进行计算，EN 50149：2012、EN 50182：2006 给出了不同接触线、承力索等设备及零部件的 m' 值。

德国铁路标准 250 km/h 和 330 km/h 接触网系统 G' 的计算值分别为 18 N/m 和 23 N/m。需指出，当悬挂点高度不同时，作用在接触线和承力索上的张力在悬挂点处也会产生垂直的反作用分力，该力可以采用力矩平衡方法计算，在该悬挂点处的静载荷为自重载荷与反作用力的叠加，即

$$F_{\mathrm{G}} = G'(l_1 + l_{\mathrm{r}})/2 + H[(NH - NH_1)/l_1 + (NH - NH_{\mathrm{r}})/l_{\mathrm{r}}] \tag{2-62}$$

式中：NH 表示该悬挂点相对于轨平面的高度；NH_1 表示左侧相邻悬挂点相对于轨平面的高度；NH_{r} 表示右侧相邻悬挂点相对于轨平面的高度；H 表示张力；l_1 为左侧相邻跨距长度；l_{r} 为右侧相邻跨距长度。显然，如果悬挂点高度相等，则张力的反作用力为零。

纵向静载荷主要为导线张力，它是由接触网结构设计确定的，当接触线和承力索采用自动张力补偿时，张力近似恒定。根据接触线规格，我国 250 km/h 和 350 km/h 高速铁路接触线与承力索的额定工作张力如表 2-2 所示。

表 2-2 我国 250 km/h 和 350 km/h 高速铁路接触线与承力索的额定工作张力

速度等级	线索	横截面面积/mm^2	额定工作张力/kN
250 km/h	铜合金接触线	150	25
		120	20
	铜合金绞线承力索	120	20
350 km/h	铜合金接触线	150	30
		120	15
	铜合金绞线承力索	120	21
		95	15

事实上，线索材料的允许应力是计算张力的基础，它决定了最大允许张力。如果接触线最大允许抗拉强度为 σ_{per}，截面面积为 A，则最大允许张力 H_{conper} 可采用下面公式计算：

$$H_{\mathrm{conper}} = \sigma_{\mathrm{per}} A \tag{2-63}$$

根据 GB 32578，运行状态下接触线最大允许抗拉强度的计算如下：

$$\sigma_{\mathrm{per}} = n\sigma_{\min} k_{\mathrm{temp}} k_{\mathrm{wear}} k_{\mathrm{wind}} k_{\mathrm{ice}} k_{\mathrm{eff}} k_{\mathrm{clamp}} k_{\mathrm{joint}} \tag{2-64}$$

式中：n 为安全系数，一般不大于 0.65；$\sigma_{\min}$ 为接触线最小抗拉强度；k_{temp} 为最高工作温度系数，表征最大运行温度与允许拉伸应力之间的关系；k_{wear} 为最大允许磨损系数，

表征导线截面的磨损比例；k_{wind} 为风载荷作用系数；k_{ice} 为冰载荷作用系数；k_{eff} 为张力补偿装置效率系数；k_{clamp} 为终端锚固线夹效率系数；k_{joint} 为因焊接接头造成抗拉强度降低的系数。

运行状态下承力索绞线最大允许工作张力为

$$H_{conper} = nH_{B\min} k_{temp} k_{wind} k_{ice} k_{eff} k_{clamp} k_{load} \tag{2-65}$$

式中：$H_{B\min}$ 表示承力索绞线的最小破坏拉断力；k_{load} 表示作用在承力索上各种附加载荷的影响系数，但是不考虑吊弦作用的影响；其他系数与公式（2-64）中含义相同。公式（2-64）和（2-65）中系数的建议值详见 GB/T 32578—2016。

径向静载荷是因导线在悬挂点处改变方向引起的。导致方向变化的原因有拉出值形成的横向位移、线索在曲线区段布置、至锚固点或补偿装置的横向偏移等。不同的原因导致在悬挂点处产生的径向静载荷大小也不同。当为中间柱支持装置时，若悬挂点相邻跨距相等且为 l，同时拉出值也相等且为 b，则在直线区段悬挂点的径向静载荷可采用下式计算：

$$F_R = \frac{4Hb}{l} \tag{2-66}$$

式中：H 表示张力。

在曲线区段悬挂点的径向静载荷为

$$F_R = \frac{Hl}{R} \tag{2-67}$$

式中：R 表示曲线半径。根据腕臂支持装置在线路中的作用划分，除了中间柱支持装置还有转换柱支持装置、中心柱支持装置，其相对应的径向静载荷的计算方法类似，本书不再详述。除了上述静载荷，附加载荷（additional load）也是定值，它与施工工艺、临时锚固、起重设施等活动相关，用于保障人身安全和结构安全。

运行中的接触网会反复受到高速运动的受电弓接触压力的作用，同时还可能受到风或冰载荷，以及由于断线或作用在线索上的力的减少而引起的偶然载荷（transient load）的影响，这些载荷可能是交变的或是冲击的，我们称之为动载荷（dynamic load），亦称为可变载荷（variable load）。动载荷引起的效应会随时间发生变化，可用正态分布或对数正态分布描述动载荷。

弓网接触力是对接触线施加的垂直方向的移动载荷（moving load），它包括静态力、空气动力和动态分力，记为 F_C，它的表达式为

$$F_C = F_s + F_a + F_{dc} \tag{2-68}$$

式中：F_s 表示静态力；F_a 表示空气动力；F_{dc} 表示动态分力。F_s 是在升弓装置的作用下，弓头向上施加在接触线上的垂直力。在受电弓弓头上下运动的工作范围内，静态力应保持不变，但由于连接处摩擦导致上下运动之间静态力略有差别。根据 EN 50367：2020 和 IRS 70015，交流牵引供电系统的弓网静态力一般设置为 70 N，投运后可视情况调整为 60 ~ 90 N。F_a 是由于受电弓部件周围的空气流动而作用在受电弓上的附加垂向力，它取决于在当前速度上的空气动力作用以及受电弓形状。F_{dc} 是由弓网振动特性、车辆运行状态和线路质量引起的分力。若把接触悬挂和受电弓当成一个振动整体，弓线接触点的当量质量在振动下会产生惯性力，此外，接触悬挂和受电弓在结构上都是弹性系统，弓线接触后还会产生弹性力，它由接触网的弹性系数和弓头弹簧刚度决定。因此，接触线上如分段绝缘器的单个离散质量会引起较大的动态分力，对于过大的弓头弹簧刚度，接触线微小的振动都会引起弹性力较大的变化。F_C 可通过测量弓网内力、滑板上加速度引起的惯性力和空气动力进行估算，亦可运用有限元法进行弓网仿真模拟。GB/T 32578—2016、EN 50119：2020 给出了不同速度等级弓网接触压力允许的最大值，如表 2-3 所示。

表 2-3　弓网接触压力允许的最大值

电流制式	速度等级	最小弓网接触压力/N	最大弓网接触压力/N
交流	<200 km/h	>0	300
	>200 km/h	>0	350

2.4　零部件可靠性设计原理及其设计方法

2.4.1　零部件性能退化与失效

接触网零部件所受应力 S 与其承受的机械载荷、工作温度、几何参数、材料参数、时间等相关。其一般表达式为

$$S = f(L,T,G,M,t,m) \tag{2-69}$$

式中：L 表示零部件承受的工作载荷；T 表示工作温度；G 表示零部件几何参数，包括尺寸及形状特征；M 表示零部件材料参数，包括泊松比、弹性模量、热膨胀系数等；t 表示时间；m 表示其他影响因素参数。由于这些参数的随机性，应力 S 也是随机变量，具有分布特性。

当应力 S 超过了零部件当时状态下的极限承受能力时，零部件失去执行其预期功能的能力，即失效。因此，接触网零部件失效分析需要识别其承受的应力，以及这些应力如何激发各种失效机理。

接触网零部件失效大致可分为退化失效（degradation failure）和突变失效（catastrophic failure）。随着工作时间的延续，所有服役零部件的性能会逐渐退化，这是由于在服役过程中零部件承受着循环应力；同时，自然环境中不同程度含有腐蚀性灰尘、雾或气体等活性物质，使零部件处于腐蚀环境中；此外，相互连接的零部件的接触表面可能会发生机械磨损或电化学作用。当零部件性能退化到一定程度时，便发生失效，称之为退化失效。考虑到上述工况，接触网零部件的失效机理（failure mechanisms）主要有疲劳、腐蚀以及相对运动零部件接触表面的机械与电气磨损。典型的失效模式（failure modes）有悬吊零件断裂、连接零件磨损等，其失效影响（failure effects）主要表现为零部件表面的损伤，严重的会引发接触网运行参数（如导高、接触压力）等发生变化。

接触网零部件的退化失效属于损耗型失效，可通过选择与零部件寿命和可靠度相关的物理量（称为性能特征量），并采用定量的数学模型描述其随时间变化的过程，从而刻画零部件失效过程，描述这一过程的数学模型称为性能退化过程模型，性能特征量亦称为退化量（degradation indicator）。确定退化量是性能退化过程建模的前提，对于接触网零部件而言，退化量的确定与运行过程中接触网零部件检测监测的方法或加速寿命试验的设计方案紧密相关。

零部件性能退化过程可用退化曲线描述，如图 2-7 所示。从图中可看出，当失效刚刚发生时，性能退化往往不明显，即零部件损伤比较轻微，退化量大都是无法被检测出来的。当退化量可被检测时，此时的失效称为潜在失效，发生潜在失效的零部件性能已经下降，但一般仍可正常使用。若不对潜在失效的零部件进行修理，随着工作时间的延续，潜在失效会进一步转化为功能失效，而潜在失效转变为功能失效的时间，称为 P-F 间隔（Potential-Functional interval）。当功能失效发生时，零部件完全丧失其规定的功能。可以看出，上述过程中失效判据的建立十分重要，我们需要明晰零部件在潜在失效和功能失效状态下的性能要求，找出合适的退化量及失效阈值。《高速铁路接触网运行维修规则》中规定了在役接触网设备及零部件的技术要求，可作为失效阈值的判断依据。

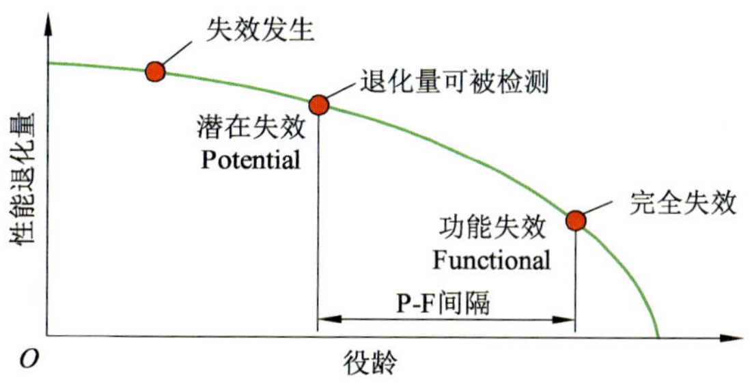

图 2-7　接触网零部件性能退化的 P-F 曲线

探明接触网零部件性能退化的过程就是建立退化量的分布函数。由于分布函数与时间有关，故性能退化过程是一个随机过程，记为 $\{X(t),t\geqslant 0\}$ 。

设 $X(t)$ 是零部件在时间的退化量取值，零部件性能要求为 Ω ，则零部件可靠度可定义为

$$R(t)=P\{X(\tau)\in\Omega,0\leqslant\tau\leqslant t\} \tag{2-70}$$

与式（2-1）定义不同，式（2-70）定义的可靠度为性能可靠度，即对零部件在规定时间和规定条件下退化量满足性能要求的概率。进一步，零部件寿命可定义为

$$T=\inf\{t:X(\tau)\notin\Omega,0\leqslant\tau\leqslant t\} \tag{2-71}$$

突变失效是零部件在受拉、压、剪、扭等外力作用下，其某一危险截面上的应力超过零部件的强度极限而发生断裂，或者零部件上的应力超过了材料的屈服极限而产生残余变形，从而引发的失效，如大风作用下接触线舞动引起的定位器变形，异常弓头冲击引起的零部件断裂等。接触网设备及其零部件之间的绝缘强度不够时，如覆盖碳粉的分段绝缘器绝缘滑道的绝缘性能下降，会发生电火花或电弧的放电现象，导致零部件材料损失，造成由电蚀磨损的失效。此外，低温的脆化与高温的变形，也会导致零部件金属结构的损伤。需要指出，实际情况经常是几种失效机理的综合作用，彼此之间相互竞争。

为了防止或缓解接触网零部件失效，可通过可靠性设计提升零部件可靠性水平，实现零部件可靠性增长。可靠性设计是可靠性工程的一个重要分支，零部件、设备或系统的可靠性很大程度取决于设计的合理性。一旦完成了设计，其可靠性增长的工作就结束了。制造安装阶段所能做的质量控制是为了保证固有可靠性不会降低。

2.4.2 零部件可靠性主要内容与原理

高速铁路接触网零部件可靠工作是实现弓网稳定受流的关键，零部件不但要具备悬吊、连接、支撑等功能，满足机械、电气性能指标要求，还要具有高可靠性和较长的使用寿命；既要经受得住极端温度、大风、降雨、霜雪、雷电、太阳辐射、覆冰和环境污染等复杂环境的考验，也要能抵抗高速受电弓对接触网的冲击以及由此引起的振动疲劳，还要能长期允许大载流量。为保证高速接铁路触网零部件的可靠性，在机械和电气上，零部件要具备足够的强度，具有抗疲劳、电接触稳定可靠等特点；从材质上讲，需具备耐腐蚀性。紧固件还可防松、防脱。

接触网零部件的可靠性包括固有可靠性（inherent reliability）和运行可靠性（operational reliability）。固有可靠性与其设计、制造、安装等各个环节紧密相关。设

计是保证零部件可靠性最重要的环节，因为它为可靠性水平奠定了先天性的基础，决定着零部件的固有可靠性。接触网零部件可靠性设计是结合零部件可靠性试验及可靠性数据的统计与分析，提出可供实际设计计算用的数学模型，以便在设计阶段规定其可靠性指标，估计设备及零部件在规定载荷条件下和寿命周期内的可靠度，预测零部件的性能状态或寿命。

对高速铁路接触网零部件进行可靠性设计时，必须从接触网设备、系统的角度出发，把单个零部件放到设备中去，在确保高速铁路接触网设备乃至系统整体功能和性能最优的前提下，对单个零部件进行可靠性设计。高速铁路接触网零部件可靠性设计内容主要包括以下几个方面：

（1）失效模式、影响及危害性分析。

依据高速铁路接触网系统及设备故障、零部件失效记录，进行失效模式、影响及危害性分析，明晰接触网零部件不同的失效模式、影响及危害程度。

（2）零部件性能退化过程建模及寿命预测。

依据零部件性能退化试验数据，使不同的失效机理模型化，如疲劳、磨损、腐蚀、老化等失效机理对应的退化过程的建模，从而对寿命进行预测。

（3）接触网可靠性指标确定。

根据高速铁路接触网技术性能要求，确定系统、设备及零部件可靠性指标，如可靠度、失效率、平均失效间隔弓架次等。

（4）可靠性指标值分配。

确定系统可靠性指标量值，并将其合理地分配给设备及零部件，确定相应的可靠性指标值。

（5）以可靠性指标值为依据进行可靠性设计。

把规定的可靠性指标值直接设计到零部件的有关参数中，使它们能够保证可靠性指标值的实现。

基于高速铁路接触网零部件的结构尺寸、承受载荷等设计变量和参数都具有变动性和统计特性这一客观事实，零部件可靠性设计应将它们作为随机变量考虑，以概率和统计方法为基础，因此零部件可靠性设计方法是概率设计方法。用概率设计方法进行可靠性设计的原理是认为接触网零部件有一定的强度，如果作用在该零部件上的应力超过了其强度，则会导致零部件失效（failure），这一原理称为应力-强度分布干涉。决定强度的因素，如材料性能、尺寸效应、表面质量等均为随机变量，同样作用在零部件上的应力也都是随机变量。这里“应力”和“强度”并不只限于传统机械系统中的应力与强度，而是更广义的概念。应力是指任何能导致失效的因素，而强度指任何能阻止失效的因素。因此，接触网零部件失效分析需要识别其承受的应力，以及这些应力如何激发各种失效机理。

为了便于表示，将施加于零部件上的载荷引起的载荷效应，统称为零部件所受的工作应力（stress），简称应力，用 S 表示；零部件能够承受这种应力的程度，统称为零部件的强度（strength），用 δ 表示。接触网零部件的强度和工作应力可视为相互独立的随机变量且呈分布状态。

强度和应力具有相同的量纲，因此可以将它们的概率密度函数 $g(\delta)$ 和 $f(S)$ 表示在同一个坐标系中。欲使零部件可靠地工作，必须满足 $\delta - S > 0$。但由于零部件强度值与应力值的离散性，使 $g(\delta)$ 和 $f(S)$ 的曲线在一定条件下可能相交，这个相交的区域就是零部件可能出现失效的区域，称为干涉区。干涉区的面积越小，零部件的可靠度就越高；反之，可靠度越低。通过设计可使零部件的强度远大于其应力而使 $g(\delta)$ 和 $f(S)$ 的曲线不相交，如图 2-8 左侧所示。零部件在工作初期，在正常工作条件下，强度总是大于应力，是不会发生失效的，即

$$P(S > \delta) = 0 \tag{2-72}$$

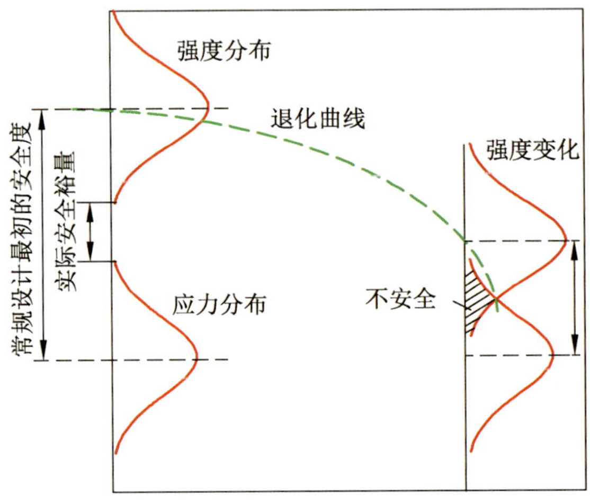

图 2-8 应力、强度分布曲线的相互关系

然而，随着工作时间的延续，零部件在受电弓的长期作用下，强度分布也会随着时间而变化，应力与强度的概率密度函数曲线会发生干涉，如图 2-8 右侧所示，虽然应力均值仍小于强度均值，但不能绝对保证应力在任何情况下都不大于强度，即

$$P(S > \delta) > 0 \tag{2-73}$$

那么，当应力超过强度时，零部件发生失效。应力大于强度的全部概率为失效概率（failure probability），亦称干涉概率（interference probability），用下式表示：

$$F = P(S > \delta) \tag{2-74}$$

若应力与强度概率密度函数已知，失效概率可采用概率密度函数联合积分法确定，即

$$F = 1 - \int_{-\infty}^{\infty} f(S)\left[\int_{S}^{\infty} g(\delta)\mathrm{d}\delta\right]\mathrm{d}S = 1 - \int_{-\infty}^{\infty} g(\delta)\left[\int_{-\infty}^{\delta} f(S)\mathrm{d}S\right]\mathrm{d}\delta \tag{2-75}$$

则可靠度为

$$R = \int_{-\infty}^{\infty} f(S)\left[\int_{S}^{\infty} g(\delta)\mathrm{d}\delta\right]\mathrm{d}S = \int_{-\infty}^{\infty} g(\delta)\left[\int_{-\infty}^{\delta} f(S)\mathrm{d}S\right]\mathrm{d}\delta \tag{2-76}$$

由上述的应力-强度分布干涉原理可知，计算零部件的失效概率和可靠度，首先应该确定应力分布与强度分布。

2.4.3　零部件机械静强度与疲劳强度可靠性设计

高速铁路接触网零部件大都是机械零件，因此，机械可靠性设计是零部件可靠性设计最重要的环节。高速铁路接触网零部件机械可靠性设计主要涉及静强度可靠性设计、疲劳强度可靠性设计等。

1. 静强度可靠性设计

接触网零部件的静强度指标有强度极限、屈服极限，1.2 节介绍了高速铁路接触网不同设备的一些主要零部件使用的材料，表 2-4 给出了这些材料的强度指标。

表 2-4　高速铁路接触网主要零部件材料的强度极限与屈服极限

材料	材质	强度极限/MPa	屈服极限/MPa
铝合金	AlSi7Mg0.3	≥260	≥200
	AlSi7Mg0.6	≥290	≥240
	6082	≥290	≥250
铜及铜合金	T2	≥230	≥160
	CuNi2Si	≥550	≥430
钢	Q235B	≥370	≥185
	12Cr18Ni9	≥490	≥205

接触网零部件机械静强度可靠性设计的步骤如下：

（1）规定详细指标。

明确需要设计的高速铁路接触网零部件技术性能参数与静强度可靠度要求。各类零部件技术性能参数可详见 TB/T 2075—2020，规定的零部件静强度可靠度一般大于 0.999 999。

（2）确定零部件有关设计变量及参数。

高速铁触网零部件所受应力与机械载荷、工作温度、几何参数、材料参数、时间等相关，可采用下式表述：

$$S = f(L,T,G,M,t,m) \tag{2-77}$$

式中：L 表示零部件承受的工作载荷；T 表示工作温度；G 表示零部件几何参数，包括尺寸及形状特征；M 表示零部件材料参数，包括泊松比、弹性模量、热膨胀系数等；t 表示时间；m 表示其他影响因素参数。因此，在机械可靠性设计时，零部件几何参数、材料参数直接影响零部件所受应力，设计它们的参数时要满足零部件技术性能要求。需要说明的是，由于这些参数具有随机性，故应力 S 是随机变量，具有分布特性。当应力 S 超过了零部件当时状态下的极限承受能力时，零部件失去执行其预期功能的能力。

（3）分析失效模式、影响及危害度。

失效模式、影响及危害度分析(Failure Mode, Effects and Criticality Analysis, FMECA)是一种以失效模式为基础、以影响或后果为目标的可靠性分析技术。利用 FMECA 技术分析确定零部件的失效模式是否相互独立。若相互独立，则一种失效模式下的应力与强度分布的确定不受其他失效模式影响；否则，应对受到影响的失效模式下的应力与强度加以修正。

（4）分析零部件危险点的应力状态。

零部件危险点可能同时承受正应力和切应力，而处于复杂应力状态，即单向、二向和三向应力状态，应力状态分析即分析危险点的主应力和最大切应力。由于危险点复杂应力状态单元体的 3 个主应力可以有多种组合，通过实验建立强度条件十分困难。高速铁路接触网零部件多采用铝合金、铜合金材料。大量实验表明这类材料符合第四强度理论，可以采用 Von-Mises 等效应力 σ_e 建立强度条件。σ_e 定义为

$$\sigma_e = \sqrt{\frac{1}{2}[(\sigma_1-\sigma_2)^2+(\sigma_2-\sigma_3)^2+(\sigma_3-\sigma_1)^2]} \tag{2-78}$$

式中：$\sigma_1,\sigma_2,\sigma_3$ 表示 3 个主应力且 $\sigma_1 \geqslant \sigma_2 \geqslant \sigma_3$。

应力状态分析具体步骤如下：首先，将需要进行可靠性设计的零部件放到相应的设备中去，建立整体设备的三维有限元模型，该模型由所有构件的有限元模型组成，并通过接触关系来等效各零部件之间的相互作用。然后，同时加载静、动载荷，静动载荷的确定方法可参考 2.3 节，几何参数、材料参数等根据零部件材料和制造工艺确定。这里需要说明的是，零部件所受的应力是静动载荷多次作用的载荷效果，应考虑多次作用载荷中最大载荷作用下对应的应力状态。最后，通过有限元仿真计算危险点处的 Von-Mises 等效应力，将其作为应力 S。

（5）确定每种失效模式下的应力分布。

采用蒙特卡罗模拟法把影响应力的变量：机械载荷、工作温度、几何参数、材料参数的分布综合成应力分布。具体地，首先，将公式（2-77）中变量及参数表示为随机变量 $X_1,X_2,\cdots,X_n$，结合接触网的运行工况以及零部件制造工艺、设计参数等情况，确定每一个随机变量的概率密度函数 $f(X_i)$ 和累积分布函数 $F(X_i)$。然后，对每一个随机变量产生[0, 1]区间内服从均匀分布的伪随机数数列 $RN_{X_{ij}}$：

$$RN_{X_{ij}}=F(X_{ij})=\int_{-\infty}^{X_{ij}}f(X_i)\mathrm{d}X_i \tag{2-79}$$

式中：i 表示随机变量的标号；j 表示模拟次数的标号，$j=1,2,\cdots,1\,000$ 或更大。因此，对于每一个影响应力的变量，每模拟一次即可得到一组伪随机数 X_{ij}，根据公式（2-79），可得到伪随机数与应力的关系表达式：

$$S_j=f(X_{1j},X_{2j},\cdots,X_{nj}) \tag{2-80}$$

使模拟次数 $j\geqslant 1\,000$，利用有限元仿真计算，可得应力值 $S_1,S_2,\cdots,S_{1\,000},\cdots$。最后，做出应力 S 的直方图并试图用正态分布、对数正态分布、威布尔分布、伽马分布等常用分布拟合直方图，进行 χ^2 检验，得到拟合性最好的一种分布作为接触网零部件危险点的应力分布。

（6）确定每种失效模式下的静强度分布。

虽然表 2-4 给出了主要材料的强度指标，但由于材料性能具有离散性，材料的强度极限、屈服极限等可用正态分布描述，而正态分布的均值和标准差需要通过试验获取。零部件的强度与其材料强度有差别，需要用适当的强度系数修正材料强度，例如尺寸系数、应力集中系数、表面质量系数等。当然，直接用接触网零部件做拉伸、压缩、滑动等可靠性试验得出的强度分布，无须修正。

（7）确定每种失效模式下与应力分布和强度分布相关的可靠度。

当零部件只有一种失效模式时，仅需按这一种失效模式根据公式（2-76）计算其可靠度。应力与强度分布为典型的正态分布、对数正态分布、指数分布、威布尔分布时，可采用解析法计算其可靠度。若应力与强度分布为一般分布，则可采用蒙特卡罗模拟法求可靠度，实际做法是：从应力分布中随机抽取一个应力值，再从强度分布中随机冲去一个强度值，然后将这两个样本进行比较，如果应力大于强度，失效；反之，可靠。每一次随机模拟相当于对一个随机抽取的零部件进行一次试验，通过大量重复的随机抽样及比较，就可得到零部件总失效数，从而可以求得零部件失效概率的近似值。若零部件不止一种失效模式，设 n 为可能失效模式数，R_i 为第 i 种失效模式下的可靠度，则零部件的整个可靠度为

$$R=R_1\cdot R_2\cdots R_n \tag{2-81}$$

这时，任何一种失效模式出现时零部件即失效。接触网运行时，往往某种失效模式最可能发生，这种失效模式的发生概率最高而其下的可靠度最低，若用 $R_{i(\min)}$ 表示，则零部件的整个可靠度为

$$R = R_{i(\min)} \tag{2-82}$$

2. 疲劳强度可靠性设计

零部件断裂造成的接触网故障多由反复作用的循环应力引起的疲劳破坏所致，是零部件材料长时间累积损伤形成的，其发生破坏的最大应力水平低于极限静强度和屈服极限。因此，接触网零部件疲劳强度可靠性须考虑时间因素，以应力-强度-时间模型为基础开展设计。*S-N* 曲线是反映材料疲劳强度的特性曲线，它在疲劳强度可靠性设计中非常重要。对于钢材材质的零部件材料，其 *S-N* 曲线的右半部分为水平线段，水平线段的起点称为疲劳循环基数，其相应的应力水平为疲劳极限。一般情况下钢材的疲劳循环基数为 10^7 次。然而，由于高铁接触网零部件多为铜合金、铝合金等有色金属材料，这些材料的 *S-N* 曲线没有水平段，当曲线渐趋平坦时，常常以 10^8 次以上的循环次数作为疲劳循环基数，如表 2-5 所示。此时疲劳循环基数对应的最大应力为疲劳极限。表 2-6 给出了高速铁路接触网主要零部件的对称循环疲劳极限。

表 2-5　高速铁路接触网主要零部件的有色金属材料的疲劳循环基数

	材质	疲劳循环基数/次
铝合金	AlSi7Mg0.3	5×10^8
	AlSi7Mg0.6	5×10^8
	6082	5×10^8
铜及铜合金	T2	3×10^8
	CuNi2Si	10^8

表 2-6　高速铁路接触网主要零部件材料的对称循环疲劳极限

	材质	疲劳极限/MPa
铝合金	AlSi7Mg0.3	90
	AlSi7Mg0.6	110
	6082	97
铜及铜合金	T2	115
	CuNi2Si	135
钢	Q235B	250

在高速铁路接触网实际运行中，接触网零部件承受的是非对称循环的交变应力，因此，零部件的疲劳可靠性设计需要采用零部件的疲劳极限线图。然而，绘制零件的疲劳极限线图必须掌握若干不同不对称系数 r 的疲劳极限试验数据。由于高速铁路接触网零部件众多，直接对它们开展大范围的疲劳试验，费用极高。因此，考虑将零部件材料标准试样的疲劳极限线图转化为具体零部件的疲劳极限线图。材料的疲劳极限分布 $(\bar{\sigma}_{\mathrm{r}},s_{\sigma_{\mathrm{r}}})$ 和零件的极限分布 $(\bar{\sigma}_{\mathrm{re}},s_{\sigma_{\mathrm{re}}})$ 有如下关系：

$$(\bar{\sigma}_{\mathrm{re}},s_{\sigma_{\mathrm{re}}})=\frac{(\bar{\varepsilon},s_{\varepsilon})(\bar{\beta},s_{\beta})}{(\bar{K}_{\sigma},s_{K_{\sigma}})}(\bar{\sigma}_{\mathrm{r}},s_{\sigma_{\mathrm{r}}}) \tag{2-83}$$

式中：$(\bar{\varepsilon},s_{\varepsilon})$ 为尺寸系数的分布；$(\bar{\beta},s_{\beta})$ 为表面加工系数的分布；$(\bar{K}_{\sigma},s_{K_{\sigma}})$ 为有效应力集中系数的分布。

常用的疲劳极限线有古德曼直线、谢联先折线、索德贝尔格直线、莫罗直线等。由于铝合金、铜合金等高速铁路接触网零部件材料属于延性材料，采用古德曼直线进行可靠性设计时，会保守一些，且简单方便。非对称交变应力下零部件疲劳强度条件可采用下式表述：

$$\frac{\sigma_{-1\mathrm{e}}}{\sigma_{\mathrm{ae}}}=\frac{\sigma_{-1\mathrm{e}}}{\sigma_{\mathrm{a}}+\varphi_{\sigma\mathrm{e}}\sigma_{\mathrm{m}}}=\frac{\sigma_{-1}/K_{\sigma\mathrm{e}}}{\sigma_{\mathrm{a}}+\dfrac{\varphi_{\sigma}}{K_{\sigma\mathrm{e}}}\sigma_{\mathrm{m}}}\geqslant[n]=n_{\mathrm{s}}n_{1} \tag{2-84}$$

式中：σ_{a} 表示零部件工作应力幅值；σ_{m} 表示零部件的平均工作应力；σ_{ae} 表示非对称循环应力 σ_{a}、σ_{m} 的相当对称应力幅；$\sigma_{-1\mathrm{e}}$ 表示对称循环下零部件的疲劳极限；$\varphi_{\sigma\mathrm{e}}$ 表示零部件的古德曼折算系数；σ_{-1} 表示对称循环下的材料疲劳极限；φ_{σ} 表示材料的古德曼折算系数；$K_{\sigma\mathrm{e}}$ 表示疲劳降低系数；$[n]$ 表示许用安全系数；n_{s} 表示强度安全系数，可取 1.1；n_{1} 表示应力安全系数，考虑到承受载荷的冲击性，可取 1.5。其中，疲劳降低系数可以通过下式估计：

$$K_{\sigma\mathrm{e}}=\frac{\bar{K}_{\sigma}}{\bar{\varepsilon}}+\frac{1}{\bar{\beta}}-1 \tag{2-85}$$

正常工况下，高速铁路接触网零部件的工作应力完全满足式（2-84）给出的疲劳强度条件。以铝合金腕臂装置的支撑连接器为例，它的材料为 AlSi7Mg0.3，材料的疲劳极限是 90 MPa。在 350 km/h 运行速度下，经过仿真分析，支撑连接器的平均工作应力约为 15 MPa，应力幅约为 12 MPa，它的应力集中系数可取 1.5，表面加工系数和尺寸系数取 1。容易验证，对称循环下零部件的疲劳极限与非对称条件下相当对称应力幅的比值接近许用安全系数的 2.5 倍。因此，高速铁路接触网零部件的疲劳可靠性可借助零部件疲劳极限线图采用无限寿命可靠性设计方法进行设计。具体步骤如下：

（1）规定详细指标。

明确需要设计的高速铁路接触网零部件技术性能参数与疲劳强度可靠度要求。各类零部件技术性能参数可详见 TB/T 2075—2020，规定的零部件疲劳强度可靠度可选为 0.999。

（2）确定零部件有关设计变量及参数。

根据零部件的功能要求，选择零部件材料，确定零部件形状、尺寸、表面加工工艺等参数。

（3）绘制零部件疲劳极限线图。

根据需要进行零部件材料的疲劳可靠性设计，绘制零部件材料的古德曼疲劳极限线图。一般情况下，古德曼均值直线的可靠度为 0.5。然后，依据零部件有关设计变量，利用式（2-83）将材料的古德曼疲劳极限线图转化为零部件的疲劳极限线图。

（4）确定零部件危险点的复合疲劳应力分布。

根据高速铁路接触网承受的交变应力特征，确定不对称系数 r 的值。采用静强度可靠性设计步骤（4）和（5）的方法，确定零部件危险点复合疲劳应力分布。

（5）确定零部件疲劳强度分布。

根据零部件的古德曼直线，在恒定不对称系数下，复合疲劳强度为

$$S_{\mathrm{f}}=(S_{\mathrm{a}}^{2}+S_{\mathrm{m}}^{2})^{\frac{1}{2}} \tag{2-86}$$

式中：S_{a} 表示恒定不对称系数直线与古德曼直线交点所对应的应力幅值；S_{m} 表示恒定不对称系数直线与古德曼直线交点所对应的平均应力。

（6）依据复合疲劳应力分布和疲劳强度分布确定可靠度。

根据建立的复合疲劳应力分布和疲劳强度分布，采用静强度可靠性设计步骤（7）的方法，利用应力-强度干涉模型，计算可靠度 R。验证计算出的可靠度是否满足给定要求。

2.4.4 电气接续件电接触可靠性设计

电气接续件包括电连接类零部件和接头连接线夹等，它们的电接触可靠性是减少电能传输损失的重要保证。在电接触可靠性设计中，电接触失效的判据是接触处温度超过线索允许的最高工作温度，而温升是电流流经接触面产生的热效应导致的。接触面热源温升 ΔT 与热量 Q 的关系可用下式表述：

$$\Delta T=T_{\mathrm{m}}-T_{0}=\frac{Q}{cm} \tag{2-87}$$

式中：m 表示热源质量；c 表示比热容；T_0 表示环境温度；T_m 表示热源实测温度。热量 Q 是由电流 I 流过接触面接触电阻 R_c 产生的，R_c 可用下式表示：

$$R_c=\left(\frac{\rho}{2n}\sqrt{\frac{\varsigma\pi H}{F}}\right)+\frac{2\rho_p dH}{nF}+\frac{\rho_e}{n_c\alpha}+\frac{\rho_e}{2\alpha'} \tag{2-88}$$

式中：左侧括号内第一项为收缩电阻，其中，ρ 表示接续件金属的电阻率，n 表示接触面接触元件（斑点）的个数，ς 表示形变修正系数，考虑到接触面一部分接触元件发生弹性形变时，要通过修正系数进行修正，H 表示接触面上金属硬度，F 表示单个接触元件的接触力；第二项为污染膜层电阻，ρ_p 表示污染膜的电阻率，d 表示膜厚度；第三项为元件群电阻，由接触元件群的形状决定，其中，ρ_e 表示收缩电阻与膜电阻的等效电阻率，即 $\rho_e=\rho[1+4\rho_p d/(\rho\pi a)]$，$a$ 表示元件半径，n_c 表示接触面内元件群数量，α 表示元件群平均半径；第四项为视在接触区域的等效电阻，α' 表示可视接触区域的等效半径。不难发现，接触电阻与接触元件数量、电阻率、接续件硬度、接触形状、视在接触面积等参数相关。显然，当设计的接续件接触面几何和选用的材料不同时，上述参数便不同。在工程上接触元件数量、接触形状等很难获取，一般利用经验的幂函数形式表示接触电阻，即

$$R_c=K\left(\frac{N}{ES}\right)^{-d} \tag{2-89}$$

式中：N 表示接触面的正压力；E 表示接续件材料的弹性模量；S 表示视在接触面积；K 表示与电阻率和硬度相关的辅助系数。考虑到接触网电气接续件一般采用铜及铜合金材料，它们符合威德曼-弗朗兹定律，因此接触面的温升可表示为

$$T_m^2-T_0^2=\frac{U_c^2}{4L}=\frac{R_c^2}{4L}I^2 \tag{2-90}$$

式中：L 为威德曼-弗朗兹常数；U_c 为接触面电压降。当接触面的温升使接续件硬度急剧下降时，此时的电压降称为软化电压，铜的软化电压为 0.12 V，对应的软化温度为 180 °C，电接触也就失效了。为保证电接触的可靠性，需要设计合适的接续件结构，使接触面具有较小的接触电阻。在电热循环下，接触面温度不超过线索允许的最高工作温度。电接触可靠性设计的步骤如下：

（1）规定详细指标。

规定详细的高速铁路接触网电气接续件技术性能指标、可靠度。这里可靠度指电接触的可靠度，即在正常工作条件下，$T_m<T_{mm}$ 发生的概率，其中，T_{mm} 为电接触最高允许的使用温度。对于铜质电气接续件，可取 T_{mm} 为 95 °C。

（2）确定接续件有关设计变量及参数。

由式（2-88）可知，接触电阻与接触元件数量、电阻率、接续件硬度、接触形状、视在接触面积有关。接触元件数量及接触形状难以确定，故可将接续件电阻率、硬度、粗糙度（与接续件表面加工相关）、视在接触面积（与结构尺寸相关）作为设计参数，而接触面正压力、膜电阻率等与运行工况和环境紧密相关。这些参数都具有随机性，因此，接触电阻 R_c 和温度 T_m 也都是随机变量。当温度 T_m 超过 T_{mm} 或接触电阻 R_c 大于等长线索电阻 R_{cm} 时，电接触失效。

（3）失效影响因素分析。

利用 FMEA 方法，分析电连接类零部件、接头连接线夹等不同接续件电接触失效的影响因素，如腐蚀、氧化、接触面正压力（接触载荷）、振动频率与幅值、相对湿度等因素。

（4）定义电接触可靠性意义下的安全系数。

定义最高允许使用温度 T_{mm} 和电热循环试验后实测接触面最大温度 T_m 之比为电接触的温度安全系数：

$$n_T = \frac{T_{mm}}{T_m} \tag{2-91}$$

定义等长线索电阻值和电热循环试验后实测接触电阻值之比为电接触的接触电阻安全系数：

$$n_c = \frac{R_{cm}}{R_c} \tag{2-92}$$

显然，安全系数 n_T 和 n_c 都为随机变量。电接触的可靠度可采用下式计算：

$$R = \min[P(n_T > 1), P(n_c > 1)] \tag{2-93}$$

（5）确定在不同电接触失效因素作用下的 T_m 分布和 R_m 分布。

在不同的失效因素下，采用 TB/T 2074—2020 中电热循环试验方法，利用热电偶和电压-电流法测量温度和接触电阻，做出它们的直方图并用正态分布进行拟合，即 $T_m \sim N(\bar{T}_m, \sigma_{T_m}^2)$，$R_{\mathbf{m}} \sim N(\bar{R}_{\mathbf{c}}, \sigma_{R_c}^2)$。

（6）定义最高允许的使用温度 T_{mm} 的分布和等长线索电阻值 R_{cm} 的分布。

假设线索最高允许的使用温度和等长线索自身电阻值也服从正态分布，即 $T_{mm} \sim N(\bar{T}_{mm}, \sigma_{T_{mm}}^2)$，$R_{cm} \sim N(\bar{R}_{cm}, \sigma_{R_{cm}}^2)$。

（7）计算可靠度：

$$R = \min\left[\Phi\left(\frac{\bar{T}_{mm} - \bar{T}_m}{\sqrt{\sigma_{T_{mm}}^2 + \sigma_{T_m}^2}}\right), \Phi\left(\frac{\bar{R}_{cm} - \bar{R}_c}{\sqrt{\sigma_{R_{cm}}^2 + \sigma_{R_c}^2}}\right)\right] \tag{2-94}$$

式中：Φ 为正态分布函数。由此可见，可通过接续件电阻率、硬度、粗糙度、视在接触面积等参数的设计，在不同影响因素的作用下尽量缩小接触电阻和温升的离散性，即降低标准差，从而提高电接触可靠度。

2.4.5 金属材料防腐蚀可靠性设计

腐蚀是金属材料与外界环境间发生化学或电化学反应而引起的伤损现象，它会降低接触网零部件强度，引发断、裂等失效。根据是否考虑应力作用，可将接触网零部件腐蚀形式分为均匀腐蚀和局部腐蚀两种。均匀腐蚀是指零部件表面材料在大气中发生全面的整体腐蚀，大气的相对湿度（雾、雨量）、污染程度（例如，H_2S、SO_2、Cl^- 的含量，酸、碱、盐杂质颗粒等）、温差等不同，腐蚀程度也不同。通常用腐蚀量表征均匀腐蚀的程度。典型的腐蚀量包括单位面积上金属材料损失的质量、产生腐蚀物的质量、腐蚀面积所占百分比、腐蚀深度等。由于高铁接触网零部件主要为铝合金、铜合金等金属材料，铝合金材料在大气中容易生成一层致密的三氧化二硫氧化膜，能阻止其进一步被氧化，但在碱性介质或 Cl^- 含量较高的潮湿空气中不耐腐蚀；铜合金材料在大气中具有较好的抗腐蚀能力，但当大气中含有酸性颗粒时，也容易被腐蚀。因此，针对零部件在不同条件下的使用情况，需对零部件表面进行相界表面的防腐处理，以减缓零部件的均匀腐蚀。具体地，针对铝合金材料，有钝化、阳极氧化、微弧氧化等表面转化膜法；针对铜合金材料，主要有光饰和络合致钝方法等物理或覆盖层保护法。若考虑均匀腐蚀的影响，在进行零部件结构设计时，需要在特定腐蚀速率下留取一定的裕量，即腐蚀裕量，以确保受腐蚀的零部件具备足够的强度。这里，腐蚀速率是指单位时间内的腐蚀量，通常可采用试验方法进行测定。局部腐蚀包括点腐蚀、缝隙腐蚀、电偶腐蚀、应力腐蚀等。应力腐蚀是由残余应力或外加应力导致应变和腐蚀联合作用所产生的破坏，它是接触网零部件腐蚀的主要形式。影响应力腐蚀的因素除了其服役的大气环境（Cl^- 含量、温度、含氧量、H_2S 含量等），还包括应力水平、点蚀位置、零部件结构及装配形式等。通常用腐蚀与惰性环境下材料强度指标的对比结果表征应力腐蚀的敏感程度。综上所述，金属材料防腐蚀的可靠性设计本质上是零部件机械可靠性设计，只不过在确定强度分布时需考虑腐蚀的影响。具体步骤如下：

（1）规定详细指标。

规定详细的高速铁路接触网防腐蚀性能指标、可靠度。

（2）确定零部件防腐蚀的有关设计变量及参数。

零部件防腐蚀可靠性的设计变量及参数除了材料本身的性能参数与结构尺寸、形状外，还应考虑材料表面覆层、膜层的参数以及结构的连接形式等，如转化膜层厚度、附着力、孔隙率、硬度等。采用不同的相界表面处理方法，转化膜层的参数也不同。

铸造或锻造的铝合金零部件，如承力索座、定位支座、拉线固定钩等，一般采用钝化处理，以提高材料表面氧化膜厚度，通常不低于 10 μm；挤压材质的铝合金零部件主要采用阳极氧化处理，如平腕臂、斜腕臂、定位管、定位器等，硬质阳极氧化膜厚度可达 25 ~ 150 μm，硬度可达 250 ~ 500 kg/mm^2；而微弧氧化处理可对膜层微观结构进行调整，孔隙率低，耐腐蚀性更好。针对污染特别严重区段的铜合金零部件，可采用络合致钝方法，其生成的转化膜附着力强。在进行结构设计时，零部件之间连接应尽量简单，避免残留腐蚀介质，产生缝隙腐蚀；同一部件应尽量采用相同材质，防止电偶腐蚀；零部件表面应保证光滑，减少污染物附着，如绝大部分铜合金零部件采用光饰防腐。

（3）失效影响因素分析。

利用 FMEA 方法，分析接触网零部件腐蚀失效的影响因素，包括 Cl^-含量、空气湿度及湿润时间、SO_2 浓度等，从而依据影响因素确定盐雾试验、应力腐蚀试验中的试验参数，如氯化钠溶液浓度、雾化作用时间、应变速度等。

（4）分析零部件危险点的应力状态及确定每种失效模式下的应力分布。

参照静强度可靠性设计步骤（5）方法，确定每种失效模式下的应力分布。

（5）确定污染条件下零部件强度分布。

强度分布要考虑不同的失效模式，通过机械可靠性试验建立。但在试验过程中，还需考虑腐蚀介质的作用，进行应力腐蚀试验。根据载荷施加的方式，可通过慢应变速率方法建立材料的强度极限、屈服极限、疲劳强度的分布。慢应变速率方法是在受控的盐雾试验中，以恒定不变的、相当缓慢的应变速度把载荷加到经过相界表面处理的零部件上去，直到零部件断裂。

（6）可靠度计算。

利用应力-强度干涉模型，计算可靠度。

2.5 高速铁路接触网系统可靠性分配

如第 1 章所述，高速铁路接触网系统是由不同设备及零部件装配而成的复杂可修系统。因此，高速铁路接触网系统的可靠性不仅与各设备、零部件的可靠性有关，还与设备及零部件的装配方式有关。

本书 2.1 节已阐述，设备及系统的故障分为内因故障（渐发故障）和外因故障（突发故障）。接触网系统在各种载荷作用下，零部件性能逐步退化，系统的可靠度也逐步下降。当零部件出现功能失效状态时，则导致接触网发生内因故障。外因故障则是由外部运行环境引起的故障。

接触网系统可靠性设计可以采用可靠性分配方法，即根据高速铁路接触网的运行要求，确定系统的可靠性指标，然后对组成接触网系统的设备和零部件进行可靠性分配，再采用 2.4 节的方法，对相应的零部件进行可靠性设计。

高速铁路接触网零部件大都是不可修的，它们的失效率符合浴盆曲线，即在偶然失效阶段为常数。由于零部件失效的发生往往都是独立的，可以利用 AGREE 分配法进行高速铁路接触网的可靠性分配。

明确高速铁路接触网系统的范围及设备组成，针对给定的接触网系统，定义系统中第 i 类零部件的复杂度为：该类接触网零部件在给定接触网系统中的数量 N_i 与系统中所有零部件的数量 N 之比，即

$$\frac{N_i}{N}=\frac{N_i}{\sum N_i} \tag{2-95}$$

定义系统中第 i 类零部件的重要度 F_i 为：该类零部件失效引起设备或系统故障的概率。这里，故障概率可根据接触网系统以往的运行经验采用下式进行估计：

$$F_i(T)=1-\mathrm{e}^{\left[-\int_0^T \rho_i(t)\mathrm{d}t\right]} \tag{2-96}$$

式中：$\rho_i(t)$ 为第 i 类零部件失效造成系统出现故障的故障率，它可根据零部件失效率，利用式（2-31）进行估计；T 为接触网系统运行时间。

按照 AGREE 分配法，高速铁路接触网系统第 i 类零部件分配的失效率 λ_i 和分配的可靠度 $R_i(t)$ 分别为

$$\lambda_i=\frac{N_i[-\ln R_\mathrm{s}(T)]}{NF_i(T)T} \tag{2-97}$$

$$R_i=1-\frac{1-[R_\mathrm{s}(T)]^{N_i/N}}{F_i(T)} \tag{2-98}$$

式中：$R_\mathrm{s}(T)$ 为接触网系统工作时间 T 的可靠度。

第3章 单弓-网系统模型与分析

3.1 接触网静力学模型

3.1.1 接触网静力学模型建立

接触网虽然有不同的结构，但本质都是将承力索悬挂于悬挂点之间，然后通过吊弦将接触线悬挂于承力索之上。由于接触线和承力索的截面尺寸与跨距相比十分微小，因而在计算中可以不考虑截面的抗弯刚度。在接触线被单受电弓（单弓）抬升的位置，可以使用分布力来体现受电弓滑板对接触线抬升的作用。虽然接触线需要承受比较大的张力，但是受电弓的抬升受到严格限制，因此接触线的应力和应变符合线性关系。基于以上特性，可以使用悬索模型对接触线和承力索进行受力分析。

悬索结构是一种张力结构，它以一系列受拉的索作为主要承重构件，通过索的轴向拉伸来抵抗外力作用，可以最充分地利用索材料的强度。悬索结构的基本平衡微分方程为

$$S\frac{\mathrm{d}^2 y}{\mathrm{d}x^2}+q=0 \tag{3-1}$$

式中：S 为悬索拉力；q 为悬索上在载荷；y 为悬索位移。

该方程的物理意义是：索曲线在某点的二阶导数与作用在该点的竖向荷载集度成正比。式（3-1）基本平衡微分方程的解为

$$y=\frac{M(x)}{S} \tag{3-2}$$

式中：M（x）为具有相同边界条件的简支梁的弯矩方程。

当悬索两端支座不等高时，悬索的曲线方程为

$$y=\frac{M(x)}{S}+\frac{c}{l}x \tag{3-3}$$

式中：c 为两端支座的高差；l 为两端支座的距离。

一个带多个集中载荷和均布载荷的悬索如图 3-1 所示。

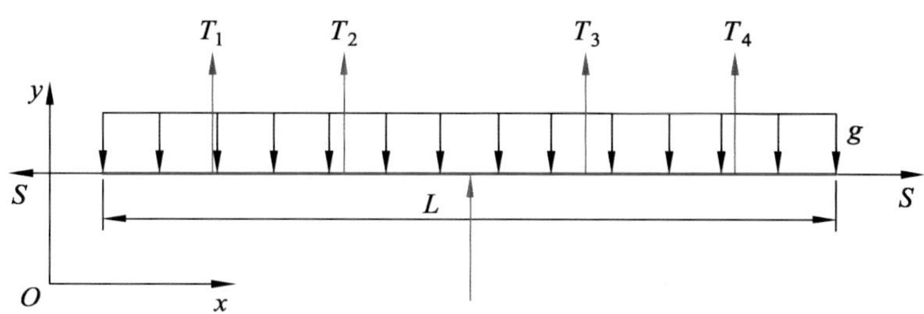

图 3-1 带多个集中载荷和均布载荷的悬索

均布载荷 g 造成的位移为

$$y_g=\frac{gx^2}{2S}-\frac{gL}{2S}x \tag{3-4}$$

$2N+1$ 个集中载荷，每个集中载荷作用位置坐标为 L_i，造成的位移为

$$y_T=\left(-\frac{\sum_{i=1}^{2N+1}T_iL_i}{SL}+\frac{\sum_{i=1}^{2N+1}T_i}{S}\right)x\text{，}\quad 0\leqslant x\leqslant L_n \tag{3-5}$$

$$y_T=\frac{\sum_{i=1}^{n-1}T_iL_i}{S}+\left(-\frac{\sum_{i=1}^{2N+1}T_iL_i}{SL}+\frac{\sum_{i=n}^{2N+1}T_i}{S}\right)x\text{，}\quad L_{n-1}\leqslant x\leqslant L_n \tag{3-6}$$

因此，这个带多个集中载荷和均布载荷的悬索位移为

$$y=\frac{\sum_{i=1}^{n-1}T_iL_i}{S}+\left(-\frac{\sum_{i=1}^{2N+1}T_iL_i}{SL}+\frac{\sum_{i=n}^{2N+1}T_i}{S}\right)x+\frac{gx^2}{2S}-\frac{gL}{2S}x\text{，}\quad L_{n-1}\leqslant x\leqslant L_n \tag{3-7}$$

接触网可以使用悬索模型进行受力分析，下面将使用悬索模型对简单链形悬挂系统和弹性链形悬挂系统分别进行受力分析。静态抬升情况下的简单链形悬挂系统模型如图 3-2 所示。

图 3-2 中，F_{ia} 和 F_{ib} 为第 i 跨左右两侧支柱对承力索的抬升力，$i=1,2,\cdots,M$，M 为模型内的跨距数；T_j 为第 j 吊弦的拉力，L_j 为第 j 吊弦所在位置的水平坐标，y_j 为第 j 吊弦所在位置的接触线的坐标，$j=1,2,\cdots,MN$，N 为每跨的吊弦数；L 为模型中接触线长度，Len_i 为第 i 个跨距的接触线长度。S_{j} 为接触线水平拉力，S_{c} 为承力索水平拉力。

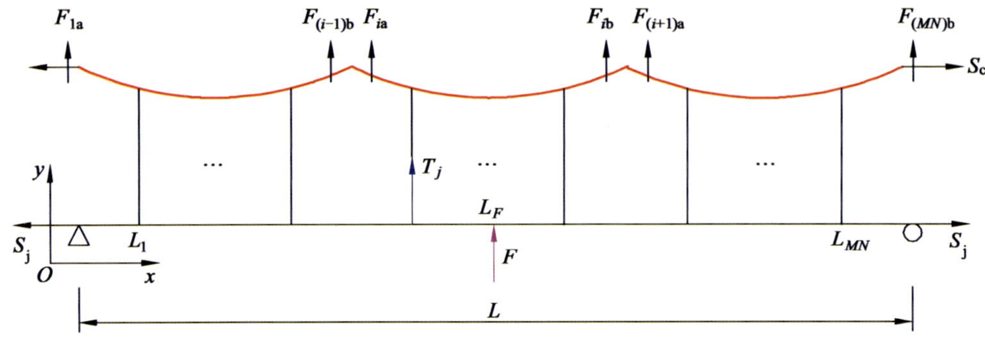

图 3-2　静态抬升情况下的简单链形悬挂模型

建立简单链形悬挂系统模型的目的是计算单弓抬升力 F 作用前后接触线的抬升量，即Δy_{j}。根据叠加原理，F 作用前后，接触线的抬升量Δy_{j}仅跟 F_{ia}、F_{ib}、T_j 的变化量ΔF_{ia}、ΔF_{ib}、ΔT_j 相关。因此，需建立Δy_{j}与ΔF_{ia}、ΔF_{ib}、ΔT_j 之间的数学关系。

由前文分析可知，在接触网变形的计算中可以忽略接触线和承力索的抗弯刚度。不考虑抗弯刚度，集中载荷会使接触线和承力索的吊弦连接处和受电弓抬升处出现折线，而不是实际情况中的曲线。为了避免这一情况，将抬升力 F 和 T_j 的变化量ΔT_j 由图 3-3 中的集中载荷替换成图 3-4 中的分布载荷。图 3-4 中的 l_j 和 l_F 为接触线上集中载荷ΔT_j 和 F 转换成分布载荷后的分布长度。

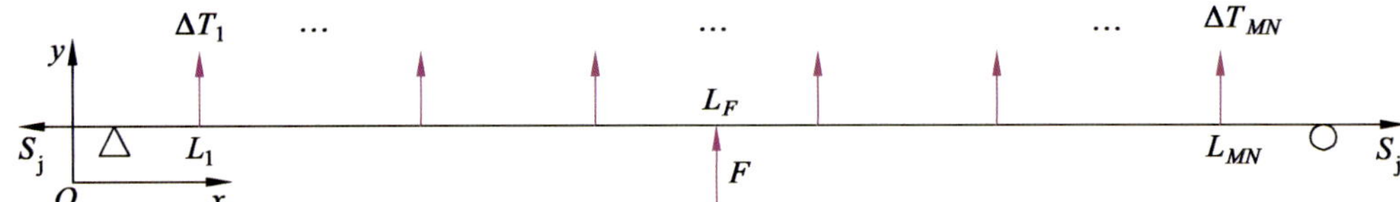

图 3-3　集中力作用时的接触线受力情况

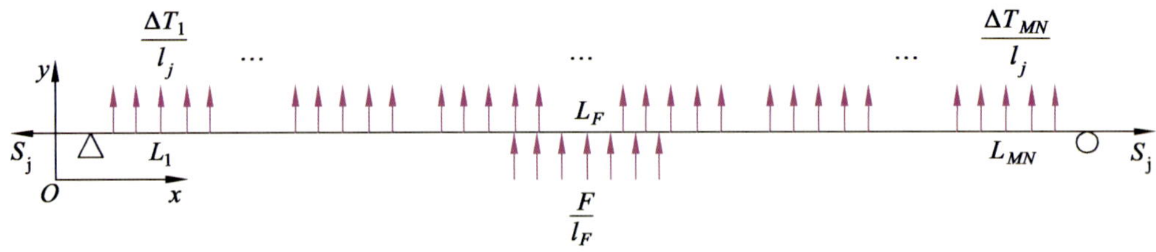

图 3-4　分布力作用时的接触线受力情况

由式（3-5）和式（3-6）可得

$$S_{\mathrm{j}}\Delta y_1=\left(-\frac{\sum_{i=1}^{MN+1}\Delta T_i L_i}{L}+\sum_{i=1}^{MN+1}\Delta T_i\right)L_1-\frac{\Delta T_1 l_j}{8} \tag{3-8}$$

$$S_{\mathrm{j}}\Delta y_n=\sum_{i=1}^{MN+1}\Delta T_i\left(1-\frac{L_i}{L}\right)L_n-\sum_{i=1}^{n-1}\Delta T_i(L_n-L_i)-\frac{\Delta T_n l_j}{8}，\ 1<n<MN+1 \tag{3-9}$$

$$S_{\mathrm{j}}\Delta y_{MN+1}=\sum_{i=1}^{MN+1}\Delta T_i\left(1-\frac{L_i}{L}\right)L_{MN+1}-\sum_{i=1}^{MN}\Delta T_i(L_{MN+1}-L_i)-\frac{\Delta T_{MN+1}l_j}{8} \tag{3-10}$$

求和中出现 $MN+1$ 项是因为 F 被计入，因此对应 L_i 为 F 作用位置的坐标 L_F。在求解过程中需要将 F 对应项分离出来。

考虑模型中某一跨承力索的受力，当分布力作用时，吊弦受力情况如图 3-5 所示。与接触线一样考虑分布力作用的情况，ΔT_{ij} 表示第 i 跨第 j 吊弦拉力的变化量。根据悬索曲线方程有

$$S_{\mathrm{c}}\Delta y_{i1}=\Delta F_{i\mathrm{a}}L_{i1}-\frac{\Delta T_{i1}l_{\mathrm{c}}}{8} \tag{3-11}$$

$$S_{\mathrm{c}}\Delta y_{in}=\Delta F_{i\mathrm{a}}L_{in}-\sum_{j=1}^{n-1}\Delta T_{ij}(L_{in}-L_{ij})-\frac{\Delta T_{in}l_{\mathrm{c}}}{8} \tag{3-12}$$

$$\Delta F_{i\mathrm{a}}Len_i-\sum_{j=1}^{N}\Delta T_{ij}(Len_i-L_{ij})=0 \tag{3-13}$$

式中：Len_i 为第 i 跨的长度；L_{ij} 为第 i 跨第 j 吊弦的坐标；Δy_{in} 为第 i 跨第 n 吊弦处承力索的抬升量。

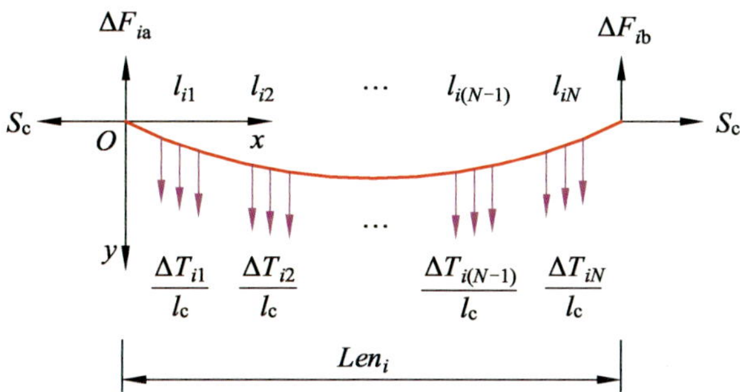

图 3-5　分布力作用时的吊弦受力情况

由（3-13）可得

$$\Delta F_{i\mathrm{a}}=\sum_{j=1}^{N}\Delta T_{ij}(1-L_{ij}/Len_i) \tag{3-14}$$

将（3-14）代入式（3-11）和式（3-12）中可得

$$S_{\mathrm{c}}\Delta y_{i1}=L_{i1}\sum_{j=1}^{N}\Delta T_{ij}(1-L_{ij}/Len_{i})-\frac{\Delta T_{i1}l_{\mathrm{c}}}{8} \tag{3-15}$$

$$S_{\mathrm{c}}\Delta y_{in}=L_{in}\sum_{j=1}^{N}\Delta T_{ij}(1-L_{ij}/Len_{i})-\sum_{j=1}^{n-1}\Delta T_{ij}(L_{in}-L_{ij})-\frac{\Delta T_{in}l_{\mathrm{c}}}{8} \tag{3-16}$$

通过方程（3-8）~（3-10）和方程（3-15）~（3-16）可以求解出Δy_j与ΔT_j。具体求解方法如下：

由方程（3-8）~（3-10）可得

$$S_{\mathrm{j}}[\Delta Y_{\mathrm{j}}]=([ML_1]-[ML_2]-[I]l_j/8)[\Delta T]+F(1-L_{\mathrm{F}}/L)[VL]-F[VL_1] \tag{3-17}$$

式中：$[\Delta Y_{\mathrm{j}}]$和$[\Delta T]$是分别由Δy_{j}与ΔT_j构成的列向量，$[I]$是单位矩阵。

$$[ML_1]_{MN\times MN}=\begin{bmatrix} L_1(1-L_1/L) & L_1(1-L_2/L) & L_1(1-L_3/L) & \cdots & L_1(1-L_{MN}/L) \\ L_2(1-L_1/L) & L_2(1-L_2/L) & L_2(1-L_3/L) & \cdots & L_2(1-L_{MN}/L) \\ L_3(1-L_1/L) & L_3(1-L_2/L) & L_3(1-L_3/L) & \cdots & L_3(1-L_{MN}/L) \\ \vdots & \vdots & \vdots & & \vdots \\ L_{MN}(1-L_1/L) & L_{MN}(1-L_2/L) & L_{MN}(1-L_3/L) & \cdots & L_{MN}(1-L_{MN}/L) \end{bmatrix}$$

$$[ML_2]_{MN\times MN}=\begin{bmatrix} 0 & 0 & 0 & \cdots & 0 \\ L_2-L_1 & 0 & 0 & \cdots & 0 \\ L_3-L_1 & L_3-L_2 & 0 & \cdots & 0 \\ \vdots & \vdots & \vdots & & \vdots \\ L_{MN}-L_1 & L_{MN}-L_2 & L_{MN}-L_3 & \cdots & 0 \end{bmatrix}$$

$[VL]_{MN\times 1}=[L_1\ \ L_2\ \ \cdots\ \ L_{MN}]^{\mathrm{T}}$，$MN$个吊弦所在位置的坐标：

$$[VL_1]_{MN\times 1}=[0\quad \cdots\quad L_{\mathrm{r}}-L_F\quad L_{\mathrm{r}+1}-L_F\quad \cdots\quad L_{MN}-L_F]^{\mathrm{T}}$$

式中：L_{r}是F右侧最近吊弦所在位置的坐标。由方程（3-15）和（3-16）可得

$$S_{\mathrm{c}}[\Delta Y_{\mathrm{c}}]=([ML_3]-[ML_4]-[I]l_{\mathrm{c}}/8)[\Delta T] \tag{3-18}$$

式中：$[\Delta Y_{\mathrm{c}}]$和$[\Delta T]$是分别由Δy_{in}与ΔT_j构成的列向量，$[I]$是单位矩阵。

$$[ML_3]_{MN\times MN}=\begin{bmatrix} [ML_{3,1}] & & & & 0 \\ & [ML_{3,2}] & & & \\ & & [ML_{3,3}] & & \\ & & & \ddots & \\ 0 & & & & [ML_{3,M}] \end{bmatrix}$$

$$[ML_{3,i}]=\begin{bmatrix} L_{i1}(1-L_{i1}/Len_i) & L_{i1}(1-L_{i2}/Len_i) & L_{i1}(1-L_{i3}/Len_i) & \cdots & L_{i1}(1-L_{iN}/Len_i) \\ L_{i2}(1-L_{i1}/Len_i) & L_{i2}(1-L_{i2}/Len_i) & L_{i2}(1-L_{i3}/Len_i) & \cdots & L_{i2}(1-L_{iN}/Len_i) \\ L_{i3}(1-L_{i1}/Len_i) & L_{i3}(1-L_{i2}/Len_i) & L_{i3}(1-L_{i3}/Len_i) & \cdots & L_{i3}(1-L_{iN}/Len_i) \\ \vdots & \vdots & \vdots & & \vdots \\ L_{iN}(1-L_{i1}/Len_i) & L_{iN}(1-L_{i2}/Len_i) & L_{iN}(1-L_{i3}/Len_i) & \cdots & L_{iN}(1-L_{iN}/Len_i) \end{bmatrix}$$

$$[ML_4]_{MN\times MN}=\begin{bmatrix} [ML_{4,1}] & & & 0 \\ & [ML_{4,2}] & & \\ & & \ddots & \\ 0 & & & [ML_{4,M}] \end{bmatrix}$$

$$[ML_{4,i}]_{N\times N}=\begin{bmatrix} 0 & 0 & 0 & \cdots & 0 \\ L_{i2}-L_{i1} & 0 & 0 & \cdots & 0 \\ L_{i3}-L_{i1} & L_{i3}-L_{i2} & 0 & \cdots & 0 \\ \vdots & \vdots & \vdots & & \vdots \\ L_{iN}-L_{i1} & L_{iN}-L_{i2} & L_{iN}-L_{i3} & \cdots & 0 \end{bmatrix}$$

由图 3-4 和图 3-5 可以看出接触线的位移$[\Delta Y_{\mathrm{j}}]$和承力索的位移$[\Delta Y_{\mathrm{c}}]$的正方向相反，可得

$$[\Delta Y_{\mathrm{j}}]=-[\Delta Y_{\mathrm{c}}] \tag{3-19}$$

联立方程（3-17）、（3-18）和（3-19）有

$$\begin{aligned}&(([ML_1]-[ML_2]-[I]l_j/8)/S_{\mathrm{j}}+([ML_3]-[ML_4]-[I]l_{\mathrm{c}}/8)/S_{\mathrm{c}})[\Delta T]\\&=-F((1-L_F/L)[VL]-[VL_1])/S_{\mathrm{j}}\end{aligned} \tag{3-20}$$

求解方程（3-20），可以得到$[\Delta T]$，代回方程（3-17）可以得到$[\Delta Y_{\mathrm{j}}]$。

弹性链形悬挂系统结构示意图如图 3-6 所示。图中 l_{t} 为弹性吊索的长度，细线条为弹性吊索。由于弹性吊索拉力一般为 2 ~ 4 kN，而承力索拉力一般为 15 ~ 20 kN，所以以下计算忽略弹性吊索水平拉力对承力索水平拉力的影响。弹性吊索变形如图 3-7 所示。其中，ΔT_{c1}、Δy_{c1} 和 ΔT_{c2}、Δy_{c2} 为承力索与弹性吊索的连接处在抬升力作用前后垂直拉力的变化量和位移变化量；ΔT_{j1}、Δy_{j1} 和 ΔT_{j2}、Δy_{j2} 为接触线与弹性吊索吊弦的连接处在抬升力作用前后垂直拉力的变化量和位移变化量；ΔT_{t1}、Δy_{t1} 和 ΔT_{t2}、Δy_{t2} 为弹性吊索与弹性吊索吊弦的连接处在抬升力作用前后垂直拉力的变化量和位移变化量。参照简单链形悬挂系统部分垂直拉力的变化量和位移变化量的正方向，设定以下方程：

$$\Delta T_{\mathrm{t1}}=\Delta T_{\mathrm{j1}},\quad \Delta T_{\mathrm{t2}}=\Delta T_{\mathrm{j2}},\quad \Delta y_{\mathrm{t1}}+\Delta y_{\mathrm{j1}}=0,\quad \Delta y_{\mathrm{t2}}+\Delta y_{\mathrm{j2}}=0 \tag{3-21}$$

$$\Delta T_{c1} l_t = \Delta T_{t1}(l_t - l_{t2}/2) + \Delta T_{t2} \cdot l_{t2}/2 \tag{3-22}$$

$$\Delta T_{c2} l_t = \Delta T_{t1} \cdot l_{t2}/2 + \Delta T_{t2}(l_t - l_{t2}/2) \tag{3-23}$$

$$\Delta y_{t1} = \Delta y_{c1}(l_t - l_{t2}/2)/l_t + \Delta y_{c2}(l_{t2}/2)/l_t + \Delta T_{c1} \cdot l_{t2}/(2S_t) \tag{3-24}$$

$$\Delta y_{t2} = \Delta y_{c1}(l_{t2}/2)/l_t + \Delta y_{c2}(l_t - l_{t2}/2)/l_t + \Delta T_{c2} \cdot l_{t2}/(2S_t) \tag{3-25}$$

式中：S_t为弹性吊索水平拉力。

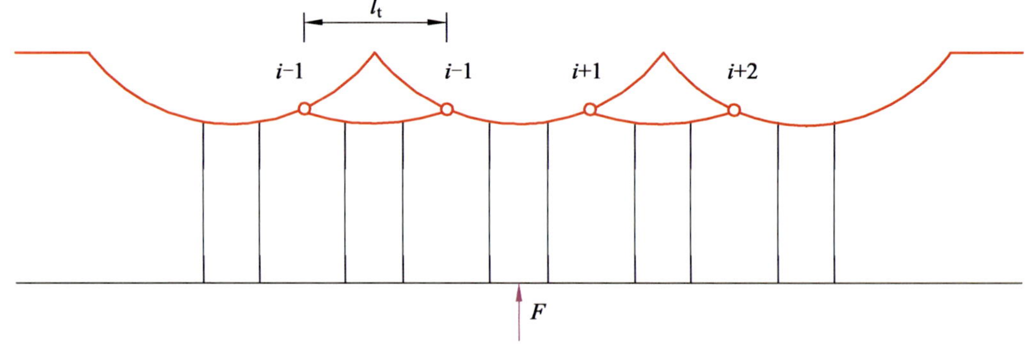

图 3-6　弹性链形悬挂结构示意图

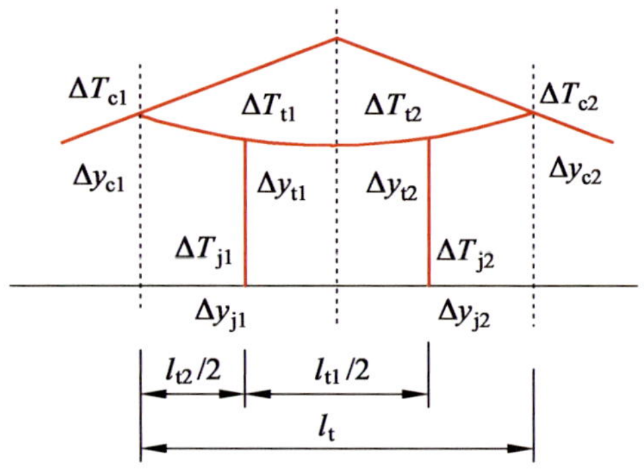

图 3-7　弹性吊索变形

由式（3-21）和式（3-22）、（3-23）可得

$$\Delta T_{c1} l_t = \Delta T_{j1}(l_t - l_{t2}/2) + \Delta T_{j2} \cdot l_{t2}/2 \tag{3-25}$$

$$\Delta T_{c2} l_t = \Delta T_{j1} \cdot l_{t2}/2 + \Delta T_{j2}(l_t - l_{t2}/2) \tag{3-26}$$

由式（3-21）和式（3-24）、（3-25）可得

$$\Delta y_{j1} = -\Delta y_{c1}(l_t - l_{t2}/2)/l_t - \Delta y_{c2}(l_{t2}/2)/l_t - \Delta T_{c1} \cdot l_{t2}/(2S_t) \tag{3-27}$$

$$\Delta y_{j2} = -\Delta y_{c1}(l_{t2}/2)/l_t - \Delta y_{c2}(l_t - l_{t2}/2)/l_t - \Delta T_{c2} \cdot l_{t2}/(2S_t) \tag{3-28}$$

将方程（3-25）~（3-28）与方程（3-8）~（3-10）、方程（3-15）~（3-16）与方程（3-19）联立可以求解出Δy_{j}与ΔT_{j}。

具体求解方法如下：由式（3-27）~（3-28）可知

$$\begin{bmatrix}\Delta y_{\mathrm{j1}}\\ \Delta y_{\mathrm{j2}}\end{bmatrix}=-[ML_5]\begin{bmatrix}\Delta y_{\mathrm{c1}}\\ \Delta y_{\mathrm{c2}}\end{bmatrix}-\frac{l_{\mathrm{t2}}}{2S_{\mathrm{t}}}\begin{bmatrix}\Delta T_{\mathrm{c1}}\\ \Delta T_{\mathrm{c2}}\end{bmatrix} \tag{3-29}$$

式中：$[ML_5]=\begin{bmatrix}\dfrac{l_{\mathrm{t}}-l_{\mathrm{t2}}/2}{l_{\mathrm{t}}} & \dfrac{l_{\mathrm{t2}}}{2l_{\mathrm{t}}}\\ \dfrac{l_{\mathrm{t2}}}{2l_{\mathrm{t}}} & \dfrac{l_{\mathrm{t}}-l_{\mathrm{t2}}/2}{l_{\mathrm{t}}}\end{bmatrix}$。

由式（3-19）和式（3-29）可得

$$[\Delta Y_{\mathrm{j}}]=-[ML_6][\Delta Y_{\mathrm{c}}]-[ML_7][\Delta T_{\mathrm{c}}] \tag{3-30}$$

式中：$[\Delta Y_{\mathrm{j}}]$是接触线上$[M(N+2)-2]$个吊弦（包含弹性吊索吊弦）连接处的垂直位移变化量；$[\Delta Y_{\mathrm{c}}]$是承力索上$[M(N+2)-2]$个吊弦（包含弹性吊索）连接处的垂直位移变化量；$[\Delta T_{\mathrm{c}}]$是承力索上$[M(N+2)-2]$个吊弦（包含弹性吊索）连接处的垂直拉力变化量。

$$[ML_6]_{[(M(N+2)-2]\times[M(N+2)-2]}=\begin{bmatrix}[I_1] & & & & & \\ & [ML_5] & & & & \\ & & [I_2] & & & \\ & & & \ddots & & \\ & & & & [ML_5] & \\ & & & & & [I_M]\end{bmatrix}$$

式中：$[I_k](k=1,\cdots,M)$为单位矩阵，维数为第k跨吊弦数目（不包含弹性吊索吊弦）。

$$[ML_7]_{[M(N+2)-2]\times[M(N+2)-2]}=\frac{l_{\mathrm{t2}}}{2S_{\mathrm{t}}}\begin{bmatrix}[0_1] & & & & & \\ & [I] & & & & \\ & & [0_2] & & & \\ & & & \ddots & & \\ & & & & [I] & \\ & & & & & [0_M]\end{bmatrix}$$

式中：$[0_k](k=1,\cdots,M)$为零矩阵，维数为第k跨吊弦数目（不包含弹性吊索吊弦）；$[I]$为 2 维（与弹性吊索吊弦数目一致）单位矩阵。

由式（3-27）~（3-28）可得

$$[\Delta T_{\mathrm{c}}]=[ML_6][\Delta T_{\mathrm{j}}] \tag{3-31}$$

式中：$[\Delta T_j]$是接触线上$[M(N+2)-2]$个吊弦（包含弹性吊索吊弦）连接处的垂直拉力变化量。联立方程有

$$\begin{aligned}&([ML_1]-[ML_2]-[I]\times l_j/8)/S_j+([ML_6]([ML_3]-\\&[ML_4]-[I]\times l_c/8)/S_c+[ML_7])[ML_6])\times[\Delta T_j]\\&=-F((1-L_F/L)[VL]-[VL_1])/S_j\end{aligned} \tag{3-32}$$

求解方程可以得到$[\Delta T_j]$，代回方程可以得到$[\Delta Y_j]$。

3.1.2 接触网静态抬升的计算

3.1.1 节介绍了简单接触网链形悬挂系统和弹性链形悬挂系统的静力学模型。为了进一步分析接触网静态特性，本节将计算接触网静态抬升、弹性以及弹性不均匀系数。

3.1.1 节中的简单链形悬挂系统模型和弹性链形悬挂系统模型都是一种平面模型，即只考虑接触悬挂垂直方向上的位移，忽略水平方向上的位移，这是因为前者远大于后者。但由于接触悬挂水平方向上的设计参数拉出值对接触网静态性能有一定的影响，因此，需要在模型中体现该参数的影响。斜链形悬挂系统模型如图 3-8 所示。

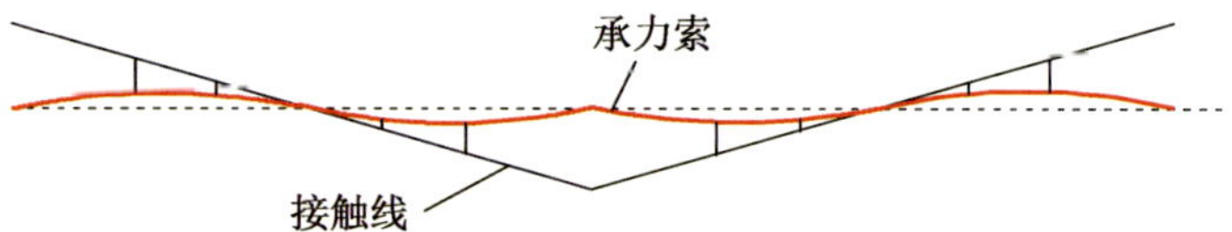

图 3-8　考虑拉出值情况下的斜链形悬挂系统模型

对于斜链形悬挂系统，由于接触线和承力索并不在一个平面内，因此产生了吊弦倾斜的现象。吊弦的受力如图 3-9 所示。其中，T_j 和 T_c 分别为接触线和承力索对吊弦的拉力；G_j，G_c 和 G_d 分别是接触线、承力索和吊弦的重量。

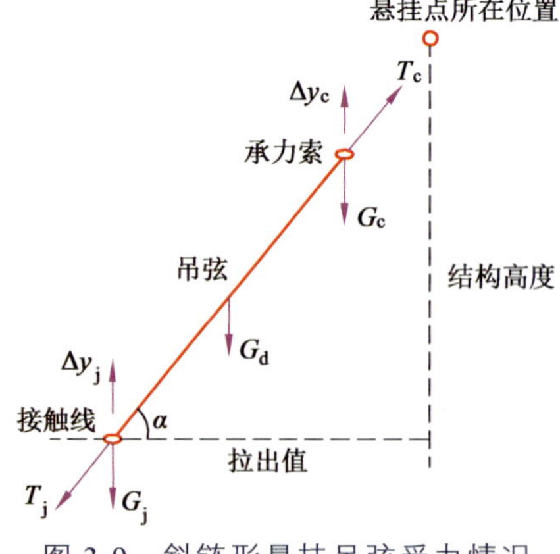

图 3-9　斜链形悬挂吊弦受力情况

由于吊弦倾角为 $0<\alpha<90°$，在接触线被受电弓抬升时，吊弦接触线端的垂直方向位移Δy_j大于吊弦承力索端的垂直方向位移Δy_c，同时吊弦传递的垂直方向的拉力也比没有拉出值时要小。对于斜链形悬挂，由于承力索与接触线没有同步拉出，故降低了承力索对悬挂系统弹性的贡献；而且接触线拉出值越大，吊弦倾角α越小，拉出值的影响越大。但是对于直链形悬挂，由于承力索与接触线的拉出值相同，因此不存在吊弦倾斜的现象。

拉出值对链形悬挂系统的影响除了吊弦倾斜的现象外还会使接触线在受电弓抬升力作用下产生垂直于线路方向上的弯曲变形。如图 3-10 所示，当受电弓抬升力作用在悬挂点 A 处时，接触线除了在线路方向上，即 a-a'方向上，产生弯曲变形外；还会在垂直于线路的方向上，即 b-b'方向上，产生弯曲变形。所以拉出值的存在增大了接触线的抗弯强度，减小了受电弓抬升力造成的接触线抬升。这种现象在直链形悬挂系统和斜链形悬挂系统都存在，而且在悬挂点处最明显。

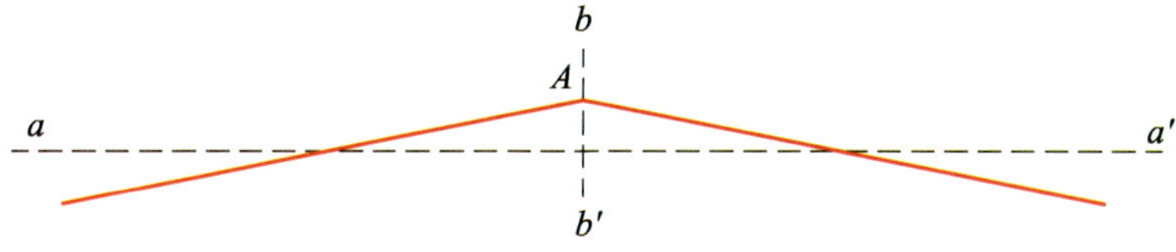

图 3-10　带拉出值的接触线

如图 3-11 所示，拉出值的影响是让悬挂系统弹性变小，而承力索上越靠近悬挂点的位置弹性越小，所以将吊弦所在位置沿跨中向悬挂点方向移动一定距离就可以达到与拉出值相同的结果，本书将这种调整后的吊弦分布称为拉出值等效吊弦分布。采用拉出值等效吊弦分布的办法可以在模型中体现出拉出值和结构高度对悬挂系统弹性的影响。

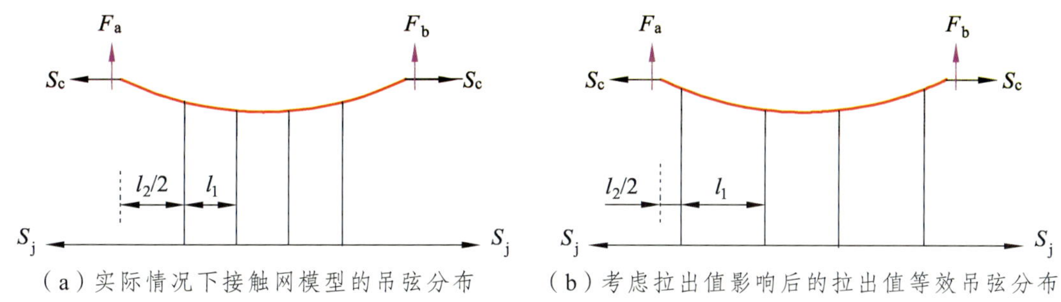

（a）实际情况下接触网模型的吊弦分布　（b）考虑拉出值影响后的拉出值等效吊弦分布

图 3-11　简单链形悬挂系统模型的拉出值等效吊弦分布

工程实际中比较关心链形悬挂系统的弹性不均匀系数，即

$$\text{弹性不均匀系数}=\frac{\text{弹性最大值}-\text{弹性最小值}}{\text{弹性最大值}+\text{弹性最小值}}\times 100\% \tag{3-33}$$

其中，弹性最大值和弹性最小值是指一跨内接触网弹性的最大值和最小值，对于简单链形悬挂一般分别出现在一跨的中点处和悬挂点处。通过将计算出的吊弦拉力变化 $[\Delta T]$ 代入式（3-17），可以求出在受电弓抬升力 F 的作用下一跨的中点处或悬挂点处接触线的抬升，进而计算出链形悬挂的弹性和弹性不均匀系数。

为了证明上一节公式推导的正确性，下面使用实际检测数据进行验证。

1. 接触网简单链形悬挂系统仿真计算

下面根据实际检测数据，验证接触网简单链形悬挂系统弹性算法的有效性。表 3-1 和表 3-2 是两组简单链形悬挂系统静态抬升测试数据，跨距 50 m，接触线拉力 25 kN，承力索拉力 15 kN。

表 3-1　简单链形悬挂静态抬升实测试数据 1

测点位置	1	2	3	4	5	6	7	8	9
压力/N	238	243	128	122	112	127	175	237	245
位移/mm	40	40	40	40	40	40	40	40	40
静态弹性/（mm/N）	0.168	0.165	0.313	0.328	0.357	0.315	0.229	0.169	0.163
弹性不均匀系数/%	37.31								

表 3-2　简单链形悬挂静态抬升测试数据 2

测点位置	1	2	3	4	5	6	7	8	9
压力/N	259	237	182	145	116	134	167	252	256
位移/mm	40	40	40	40	40	40	40	40	40
静态弹性/（mm/N）	0.154	0.169	0.220	0.276	0.345	0.299	0.240	0.159	0.156
弹性不均匀系数/%	38.28								

假设简单链形悬挂系统模型的拉出值等效吊弦分布参数如下：跨距中吊弦间距为 l_1，悬挂点两侧吊弦距离为 l_2，每跨一共 4 根吊弦。分别计算在跨距中点处和悬挂点下方接触线抬升 40 mm 所需要的抬升力 F。由于接触网结构是对称的，计算跨中点处接触线抬升时，模型包括奇数个跨距，此处使用 5 个跨距；计算悬挂点下方接触线抬升时，模型包括偶数个跨距，此处使用 4 个跨距。为了与测试数据进行比较，简单链形悬挂模型的拉出值等效吊弦分布参数为 $l_1 = 12.8$ m，$l_2 = 11.6$ m，在接触线上抬升力分布长度 $l_F = 4$ m 的条件下，计算模型各吊弦处及吊弦间的 9 个位置上接触线抬升 40 mm 的情况下需要的抬升力 F 及静态弹性。测试点位置如图 3-12 所示，结果如表 3-3 所示。

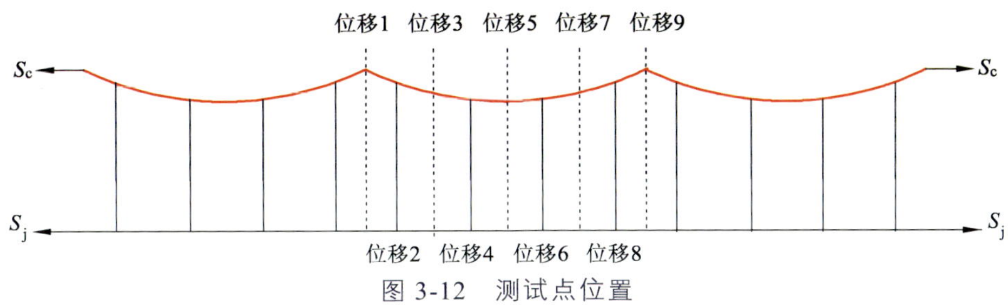

图 3-12　测试点位置

表 3-3　一跨内不同位置的静态弹性

测点位置	1	2	3	4	5	6	7	8	9
压力/N	241	254	144	124	110	124	144	254	241
位移/mm	40	40	40	40	40	40	40	40	40
静态弹性/（mm/N）	0.166	0.157 5	0.277 8	0.322 6	0.363 6	0.322 6	0.277 8	0.157 5	0.166
静态弹性与测试数据 1 的相对误差/%	1.26	4.53	12.5	1.64	1.79	2.36	17.7	7.17	1.63
静态弹性与测试数据 2 的相对误差/%	6.95	7.17	20.8	14.5	5.17	7.46	13.8	0.79	5.86

2. 弹性链形悬挂系统仿真计算

下面根据实际检测数据，验证弹性链形悬挂弹性算法的有效性。表 3-4 ~ 表 3-6 是 3 组弹性链形悬挂系统静态抬升测试数据，跨距 50 m，接触线拉力 25 kN，承力索拉力 20 kN，弹性吊索长度 18.5 m，弹性吊索拉力 3.5 kN。

表 3-4　弹性链形悬挂静态抬升测试数据 1

测点位置	1	2	3	4	5	6
压力/N	115	130	116	117	130	118
位移/mm	40	40	40	40	40	40
静态弹性/（mm/N）	0.348	0.308	0.345	0.342	0.308	0.339
弹性不均匀系数/%	6.10					

表 3-5　弹性链形悬挂静态抬升测试数据 2

测点位置	1	2	3	4	5	6
压力/N	115	139	125	128	136	122
位移/mm	40	40	40	40	40	40
静态弹性/（mm/N）	0.348	0.288	0.320	0.313	0.294	0.328
弹性不均匀系数/%	9.43					

表 3-6　弹性链形悬挂静态抬升测试数据 3

测点位置	1	2	3	4	5	6
压力/N	120	140	119	116	130	128
位移/mm	40	40	40	40	40	40
静态弹性/（mm/N）	0.333	0.286	0.336	0.345	0.308	0.313
弹性不均匀系数/%	9.35					

弹性链形悬挂系统模型的拉出值等效吊弦分布参数的假设与简单链形悬挂系统相同，弹性吊索吊弦分布参数为 l_{t1} 和 l_{t2}，接触线上抬升力分布长度为 5 m。分别计算在跨距中点处、悬挂点下方和悬挂点两侧吊弦与接触线连接处（不是弹性吊索吊弦）的接触线抬升 40 mm 情况下需要的抬升力 F。计算跨中点处接触线抬升时，模型包括 5 个跨距；计算悬挂点下方接触线抬升时模型包括 4 个跨距。

为了与测试数据进行比较，设定弹性链形悬挂系统模型有 4 根吊弦，拉出值等效吊弦分布参数 $l_1 = 7.6$ m，$l_2 = 27.2$ m，弹性吊索吊弦间距 $l_{t1} = 15$ m，$l_{t2} = 3.5$ m。计算 1 个跨距内 6 个位置（2 个弹性吊索吊弦和 4 个吊弦与接触线连接处）上接触线抬升 40 mm 的情况下需要的抬升力 F 及静态弹性，结果见表 3-7。

表 3-7　一跨内不同位置的静态弹性

测点位置	1	2	3	4	5	6
压力/N	122	135	117	117	135	122
位移/mm	40	40	40	40	40	40
静态弹性/（mm/N）	0.328	0.296	0.342	0.342	0.296	0.328
静态弹性与测试数据 1 的相对误差/%	6.10	4.05	0.88	0	4.05	3.35
静态弹性与测试数据 2 的相对误差/%	6.10	2.70	6.43	8.48	0.68	0
静态弹性与测试数据 3 的相对误差/%	1.52	3.38	1.75	0.88	4.05	4.57

从表 3-3 和表 3-7 可以看出，简单链形悬挂系统模型和弹性链形悬挂系统模型通过选择合适的拉出值等效吊弦分布参数，可以有效地计算静态弹性和弹性不均匀系数。

3.1.3　接触网设计参数对静态特性的影响

借助接触网静力学模型，可以计算接触网弹性及弹性不均匀系数。基于此，通过设定接触网设计参数，达到接触网系统的设计要求。接下来，将分析简单链形悬挂系统和弹性链形悬挂系统的主要设计参数对接触网弹性的影响。分析过程中使用前面建立的链形悬挂系统模型进行仿真计算。

1. 仿真计算 1

假设简单链形悬挂系统模型的拉出值等效吊弦分布参数如下：跨距中吊弦间距为 l_1，悬挂点两侧吊弦距离为 l_2，每跨一共 4 根吊弦，一共包含跨距数 M。分别计算在跨距中点处和在悬挂点下方接触线抬升 40 mm 两种情况下需要的抬升力 F。表 3-8 给出了 3 种拉出值等效吊弦分布参数情况下的仿真计算结果。由于接触网结构是对称的，计算跨中点处接触线抬升时，模型包括奇数个跨距；计算悬挂点下方接触线抬升时，模型包括偶数个跨距。

表 3-8 不同吊弦分布条件下的弹性不均匀系数计算结果

<table>
<tr><td>跨距 Len/m</td><td colspan="2">50</td><td colspan="2">50</td><td colspan="2">50</td><td colspan="2">50</td></tr>
<tr><td>吊弦间距 l_1/m</td><td colspan="2">9</td><td colspan="2">11.6</td><td colspan="2">11.6</td><td colspan="2">12.8</td></tr>
<tr><td>吊弦间距 l_2/m</td><td colspan="2">23</td><td colspan="2">15</td><td colspan="2">15</td><td colspan="2">11.6</td></tr>
<tr><td>接触线拉力 S_j/kN</td><td colspan="2">25</td><td colspan="2">25</td><td colspan="2">25</td><td colspan="2">25</td></tr>
<tr><td>承力索拉力 S_c/kN</td><td colspan="2">15</td><td colspan="2">15</td><td colspan="2">15</td><td colspan="2">15</td></tr>
<tr><td>接触线上吊弦
拉力分布长度 l_j/m</td><td colspan="2">10</td><td colspan="2">11.6</td><td colspan="2">11.6</td><td colspan="2">12.8</td></tr>
<tr><td>承力索上吊弦
拉力分布长度 l_c/m</td><td colspan="2">10</td><td colspan="2">11.6</td><td colspan="2">11.6</td><td colspan="2">12.8</td></tr>
<tr><td>接触线上抬升力分布长度 l_F/m</td><td colspan="2">5</td><td colspan="2">6</td><td colspan="2">7</td><td colspan="2">7</td></tr>
<tr><td>跨中点模型包含跨距数 M</td><td>3</td><td>5</td><td>3</td><td>5</td><td>3</td><td>5</td><td>3</td><td>5</td></tr>
<tr><td>跨中点抬升力 F/N</td><td>94</td><td>94</td><td>108</td><td>108</td><td>110</td><td>110</td><td>114</td><td>114</td></tr>
<tr><td>所有吊弦拉力变化之和/N</td><td>85.8</td><td>93.0</td><td>101.8</td><td>107.5</td><td>103.7</td><td>109.5</td><td>109.4</td><td>113.7</td></tr>
<tr><td>跨中点静态弹性/（mm/N）</td><td>0.426</td><td>0.426</td><td>0.370</td><td>0.370</td><td>0.364</td><td>0.364</td><td>0.351</td><td>0.351</td></tr>
<tr><td>悬挂点处模型包含跨距数 M</td><td>2</td><td>4</td><td>2</td><td>4</td><td>2</td><td>4</td><td>2</td><td>4</td></tr>
<tr><td>悬挂点处抬升力 F/N</td><td>105</td><td>102</td><td>174</td><td>172</td><td>179</td><td>176</td><td>267</td><td>265</td></tr>
<tr><td>所有吊弦拉力变化之和/N</td><td>79.8</td><td>98.9</td><td>145.5</td><td>169.7</td><td>149.7</td><td>173.6</td><td>235.6</td><td>263.1</td></tr>
<tr><td>悬挂点处静态弹性/（mm/N）</td><td>0.381</td><td>0.392</td><td>0.230</td><td>0.233</td><td>0.223</td><td>0.227</td><td>0.150</td><td>0.151</td></tr>
<tr><td>弹性不均匀系数/%</td><td>5.576</td><td>4.156</td><td>23.33</td><td>22.72</td><td>24.02</td><td>23.18</td><td>40.11</td><td>39.84</td></tr>
</table>

2. 仿真计算 2

假设弹性链形悬挂系统模型的拉出值等效吊弦分布参数如下：跨距中吊弦间距为 l_1，悬挂点两侧吊弦距离为 l_2，弹性吊索吊弦分布参数为 l_{t1} 和 l_{t2}，接触线上抬升力分布长度为 5 m，跨距 Len 为 50 m，接触线拉力 $S_j = 25$ kN，承力索拉力 $S_c = 20$ kN。分别计算在跨距中点处、悬挂点下方和悬挂点两侧吊弦与接触线连接处（不是弹性吊索吊弦）接触线抬升 40 mm 的情况下所需要的抬升力 F。计算跨中点处接触线抬升时，模型包括 5 个跨距；计算悬挂点下方接触线抬升时，模型包括 4 个跨距。

表 3-9 给出了每跨包含 3 根和 4 根吊弦及 2 根弹性吊索吊弦时，不同弹性吊索长度下弹性不均匀系数的仿真计算结果。

表 3-9　不同弹性吊索长度时弹性不均匀系数计算结果

吊弦根数	3	3	3	4	4	4
吊弦间距 l_1/m	8.5	8.5	8.5	7.6	7.6	7.6
吊弦间距 l_2/m	33	33	33	27.2	27.2	27.2
弹性吊索吊弦间距 l_{t1}/m	15.5	16.5	17.5	14	15	16
弹性吊索吊弦间距 l_{t2}/m	1	2	3	2.5	3.5	4.5
接触线上吊弦拉力分布长度 l_j/m	8.5	8.5	8.5	7.6	7.6	7.6
承力索上吊弦拉力分布长度 l_c/m	8.5	8.5	18.5	7.6	7.6	7.6
跨中点抬升力 F/N	142	136	132	118	116	114
跨中点静态弹性/（mm/N）	0.282	0.294	0.303	0.339	0.345	0.351
悬挂点两侧吊弦处（非弹性吊索吊弦）抬升力 F/N	142	137	135	138	135	134
距离悬挂点两侧吊弦处（非弹性吊索吊弦）静态弹性/（mm/N）	0.282	0.292	0.296	0.290	0.296	0.299
悬挂点处抬升力 F/N	137	115	103	124	113	106
悬挂点处静态弹性/（mm/N）	0.292	0.348	0.388	0.323	0.354	0.377
弹性不均匀系数/%	1.74	8.75	13.5	7.79	8.92	11.5

3. 仿真计算 3

表 3-10 给出了每跨包含 3 根和 4 根吊索及 2 根弹性吊索吊弦时，弹性吊索长度 $l_t = 18.5$ m，弹性吊索吊弦分布位置不同时弹性不均匀系数的仿真计算结果。

表 3-10　弹性吊索吊弦分布位置不同时弹性不均匀系数计算结果

吊弦根数	3	3	3	4	4	4
吊弦间距 l_1/m	8.5	8.5	8.5	7.6	7.6	7.6
吊弦间距 l_2/m	33	33	33	27.2	27.2	27.2
弹性吊索吊弦间距 l_{t1}/m	16.5	14.5	12.5	15	13	11
弹性吊索吊弦间距 l_{t2}/m	2	4	6	3.5	5.5	7.5
接触线上吊弦拉力分布长度 l_j/m	8.5	8.5	8.5	7.6	7.6	7.6
承力索上吊弦拉力分布长度 l_c/m	8.5	8.5	8.5	7.6	7.6	7.6
跨中点抬升力 F/N	136	132	130	116	115	114
跨中点静态弹性/（mm/N）	0.294	0.303	0.308	0.345	0.348	0.351
悬挂点两侧吊弦处（非弹性吊索吊弦）抬升力 F/N	137	135	134	135	135	134
距离悬挂点两侧吊弦处（非弹性吊索吊弦）静态弹性/（mm/N）	0.292	0.296	0.299	0.296	0.296	0.299
悬挂点处抬升力 F/N	115	107	103	113	111	110
悬挂点处静态弹性/（mm/N）	0.348	0.374	0.388	0.354	0.360	0.364
弹性不均匀系数/%	8.75	11.6	13.0	8.92	9.76	9.80

4. 仿真计算 4

表 3-11 给出了每跨包含 3 根和 4 根吊索及 2 根弹性吊索吊弦时，拉出值等效吊弦分布参数 l_1 和 l_2 变化时弹性不均匀系数的计算结果。

表 3-11　l_1 和 l_2 变化时弹性不均匀系数计算结果

吊弦根数	3	3	3	4	4	4
吊弦间距 l_1/m	8.5	11	13.5	7.6	8.5	10
吊弦间距 l_2/m	33	28	23	27.2	24.5	20
弹性吊索吊弦间距 l_{t1}/m	16.5	16.5	16.5	15	15	15
弹性吊索吊弦间距 l_{t2}/m	2	2	2	3.5	3.5	3.5
接触线上吊弦拉力分布长度 l_j/m	8.5	11	13.5	7.6	8.5	10
承力索上吊弦拉力分布长度 l_c/m	8.5	11	13.5	7.6	8.5	10
接触线上抬升力分布长度 l_F/m	5	5	5	5	5	5
跨中点抬升力 F/N	136	140	146	116	116	118

续表

跨中点静态弹性/（mm/N）	0.294	0.286	0.274	0.345	0.345	0.339
悬挂点两侧吊弦处（非弹性吊索吊弦）抬升力 *F*/N	137	159	265	135	144	171
距离悬挂点两侧吊弦处（非弹性吊索吊弦）静态弹性/（mm/N）	0.292	0.252	0.151	0.296	0.278	0.234
悬挂点处抬升力 *F*/N	115	118	126	113	117	135
悬挂点处静态弹性/（mm/N）	0.348	0.339	0.317	0.354	0.342	0.296
弹性不均匀系数/%	8.75	14.7	35.5	8.92	10.8	18.3

5. 仿真计算 5

表 3-12 给出了简单链形悬挂系统和弹性链形悬挂系统在不同跨距条件下，跨距中点处和悬挂点处抬升 40 mm 的情况下所需要的抬升力 F。

表 3-12　简单链形悬挂系统和弹性链形悬挂系统对比

系统名称	跨距/m	50	60	75	100	125
简单链形悬挂	跨中抬升力/N	114	93	74	54	43
	悬挂点抬升力/N	265	212	164	119	93
弹性链形悬挂	跨中抬升力/N	116	98	79	61	50
	悬挂点抬升力/N	113	105	99	95	90

3.1.4　各种因素对链形悬挂系统弹性的影响

在接触网众多设计参数中，影响链形悬挂系统弹性的因素主要包括接触线/承力索的拉力和接触线/承力索的抗弯刚度、悬挂系统跨距、拉出值等效吊弦分布参数和悬挂点高差。对于弹性链形悬挂，还需要考虑弹性吊索拉力、长度和弹性吊索吊弦分布间距。

1. 接触线/承力索的拉力和接触线/承力索的抗弯刚度

由式（3-17）、式（3-18）可以看出，接触线静态抬升 ΔY_j 和承力索静态抬升 ΔY_c 分别与拉力 S_j 和 S_c 成反比，即系统弹性与拉力成反比。另外，增加接触线/承力索的抗弯刚度，就会增加受电弓抬升力和吊弦拉力在接触线上的分布长度 l_j 和 l_c；将减少接触线静态抬升 ΔY_j 和承力索静态抬升 ΔY_c，即增加接触线/承力索的抗弯刚度就会降低系统弹性。

2. 悬挂系统跨距

从表 3-5 的仿真计算可以看出，增大悬挂系统的跨距将增大系统弹性。跨距越大，跨距对弹性的影响越大。另外，弹性链形悬挂系统弹性受跨距影响的程度要比简单链形悬挂小。因此，相同条件下弹性链形悬挂系统可以使用比简单链形悬挂系统更大的跨距。

3. 吊弦分布与变形

简单链形悬挂系统如图 3-13 所示。由于承力索靠近跨距中部弹性大，靠近悬挂点弹性小，所以吊弦分布越靠近跨距中部，系统弹性越大；吊弦分布越靠近悬挂点，系统弹性越小。弹性链形悬挂也有类似的规律。

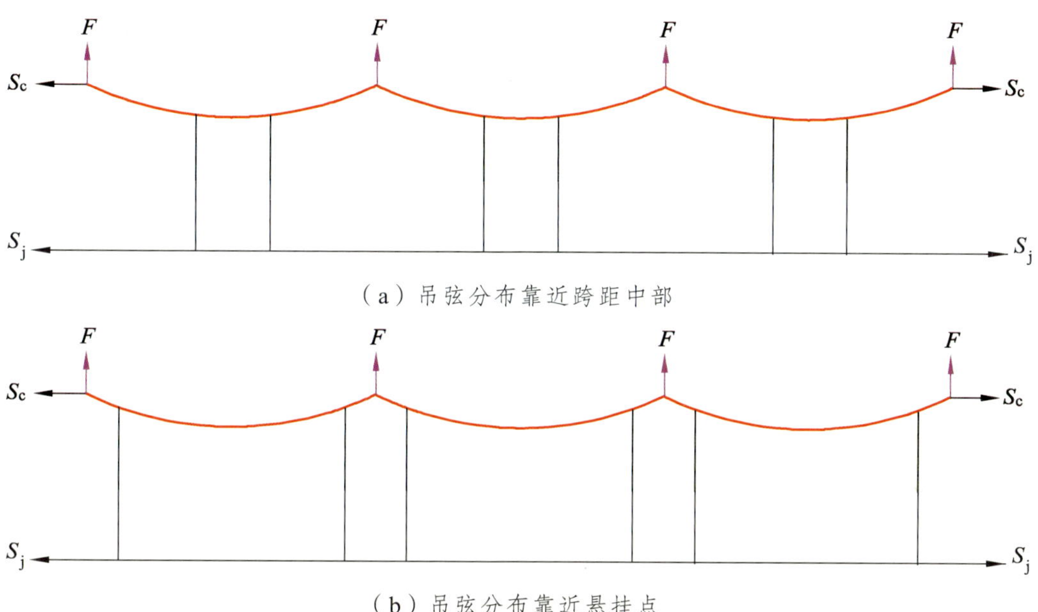

（a）吊弦分布靠近跨距中部

（b）吊弦分布靠近悬挂点

图 3-13　简单链形悬挂系统

下面分析吊弦变形对静态弹性的影响。吊弦弹性模量 E 的定义为

$$E=\frac{\text{应力}}{\text{应变}}=\frac{F/A}{\Delta l/l} \tag{3-34}$$

式中：F 为拉力；A 为吊弦横截面面积；Δl 为吊弦拉升变形量；l 为吊弦长度。

因此有

$$\Delta l=\frac{Fl}{EA} \tag{3-35}$$

现假设受电弓抬升力为 250 N，使得一吊弦拉力减小 100 N，该吊弦长度为 1 000 mm。现有两种吊弦线材：

线材 1：$E = 103\ 000\ \text{N/mm}^2$，$A = 16.49\ \text{mm}^2$，

吊弦拉升变形：$\Delta l = \dfrac{100 \times 1\ 000}{103\ 000 \times 16.49} = 0.058$（mm）。

线材 2：$E = 103\ 000\ \text{N/mm}^2$，$A = 97.03\ \text{mm}^2$，

吊弦拉升变形：$\Delta l = \dfrac{100 \times 1\ 000}{103\ 000 \times 97.03} = 0.01$（mm）。

吊弦变形远小于接触线抬升位移，因此，在计算接触线抬升时可以不考虑吊弦的拉升变形。

4. 拉出值和结构高度

在考虑拉出值等效吊弦分布后，悬挂点两侧吊弦距离将会缩小。而悬挂点两侧吊弦距离越大，系统弹性越大，弹性不均匀系数就越小。限制增大悬挂点两侧吊弦距离的因素有：接触线弛度和拉出值。

实际中需要增大悬挂点两侧吊弦距离同时控制接触线弛度。当悬挂点两侧吊弦间接触线弛度过大时，将造成受电弓抬升过大的问题，而且会加剧风力和冰雪载荷的不良影响。增大接触线及承力索拉力和单位长度质量可以减少接触线弛度，这样在降低了系统弹性不均匀系数的同时也降低了系统弹性。弹性链形悬挂系统使用弹性吊索增大悬挂点两侧吊弦距离，同时通过吊索吊弦控制了接触线在悬挂点处的弛度，因此，同时具有较大的弹性和较小的弹性不均匀系数的优点。

拉出值越大，吊弦倾角即图 3-9 中的α越小，在考虑拉出值等效吊弦分布后，悬挂点两侧吊弦距离越小。所以，拉出值会增大系统弹性不均匀系数。要限制拉出值增大系统弹性不均匀系数的作用，可以通过增加结构高度实现。由图 3-9 可知，在拉出值一定的条件下，增大结构高度可以增大吊弦倾角α，从而降低系统弹性不均匀系数。但是吊弦倾角α的增大幅度会随着结构高度的增大越来越小，所以结构高度增大到一定范围后，其降低弹性不均匀系数的效果就不明显了。

5. 弹性吊索拉力、长度和弹性吊索吊弦分布间距

由式（3-29）可知，弹性吊索拉力越小，则在悬挂点处的弹性越大，一般情况下弹性吊索拉力为 2 ~ 4 kN。而调整弹性吊索长度和弹性吊索吊弦的分布间距可以有效改变链形悬挂系统的弹性，但是弹性的影响主要在弹性吊索所在范围内，对于跨中部的影响就不明显。从前面的仿真计算可以看出，增加弹性吊索长度、减小弹性吊索吊弦的间距可以增加悬挂点处的弹性。

弹性吊索的另一个重要影响就是安装弹性吊弦后链形悬挂的弹性最小位置从悬挂点处移动到了悬挂点两侧吊弦附近（非弹性吊索吊弦）。该处弹性除了受到弹性吊索拉力、长度和弹性吊索吊弦分布间距影响外，同样受到吊弦分布的影响。因此，增加弹性吊索长度、减小弹性吊索吊弦的间距，将增加该位置的弹性。

6. 不等高悬挂点

若受电弓抬升力为恒定，则承力索悬挂点的高差对接触网弹性不构成影响。假设受电弓抬升力 F 在从左侧向右侧移动的过程中为恒定力，根据弹性索结构计算理论，在图 3-14 所示的两种情况下，接触线在受电弓作用下的抬升量为 $\Delta z(x)=\dfrac{\Delta M(x)}{S}$。其中，$\Delta M(x)$ 为接触线在 x 处的弯矩变化量，S 为接触线拉力。由于 $\Delta M(x)$ 只和力的大小以及力作用位置的水平位置相关，因此 $\Delta M(x)$ 和悬挂点高差 c 无关。所以受电弓抬升力 F 在从左侧向右侧移动的过程中为恒定力时，承力索悬挂点的高差对弓网接触没有影响，即图 3-14 和图 3-15 接触线相同位置处受电弓的抬升量是相同的。

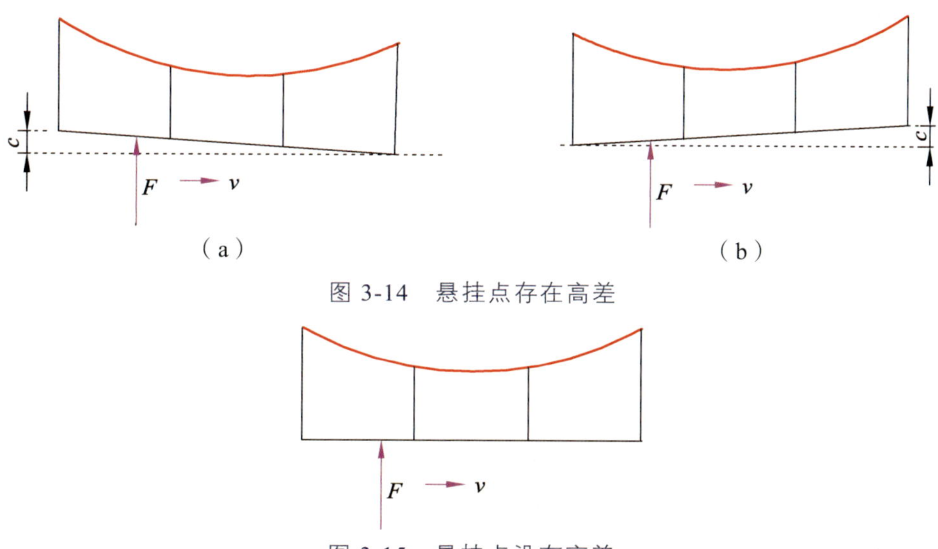

图 3-14　悬挂点存在高差

图 3-15　悬挂点没有高差

在实际运行时，受电弓通过压缩变形产生向上的抬升力。如图 3-15 所示为悬挂点没有高差的情况，受电弓的抬升力将随着接触网弹性的变化而变化。接触网弹性在悬挂点处最小、在跨中点处最大。因此，受电弓的抬升力在悬挂点处大、在跨中点处小，这种抬升力大小的变化对于稳定的弓网接触是不利的。如图 3-14 所示为悬挂点存在高差的情况，受电弓的抬升力还要受到悬挂点的高差影响。受电弓抬升力在运动过程中会因为悬挂点高差 c 的原因而增加，抬升力将减少。

在受电弓从左侧悬挂点位置向跨中点移动的过程中，受电弓的抬升力会增加。相对于悬挂点没有高差的情况，受电弓抬升力的变化减小，从而优化了弓网接触。同样受电弓从跨中点向右侧悬挂点位置移动的过程中，受电弓的抬升力会减少。这样相对于悬挂点没有高差的情况，受电弓抬升力的变化减小，也优化了弓网接触。而受电弓从跨中点向右侧悬挂点位置移动的过程和受电弓从左侧悬挂点位置向跨中点移动的过程，悬挂点高差 c 都会加剧受电弓抬升力大小的变化，对弓网接触不利。

3.1.5 设计参数对弹性不均匀性的影响

简单链形悬挂系统弹性最大值在跨中位置，而弹性最小值在悬挂点附件的吊弦处。弹性不均匀产生的根本原因是承力索的悬索结构以及接触线的拉出值，但是接触网其他设计参数也同样会对弹性不均匀性产生影响。

根据悬索抬升的计算公式可知，接触线的抬升与吊弦拉力的变化成正比，即接触网弹性与吊弦拉力的变化成正比。为了分析接触网设计参数对弹性不均匀系数的影响，下面分别计算受电弓抬升力在悬挂点处吊弦和跨中两个位置时吊弦拉力的变化。抬升力在悬挂点处时吊弦拉力变化如图 3-16 所示。

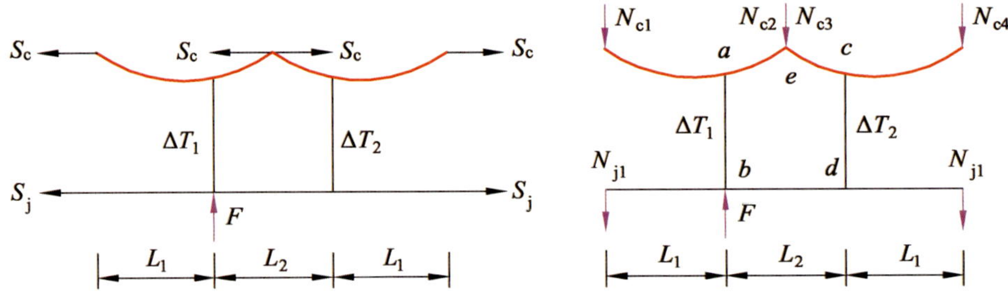

图 3-16　抬升力在悬挂点处时吊弦拉力变化

如图 3-16 所示的接触网结构，抬升力在悬挂点两侧吊弦位置。根据接触网结构对应的梁的结构受力分析可知，吊弦两端 a 点和 b 点位移相等，即

$$\frac{N_{c1}L_1}{S_c}=\frac{N_{j1}L_1}{S_j} \tag{3-36}$$

而由吊弦两端 c 点和 d 点位移相等可得

$$\frac{N_{c4}L_1}{S_c}=\frac{N_{j2}L_1}{S_j} \tag{3-37}$$

由承力索受力平衡可得

$$N_{c1} + N_{c2} = \Delta T_1 \tag{3-38}$$

$$N_{c3} + N_{c4} = \Delta T_2 \tag{3-39}$$

由接触网受力平衡可得

$$F = N_{c1} + N_{c2} + N_{c3} + N_{c4} + N_{j1} + N_{j2} \tag{3-40}$$

由承力索对 e 点弯矩平衡可得

$$N_{c1}(L_1 + L_2/2) = \Delta T_1 \cdot L_2/2 \tag{3-41}$$

$$N_{c4}(L_1 + L_2/2) = \Delta T_2 \cdot L_2/2 \tag{3-42}$$

由接触线对端点弯矩平衡可得

$$(\Delta T_1 - F)\cdot L_1 + \Delta T_2 \cdot (L_1 + L_2) + N_{j2} \cdot (2L_1 + L_2) = 0 \tag{3-43}$$

求解方程（3-36）~（3-43）可得

$$\Delta T_1 = F\frac{1 + \dfrac{S_j}{S_c}\dfrac{L_1 + L_2}{2L_1 + L_2}}{\left(1 + \dfrac{S_j}{S_c}\right)\left(1 + \dfrac{S_j}{S_c}\dfrac{L_2}{2L_1 + L_2}\right)} \tag{3-44}$$

$$\Delta T_2 = F\frac{\dfrac{S_j}{S_c}\dfrac{L_1}{2L_1 + L_2}}{\left(1 + \dfrac{S_j}{S_c}\right)\left(1 + \dfrac{S_j}{S_c}\dfrac{L_2}{2L_1 + L_2}\right)} \tag{3-45}$$

受电弓抬升力在跨中位置的情况下吊弦拉力变化 ΔT 如图 3-17 所示。

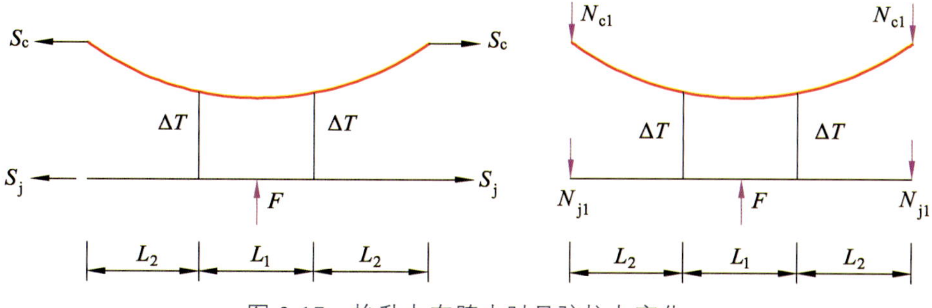

图 3-17　抬升力在跨中时吊弦拉力变化

吊弦拉力变化可表示为

$$\Delta T = \frac{FS_{\mathrm{c}}}{2(S_{\mathrm{j}} + S_{\mathrm{c}})} \tag{3-46}$$

若令 $q_{\mathrm{L}} = \dfrac{L_2}{2L_1 + L_2}$，$q_{\mathrm{S}} = \dfrac{S_{\mathrm{j}}}{S_{\mathrm{c}}}$，则悬挂点处吊弦拉力变化为

$$\Delta T_1 = \frac{F}{2}\left(\frac{1}{1+q_{\mathrm{S}}} + \frac{1}{1+q_{\mathrm{S}}q_{\mathrm{L}}}\right) \tag{3-47}$$

跨中点位置吊弦拉力变化为

$$\Delta T = \frac{F}{2}\frac{1}{1+q_{\mathrm{S}}} \tag{3-48}$$

两个位置吊弦拉力变化的差为

$$\Delta T_1 - \Delta T = \frac{F}{2}\frac{1}{1+q_{\mathrm{S}}q_{\mathrm{L}}} \tag{3-49}$$

通过式（3-49），不难发现接触网各设计参数对接触网弹性不均匀性的影响如下：

（1）随着跨中位置吊弦间距 L_1 的增大和悬挂点位置吊弦间距 L_2 的减小，q_{L} 减小，悬挂点处和跨中吊弦拉力变化的差距（$\Delta T_1 - \Delta T$）增大，接触网弹性不均匀性增大。

（2）随着承力索张力 S_{c} 的增大和接触线张力 S_{j} 的减小，q_{S} 减小，悬挂点处和跨中吊弦拉力变化的差距（$\Delta T_1 - \Delta T$）增大，接触网系统弹性不均匀性增大。

3.1.6 吊弦卸载现象的分析

吊弦卸载是指吊弦拉力为零的现象。吊弦是承担接触线及其他一些接触网零件重量的零部件，在受电弓抬升接触线时附近吊弦拉力会减小。如果受电弓抬升力超过一定数值，吊弦拉力为零，吊弦卸载就会发生。吊弦卸载的危害主要是在吊弦重新承受拉力的瞬间会对接触线产生冲击，从而影响弓网平稳受流。承力索的悬索结构能够产生一定的弹性，可以有效减少吊弦卸载发生。由于承力索在跨中位置弹性最大、在悬挂点附近吊弦处弹性最小，悬挂点两侧的吊弦是预防发生吊弦卸载的关键。在理论计算过程中，吊弦卸载有两种判定方式：方式 1，吊弦接触线端速度大于吊弦承力索端速度时，吊弦发生卸载；方式 2，吊弦拉力变化大于吊弦所承担接触线重量时，吊弦发生卸载。本节使用第 2 种判定方式对是否发生吊弦卸载进行判断。

为了定性分析各种接触网系统结构参数对悬挂点两侧吊弦拉力变化的影响，下面使用如图 3-18 所示的简单结构进行受力分析。

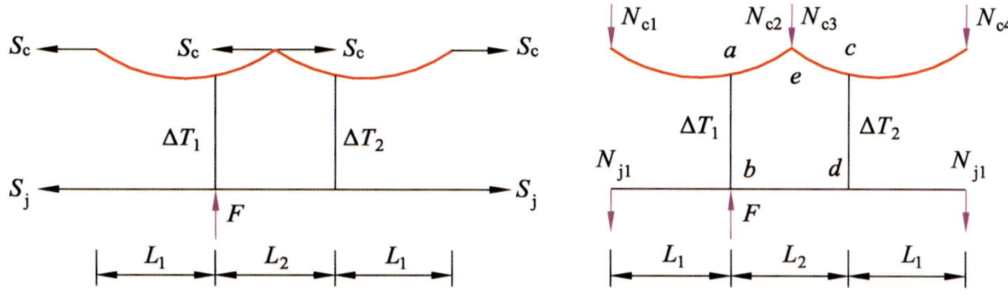

图 3-18 抬升力在悬挂点处时吊弦拉力变化（接触网结构）

如图 3-18 所示的接触网结构，抬升力在悬挂点两侧吊弦位置。根据接触网结构对应的梁的结构受力分析可知

$$\Delta T_1 = F\frac{1+\dfrac{S_j}{S_c}\dfrac{L_1+L_2}{2L_1+L_2}}{\left(1+\dfrac{S_j}{S_c}\right)\left(1+\dfrac{S_j}{S_c}\dfrac{L_2}{2L_1+L_2}\right)} \tag{3-50}$$

$$\Delta T_2 = F\frac{\dfrac{S_j}{S_c}\dfrac{L_1}{2L_1+L_2}}{\left(1+\dfrac{S_j}{S_c}\right)\left(1+\dfrac{S_j}{S_c}\dfrac{L_2}{2L_1+L_2}\right)} \tag{3-51}$$

令 $q_L = \dfrac{L_2}{2L_1+L_2}$， $q_S = \dfrac{S_j}{S_c}$，则

$$\Delta T_1 = \frac{F}{2}\left(\frac{1}{1+q_S}+\frac{1}{1+q_S q_L}\right) \tag{3-53}$$

增大接触线张力 S_j、减小承力索张力 S_c 以及增大悬挂点处吊弦间距 L_2 都能够减小悬挂点处吊弦拉力的变化，从而减小吊弦卸载出现的可能性。

下面通过仿真计算来说明各个参数是如何影响吊弦卸载的。假设悬挂点处吊弦承担 20 m 的接触线重量，接触线单位长度重量为 11 N/m，则悬挂点处吊弦拉力变化超过 220 N 时发生吊弦卸载。而受电弓抬升力假设为 200 N、250 N 和 300 N 三种情况。

1. 接触线张力 S_j 对吊弦卸载的影响

简单链形悬挂系统和弹性链形悬挂系统的仿真计算结果如表 3-13、表 3-14 所示。

表 3-13　简单链形悬挂系统的仿真计算结果（1）

接触线张力 S_j/kN	$\Delta T/F$	悬挂点处吊弦拉力变化/N		
		抬升力 $F=200$ N	抬升力 $F=250$ N	抬升力 $F=300$ N
15	0.977 2	195.4	244.3（卸载）	293.1（卸载）
20	0.903 4	180.6	225.8（卸载）	271.0（卸载）
25	0.845 9	169.1	211.4	253.7（卸载）

表 3-14　弹性链形悬挂系统的仿真计算结果（1）

接触线张力 S_j/kN	$\Delta T/F$	悬挂点处吊弦拉力变化/N		
		抬升力 $F=200$ N	抬升力 $F=250$ N	抬升力 $F=300$ N
15	0.869 5	173.9	217.3	260.8（卸载）
20	0.785 2	157.0	196.3	235.5（卸载）
25	0.720 1	144.0	180.0	216.0

仿真计算结果表明，增大接触线张力 S_j 能够有效避免吊弦卸载。

2. 承力索张力 S_c 对吊弦卸载的影响

简单链形悬挂系统和弹性链形悬挂系统的仿真计算结果如表 3-15、表 3-16 所示。

表 3-15　简单链形悬挂系统的仿真计算结果（2）

承力索张力 S_c/kN	$\Delta T/F$	悬挂点处吊弦拉力变化/N		
		抬升力 $F=200$ N	抬升力 $F=250$ N	抬升力 $F=300$ N
15 kN	0.845 9	169.1	211.4	253.7（卸载）
20 kN	0.920 1	184.0	230.0（卸载）	276.0（卸载）
25 kN	0.977 2	195.4	244.3（卸载）	293.1（卸载）

表 3-16　弹性链形悬挂系统的仿真计算结果（2）

承力索张力 S_c/kN	$\Delta T/F$	悬挂点处吊弦拉力变化/N		
		抬升力 $F=200$ N	抬升力 $F=250$ N	抬升力 $F=300$ N
15 kN	0.631 8	126.3	157.9	189.5
20 kN	0.720 1	144.0	180.0	216.0
25 kN	0.786 3	157.2	196.5	235.8（卸载）

仿真计算结果表明，减小承力索张力 S_c 能够有效避免吊弦卸载。

3. 跨距长度 L 及吊弦分布对接触线振动的影响

（1）吊弦间距按比例扩大，吊弦数目不变，跨距 L 增大。

由于此种情况吊弦拉力不变，吊弦卸载也不发生变化。

（2）跨中吊弦间距增大，吊弦数目不变，跨距 L 增大。

该条件下简单链形悬挂系统和弹性链形悬挂系统的仿真计算结果如表 3-17、表 3-18 所示。

表 3-17　简单链形悬挂系统的仿真计算结果（3）

吊弦分布/m	$\Delta T/F$	悬挂点处吊弦拉力变化/N		
		抬升力 $F = 200$ N	抬升力 $F = 250$ N	抬升力 $F = 300$ N
$l_1 = 12.3$，$l_2 = 11.6$	0.837 2	167.44	209.3	251.1（卸载）
$l_1 = 12.8$，$l_2 = 11.6$	0.845 9	169.18	211.4	253.7（卸载）
$l_1 = 13.2$，$l_2 = 11.6$	0.852 9	170.58	213.2	255.8（卸载）

表 3-18　弹性链形悬挂系统的仿真计算结果（3）

吊弦分布/m	$\Delta T/F$	悬挂点处吊弦拉力变化/N		
		抬升力 $F = 200$ N	抬升力 $F = 250$ N	抬升力 $F = 300$ N
$l_1 = 7$，$l_2 = 27.2$	0.710 1	142.0	177.5	213.0
$l_1 = 7.6$，$l_2 = 27.2$	0.720 1	144.0	180.0	216.0
$l_1 = 8$，$l_2 = 27.2$	0.726 9	145.3	181.7	218.0

仿真结果表明，跨中吊弦间距增大对吊弦卸载影响不大。

（3）悬挂点吊弦间距增大，吊弦数目不变，跨距 L 增大。

该条件下简单链形悬挂系统和弹性链形悬挂系统的仿真计算结果如表 3-19、表 3-20 所示。

表 3-19　简单链形悬挂系统的仿真计算结果（4）

吊弦分布/m	$\Delta T/F$	悬挂点处吊弦拉力变化/N		
		抬升力 $F = 200$ N	抬升力 $F = 250$ N	抬升力 $F = 300$ N
$l_1 - 12.8$，$l_2 = 10.4$	0.872 1	174.4	218.0	261.6（卸载）
$l_1 = 12.8$，$l_2 = 11.6$	0.845 9	169.1	211.4	253.7（卸载）
$l_1 = 12.8$，$l_2 = 13.1$	0.820 8	164.1	205.2	246.2（卸载）

表 3-20　弹性链形悬挂系统的仿真计算结果（4）

吊弦分布/m	$\Delta T/F$	悬挂点处吊弦拉力变化/N		
		抬升力 $F=200$ N	抬升力 $F=250$ N	抬升力 $F=300$ N
$l_1=7.6$，$l_2=26$	0.726	145.2	181.5	217.8
$l_1=7.6$，$l_2=27.2$	0.720 1	144.0	180.0	216.0
$l_1=7.6$，$l_2=29$	0.712 2	142.4	178.0	213.6

仿真结果表明，悬挂点吊弦间距增大能够有效避免吊弦卸载。

（4）吊弦间距不变，吊弦数目增加，跨距 L 增大。

该条件下简单链形悬挂系统弹性链形悬挂系统的仿真结果如表 3-21、表 3-22 所示。

表 3-21　简单链形悬挂系统的仿真计算结果（5）

跨距 L/m	$\Delta T/F$	悬挂点处吊弦拉力变化/N		
		抬升力 $F=200$ N	抬升力 $F=250$ N	抬升力 $F=300$ N
$L=50$，4 根吊弦	0.845 9	169.18	211.475	253.77（卸载）
$L=62.8$，5 根吊弦	0.857 5	171.5	214.375	257.25（卸载）
$L=75.6$，6 根吊弦	0.865 4	173.08	216.35	259.62（卸载）

表 3-22　弹性链形悬挂系统的仿真计算结果（5）

跨距 L/m	$\Delta T/F$	悬挂点处吊弦拉力变化/N		
		抬升力 $F=200$ N	抬升力 $F=250$ N	抬升力 $F=300$ N
$L=50$，4 根吊弦	0.720 1	144.02	180.025	216.03
$L=57.6$，5 根吊弦	0.728 1	145.62	182.025	218.43
$L=65.2$，6 根吊弦	0.734 3	146.86	183.575	220.29（卸载）

仿真结果表明，吊弦间距不变时，跨距 L 增大对吊弦卸载影响不大。

通过上述仿真分析可知，对吊弦卸载影响最大的因素是接触线张力 S_j 和承力索张力 S_c，其次是悬挂点处吊弦间距。由于吊弦间距同时受到结构高度和拉出值的影响，因此分析吊弦卸载时不能忽略这两点因素。综合考虑接触网系统结构参数对动态特性的影响，可以得出以下结论：接触线张力 S_j 在条件允许的情况下应该选取最大值；承力索张力 S_c 在保证悬挂点处吊弦在受电弓系统抬升时不发生吊弦卸载现象的前提下选取较大值；悬挂点处吊弦间距需要进行验证计算以避免吊弦卸载现象发生。

3.2　接触网动力学模型

3.2.1　接触网动力学模型建立

接触网动态特性与静态特性不同，需要体现接触网与受电弓抬升力相互作用的动态特性：首先，接触线需要体现出由抬升力引起的振动特性；其次，吊弦拉力需要随着抬升力的移动而变化。下面分析单弓运行情况下接触网动力学模型。为了简化问题，在模型中使用恒定抬升力替代单弓对接触网的作用。

某个时刻的受电弓和接触线关系如图 3-19 所示。端点 A 和 B 代表接触线振动变形部分的两个端点。实际接触线上 A 和 B 处并不存在支承点，只是接触线上这两点以外的部分不存在振动变形（或振动变形很小，可以忽略其影响）。因此，假设这两点为支承点，并将其作为位移约束。T_1，T_2，…，T_N 是接触线上 AB 部分之间分布的吊弦拉力，x_1，x_2，…，x_N 是吊弦拉力相对于受电弓的位置；N 是 AB 部分之间吊弦的数量；F 是受电弓的抬升力，以水平速度 v 沿接触线移动；S_j 是接触线的水平张力；L_F 是发生振动变形的接触线长度；L_0 是受电弓在发生振动变形的接触线 AB 之间的位置。

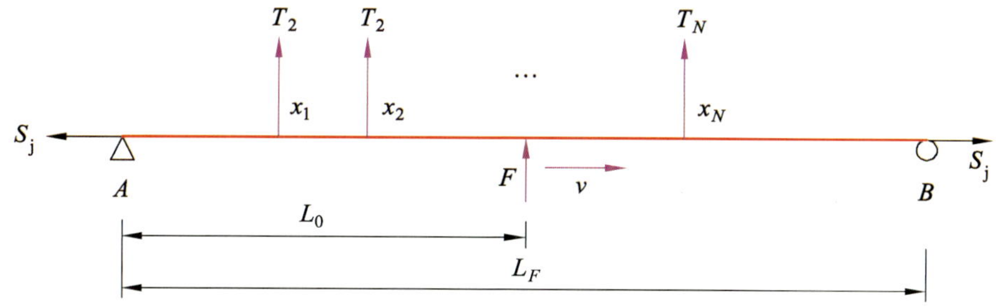

图 3-19　单弓运行情况下的弓网系统模型

为了分析图 3-19 所示某时刻弓网系统的振动情况，假设受电弓以速度 v 从 A 点沿接触线滑动距离 $L_0 = vt$。采用索模型的波动方程可得

$$
\begin{aligned}
& m_j \frac{\partial^2 y(x,t)}{\partial t^2} - S_j \frac{\partial^2 y(x,t)}{\partial x^2} = \frac{F}{l_F} \cdot \left\{ u\left[x - \left(vt - \frac{l_F}{2} \right) \right] - u\left[x - \left(vt + \frac{l_F}{2} \right) \right] \right\} + \\
& \sum_{i=1}^{N} \frac{T_i}{l_T} \cdot \left\{ u\left[x - \left(vt + x_i - \frac{l_T}{2} \right) \right] - u\left[x - \left(vt + x_i + \frac{l_T}{2} \right) \right] \right\}
\end{aligned}
\tag{3-54}
$$

式中：m_j 是单位长度接触线的重量；l_F 和 l_T 分别是受电弓抬升力和吊弦拉力在接触线上的分布长度；$u(x)$是阶梯函数。

根据边界条件 $y(0,t) = y(L_F,t) = 0$ 可得方程（3-54）的解的形式为

$$y(x,t)=\sum_{k=1}^{\infty}W(k,t)\sin\frac{k\pi x}{L_F} \tag{3-55}$$

而索模型的波动方程的通解部分为

$$y_{\text{hom}}(x,t)=\sum_{k=1}^{\infty}\left[B_k\sin\left(\sqrt{\frac{S_{\text{j}}}{m_{\text{j}}}}\frac{k\pi t}{L_F}\right)+C_k\cos\left(\sqrt{\frac{S_{\text{j}}}{m_{\text{j}}}}\frac{k\pi t}{L_F}\right)\right]\sin\frac{k\pi x}{L_F} \tag{3-56}$$

式中：B_k 和 C_k 为待定系数。

为了计算方程（3-54）的特解，将式（3-55）代入方程（3-54）可得

$$\begin{aligned}&\sum_{k=1}^{\infty}[m_{\text{j}}\ddot{W}(k,t)+S_{\text{j}}\cdot(k\pi/L_F)^2\cdot W(k,t)]\sin\frac{k\pi x}{L_F}=\\&\frac{F}{l_F}\cdot\left\{u\left[x-\left(vt-\frac{l_F}{2}\right)\right]-u\left[x-\left(vt+\frac{l_F}{2}\right)\right]\right\}+\\&\sum_{i=1}^{N}\frac{T_i}{l_T}\cdot\left\{u\left[x-\left(vt+x_i-\frac{l_T}{2}\right)\right]-u\left[x-\left(vt+x_i+\frac{l_T}{2}\right)\right]\right\}\end{aligned} \tag{3-57}$$

在式（3-57）两侧同乘 sin（$\text{j}\pi x/L$），并且从 0 到 L_F 对 x 进行积分：

$$\begin{aligned}&\sum_{k=1}^{\infty}[m_{\text{j}}\ddot{W}(k,t)+S_{\text{j}}\cdot(k\pi/L_F)^2\cdot W(k,t)]\int_0^{L_{\text{F}}}\sin\frac{k\pi x}{L_F}\sin\frac{\text{j}\pi x}{L_{\text{F}}}\text{d}x=\\&\frac{F}{l_F}\cdot\int_0^{L_F}\left\{u\left[x-\left(vt-\frac{l_F}{2}\right)\right]-u\left[x-\left(vt+\frac{l_F}{2}\right)\right]\right\}\sin\frac{\text{j}\pi x}{L_{\text{F}}}\text{d}x+\\&\sum_{i=1}^{N}\frac{T_i}{l_{\text{T}}}\int_0^{L_F}\left\{u\left[x-\left(vt+x_i-\frac{l_T}{2}\right)\right]-u\left[x-\left(vt+x_i+\frac{l_T}{2}\right)\right]\right\}\sin\frac{\text{j}\pi x}{L_{\text{F}}}\text{d}x\end{aligned}$$

由于 $\int_0^{L_F}\sin\frac{k\pi x}{L_F}\sin\frac{\text{j}\pi x}{L_F}\text{d}x=\begin{cases}0 & k\neq j\\ \frac{L_F}{2} & k=j\end{cases}$，所以有

$$\frac{L_F}{2}[m_{\text{j}}\ddot{W}(k,t)+S\cdot(k\pi/L_F)^2\cdot W(k,t)]=\frac{F}{l_F}\cdot\int_{vt-\frac{l_F}{2}}^{vt+\frac{l_F}{2}}\sin\frac{k\pi x}{L_F}\text{d}x+\sum_{i=1}^{N}\frac{T_i}{l_T}\int_{vt+x_i-\frac{l_T}{2}}^{vt+x_i+\frac{l_T}{2}}\sin\frac{k\pi x}{L_F}\text{d}x$$

积分可得

$$\begin{aligned}&m_{\text{j}}\ddot{W}(k,t)+S_{\text{j}}\cdot(k\pi/L_F)^2\cdot W(k,t)=\frac{2F}{k\pi l_F}\left[\cos\frac{k\pi(vt-l_F/2)}{L_F}-\cos\frac{k\pi(vt+l_F/2)}{L_F}\right]+\\&\sum_{i=1}^{N}\frac{2T_i}{k\pi l_T}\left[\cos\frac{k\pi(vt+x_i-l_T/2)}{L_F}-\cos\frac{k\pi(vt+x_i+l_T/2)}{L_F}\right]\end{aligned}$$

化简可得

$$m_j\ddot{W}(k,t)+S_j\cdot(k\pi/L_F)^2\cdot W(k,t)=$$
$$\frac{4F}{k\pi l_F}\sin\frac{k\pi vt}{L_F}\sin\frac{k\pi l_F}{2L_F}+\sum_{i=1}^{N}\frac{4T_i}{k\pi l_T}\sin\frac{k\pi(vt+x_i)}{L_F}\sin\frac{k\pi l_T}{2L_F} \tag{3-58}$$

而方程（3-58）的特解为

$$W_{\text{part}}(k,t)=A_{k1}\sin\frac{k\pi vt}{L_F}\sin\frac{k\pi l_F}{2L_F}+A_{k2}\sum_{i=1}^{N}T_i\sin\frac{k\pi(vt+x_i)}{L_F}\sin\frac{k\pi l_T}{2L_F} \tag{3-59}$$

式中：A_{k1}，A_{k2} 为待定系数。

将式（3-59）代入方程（3-58）可解得

$$A_{k1}=\frac{4FL_F^2/m_j}{(k\pi)^3 l_F(S_j/m_j-v^2)} \tag{3-60}$$

$$A_{k2}=\frac{4L_F^2/m_j}{(k\pi)^3 l_T(S_j/m_j-v^2)} \tag{3-61}$$

因此方程（3-54）的解可以写成

$$y(x,t)=\sum_{k=1}^{\infty}\left[A_{k1}\sin\frac{k\pi vt}{L_F}\sin\frac{k\pi l_F}{2L_F}+A_{k2}\sum_{i=1}^{N}T_i\sin\frac{k\pi(vt+x_i)}{L_F}\sin\frac{k\pi l_T}{2L_F}+B_k\sin\left(\sqrt{\frac{S_j}{m_j}}\frac{k\pi t}{L_F}\right)+C_k\cos\left(\sqrt{\frac{S_j}{m_j}}\frac{k\pi t}{L_F}\right)\right]\sin\frac{k\pi x}{L_F} \tag{3-62}$$

由 $y(x,0)=0$ 可得

$$y(x,0)=\sum_{k=1}^{\infty}\left(A_{k2}\sum_{i=1}^{N}T_i\sin\frac{k\pi x_i}{L_F}\sin\frac{k\pi l_T}{2L_F}+C_k\right)\sin\frac{k\pi x}{L_F}=0 \tag{3-63}$$

因此有

$$C_k=-A_{k2}\sum_{i=1}^{N}T_i\sin\frac{k\pi x_i}{L_F}\sin\frac{k\pi l_T}{2L_F} \tag{3-64}$$

由 $\dot{y}(x,0)=0$ 可得

$$\dot{y}(x,0)=\sum_{k=1}^{\infty}\left(A_{k1}\frac{k\pi v}{L_F}\sin\frac{k\pi l_F}{2L_F}+A_{k2}\sum_{i=1}^{N}T_i\frac{k\pi v}{L_F}\cos\frac{k\pi x_i}{L_F}\sin\frac{k\pi l_T}{2L_F}+B_k\sqrt{\frac{S_j}{m_j}}\frac{k\pi}{L_F}\right)\sin\frac{k\pi x}{L_F}=0 \tag{3-65}$$

因此有

$$B_k = -\frac{v}{\sqrt{S_j / m_j}} \left(A_{k1} \sin\frac{k\pi l_F}{2L_F} + A_{k2} \sum_{i=1}^{N} T_i \cos\frac{k\pi x_i}{L_F} \sin\frac{k\pi l_T}{2L_F} \right) \tag{3-66}$$

将 C_k 和 B_k 代入式（3-62）可得

$$\begin{aligned} y(x,t) = \sum_{k=1}^{\infty} \Bigg[& A_{k1} \sin\frac{k\pi l_F}{2L_F} \left(\sin\frac{k\pi vt}{L_F} - \frac{v}{\sqrt{S_j / m_j}} \sin\left(\sqrt{\frac{S_j}{m_j}} \frac{k\pi t}{L_F} \right) \right) + \\ & A_{k2} \sin\frac{k\pi l_T}{2L_F} \sum_{i=1}^{N} T_i \left[\sin\frac{k\pi(vt + x_i)}{L_F} - \frac{v}{\sqrt{S_j / m_j}} \cos\frac{k\pi x_i}{L_F} \sin\left(\sqrt{\frac{S_j}{m_j}} \frac{k\pi t}{L_F} \right) - \right. \\ & \left. \sin\frac{k\pi x_i}{L_F} \cos\left(\sqrt{\frac{S_j}{m_j}} \frac{k\pi t}{L_F} \right) \right] \Bigg] \sin\frac{k\pi x}{L_F} \end{aligned} \tag{3-67}$$

式中：L_F、T_i 可以根据受电弓抬升力静态抬升的计算结果确定。

3.2.2 考虑反射与多普勒现象的接触网动力学模型

接触网承力索和吊弦一起对接触线的振动起约束作用，而且这种约束作用会因为受电弓移动引起的多普勒现象而变化。当受电弓靠近前方吊弦时，吊弦对承力索的约束作用会增大；当受电弓远离后方吊弦时，吊弦对承力索的约束作用会减小。下面对受电弓移动引起的多普勒现象和弓网接触力的变化进行分析。

接触线的振动位移表达式（3-67）表明，接触线的振动分为受电弓抬升力造成的振动和吊弦拉力造成的振动。其中受电弓抬升力造成的振动为

$$y_0(k,t) = A_{k1} \sin\frac{k\pi vt}{L_F} \sin\frac{k\pi l_F}{2L_F} \tag{3-68}$$

$$A_{k1} = \frac{4FL_F^2 / m_j}{(k\pi)^3 l_F (S_j / m_j - v^2)} \tag{3-69}$$

式（3-68）和式（3-69）描述了在连续的接触线上移动的受电弓的抬升力所产生的振动。

而吊弦拉力造成的振动为

$$y_r(k,t) = A_{k2} \sum_{i=1}^{N} T_i \sin\frac{k\pi(vt + x_i)}{L_F} \sin\frac{k\pi l_T}{2L_F} \tag{3-70}$$

$$A_{k2} = \frac{4L_F^2 / m_j}{(k\pi)^3 l_T (S_j / m_j - v^2)} \tag{3-71}$$

式（3-70）和式（3-71）描述了在连续的接触线上多个吊弦拉力共同产生的振动。

接触线的振动位移表达式（3-67)直接将上述两种振动进行线性叠加。但实际上受电弓抬升力造成的振动和吊弦拉力造成的振动并非简单线性叠加，原因如下：

（1）受电弓抬升力造成的振动波在遇到吊弦时会发生反射现象。

（2）受电弓抬升力是移动的振源，在靠近或远离吊弦时会发生多普勒现象。

当受电弓抬升力位于吊弦附近时，受电弓抬升力造成的振动波在遇到吊弦时会发生反射现象。其中入射波为受电弓抬升力引起的振动 y_0，反射波为吊弦引起的振动 y_r。受电弓抬升力、吊弦拉力变化以及入射波、反射波关系如图 3-20 所示。

图 3-20　接触网系统波动反射关系

因此反射系数为

$$r = \frac{y_r(k,t)}{y_0(k,t)} = \frac{A_{k2} \sum_{i=1}^{N} T_i \sin\frac{k\pi(vt + x_i)}{L_F} \sin\frac{k\pi l_T}{2L_F}}{A_{k1} \sin\frac{k\pi vt}{L_F} \sin\frac{k\pi l_F}{2L_F}} \tag{3-72}$$

由式（3-72）可知，接触网的反射系数和吊弦拉力的变化有关，因此不同位置接触网的反射系数不同，而且接触网系统的各个设计参数都对反射系数有影响。

如果忽略受电弓抬升力和吊弦拉力分布长度的区别，即假设 $l_T = l_F$。另外使用吊弦拉力变化最大值 $\max[\Delta T]$ 替代 $\sum_{i=1}^{N} T_i \sin\frac{k\pi(vt + x_i)}{L_F}$，则可以将反射系数简化为

$$r \approx \frac{\max[\Delta T]}{F} \tag{3-73}$$

多普勒现象是指当振动源与被振动物体之间发生相对运动时，被振动物体的振动位移与振动源的移动速度和方向相关。为了计算移动的受电弓对吊弦振动的影响，此处采用的计算方法将使参照系与受电弓以相同速度移动，在此参照系下受电弓成为固

定位置振动，但是波动传播速度发生变化。具体情况如图 3-21 所示，受电弓以速度 v 移动，y_1 和 y_2 是以速度 c 分别向两端传递的振动波，如图 3-21（a）所示。如图 3-21（b）所示，如果参照系与受电弓以相同速度 v 移动，当波动传播方向与受电弓移动方向相同时，波动传播速度为原波动传播速度减去受电弓移动速度；当波动传播方向与受电弓移动方向相反时，波动传播速度为原波动传播速度加上受电弓移动速度。因此，y_1 和 y_2 的传播速度分别为 $c+v$ 和 $c-v$。

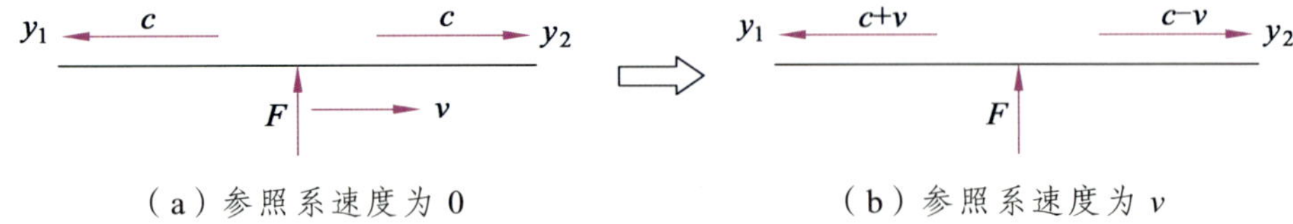

（a）参照系速度为 0　　　　（b）参照系速度为 v

图 3-21　移动参照系下波动传播速度的变化

在分析和计算接触线上的多普勒现象时，除了考虑受电弓移动速度外，还要考虑受电弓所在位置。当受电弓靠近前方吊弦并受到影响时，入射波和反射波的传播情况如图 3-22 所示。当参照系与受电弓以相同速度 v 移动时，入射波和反射波的传播速度分别为 $c-v$ 和 $c+v$。

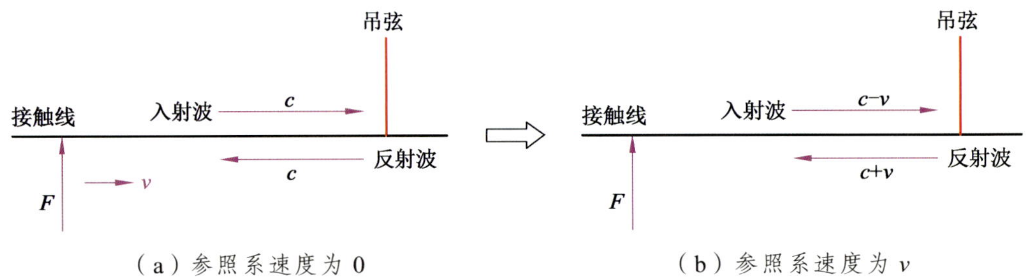

（a）参照系速度为 0　　　　（b）参照系速度为 v

图 3-22　前方吊弦对受电弓振动的影响

由图 3-22 可知，当参照系以速度 v 移动时，入射波的传播速度为 $c-v$。根据式（3-69）可得入射波振幅为

$$A'_{k1}=\frac{4FL_F^2/m_{\rm j}}{(k\pi)^3 l_F(\sqrt{S_{\rm j}/m_{\rm j}}-v)^2} \tag{3-74}$$

而前方吊弦产生的反射波为

$$y_{\rm r}(k,t)=r\cdot A'_{k1}\sin\frac{k\pi vt}{L_F}\sin\frac{k\pi l_F}{2L_F} \tag{3-75}$$

此时由于反射波的传播速度为 $c+v$，根据式（3-69）可得反射波引起的受电弓的振幅为

$$A''_{k1} = \frac{4F_q L_F^2 / m_j}{(k\pi)^3 l_F (\sqrt{S_j / m_j} + v)^2} \tag{3-76}$$

式中：F_q 表示由前方吊弦引起的反射波通过接触线对受电弓的反作用力，体现了吊弦对接触线振动的约束作用。

由于 $r \cdot A'_{k1} = A''_{k1}$，有

$$F_q = r / \left(\frac{\sqrt{S_j / m_j} - v}{\sqrt{S_j / m_j} + v} \right)^2 \cdot F \tag{3-77}$$

其中，$a = \dfrac{\sqrt{S_j / m_j} - v}{\sqrt{S_j / m_j} + v}$ 为多普勒系数。

因此有 $F_q = r / a^2 \cdot F$，r / a^2 为放大系数。

当受电弓离开后方吊弦并受到影响时，入射波和反射波的传播情况如图 3-23 所示。当参照系与受电弓以相同速度 v 移动时，入射波和反射波的传播速度分别为 $c+v$ 和 $c-v$。

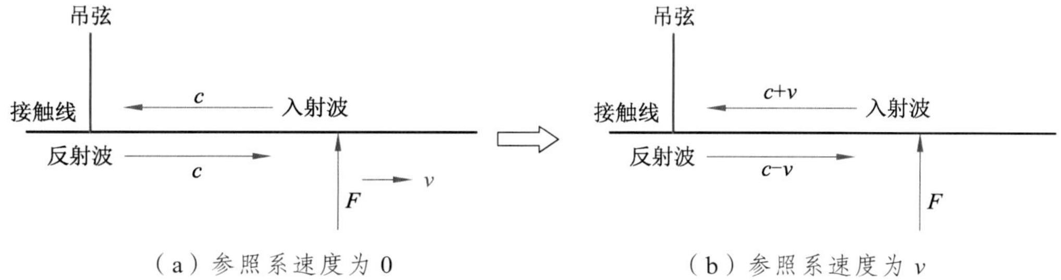

（a）参照系速度为 0　　（b）参照系速度为 v

图 3-23　后方吊弦对受电弓振动的影响

由图 3-23 可知，当参照系以速度 v 移动时，入射波的传播速度为 $c+v$。根据式（3-69）可得入射波振幅为

$$A'_{k1} = \frac{4F L_F^2 / m_j}{(k\pi)^3 l_F (\sqrt{S_j / m_j} + v)^2} \tag{3-78}$$

而后方吊弦产生的反射波为

$$y_r(k,t) = r \cdot A'_{k1} \sin \frac{k\pi v t}{L_F} \sin \frac{k\pi l_F}{2L_F} \tag{3-79}$$

此时由于反射波的传播速度为 $c-v$，根据式（3-69）可得反射波引起的受电弓的振幅为

$$A''_{k1} = \frac{4F_{\mathrm{h}} L_F^2 / m_j}{(k\pi)^3 l_F (\sqrt{S_{\mathrm{j}} / m_{\mathrm{j}}} - v)^2} \tag{3-80}$$

式中：F_{h} 表示由后方吊弦引起的反射波通过接触线对受电弓的反作用力，体现了吊弦对接触线振动的约束作用。

由于 $rA'_{k1} = A''_{k1}$，有 $F_{\mathrm{h}} = r \cdot a^2 \cdot F$

其中，$a = \dfrac{\sqrt{S_{\mathrm{j}} / m_{\mathrm{j}}} - v}{\sqrt{S_{\mathrm{j}} / m_{\mathrm{j}}} + v}$ 为多普勒系数。

受电弓从离开后方吊弦到靠近前方吊弦的过程中，前后 2 根吊弦的约束作用会同时存在。但是受电弓在前后 2 根吊弦之间的不同位置时，前后 2 根吊弦引起的反射波对受电弓反作用力的大小不同。使用加权的方法计算受电弓移动到接触线上某个位置处所受到的吊弦反射波的反作用力 F_{r}：

$$F_{\mathrm{r}} = c_{\mathrm{q}} \cdot F_{\mathrm{q}} + c_{\mathrm{h}} \cdot F_{\mathrm{h}} = r \cdot (c_{\mathrm{q}} / a^2 + c_{\mathrm{h}} \cdot a^2) \cdot F \tag{3-81}$$

其中，$0<c_{\mathrm{q}}<1$ 和 $0<c_{\mathrm{h}}<1$ 分别为前后两侧吊弦反射波的权重系数，根据受电弓在前后两侧吊弦之间位置的不同而不同。由于 $r<0$，$F_{\mathrm{r}}<0$。

式（3-81）表示受电弓在沿接触线移动的过程中受到的吊弦反射波的反作用力 F_{r} 除了与弓网接触力 F 有关外，还决定于以下几个因素：

（1）反射系数 r：反射波振幅与入射波振幅之比，反映了吊弦与承力索对接触线振动约束作用的大小，由接触网设计参数决定，在接触网不同位置处不同。一般情况下悬挂点处反射系数 r 较大，跨中位置反射系数 r 较小。

（2）多普勒系数 a：波动传播速度与受电弓移动速度的相对关系，能够描述受电弓与吊弦之间的多普勒现象。

（3）吊弦反射波的权重系数 c_{q} 和 c_{h}：前、后两侧吊弦产生的反射波对受电弓的反作用的大小比例关系，体现了受电弓移动过程中前、后两侧吊弦作用的变化。由于受电弓前方吊弦产生的反射波对受电弓的反作用大于后方吊弦的反作用，因此在受电弓离开后方吊弦而靠近前方吊弦的过程中，吊弦产生的反射波对受电弓的反作用逐步增大。而从受电弓运行的整个过程看，吊弦产生的反射波对受电弓的反作用呈周期性的波动方式。

吊弦对接触线的振动起约束作用，因此，吊弦反射波的反作用力 F_{r} 会恶化弓网接触状况：在接触线向上振动的过程中，接触线的最大振动位移减小，弓网接触力增大为 $F - F_{\mathrm{r}}$；在接触线向下振动的过程中，接触线的最小振动位移减小，弓网接触力减小为 $F+F_{\mathrm{r}}$。因此，由式（3-54）可得考虑吊弦反射波影响后的接触线运动微分方程为

$$m_{\mathrm{j}}\frac{\partial^2 y(x,t)}{\partial t^2}-S_{\mathrm{j}}\frac{\partial^2 y(x,t)}{\partial x^2}=\frac{F\pm F_{\mathrm{r}}}{l_F}\cdot\left\{u\left[x-\left(vt-\frac{l_F}{2}\right)\right]-u\left[x-\left(vt+\frac{l_F}{2}\right)\right]\right\} \quad (3\text{-}82)$$

根据式（3-54）的求解过程可得

$$y(x,t)=\sum_{k=1}^{\infty}\left\{A_k\sin\frac{k\pi l_F}{2L_F}\left[\sin\frac{k\pi vt}{L_F}-\frac{v}{\sqrt{S_{\mathrm{j}}/m_{\mathrm{j}}}}\sin\left(\sqrt{\frac{S_t}{m_{\mathrm{j}}}}\frac{k\pi t}{L_F}\right)\right]\right\}\sin\frac{k\pi x}{L_F} \quad (3\text{-}83)$$

其中，
$$A_k=\frac{4(F\pm F_{\mathrm{r}})L_F^2/m_{\mathrm{j}}}{(k\pi)^3 l_F(S_{\mathrm{j}}/m_{\mathrm{j}}-v^2)} \quad (3\text{-}84)$$

式（3-83）表明：可以通过将接触网系统的反射和多普勒现象归算成弓网接触力的变化来计算接触网系统的振动位移。

3.2.3 接触网各种设计参数的影响

在推导出受电弓抬升力所在位置处接触线的振动位移式（3-83）后，在此基础上，进一步分析接触网各种设计参数对接触线振动位移的影响。

根据接触线振动的振幅式（3-84），定义接触网系统动态特性的指标 PoC（Property of Catenary）：

$$PoC=\frac{L_F(1-\max[\Delta T]/F)}{(S_{\mathrm{j}}/m_{\mathrm{j}}-v^2)\cdot m_{\mathrm{j}}} \quad (3\text{-}85)$$

该指标反映了接触网系统在受电弓抬升力 F 作用下振动幅度的大小，其中 $\max[\Delta T]/F$ 是对接触网反射系数 r 的近似估算值。

下面分析接触网各个设计参数对接触线振动的影响。L_F 为受电弓抬升力抬升接触线的长度，具体描述为拉力变化大于 0.1 N 的吊弦所在接触线的长度。仿真将计算简单链形悬挂系统和弹性链形悬挂系统在悬挂点和跨中位置的动态特性的指标 PoC，并利用式（3-83）计算接触线振动位移，同时计算出最大振动位移 $Y_{\max}$、最小振动位移 $Y_{\min}$、振动位移的标准方差 Y_{std} 和平均振动位移 Y_{m}。在所有的仿真计算中受电弓抬升力为 116 N，接触线张力 S_{j} 为 25 kN，接触线单位质量 m_{j} 为 1.1 kg/m，受电弓抬升力以 250 km/h 的速度移动。

1. 接触线张力 S_{j} 对接触线振动的影响

接触线张力 S_{j} 增大时，接触线抬升 y_i 减小，吊弦拉力变化 ΔT_i 减小，因此 $\max[\Delta T]$ 减小。又因为 $\sum T_i=F$，所以 L_F 增加。这两个因素会使得动态特性的指标 PoC 增加。

但是接触线张力 S_j 增加又会使波动速度增大，减小动态特性的指标 PoC。因此，动态特性的指标 PoC 的变化需要通过接触网系统设计参数的具体计算决定。一般情况下，接触线张力 S_j 增大带来的总体结果是动态特性的指标 PoC 减小，接触线振动减小。

下面通过仿真计算来说明这个变化过程。接触线张力 S_j 对接触线振动的影响如表 3-23 所示。

表 3-23　接触线张力 S_j 对接触线振动的影响

简单链形悬挂		接触线张力 S_j			弹性链形悬挂		接触线张力 S_j		
		15 kN	20 kN	25 kN			15 kN	20 kN	25 kN
跨中	L_F/m	212.8	212.8	212.8	跨中	L_F/m	207.6	207.6	207.6
	max[T]/F	0.273 1	0.228 6	0.195 4		max[T]/F	0.324 9	0.281 2	0.247 2
	PoC/（m/N）	3.395 3	2.377 1	1.850 0		PoC/（m/N）	3.000 9	2.108 2	1.647 3
悬挂点	L_F/m	175.6	200.0	212.8	悬挂点	L_F/m	207.6	207.6	207.6
	max[T]/F	0.977 2	0.903 4	0.845 9		max[T]/F	0.869 5	0.785 2	0.720 1
	PoC/（m/N）	0.072 5	0.262 8	0.354 4		PoC/（m/N）	0.580 3	0.630 0	0.612 5
Y_{max}/m		0.070 2	0.052 4	0.044 5	Y_{max}/m		0.075 9	0.057 9	0.048 8
Y_{min}/m		0.017 6	0.016 6	0.014 9	Y_{min}/m		0.057 9	0.045 6	0.039 4
Y_{std}/m		0.018 0	0.013 2	0.010 5	Y_{std}/m		0.004 5	0.003 1	0.002 7
Y_m/m		0.045 9	0.035 6	0.030 8	Y_m/m		0.067 1	0.052 5	0.043 8

2. 承力索张力 S_c 对接触线振动的影响

承力索张力 S_c 增大时，接触线抬升 y_i 减小，抬升位置两侧的吊弦拉力变化 ΔT_i 减小，因此抬升力处 max[ΔT] 增大。又因为 $\sum \Delta T_i = F$，所以 L_F 减小。因此，动态特性的指标 PoC 减小。

下面通过仿真计算来说明这个变化过程。承力索张力 S_c 对接触线振动的影响如表 3-24 所示。

表 3-24　承力索张力 S_c 对接触线振动的影响

简单链形悬挂		承力索张力 S_c			弹性链形悬挂		承力索张力 S_c		
		15 kN	20 kN	25 kN			15 kN	20 kN	25 kN
跨中	L_F/m	212.8	212.8	212.8	跨中	L_F/m	207.6	207.6	207.6
	max[T]/F	0.195 4	0.238 5	0.273 1		max[T]/F	0.206 5	0.247 2	0.280 1
	PoC/(m/N）	1.850	1.750 9	1.671 4		PoC/（m/N）	1.736 3	1.647 3	1.575 3

续表

简单链形悬挂		承力索张力 S_c			弹性链形悬挂		承力索张力 S_c		
		15 kN	20 kN	25 kN			15 kN	20 kN	25 kN
悬挂点	L_F/m	212.8	200.0	175.6	悬挂点	L_F/m	250.0	207.6	207.6
	max[T]/F	0.845 9	0.920 1	0.977 2		max[T]/F	0.631 8	0.720 1	0.786 3
	PoC/（m/N）	0.354 4	0.162 3	0.035 7		PoC/（m/N）	1.168 4	0.612 5	0.467 6
Y_{max}/m		0.045 5	0.038 6	0.035 7	Y_{max}/m		0.057 9	0.048 8	0.042 3
Y_{min}/m		0.014 9	0.011 9	0.008 9	Y_{min}/m		0.047 7	0.039 4	0.033 9
Y_{std}/m		0.010 5	0.009 5	0.008 7	Y_{std}/m		0.003 4	0.002 7	0.002 3
Y_m/m		0.030 8	0.025 9	0.022 5	Y_m/m		0.052 0	0.043 8	0.038 2

3. 跨距长度 L 及吊弦分布对接触线振动的影响

由于跨距长度的变化必然引起吊弦分布的变化，需要对结构变化细分讨论。

（1）吊弦间距按比例扩大，吊弦数目不变，跨距 L 增大。

由于间距按比例变化，接触网系统受力情况不变，即吊弦拉力变化ΔT_i不变，所以 max[ΔT]不变。但是由于跨距 L 增大，L_F 增大。因此，动态特性的指标 PoC 增大，接触线振动增大。

下面通过仿真计算来说明这个变化过程。跨距长度 L 对接触线振动的影响如表 3-25 所示。

表 3-25　跨距长度 L 对接触线振动的影响

简单链形悬挂		跨距长度 L			弹性链形悬挂		跨距长度 L		
		40 m	50 m	60 m			40 m	50 m	60 m
跨中	L_F/m	170.24	212.8	255.36	跨中	L_F/m	166.08	207.6	249.12
	max[T]/F	0.195 4	0.195 4	0.195 4		max[T]/F	0.247 2	0.247 2	0.247 2
	PoC/（m/N）	1.184 0	1.850 0	2.664 1		PoC/（m/N）	1.054 3	1.647 3	2.372 2
悬挂点	L_F/m	170.24	212.8	255.36	悬挂点	L_F/m	166.08	207.6	249.12
	max[T]/F	0.845 9	0.845 9	0.845 9		max[T]/F	0.720 1	0.720 1	0.720 1
	PoC/（m/N）	0.226 8	0.354 4	0.510 3		PoC/（m/N）	0.392 0	0.612 5	0.882 0
Y_{max}/m		0.035 3	0.044 5	0.053 6	Y_{max}/m		0.038 9	0.048 8	0.058 6
Y_{min}/m		0.011 7	0.014 9	0.018 1	Y_{min}/m		0.031 4	0.039 4	0.047 4
Y_{std}/m		0.008 4	0.010 5	0.012 5	Y_{std}/m		0.002 2	0.002 7	0.003 4
Y_m/m		0.024 3	0.030 8	0.036 8	Y_m/m		0.035 0	0.043 8	0.053 0

（2）跨中吊弦间距增大，吊弦数目不变，跨距 L 增大。

为了定性分析跨中吊弦间距增大对接触网系统的影响，引入一个简单接触网结构进行分析。

如图 3-20 所示接触网结构，抬升力在跨中位置。当跨中吊弦间距由 L_1 增大到 L_1' 时，a 点对 b 点、c 点对 d 点的弯矩保持不变，因此系统仍然能保持平衡。所以，当跨中吊弦间距增大时，接触网系统跨中位置吊弦的 $\max[\Delta T]$ 不变。但是由于跨距 L 增大，所以 L_F 增大。因此，当抬升力在跨中位置时，动态特性的指标 PoC 增大，接触线振动增加。

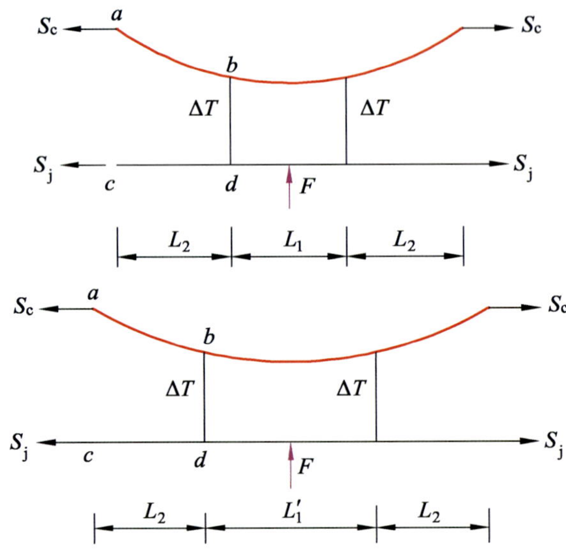

图 3-20　跨中吊弦间距增大时跨中位置受力

如图 3-21 所示接触网结构，抬升力在悬挂点位置。根据接触网结构对应的梁的结构受力分析可得

$$N_{c1}+N_{c2}+N_{j1}=\frac{F}{2} \tag{3-86}$$

$$\frac{N_{j1}L_1}{S_j}=\frac{N_{c1}L_1}{S_c} \tag{3-87}$$

$$N_{c1}\left(L_1+\frac{L_2}{2}\right)-\Delta T\frac{L_2}{2}=0 \tag{3-88}$$

$$N_{c1}+N_{c2}=\Delta T \tag{3-89}$$

求解方程组可得

$$\Delta T = \frac{F}{2} \bigg/ \left(1 + \frac{S_{\mathrm{j}}}{S_{\mathrm{c}}} \frac{L_2}{2L_1 + L_2}\right) \tag{3-90}$$

由分析可得，抬升力在悬挂点位置时，接触网悬挂点位置吊弦的 $\max[\Delta T]$ 将随跨中吊弦间距 L_1 增大而增大。同时由于跨距 L 增大，所以 L_F 增大。由于 $\max[\Delta T]$ 和 L_F 同时增大，当抬升力在悬挂点位置时，动态特性的指标 PoC 的变化需要通过接触网设计参数的具体计算来决定。

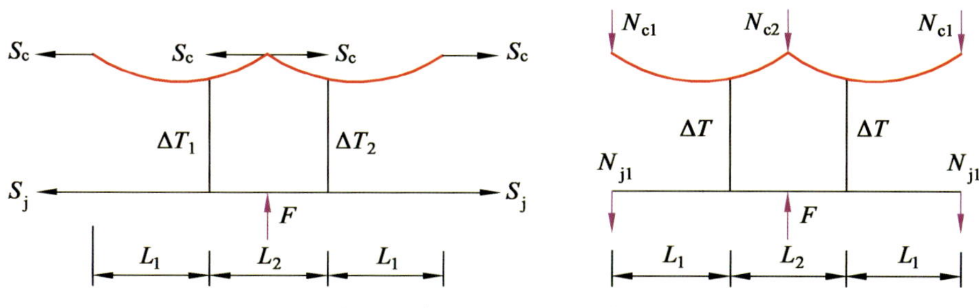

图 3-21　跨中吊弦间距增大时悬挂点位置受力

下面通过仿真计算来说明这个变化过程。跨中吊弦间距对接触线振动的影响如表 3-26 所示。

表 3-26　跨中吊弦间距对接触线振动的影响

简单链形悬挂		吊弦分布/m		
		$l_1=12.3$ $l_2=11.6$	$l_1=12.8$ $l_2=11.6$	$l_1=13.2$ $l_2=11.6$
跨中	L_F/m	206.3	212.8	218
	$\max[T]/F$	0.195 4	0.195 4	0.195 4
	PoC/（m/N）	1.738 7	1.850 0	1.941 6
悬挂点	L_F/m	206.3	212.8	218
	$\max[T]/F$	0.837 2	0.845 9	0.852 9
	PoC/（m/N）	0.351 7	0.354 4	0.355 0
$Y_{\max}$/m		0.043 3	0.354 4	0.045 4
$Y_{\min}$/m		0.015 4	0.014 9	0.014 5
Y_{std}/m		0.009 8	0.010 5	0.011 0
Y_{m}/m		0.030 3	0.030 8	0.031 0

弹性链形悬挂		吊弦分布/m		
		$l_1=7$ $l_2=27.2$	$l_1=7.6$ $l_2=27.2$	$l_1=8$ $l_2=27.2$
跨中	L_F/m	199.8	207.6	212.8
	$\max[T]/F$	0.247 2	0.247 2	0.247 2
	PoC/（m/N）	1.525 8	1.647 3	1.731 0
悬挂点	L_F/m	199.8	207.6	212.8
	$\max[T]/F$	0.710 1	0.720 1	0.726 9
	PoC/（m/N）	0.587 6	0.612 5	0.628 0
$Y_{\max}$/m		0.047 3	0.048 8	0.049 8
$Y_{\min}$/m		0.039 0	0.039 4	0.039 6
Y_{std}/m		0.002 3	0.002 7	0.003 1
Y_{m}/m		0.043 2	0.043 8	0.044 2

（3）悬挂点吊弦间距增大，吊弦数目不变，跨距 L 增大。

如图 3-22 所示接触网结构，抬升力在跨中位置。根据接触网结构对应的梁的结构受力分析可得

$$N_{c1}+N_{j1}=\frac{F}{2} \tag{3-91}$$

$$\frac{N_{j1}L_2}{S_j}=\frac{N_{c1}L_2}{S_c} \tag{3-92}$$

$$N_{c1}=\Delta T \tag{3-93}$$

求解方程组可得

$$\Delta T=\frac{FS_c}{2(S_j+S_c)} \tag{3-94}$$

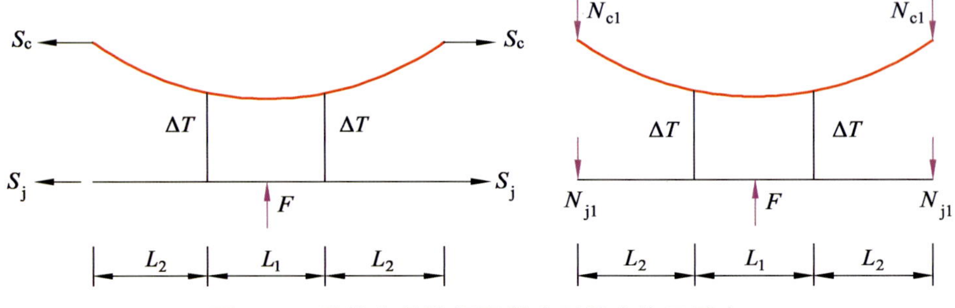

图 3-22　悬挂点吊弦间距增大时跨中位置受力

由分析可得，抬升力在跨中位置时，悬挂点吊弦间距增大并不影响接触网系统跨中位置吊弦的 $\max[\Delta T]$。但是由于跨距 L 增大，L_F 增大。因此，当抬升力在跨中位置时，动态特性的指标 PoC 增大。

抬升力在悬挂点位置时，与跨中吊弦间距增大时的情况一样，吊弦拉力变化为

$$\Delta T=\frac{F}{2}\bigg/\left(1+\frac{S_j}{S_c}\frac{L_2}{2L_1+L_2}\right) \tag{3-95}$$

可得抬升力在悬挂点位置时，接触网系统悬挂点位置吊弦的 $\max[\Delta T]$ 随悬挂点吊弦间距 L_2 的增大而减小。同时，由于跨距 L 增大，L_F 增大。因此，当抬升力在悬挂点位置时，动态特性的指标 PoC 增大。

对于弹性链形悬挂，弹性吊索长度与悬挂点吊弦间距一起按比例变化。

下面通过仿真计算来说明这个变化过程。悬挂点吊弦间距对接触线振动的影响如表 3-27 所示。

表 3-27　悬挂点吊弦间距对接触线振动的影响

<table>
<tr><td colspan="2" rowspan="2">简单链形悬挂</td><td colspan="3">吊弦分布/m</td><td colspan="2" rowspan="2">弹性链形悬挂</td><td colspan="3">吊弦分布/m</td></tr>
<tr><td>$l_1=12.8$
$l_2=10.4$</td><td>$l_1=12.8$
$l_2=11.6$</td><td>$l_1=12.8$
$l_2=13.1$</td><td>$l_1=7.6$
$l_2=26$</td><td>$l_1=7.6$
$l_2=27.2$</td><td>$l_1=7.6$
$l_2=29$</td></tr>
<tr><td rowspan="3">跨中</td><td>L_F/m</td><td>208</td><td>212.8</td><td>218.8</td><td rowspan="3">跨中</td><td>L_F/m</td><td>202.8</td><td>207.6</td><td>214.8</td></tr>
<tr><td>max[T]/F</td><td>0.195 4</td><td>0.195 4</td><td>0.195 4</td><td>max[T]/F</td><td>0.247 2</td><td>0.247 2</td><td>0.247 2</td></tr>
<tr><td>PoC/（m/N）</td><td>1.767 5</td><td>1.85</td><td>1.955 8</td><td>PoC/（m/N）</td><td>1.572 1</td><td>1.647 3</td><td>1.763 5</td></tr>
<tr><td rowspan="3">悬挂点</td><td>L_F/m</td><td>208</td><td>212.8</td><td>218.8</td><td rowspan="3">悬挂点</td><td>L_F/m</td><td>202.8</td><td>207.6</td><td>214.8</td></tr>
<tr><td>max[T]/F</td><td>0.872 1</td><td>0.845 9</td><td>0.820 8</td><td>max[T]/F</td><td>0.726</td><td>0.720 1</td><td>0.712 2</td></tr>
<tr><td>PoC/（m/N）</td><td>0.280 9</td><td>0.354 4</td><td>0.435 6</td><td>PoC/（m/N）</td><td>0.572 1</td><td>0.612 5</td><td>0.674 2</td></tr>
<tr><td colspan="2">Y_{max}/m</td><td>0.042 8</td><td>0.044 5</td><td>0.046 6</td><td colspan="2">Y_{max}/m</td><td>0.047 4</td><td>0.048 8</td><td>0.050 8</td></tr>
<tr><td colspan="2">Y_{min}/m</td><td>0.011 9</td><td>0.014 9</td><td>0.018 7</td><td colspan="2">Y_{min}/m</td><td>0.037 8</td><td>0.039 4</td><td>0.041 8</td></tr>
<tr><td colspan="2">Y_{std}/m</td><td>0.010 7</td><td>0.010 5</td><td>0.010 0</td><td colspan="2">Y_{std}/m</td><td>0.002 9</td><td>0.002 7</td><td>0.002 5</td></tr>
<tr><td colspan="2">Y_m/m</td><td>0.029 0</td><td>0.030 8</td><td>0.032 1</td><td colspan="2">Y_m/m</td><td>0.042 1</td><td>0.043 8</td><td>0.046 4</td></tr>
</table>

（4）跨中吊弦间距增大，悬挂点处吊弦间距减小，吊弦数目不变，跨距 L 不变。

与悬挂点处吊弦间距增大情况一样，当抬升力在跨中位置时，吊弦拉力的变化为

$$\Delta T=\frac{FS_{\mathrm{c}}}{2(S_{\mathrm{j}}+S_{\mathrm{c}})} \tag{3-96}$$

可得抬升力在跨中位置时，接触网跨中位置吊弦的 max[ΔT]不变。L_F 由于吊弦位置变化而发生很小的变化，当抬升力在跨中位置时，动态特性的指标 PoC 变化不大。

与跨中吊弦间距增大时的情况一样，当抬升力在悬挂点位置时，吊弦拉力的变化为

$$\Delta T=\frac{F}{2}\bigg/\left(1+\frac{S_{\mathrm{j}}}{S_{\mathrm{c}}}\frac{L_2}{2L_1+L_2}\right) \tag{3-97}$$

由于 L_1+L_2 为固定值，L_1 增大而 L_2 减小，所以接触网悬挂点位置的 max[ΔT]增大。同样，L_F 由于吊弦位置变化而发生很小的变化。因此，当抬升力在悬挂点位置时，动态特性的指标 PoC 减小。

对于弹性链形悬挂，弹性吊索长度与悬挂点吊弦间距一起按比例变化。下面通过仿真计算来说明这个变化过程。如表 3-28 所示为跨中吊弦间距增大、悬挂点处吊弦间距减小对接触线振动的影响。

表 3-28　跨中吊弦间距增大、悬挂点处吊弦间距减小对接触线振动的影响

简单链形悬挂		吊弦分布/m			弹性链形悬挂		吊弦分布/m		
		$l_1=12.3$ $l_2=13.1$	$l_1=12.8$ $l_2=11.6$	$l_1=13.2$ $l_2=10.4$			$l_1=7$ $l_2=29$	$l_1=7.6$ $l_2=27.2$	$l_1=8$ $l_2=26$
跨中	L_F/m	212.3	212.8	213.2	跨中	L_F/m	207	207.6	208
	$\max[T]/F$	0.195 4	0.195 4	0.195 4		$\max[T]/F$	0.247 3	0.247 2	0.247 1
	PoC/（m/N）	1.841 2	1.850	1.856 9		PoC/（m/N）	1.637 7	1.647 3	1.653 8
悬挂点	L_F/m	224.6	212.8	213.2	悬挂点	L_F/m	207	207.6	208
	$\max[T]/F$	0.813 3	0.845 9	0.880 3		$\max[T]/F$	0.703 0	0.720 1	0.733 2
	PoC/（m/N）	0.478 2	0.354 4	0.276 2		PoC/（m/N）	0.646 2	0.612 5	0.586 1
$Y_{\max}$/m		0.045 4	0.044 5	0.043 7	$Y_{\max}$/m		0.049 3	0.048 8	0.048 4
$Y_{\min}$/m		0.019 0	0.014 9	0.011 5	$Y_{\min}$/m		0.041 4	0.039 4	0.038 0
Y_{std}/m		0.009 5	0.010 5	0.011 2	Y_{std}/m		0.002 1	0.002 7	0.003 3
Y_{m}/m		0.031 9	0.030 8	0.029 3	Y_{m}/m		0.045 7	0.043 8	0.042 5

（5）在跨中点处设置吊弦。

最短吊弦出现在跨中点处或者从跨中点处移开时，对接触网系统性能也有影响。抬升力在跨中位置，跨中点处没有吊弦时，抬升力的变化为

$$\Delta T=\frac{FS_{\text{c}}}{2(S_{\text{j}}+S_{\text{c}})} \tag{3-98}$$

跨中点处有吊弦时，如图 3-23 所示的跨距中点存在吊弦的情况，抬升力在跨中位置。根据接触网结构对应的梁的结构受力分析可得

$$N_{\text{c1}}+N_{\text{j1}}=\frac{F}{2} \tag{3-99}$$

$$\frac{N_{\text{j1}}L_2}{S_{\text{j}}}=\frac{N_{\text{c1}}L_2}{S_{\text{c}}} \tag{3-100}$$

$$\frac{N_{\text{j1}}(L_1+L_2)+\Delta T_1L_1}{S_{\text{j}}}=\frac{N_{\text{c1}}(L_1+L_2)-\Delta T_1L_1}{S_{\text{c}}} \tag{3-101}$$

$$N_{\text{c1}}=\Delta T_1+\frac{\Delta T}{2} \tag{3-102}$$

求解方程组可得

$$\Delta T_1 = 0 \tag{3-103}$$

$$\Delta T = \frac{FS_c}{S_j + S_c} \tag{3-104}$$

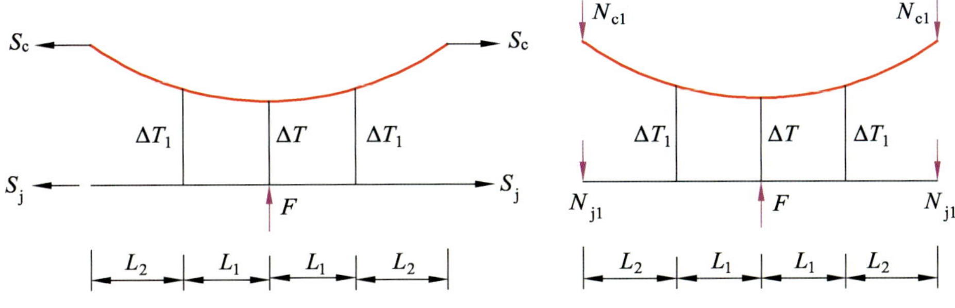

图 3-23　跨中点处设置吊弦时跨中位置受力

可以看出，在跨中点处设置吊弦后吊弦的 $\max[\Delta T]$ 显著增大，而 L_F 则和跨距 L 的变化有关。增加吊弦对于悬挂点处的影响类似于增加跨中吊弦间距 L_1，此时接触网系统悬挂点位置的 $\max[\Delta T]$ 增大。在跨中点处设置吊弦时，能够增加所有吊弦的 $\max[\Delta T]$，但是考虑到 L_F 随着跨距 L 的增加而增加，动态特性的指标 PoC 的变化需要通过接触网系统设计参数的具体计算决定。在不增加跨距 L 的条件下，在跨中点处设置吊弦能显著降低动态特性的指标 PoC。

下面通过仿真计算来说明这个变化过程。在跨中点处设置吊弦对接触线振动的影响如表 3-29 所示。

表 3-29　在跨中点处设置吊弦对接触线振动的影响

简单链形悬挂		跨距 L			弹性链形悬挂		跨距 L		
		L = 50 m 4 根吊弦	L = 62.8 m 5 根吊弦	L = 75.6 m 6 根吊弦			L = 50 m 4 根吊弦	L = 57.6 m 5 根吊弦	L = 65.2 m 6 根吊弦
跨中	L_F/m	212.8	251.2	289.6	跨中	L_F/m	207.6	230.4	253.2
	$\max[T]/F$	0.195 4	0.540 6	0.224		$\max[T]/F$	0.247 2	0.633 9	0.262 6
	PoC/（m/N）	1.850	1.471 8	3.304 6		PoC/（m/N）	1.647 3	0.986 8	2.400 3
悬挂点	L_F/m	212.8	238.4	276.8	悬挂点	L_F/m	207.6	230.4	253.2
	$\max[T]/F$	0.845 9	0.857 5	0.865 4		$\max[T]/F$	0.720 1	0.728 1	0.734 3
	PoC/（m/N）	0.354 4	0.411 2	0.523 6		PoC/（m/N）	0.612 5	0.732 9	0.864 8

通过以上分析和仿真计算，我们能够得到以下结论：

（1）考虑接触网各设计参数对接触线振动的影响。

增加接触线张力 S_j 和承力索张力 S_c 都能够减小接触线的振动，但是两者原理不同：增加接触线张力 S_j 能够提高波动传播速度，从而减小接触线的振动。而增加承力索张力 S_c 则增加 $\max[\Delta T]$，从而减小接触网系统弹性，减小接触线的振动。因此，增加承力索张力 S_c 需要考虑对悬挂点位置处吊弦的影响，注意带来的冲击和吊弦卸载等问题。

（2）吊弦分布对接触线振动的影响比较复杂。首先，吊弦分布还受到拉出值、结构高度的影响。其次，吊弦分布的变化还会影响到跨距 L 的变化。通过分析有以下结论：

① 吊弦间距按比例扩大，吊弦数目不变，跨距 L 增大。此时吊弦拉力变化 ΔT_i 不变，L_F 增大，动态特性的指标 PoC 增大。

② 跨中吊弦间距增大，吊弦数目不变，跨距 L 增大。当抬升力在跨中位置时，接触网系统跨中位置吊弦的 $\max[\Delta T]$ 不变，L_F 增大，动态特性的指标 PoC 增大。当抬升力在悬挂点位置时接触网系统悬挂点位置吊弦的 $\max[\Delta T]$ 增大，L_F 增大，动态特性的指标 PoC 的变化需要通过接触网系统设计参数的具体计算决定。总体而言，跨中吊弦间距增大，吊弦数目不变，跨距 L 增大，接触线振动增加。另外，跨中和悬挂点两处的接触线振动位移差距随跨中吊弦间距增大而增大。

③ 悬挂点吊弦间距增大，吊弦数目不变，跨距 L 增大。当抬升力在跨中位置时，接触网系统跨中位置吊弦的 $\max[\Delta T]$ 不变，L_F 增大，动态特性的指标 PoC 增大。当抬升力在悬挂点位置时，接触网系统悬挂点位置吊弦的 $\max[\Delta T]$ 减小，L_F 增大，动态特性的指标 PoC 增大。总体而言，悬挂点吊弦间距增大，吊弦数目不变，跨距 L 增大，接触线振动增加。另外，跨中和悬挂点两处的接触线振动位移差距随悬挂点吊弦间距增大而减小。

④ 跨中吊弦间距增大，悬挂点处吊弦间距减小，吊弦数目不变，跨距 L 不变。当抬升力在跨中位置时，接触网系统跨中位置吊弦的 $\max[\Delta T]$ 不变，L_F 变化不大，动态特性的指标 PoC 变化不大。当抬升力在悬挂点位置时，接触网系统悬挂点位置吊弦的 $\max[\Delta T]$ 增大，L_F 变化不大，动态特性的指标 PoC 减小。总体而言，跨中吊弦间距增大，悬挂点处吊弦间距减小，吊弦数目不变，跨距 L 不变，接触线振动减小。另外，跨中和悬挂点两处的接触线振动位移差距随跨中吊弦间距增大而增大。

⑤ 在跨中点处设置吊弦。在跨中点处设置吊弦与跨中点处没有设置吊弦的情况相比，跨中点处吊弦的 $\max[\Delta T]$ 显著增大。因此，在跨中点处设置吊弦而且跨距 L 变化不大，则抬升力在跨中位置时接触线振动显著减小。

（3）从以上的仿真计算可以看出，接触网系统动态特性的指标 PoC 可以有效地体现接触网系统各种设计参数对接触网线振动的影响。

为了进一步分析接触网系统的动态特性的指标 PoC 的作用，下面将其与常用的接触网系统性能评价指标进行比较：

① 波动传播速度。动态特性的指标 PoC 本身包含接触网系统的波动传播速度，因此能够体现波动传播对接触网系统造成的影响。

② 弹性及弹性不均匀系数。弹性及弹性不均匀系数是常用的接触网系统质量评价标准之一，描述了接触网系统弹性及其变化的情况。作为一个接触网系统的静态特性指标，弹性及弹性不均匀系数无法用于描述接触网系统动态特性。

如图 3-24 所示，接触线上两点，如果抬升力 T 和抬升 h 相同，则弹性相同。但是由于两处吊弦分布位置及吊弦拉力的变化不同和抬升接触线长度不同，在接触线振动时两处的振动表现不同。动态特性的指标 PoC 从悬索振动公式推导而来，因此具有描述接触线振动的数学形式。其中 L_F 能够描述被抬升的接触线长度，$\max[T]/F$ 能够描述吊弦拉力的分布特征，因此，相对于弹性及弹性不均匀系数其更合适于描述接触网动态特性，而且 PoC 还能体现波动速度的影响。

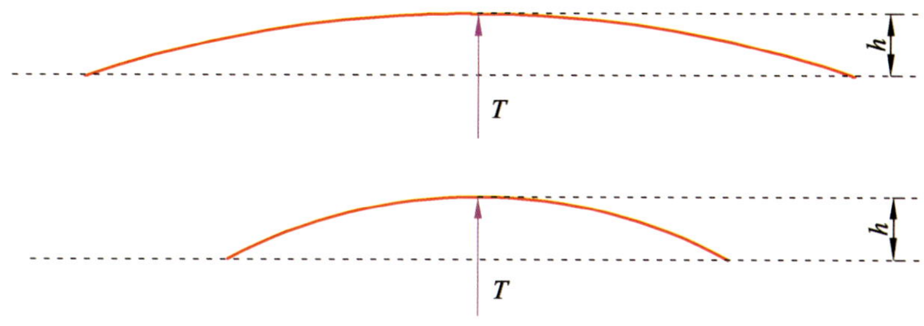

图 3-24　弹性计算示意图

（4）动态特性的指标 PoC 能够反映接触网系统的反射系数，这是 PoC 与其他接触网系统性能指标的不同之处。接触网动态特性的指标 PoC 相对于波动传播速度和弹性及弹性不均匀系数，更加适合作为接触网动态特性指标来指导和评价接触网设计。

3.2.4　基于接触网模型的设计参数选择

接触网设计前需要根据设计规范确定接触网设计参数。设计参数的选择既要满足接触网静态特性、动态特性的要求，还要满足弹性不均匀系数和吊弦卸载等方面的要求。而接触网模型的功能之一就是验证设计参数是否能够满足众多设计要求。通过对接触网动力学模型进行仿真分析，一方面能够验证仿真模型是否可以对设计参数进行选择，另一方面能够确定动态特性参数 PoC 的一般取值范围。

设计情况 1：

受电弓移动速度：$v = 250$ km/h；

接触线单位质量：$m_j = 1.1$ kg/m；

弓网接触力：平均值 F_{mean}≤130 N；最大值 F_{max}≤250 N；

接触线张力：S_j≥25 kN；

跨距 L：简单链形悬挂系统跨距为 50 m；

弹性不均匀系数：简单链形悬挂的弹性不均匀系数≤40%。

（1）波动速度 c 的计算。

根据最高设计速度与接触线波动传播速度之比不应大于 0.7，可得

$$c = v/0.7 = 357.143 \text{ km/h} = 99.2 \text{ m/s}$$

（2）接触线张力 S_j 的计算。

根据 $c^2 = S_j/m_j$ 可得

$$S_j = c^2 \cdot m_j = 10\,824.7 \text{ N} \leqslant 25 \text{ kN}$$

所以 $S_j = 25$ kN。

（3）承力索张力 S_c 及吊弦布置的仿真计算。

考虑到 S_c 一般要求小于 S_j，因此选取 15 kN 和 20 kN 分别在不同的吊弦布置方案中进行仿真计算，其结果分别如表 3-30、表 3-31 所示。由于悬挂点处吊弦间距≥20 m，所以假设悬挂点处吊弦承担 20 m 接触线重量，即 220 N。

表 3-30　$S_c = 15$ kN 时仿真计算结果

吊弦分布		$l_1 = 12.3$，$l_2 = 13.1$		$l_1 = 12.8$，$l_2 = 11.6$		$l_1 = 13.2$，$l_2 = 10.4$	
弹性不均匀系数		30%		35%		40%	
抬升力 F/N		130	250	130	250	130	250
跨中	max[ΔT]	25.4	48.8	25.3	48.8	25.4	48.8
	PoC/（m/N）	2.292 7	2.292 7	1.850 0	2.321 9	1.856 9	2.345 3
悬挂点	max[ΔT]	105.7	203.3	109.9	211.4	114.4	220.0
	PoC/（m/N）	0.478 2	0.592 5	0.354 4	0.489 1	0.276 2	0.311 5

表 3-31　$S_c = 20$ kN 时仿真计算结果

吊弦分布		$l_1 = 12.3$，$l_2 = 13.1$		$l_1 = 12.8$，$l_2 = 11.6$		$l_1 = 13.2$，$l_2 = 10.4$	
弹性不均匀系数		33%		38%		44%	
抬升力 F/N		130	250	130	250	130	250
跨中	max[ΔT]	30.9	59.6	31.0	59.6	31.0	59.6
	PoC/（m/N）	1.742 8	2.170 2	1.750 9	2.197 5	1.757 2	2.219 3
悬挂点	max[ΔT]	115.1	221.3	119.6	230.0	124.4	239.3
	PoC/（m/N）	0.262 0	0.293 2	0.162 3	0.206 5	0.086 6	0.098 4

考虑到简单链形悬挂的弹性不均匀系数≤40%，因此选择承力索拉力 15 kN、跨中吊弦间距 $l_1 = 13.2$、悬挂点处吊弦间距 $l_2 = 10.4$ 的吊弦布置方案或者选择承力索拉力 20 kN、跨中吊弦间距 $l_1 = 12.8$、悬挂点处吊弦间距 $l_2 = 11.6$ 的吊弦布置方案。比较两种方案：第 2 种方案比第 1 种方案动态特性指标 PoC 小、接触线振动位移小，但是第 2 种方案在悬挂点处吊弦拉力变化为 230 N，比第 1 种方案较容易在悬挂点处出现吊弦卸载现象。实际设计过程为第 2 种设计方案，这说明了接触网系统模型的有效性。

设计情况 2：

受电弓移动速度：$v = 350$ km/h；

接触线单位质量：$m_j = 1.3$ kg/m；

弓网接触力：平均值 $F_{mean} \leqslant 180$ N；最大值 $F_{max} \leqslant 350$ N；

接触线张力：$S_j \geqslant 28.5$ kN；

跨距 L：简单链形悬挂系统跨距为 50 m；

弹性不均匀系数：简单链形悬挂的弹性不均匀系数≤25%。

（1）波动速度 c 的计算。

根据最高设计速度与接触线波动传播速度之比不应大于 0.7，可得

$$c = v/0.7 = 500\ \text{km/h} = 138.9\ \text{m/s}$$

（2）接触线张力 S_j 的计算。

根据 $c^2 = S_j/m_j$ 可得

$$S_j = c^2 \cdot m_j = 25\,081.2\ \text{N} \leqslant 28.5\ \text{kN}$$

所以 $S_j = 28.5$ kN。

（3）承力索张力 S_c 及吊弦布置的仿真计算。

考虑到 S_c 一般要求小于 S_j，因此选取 10 kN、15 kN、20 kN 和 25 kN 分别在不同的吊弦布置方案中进行仿真计算，其结果如表 3-32 ~ 表 3-34 所示。

表 3-32　$S_c = 10$ kN 时仿真计算结果

吊弦分布/m	$l_1 = 12$，$l_2 = 14$	$l_1 = 12.3$，$l_2 = 13.1$	$l_1 = 12.8$，$l_2 = 11.6$
弹性不均匀系数	21%	24%	29%

表 3-33　$S_c = 15$ kN 时仿真计算结果

吊弦分布/m	$l_1 = 12$，$l_2 = 14$	$l_1 = 12.3$，$l_2 = 13.1$	$l_1 = 12.8$，$l_2 = 11.6$
弹性不均匀系数	26%	29%	34%

表 3-34　$S_c = 20$ kN 时仿真计算结果

吊弦分布/m	$l_1 = 12$，$l_2 = 14$	$l_1 = 12.3$，$l_2 = 13.1$	$l_1 = 12.8$，$l_2 = 11.6$
弹性不均匀系数	29%	32%	37%

从仿真计算数据可以看出，由于受电弓移动速度为 350 km/h 时要求简单链形悬挂的弹性不均匀系数≤25%，可以选择承力索拉力 10 kN、跨中吊弦间距 $l_1 = 12.3$、悬挂点处吊弦间距 $l_2 = 13.1$ 的吊弦布置方案或者选择承力索拉力 15 kN、跨中吊弦间距 $l_1 = 12$、悬挂点处吊弦间距 $l_2 = 14$ 的吊弦布置方案。但是在抬升力 $F = 350$ N 时，第 1 种布置方案在跨中静态抬升为 0.138 m，而第 2 种布置方案在跨中静态抬升为 0.118 m。因此，在所列举的简单链形悬挂系统设计参数下不适合运行 350 km/h 的受电弓。

设计情况 3：

受电弓移动速度：$v = 300$ km/h；

接触线单位质量：$m_j = 1.1$ kg/m；

弓网接触力：平均值 $F_{mean} \leqslant 130$ N；最大值 $F_{max} \leqslant 250$ N；

接触线张力：$S_j \geqslant 25$ kN；

跨距 L：弹性链形悬挂系统跨距为 60 m；

弹性不均匀系数：弹性链形悬挂的弹性不均匀系数≤10%。

（1）波动速度 c 的计算。

根据最高设计速度与接触线波动传播速度之比不应大于 0.7，可得

$$c = v/0.7 = 428.571\ \text{km/h} = 119\ \text{m/s}$$

（2）接触线张力 S_j 的计算。

根据 $c^2 = S_j/m_j$，可得

$$S_j = c^2 \cdot m_j = 15\ 577.1\ \text{N} \leqslant 25\ \text{kN}$$

所以 $S_j = 25$ kN。

（3）承力索张力 S_c 及吊弦布置的仿真计算。

考虑到 S_c 一般要求小于 S_j，因此选取 15 kN 和 20 kN 分别在不同的吊弦布置方案中进行仿真计算，其结果如表 3-35、表 3-36 所示。弹性吊索长度为 18.5 m，弹性吊索张力为 3.5 kN。

表 3-35　$S_c = 15$ kN 时仿真计算结果

吊弦分布/m		$l_1 = 8.5$，$l_2 = 34.5$		$l_1 = 9.1$，$l_2 = 32.7$		$l_1 = 9.5$，$l_2 = 31.5$	
弹性不均匀系数		6.0%		7.2%		8.1%	
抬升力 F/N		130	250	130	250	130	250
跨中	max[ΔT]	27.3	52.6	27.2	52.4	27.1	52.3
	PoC/（m/N）	2.475 5	2.825 8	2.489 7	2.866 8	2.499 4	2.894 6
悬挂点	max[ΔT]	74.6	143.5	77.1	148.2	79.0	152.0
	PoC/（m/N）	1.945 6	2.057 4	1.859 1	1.973 6	1.790 2	1.905 3

表 3-36　$S_c = 20$ kN 时仿真计算结果

吊弦分布/m		$l_1 = 8.5$，$l_2 = 34.5$		$l_1 = 9.1$，$l_2 = 32.7$		$l_1 = 9.5$，$l_2 = 31.5$	
弹性不均匀系数		7.2%		8.6%		9.6%	
抬升力 F/N）		130	250	130	250	130	250
跨中	max[ΔT]	32.5	62.6	32.5	62.5	32.4	62.3
	PoC/（m/N）	2.349 2	2.681 6	2.362 6	2.720 5	2.371 8	2.746 8
悬挂点	max[ΔT]	86.4	166.3	89.0	171.1	91.0	175.0
	PoC/（m/N）	1.049 7	1.529 9	0.993 2	1.440 6	0.947 8	1.370 3

从仿真计算数据可以看出，所有的弹性链形悬挂系统设计参数都满足弹性不均匀系数≤10%。但是考虑到跨中和悬挂点两处动态特性指标 PoC 之和较小、接触线振动位移小的因素，因选择承力索拉力 20 kN、跨中吊弦间距 $l_1 = 9.5$、悬挂点处吊弦间距 $l_2 = 31.5$ 的吊弦布置方案。而实际设计过程也选择了该设计方案，这说明了接触网系统模型的有效性。

设计情况 4：

受电弓移动速度：$v = 350$ km/h；

接触线单位质量：$m_j = 1.3$ kg/m；

弓网接触力：平均值 $F_{mean} \leqslant 180$ N；最大值 $F_{max} \leqslant 350$ N；

接触线张力：$S_j \geqslant 28.5$ kN；

跨距 L：弹性链形悬挂系统跨距为 60 m；

弹性不均匀系数：弹性链形悬挂的弹性不均匀系数≤10%。

（1）波动速度 c 的计算。

根据最高设计速度与接触线波动传播速度之比不应大于 0.7，可得

$$c = v/0.7 = 500 \text{ km/h} = 139 \text{ m/s}$$

（2）接触线张力 S_j 的计算。

根据 $c^2 = S_j/m_j$ 可得

$$S_j = c^2 \cdot m_j = 25\,117.3\ \text{N} \leqslant 28.5\ \text{kN}$$

所以 $S_j = 28.5$ kN。

（3）承力索张力 S_c 及吊弦布置的仿真计算

考虑到 S_c 一般要求小于 S_j，因此选取 20 kN 和 25 kN 分别在不同的吊弦布置方案中进行仿真计算，其结果如表 3-37、表 3-38 所示，弹性吊索长度为 18.5 m，弹性吊索张力为 3.5 kN，假设悬挂点处吊弦承担 20 m 接触线重量，即 260 N。

表 3-37　$S_c = 20$ kN 时仿真计算结果

吊弦分布/m		$l_1 = 8.5$，$l_2 = 34.5$		$l_1 = 9.1$，$l_2 = 32.7$		$l_1 = 9.5$，$l_2 = 31.5$	
弹性不均匀系数		6.6%		7.9%		8.9%	
抬升力 F/N		180	350	180	350	180	350
跨中	max[ΔT]	41.6	80.9	41.5	80.7	41.4	80.5
	PoC/（m/N）	2.135 2	2.437 3	2.472 8	2.472 8	2.496 8	2.496 8
悬挂点	max[ΔT]	113.1	219.9	116.5	226.5	119.2	231.7
	PoC/（m/N）	1.504 6	1.680 0	1.427 7	1.606 1	1.367 3	1.546 0

表 3-38　$S_c = 25$ kN 时仿真计算结果

吊弦分布/m		$l_1 = 8.5$，$l_2 = 34.5$		$l_1 = 9.1$，$l_2 = 32.7$		$l_1 = 9.5$，$l_2 = 31.5$	
弹性不均匀系数		7.6%		9.1%		10.1%	
抬升力 F/N		180	350	180	350	180	350
跨中	max[ΔT]	47.4	92.1	47.2	91.9	47.2	91.7
	PoC/（m/N）	2.046 1	2.335 6	2.057 8	2.369 5	2.065 8	2.392 4
悬挂点	max[ΔT]	125.6	244.2	129.0	250.9	131.7	256.1
	PoC/（m/N）	0.839 4	1.293 7	0.790 0	1.289 1	0.809 2	1.227 6

考虑到简单链形悬挂的弹性不均匀系数≤10%，因此选择承力索拉力 25 kN、跨中吊弦间距 $l_1 = 8.5$、悬挂点处吊弦间距 $l_2 = 34.5$ 的吊弦布置方案或者选择承力索拉力 25 kN、跨中吊弦间距 $l_1 = 9.1$、悬挂点处吊弦间距 $l_2 = 32.7$ 的吊弦布置方案。比较两种方案：第 2 种方案跨中和悬挂点两处动态特性指标 PoC 之和较小、接触线振动位移小，但是第 2 种方案在悬挂点处吊弦拉力变化为 250.9 N，比第 1 种方案较容易在悬挂点处出现吊弦卸载的现象。

从上述仿真计算过程可以看出，接触网系统模型具有一定的有效性，能够体现设计参数对接触网系统特性的影响，能够用于接触网系统设计参数的选择。另外，动态特性 PoC 的取值范围在简单链形悬挂条件下，在悬挂点处为 0.1 ~ 0.4 m/N，在跨中位置为 1.6 ~ 2.4 m/N；在弹性链形悬挂条件下，在悬挂点处为 0.7 ~ 1.4 m/N，在跨中位置为 2.0 ~ 2.8 m/N。当然以上数据只是大概的估算，如果能够详细地计算各种不同设计参数的接触网系统的动态特性 PoC 的取值范围,对于接触网的设计与研究有重要意义。

3.2.5　使用波动理论分析接触网动态特性

在受电弓沿接触线移动的过程中，弹性变化的接触网和移动的受电弓相互作用，在接触网中不断产生波动。这些波动在接触网中发生传播、反射和透射，构成了接触网系统复杂的动态特性。因此，可采用行波理论对接触网动态特性进行定性分析。

1. 使用波动理论建立带有集中质量和抬升力的接触网系统模型

带有集中质量和抬升力的接触网模型如图 3-25 所示。使用梁仿真接触网系统，以梁上集中质量所在位置为节点（包括两端，一共有 N 个节点），用节点将梁划分为 $N-1$ 个子梁。其中，节点 k 与节点 $k+1$ 之间的子梁 k 上作用有抬升力 F，抬升力 F 由节点 1 向节点 N 方向移动。图中符号含义如下：$x_k(k=1,\cdots,N)$ 为节点 k 横坐标；$l_k(k=1,\cdots,N-1)$ 为子梁 k 的长度；$m'_k(k=2,\cdots,N-1)$ 为集中质量；x_F 为抬升力 F 作用位置的坐标。

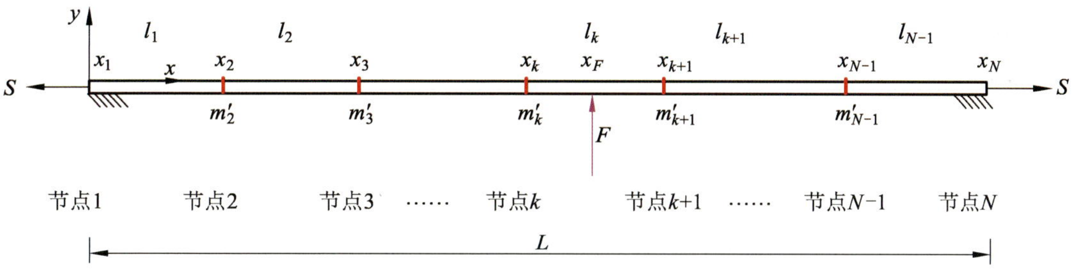

图 3-25　带有集中质量和抬升力的接触网模型

考虑任一没有抬升力作用的子梁 k，有如下波动方程：

$$m\frac{\partial^2 y_k}{\partial t^2}+EI\frac{\partial^4 y_k}{\partial x^4}-S\frac{\partial^2 y_k}{\partial x^2}=0 \tag{3-105}$$

方程中，m 为子梁 k 单位长度的质量，EI 为子梁 k 的弯曲刚度，S 为子梁 k 所受到的拉力。对方程（3-105）做傅里叶变换可得

$$-m\omega^2 y_k + EI\frac{\mathrm{d}^4 y_k}{\mathrm{d}x^4} - S\frac{\mathrm{d}^2 y_k}{\mathrm{d}x^2} = 0 \tag{3-106}$$

方程（3-106）的特征方程为：$EIr^4 - Sr^2 - m\omega^2 = 0$，所以 $r^2 = \dfrac{S \pm \sqrt{S^2 + 4EIm\omega^2}}{2EI}$。

令 $r_{1,2} = \pm a_k(\omega)$，$r_{3,4} = \pm \mathrm{i}b_k(\omega)$，其中 $a_k(\omega)$，$b_k(\omega)$ 均为实数，则方程的解可以写为

$$\begin{aligned} y_k(x,\omega) = {} & C_{k1}\exp[-\mathrm{i}a_k(\omega)x] + C_{k2}\exp[\mathrm{i}a_k(\omega)x] + \\ & C_{k3}\exp[-b_k(\omega)x] + C_{k4}\exp[b_k(\omega)x] \end{aligned} \tag{3-107}$$

式中：第 1、2 项为行波；第 3、4 项为消失波；第 1、3 项为正向传播；第 2、4 项为负向传播。其中行波将沿接触线向两端传播、反射和透射，而消失波则以抬升力作用点为中心在两侧分布，并且迅速衰减。

为了研究接触网系统的动力学过程，在每个子梁内定义如下状态变量：

（1）位移向量：

$$W_k = \left\{ y_k \quad \frac{\partial y_k}{\partial x} \right\}^{\mathrm{T}}$$

式中：y_k 为子梁 x 处的纵向位移；$\dfrac{\partial y_k}{\partial x}$ 为子梁 x 处的转角。

（2）内力向量：

$$F_k = \left\{ -EI\frac{\partial^3 y_k}{\partial x^3} \quad -EI\frac{\partial^2 y_k}{\partial x^2} \right\}^{\mathrm{T}}$$

式中：$-EI\dfrac{\partial^3 y_k}{\partial x^3}$ 为子梁 x 处的剪力 $Q_k(x)$；$-EI\dfrac{\partial^2 y_k}{\partial x^2}$ 为子梁 x 处的弯矩 $M_k(x)$。

另外，根据式（3-107）定义接触网系统中各个节点上的波动，如图 3-26 所示。则接触网系统中节点 k 右侧往正向和负向传播的波动分别为

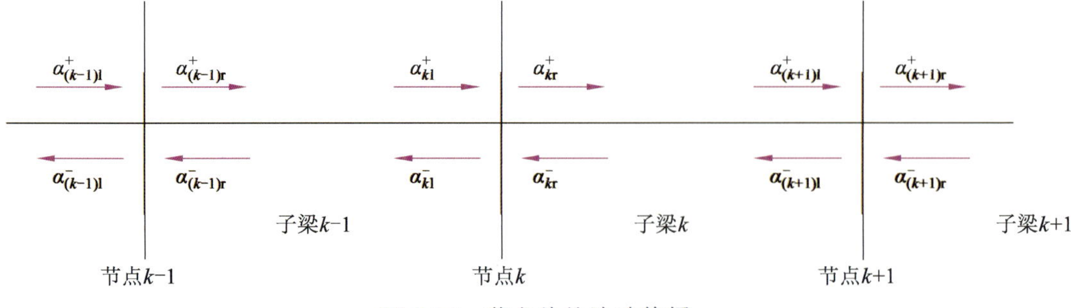

图 3-26　节点处的波动传播

$$\alpha_{kr}^{+}=\{C_{k1}\exp[-\mathrm{i}a_k(\omega)x_k]\quad C_{k3}\exp[-b_k(\omega)x_k]\}^{\mathrm{T}} \tag{3-108}$$

$$\alpha_{kr}^{-}=\{C_{k2}\exp[\mathrm{i}a_k(\omega)x_k]\quad C_{k4}\exp[b_k(\omega)x_k]\}^{\mathrm{T}} \tag{3-109}$$

式中：C_{k1}、C_{k2}、C_{k3}、C_{k4}为子梁 k 对应动力学方程解式（3-107）。

接触网系统中节点 k 左侧往正向和负向传播的波动分别为

$$\alpha_{k1}^{+}=\{C_{(k-1)1}\exp[-\mathrm{i}a_{k-1}(\omega)x_k]\quad C_{(k-1)3}\exp[-b_{k-1}(\omega)x_k]\}^{\mathrm{T}} \tag{3-110}$$

$$\alpha_{k1}^{-}=\{C_{(k-1)2}\exp[\mathrm{i}a_{k-1}(\omega)x_k]\quad C_{(k-1)4}\exp[b_{k-1}(\omega)x_k]\}^{\mathrm{T}} \tag{3-111}$$

式中：$C_{(k-1)1}$、$C_{(k-1)2}$、$C_{(k-1)3}$、$C_{(k-1)4}$为子梁 $k-1$ 对应动力学方程解式（3-107）。

根据状态变量的定义，可得节点 k 处有

（1）位移：

$$y_k(x_k)=[1\quad 1]\alpha_{kl}^{+}+[1\quad 1]\alpha_{kl}^{-}=[1\quad 1]\alpha_{kr}^{+}+[1\quad 1]\alpha_{kr}^{-}$$

（2）转角：

$$\begin{aligned}\frac{\partial y_k}{\partial x}&=\{-\mathrm{i}a_{k-1}(\omega)\quad -b_{k-1}(\omega)\quad \mathrm{i}a_{k-1}(\omega)\quad b_{k-1}(\omega)\}\begin{bmatrix}\alpha_{k1}^{+}\\ \alpha_{kl}^{-}\end{bmatrix}\\&=\{-\mathrm{i}a_k(\omega)\quad -b_k(\omega)\quad \mathrm{i}a_k(\omega)\quad b_k(\omega)\}\begin{bmatrix}\alpha_{kr}^{+}\\ \alpha_{kr}^{-}\end{bmatrix}\end{aligned} \tag{3-112}$$

（3）剪力：

节点 k 左侧：

$$Q_{kl}=-EI\{[-\mathrm{i}a_{k-1}(\omega)]^3\quad [-b_{k-1}(\omega)]^3\quad [\mathrm{i}a_{k-1}(\omega)]^3\quad [b_{k-1}(\omega)]^3\}\begin{bmatrix}\alpha_{k1}^{+}\\ \alpha_{k1}^{-}\end{bmatrix} \tag{3-113}$$

节点 k 右侧：

$$Q_{kr}=-EI\{[-\mathrm{i}a_k(\omega)]^3\quad [-b_k(\omega)]^3\quad [\mathrm{i}a_k(\omega)]^3\quad [b_k(\omega)]^3\}\begin{bmatrix}\alpha_{kr}^{+}\\ \alpha_{kr}^{-}\end{bmatrix} \tag{3-114}$$

（4）弯矩：

节点 k 左侧：

$$M_{kl}=-EI\{[-\mathrm{i}a_{k-1}(\omega)]^2\quad [-b_{k-1}(\omega)]^2\quad [\mathrm{i}a_{k-1}(\omega)]^2\quad [b_{k-1}(\omega)]^2\}\begin{bmatrix}\alpha_{k1}^{+}\\ \alpha_{k1}^{-}\end{bmatrix} \tag{3-115}$$

节点 k 右侧：

$$M_{kr} = -EI\{[-\mathrm{i}a_k(\omega)]^2 \quad [-b_k(\omega)]^2 \quad [\mathrm{i}a_k(\omega)]^2 \quad [b_k(\omega)]^2\}\begin{bmatrix}\alpha_{kr}^{+}\\ \alpha_{kr}^{-}\end{bmatrix} \tag{3-116}$$

根据以上公式，引入如下定义：

$$\psi_k^{+} = \begin{bmatrix}1 & 1\\ -\mathrm{i}a_k(\omega) & -b_k(\omega)\end{bmatrix},\quad \psi_k^{-} = \begin{bmatrix}1 & 1\\ \mathrm{i}a_k(\omega) & b_k(\omega)\end{bmatrix}$$

$$\varphi_k^{+} = \begin{bmatrix}\mathrm{i}[a(\omega)]^3 & -[b(\omega)]^3\\ -[a(\omega)]^2 & [b(\omega)]^2\end{bmatrix},\quad \varphi_k^{-} = \begin{bmatrix}-\mathrm{i}[a(\omega)]^3 & [b(\omega)]^3\\ -[a(\omega)]^2 & [b(\omega)]^2\end{bmatrix}$$

2. 端节点波动的分析

端节点处的波动传播如图 3-27 所示。

图 3-27　端节点处的波动传播

由于梁两端为固定端，两端的节点 1 和节点 N 的位移和转角为零，即

$$W_1 = \psi_1^{+}\alpha_{1r}^{+} + \psi_1^{-}\alpha_{1r}^{-} = 0 \tag{3-117}$$

$$W_N = \psi_{N-1}^{+}\alpha_{N1}^{+} + \psi_{N-1}^{-}\alpha_{N1}^{-} = 0 \tag{3-118}$$

3. 集中质量处波动的分析

对于端节点以外的其他集中质量处，其波动传播如图 3-28 所示。根据节点 k 两侧的位移向量连续，可得

$$W_k = \psi_{k-1}^{+}\alpha_{kl}^{+} + \psi_{k-1}^{-}\alpha_{kl}^{-} = \psi_k^{+}\alpha_{kr}^{+} + \psi_k^{-}\alpha_{kr}^{-} \tag{3-119}$$

另外，集中质量处的剪力平衡如图 3-28 所示，根据节点 k 处剪力平衡可得

$$Q_{kl} = Q_{kr} + m_k'\frac{\partial^2 y_k}{\partial t^2} \tag{3-120}$$

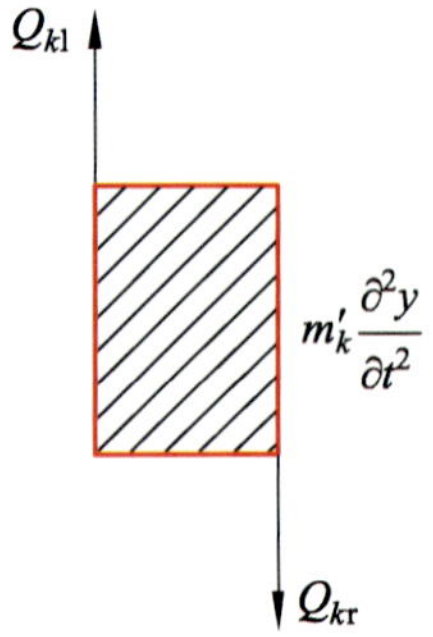

图 3-28　集中质量处的剪力平衡

对上式做傅里叶变换可得

$$Q_{kl} = Q_{kr} - m_k' \omega^2 y_k = Q_{kr} - m_k' \omega^2 [[1 \quad 1](\alpha_{kr}^+ + \alpha_{kr}^-)] \tag{3-121}$$

根据节点 k 处弯矩平衡可得

$$M_{kl} = M_{kr} \tag{3-122}$$

由式（3-121）和（3-122）可得

$$\begin{aligned} & -EI \cdot \varphi_{k-1}^+ \alpha_{kl}^+ - EI \cdot \varphi_{k-1}^- \alpha_{kl}^- = -EI \cdot \varphi_k^+ \alpha_{kr}^+ - EI \cdot \varphi_k^- \alpha_{kr}^- + (G_{m'} \alpha_{kr}^+ + G_{m'} \alpha_{kr}^-) \\ & = (-EI \cdot \varphi_k^+ + G_{m'}) \alpha_{kr}^+ + (-EI \cdot \varphi_k^- + G_{m'}) \alpha_{kr}^- \end{aligned} \tag{3-123}$$

式中：$G_{m'} = -m_k' \omega^2 \begin{bmatrix} 1 & 1 \\ 0 & 0 \end{bmatrix}$。

由式（3-119）和式（3-123）可得

$$\begin{bmatrix} \psi_{k-1}^+ & \psi_{k-1}^- \\ -EI \cdot \varphi_{k-1}^+ & -EI \cdot \varphi_{k-1}^- \end{bmatrix} \begin{bmatrix} \alpha_{kl}^+ \\ \alpha_{kl}^- \end{bmatrix} = \begin{bmatrix} \psi_k^+ & \psi_k^- \\ -EI \cdot \varphi_k^+ + G_{m'} & -EI \cdot \varphi_k^- + G_{m'} \end{bmatrix} \begin{bmatrix} \alpha_{kr}^+ \\ \alpha_{kr}^- \end{bmatrix} \tag{3-124}$$

4. 抬升力作用点处波动的分析

抬升力对波动的影响如图 3-29 所示。当子梁 k 上作用有抬升力 F 时，由于抬升力 F 会对波动的传播产生影响，需要以抬升力 F 的作用点为控制面，将子梁 k 分为两段考虑。类似地，可得到以下方程：

在 x_F 左侧有

$$\begin{bmatrix} W_{Fl} \\ F_{Fl} \end{bmatrix} = \begin{bmatrix} \psi_k^+ & \psi_k^- \\ -EI \cdot \varphi_k^+ & -EI \cdot \varphi_k^- \end{bmatrix} \begin{bmatrix} \alpha_{Fl}^+ \\ \alpha_{Fl}^- \end{bmatrix} \tag{3-125}$$

在 x_F 右侧有

$$\begin{bmatrix} W_{Fr} \\ F_{Fr} \end{bmatrix} = \begin{bmatrix} \psi_k^+ & \psi_k^- \\ -EI \cdot \varphi_k^+ & -EI \cdot \varphi_k^- \end{bmatrix} \begin{bmatrix} \alpha_{Fr}^+ \\ \alpha_{Fr}^- \end{bmatrix} \tag{3-126}$$

根据 x_F 处位移连续性条件可得

$$\psi_k^+ \alpha_{Fl}^+ + \psi_k^- \alpha_{Fl}^- = \psi_k^+ \alpha_{Fr}^+ + \psi_k^- \alpha_{Fr}^- \tag{3-127}$$

根据剪力平衡可得

$$Q_{Fl} = Q_{Fr} - F \tag{3-128}$$

根据弯矩平衡可得

$$M_{Fl} = M_{Fr} \tag{3-129}$$

由式（3-127）、式（3-128）和式（3-129）可得

$$\begin{bmatrix} \psi_k^+ & \psi_k^- \\ -EI\cdot\varphi_k^+ & -EI\cdot\varphi_k^- \end{bmatrix}\begin{bmatrix} \alpha_{Fl}^+ \\ \alpha_{Fl}^- \end{bmatrix} = \begin{bmatrix} \psi_k^+ & \psi_k^- \\ -EI\cdot\varphi_k^+ & -EI\cdot\varphi_k^- \end{bmatrix}\begin{bmatrix} \alpha_{Fr}^+ \\ \alpha_{Fr}^- \end{bmatrix} + \begin{bmatrix} 0 \\ 0 \\ -F \\ 0 \end{bmatrix} \tag{3-130}$$

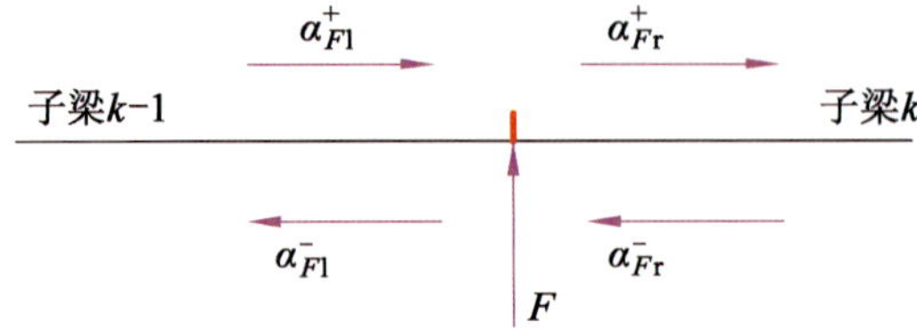

图 3-29 抬升力对波动的影响

5. 抬升力作用在集中质量处波动的分析

抬升力作用在集中质量处对波动的影响如图 3-30 所示。当抬升力作用在集中质量处时，节点 k 处剪力平衡如图 3-31 所示，式（3-121）改为

$$Q_{kl} = Q_{kr} - m_k'\omega^2 y_k - F = Q_{kr} - m_k'\omega^2\left([1\quad 1\quad 1\quad 1]\begin{bmatrix} \alpha_{kr}^+ \\ \alpha_{kr}^- \end{bmatrix}\right) - F \tag{3-131}$$

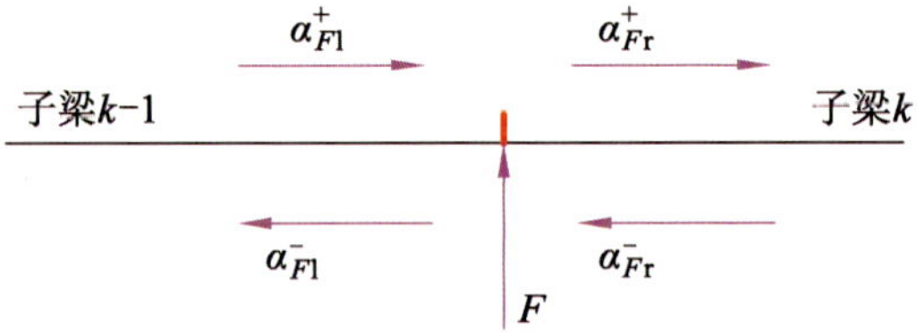

图 3-30 抬升力作用在集中质量处对波动的影响

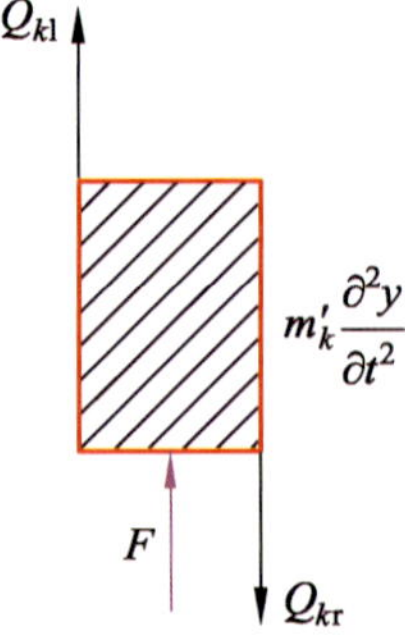

图 3-31 抬升力作用在不均质量处的剪力平衡

而式（3-123）改写为

$$-EI\cdot\varphi_{k-1}^{+}\alpha_{k\mathrm{l}}^{+}-EI\cdot\varphi_{k-1}^{-}\alpha_{k\mathrm{l}}^{-}=(-EI\cdot\varphi_{k}^{+}+G_{m'})\alpha_{k\mathrm{r}}^{+}+(-EI\cdot\varphi_{k}^{-}+G_{m'})\alpha_{k\mathrm{r}}^{-}+\begin{bmatrix}-F\\0\end{bmatrix}\tag{3-132}$$

所以有

$$\begin{bmatrix}\psi_{k-1}^{+} & \psi_{k-1}^{-}\\-EI\cdot\varphi_{k-1}^{+} & -EI\cdot\varphi_{k-1}^{-}\end{bmatrix}\begin{bmatrix}\alpha_{k\mathrm{l}}^{+}\\\alpha_{k\mathrm{l}}^{-}\end{bmatrix}=\begin{bmatrix}\psi_{k}^{+} & \psi_{k}^{-}\\-EI\cdot\varphi_{k}^{+}+G_{m'} & -EI\cdot\varphi_{k}^{-}+G_{m'}\end{bmatrix}\begin{bmatrix}\alpha_{k\mathrm{l}}^{+}\\\alpha_{k\mathrm{l}}^{-}\end{bmatrix}+\begin{bmatrix}0\\0\\\hline-F\\0\end{bmatrix}\tag{3-133}$$

6. 集中质量和抬升力间的传播矩阵

上述接触网模型以集中质量和抬升力为中心，为了建立彼此之间的联系，同时也为了描述波动在各个集中质量和抬升力之间的传播，引入传播矩阵 $\boldsymbol{H}_k$。集中质量之间的传播矩阵如图 3-32 所示。

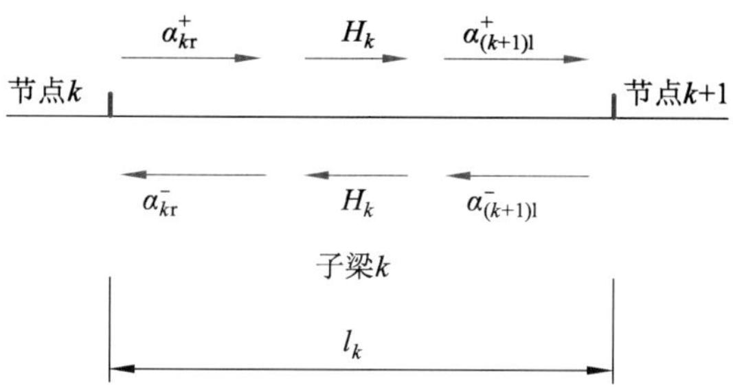

图 3-32　集中质量之间的传播矩阵 $\boldsymbol{H}_k$

$$\alpha_{(k+1)\mathrm{l}}^{+}=\boldsymbol{H}_k\alpha_{k\mathrm{r}}^{+}\tag{3-134}$$

$$\alpha_{k\mathrm{r}}^{-}=\boldsymbol{H}_k\alpha_{(k+1)\mathrm{l}}^{-}\tag{3-135}$$

式中：$\boldsymbol{H}_k=\mathrm{diag}\{\exp[-ia_k(\omega)l_k],\exp[-b_k(\omega)l_k]\}$。

抬升力两侧的传播矩阵 $\boldsymbol{H}_{F\mathrm{l}}$ 和 $\boldsymbol{H}_{F\mathrm{r}}$ 如图 3-33 所示。当存在抬升力时，传播方程为

$$\alpha_{F\mathrm{l}}^{+}=H_{F\mathrm{l}}\alpha_{k\mathrm{r}}^{+}\tag{3-136}$$

$$\alpha_{F\mathrm{r}}^{-}=H_{F\mathrm{r}}\alpha_{(k+1)\mathrm{l}}^{-}\tag{3-137}$$

$$\alpha_{k\mathrm{r}}^{-}=H_{F\mathrm{l}}\alpha_{F\mathrm{l}}^{-}\tag{3-138}$$

$$\alpha_{(k+1)\mathrm{l}}^{+}=H_{F\mathrm{r}}\alpha_{F\mathrm{r}}^{+}\tag{3-139}$$

式中：$H_{F\mathrm{l}}=\mathrm{diag}\{\exp[-\mathrm{i}a_k(\omega)(x_F-x_k)],\exp[-b_k(\omega)(x_F-x_k)]\}$

$$H_{Fr}=\mathrm{diag}\{\exp[-\mathrm{i}a_k(\omega)(x_{k+1}-x_F)],\exp[-b_k(\omega)(x_{k+1}-x_F)]\}$$

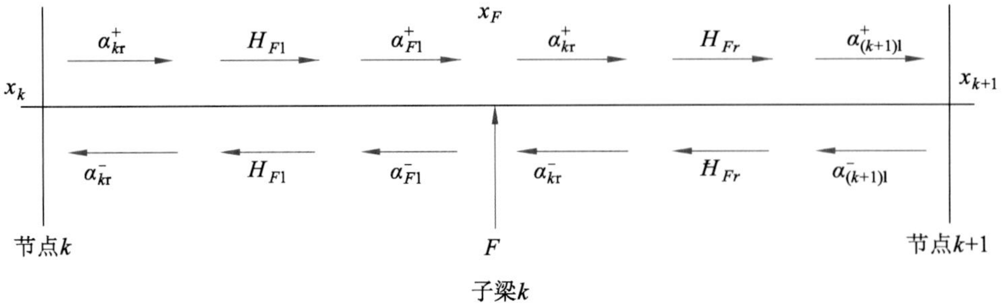

图 3-33　抬升力两侧的传播矩阵 $\boldsymbol{H}_{F1}$ 和 $\boldsymbol{H}_{Fr}$

7. 小　结

接触网模型是以集中质量和抬升力所在位置为控制面、以梁的动力学模型为基础建立的。根据式（3-107）可知，每个子梁处有 4 个未知变量：α_{k1}^+、α_{k1}^-、α_{kr}^+ 和 α_{kr}^-；在端节点处有 4 个未知变量：α_{1r}^+、α_{1r}^-、α_{N1}^+ 和 α_{N1}^-；在抬升力处又有 4 个未知变量：α_{F1}^+、α_{F1}^-、α_{Fr}^+ 和 α_{Fr}^-。因此，整个接触网模型存在 $4N$ 个未知变量，需要 $4N$ 个方程进行求解。其中，式（3-117）和式（3-118）提供了 2 个方程，式（3-124）提供了 $2(N-2)$ 个方程，式（3-130）提供了 2 个方程，式（3-134）和式（3-135）提供了 $2(N-2)$个方程，式（3-136）~式（3-139）提供了 4 个方程。这里共计提供了 $4N$ 个方程，因此根据已知条件可以求解出该接触网系统模型。

根据已推导的接触网模型解析形式的公式，除了可以将已知条件代入公式求解出模型，还可以根据解析形式的公式分析集中质量和抬升力对波动传播的影响。由于受电弓-接触网系统在高速时自激振动加剧，极大地影响了弓网之间的受流质量。因此，分析集中质量和抬升力对振动传播的影响具有重大意义。

1）抬升力对波动传播的影响

抬升力 F 对波动传播的影响如图 3-34 所示。假设抬升力 F 两侧梁的弯曲刚度一致，且载荷作用点处没有集中质量分布，下面将以解析形式分析抬升力 F 对波动传播的影响。

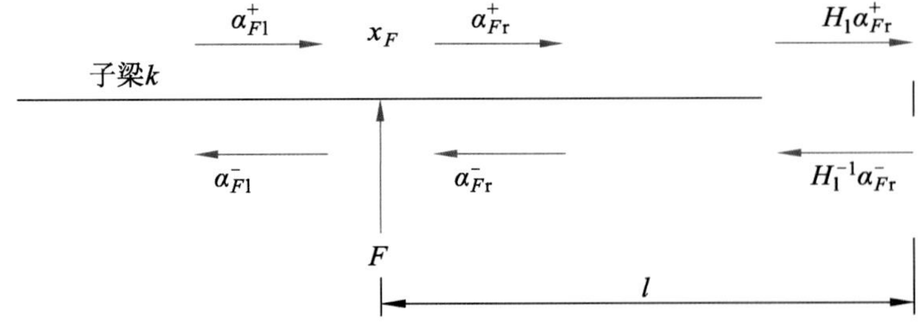

图 3-34　抬升力 F 对波动传播的影响

由式（3-130）可得

$$\begin{bmatrix}\psi_k^- & -\psi_k^+ \\ -EI\cdot\varphi_k^- & EI\cdot\varphi_k^+\end{bmatrix}\begin{bmatrix}\alpha_{F1}^- \\ \alpha_{Fr}^+\end{bmatrix}=\begin{bmatrix}\psi_k^- & -\psi_k^+ \\ -EI\cdot\varphi_k^- & EI\cdot\varphi_k^+\end{bmatrix}\begin{bmatrix}\alpha_{Fr}^- \\ \alpha_{F1}^+\end{bmatrix}+\begin{bmatrix}0\\0\\ \hline -F\\0\end{bmatrix} \tag{3-140}$$

所以有

$$\begin{bmatrix}\alpha_{F1}^- \\ \alpha_{Fr}^+\end{bmatrix}=\begin{bmatrix}\alpha_{Fr}^- \\ \alpha_{F1}^+\end{bmatrix}+\begin{bmatrix}\psi_k^- & -\psi_k^+ \\ -EI\cdot\varphi_k^- & EI\cdot\varphi_k^+\end{bmatrix}^{-1}\begin{bmatrix}0\\0\\ \hline -F\\0\end{bmatrix} \tag{3-150}$$

令 $\boldsymbol{A}=\begin{bmatrix}\psi_k^- & -\psi_k^+ \\ -EI\cdot\varphi_k^- & EI\cdot\varphi_k^+\end{bmatrix}=\begin{bmatrix}A_{11} & A_{12}\\ A_{21} & A_{22}\end{bmatrix}$， $\boldsymbol{B}=\boldsymbol{A}^{-1}=\begin{bmatrix}B_{11} & B_{12}\\ B_{21} & B_{22}\end{bmatrix}$，则

$$B_{22}=(A_{22}-A_{21}A_{11}^{-1}A_{12})^{-1} \tag{3-151}$$

$$B_{12}=-A_{11}^{-1}A_{12}B_{22} \tag{3-152}$$

所以

$$\begin{bmatrix}\alpha_{F1}^- \\ \alpha_{Fr}^+\end{bmatrix}=\begin{bmatrix}\alpha_{Fr}^- \\ \alpha_{F1}^+\end{bmatrix}+\begin{bmatrix}B_{11} & B_{12}\\ B_{21} & B_{22}\end{bmatrix}\begin{bmatrix}0\\0\\ \hline -F\\0\end{bmatrix}=\begin{bmatrix}\alpha_{Fr}^- \\ \alpha_{F1}^+\end{bmatrix}-F\begin{bmatrix}B_{12}\begin{bmatrix}1\\0\end{bmatrix}\\ B_{22}\begin{bmatrix}1\\0\end{bmatrix}\end{bmatrix} \tag{3-153}$$

由式（3-151）可得

$$B_{22}=[EI\cdot\varphi_k^+ + EI\cdot\varphi_k^-(\psi_k^-)^{-1}(-\psi_k^+)]^{-1}=\frac{1}{EI}[\varphi_k^+ + \varphi_k^-(\psi_k^-)^{-1}(-\psi_k^+)]^{-1}$$

$$\varphi_k^-(\psi_k^-)^{-1}(-\psi_k^+)=\frac{1}{b-ia}\begin{bmatrix}a^4+\mathrm{i}(-a^3b-2ab^3) & -b^4+\mathrm{i}(-2a^3b-ab^3)\\ -a^2b+\mathrm{i}(-2ab^2-a^3) & -2a^2b-b^3-iab^2\end{bmatrix}$$

其中， $a=a_k(\omega)$， $b=b_k(\omega)$，均由式（3-107）确定。

所以

$$B_{22}=\frac{b-\mathrm{i}a}{EI}\begin{bmatrix}\mathrm{i}(2a^3b+2ab^3) & \mathrm{i}(2a^3b+2ab^3)\\ \mathrm{i}(2ab^2+2a^3) & 2a^2b+2b^3\end{bmatrix}^{-1}=\frac{1}{2EI(a^2+b^2)}\begin{bmatrix}\dfrac{-\mathrm{i}}{a} & -1\\ \dfrac{-1}{b} & 1\end{bmatrix} \tag{3-154}$$

由式（3-152）和式（3-154）可得

$$B_{12}=\frac{1}{b-\mathrm{i}a}\begin{bmatrix} b+\mathrm{i}a & 2b \\ -2\mathrm{i}a & -b-\mathrm{i}a \end{bmatrix}\frac{1}{2EI(a^2+b^2)}\begin{bmatrix} \dfrac{-\mathrm{i}}{a} & -1 \\ \dfrac{-1}{b} & 1 \end{bmatrix}=\frac{1}{2EI(a^2+b^2)}\begin{bmatrix} \dfrac{-\mathrm{i}}{a} & 1 \\ \dfrac{-1}{b} & -1 \end{bmatrix} \tag{3-155}$$

由式（3-153）、式（3-154）和式（3-155）可得

$$\begin{bmatrix} \alpha_{F1}^{-} \\ \alpha_{Fr}^{+} \end{bmatrix}=\begin{bmatrix} \alpha_{Fr}^{-} \\ \alpha_{F1}^{+} \end{bmatrix}-F\begin{bmatrix} D_F \\ D_F \end{bmatrix} \tag{3-156}$$

其中，$D_F=\begin{bmatrix} \dfrac{-\mathrm{i}}{2EI\cdot a(a^2+b^2)} \\ \dfrac{-1}{2EI\cdot b(a^2+b^2)} \end{bmatrix}$。

为了分析抬升力对波动传播的影响，我们先分析与抬升力 F 距离 l 处的波动。由行波传播矩阵可知

$$y_1=[1\quad 1](H_1\alpha_{Fr}^{+}+H_1^{-1}\alpha_{Fr}^{-}) \tag{3-157}$$

其中，$H_1=diag[\exp(-ial),\exp(-bl)]$。

两处波动的垂直位移之差为

$$\Delta y=y_{F1}-y_1=[1\quad 1][(\alpha_{F1}^{+}+\alpha_{F1}^{-})-(H_1\alpha_{Fr}^{+}+H_1^{-1}\alpha_{Fr}^{-})] \tag{3-158}$$

由式（3-156）和式（3-158）可得

$$\begin{aligned}\Delta y&=[1\quad 1]\{(\alpha_{F1}^{+}+\alpha_{F1}^{-})-[H_1(\alpha_{F1}^{+}-F\cdot D_F)+H_1^{-1}(\alpha_{F1}^{-}+F\cdot D_F)]\}\\&=[1\quad 1][(\alpha_{F1}^{+}+\alpha_{F1}^{-})-(H_1\alpha_{F1}^{+}+H_1^{-1}\alpha_{F1}^{-})+F\cdot H_1\cdot D_F-F\cdot H_1^{-1}\cdot D_F)]\end{aligned} \tag{3-159}$$

令 $\Delta y_0=[1\quad 1][(\alpha_{F1}^{+}+\alpha_{F1}^{-})-(H_l\alpha_{F1}^{+}+H_1^{-1}\alpha_{F1}^{-})]$，$\Delta y_F=[1\quad 1](F\cdot H_1\cdot D_F-F\cdot H_1^{-1}\cdot D_F)$，$\Delta y_0$ 为没有抬升力 F 时两处波动的垂直位移差，Δy_F 为抬升力 F 对两处波动的垂直位移差带来的影响。由式（3-156）可知

$$\Delta y_F=-\frac{F}{2EI\cdot(a^2+b^2)}[1\quad 1]\begin{bmatrix} \dfrac{\mathrm{i}}{a}[\exp(-\mathrm{i}al)-\exp(\mathrm{i}al)] \\ \dfrac{1}{b}[\exp(-bl)-\exp(bl)] \end{bmatrix} \tag{3-160}$$

Δy_F 中包含行波和消失波两部分，消失波不参与传播、反射和透射，而且这里只考虑受电弓右侧的波动，因此，从右向左分布的消失波的 $\exp(bl)$ 部分不存在，垂直位移差 Δy_F 应为

$$\Delta y_F = -\frac{F}{2EI\cdot(a^2+b^2)}[1\quad 1]\begin{bmatrix}\frac{\mathrm{i}}{a}[\exp(-\mathrm{i}al)-\exp(\mathrm{i}al)]\\ \frac{1}{b}[\exp(-bl)]\end{bmatrix} \tag{3-161}$$

其中行波部分为

$$-\frac{\mathrm{i}F}{2EI\cdot a(a^2+b^2)}[\exp(-\mathrm{i}al)-\exp(\mathrm{i}al)] = -\frac{F\sin(al)}{EI\cdot a(a^2+b^2)} \tag{3-162}$$

其中行波部分的分母为

$$\begin{aligned}EI\cdot a(a^2+b^2) &= EI\sqrt{\frac{S+\sqrt{S^2+4EIm\omega^2}}{2EI}}\frac{\sqrt{S^2+4EIm\omega^2}}{EI}\\ &= \sqrt{\frac{S+\sqrt{S^2+4EIm\omega^2}}{2EI}}\sqrt{S^2+4EIm\omega^2}\end{aligned} \tag{3-163}$$

根据式（3-162）和式（3-163），在抬升力 F 影响下，可得出以下结论：

（1）抬升力 F 越大，抬升力 F 两侧垂直位移差越大。

（2）接触线张力 S 越大，抬升力 F 两侧垂直位移差越小。

（3）接触线单位质量 m 越大，弯曲刚度 EI 越大，抬升力 F 两侧垂直位移差越小。但是接触线单位质量 m 过大，会降低波动传播速度，这是不希望出现的。

（4）对于消失波而言，抬升力 F 带来的影响将以指数形式衰减，而且接触线各参数对垂直位移差的影响与行波相同。

下面是关于接触线弯曲刚度 EI 对垂直位移差的影响的证明。

令 $z=S^2+4EIm\omega^2$，则 $EI=\dfrac{z-S^2}{4m\omega^2}$，根据式（3-163）有

$$[EI\cdot a(a^2+b^2)]^2 = 2m\omega^2\frac{(S+\sqrt{z})z}{z-S^2} = 2m\omega^2\frac{z}{\sqrt{z}-S} \tag{3-164}$$

随着 z 不断增大，$\dfrac{z}{\sqrt{z}-S}$ 也不断增大。因此，随着 EI 不断增大，$EI\cdot a(a^2+b^2)$ 也不断增大。即接触线弯曲刚度 EI 越大，抬升力 F 两侧垂直位移差越小。

2）集中质量对波动传播的影响

集中质量 m_k' 对波动传播的影响如图 3-35 所示，假设集中质量 m_k' 两侧梁的弯曲刚度 EI 一致。下面将以解析形式分析集中质量 m_k' 对波动传播的影响。

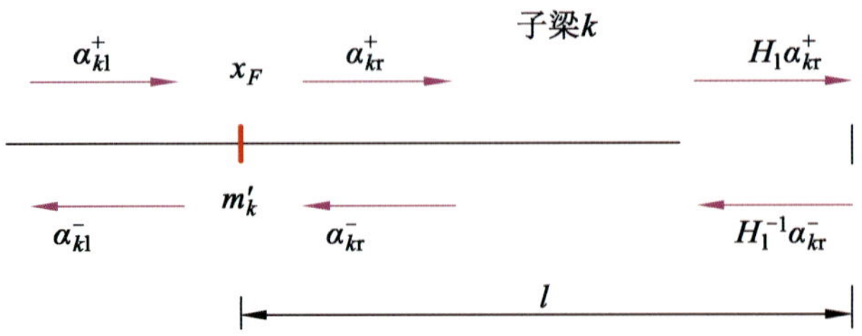

图 3-35 集中质量 m_k' 对波动传播的影响

由式（3-124）可得

$$\begin{bmatrix}\alpha_{k1}^-\\ \alpha_{kr}^+\end{bmatrix}=\begin{bmatrix}\psi_k^- & -\psi_k^+\\ -EI\cdot\varphi_k^- & EI\cdot\varphi_k^+-G_{m'}\end{bmatrix}^{-1}\begin{bmatrix}\psi_k^- & -\psi_k^+\\ -EI\cdot\varphi_k^-+G_{m'} & EI\cdot\varphi_k^+\end{bmatrix}\begin{bmatrix}\alpha_{kr}^-\\ \alpha_{k1}^+\end{bmatrix}\tag{3-165}$$

由于假设集中质量两侧接触线弯曲刚度一致，所以式（3-165）中 ψ_k^-、ψ_k^+、φ_k^-，φ_k^+ 下标均为 k，即在同一个子梁 k 内分析集中质量 m_k' 对波动传播的影响。

由式（3-165）可得

$$\begin{aligned}\begin{bmatrix}\alpha_{k1}^-\\ \alpha_{kr}^+\end{bmatrix}&=\begin{bmatrix}\psi_k^- & -\psi_k^+\\ -EI\cdot\varphi_k^- & EI\cdot\varphi_k^+-G_{m'}\end{bmatrix}^{-1}\left(\begin{bmatrix}\psi_k^- & -\psi_k^+\\ -EI\cdot\varphi_k^- & EI\cdot\varphi_k^+-G_{m'}\end{bmatrix}+\begin{bmatrix}0 & 0\\ G_{m'} & G_{m'}\end{bmatrix}\right)\begin{bmatrix}\alpha_{kr}^-\\ \alpha_{k1}^+\end{bmatrix}\\&=\left(\boldsymbol{I}+\begin{bmatrix}\psi_k^- & -\psi_k^+\\ -EI\cdot\varphi_k^- & EI\cdot\varphi_k^+-G_{m'}\end{bmatrix}^{-1}\begin{bmatrix}0 & 0\\ G_{m'} & G_{m'}\end{bmatrix}\right)\begin{bmatrix}\alpha_{kr}^-\\ \alpha_{k1}^+\end{bmatrix}\end{aligned}\tag{3-166}$$

其中，I 为单位矩阵。所以

$$\begin{bmatrix}\alpha_{k1}^-\\ \alpha_{kr}^+\end{bmatrix}-\begin{bmatrix}\alpha_{kr}^-\\ \alpha_{k1}^+\end{bmatrix}=\begin{bmatrix}\psi_k^- & -\psi_k^+\\ -EI\cdot\varphi_k^- & EI\cdot\varphi_k^+-G_{m'}\end{bmatrix}^{-1}\begin{bmatrix}0 & 0\\ G_{m'} & G_{m'}\end{bmatrix}\begin{bmatrix}\alpha_{kr}^-\\ \alpha_{k1}^+\end{bmatrix}\tag{3-167}$$

令 $\boldsymbol{A}=\begin{bmatrix}\psi_k^- & -\psi_k^+\\ -EI\cdot\varphi_k^- & EI\cdot\varphi_k^+-G_{m'}\end{bmatrix}=\begin{bmatrix}A_{11} & A_{12}\\ A_{21} & A_{22}\end{bmatrix}$，$\boldsymbol{B}=\boldsymbol{A}^{-1}=\begin{bmatrix}B_{11} & B_{12}\\ B_{21} & B_{22}\end{bmatrix}$，则

$$\begin{bmatrix}\alpha_{k1}^-\\ \alpha_{kr}^+\end{bmatrix}-\begin{bmatrix}\alpha_{kr}^-\\ \alpha_{k1}^+\end{bmatrix}=\begin{bmatrix}B_{11} & B_{12}\\ B_{21} & B_{22}\end{bmatrix}\begin{bmatrix}0 & 0\\ G_{m'} & G_{m'}\end{bmatrix}\begin{bmatrix}\alpha_{kr}^-\\ \alpha_{k1}^+\end{bmatrix}=\begin{bmatrix}B_{12}G_{m'} & B_{12}G_{m'}\\ B_{22}G_{m'} & B_{22}G_{m'}\end{bmatrix}\begin{bmatrix}\alpha_{kr}^-\\ \alpha_{k1}^+\end{bmatrix}\tag{3-168}$$

根据式（3-151）和式（3-152）可得

$$B_{22}=[EI\cdot\varphi_k^+-G_{m'}+EI\cdot\varphi_k^-(\psi_k^-)^{-1}(-\psi_k^+)]^{-1}$$

$$\varphi_k^-(\psi_k^-)^{-1}(-\psi_k^+)=\frac{1}{b-\mathrm{i}a}\begin{bmatrix}a^4+\mathrm{i}(-a^3b-2ab^3) & -b^4+\mathrm{i}(-2a^3b-ab^3)\\ -a^2b+\mathrm{i}(-2ab^2-a^3) & -2a^2b-b^3-\mathrm{i}ab^2\end{bmatrix}$$

所以

$$B_{22}=\begin{bmatrix}\dfrac{EI}{b-\mathrm{i}a}\mathrm{i}(2a^3b+2ab^3)+m_k'\omega^2 & \dfrac{EI}{b-\mathrm{i}a}\mathrm{i}(2a^3b+2ab^3)+m_k'\omega^2\\ \dfrac{EI}{b-\mathrm{i}a}(2ab^2+2a^3)\mathrm{i} & \dfrac{EI}{b-\mathrm{i}a}(2a^2b+2b^3)\mathrm{i}\end{bmatrix}^{-1}$$
$$=\begin{bmatrix}\dfrac{b}{2EI\mathrm{i}(a^3b+ab^3)+m_k'\omega^2(b-\mathrm{i}a)} & -\dfrac{1}{2EI(a^2+b^2)}\\ \dfrac{-\mathrm{i}a}{2EI\mathrm{i}(a^3b+ab^3)+m_k'\omega^2(b-\mathrm{i}a)} & \dfrac{1}{2EI(a^2+b^2)}\end{bmatrix} \tag{3-169}$$

其中，$a=a_k(\omega)$，$b=b_k(\omega)$。

$$B_{12}=\frac{1}{b-\mathrm{i}a}\begin{bmatrix}b+\mathrm{i}a & 2b\\ -2\mathrm{i}a & -b-\mathrm{i}a\end{bmatrix}B_{22}$$
$$=\begin{bmatrix}\dfrac{b}{2EI\mathrm{i}(a^3b+ab^3)+m_k'\omega^2(b-ia)} & \dfrac{1}{2EI(a^2+b^2)}\\ \dfrac{-ia}{2EI\mathrm{i}(a^3b+ab^3)+m_k'\omega^2(b-ia)} & \dfrac{-1}{2EI(a^2+b^2)}\end{bmatrix} \tag{3-170}$$

所以

$$B_{12}G_{m'}=\begin{bmatrix}\dfrac{-bm_k'\omega^2}{2EI\mathrm{i}(a^3b+ab^3)+m_k'\omega^2(b-\mathrm{i}a)} & \dfrac{-bm_k'\omega^2}{2EI\mathrm{i}(a^3b+ab^3)+m_k'\omega^2(b-\mathrm{i}a)}\\ \dfrac{\mathrm{i}am_k'\omega^2}{2EI\mathrm{i}(a^3b+ab^3)+m_k'\omega^2(b-ia)} & \dfrac{\mathrm{i}am_k'\omega^2}{2EI\mathrm{i}(a^3b+ab^3)+m_k'\omega^2(b-\mathrm{i}a)}\end{bmatrix} \tag{3-171}$$

$$B_{22}G_{m'}=\begin{bmatrix}\dfrac{-bm_k'\omega^2}{2EI\mathrm{i}(a^3b+ab^3)+m_k'\omega^2(b-\mathrm{i}a)} & \dfrac{-bm_k'\omega^2}{2EI\mathrm{i}(a^3b+ab^3)+m_k'\omega^2(b-\mathrm{i}a)}\\ \dfrac{\mathrm{i}am_k'\omega^2}{2EI\mathrm{i}(a^3b+ab^3)+m_k'\omega^2(b-\mathrm{i}a)} & \dfrac{\mathrm{i}am_k'\omega^2}{2EI\mathrm{i}(a^3b+ab^3)+m_k'\omega^2(b-\mathrm{i}a)}\end{bmatrix} \tag{3-172}$$

令 $D_{m'}=\dfrac{m_k'\omega^2}{2EI\mathrm{i}(a^3b+ab^3)+m_k'\omega^2(b-\mathrm{i}a)}$，则

$$B_{12}G_{m'}=B_{22}G_{m'}=D_{m'}\begin{bmatrix}-b\\ \mathrm{i}a\end{bmatrix}\begin{bmatrix}1 & 1\end{bmatrix}$$

$$\alpha_{k\mathrm{l}}^- -\alpha_{k\mathrm{r}}^- =\alpha_{k\mathrm{r}}^+ -\alpha_{k\mathrm{l}}^+ =D_{m'}\begin{bmatrix}-b\\ \mathrm{i}a\end{bmatrix}\begin{bmatrix}1 & 1\end{bmatrix}(\alpha_{k\mathrm{r}}^- +\alpha_{k\mathrm{l}}^+)$$

为了分析集中质量对波动传播的影响，我们分析距离集中质量 m_k' 右侧 l 处的波动。由式（3-157）、式（3-158）和式（3-168）可知两处波动的垂直位移之差为

$$\begin{aligned}\Delta y = y_{kl} - y_l &= [1 \quad 1][(\alpha_{kl}^+ + \alpha_{kl}^-) - (H_l\alpha_{kr}^+ + H_l^{-1}\alpha_{kr}^-)] \\ &= [1 \quad 1]\left[(\alpha_{kl}^+ + \alpha_{kl}^-) - (H_l(\alpha_{kl}^+ + D_{m'}\begin{bmatrix}-b \\ ia\end{bmatrix}[1 \quad 1](\alpha_{kr}^- + \alpha_{kl}^+)\right] + \\ &\quad H_l^{-1}\left[\alpha_{kl}^- - D_{m'}\begin{bmatrix}-b \\ \mathrm{i}a\end{bmatrix}[1 \quad 1](\alpha_{kr}^- + \alpha_{kl}^+)\right] \\ &= [1 \quad 1]\left[(\alpha_{kl}^+ + \alpha_{kl}^-) - (H_l\alpha_{kl}^+ + H_l^{-1}\alpha_{kl}^-) + D_{m'}(H_l^{-1} - H_l)\begin{bmatrix}-b \\ \mathrm{i}a\end{bmatrix}[1 \quad 1](\alpha_{kr}^- + \alpha_{kl}^+)\right]\end{aligned} \tag{3-173}$$

令 $\Delta y_0 = [1 \quad 1][(\alpha_{kl}^+ + \alpha_{kl}^-) - (H_l\alpha_{kl}^+ + H_l^{-1}\alpha_{kl}^-)]$，有

$$\Delta y_{m'} = D_{m'}[1 \quad 1](H_l^{-1} - H_l)\begin{bmatrix}-b \\ \mathrm{i}a\end{bmatrix}[1 \quad 1](\alpha_{kr}^- + \alpha_{kl}^+)$$

则 Δy_0 为没有集中质量 m_k' 时两处波动的垂直位移差，而 $\Delta y_{m'}$ 为集中质量引入的两处波动的垂直位移差。考虑到在集中质量 m_k' 右侧传播的波动中不包含消失波，所以有

$$\begin{aligned}\Delta y_{m'} &= D_{m'}[1 \quad 1]\left\{\begin{bmatrix}-b[\exp(\mathrm{i}al) - \exp(-\mathrm{i}al)] & -b[\exp(\mathrm{i}al) - \exp(-\mathrm{i}al)] \\ 0 & 0\end{bmatrix}(\alpha_{kr}^- + \alpha_{kl}^+)\right\} \\ &= D_{m'}\{-b[\exp(\mathrm{i}al) - \exp(-\mathrm{i}al)]\}[1 \quad 1](\alpha_{kr}^- + \alpha_{kl}^+)\end{aligned} \tag{3-174}$$

其中

$$\begin{aligned}D_{m'}\{-b[\exp(\mathrm{i}al) - \exp(-\mathrm{i}al)]\} &= \frac{\exp(\mathrm{i}al) - \exp(-\mathrm{i}al)}{-2\mathrm{i}EI \cdot a(a^2+b^2)/m_k'\omega^2 + (\mathrm{i}a/b - 1)} \\ &= \frac{2\sin al}{-2EI \cdot a(a^2+b^2)/(m_k'\omega^2) + (a/b + \mathrm{i})}\end{aligned} \tag{3-175}$$

可以将式（3-175）进一步简化为

$$D_{m'}\{-b[\exp(\mathrm{i}al) - \exp(-\mathrm{i}al)]\}$$

$$= \frac{2\sin al}{-\dfrac{2}{m_k'\omega^2}\sqrt{\dfrac{\sqrt{S^2+4EIm\omega^2}+S}{2EI}}\sqrt{S^2+4EIm\omega^2} + \sqrt{\dfrac{\sqrt{S^2+4EIm\omega^2}+S}{\sqrt{S^2+4EIm\omega^2}-S}} + \mathrm{i}}$$

令 $z = S^2 + 4EIm\omega^2$，则 $EI = \dfrac{z - S^2}{4m\omega^2}$，有

$$D_{m'}\{-b[\exp(\mathrm{i}al)-\exp(-\mathrm{i}al)]\}=\frac{2\sin al}{-\frac{2}{m_k'\omega^2}\sqrt{\frac{4m\omega^2(\sqrt{z}+S)}{2(z-S^2)}}\sqrt{z}+\sqrt{\frac{\sqrt{z}+S}{\sqrt{z}-S}}+\mathrm{i}}=\frac{2\sin al}{-\frac{2\sqrt{2m}}{m_k'\omega}\sqrt{\frac{z}{\sqrt{z}-S}}+\sqrt{\frac{\sqrt{z}+S}{\sqrt{z}-S}}+\mathrm{i}} \quad (3\text{-}176)$$

由式（3-176）可得，集中质量 m_k' 对两处波动的垂直位移差带来的影响 $\Delta y_{m'}$ 为

$$\Delta y_{m'}=\frac{2\sin al}{-\frac{2\sqrt{2m}}{m_k'\omega}\sqrt{\frac{z}{\sqrt{z}-S}}+\sqrt{\frac{\sqrt{z}+S}{\sqrt{z}-S}}+\mathrm{i}}[1\quad 1](\alpha_{kr}^{-}+\alpha_{kl}^{+}) \quad (3\text{-}177)$$

由于随着 z 不断增大，$-\frac{2\sqrt{2m}}{m_k'\omega}\sqrt{\frac{z}{\sqrt{z}-S}}+\sqrt{\frac{\sqrt{z}+S}{\sqrt{z}-S}}<0$ 的值不断减小。因此，随着 S、m、EI 不断增大，集中质量对两处波动的垂直位移差带来的影响 $\Delta y_{m'}$ 不断减小。

根据式（3-177），在抬升力影响下，可以得出以下结论：

（1）接触线张力 S 越大、集中质量 m_k' 越小，集中质量两侧的垂直位移差越小。

（2）接触线单位质量 m 越大、弯曲刚度 EI 越大，集中质量两侧的垂直位移差越小。

（3）集中质量将入射波中的消失波成分转化成行波，并且转化的部分不再按照指数形式衰减，因此有增大波动的效果。

3）吊弦对波动传播的影响

吊弦对波动传播的影响如图 3-36 所示。

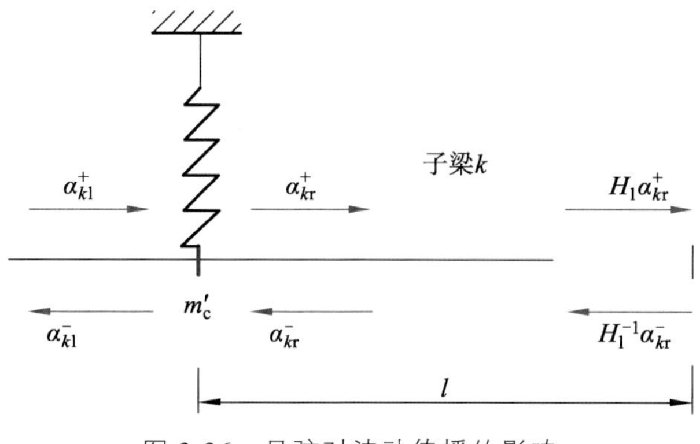

图 3-36 吊弦对波动传播的影响

为了分析吊弦对波动传播的影响，下面分析吊弦左侧的波动和吊弦右侧 l 处波动的差别。接触线上吊弦处的控制面受力如图 3-37 所示。

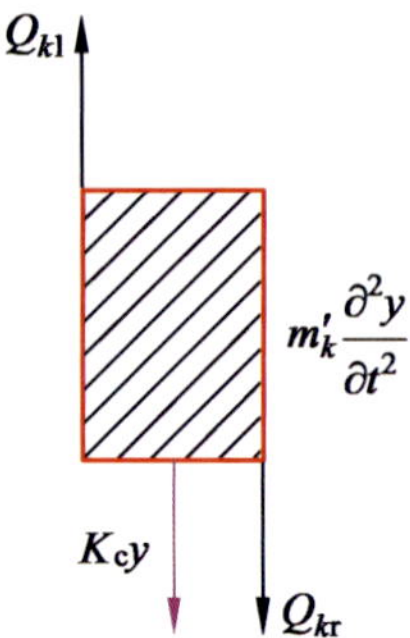

图 3-37　接触线吊弦处控制面受力分析

图 3-37 中，Q_{kl}、Q_{kr} 是控制面左、右两侧的剪切力；$K_c y$ 是由于接触线上下运动造成的承力索对接触线拉力的变化；K_c 是控制面处的承力索刚度。由此建立控制面上的力学方程：

$$Q_{kl}-K_c y-Q_{kr}=m'_c\frac{\partial^2 y}{\partial t^2} \tag{3-178}$$

对上式做傅里叶变换可得

$$Q_{kl}=Q_{kr}+(K_c-m'_c\omega^2)y \tag{3-179}$$

由此可得控制面波动方程为

$$\begin{bmatrix}\psi^+ & \psi^- \\ -EI\cdot\varphi^+ & -EI\cdot\varphi^-\end{bmatrix}\begin{bmatrix}\alpha_{kl}^+ \\ \alpha_{kl}^-\end{bmatrix}=\begin{bmatrix}\psi^+ & \psi^- \\ -EI\cdot\varphi^+ +G_D & -EI\cdot\varphi^- +G_D\end{bmatrix}\begin{bmatrix}\alpha_{kr}^+ \\ \alpha_{kr}^-\end{bmatrix} \tag{3-180}$$

其中，$G_D=(K_c-m'_c\omega^2)\begin{bmatrix}1 & 1\\ 0 & 0\end{bmatrix}$。

所以有

$$\begin{bmatrix}\alpha_{kl}^- \\ \alpha_{kr}^+\end{bmatrix}=\begin{bmatrix}\psi_k^- & -\psi_k^+ \\ -EI\cdot\varphi_k^- & EI\cdot\varphi_k^+ -G_D\end{bmatrix}^{-1}\begin{bmatrix}\psi_k^- & -\psi_k^+ \\ -EI\cdot\varphi_k^- +G_D & EI\cdot\varphi_k^+\end{bmatrix}\begin{bmatrix}\alpha_{kr}^- \\ \alpha_{kl}^+\end{bmatrix} \tag{3-181}$$

$$\begin{bmatrix}\alpha_{kl}^- \\ \alpha_{kr}^+\end{bmatrix}-\begin{bmatrix}\alpha_{kr}^- \\ \alpha_{kl}^+\end{bmatrix}=\begin{bmatrix}\psi_k^- & -\psi_k^+ \\ -EI\cdot\varphi_k^- & EI\cdot\varphi_k^+ -G_D\end{bmatrix}^{-1}\begin{bmatrix}0 & 0 \\ G_D & G_D\end{bmatrix}\begin{bmatrix}\alpha_{kr}^- \\ \alpha_{kl}^+\end{bmatrix} \tag{3-182}$$

令 $\boldsymbol{A}=\begin{bmatrix}\psi_k^- & -\psi_k^+ \\ -EI\cdot\varphi_k^- & EI\cdot\varphi_k^+ -G_D\end{bmatrix}=\begin{bmatrix}A_{11} & A_{12}\\ A_{21} & A_{22}\end{bmatrix}$，$\boldsymbol{B}=\boldsymbol{A}^{-1}=\begin{bmatrix}B_{11} & B_{12}\\ B_{21} & B_{22}\end{bmatrix}$，则

$$\begin{bmatrix}\alpha_{kl}^- \\ \alpha_{kr}^+\end{bmatrix}-\begin{bmatrix}\alpha_{kr}^- \\ \alpha_{kl}^+\end{bmatrix}=\begin{bmatrix}B_{11} & B_{12}\\ B_{21} & B_{22}\end{bmatrix}\begin{bmatrix}0 & 0 \\ G_D & G_D\end{bmatrix}\begin{bmatrix}\alpha_{kr}^- \\ \alpha_{kl}^+\end{bmatrix}=\begin{bmatrix}B_{12}G_D & B_{12}G_D\\ B_{22}G_D & B_{22}G_D\end{bmatrix}\begin{bmatrix}\alpha_{kr}^- \\ \alpha_{kl}^+\end{bmatrix} \tag{3-183}$$

$$B_{22}=[EI\cdot\varphi_k^+-G_{\rm D}+EI\cdot\varphi_k^-(\psi_k^-)^{-1}(-\psi_k^+)]^{-1}$$

$$\varphi_k^-(\psi_k^-)^{-1}(-\psi_k^+)=\frac{1}{b-{\rm i}a}\begin{bmatrix}a^4+{\rm i}(-a^3b-2ab^3) & -b^4+{\rm i}(-2a^3b-ab^3)\\ -a^2b+{\rm i}(-2ab^2-a^3) & -2a^2b-b^3-{\rm i}ab^2\end{bmatrix}$$

所以

$$\begin{aligned}B_{22}&=\begin{bmatrix}\dfrac{EI}{b-{\rm i}a}{\rm i}(2a^3b+2ab^3)+m_{\rm c}'\omega^2-K & \dfrac{EI}{b-{\rm i}a}{\rm i}(2a^3b+2ab^3)+m_{\rm c}'\omega^2-K\\ \dfrac{EI}{b-{\rm i}a}(2ab^2+2a^3){\rm i} & \dfrac{EI}{b-{\rm i}a}(2a^2b+2b^3){\rm i}\end{bmatrix}^{-1}\\&=\begin{bmatrix}\dfrac{b}{2EI{\rm i}(a^3b+ab^3)+(m_{\rm c}'\omega^2-K)(b-{\rm i}a)} & -\dfrac{1}{2EI(a^2+b^2)}\\ \dfrac{-{\rm i}a}{2EI{\rm i}(a^3b+ab^3)+(m_{\rm c}'\omega^2-K)(b-{\rm i}a)} & \dfrac{1}{2EI(a^2+b^2)}\end{bmatrix}\end{aligned}\tag{3-184}$$

其中，$a=a_k(\omega)$，$b=b_k(\omega)$。

$$\begin{aligned}B_{12}&=\frac{1}{b-{\rm i}a}\begin{bmatrix}b+{\rm i}a & 2b\\ -2{\rm i}a & -b-{\rm i}a\end{bmatrix}B_{22}\\&=\begin{bmatrix}\dfrac{b}{2EI{\rm i}(a^3b+ab^3)+(m_{\rm c}'\omega^2-K)(b-{\rm i}a)} & \dfrac{1}{2EI(a^2+b^2)}\\ \dfrac{-{\rm i}a}{2EI{\rm i}(a^3b+ab^3)+(m_{\rm c}'\omega^2-K)(b-ia)} & \dfrac{-1}{2EI(a^2+b^2)}\end{bmatrix}\end{aligned}\tag{3-185}$$

所以

$$B_{12}G_{\rm D}=\begin{bmatrix}\dfrac{b(K-m_{\rm c}'\omega^2)}{2EI{\rm i}(a^3b+ab^3)+(m_{\rm c}'\omega^2-K)(b-{\rm i}a)} & \dfrac{b(K-m_{\rm c}'\omega^2)}{2EI{\rm i}(a^3b+ab^3)+(m_{\rm c}'\omega^2-K)(b-{\rm i}a)}\\ \dfrac{-ia(K-m_{\rm c}'\omega^2)}{2EI{\rm i}(a^3b+ab^3)+(m_{\rm c}'\omega^2-K)(b-{\rm i}a)} & \dfrac{-{\rm i}a(K-m_{\rm c}'\omega^2)}{2EI{\rm i}(a^3b+ab^3)+(m_{\rm c}'\omega^2-K)(b-{\rm i}a)}\end{bmatrix}\tag{3-186}$$

$$B_{22}G_{\rm D}=\begin{bmatrix}\dfrac{b(K-m_{\rm c}'\omega^2)}{2EI{\rm i}(a^3b+ab^3)+(m_{\rm c}'\omega^2-K)(b-{\rm i}a)} & \dfrac{b(K-m_{\rm c}'\omega^2)}{2EI{\rm i}(a^3b+ab^3)+(m_{\rm c}'\omega^2-K)(b-{\rm i}a)}\\ \dfrac{-{\rm i}a(K-m_{\rm c}'\omega^2)}{2EI{\rm i}(a^3b+ab^3)+(m_{\rm c}'\omega^2-K)(b-{\rm i}a)} & \dfrac{-{\rm i}a(K-m_{\rm c}'\omega^2)}{2EI{\rm i}(a^3b+ab^3)+(m_{\rm c}'\omega^2-K)(b-{\rm i}a)}\end{bmatrix}\tag{3-187}$$

令 $D_{\rm D}=\dfrac{m_c'\omega^2-K}{2EI{\rm i}(a^3b+ab^3)+(m_{\rm c}'\omega^2-K)(b-{\rm i}a)}$，则

$$B_{12}G_{\mathrm{D}}=B_{22}G_{\mathrm{D}}=D_{\mathrm{D}}\begin{bmatrix}-b\\ \mathrm{i}a\end{bmatrix}\begin{bmatrix}1 & 1\end{bmatrix} \tag{3-188}$$

$$\alpha_{kl}^{-}-\alpha_{kr}^{-}=\alpha_{kr}^{+}-\alpha_{kl}^{+}=D_{\mathrm{D}}\begin{bmatrix}-b\\ \mathrm{i}a\end{bmatrix}\begin{bmatrix}1 & 1\end{bmatrix}(\alpha_{kr}^{-}+\alpha_{kl}^{+}) \tag{3-189}$$

为了分析吊弦对波动传播的影响，我们分析与吊弦距离 l 处的波动。两处波动的垂直位移之差为

$$\begin{aligned}\Delta y=y_{kl}-y_{l}&=\begin{bmatrix}1 & 1\end{bmatrix}[(\alpha_{kl}^{+}+\alpha_{kl}^{-})-(H_{1}\alpha_{kr}^{+}+H_{1}^{-1}\alpha_{kr}^{-})]\\ &=\begin{bmatrix}1 & 1\end{bmatrix}\left\{(\alpha_{kl}^{+}+\alpha_{kl}^{-})-\left[H_{1}(\alpha_{kl}^{+}+D_{\mathrm{D}}\begin{bmatrix}-b\\ \mathrm{i}a\end{bmatrix}\begin{bmatrix}1 & 1\end{bmatrix}(\alpha_{kr}^{-}+\alpha_{kl}^{+})\right]+\right.\\ &\quad\left.H_{1}^{-1}\left[\alpha_{kl}^{-}-D_{\mathrm{D}}\begin{bmatrix}-b\\ \mathrm{i}a\end{bmatrix}\begin{bmatrix}1 & 1\end{bmatrix}(\alpha_{kr}^{-}+\alpha_{kl}^{+})\right]\right\}\\ &=\begin{bmatrix}1 & 1\end{bmatrix}\left[(\alpha_{kl}^{+}+\alpha_{kl}^{-})-(H_{1}\alpha_{kl}^{+}+H_{1}^{-1}\alpha_{kl}^{-})+D_{\mathrm{D}}(H_{1}^{-1}-H_{1})\begin{bmatrix}-b\\ \mathrm{i}a\end{bmatrix}\begin{bmatrix}1 & 1\end{bmatrix}(\alpha_{kr}^{-}+\alpha_{kl}^{+})\right]\end{aligned} \tag{3-190}$$

令 $\Delta y_{0}=\begin{bmatrix}1 & 1\end{bmatrix}[(\alpha_{kl}^{+}+\alpha_{kl}^{-})-(H_{1}\alpha_{kl}^{+}+H_{1}^{-1}\alpha_{kl}^{-})]$，有

$$\Delta y_{\mathrm{D}}=\begin{bmatrix}1 & 1\end{bmatrix}\left[D_{\mathrm{D}}(H_{1}^{-1}-H_{1})\begin{bmatrix}-b\\ \mathrm{i}a\end{bmatrix}\begin{bmatrix}1 & 1\end{bmatrix}(\alpha_{kr}^{-}+\alpha_{kl}^{+})\right]$$

式中：Δy_0 为没有吊弦时两处波动的垂直位移差；Δy_{D} 为吊弦引入的两处波动的垂直位移差。

考虑到在吊弦右侧传播的波动中不包含消失波，所以有

$$\Delta y_{\mathrm{D}}=D_{\mathrm{D}}\{-b[\exp(\mathrm{i}al)-\exp(-\mathrm{i}al)]\}\begin{bmatrix}1 & 1\end{bmatrix}(\alpha_{kr}^{-}+\alpha_{kl}^{+}) \tag{3-191}$$

其中：

$$\begin{aligned}-D_{\mathrm{D}}b[\exp(\mathrm{i}al)-\exp(-\mathrm{i}al)]&=\frac{\exp(\mathrm{i}al)-\exp(-\mathrm{i}al)}{-2\mathrm{i}EI\cdot a(a^{2}+b^{2})/(m_{\mathrm{c}}'\omega^{2}-K_{\mathrm{c}})+(\mathrm{i}a/b-1)}\\ &=\frac{2\sin al}{-2EI\cdot a(a^{2}+b^{2})/(m_{\mathrm{c}}'\omega^{2}-K_{\mathrm{c}})+a/b+\mathrm{i}}\end{aligned} \tag{3-192}$$

上式可以进一步简化为

$$\begin{aligned}&-D_{\mathrm{D}}b[\exp(\mathrm{i}al)-\exp(-\mathrm{i}al)]\\ &=\frac{2\sin al}{-\dfrac{2}{m_{\mathrm{c}}'\omega^{2}-K_{\mathrm{c}}}\sqrt{\dfrac{\sqrt{S^{2}+4EIm\omega^{2}}+S}{2EI}}\sqrt{S^{2}+4EIm\omega^{2}}+\sqrt{\dfrac{\sqrt{S^{2}+4EIm\omega^{2}}+S}{\sqrt{S^{2}+4EIm\omega^{2}}-S}}+\mathrm{i}}\end{aligned} \tag{3-193}$$

令 $z=S^2+4EIm\omega^2$，则 $EI=\dfrac{z-S^2}{4m\omega^2}$，有

$$-D_{\mathrm{D}}b[\exp(\mathrm{i}al)-\exp(-\mathrm{i}al)]=\frac{2\sin al}{-\dfrac{2}{m_{\mathrm{c}}'\omega^2-K_c}\sqrt{\dfrac{\sqrt{z}+S}{2(z-S^2)}4m\omega^2\sqrt{z}}+\sqrt{\dfrac{\sqrt{z}+S}{\sqrt{z}-S}}+\mathrm{i}}$$
$$=\frac{2\sin al}{-\dfrac{2\sqrt{2m\omega^2}}{m_{\mathrm{c}}'\omega^2-K_{\mathrm{c}}}\sqrt{\dfrac{z}{\sqrt{z}-S}}+\sqrt{\dfrac{\sqrt{z}+S}{\sqrt{z}-S}}+\mathrm{i}} \tag{3-194}$$

由式（3-194）可得，吊弦对两处波动的垂直位移差带来的影响 Δy_{D} 为

$$\Delta y_{\mathrm{D}}=\frac{2\sin al}{-\dfrac{2\sqrt{2m\omega^2}}{m_{\mathrm{c}}'\omega^2-K_{\mathrm{c}}}\sqrt{\dfrac{z}{\sqrt{z}-S}}+\sqrt{\dfrac{\sqrt{z}+S}{\sqrt{z}-S}}+\mathrm{i}}[1\quad 1](\alpha_{kr}^{-}+\alpha_{kl}^{+}) \tag{3-195}$$

（1）接触线张力 S 越大、吊弦处的集中质量 m_{c}' 越小，吊弦两侧的垂直位移差越小。

（2）接触线单位质量 m 越大、弯曲刚度 EI 越大，吊弦两侧的垂直位移差越小。

（3）吊弦处的集中质量将入射波中的消失波成分转化成行波，并且转化的部分不再按照指数形式衰减，因此有增大波动的效果。

（4）承力索刚度 K_{c} 能够减小集中质量 m_{c}' 引入的增大波动的效果，因此，合适地增大承力索刚度 K_{c} 有利于改善接触网系统的动态特性。

3.3　单弓-网系统动力学模型与受流性能分析

3.3.1　单弓-网系统动力学模型

单弓-网系统动力学模型与接触网动力学模型的差别是弓网系统需要考虑受电弓与接触网的相互作用，因此，不但需要研究接触网的动力学模型，还需要研究受电弓的动力学模型。下面先简单介绍受电弓的线性化模型。

受电弓一般包括主架、上臂、下臂、弓头和传动装置。主架包括抬升传动装置和缓冲装置。弓头由受电弓滑板支架、弓头引导装置和受电弓滑板组成。受电弓和接触网相互作用的基本要求是：由于受电弓在运行中相对于接触线作横向运动，所以受电弓弓头必须总是超出接触线的极限位置，并且保持合理的接触才能使系统顺利运行。

受电弓系统的上臂和下臂在受电弓-接触网耦合系统相互作用的过程中既有平动又有转动，并且机车本身的振动也会对弓网系统造成影响。为了简化问题，并且体现出弓网系统的一些主要动态特性，一般研究都对受电弓进行了线性化处理。其主要思想是忽略机车振动，将受电弓上臂和下臂的平动加转动简化为一定高度范围内的垂直运动。并且在计算过程中忽略二次项的影响，从而得到某一工作高度范围内的线性化模型。如图 3-38 所示是一种受电弓的线性化模型，其将受电弓系统简化为质量-弹簧-阻尼模型。

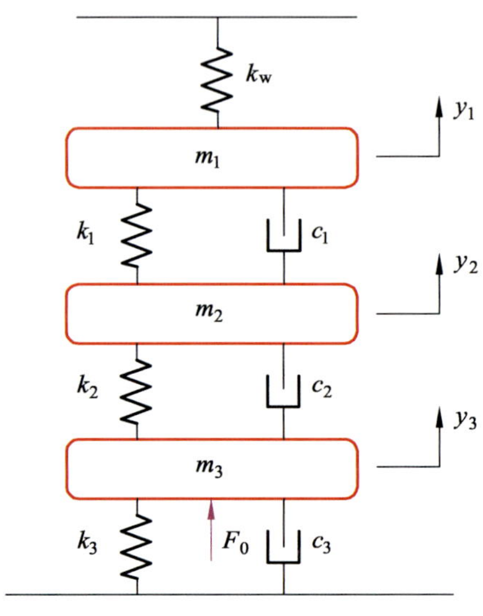

图 3-38　受电弓线性化模型

图 3-38 中，受电弓动力学平衡方程为

$$m_1\ddot{y}_1+c_1\dot{y}_1-c_1\dot{y}_2+(k_1+k_{\mathrm{w}})y_1-k_1y_2=0 \tag{3-196}$$

$$m_2\ddot{y}_2-c_1\dot{y}_1+(c_1+c_2)\dot{y}_2-c_2\dot{y}_3-k_1y_1+(k_1+k_2)y_2-k_2y_3=0 \tag{3-197}$$

$$m_3\ddot{y}_3-c_2\dot{y}_2+(c_2+c_3)\dot{y}_3-k_2y_2+(k_2+k_3)y_3=F_0 \tag{3-198}$$

式中：m_i、k_i、c_i（$i=1$，2，3）分别是弓头、上框架和下框架的等效质量、等效刚度和等效阻尼；k_{w} 是受电弓所在位置接触网的刚度；F_0 是受电弓的静态抬升力；F（t）是弓网动态接触力。

式（3-196）、式（3-197）和式（3-198）又可以写成

$$\boldsymbol{M}\ddot{\boldsymbol{Y}}(t)+\boldsymbol{C}\dot{\boldsymbol{Y}}(t)+\boldsymbol{K}\boldsymbol{Y}(t)=\boldsymbol{F}_{\mathrm{e}}(t) \tag{3-199}$$

式中：

$\boldsymbol{M}=\begin{bmatrix} m_1 & 0 & 0 \\ 0 & m_2 & 0 \\ 0 & 0 & m_3 \end{bmatrix}$是质量矩阵；

$\boldsymbol{C}=\begin{bmatrix} c_1 & -c_1 & 0 \\ -c_1 & c_1+c_2 & -c_2 \\ 0 & -c_2 & c_2+c_3 \end{bmatrix}$是阻尼矩阵；

$\boldsymbol{K}=\begin{bmatrix} k_1+k_\mathrm{w} & -k_1 & 0 \\ -k_1 & k_1+k_2 & -k_2 \\ 0 & -k_2 & k_2+k_3 \end{bmatrix}$是刚度矩阵；

$\boldsymbol{Y}=\begin{bmatrix} y_1 \\ y_2 \\ y_3 \end{bmatrix}$，$\dot{\boldsymbol{Y}}=\begin{bmatrix} \dot{y}_1 \\ \dot{y}_2 \\ \dot{y}_3 \end{bmatrix}$，$\ddot{\boldsymbol{Y}}=\begin{bmatrix} \ddot{y}_1 \\ \ddot{y}_2 \\ \ddot{y}_3 \end{bmatrix}$分别是位移、速度和加速度向量；

$\boldsymbol{F}_\mathrm{e}=\begin{bmatrix} 0 \\ 0 \\ F_0 \end{bmatrix}$是抬升力向量。

前面已经分析了受电弓抬升力沿接触线运动时接触线振动的过程，并且给出了接触线振动位移的表达式（3-83）。求解弓网系统的运动方程实际是求解由方程（3-83）和方程（3-199）构成的运动方程组。由于直接计算方程组的解析形式解的难度较大，下面使用遍历搜索的数值计算方法进行求解。其具体思路为：先假设弓网接触位置接触网的刚度 k_w，再用数值计算方法求解受电弓系统的运动方程，然后将弓网接触力代回到接触线振动位移的表达式中验证最初假设的接触网的刚度 k_w 是否合适。如果不合适，调整接触刚度 k_w 重新尝试。

用数值计算方法求解受电弓系统的运动方程有多种方法可以使用，如 Newmark 法、Wilson-θ 法和中央差分法。中央差分法对系统在 t_k 时刻的速度和加速度做出如下假设：

t_k 时刻速度为

$$\dot{\boldsymbol{Y}}_k=\frac{\boldsymbol{Y}_{k+1}-\boldsymbol{Y}_{k-1}}{2\Delta t} \tag{3-200}$$

k 时刻加速度为

$$\ddot{\boldsymbol{Y}}_k=\frac{\boldsymbol{Y}_{k+1}-2\boldsymbol{Y}_k+2\boldsymbol{Y}_{k-1}}{(\Delta t)^2} \tag{3-201}$$

考虑运动方程式（3-199）可得 t_k 时刻受电弓的运动方程，即

$$\boldsymbol{M}\ddot{\boldsymbol{Y}}_k+\boldsymbol{C}\dot{\boldsymbol{Y}}_k+\boldsymbol{K}\boldsymbol{Y}_k=\boldsymbol{F}_{\mathrm{c}k} \tag{3-202}$$

将式（3-200）和式（3-201）代入式（3-202）可得

$$\left[\frac{\boldsymbol{M}}{(\Delta t)^2}+\frac{\boldsymbol{C}}{2\Delta t}\right]\boldsymbol{Y}_{k+1}=\boldsymbol{F}_{ek}-\left[\boldsymbol{K}-\frac{2\boldsymbol{M}}{(\Delta t)^2}\right]\boldsymbol{Y}_k-\left[\frac{\boldsymbol{M}}{(\Delta t)^2}-\frac{\boldsymbol{C}}{2\Delta t}\right]\boldsymbol{Y}_{k-1} \quad (3\text{-}203)$$

由式（3-203）可求得系统 t_{k+1} 时刻的位移 $\boldsymbol{Y}_{k+1}$。

求解单弓条件下弓网系统的运动方程的具体过程如下：

初始计算：

（1）设定初始位置接触网的刚度 k_w，并生成受电弓-接触网耦合系统刚度矩阵 $\boldsymbol{K}$、质量矩阵 $\boldsymbol{M}$ 和阻尼矩阵 $\boldsymbol{C}$。

（2）计算 $\ddot{\boldsymbol{Y}}_0$，$\boldsymbol{M}\ddot{\boldsymbol{Y}}_0=\boldsymbol{F}_{e0}-\boldsymbol{K}\boldsymbol{Y}_0$。

（3）选择合适的时间步长 Δt，并计算下列常数：

$$a_0=\frac{1}{(\Delta t)^2}, \quad a_1=\frac{1}{2\Delta t}, \quad a_2=2a_0, \quad a_3=\frac{1}{a_2}$$

（4）令 $\boldsymbol{Y}_{-1}=\boldsymbol{Y}_0$。

（5）计算等效质量阵 $\hat{\boldsymbol{M}}$，$\hat{\boldsymbol{M}}=a_0\boldsymbol{M}+a_1C$

对每一时间步进行计算：

第 1 步，t_k 时刻的等效力：

$$\hat{\boldsymbol{F}}_k=\boldsymbol{F}_k-(\boldsymbol{K}-a_2\boldsymbol{M})\boldsymbol{Y}_k-(a_0\boldsymbol{M}-a_1\boldsymbol{C})\boldsymbol{Y}_{k-1}$$

第 2 步，t_{k+1} 时刻的位移：

$$\hat{\boldsymbol{M}}\boldsymbol{Y}_{k+1}=\boldsymbol{F}_k$$

第 3 步，使用接触刚度 k_w 计算弓网接触力 F：

$$F=k_w y_1$$

第 4 步，将 F 代入式（3-83）计算接触线的振动抬升 y（x，t_{k+1}）。

如果 y（x，t_{k+1}）与 y_1 的差距在允许区间内，跳转到第一步，进入下一时间步。

如果 y（x，t_{k+1}）与 y_1 的差距不在允许区间内，调整 k_w 并重新计算刚度矩阵 $\boldsymbol{K}$，跳转到第一步，重新计算。

如果 $F<F_{min}$，则受电弓与接触网发生离线，按照 $k_w=0$ 计算受电弓的运动参数。F_{min} 为受电弓与接触网保持接触的最小弓网接触力。

简单链形悬挂（简称简链）和弹性链形悬挂（简称弹链），在 250 km/h 和 350 km/h 时弓网耦合系统振动仿真结果分别如图 3-39 ~ 图 3-42 所示。

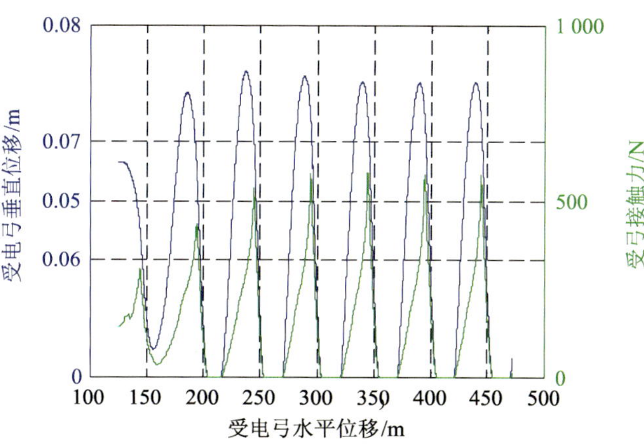

图 3-39　简链 250 km/h 时弓网耦合系统振动仿真结果

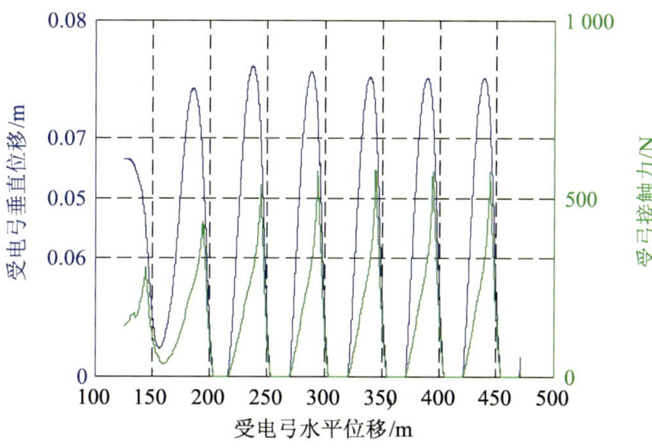

图 3-40　简链 350 km/h 时弓网耦合系统振动仿真结果

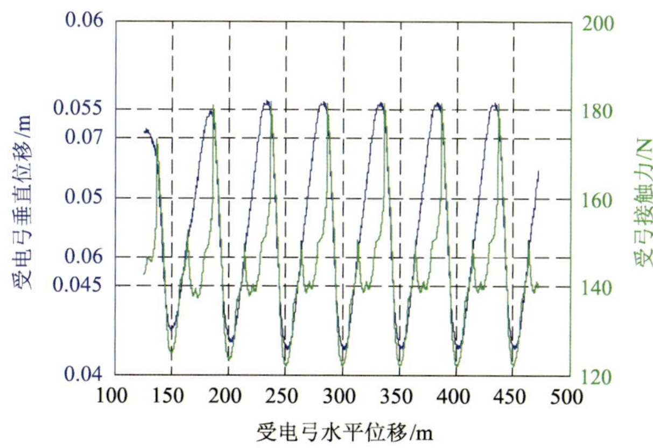

图 3-41　弹链 250 km/h 时弓网耦合系统振动仿真结果

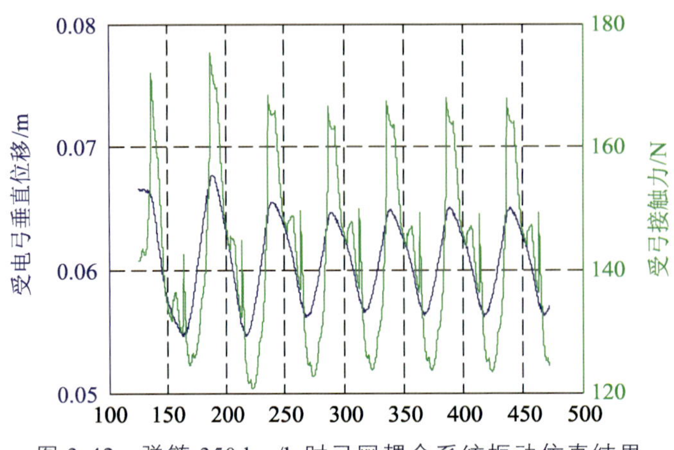

图 3-42　弹链 350 km/h 时弓网耦合系统振动仿真结果

3.3.2　受电弓主要设计参数对弓网受流性能的影响

受电弓主要设计参数包括弓头质量、弹簧刚度、阻尼。弓网受流性能使用最大动态接触力 F_{max}、最小动态接触力 F_{min}、平均动态接触力 F_m、接触力的标准偏差 SDF 为判断标准进行评判。下面对各种主要设计参数分别进行仿真分析，探讨其影响。仿真使用的接触网系统模型为简单链形悬挂系统，受电弓模型为质量-弹簧-阻尼模型。

（1）受电弓弓头质量 m_1 对弓网受流性能的影响，如表 3-39 所示。

表 3-39　受电弓弓头质量对受流性能的影响　　单位：N

速度	250 km/h				300 km/h				350 km/h			
弓头质量/kg	F_{max}	F_{min}	F_m	SDF	F_{max}	F_{min}	F_m	SDF	F_{max}	F_{min}	F_m	SDF
7.5	189.6	89.6	139.3	26.4	217.4	54.5	138.9	47.5	300.7	25.9	137.1	85.1
15	221.8	37.5	139.6	43.6	256.0	0	138.2	83.6	561.1	0	137.7	148.3
30	258.3	0	139.3	90.2	338.7	0	141.3	178.2	586.9	0	140.1	149.9

从仿真计算可以看出，受电弓弓头质量增加，将使 F_{max} 增加、F_{min} 减小、SDF 增加，恶化弓网受流性能。

（2）受电弓弹簧刚度 k_1 对弓网受流性能的影响，如表 3-40 所示。

表 3-40　受电弓弹簧刚度对弓网受流性能的影响　　　单位：N

速度	250 km/h				300 km/h				350 km/h			
弹簧刚度 /（N/m）	F_{max}	F_{min}	F_m	SDF	F_{max}	F_{min}	F_m	SDF	F_{max}	F_{min}	F_m	SDF
3 980	194.5	35.4	138.0	43.9	252.0	21.5	136.3	72.9	392.0	26.5	136.4	100.1
8 380	221.8	37.5	139.6	43.6	256.0	0	138.2	83.6	561.1	0	137.7	148.3
20 000	220.8	41.7	140.4	42.6	251.5	0	139.3	88.1	639.8	0	140.2	168.2

从仿真计算可以看出，在受电弓低速运行时弹簧刚度 k_1 对弓网受流性能影响不大。随着受电弓移动速度的提高，增大弹簧刚度 k_1 将增加 F_{max}、减少 F_{min}、增加 SDF，恶化弓网受流性能。

（3）受电弓阻尼 c_1 对弓网受流性能的影响，如表 3-41 所示。

表 3-41　受电弓阻尼对弓网受流性能的影响　　　单位：N

速度	250 km/h				300 km/h				350 km/h			
阻尼 /（N·s/m）	F_{max}	F_{min}	F_m	SDF	F_{max}	F_{min}	F_m	SDF	F_{max}	F_{min}	F_m	SDF
70	221.8	37.5	139.6	43.6	256.0	0	138.2	83.6	561.1	0	137.7	148.3
100	226.1	50.6	139.3	40.7	259.5	25.0	138.3	68.6	400.9	1.7	137.0	110.4
200	233.6	79.9	139.0	35.3	268.8	72.2	138.5	46.5	305.6	65.0	137.9	60.2

从仿真计算可以看出，受电弓阻尼的增大将减少 F_{max}、增加 F_{min}、减少 SDF，有效改善弓网受流性能，高速条件下更加明显。

3.3.3　接触网主要设计参数对弓网受流性能的影响

接触网主要设计参数包括接触线/承力索张力、结构高度、拉出值和吊弦分布。这些参数可以分为两大类：第 1 类参数直接影响接触网静态特性、动态特性和弓网受流性能；第 2 类参数对接触网系统的静态特性、动态特性和弓网受流性能的影响则是通过改变接触网弹性来实现。第 1 类参数包括接触线/承力索张力。第 2 类参数包括结构高度、拉出值和吊弦分布。第 2 类参数对接触网弹性的影响可以通过调整吊弦分布实现，这部分内容前文已有阐述。因此，下面分析接触网主要设计参数对弓网受流性能影响时，主要分析跨距、接触线/承力索张力、接触线/承力索单位质量和吊弦分布这 4 种因素。

仿真使用的接触网模型为简单链形悬挂系统，受电弓模型为质量-弹簧-阻尼模型。而弓网受流性能使用最大动态接触力 F_{max}、最小动态接触力 F_{min}、平均动态接触力 F_m、接触力标准偏差 *SDF* 为判断标准进行评判。

1. 吊弦分布对弓网受流性能的影响

在仿真计算过程中，吊弦分布发生变化时，接触网跨距的长度也会发生变化，因此下面通过分别改变跨中吊弦间距 l_1 和悬挂点处吊弦间距 l_2 分析跨距及吊弦分布对弓网受流性能的影响。

增加跨中吊弦间距 l_1 和增加悬挂点处吊弦间距 l_2 的仿真计算结果如表 3-42 和表 3-43 所示。

表 3-42　增加跨中吊弦间距 l_1 对弓网受流性能的影响　　单位：N

速度	250 km/h				300 km/h				350 km/h			
跨距/m	F_{max}	F_{min}	F_m	*SDF*	F_{max}	F_{min}	F_m	*SDF*	F_{max}	F_{min}	F_m	*SDF*
35.72（l_1 = 10.2）	202.8	56.3	140.9	44.8	322.3	0	140.8	101.8	412.1	0	138.6	105.2
50（l_1 = 12.8）	219.8	37.5	139.6	43.6	256.0	0	138.2	83.6	561.1	0	137.7	148.3
57.7（l_1 = 15.3）	221.0	34.4	139.6	39.5	220.4	0	138.6	66.6	606.5	0	134.4	153.0

表 3-43　增加悬挂点处吊弦间距 l_2 对弓网受流性能的影响　　单位：N

速度	250 km/h				300 km/h				350 km/h			
跨距/m	F_{max}	F_{min}	F_m	*SDF*	F_{max}	F_{min}	F_m	*SDF*	F_{max}	F_{min}	F_m	*SDF*
50（l_2 = 11.6）	219.8	37.5	139.6	43.6	256.0	0	138.2	83.6	561.1	0	137.7	148.3
55（l_2 = 16.6）	187.7	78.3	140.4	27.7	232.9	46.7	140.9	57.6	363.5	8.1	138.3	97.8
60（l_2 = 21.6）	180.3	92.6	138.1	24.0	214.8	75.5	136.6	41.3	281.1	52.0	136.9	63.2

从仿真计算可以得到以下结果：

增加跨中吊弦间距 l_1 可以减小接触力的标准偏差 *SDF*，改善弓网耦合性能。但是由于最小动态接触力 F_{min} 也随之减小，跨中吊弦间距 l_1 的增加受到限制。

增加悬挂点处吊弦间距 l_2 也可以减小接触力的标准偏差 *SDF*，改善弓网耦合性能。但是 l_2 的增加会增加悬挂点处接触线的弛度，因此悬挂点处吊弦间距 l_2 的增加受到限制。

2. 接触线张力对弓网受流性能的影响

表 3-44 列出了接触线张力对弓网受流性能的影响。

表 3-44　接触线张力对弓网受流性能的影响　　单位：N

速度	250 km/h				300 km/h				350 km/h			
接触线张力/kN	F_{max}	F_{min}	F_m	SDF	F_{max}	F_{min}	F_m	SDF	F_{max}	F_{min}	F_m	SDF
25	219.8	37.5	139.6	43.6	256.0	0	138.2	83.6	561.1	0	137.7	148.3
30	194.2	61.5	140.0	31.0	214.4	25.3	139.7	52.7	445.4	0	137.0	128.3
35	179.4	90.5	139.9	25.3	209.7	46.2	139.8	46.7	279.6	0	137.7	94.4

从仿真计算可以看出，增大接触线张力可以有效减小 F_{max}、增大 F_{min} 和减小 SDF。因此，增大接触线张力是改善弓网受流性能的有效措施之一。

3. 承力索张力对弓网受流性能的影响

承力索张力对接触网系统性能的影响比较复杂，增大承力索张力，一方面减小接触网弹性，另一方面却增大接触网弹性不均匀系数，因此，在不同条件下承力索张力变化会给接触网系统带来不同影响，如表 3-45 所示。

表 3-45　承力索张力对弓网受流性能的影响　　单位：N

速度	250 km/h				300 km/h				350 km/h			
承力索张力/kN	F_{max}	F_{min}	F_m	SDF	F_{max}	F_{min}	F_m	SDF	F_{max}	F_{min}	F_m	SDF
15	207.2	59.8	143.9	42.0	294.0	0	141.7	99.1	467.2	0	142.3	136.7
20	219.8	37.5	139.6	43.6	256.0	0	138.2	83.6	561.1	0	137.7	148.3
25	247.4	23.9	144.7	47.2	264.6	0	143.9	74.6	585.2	0	142.5	154.1

接触网承力索张力对弓网受流的影响受接触网设计参数和受电弓移动速度的影响。从仿真计算可以看出，在承力索张力向接触线张力靠近的过程中，反射系数变大，因此 SDF 增大，弓网受流性能恶化。在受电弓移动速度为 300 km/h 附近时，SDF 出现反向变化趋势，弓网受流性能随着承力索张力的增大而改善。受电弓运行速度和弹性不均匀系数构成受流稳定区，各种相关因素的变化均可以使弓网受流质量从稳定区进入非稳定区或者从非稳定区进入稳定区。而承力索张力对上述两种变化均有影响。因此，在受电弓移动速度为 300 km/h 附近时，弓网受流质量进入非稳定区，出现反向变化趋势。另外，承力索张力过小时，接触网弹性过大，弓网受流性能也会恶化。

3.4 单弓-网系统模拟仿真

3.4.1 单弓-网系统模拟仿真系统

由于弓网系统在电气化铁道运行中的特殊地位及其关系的复杂性，早已引起了国内外学者的普遍关注，弓网关系也是铁路运输领域内一个十分热门的课题。世界各国对弓网系统动力学特性的研究可以概括为以下 3 种方法：

（1）现场线路试验法。

现场线路试验法是通过列车的实际运行，观测弓网受流过程中的相关参数，其优点是直观、可靠。以试验车为对象，在选定的试验线路上分别进行弹性、弹性不均匀系数等接触网静态特性和弓网间的接触压力、离线率、导线抬升量等动态特性的实际测量。然后通过对试验数据进行分析处理，进而确定弓网之间的特性，并加以分析改进。现场试验是研究弓网动态特性的重要手段，但是从试验线路的修建、试验车的研制到试验数据的采集和分析均需要花费大量的人力、物力及财力。

（2）建立受流模拟实验室。

建立受流模拟实验室是采用比例实物模型进行模拟实验。按照实物的某些特征和参数，设计与实物有一定比例关系的模拟实物，然后通过对模拟实物的研究来了解实物特性。其优点是不需要真正的高速线路和机车，缺点是资金投入大，再利用性比较差。

（3）数值模拟仿真计算。

数值模拟仿真计算是建立在数学模型基础上的，可以反复假设不同状态，取得多组实验数据的方法。其优点是投入少，可以仿真各种情况下的受流状态。但是数学模型的建立需要对现实系统的结构、环境进行一定程度上的简化，在仿真计算中把握主要因素、做出合理假设。因此，要求模型建立者对实际弓网系统的运行原理有深入的了解和相关理论基础。随着高速铁路的不断发展和各研究机构的不断努力，我国高速铁路弓网系统的数值模拟仿真计算已经取得长足的进步。

弓网系统的数值模拟仿真计算一般分为 3 个部分：建立接触网系统模型、建立受电弓系统模型、建立和求解弓网耦合系统模型。

（1）建立接触网系统模型。

建立接触网系统模型的方法主要包括有限元法和解析法。有限元法的基本思想是将弹性体划分为有限个单元，对每个单元用有限个参数来描述它的力学特性，而整个连续弹性体的力学特性可认为是这些小单元力学特性的总和，从而建立起连续体的力平衡关系。采用有限元法能整体、全面、多工况随意组合，进行静力、动力、线性和非线性分析，对完成复杂结构或多自由度系统的分析十分有效。具体到建立接触网系统的有限元模型，一般是将接触线和承力索离散成梁单元，将吊弦视为弹簧质量单元。然后建立整个系统的静力学平衡方程或者动力学平衡方程。而对于解析法，目前文献提及的主要是使用第二类拉格朗日方程建立弓网系统的运动微分方程。

（2）建立受电弓系统模型。

受电弓系统的结构比接触网系统的结构简单，因此建立模型的方法较多。一般都是使用线性化的质量-弹簧-阻尼模型建立受电弓系统模型。

（3）建立和求解弓网耦合模型。

弓网耦合系统模型就是将接触网系统模型和受电弓系统模型结合在一起，并且考虑受电弓系统沿接触网系统移动时的相互影响。而这一相互影响是建立弓网系统数值模拟仿真计算的核心内容，其中需要考虑的因素包括：① 受电弓系统的结构、移动速度和静态抬升力；② 接触网系统的跨距、张力、结构高度、拉出值、吊弦分布等主要设计参数；③ 双弓或多弓时，受电弓系统之间的相互影响。由于弓网系统结构复杂，求解弓网耦合系统模型得到解析形式的结果是不可能的。因此，弓网耦合系统模型一般都采用数值算法求解，例如有限元法就是一种计算工程问题近似数值解的方法。

弓网耦合系统模型求解的结果应该包括受电弓沿接触线以一定速度移动时弓头的抬升距离和抬升力，然后根据抬升距离和抬升力的统计结果判断弓网系统受流质量是否达到要求。设计单位可以根据仿真结果和现场实际条件不断调整设计参数，从而得到一个合理的先期设计方案。

弓网系统的数值模拟仿真计算还有一种半实物半虚拟试验方法。这种混合模拟试验台包括受电弓基座振动激振系统、实物受电弓系统和接触网动态行为模拟系统。受电弓基座振动激振系统和实物受电弓系统一起模拟真实受电弓系统的振动状态，接触网动态行为模拟系统通过液压装置模拟接触网系统对受电弓系统的作用。这种试验方法通过实物受电弓系统简化了一般仿真计算方法中受电弓模型部分。而液压装置的控制系统中包含的接触网系统模型是方法的核心，负责整个系统准确仿真弓网系统之间的相互影响。

3.4.2　有限元法结合振型叠加理论的仿真系统

求解运动微分方程一般有两类方法。一类是直接积分法，就是按时间历程对微分方程直接进行数值积分，即逐步积分法。常用的逐步积分法有 Newmark 法、Wilson-θ 法和中央差分法。另一类是模态（振型）叠加法（mode superposition method）或振型分解法（mode decomposition method）。一个 n 自由度的弹性系统有 n 个固有振型，这些振型有一个非常重要的特性就是关于质量阵和刚度阵的正交性。振型叠加法利用振型的正交性求解弹性系统的运动微分方程。

有限元法结合振型叠加理论建立弓网模拟仿真系统是目前比较主流的方法。有限元法能够直接对复杂的接触网系统建模，求解系统的自振频率和相应的振型。而且ANSYS软件可以求解接触网系统有限元模型的振型，进一步简化问题。下面简单介绍此类方法建立弓网模拟仿真系统的流程。

在建立接触网系统有限元模型之前需要对接触网系统做如下简化：

（1）由于接触网系统横向振动相对于垂向振动可以忽略，所以模型中只考虑垂向振动。

（2）承力索和接触线简化为具有抗弯刚度、张力以及线密度的欧拉梁。

（3）吊弦的质量平分到吊弦两端的线夹上去，把吊弦简化为两端为集中质量、中间为弹簧的弹簧质量系统。

（4）限位器和支承杆的质量也集中到接触线和承力索上简化为一端为集中质量、一端为固定铰链支座、中间为弹簧的弹簧质量系统，分别采用集中质量单元和弹簧单元建模。

（5）接触网锚段之间相互独立，取一个 5 跨的锚段为研究对象，它们的端点可简化为固定铰链支座。阻尼很小，略去不计。

1. 将简化的接触网系统离散化，形成接触网系统有限元模型

根据有限元法的理论需要，将建立的接触网系统模型进行离散化。下面讲述将简单链形悬挂接触网系统离散化的一个例子。

（1）承力索视为欧拉梁采用梁单元模拟，承力索 0.5 m 为 1 单元，每跨水平长度 65 m，分为 130 个单元，5 跨共有梁单元 650 个。

（2）接触线视为欧拉梁采用梁单元模拟，接触线 0.25 m 为 1 单元，每跨水平长度 65 m，分为 260 个单元，5 跨共有梁单元 1 300 个。

（3）每跨 7 根吊弦采用 7 个弹簧单元和 14 个质量单元模拟，5 跨共 35 个弹簧单元和 70 个质量单元。

（4）4 个支承杆分别位于第一、二跨之间，第二、三跨之间，第三、四跨之间，第四、五跨之间，分别采用 4 个弹簧单元和 4 个质量单元。

（5）4 个限位器分别位于第一、二跨之间，第二、三跨之间，第三、四跨之间，第四、五跨之间，分别采用 4 个弹簧单元和 4 个质量单元。

整个模型共有梁单元 1 950 个、质量单元 78 个、弹簧单元 43 个。这样就得到简单链形悬挂接触网的有限元计算模型。单元按照上述从承力索到限位器的顺序编号，每个部分按照从左到右的顺序进行编号。

2. 计算接触网系统有限元模型的自振频率和相应的振型

在划分完单元后，首先计算梁单元的形函数、单元刚度矩阵、单元质量矩阵和等

效杆端力向量。然后计算弹簧单元的单元刚度矩阵和质量单元的单元质量矩阵。最后构造以整体坐标表达的位移向量、单元刚度矩阵和单元质量矩阵。在此基础上推导出整体结构运动方程：

$$[\boldsymbol{M}]\{\ddot{\boldsymbol{U}}\}+[\boldsymbol{K}]\{\boldsymbol{U}\}=\{\boldsymbol{P}\}$$

式中：$[\boldsymbol{M}]$是整体结构的质量矩阵；$[\boldsymbol{K}]$是整体结构的刚度矩阵；$\{\boldsymbol{U}\}$是整体结构结点位移向量；$\{\boldsymbol{P}\}$是整体结构结点力向量。

由整体结构运动方程可以求解出接触网系统的自振频率和相应的振型，这部分计算工作也可以借助 ANSYS 软件完成。根据振型叠加原理，将接触网系统的自振频率和相应的振型代入接触线的位移计算公式就可以计算任意时刻、任意坐标处接触线的位移。

3. 建立受电弓系统模型，并通过接触刚度实现弓网耦合系统模型

在弓网系统仿真模型中，一般认为受电弓系统可以简化成质量-弹簧-阻尼模型。质量-弹簧-阻尼模型不但计算简单，而且建立的弓网系统仿真模型能够反映一定的动态特性。为了将接触网系统模型和受电弓模型结合在一起，借助了接触刚度 K_s 的概念：

$$F_c=K_s(Z_h-Z_c)$$

式中：F_c 是弓网接触力；Z_h 是受电弓弓头位移；Z_c 是接触线位移。

Z_h 通过将上一个时刻的弓网接触力代入接触线的位移计算公式计算得到，Z_c 通过将上一个时刻的弓网接触力代入受电弓系统动力学方程计算得到。这样弓网接触力 F_c 与受电弓的位移 Z_h 和接触线的位移 Z_c 通过接触刚度 K_s 联系在一起，从而实现了弓网耦合系统模型。

结合有限元法的弓网仿真系统模型进行仿真计算的流程如图 3-43 所示。

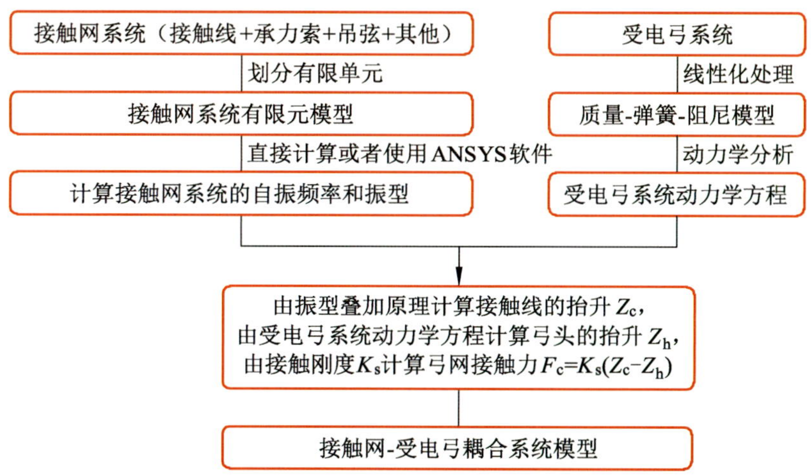

图 3-43　结合有限元法的弓网仿真系统模型进行仿真计算的流程

3.4.3 力学模型结合振型叠加理论的仿真系统

力学模型结合振型叠加理论的弓网模拟仿真系统相对于前文提出的有限元结合振型叠加理论的弓网模拟仿真系统有自己的优点。为了便于对比，下面简单介绍力学模型结合振型叠加理论建立弓网模拟仿真系统的流程。

在建立接触网系统的力学模型之前需要对接触网系统做如下简化：

（1）由于接触网系统横向振动相对于垂向振动可以忽略，所以模型中只考虑垂向振动。

（2）承力索和接触线简化为具有张力的索，不具有抗弯刚度。为了与实际相符，将吊弦拉力和受电弓抬升力设定为分布力。

（3）将拉出值对接触网系统的影响视为减小系统在悬挂点处的弹性，即通过将吊弦拉出值等效的方法体现拉出值的影响。另外，结构高度对接触网系统的影响和拉出值相反。

（4）由于接触线振动具有低频和小振幅的特点，因此认为，只要受电弓抬升距离相同，静态抬升和动态抬升两种情况下，受电弓附近吊弦拉力分布相同。

（5）认为在受电弓沿接触线移动的过程中，在受电弓两侧只有一部分接触线与受电弓一起振动。分布在这部分接触线上的吊弦拉力的变化值大于某个特定数值。

1. 建立接触网的静态抬升模型

将接触线和承力索视为悬索结构，满足如下悬索曲线方程：

$$y=\frac{M(x)}{S}+\frac{c}{l}x$$

式中：$M(x)$为具有相同边界条件的简支梁的弯矩方程；c为两端支座的高差；l为两端支座的距离。

对于承力索，两端支座是悬挂点。对于接触线，两端支座为接触线上抬升大于零部分和抬升等于零部分的分界点。假设接触线抬升部分一共包含N个吊弦，根据吊弦两端接触线和承力索抬升位移相等可以得到N个方程。求解方程可以得到吊弦拉力的变化，然后将吊弦拉力的变化代入接触线的悬索曲线方程即可求得接触线上各点的抬升，即接触网系统的静态抬升方程。由于接触网系统与悬索结构十分相似，基于悬索曲线方程的接触网系统静态抬升模型可以直观地体现接触网系统各个设计要素对静态特性的影响。

2. 建立接触网的动态振动模型

为了模拟仿真接触网系统的动态特性，首先，模型中的接触线必须体现出振动的特性；其次，吊弦拉力要随着受电弓沿接触线变化；最后，在双弓运行过程中，有部分接触网系统将同时受到 2 个受电弓的影响。

为了体现出系统振动的特性，采用索模型的波动方程描述接触线：

$$m_{\mathrm{j}}\frac{\partial^2 y(x,t)}{\partial t^2}-S\frac{\partial^2 y(x,t)}{\partial x^2}=\frac{F}{l_F}\cdot\left\{u\left[x-\left(vt-\frac{l_F}{2}\right)\right]-u\left[x-\left(vt+\frac{l_F}{2}\right)\right]\right\}+\sum_{i=1}^{N}\frac{T_i}{l_T}\cdot\left\{u\left[x-\left(vt+x_i-\frac{l_T}{2}\right)\right]-u\left[x-\left(vt+x_i+\frac{l_T}{2}\right)\right]\right\}$$

式中：m_{j} 是单位长度接触线的质量；l_{F} 和 l_{T} 分别是受电弓抬升力和吊弦拉力在接触线上的分布长度；$u(x)$是阶梯函数；$T_1,T_2,\cdots,T_N$ 是接触线上 AB 部分之间分布的吊弦拉力；$x_1,x_2,\cdots,x_N$ 是吊弦拉力相对于受电弓所在的位置；N 是 AB 部分之间吊弦的数量；F 是受电弓的抬升力，受电弓以水平速度 v 沿接触线移动；S 是接触线的水平拉力。

当受电弓沿接触线移动时，吊弦相对于受电弓所在的位置以及吊弦拉力也要变化。根据开始的假设，模型将根据受电弓所在位置和弓网接触力调用静态抬升方程计算受电弓两侧吊弦拉力。这样就能够体现出受电弓的移动对吊弦拉力的影响。

为了能更加准确地描述接触线的振动，模型定义了吊弦反射系数，然后通过移动的参照系分析受电弓与吊弦之间的相互作用以体现多普勒现象对接触线振动的影响。

3. 建立并求解弓网耦合系统动态振动模型

建立弓网耦合系统动态振动模型的关键是找到一组弓网动态接触力和弓头抬升位移能同时满足接触网系统和受电弓系统的动态振动模型。由于弓网系统的复杂性，直接将两个系统模型方程联立求解很难实现。因此，本节使用遍历搜索法求解弓网接触力和弓头抬升位移。

将接触网对受电弓的作用体现为一个刚度为 k_{w} 的弹簧，而弓网动态接触力 $F(t)=k_{\mathrm{w}}y_1$。在弓网接触的条件下，通过调整 k_{w} 可以找到一组弓网动态接触力 $F(t)$和弓头抬升 y_1 能够同时满足接触网系统和受电弓系统的动态振动模型。当计算出的动态接触力 $F(t)$小于特定值时，说明弓网已经发生离线。

力学模型结合振型叠加理论的弓网仿真系统模型进行仿真计算的流程如图 3-44 所示。

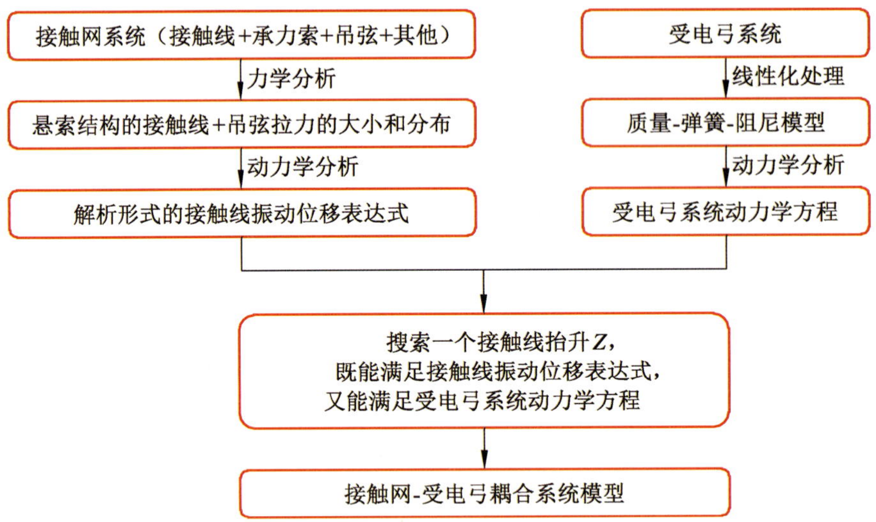

图 3-44　力学模型结合振型叠加理论的弓网仿真系统模型进行仿真计算的流程

第4章 双弓-网系统动力学模型与分析

4.1 双弓-网系统动力学模型

4.1.1 双弓-网系统动力学模型建立

在双弓条件下，接触网系统同样存在反射和多普勒现象。为了简化问题，假设前弓和后弓的抬升力均为 F。反射系数 r 仍然为

$$r=\frac{y_{\mathrm{r}}(k,t)}{y_0(k,t)}=\frac{A_{k2}\sum_{i=1}^{N}T_i\sin\frac{k\pi(vt+x_i)}{L_F}\sin\frac{k\pi l_T}{2L_F}}{A_{k1}\sin\frac{k\pi vt}{L_F}\sin\frac{k\pi l_F}{2L_F}} \tag{4-1}$$

双弓同时作用下吊弦振动增大，因此反射系数 r 略有增大，增大的幅度与双弓抬升力大小和间距有关。下面分析前方吊弦对前弓与后弓振动的影响。

根据图 4-1 可知，对于前弓，入射波包含前弓振动波和后弓振动波。按照将后弓引起的接触线的振动波归算到前弓抬升力增加的思路可得入射波振幅为

$$A'_{k1}=\frac{4(F+F')L_F^2/m_{\mathrm{j}}}{(k\pi)^3 l_F(\sqrt{S_{\mathrm{j}}/m_{\mathrm{j}}}-v)^2} \tag{4-2}$$

式中：F' 为后弓引起的接触线的振动波归算到前弓抬升力的增加量。

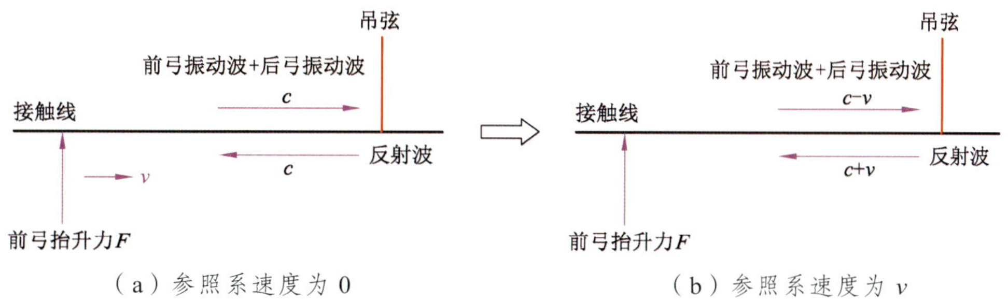

（a）参照系速度为 0　　（b）参照系速度为 v

图 4-1　前方吊弦对前弓振动的影响

因此，前方吊弦引起的反射波通过接触线对前弓的反作用力为

$$F_{\mathrm{q}}=r/a^2\cdot(F+F') \tag{4-3}$$

根据图 4-2 可知，对于后弓，反射波包含前弓振动波和吊弦振动波。按照将前弓引起的接触线的振动波归算到后弓抬升力增加的思路可得入射波振幅为

$$A'_{k1}=\frac{4(F+F'/|r|)L_F^2/m_j}{(k\pi)^3 l_F(\sqrt{S_j/m_j}-V)^2} \tag{4-4}$$

其中，$F'/|r|$ 为前弓引起的接触线的振动波归算到后弓抬升力的增加，由于前弓振动波存在于反射波中，所以需要通过反射系数进行归算。因此，前方吊弦引起的反射波通过接触线对后弓的反作用力为

$$F_q=r/a^2\cdot(F+F'/|r|) \tag{4-5}$$

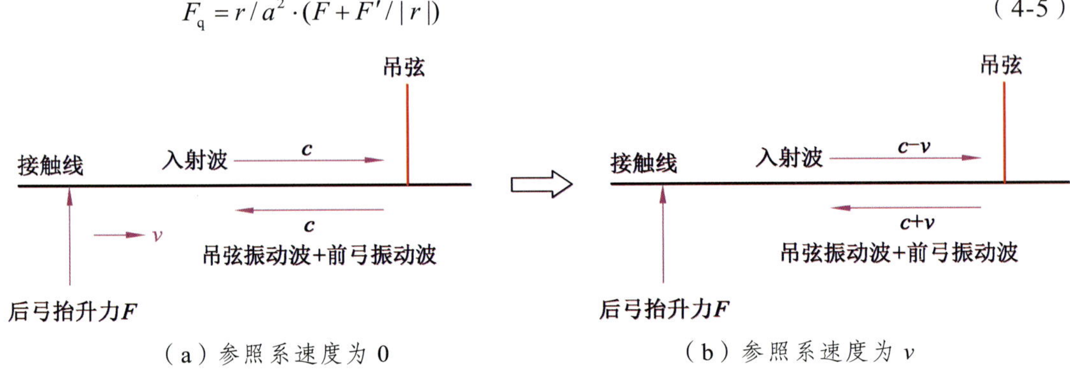

（a）参照系速度为 0　　（b）参照系速度为 v

图 4-2　前方吊弦对后弓振动的影响

用同样的思路可以得到双弓条件下受电弓后方吊弦产生的反射波对受电弓的反作用力。后方吊弦引起的反射波通过接触线对前弓的反作用力为

$$F_h=r\cdot a^2\cdot(F+F'/|r|) \tag{4-6}$$

而后方吊弦引起的反射波通过接触线对后弓的反作用力为

$$F_h=r\cdot a^2\cdot(F+F') \tag{4-7}$$

由式（4-3）、式（4-6）和式（3-81）可得双弓条件下前弓移动到接触线上某个位置处所受到的吊弦反射波的反作用力 F_{rq} 为

$$F_{rq}=c_q\cdot F_q+c_h\cdot F_h=r\cdot(c_q/a^2+c_h\cdot a^2)\cdot F+r\cdot(c_q/a^2+c_h\cdot a^2/|r|)\cdot F' \tag{4-8}$$

由式（4-5）、式（4-7）和式（3-81）可得双弓条件下后弓移动到接触线上某个位置处所受到的吊弦反射波的反作用力 F_{rh} 为

$$F_{rh}=c_q\cdot F_q+c_h\cdot F_h=r\cdot(c_q/a^2+c_h\cdot a^2)\cdot F+r\cdot(c_q/a^2/|r|+c_h\cdot a^2)\cdot F' \tag{4-9}$$

为了计算 F_{rq} 和 F_{rh}，必须确定 F'。由式（3-68）可知，模型没有考虑接触网系统的阻尼特性。因此，前弓和后弓的抬升力引起接触线的振动位移振幅相同，相位不同，所以 $0<F'<F$。

为了比较双弓运行条件下前弓和后弓各自受到的影响，下面计算前弓和后弓移动到接触线上某个位置处所受到的吊弦反射波的反作用力绝对值的差：

$$F_{\text{rh}} - F_{\text{rq}} = (c_{\text{q}} / a^2 - c_{\text{h}} \cdot a^2)(1 - |r|) \cdot F' \tag{4-10}$$

反射系数$|r|<1$，因此后弓受到的反作用力要大于前弓，而且越靠近前方吊弦的位置双弓受到的反作用力差距越大。另外，反射系数$|r|$越小，后弓与前弓所受到的吊弦反射波的反作用力相差越大。

因此，在计算出受电弓所受到的吊弦反射波的反作用力后，双弓条件下接触网系统的振动位移为

$$y(x,t) = \sum_{k=1}^{\infty} \left\{ A_k \sin\frac{k\pi l_F}{2L_F} \left[\sin\frac{k\pi vt}{L_F} - \frac{v}{\sqrt{S_{\text{j}} / m_{\text{j}}}} \sin\left(\sqrt{\frac{S_{\text{j}}}{m_{\text{j}}}} \frac{k\pi t}{L_F} \right) \right] \right\} \sin\frac{k\pi x}{L_F} \tag{4-11}$$

对于前弓：

$$A_k = \frac{4(F \pm F_{\text{rq}}) L_F^2 / m_{\text{j}}}{(k\pi)^3 l_F (S_{\text{j}} / m_{\text{j}} - v^2)} \tag{4-12}$$

对于后弓：

$$A_k = \frac{4(F \pm F_{\text{rh}}) L_F^2 / m_{\text{j}}}{(k\pi)^3 l_F (S_{\text{j}} / m_{\text{j}} - v^2)} \tag{4-13}$$

在式（4-12）和式（4-13）中，F_{rq} 和 F_{rh} 由式（4-8）和式（4-9）定义。双弓条件下求解受电弓-接触网耦合系统运动方程比单弓条件下更加复杂。为了简化问题，可以在每次求解的过程中固定一个受电弓的运动状态，然后再求解另外一个受电弓的运动方程。只要相邻两次求解的时间间隔足够短，求解结果就可以满足要求。

求解双弓条件下弓网耦合系统的运动方程的具体过程如下：

初始计算：

（1）设定双弓初始位置接触网刚度 k_{w1}、k_{w2}，并生成弓网耦合系统刚度矩阵 $\boldsymbol{K}$、质量矩阵 $\boldsymbol{M}$ 和阻尼矩阵 $\boldsymbol{C}$。其中，k_{w1} 为后弓与接触网接触位置的刚度，而 k_{w2} 为前弓与接触网接触位置的刚度。

（2）计算 $\ddot{\boldsymbol{Y}}_0$，$\boldsymbol{M}\ddot{\boldsymbol{Y}}_0 = \boldsymbol{F}_{\text{e0}} - \boldsymbol{K}\boldsymbol{Y}_0$。

（3）选择合适的时间步长 Δt，并计算下列常数：

$$a_0 = \frac{1}{(\Delta t)^2}\ ,\quad a_1 = \frac{1}{2\Delta t}\ ,\quad a_2 = 2a_0\ ,\quad a_3 = \frac{1}{a_2}$$

（4）令 $\boldsymbol{Y}_{-1} = \boldsymbol{Y}_0$。

（5）计算等效质量阵 $\hat{\boldsymbol{M}}$，$\hat{\boldsymbol{M}} = a_0\boldsymbol{M} + a_1\boldsymbol{C}$。

对每一时间步进行计算：

判断，如果本时刻计算后弓的运动状态，i=1；如果本时刻计算前弓的运动状态，i=2。

第一步，t_k 时刻的等效力：

$$\hat{\boldsymbol{F}}_{ki} = \boldsymbol{F}_{ki} - (\boldsymbol{K}_i - a_2\boldsymbol{M})\boldsymbol{Y}_{ki} - (a_0\boldsymbol{M} - a_1\boldsymbol{C})\boldsymbol{Y}_{(k-1)i}$$

第二步，t_{k+1} 时刻的位移：

$$\hat{\boldsymbol{M}}\boldsymbol{Y}_{(k+1)i} = \boldsymbol{F}_{ki}$$

第三步，使用接触网刚度 k_{wi} 计算弓网接触力 F_i：

$$F_i = k_{wi}y_{1i}$$

第四步，将前弓和后弓的抬升力代入式（4-11）、式（4-8）、式（4-9）、式（4-12）、式（4-13），计算双弓所在接触网处的振动抬升 $y_1(x,t_{k+1})$和 $y_2(x,t_{k+1})$。

如果 $y_i(x, t_{k+1})$与 y_{1i} 的差距在允许区间内，跳转到第一步，进入下一时间步计算另外一个受电弓的运动状态。

如果 $y_i(x,t_{k+1})$与 y_{1i} 的差距不在允许区间内，调整 k_{wi} 并重新计算刚度矩阵 $\boldsymbol{K}_i$，跳转到第一步，重新计算。

如果 $F_i<F_{\min}$，则受电弓与接触网发生离线，按照 k_{wi}=0 计算受电弓的运动参数。$F_{\min}$ 为受电弓与接触网保持接触的最小弓网接触力。

4.1.2　双弓-网系统波动传播模型

第 3 章分析了双弓条件下的接触网波动特性。受电弓在行进过程中引起的振动波会沿着接触网传递，在吊弦及定位器等悬挂装置处会发生反射，当反射波遇到向前行进的受电弓时，会引起弓网接触力的波动，从而导致受流质量的恶化。因此，降低振动波在吊弦等悬挂装置处的反射是提高弓网受流质量的有效手段。

当具有一定激励频率的交变接触力沿着接触网行进时，由于多普勒效应会产生前、后两个不同于激励频率的波，前波的频率大于激励频率，后波的频率小于激励频率。当其中某一个频率接近接触网垂向敏感频率时，也会产生共振现象，对弓网受流产生负面作用。本节主要介绍波动的频率特性。

分析振动波在张力索中的连续传播行为。基于傅里叶变换求解承力索垂直挠度控制方程，将垂向挠度假设为两波向对侧传播的叠加。通过应用实际铁路接触网系统的边界条件，构建了接触网系统的波传播模型。

对于一给定的张力索单元，如图 4-3 所示，其垂向运动方程可以表示为

$$EI\frac{\partial^4 w}{\partial x^4}+\rho\frac{\partial^2 w}{\partial t^2}+\eta\frac{\partial w}{\partial t}-T\frac{\partial^2 w}{\partial x^2}=0 \tag{4-14}$$

式中：EI 是弯曲刚度；w 是垂向挠度；ρ 是单元长度上的线密度；η 是阻尼比；T 是轴向张力。

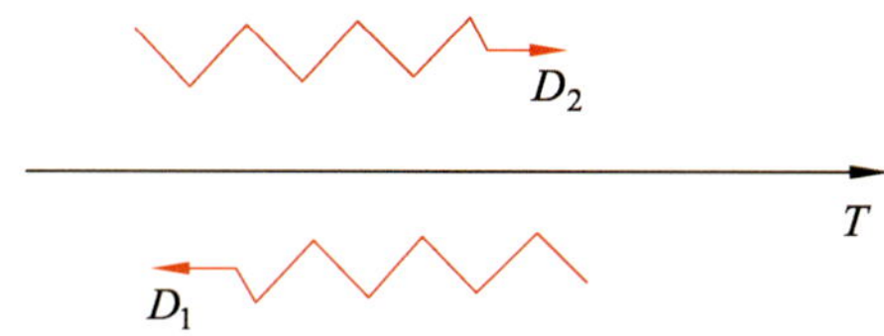

图 4-3　无弯曲刚度和阻尼的承力索波动传播示意图

波的色散现象主要发生在高频区域（即 50 Hz 以上），而一般的动力学分析只关注低频成分（一般低于 20 Hz），弯曲刚度 EI 可以忽略不计。通过对式（4-14）进行傅里叶变换，并忽略弯曲刚度 EI，可以得到

$$\rho\omega^2 W(x,\omega)+\eta\omega W(x,\omega)-T\frac{\partial^2 W(x,\omega)}{\partial x^2}=0 \tag{4-15}$$

式中：ω 为角频率；$W(x,\omega)$ 为频域中的纵向位移。式（4-15）的完备解形式可以写为

$$W(x,\omega)=C_1(\omega)\mathrm{e}^{\left(\frac{\mathrm{i}\omega x}{c}\right)}+C_2(\omega)\mathrm{e}^{\left(-\frac{\mathrm{i}\omega x}{c}\right)} \tag{4-16}$$

式中：$C_1(\omega)$ 和 $C_2(\omega)$ 分别为后行波和前行波的相关系数；c 为波动速度。

可以观察到，在给定频率 ω 时，张力索的纵向位移可以表示为前行波 $C_2(\omega)\mathrm{e}^{\left(-\frac{\mathrm{i}\omega x}{c}\right)}$ 和后行波 $C_1(\omega)\mathrm{e}^{\left(\frac{\mathrm{i}\omega x}{c}\right)}$ 的叠加。

基于以上分析，建立接触网在移动载荷下的波动模型，如图 4-4 所示。承力索的运动方程可以写为

$$\rho_{\mathrm{a}}\frac{\partial^2 w_{\mathrm{a}}}{\partial t^2}-T_{\mathrm{a}}\frac{\partial^2 w_{\mathrm{a}}}{\partial x^2}=0 \tag{4-17}$$

同样，接触线垂向运动方程为

$$\rho_{\mathrm{b}}\frac{\partial^2 w_{\mathrm{b}}}{\partial t^2}-T_{\mathrm{b}}\frac{\partial^2 w_{\mathrm{b}}}{\partial x^2}=f_{\mathrm{c}}(t)\delta(x-vt) \tag{4-18}$$

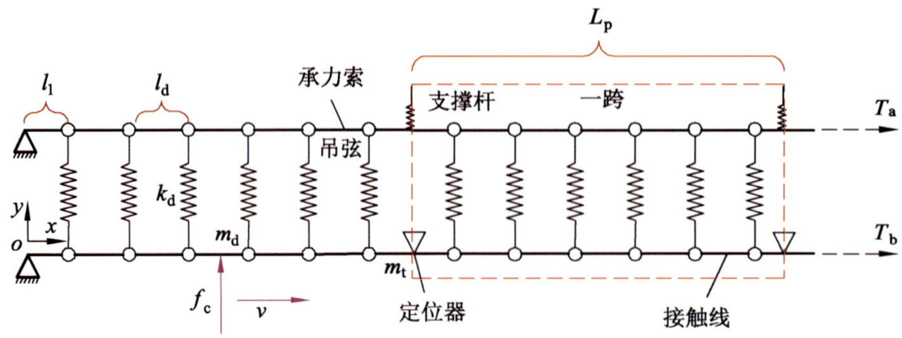

图 4-4　移动载荷下的接触网波动模型

边界条件可以定义如下：

对于承力索，有

$$w_a(x,t)\big|_{x=x_s}=0 \tag{4-19}$$

$$T_a\left(\left.\frac{\partial w_a}{\partial x}\right|_{x=x_d+0}-\left.\frac{\partial w_a}{\partial x}\right|_{x=x_d-0}\right)=\left(k_d(w_a-w_b)+m_d\frac{\partial w_a^2}{\partial t^2}\right)_{x=x_d} \tag{4-20}$$

$$w_a(x,t)\big|_{x=x_d+0}=w_a(x,t)\big|_{x=x_d-0} \tag{4-21}$$

式中：x_s 为支承杆位置，可以表示为 $x_s=(n_{a1}-1)L_p$（$1<n_{a1}<N_s$）；N_s 为一个锚段内的跨数；x_d 为吊弦的位置，可以表示为 $x_d=l_1+n_{a2}l_d+(n_{a1}-1)L_p$（$1<n_{a2}<N_d;1<n_{a1}<N_s$）。

对于接触线，有

$$w_b(x,t)\big|_{x=x_t+0}=w_b(x,t)\big|_{x=x_t-0} \tag{4-22}$$

$$T_b\left(\left.\frac{\partial w_b}{\partial x}\right|_{x=x_t+0}-\left.\frac{\partial w_b}{\partial x}\right|_{x=x_t-0}\right)=\left(m_t\frac{\partial w_b^2}{\partial t^2}\right)_{x=x_t} \tag{4-23}$$

$$T_b\left(\left.\frac{\partial w_b}{\partial x}\right|_{x=x_d+0}-\left.\frac{\partial w_b}{\partial x}\right|_{x=x_d-0}\right)=\left(k_d\left(w_b-w_a\right)+m_d\frac{\partial w_b^2}{\partial t^2}\right)_{x=x_d} \tag{4-24}$$

$$w_b(x,t)\big|_{x=x_d+0}=w_b(x,t)\big|_{x=x_d-0} \tag{4-25}$$

$$w_b(x,t)\big|_{x=x_{end}}=0 \tag{4-26}$$

式中：x_t 表示定位器位置，可以表示为 $x_t=n_{b1}L_p\ [1<n_{b1}<(N_s-1)]$；$x_{end}=0$ 或者 L_pN_s 表示接触线的终点位置。

对式（4-17）和式（4-18）进行傅里叶变换，可以得到

$$\rho_a\omega^2 W_a(x,\omega) - T_a\frac{\partial^2 W_a(x,\omega)}{\partial x^2} = 0 \tag{4-27}$$

$$\rho_b\omega^2 W_b(x,\omega) - T_b\frac{\partial^2 W_b(x,\omega)}{\partial x^2} = -\frac{F_C}{T_b v}e^{\left(\frac{i(\varpi-\omega)}{v}x\right)} \tag{4-28}$$

式中：ω 为移动载荷 $f_c(t)$ 的激励频率，如果移动载荷的大小是一个定值，则 ω 等于 0。其完备解的形式可以表示为

$$W_a(x,\omega) = A'_m(\omega)e^{\left(\frac{i\omega x}{c_a}\right)} + A'_m(\omega)e^{\left(-\frac{i\omega x}{c_a}\right)},\quad [1 < m < (N_d+1)N_s] \tag{4-29}$$

式中：$A_m(\omega)$ 和 $A'_m(\omega)$ 是分别与后行波和前行波相关的系数。对于接触线，其完备解可以写为

$$W_b(x,\omega) = B_m(\omega)e^{\left(\frac{i\omega x}{c_b}\right)} + B'_m(\omega)e^{\left(-\frac{i\omega x}{c_b}\right)} + B_p(\omega)e^{\left(\frac{i(\varpi-\omega)}{v}x\right)},\quad [1 < m < (N_d+1)N_s] \tag{4-30}$$

式中：$B_m(\omega)$ 和 $B'_m(\omega)$ 是分别与后行波和前行波相关的系数。除了通解外，引入特解项 $B_p(\omega)e^{\left(\frac{i(\varpi-\omega)}{v}x\right)}$ 来表示移动载荷的激励，其中：

$$B_p(\omega) = \frac{F_c v}{T_b[(\varpi-\omega)^2 - \omega^2 v^2/c_b^2]} \tag{4-31}$$

接触网上波动在吊弦线夹、定位器线夹等集中质量位置的反射特性一直是高速铁路弓网系统研究的重点。根据接触网波动反射系数的经验公式，高速铁路接触网波动反射系数普遍维持在 10^{-1} 量级（0.4 左右）。接触网波动反射系数是承力索张力、接触线张力共同作用的结果。因此，以接触线-吊弦-承力索所构成的空间耦合系统为对象，采用数值分析方法建立考虑吊弦反射效应与传递效应的接触网波动传播模型，以反映承力索、接触线交互影响和吊弦间波动多次反射。

1. 考虑吊弦间波动往复反射特征的接触网波动传播模型

对于高速铁路接触网，波动在穿过接触线上吊弦后，在下一个吊弦位置再次发生反射并返回至上一个吊弦，多次重复从而造成接触线上吊弦间存在复杂的波动往复反射现象，如图 4-5 所示。将接触网上相邻的两根吊弦与其所连接的接触线视为一个独立的“吊弦系统”，则波动在该吊弦系统中存在往复反射特征。图 4-6 是仅考虑接触

线上吊弦间波动往复反射的简化接触网模型，其中图 4-6（a）是仅考虑单吊弦系统的简化接触网波动传播模型，图 4-6（b）是考虑三根吊弦所组成的双吊弦系统的简化接触网波动传播模型。

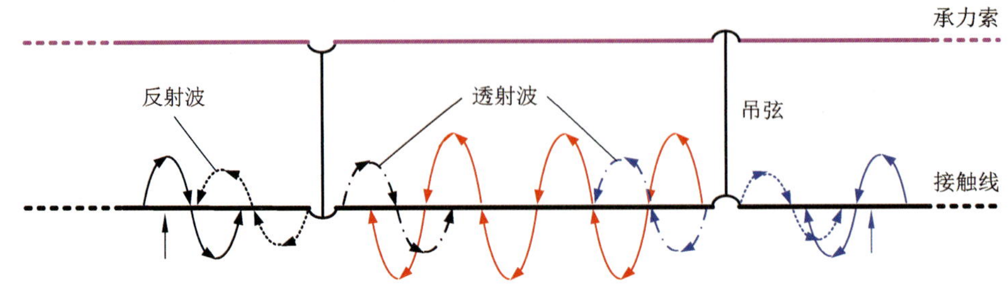

图 4-5　接触线上吊弦间波动往复反射现象

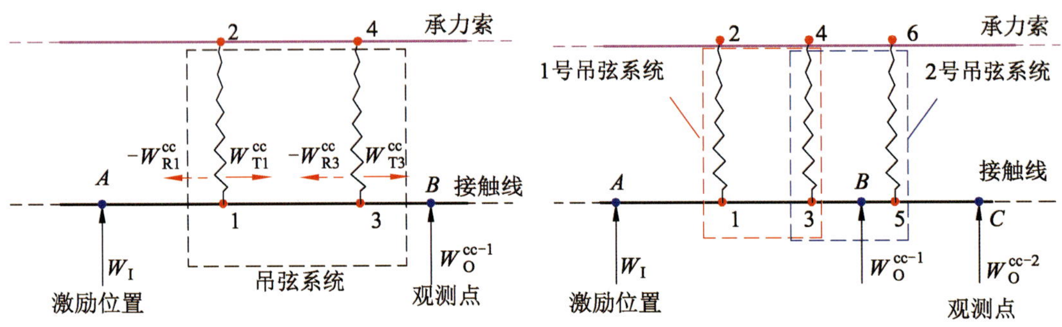

（a）简化接触线模型-单吊弦系统　　（b）简化接触线模型-双吊弦系统

图 4-6　考虑接触线上波动往复反射的简化接触网模型

对于图 4-6 所示的简化接触网模型-单吊弦系统，反射波与透射波分别表示为 W_{R1}^{cc}、W_{R3}^{cc} 和 W_{T1}^{cc}、W_{T3}^{cc}。其中，R1、T1 与 R3、T3 分别表示发生于吊弦与接触线连接点 1、连接点 3 处的波动反射与透射，cc 表示波动仅在接触线上传播。在激励位置（点 A 处）对接触网施加外部激励产生波动，波动在经过吊弦系统的多次反射后抵达观测点（点 B 处），则点 B 处的波动信号主要由两部分组成：

（1）点 A 处所产生的初始波动在连接点 1、连接点 3 处直接透射所产生的波分量，其传播路径为：$A\to1\to3\to B$。

（2）吊弦系统中往复反射所产生的波分量，其传播路径为：$A\to1\to3\to1\to\cdots\to3\to B$。

假设接触网上的吊弦均具有相同的波反射特性，且仅考虑单一频率波的反射并忽略相位变化，则图 4-6（a）中点 B 处复杂波信号 $W_O^{cc\text{-}1}$ 可表示为

$$W_O^{cc\text{-}1}=W_I^0+W_I^1+\cdots+W_I^n \tag{4-32}$$

其中，

$$\begin{cases} W_{\mathrm{I}}^{0} = W_{\mathrm{I}} \cdot (1 - r_{\mathrm{d}}^{\mathrm{cw}})^2 \cdot (r_{\mathrm{d}}^{\mathrm{cw}})^0 \\ W_{\mathrm{I}}^{1} = W_{\mathrm{I}} \cdot (1 - r_{\mathrm{d}}^{\mathrm{cw}})^2 \cdot (r_{\mathrm{d}}^{\mathrm{cw}})^2 \\ \quad \vdots \\ W_{\mathrm{I}}^{n} = W_{\mathrm{I}} \cdot (1 - r_{\mathrm{d}}^{\mathrm{cw}})^2 \cdot (r_{\mathrm{d}}^{\mathrm{cw}})^{2n} \end{cases}, n = 0,1,2,3,\cdots$$

式中：n 为波动在吊弦系统中的反射次数；$r_{\mathrm{d}}^{\mathrm{cw}}$ 为接触线上吊弦位置的波动反射系数；W_{I} 为外部激励所引起的输入波信号。

式（4-32）可简化为如下形式：

$$W_{\mathrm{O}}^{\mathrm{cc\text{-}1}} = W_{\mathrm{I}}(1 - r_{\mathrm{d}}^{\mathrm{cw}})^2 \sum_{n} (r_{\mathrm{d}}^{\mathrm{cw}})^{2n} \tag{4-43}$$

上式即为仅考虑接触线上单吊弦系统时的单一频率波动反射的数学描述。同理可得图 4-6（b）简化接触网模型-双吊弦系统点 C 处复杂波动信号的表达：

$$W_{\mathrm{O}}^{\mathrm{cc\text{-}2}} = W_{\mathrm{I}} \cdot (1 - r_{\mathrm{d}}^{\mathrm{cw}})^3 \sum_{n} (r_{\mathrm{d}}^{\mathrm{cw}})^{2n} \sum_{m} (r_{\mathrm{d}}^{\mathrm{cw}})^{2m} = W_{\mathrm{O}}^{\mathrm{cc\text{-}1}} \cdot (1 - r_{\mathrm{d}}^{\mathrm{cw}}) \sum_{m} (r_{\mathrm{d}}^{\mathrm{cw}})^{2m} \tag{4-44}$$

$$n = 0,1,2,3,\cdots;\ m = 0,1,2,3,\cdots$$

式中：$W_{\mathrm{O}}^{\mathrm{cc\text{-}2}}$ 为接触线上外部激励所引起的输入波动经双吊弦系统反射、透射后的输出波动信号；n、m 分别表示波动在 1 号吊弦系统、2 号吊弦系统中的反射次数。

2. 考虑承力索、接触线交互影响的接触网波动传播模型

与单根张力梁系统不同，实际接触网系统为承力索、接触线与吊弦共同组成的多张力梁系统。移动受电弓等外部激励所引起的波动不仅在接触线上沿线路方向传播，而且在吊弦系统内发生往复反射；同时波动可沿吊弦传递至承力索，并在承力索上传播后经吊弦的连接作用对接触线上的波动造成影响，从而造成接触网上出现复杂的波动现象，如图 4-7 所示。

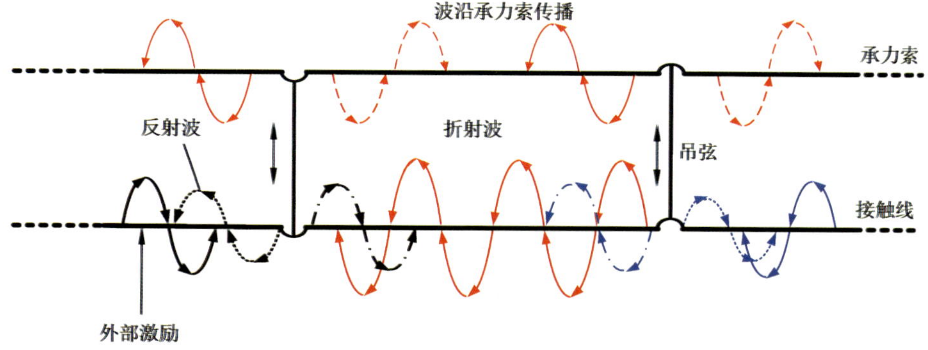

图 4-7　考虑承力索、接触线交互影响与吊弦间往复反射的接触网波动传播示意图

建立同时考虑吊弦间波动往复反射与承力索、接触线交互影响的接触网波动传播模型，如图 4-8 所示。对于简化接触网模型-单吊弦系统，外部激励在点 A 处所引起的输入波，一方面在接触线上经吊弦系统的往复反射后传递至观测点 B，另一方面则经吊弦传递至承力索，并在承力索上吊弦系统中往复反射后经路径连接点 4→连接点 3 传递至观测点 B 处。因此，图 4-8（a）中观测点 B 处的复杂波信号主要由以下部分组成：

（1）$W_{1\text{-}1}^{\text{mc}}$：输入波在承力索上吊弦系统往复反射后所产生的波分量，其传播路径为 $A\to1\to2\to4\to2\to\cdots\to4\to3\to B$。

（2）$W_{1\text{-}2}^{\text{mc}}$：$W_{1\text{-}1}^{\text{mc}}$ 在接触线上吊弦系统往复反射后所产生的波分量，其传播路径为 $A\to1\to2\to\cdots\to4\to3\to1\to\cdots\to3\to B$。

因此，图 4-8（a）中观测点 B 处的复杂波动信号 $W_{\text{O}}^{\text{mc-1}}$ 可表示为

$$W_{\text{O}}^{\text{mc-1}}=W_{1\text{-}1}^{\text{mc}}+W_{1\text{-}2}^{\text{mc}} \tag{4-45}$$

其中，

$$\begin{cases}W_{1\text{-}1}^{\text{mc}}=W_{\text{I}}(1-r_{\text{d}}^{\text{cw}})(1-r_{\text{d}}^{\text{mw}})\sum\limits_{j}(r_{\text{d}}^{\text{mw}})^{2j}\\ W_{1\text{-}2}^{\text{mc}}=W_{\text{I}}(1-r_{\text{d}}^{\text{cw}})^{2}(1-r_{\text{d}}^{\text{mw}})\sum\limits_{j}(r_{\text{d}}^{\text{mw}})^{2j}\cdot\sum\limits_{k}(r_{\text{d}}^{\text{cw}})^{2k-1}\end{cases}$$

$$j=0,1,2,3,\cdots;\ k=1,2,3,\cdots$$

式中：mc 表示由承力索经吊弦传递至接触线的波分量；j、k 分别为承力索上吊弦系统、接触线上吊弦系统的波动反射次数；r_{d}^{mw} 为承力索上吊弦位置的波动反射系数。

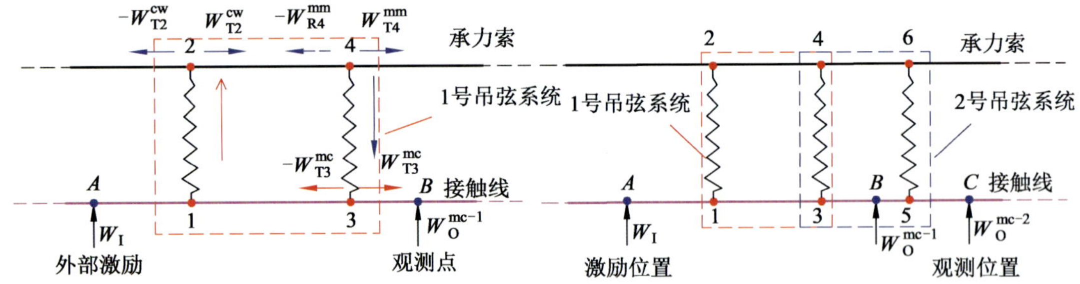

（a）简化接触网模型-单吊弦系统　　（b）简化接触网模型-双吊弦系统

图 4-8　考虑承力索、接触线交互影响与波动往复反射的简化接触网模型

同理，图 4-8（b）中观测点 C 处的复杂波动信号 $W_{\text{O}}^{\text{mc-2}}$ 可表示为

$$W_{\text{O}}^{\text{mc-2}}=W_{2\text{-}1}^{\text{mc}}+W_{2\text{-}2}^{\text{mc}} \tag{4-46}$$

其中，

$$\begin{cases} W_{2\text{-}1}^{\mathrm{mc}} = W_{\mathrm{O}}^{\mathrm{mc\text{-}1}} \cdot (1-r_{\mathrm{d}}^{\mathrm{cw}}) \cdot \sum\limits_{p} (r_{\mathrm{d}}^{\mathrm{cw}})^{2p} \\ W_{2\text{-}2}^{\mathrm{mc}} = W_{\mathrm{I}}(1-r_{\mathrm{d}}^{\mathrm{cw}})(1-r_{\mathrm{d}}^{\mathrm{mw}})^2 \cdot \sum\limits_{j} (r_{\mathrm{d}}^{\mathrm{mw}})^{2j} \cdot \sum\limits_{q} (r_{\mathrm{d}}^{\mathrm{mw}})^{2q} \end{cases}$$

$$p = 0,1,2,3,\cdots;\ q = 0,1,2,3,\cdots$$

式中：p、q 分别为承力索上、接触线上 2 号吊弦系统内的波动反射次数。

对于实际接触网系统，图 4-8 中观测点处的波动信号应由以下部分组成：

（1）仅在接触线上传播的波分量。

（2）经吊弦连接作用在接触线、承力索间交互传播的波分量。

因此，综合式（4-43）～式（4-46）可得到考虑单吊弦系统、双吊弦系统下的接触网上观测点处波动信号表达：

$$W_{\mathrm{O}}^{1} = W_{\mathrm{O}}^{\mathrm{mc\text{-}1}} + W_{\mathrm{O}}^{\mathrm{cc\text{-}1}}, W_{\mathrm{O}}^{2} = W_{\mathrm{O}}^{\mathrm{mc\text{-}2}} + W_{\mathrm{O}}^{\mathrm{cc\text{-}2}} \tag{4-47}$$

式中：W_{O}^{1}、W_{O}^{2} 分别为外部激励所引起的接触网波动经单吊弦系统、双吊弦系统传递至观测点处的复杂波动信号。

所有吊弦均被视为具有相同的反射特性，即 $i=j=p=q$。通常情况下，接触网上吊弦位置的反射系数均在 0.5 以下。吊弦系统内波动的往复反射次数的最大值设定为 4，即忽略衰减振幅为原始输入波振幅 5%以下的波分量。基于上述假设，可表达为如下形式：

$$\begin{cases} W_{\mathrm{O}}^{1} = W_{\mathrm{I}}(1-r_{\mathrm{d}}^{\mathrm{cw}})(1-r_{\mathrm{d}}^{\mathrm{mw}})\sum\limits_{\xi}(r_{\mathrm{d}}^{\mathrm{mw}})^{2\beta}\left[1+(1-r_{\mathrm{d}}^{\mathrm{cw}})\sum\limits_{\xi}(r_{\mathrm{d}}^{\mathrm{cw}})^{2\beta-1}\right] + \\ \qquad W_{\mathrm{I}}(1-r_{\mathrm{d}}^{\mathrm{cw}})^2\sum\limits_{\beta}(r_{\mathrm{d}}^{\mathrm{cw}})^{2\beta} \\ W_{\mathrm{O}}^{2} = f_{\mathrm{mc}}(W_{\mathrm{O}}^{\mathrm{mc\text{-}1}}) + f_{\mathrm{cc}}(W_{\mathrm{O}}^{\mathrm{cc\text{-}1}}) \qquad \beta = 0,1,2,3,4 \end{cases} \tag{4-48}$$

其中，

$$\begin{cases} f_{\mathrm{mc}}(W_{\mathrm{O}}^{\mathrm{mc-1}}) = W_{\mathrm{O}}^{\mathrm{mc-1}}(1-r_{\mathrm{d}}^{\mathrm{cw}})\sum\limits_{\beta}(r_{\mathrm{d}}^{\mathrm{cw}})^{2\beta} \\ f_{\mathrm{cc}}(W_{\mathrm{O}}^{\mathrm{cc-1}}) = W_{\mathrm{O}}^{\mathrm{cc-1}}\left[(1-r_{\mathrm{d}}^{\mathrm{cw}})\sum\limits_{\beta}(r_{\mathrm{d}}^{\mathrm{cw}})^{2\beta} + \dfrac{(1-r_{\mathrm{d}}^{\mathrm{mw}})^2\sum\limits_{\beta}(r_{\mathrm{d}}^{\mathrm{mw}})^{2\beta}}{(1-r_{\mathrm{d}}^{\mathrm{cw}})}\right] \end{cases}$$

基于式（4-48）可得到外部激励所引起的接触网波动经过吊弦系统后的输出波分量，此波分量在吊弦系统中的往复反射次数为 β_0，即 $W_{\mathrm{O}}^1\big|_{\beta=\beta_0}=W_{\mathrm{O}}^1(\beta_0)$，$W_{\mathrm{O}}^2\big|_{\beta=\beta_0}=W_{\mathrm{O}}^2(\beta_0)$。

3. 考虑时延特征的接触网波动传播模型修正

对于实际接触网系统，具有不同往复反射次数的波分量并非同时抵达观测位置。波在接触线/承力索上的传播时间，一方面与接触线/承力索上的波动传播速度有关，另一方面与波在接触线/承力索上的传播距离有关。在考虑波动在接触网上吊弦系统的往复反射特征时，具有不同往复反射次数的波分量其传播距离主要与吊弦间距有关，并由反射次数决定，从而导致不同波分量之间存在时延现象。

令波动在接触线、承力索上的传播速度分别为 v_{cw}、v_{mw}，吊弦间距为 l_{d}，则波动在吊弦系统中单次反射所造成的时延分量为

$$\begin{cases}\Delta t_{\mathrm{cw}}=l_{\mathrm{d}}/v_{\mathrm{cw}}\\ \Delta t_{\mathrm{mw}}=l_{\mathrm{d}}/v_{\mathrm{mw}}\end{cases} \tag{4-49}$$

为简化计算，采用指数形式表示考虑吊弦系统往复反射所引起的波分量时延特征，即 $\eta(\Delta t)=\mathrm{e}^{-\mathrm{i}\omega\Delta t}$。将接触网上波动传播的时延特征纳入接触网波动传播模型，则式（4-48）的复函数形式可表示为

$$\begin{cases}\eta(W_{\mathrm{O}}^1)=\eta(W_{\mathrm{O}}^{\mathrm{mc}-1})+\eta(W_{\mathrm{O}}^{\mathrm{cc}-1})\\ \eta(W_{\mathrm{O}}^2)=\eta[f_{\mathrm{mc}}(W_{\mathrm{O}}^{\mathrm{mc}-2})]+\eta[f_{\mathrm{cc}}(W_{\mathrm{O}}^{\mathrm{cc}-2})]\end{cases} \tag{4-50}$$

其中，

$$\begin{aligned}\eta(W_{\mathrm{O}}^{\mathrm{mc\text{-}1}})=&\ \eta(W_{\mathrm{I}})(1-r_{\mathrm{d}}^{\mathrm{cw}})(1-r_{\mathrm{d}}^{\mathrm{mw}})\sum_{\xi}(r_{\mathrm{d}}^{\mathrm{mw}})^{2\xi}\cdots\\ &\cdot\left[1+(1-r_{\mathrm{d}}^{\mathrm{cw}})\sum_{\xi}(r_{\mathrm{d}}^{\mathrm{cw}})^{2\xi-1}\cdot\mathrm{e}^{-\mathrm{i}\omega(2\xi-1)\Delta t_{\mathrm{cw}}}\right]\mathrm{e}^{-\mathrm{i}\omega(2\xi+1)\Delta t_{\mathrm{mw}}}\end{aligned} \tag{4-51}$$

$$\eta(W_{\mathrm{O}}^{\mathrm{cc\text{-}1}})=\eta(W_{\mathrm{I}})(1-r_{\mathrm{d}}^{\mathrm{cw}})^2\sum_{\xi}(r_{\mathrm{d}}^{\mathrm{cw}})^{2\xi}\mathrm{e}^{-\mathrm{i}\omega(2\xi+1)\Delta t_{\mathrm{cw}}} \tag{4-52}$$

$$\eta[f_{\mathrm{mc}}(W_{\mathrm{O}}^{\mathrm{mc\text{-}1}})]=\eta(W_{\mathrm{O}}^{\mathrm{mc\text{-}1}})\cdot(1-r_{\mathrm{d}}^{\mathrm{cw}})\sum_{\xi}(r_{\mathrm{d}}^{\mathrm{cw}})^{2\xi}\mathrm{e}^{-\mathrm{i}\omega(2\xi)\Delta t_{\mathrm{cw}}} \tag{4-53}$$

$$\eta[f_{cc}(W_O^{cc\text{-}1})]=\eta(W_O^{cc\text{-}1})(1-r_d^{cw})\sum_{\xi}(r_d^{cw})^{2\xi}e^{-i\omega(2\xi+1)\Delta t_{cw}}+\cdots$$
$$+\eta(W_O^{cc\text{-}1})\frac{(1-r_d^{mw})^2\sum_{\xi}(r_d^{mw})^{2\xi}e^{-i\omega(2\xi+1)\Delta t_{mw}}}{(1-r_d^{cw})} \tag{4-54}$$

式中：ω 为波分量频率；$\eta(\cdot)$ 为复函数算符。

根据式（4-50），结合 Hilbert-Huang 变换即可实现接触网波动反射系数的识别与具有不同往复反射次数的波分量的求解。

4.1.3 接触网波动传播规律与双弓共振机理

采用上节建立的接触网波动模型对接触网的波动特性进行分析，分析对象采用我国的一组高速铁路（武广高铁）接触网参数，如表 4-1 所示。

表 4-1 接触网参数

接触网材料参数	
接触线	线密度：1.337 kg/m；拉伸刚度：1.56×10^7 N/m；张力：30 kN
承力索	线密度：1.104 kg/m；拉伸刚度：1.56×10^7 N/m；张力：21 kN
吊弦	线密度：0.14 kg/m；拉伸刚度：1.4×10^6 N/m
接触网几何参数	
结构高度：1.6 m；吊弦间距：7 m；吊弦个数：6；锚段内跨数：15；跨距：50 m	

局部模型如图 4-9 所示，由两条张力索和一个吊弦组成，主要用于分析在入射波的激励下反射波的大小，从而通过优化两条张力索的张力提升透射系数、降低反射系数。基于采用吊弦单元的约束条件，可以建立起该局部模型。反射系数可以表示为 $C_r=\left|\frac{G_{c1}}{D}\right|$，透射系数可以表示为 $C_d=\left|\frac{G_{c2}}{D}\right|$。图 4-10 分别给出了任意频率下吊弦点处的反射和透射系数随承力索与接触线张力的变化情况。

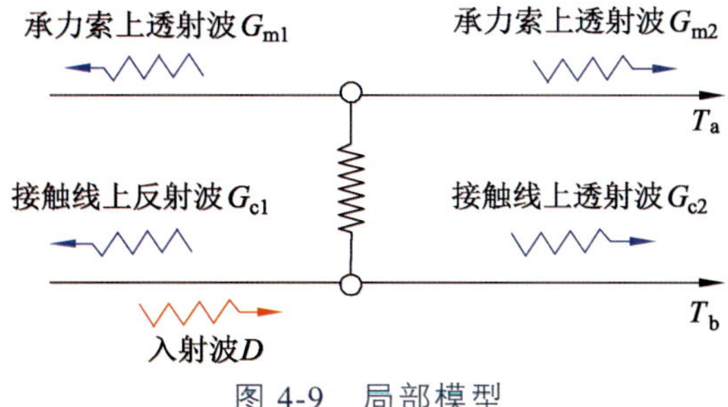

图 4-9 局部模型

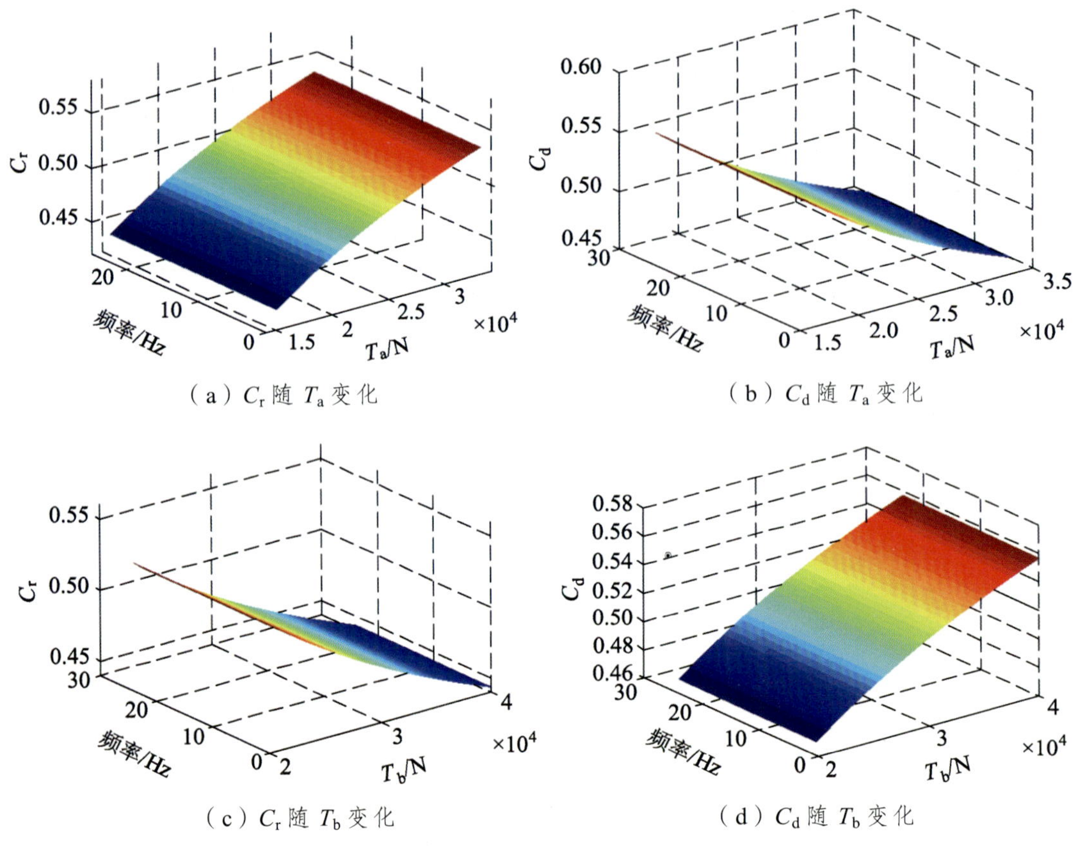

（a）C_r 随 T_a 变化

（b）C_d 随 T_a 变化

（c）C_r 随 T_b 变化

（d）C_d 随 T_b 变化

图 4-10　任意频率下吊弦点的反射和透射系数

可以看出，承力索张力的增加对吊弦点处的波动传播起负面作用。任意频率下的反射系数均随着承力索张力的增加而增大，任意频率下的透射系数均随着承力索张力的增加而减小；相反，接触线的张力对吊弦点处的波动起正面作用，接触线张力的增加可以减小任意频率下的反射系数、增加任意频率下的透射系数。

下面对上文所建立的移动载荷激励下的接触网波动模型进行分析。根据表 4-1 中的接触网参数，建立了 15 跨（总长度 750 m）的接触网波动模型，设移动载荷为恒定值 200 N，车速为 300 km/h。通过求解计算可以得到不同位置处接触线中的前行波和后行波随频率的变化图，如图 4-11 所示。图 4-11 中颜色的深浅代表了振动波幅值的对数值，可以非常清楚地观察到接触线上前后传递的波在移动载荷的激励下呈现出多组敏感频率。其中，第一组敏感频率在 1.3 Hz 附近，十分接近接触网的一阶固有频率；第 2 组敏感频率出现在 2.5 Hz；第 3 组敏感频率出现在 3.9 Hz。

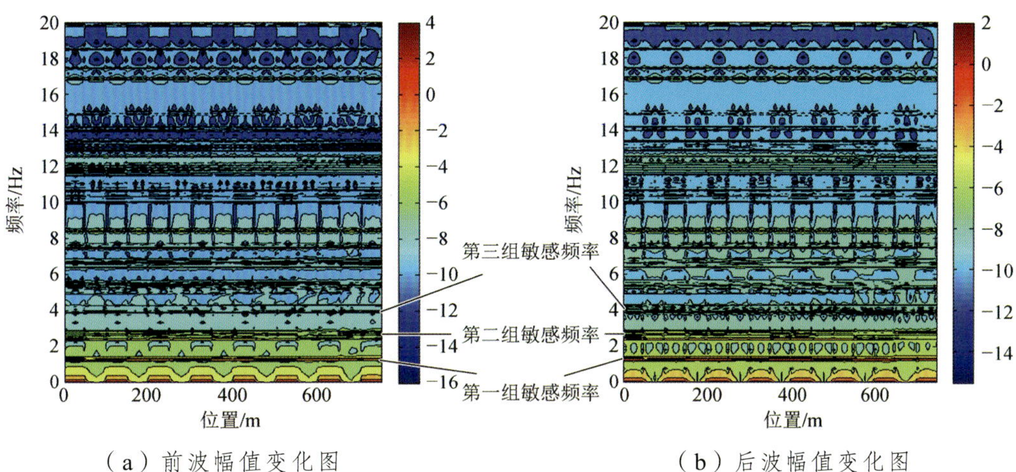

（a）前波幅值变化图　　（b）后波幅值变化图

图 4-11　恒定移动载荷下不同位置处的波动幅值随频率变化图

图 4-12 选取接触线上特定一段距离的前后波进行分析。图 4-12（a）根据恒定移动载荷的傅里叶分解结果绘出了激励幅值和频率的变化曲线。从中可以看出，即便是恒定的移动载荷，对系统的激励也是一个宽频带的激励，其能量比较均匀地分布在全频域范围内。在该激励的影响下，产生了沿接触线传播的前行波和后行波，分别如图 4-12（b）和（c）所示。可以看出，无论是前行波还是后行波，其幅值都是沿频率连续分布的，可以观察到其中有多组敏感频率，前 3 组敏感频率在图中都已用红色线条圈出。

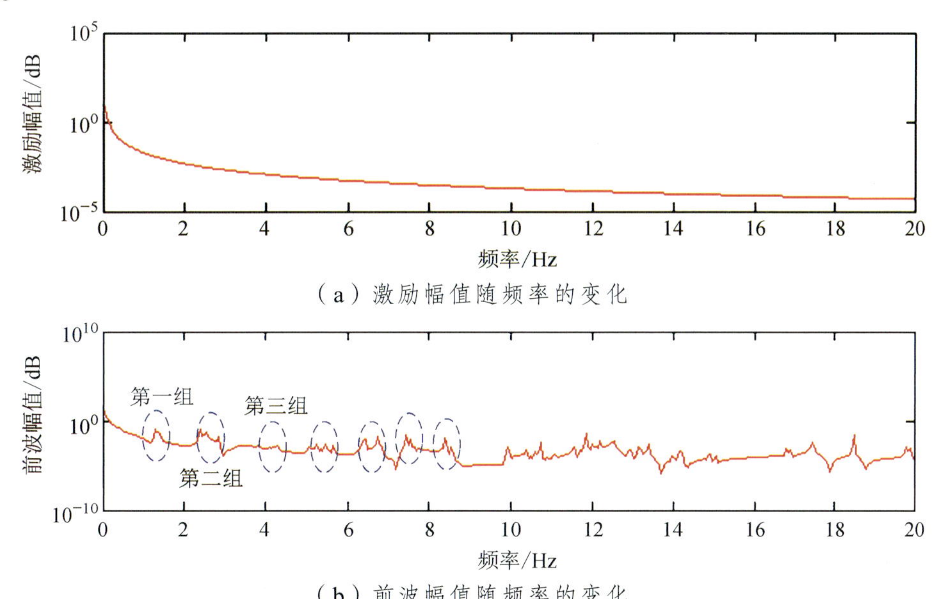

（a）激励幅值随频率的变化

（b）前波幅值随频率的变化

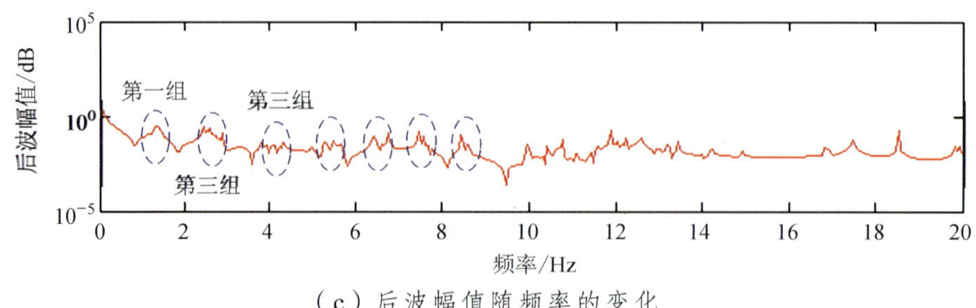

（c）后波幅值随频率的变化

图 4-12　恒定移动载荷下特定位置处的波动幅值随频率变化图

以上分析中，车速为 300 km/h。当车速增长到 350 km/h 和 400 km/h 时，前后波幅值的频率分布如图 4-13 所示。从中可以看出，随着车速的增加，各组敏感频率的分布并没有发生变化，且前后波的敏感频率基本一致。可以进一步确定，移动载荷下接触网呈现出的敏感频率主要是由与接触网结构相关的固有频率决定的，并且不随着车速的改变而改变。

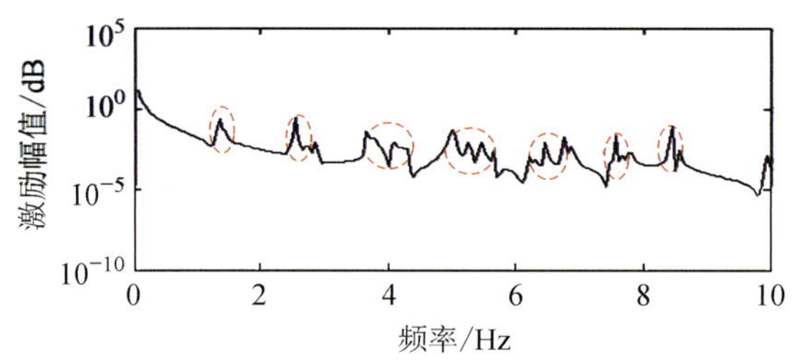

（a）前波幅值在频率上分布（车速 350 km/h）

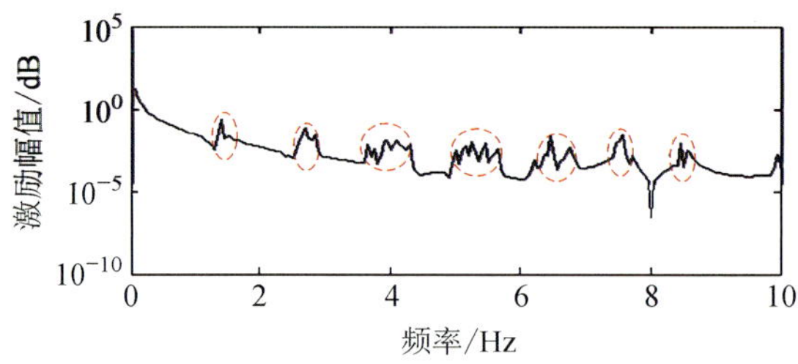

（b）前波幅值在频率上分布（车速 400 km/h）

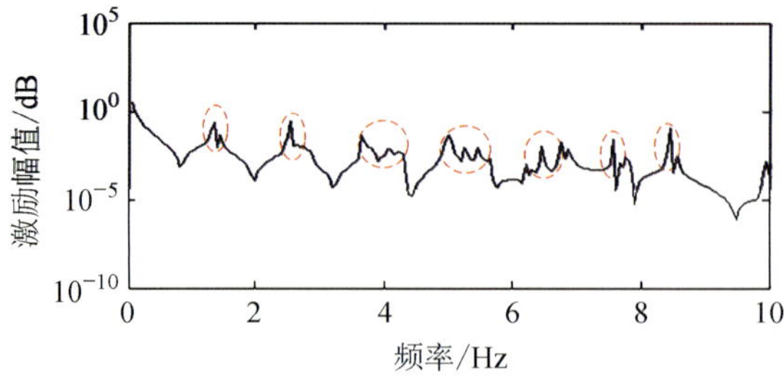

（c）后波幅值在频率上分布（车速 350 km/h）

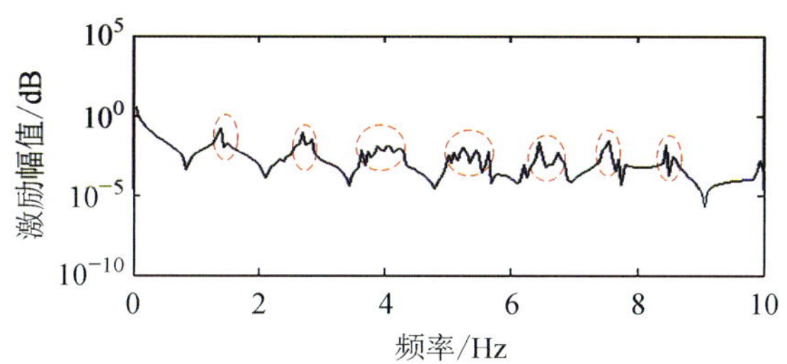

（d）后波幅值在频率上分布（车速 400 km/h）

图 4-13　不同车速下特定位置处的波动幅值随频率变化图

设车速为 300 km/h，移动力的大小为交变载荷，本小节选取载荷的变化频率为与跨距相关的频率，即 $\bar{\omega}=v/L_{\text{p}}$。实际运行中，接触力中该频率成分具有最大的能量，可得不同位置处的前行波和后行波幅值随频率的变化图，如图 4-14 所示。可以看出，除各组敏感频率外，还能够观察到两个明显的频率 f_1 和 f_2。由于多普勒效应，前者在后行波中能够观察出来，且 $f_1=\dfrac{\bar{\omega}c_{\text{b}}}{c_{\text{b}}-v}$；后者在前行波中能够观察出来，且 $f_2=\dfrac{\bar{\omega}c_{\text{b}}}{c_{\text{b}}+v}$。

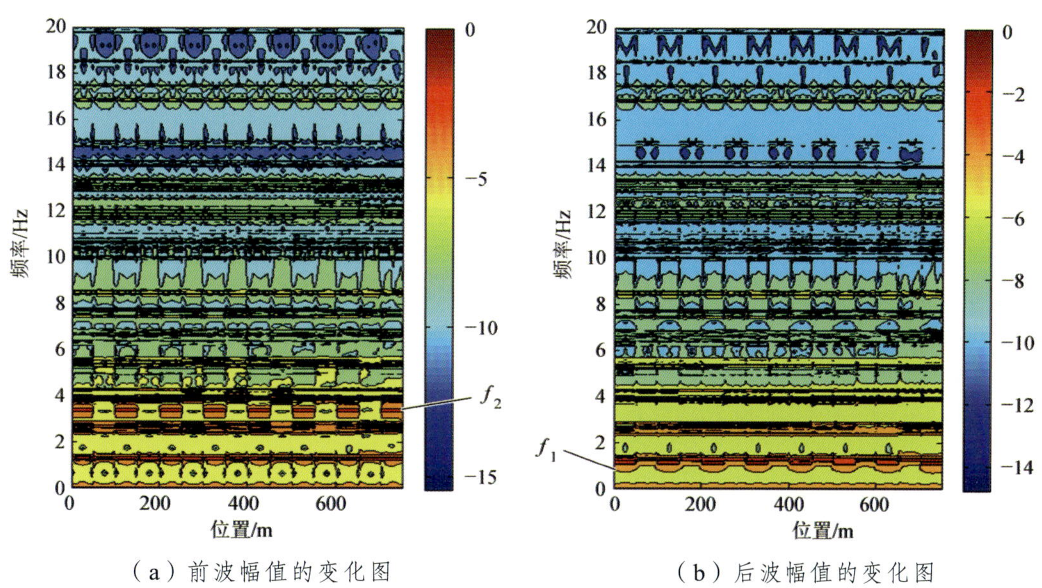

（a）前波幅值的变化图　　（b）后波幅值的变化图

图 4-14　交变移动载荷下不同位置处的波动幅值随频率变化图

下面针对特定一段距离上的前后波幅值进行分析。从等效激励的频谱图（见图 4-15）上可以看到，f_1 和 f_2 的能量是非常明显的。二者也可以分别从后行波和前行波的频谱图中观察出来。假设 f_1 和 f_2 正好落在某一组敏感频率内，可能会引起受流质量的变差。

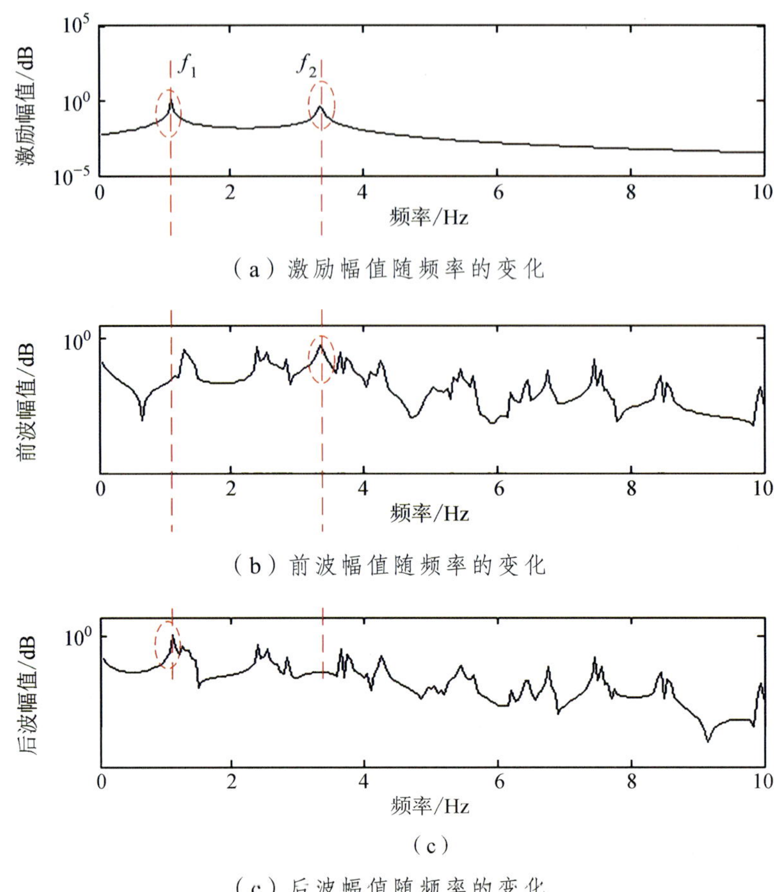

（a）激励幅值随频率的变化

（b）前波幅值随频率的变化

（c）后波幅值随频率的变化

图 4-15　交变移动载荷下特定位置处的波动幅值随频率变化图

4.1.4　接触网波动传播规律试验

以实际接触网作为试验对象，采用以高速线阵相机为核心的非接触式检测设备采集试验接触网的动态抬升影像，并基于检测影像提取外界激励作用下接触网上的波动传播行为，以分析接触网上的波动反射传播特征。

本试验设备原理图如图 4-16 所示，以实际接触网作为试验对象，采用高速工业线阵相机进行动态接触线的识别与定位，从而提取接触网在不同激励作用下的动态抬升量。试验设备如表 4-2 所示，被测接触网的部分结构参数如表 4-3 所示。实际接触网波动反射特性试验共两种工况：工况 1，激励位置 9 号吊弦，激励位置距观测位置共 1 个吊弦系统；工况 2，激励位置 8 号吊弦，激励位置距观测位置共 2 个吊弦系统。采用可调节支架对接触网给予给定初始抬升量的外部激励，并在 6 号吊弦与 7 号吊弦中间位置观测并采集接触网动态抬升量，采用 VMD（变分模态分解）方法对所采集的接触网动态抬升量中的一阶频率分量进行提取，所提取波分量的频谱及其对应的时程曲线如图 4-17 所示，波动能量均集中在一阶频率（1.998 Hz）。

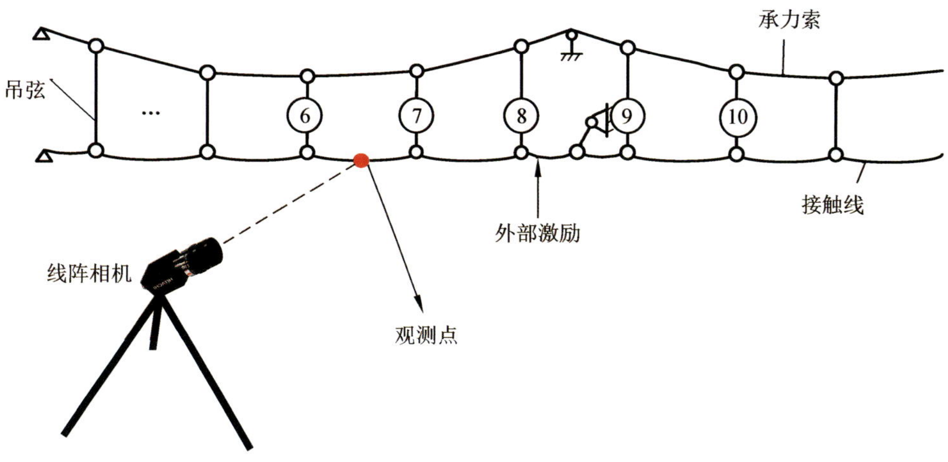

图 4-16　实际接触网动态抬升量采集试验原理图

表 4-2　在役接触网波动传播规律试验设备

序号	设备名称	规格与型号	用途
1	高速工业线阵相机	Basler ral4096-24gm	接触网动态影像采集
2	三脚架	NGTR002T	固定相机，并实现相机采集参数的可读化
3	数据处理平台	Lenovo Y700	接触网动态抬升量提取与分析
4	可调伸缩支架	—	为接触网施加初始抬升量可调的外部激励

表 4-3　被测实际接触网结构参数

结构参数	参数值	结构参数	参数值
接触网长度	69 m	跨数	5
承力索张力	15 kN	接触线张力	12.75 kN
承力索型号	BZII120	接触线型号	CuMg 0.5AC 120

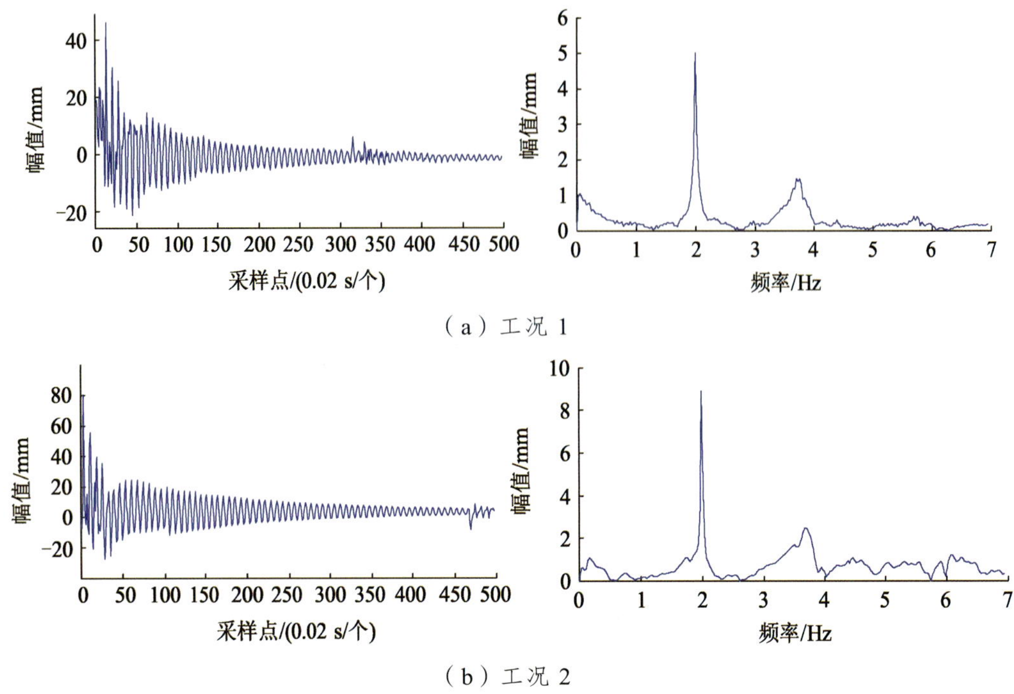

图 4-17　不同反射特性试验工况下接触网动态抬升量与相应频谱

1. 实际接触网波动反射系数的识别

尽管式（3-72）已经给出了接触网波动反射系数的经验计算公式，但对于实际接触网结构，如果其设计参数未知，或在长期服役过程中受到自身疲劳特性演变等因素的影响导致结构参数与设计参数出现偏差，则无法采用经验公式对其波动反射系数进行评估。基于接触网波动传播模型式（4-50），通过采集接触网上波动在经过单吊弦系统、双吊弦系统后所引起的观测位置动态抬升量，并给定吊弦系统中波动的往复反射次数，即可得到该接触网的实际反射系数。

图 4-18 所示为被测接触网在不同往复反射次数下的接触线上波动反射系数识别结果。蓝色实线段为接触网上一阶频率波动的反射系数，红色区域为基于本节中被测接触网动态抬升量采集结果与接触网上波动传播模型所得的不同往复反射系数下的被测接触网反射系数识别结果。

从图中可以看出，当考虑波动在吊弦位置仅发生 1 次透射时，即不考虑波动在吊弦间的往复反射（反射次数 0），所得被测接触网的接触线上波动反射系数仅为理论值的 46%左右。随着波动在吊弦间反射次数的增多，所得被测接触网接触线上的反射系数逐渐靠近理论值，在反射次数为 3 次以上时二者的差即可低于 5%。上述结果表明：

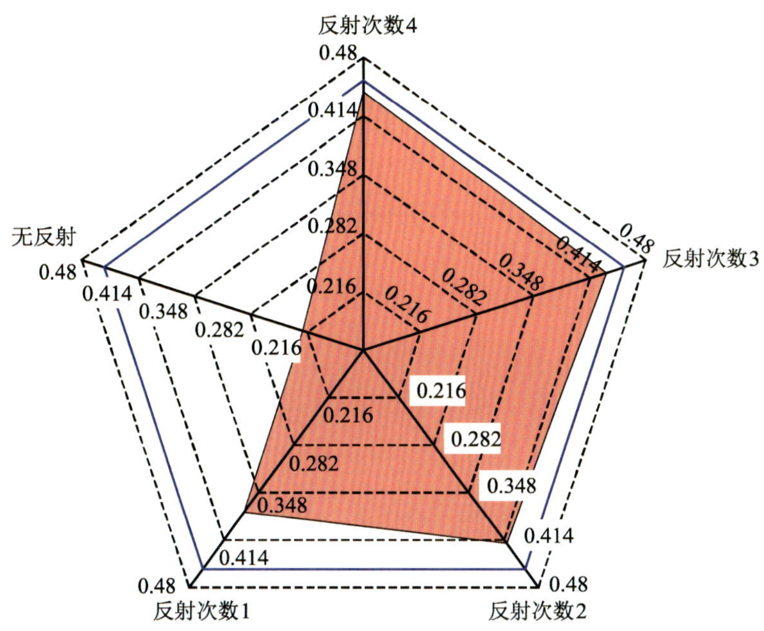

图 4-18　不同往复反射次数下被测接触网波动反射系数识别结果

（1）波动在吊弦间的往复反射是接触网上波动传播的重要特征，对于高铁接触网系统，受电弓运行方向前方接触线上的波动由两部分组成：① 受电弓激励所引起的前序波动直接穿过吊弦所产生的波分量；② 前序波动经相邻吊弦往复反射和接触线→承力索→接触线传递后所形成的波分量。二者均为接触网上波动的重要组成部分，在进行接触网波动传播规律分析时不可忽略。

（2）在所考虑的吊弦间波动往复反射次数足够高时，本章中所建立的考虑波动反射特征的接触网波动传播模型可用于实际接触网模型接触线上反射系数的识别，具有较高的可靠性。

2. 具有不同往复反射次数波分量的提取

由于张力梁上的集中质量点对于波动反射系数的贡献十分有限，其中一阶频率波的反射系数仅在 3‰以下。因此，对于高速铁路接触网系统，在考虑低阶频率波的反射特性时，波动在承力索和接触线上吊弦位置的波动反射系数可表示为

$$\begin{cases} r_{\mathrm{d}}^{\mathrm{cw}} = \dfrac{\sqrt{T_{\mathrm{mw}}\rho_{\mathrm{mw}}}}{\sqrt{T_{\mathrm{mw}}\rho_{\mathrm{mw}}} + \sqrt{T_{\mathrm{cw}}\rho_{\mathrm{cw}}}} \\ r_{\mathrm{d}}^{\mathrm{mw}} = \dfrac{\sqrt{T_{\mathrm{cw}}\rho_{\mathrm{mw}}}}{\sqrt{T_{\mathrm{mw}}\rho_{\mathrm{mw}}} + \sqrt{T_{\mathrm{cw}}\rho_{\mathrm{cw}}}} \end{cases} \tag{4-55}$$

式中：$r_{\mathrm{d}}^{\mathrm{cw}}$、$r_{\mathrm{d}}^{\mathrm{mw}}$ 分别为接触线、承力索上吊弦位置的波动反射系数。

对于高速铁路接触网系统，吊弦间波动往复反射所形成的波分量是接触网上波动的重要组成部分。对于反射系数已知的接触网系统，可通过式（4-50）和接触网上波动在经过单吊弦系统、双吊弦系统后所引起的观测位置动态抬升量采集结果进行具有不同往复反射次数的波分量的提取。如图 4-19 所示为一阶频率波动在穿过单吊弦系统时具有不同反射次数的波分量提取结果。

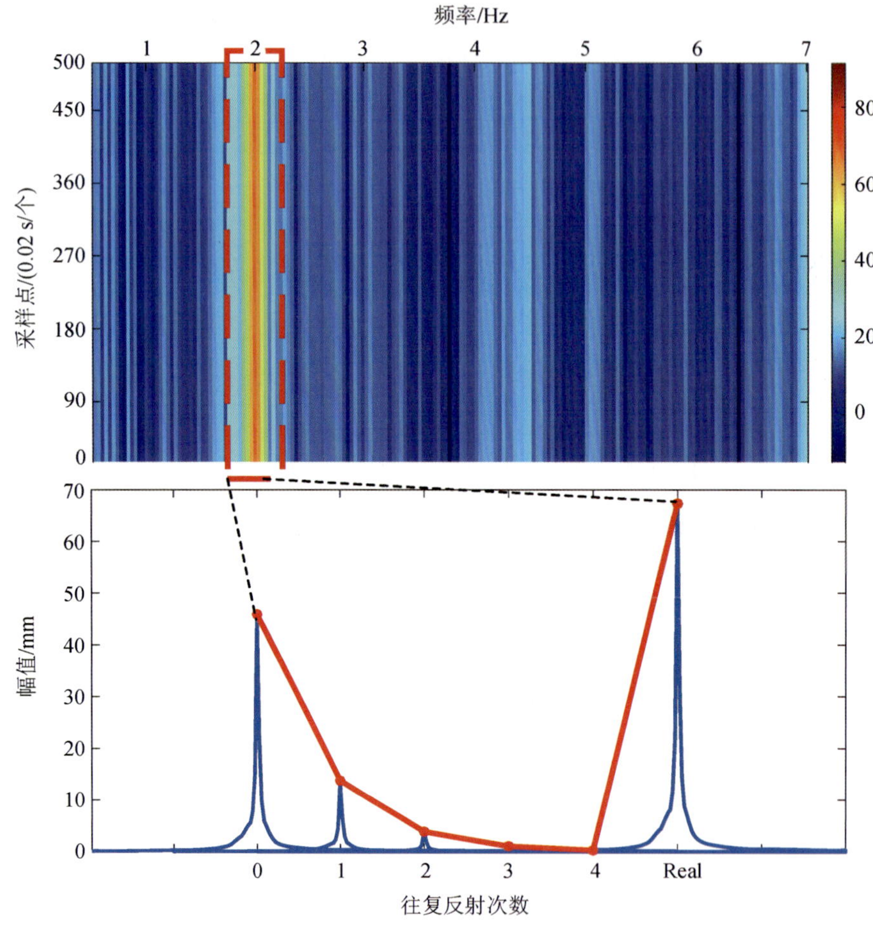

图 4-19　不同往复反射次数的波分量

随着波动往复反射次数的增加，所产生的离开吊弦系统的波分量幅值会减小。在反射次数达到 3 次及以上时，所对应的波分量幅值仅为无往复反射的波分量幅值的 1% 左右。如图 4-20 所示为考虑不同最大往复反射次数的透射波提取结果。随着吊弦系统内波动最大往复反射次数的增加，吊弦系统最终所输出的透射波逐渐靠近被测接触网的试验采集结果。此结果同样表明接触网上相邻吊弦间的往复反射现象是一种不可忽视的接触网波动传统规律特征。

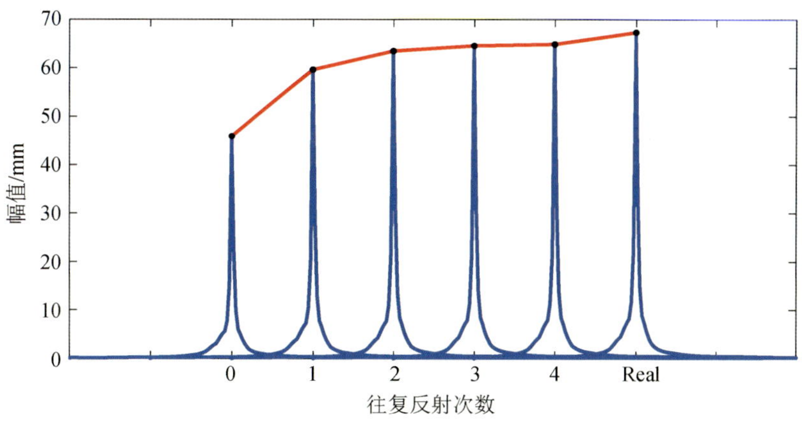

图 4-20　不同最大往复反射次数的透射波

4.2　双弓-网离线行为与电能传输特性

4.2.1　接触网沿线风场构建

1. 接触网线索气动力模型推导

接触线和承力索都是细长索结构，具有相似的空气动力学特性。本小节以接触线为例推导作用在接触线上的气动力，作用在承力索上的气动力与之相似。根据相近领域（柔性桥抖振）的研究结论可知，作用在结构上的风载荷会随着动态迎风角的变化而变化，接触线上的气动力推导如下：

如图 4-21 所示为接触线截面的迎风示意图，平均风速为 U，初始风攻角为 α_0，接触线长度为 L，截面直径为 D。为了确定作用在接触线上的气动力，定义以下 3 个坐标系：第 1 个是绝对风轴坐标系 $y_w\text{-}o\text{-}z_w$；第 2 个是相对风轴坐标系 $y_{wr}\text{-}o\text{-}z_{wr}$，该坐标系由动态迎风角 β 确定；第 3 个是体轴坐标系 $y_g\text{-}o\text{-}z_g$，该坐标系和有限元坐标系一致。当风吹过接触线时，根据流体引发结构振动理论，作用在接触线上的气动力可以表示为

$$F_{Dr}=\frac{1}{2}\rho_{air}U_r^{\ 2}DLC_D(\alpha_r) \tag{4-56}$$

$$F_{Lr}=\frac{1}{2}\rho_{air}U_r^{\ 2}DLC_L(\alpha_r) \tag{4-57}$$

式中：F_{Dr} 和 F_{Lr} 分别是横向的阻力和纵向的升力；ρ_{air} 是空气密度；α_r 是实际风攻角；U_r 是相对风速；$C_D(\alpha_r)$ 和 $C_L(\alpha_r)$ 分别是在攻角 α_r 处的阻力和升力系数，可以通过 CFD 计算得到。

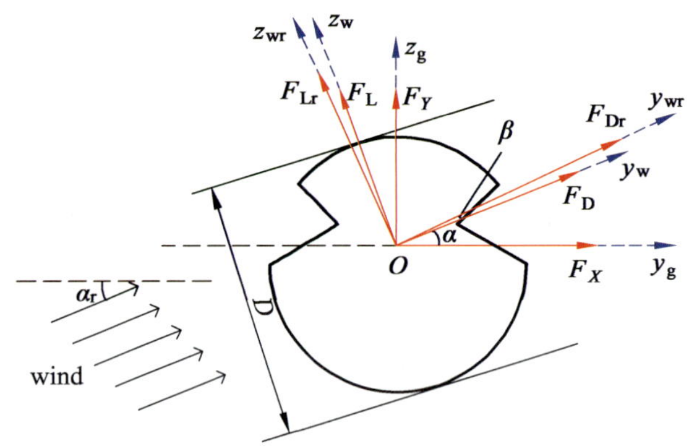

图 4-21　接触线截面迎风示意图

绝对风轴坐标系下的 F_D 和 F_L 可以表示成如下形式：

$$F_D = F_{Dr}\cos\beta - F_{Lr}\sin\beta \tag{4-58}$$

$$F_L = F_{Dr}\sin\beta + F_{Lr}\cos\beta \tag{4-59}$$

实际风攻角 a_r 和相对风速 U_r 可以表示成如下形式：

$$\alpha_r = \alpha_0 + \beta \tag{4-60}$$

$$U_r = \sqrt{(U + u - \dot{x}_p)^2 + (w - \dot{x}_h)^2} \tag{4-61}$$

式中：u 和 w 分别是顺风向和垂风向的脉动风速度时程；$\dot{x}_p$ 和 $\dot{x}_h$ 分别是水平和竖直方向上的接触线截面移动速度。相对风速 U_r 同时由环境风速和接触网线索运动速度决定。

因为β很小，可以做以下假设：

$$\beta = \arctan\left(\frac{w - \dot{x}_h}{U + u - \dot{x}_p}\right) \approx \frac{w}{U} \tag{4-62}$$

$$\sin\beta \approx \beta; \quad \cos\beta = 1 - \frac{\beta^2}{2} \tag{4-63}$$

$$\left.\begin{aligned} C_L(\alpha_r) &= C_L(\alpha_0) + \left.\frac{dC_L(\alpha)}{d\alpha}\right|_{\alpha=\alpha_0}\beta \\ C_D(\alpha_r) &= C_D(\alpha_0) + \left.\frac{dC_D(\alpha)}{d\alpha}\right|_{\alpha=\alpha_0}\beta \end{aligned}\right\} \tag{4-64}$$

忽略高阶项，在绝对风轴坐标系下的 F_D 和 F_L 可以表示为

$$F_D=\frac{1}{2}\rho_{air}U^2LD\left\{C_D(\alpha_0)\cdot\frac{2u(t)}{U}+\left[\dot{C}_D(\alpha_0)-C_L(\alpha_0)\right]\cdot\frac{w(t)}{U}\right\}+\frac{1}{2}\rho_{air}U^2DLC_D(\alpha_0) \tag{4-65}$$

$$F_L=\frac{1}{2}\rho_{air}U^2LD\left\{C_L(\alpha_0)\cdot\frac{2u(t)}{U}+\left[\dot{C}_L(\alpha_0)+C_D(\alpha_0)\right]\cdot\frac{w(t)}{U}\right\}+\frac{1}{2}\rho_{air}U^2DLC_L(\alpha_0) \tag{4-66}$$

从式中可以看出，作用在接触线上的气动力是平均风载荷和脉动风载荷共同叠加的结果。将式（4-65）和式（4-66）转换到体轴坐标系可以得到

$$F_X=F_D\cos(\alpha_0)-F_L\sin(\alpha_0) \tag{4-67}$$

$$F_Y=F_D\sin(\alpha_0)+F_L\cos(\alpha_0) \tag{4-68}$$

作用在承力索上的气动力可以通过相似的方法得到，式（4-67）和式（4-68）计算出来的气动力可以直接施加到有限元模型中。为了确定作用在接触线和承力索上的气动力，必须确定气动力系数 $C_D(\alpha)$ 和 $C_L(\alpha)$ 以及顺风向脉动风速 u 和垂向脉动风速 w。

2. 气动力系数计算

本节采用流体力学计算软件（Fluent）来计算接触线的升力系数 $C_L(\alpha)$ 和阻力系数 $C_D(\alpha)$，并考虑接触线特殊的截面形状。CFD 绕流计算模型主要基于 CuAg0.1AC120 型号接触线截面参数建立。如图 4-22 所示为接触线 CFD 模型周边流域的网格图，其中图 4-22（a）和图 4-22（b）分别为整个流域的网格情况及局部放大图。网格划分方法采用结构化网格，越靠近接触线截面，网格质量越高。

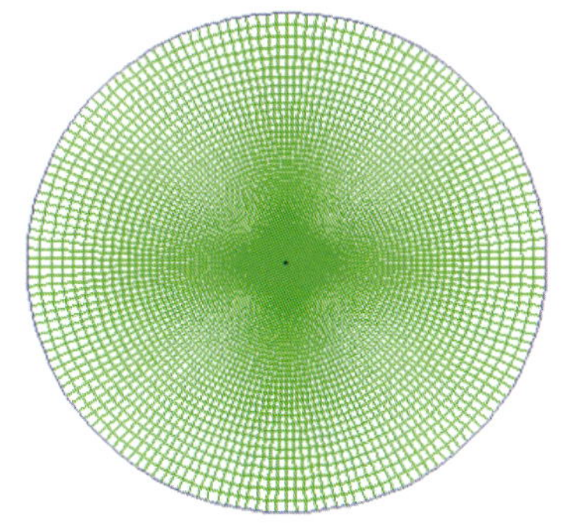

（a）接触线截面 CFD 整个流域网格

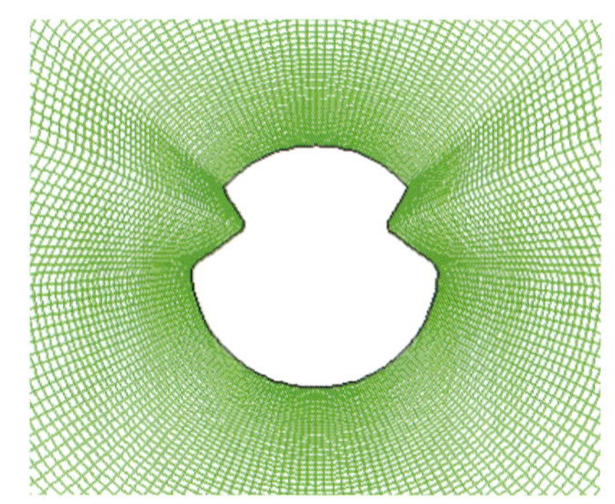

（b）局部网格放大图

图 4-22　接触线 CFD 模型周边流域的网格图

为了描述不同方向上脉动风的作用，风攻角的变化范围选取为 – 90° ~ 90°，整个流域边界定义为“Velocity_inlet”，接触线截面定义为“Wall”。图 4-23（a）和图 4-23

（b）分别绘出了不同风速下接触线截面的气动系数随攻角的变化，承力索的气动参数也可以按照类似方法获得，其截面假设为圆形截面。

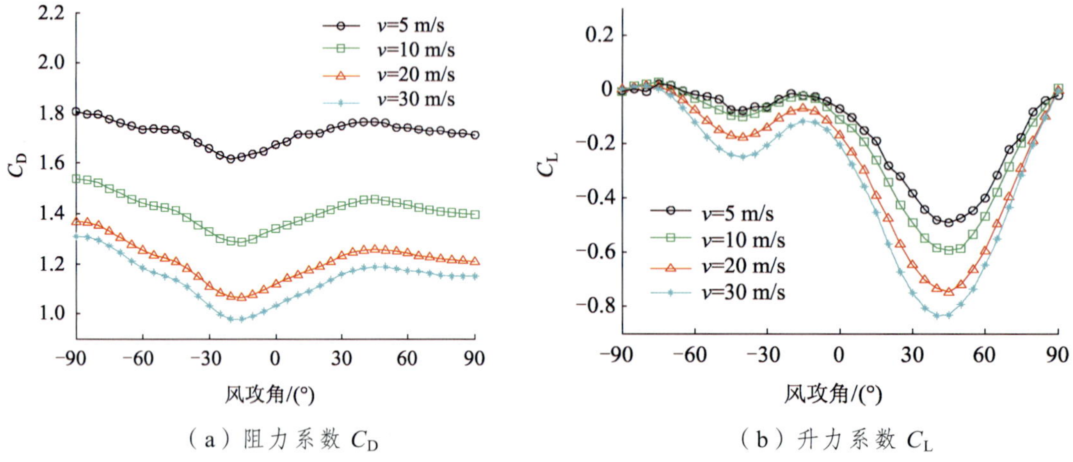

（a）阻力系数 C_D　　（b）升力系数 C_L

图 4-23　不同风速下接触线截面的气动系数随攻角的变化

采用经验风功谱反演作用在接触网上的脉动风速时程。风工程中对于顺风向脉动风主要采用 Davenport 谱进行描述，对于垂向风速主要采用 Panofsky 谱进行描述。本小节也采用这两个常用的风功谱来生成接触网沿线的脉动风时程。Davenport 谱可以表示为

$$\frac{nS_z(n)}{v_1^2}=4\kappa\frac{x^2}{(1+x^2)^{4/3}} \tag{4-69}$$

式中：$x=4\,000\,n/v_1^2$；n 为脉动风的频率；κ 为地面粗糙度系数；v_1 为参考高度 10 m 处的风速。

Panofsky 谱可以表示为

$$\frac{nS_w(n,z)}{v_{z_1}^2}=1.1\frac{f}{(1+4f)^2\ln^2(z_1/z_0)} \tag{4-70}$$

式中：$f=nz/V_1$；v_{z_1} 为高度 z_1 处的参考风速；z_0 为粗糙度长度。

根据 AR 模型，空间所有点上的脉动风速可以表示为

$$\begin{aligned}V_w(\boldsymbol{X},\boldsymbol{Y},\boldsymbol{Z},t)&=-\sum_{i=1}^{p}\boldsymbol{\varphi}_iV_w(\boldsymbol{X},\boldsymbol{Y},\boldsymbol{Z},t-i\Delta t)+N(t)\\ \boldsymbol{X}&=[x_1,x_2,\cdots,x_m]^{\mathrm{T}}\\ \boldsymbol{Y}&=[y_1,y_2,\cdots,y_m]^{\mathrm{T}}\\ \boldsymbol{Z}&=[z_1,z_2,\cdots,z_m]^{\mathrm{T}}\end{aligned} \tag{4-71}$$

式中：p 为 AR 模型阶数；m 为空间点数；Δt 为时间步长；$\boldsymbol{\varphi}_i$ 为自回归系数矩阵；$N(t)$ 为随机数序列；$N(t)$ 和 $\boldsymbol{\varphi}_i$ 的确定方法如下：

根据维纳-辛钦公式，空间两点间的相关系数可以表示为

$$R_{gh}(t)=\int_0^{\infty} S_{gh}(f)\cos(2\pi ft)\mathrm{d}\omega \qquad g,h=1,2,\cdots,m \tag{4-72}$$

其相关函数矩阵可以写成：

$$R(j\Delta t)=\begin{bmatrix} R(j\Delta t) & R(j\Delta t) & \cdots & R(j\Delta t) \\ R(j\Delta t) & R(j\Delta t) & \cdots & R(j\Delta t) \\ \vdots & \vdots & & \vdots \\ R(j\Delta t) & R(j\Delta t) & \cdots & R(j\Delta t) \end{bmatrix}(j=1,2,\cdots,p) \tag{4-73}$$

$\boldsymbol{\varphi}_i$ 可以通过以下公式确定：

$$R(j\Delta t)=\sum_{i=1}^{p} R[(j-i)\Delta t]\boldsymbol{\varphi}_i^{\mathrm{T}} \tag{4-74}$$

同时还可以得到以下关系：

$$R(0)=\sum_{i=1}^{p}\psi_i R(i\Delta t)+R_N \tag{4-75}$$

通过对 R_N 进行 Cholesky 分解，可以得到 $R_N=\boldsymbol{L}\boldsymbol{L}^{\mathrm{T}}$。从而，$N(t)$ 可以由下式计算得到：

$$N(t)=\boldsymbol{L}\cdot\boldsymbol{Q}(t) \tag{4-76}$$

式中：$\boldsymbol{Q}(t)$ 为相互独立的高斯随机序列矩阵。

以实际京津城际铁路接触网为例，脉动风空间点间隔选取为 10 m，平均风速为 20 m/s，在第一个点处的水平和竖直脉动风的仿真结果如图 4-24 所示。可以看出，无论是水平脉动风还是竖直脉动风，其自功谱与目标谱的重合度很高，验证了本方法的有效性。

将本节所得到的脉动风时程和上节所计算的气动力系数代入式（4-47）~ 式（4-68），可得到施加到接触线/承力索上的气动力载荷。将获得的风载荷施加到接触线和承力索上，通过非线性有限元求解可计算得到接触网的风振响应。利用双弓-网系统有限元模型，即可得到环境风影响下的双弓离线行为及其受流质量。

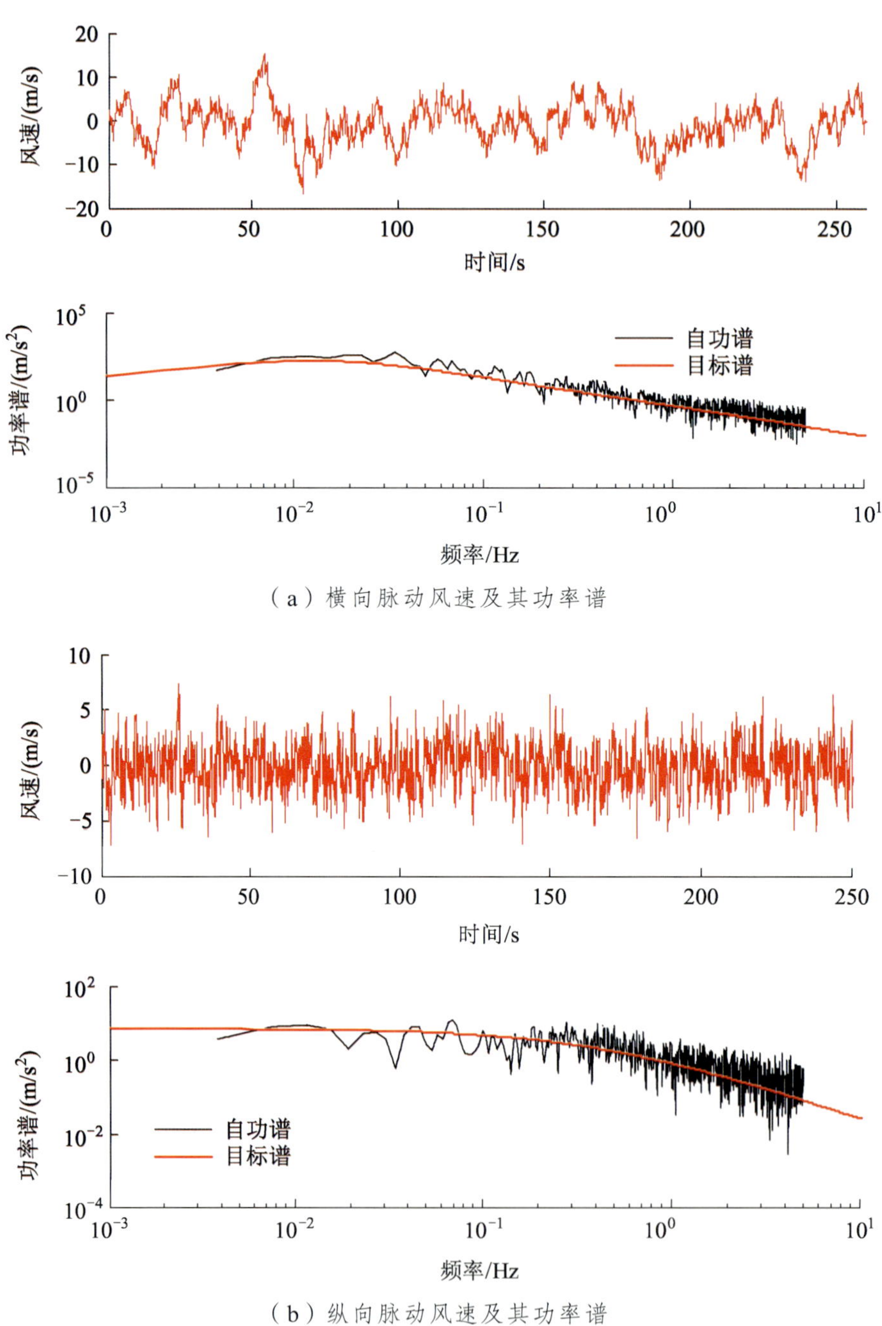

（a）横向脉动风速及其功率谱

（b）纵向脉动风速及其功率谱

图 4-24　脉动风速及其功率谱

4.2.2　高速铁路接触网不平顺时程构建

高速铁路接触网在长期运营过程中，受到接触线磨耗、吊弦断裂、张力偏移、环境干扰等多种因素的影响，其几何形态出现变化，造成接触网导高出现改变，并引起弓网接触线等效刚度发生变化，即为接触网不平顺。接触网不平顺可视为不同波长、频率和持续时间的谐波的组合。在实际研究中，常采用傅里叶逆变换或基于实测接触网导高的 *PSD* 三角函数法来拟合接触网的不平顺谱。

本节基于京广铁路接触网导高实测数据 *PSD*，采用最大熵法构建接触网的不平顺数据。其中，接触网的不平顺数据可视为三角函数叠加的零均值平稳高斯过程，如下式所示：

$$s(k\Delta x)=\sum_{n=1}^{N}a_n\cos(\omega_n k+\theta_n) \tag{4-77}$$

式中：k 为采样点数；Δx 为采样间隔；$s(k\Delta x)$ 为不平顺数据序列；N 为谐波总数；θ_n 为随机相位差；a_n 为均值为 0 的随机变量，其方差 σ_n^2 定义为

$$\sigma_n^2=4S(\omega_n)\Delta\omega \tag{4-78}$$

式中：$S(\omega_n)$ 为接触网不平顺滤波后的 *PSD*；$\Delta\omega$ 为频率间隔；采样频率 ω_n 的定义如下：

$$\begin{cases}\Delta\omega=\dfrac{1}{N}(\omega_{\mathrm{u}}-\omega_{\mathrm{l}})\\ \omega_n=\omega_{\mathrm{u}}+(n-0.5)\Delta\omega\end{cases} \tag{4-79}$$

如图 4-25 所示为接触网不平顺谱及其时程曲线拟合结果，理想状态下，接触网导高应沿线路呈现周期性变化，但不平顺的产生会导致接触网导高在部分区域出现偏差，从而影响弓网接触力的稳定性。

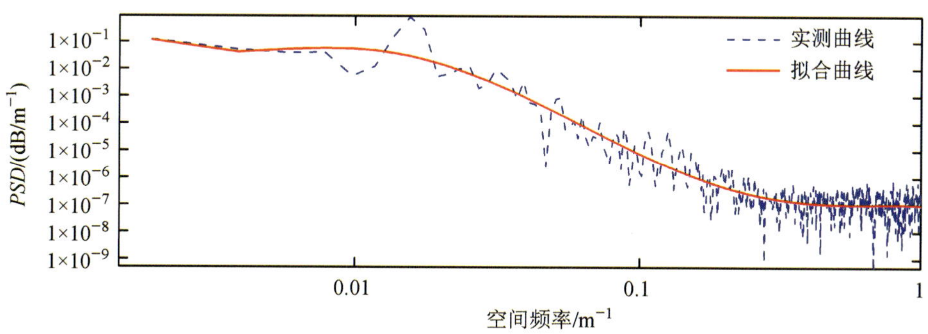

（a）接触网不平顺 *PSD* 及其滤波结果

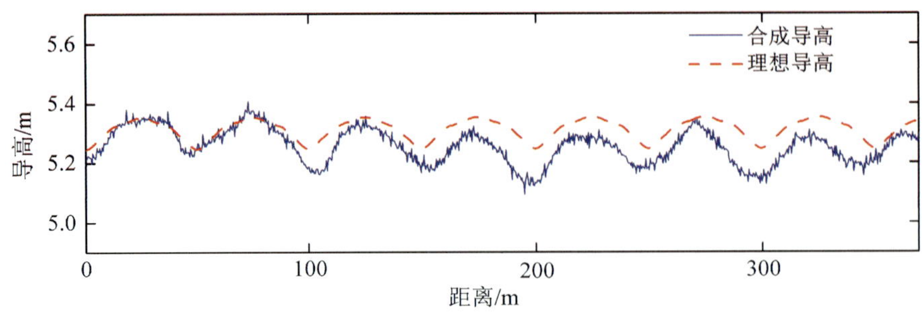

（b）接触网不平顺拟合结果

图 4-25 接触网不平顺谱及其时程曲线拟合结果

所得到的接触网不平顺时程数据代入所建立的双弓-网系统有限元模型，并根据接触网结构参数的变化进行精确找形，即可得到不平顺影响下的双弓离线行为和受流质量。

4.2.3 前后弓离线行为分析

列车运行过程中弓网间的离线行为是由弓网间的相互作用所引发的，这是产生弓网电弧事故的核心因素，需从弓网动力学角度出发分析弓网间的离线行为，主要分析弓网离线率以及离线过程中的动态轨迹。

根据双弓-网耦合模型的求解结果，提取在不同后弓初始抬升力下前、后弓与接触线之间的接触压力，如图 4-26 所示，接触压力呈现出波动状态，后弓接触压力的波动幅度比前弓剧烈，整体接触压力波动会受到外界因素影响。前、后弓接触压力波动过程中会处于低值甚至零值状态，在接触压力较低时，弓网间的电接触状态会发生极端变化，导致弓网间在微观尺寸上发生离线。在接触压力为零时，弓网间发生宏观尺寸的脱离。

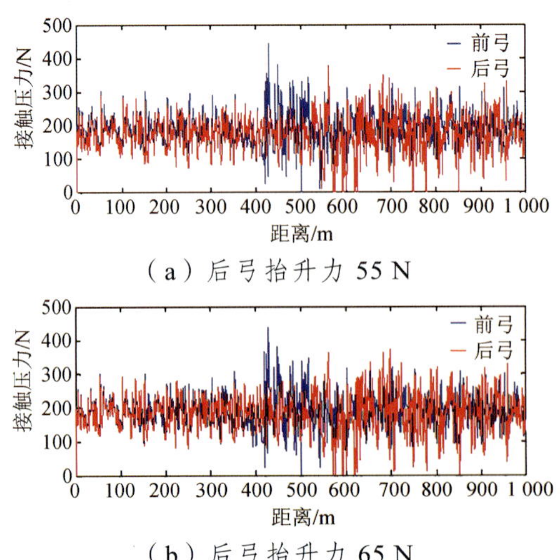

（a）后弓抬升力 55 N

（b）后弓抬升力 65 N

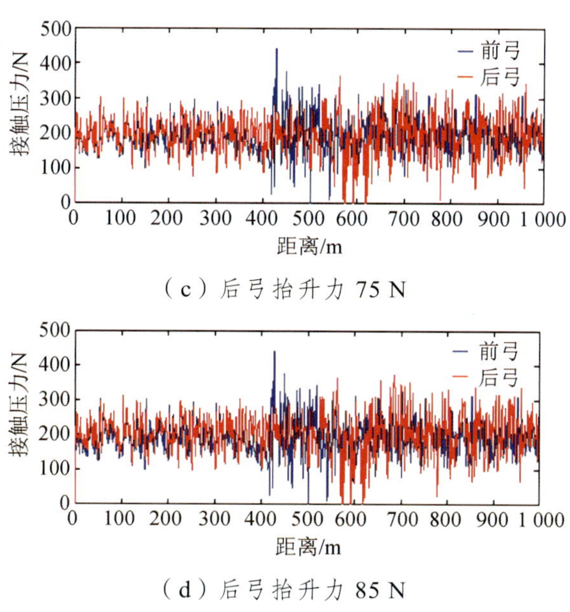

图 4-26　不同后弓抬升力工况下前、后弓接触压力

1. 弓网微观离线行为分析

列车通过前、后弓与接触线的接触进行受流，如图 4-27 所示。在列车运行过程中，电流通过接触线-受电弓流入车体，同时弓网间贴合相对运动，形成一个滑动电接触过程。由于受电弓滑板与接触线材料表面的不平顺，弓网接触面在微观上是由接触材料表面的多个微观尺寸的凸丘相互接触构成。凸丘在接触压力的作用下相互挤压形成的微观接触平面称为接触斑点。弓网滑动电接触过程中存在多个动态变化的接触斑点。

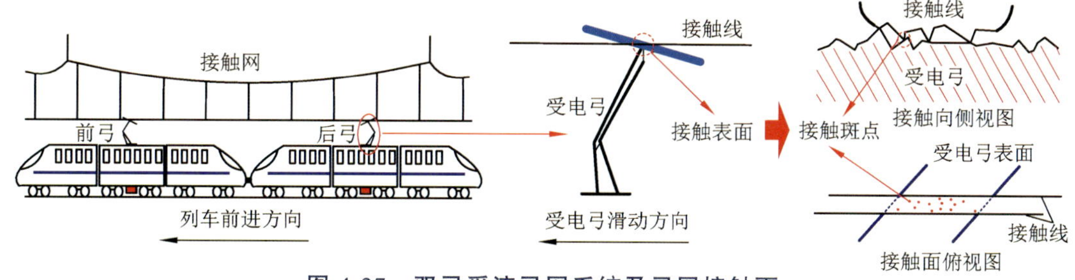

图 4-27　双弓受流弓网系统及弓网接触面

根据电接触理论，电流从接触网流入受电弓实际上是流过了弓网接触面上的多个接触斑点。由于接触斑点尺寸为微观量，远小于弓网的宏观接触面，电流在通过接触斑点时会急剧收缩，接触斑点使电流收缩形成了电阻效应，对应的电阻被定义为收缩

电阻，如图 4-28 所示。由于高速铁路弓网间相互作用激烈，可不考虑弓网材料上氧化膜形成的膜电阻，收缩电阻即为弓网间的接触电阻。

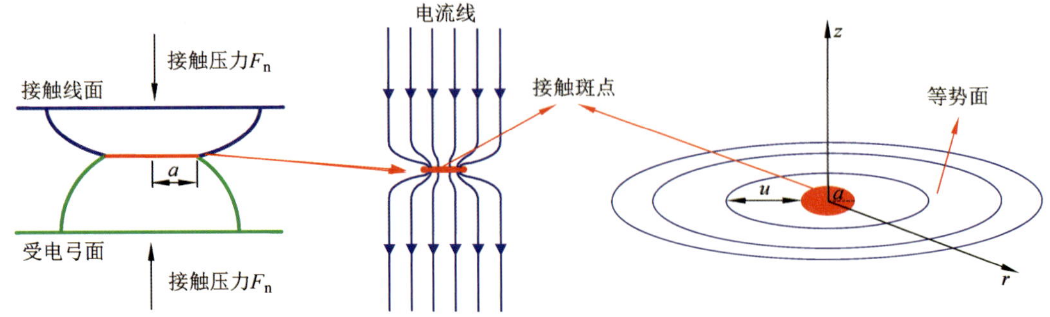

图 4-28　弓网接触面内接触斑点处的电流收缩及其等势面

理论上接触斑点的形状是不规则的。接触斑点的规则形状对应的接触电阻系数测试结果如表 4-4 所示。测试结果反映出圆形接触斑点对应的接触电阻值接近整体测试结果的均值，适用于工程计算。现以圆形等面积的接触斑点为基准假设做后续的理论推导。

表 4-4　接触斑点的规则形状对应的接触电阻系数

接触斑点形状	接触电阻系数
圆形	1.55
正方形	3.04
矩形	0.43（平均）
环形	0.71（平均）

设圆形接触斑点半径为 a/m，电流流过其产生的等势面为一系列的椭球面，接触电阻阻值可通过对这一系列的椭球面向无限远处（u 值取无穷）进行积分即

$$R=\frac{\rho_1+\rho_2}{4\pi}\int\frac{\mathrm{d}\mu}{a^2+\mu^2}=\frac{\rho_1+\rho_2}{4a} \tag{4-80}$$

式中：ρ_1 和 ρ_2 分别为受电弓与接触线材料的导电系数。

由于接触斑点尺寸远远小于宏观接触面，多个接触斑点形成的接触电阻可视为并联，弓网间的接触在电气关系上可简化为一个并联电路。设接触斑点的个数为 n，弓网间的电压差为 V，结合式（4-80）可得

$$V=R_n\frac{I}{n}=\frac{(\rho_1+\rho_2)I}{4na} \tag{4-81}$$

针对弓网间这 n 个接触斑点，考察其温度，设为 T_m，同时设边界温度（接触材料恒温处的温度）为 T_0，则有

$$V^2=8\int_{T_0}^{T_m} z(T)g(T)\mathrm{d}T \tag{4-82}$$

式中：$z(T)$ 为材料导热系数随温度梯度的动态值；$g(T)$ 为材料导电系数随温度梯度的动态值。

由于弓网微观离线发生在接触压力较低的区间内且接触线材料均满足 Viedemann-Franz-Lorenz 定理，式（4-82）可以通过 Viedemann-Franz-Lorenz 定理（$z_T p_T = LT$）对积分进行求解。

考察接触斑点处的接触压力效应，弓网材料表面上的凸丘相互挤压形成圆形接触斑点，考虑凸丘在挤压过程中处于弹性形变范围内，则有

$$F=HS = Hn\pi a^2 \tag{4-83}$$

式中：S 为接触斑点的总面积；H 为两接触材料中较软一方的抗拉强度。

针对弓网在接触过程中接触斑点的数量 n，可用 Greenwood-Williamson 模型对其进行估计，其主要通过分析单个接触面上的凸丘相对于一个理想平面的高度分布来对参与电接触的接触斑点数量进行求解，如图 4-29 所示。由于接触线材料的硬度远小于受电弓，只考虑接触线上的斑点发生形变，满足 Greenwood-Williamson 模型的描述条件。

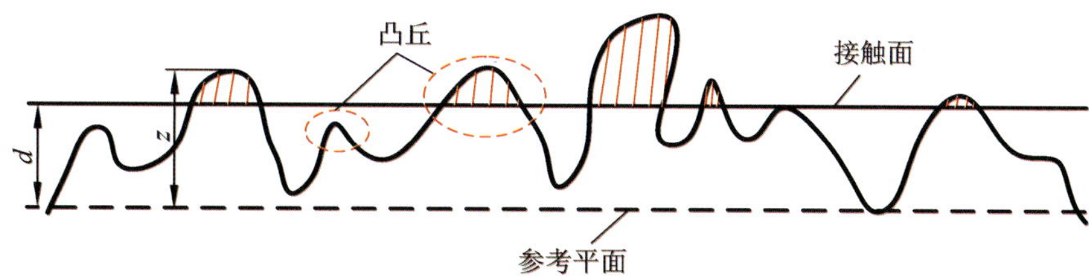

图 4-29　接触面凸丘高度分布

根据 Greenwood-Williamson 模型，如果接触面到参考平面的距离为 d，凸丘的高度为 z，那么接触斑点产生于 z 大于 d 的区域内，假设整个接触面内凸丘的个数为 N，$\varphi(z)$ 为接触面内所有凸点峰顶落在高度（z，$z+\mathrm{d}z$）范围内的分布，那么接触斑点个数 n 可以表达为

$$n = N\int_{d}^{\infty} \varphi(z)\mathrm{d}z \tag{4-84}$$

依据式（4-84），可以对接触斑点处的温度进行求解，得

$$T_m = \sqrt{\frac{\pi\mu HI^2(\rho_1+\rho_2)^2}{64LFN\int_d^{\infty}\varphi(z)\mathrm{d}z}+T_0^2} \tag{4-85}$$

从式（4-85）可以看出，接触压力 F、接触电流 I 的变化可能导致接触斑点处温度 T_m 的上升，可以达到材料的汽化温度。通过对碳与一系列金属材料的电接触特性进行试验的结果显示，在接触斑点温度达到材料的汽化温度值后，如果接触斑点间的电压差达到一定的值后就会产生接触斑点汽化现象，同时伴随接触间发生放电，从而造成电弧现象。

现考察受电弓与接触线之间的接触斑点在汽化后的电压差情况。接触斑点汽化后，弓网在微观上为非接触状态，在受电弓滑板移动至一个全新的接触面后接触斑点重新生成，如图 4-30 所示。在接触斑点汽化到重新生成的时间段Δt 内，接触线段电压按照交流正弦电压波形持续变化，受电弓头电压由于断线失去供电基本保持不变。设在 t_0 时刻接触斑点汽化，在整个时间段Δt 内，弓网间的电压差持续变化，其能达到的最大电压差ΔU_m满足：

$$\Delta U_m = U_m \cdot \max|\sin(\omega t_0)-\sin[\omega(t_0+\Delta t_x)]| \tag{4-86}$$

式中：U_m 为牵引电压峰值 27.5 kV；$\Delta t_x \in [0,\ \Delta t]$；$\omega = 100\pi$。$\Delta U_m$ 的值受到参数 t_0 与 Δt 的变化影响，在列车 350 km/h 的速度内考虑两个参数的所有取值，计算所得的ΔU_m最小值为 21.3 V，其满足表 4-5 中试验测试的接触斑点汽化所需的最小电压差。

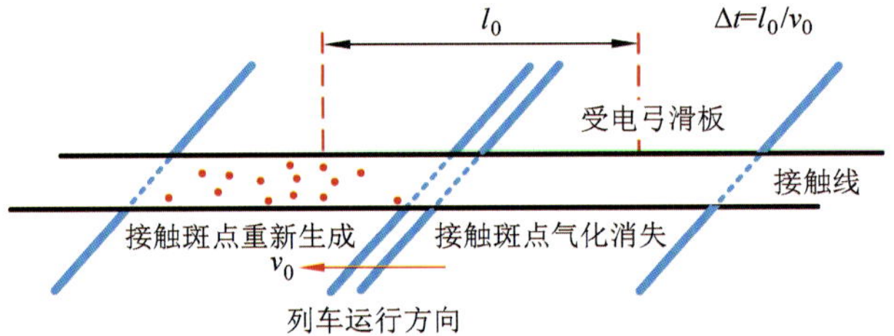

图 4-30 弓网相互作用过程接触斑点动态变化

表 4-5 电接触材料对应接触斑点汽化电压差

电极组合		汽化电压差
阴极	阳极	V_m/V
Cu	Cu	13
Cu	C	12
C	C	20
C	Cu	18～20
Fe	Fe	13～15

基于上述分析，列车 350 km/h 的速度内前、后弓与接触线间接触斑点的温度会受到接触压力的影响。若温度达到其气化温度，则接触斑点气化导致弓网间处于脱离状态。弓网微观离线行为机理如图 4-31 所示。

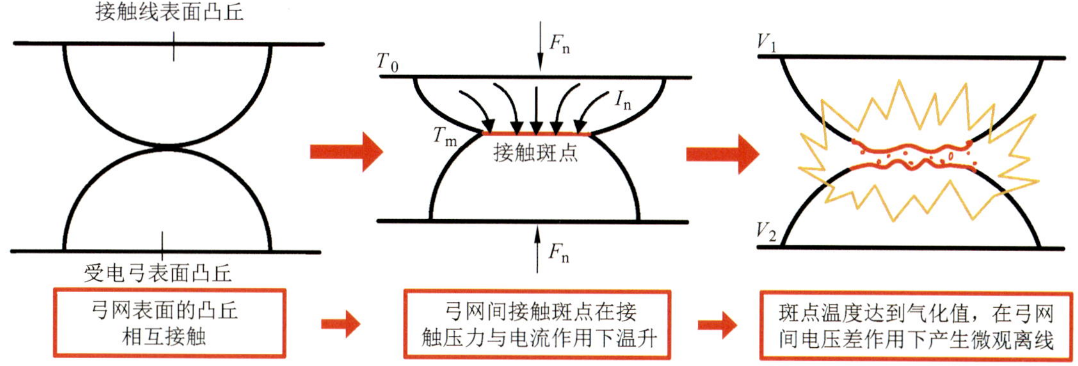

图 4-31　弓网微观离线行为机理

基于图 4-31 所示的弓网微观离线行为机理，结合式（4-85）接触斑点温升算法，可以建立弓网微观离线行为判定算法来对前后弓的微观离线率进行计算，如图 4-32 所示。在图 4-32 中，常规参数包括接触电流 I 取值为峰值 360 A 频率 50 Hz 的正弦波（考虑列车 350 km/h 运行工况下电机产生的接触电流值），受电弓与接触网的电导系数 ρ_1 和 ρ_2 参考受电弓头碳滑板材料与接触线铜银合金材料，接触线硬度 $H = 367$ MPa，Wiedemann-Franz 常数 $L = 2.54\times10^{-8}\ \text{V}^2\text{deg}^{-2}$，金属材料受电流影响的软化系数为 $\mu = 0.85$，边界温度 T_0 取常温为 293.15 K，接触线材料的汽化温度 T_G 为 2 573 K。动态参数首先是动态接触斑点的数量，其理论最小值为 3 个，最大值可以取到 20 个，其分布可以在工程计算中取高斯分布，在每一个节点 k 处接触斑点个数 n_k 的取值为在正态分布 N（11.5，1）下[3，20]内的随机值；然后是接触压力 F，其值由双弓动力学模型仿真获取，在每一个节点 k 处的取值 F_k 为接触压力相应每一个节点的值。

基于上述计算流程，结合图 4-26 所示的不同后弓抬升力下的接触压力数据，可计算不同工况下的前、后弓离线概率。考虑到每一个计算节点的接触斑点个数 n 值是随机的，每一组数据的总体计算结果会有一定的随机性，本次离线率统计对每一组数据进行 10 次独立的计算来体现其随机性，以及消除其随机性在结果分析中带来的影响。

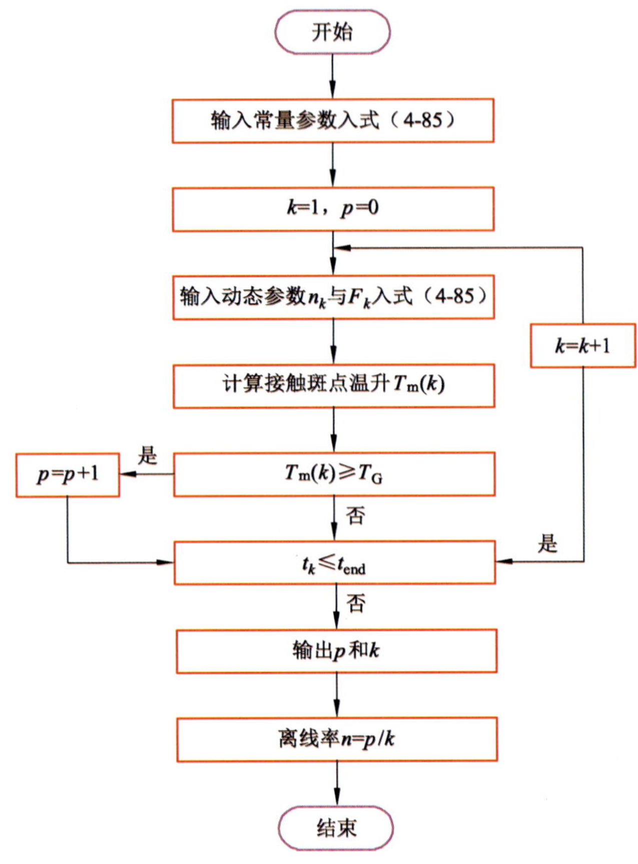

图 4-32　弓网离线率计算流程

在后弓抬升力 F_t 分别为 55 N、65 N、75 N、85 N 的工况下，其前、后弓接触电弧发生概率 η 的 10 次独立计算结果如图 4-33 所示，每个工况下前、后弓接触电弧发生概率的均值统计于表 4-6 中。

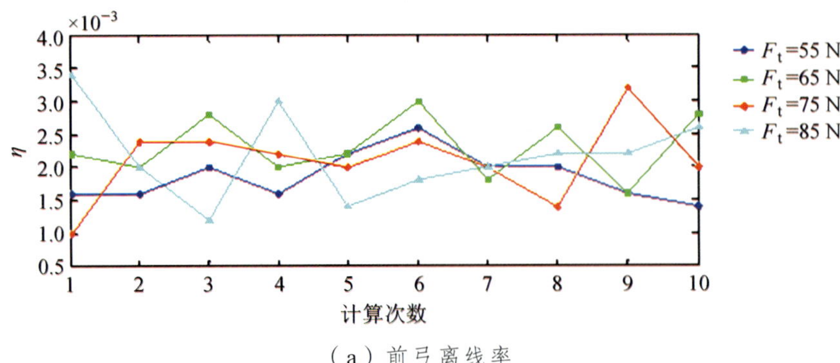

（a）前弓离线率

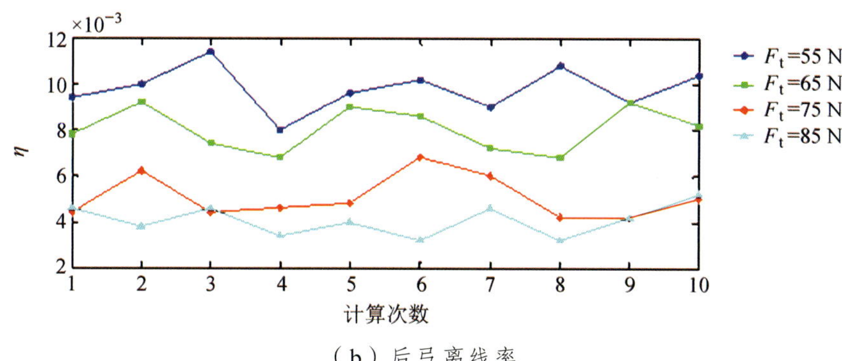

（b）后弓离线率

图 4-33　不同后弓抬升力下前、后弓离线率

表 4-6　不同后弓抬升力下前、后弓平均离线率

后弓抬升力/N	前弓	后弓
55	0.001 86	0.009 80
65	0.002 30	0.008 02
75	0.002 10	0.005 06
85	0.002 18	0.004 08

针对前弓，表 4-6 数据显示，在不同后弓抬升力 F_t 下，弓网离线率无明显的变化规律，在 F_t 升高后，弓网离线率的均值会有小幅的提升。图 4-33（a）中，每个工况下 10 次独立计算形成的点线图同样显示，在不同的 F_t 下，前弓离线概率无明显变化规律；相较于 F_t = 55 N 的工况下，后弓抬升力的升高会使得前弓离线概率波动变大，主要原因可能是后弓抬升力的升高会影响前弓接触压力的波动稳定性。综上，后弓抬升力的变化对前弓离线率的均值影响较小，对其波动的稳定性有一定的影响。

针对后弓，表 4-6 数据显示，不同后弓抬升力 F_t 下，弓网离线概率均值随 F_t 的升高明显降低。图 4-33（b）中，每个工况下 10 次独立计算形成的点线图仅有少量部分相交（后弓抬升力为 55 N 与 65 N 的第 9 次计算值处，后弓抬升力为 75 N 与 85 N 的第 3、9 次计算值处），弓网离线概率整体呈现随 F_t 的升高而降低。综上，后弓抬升力的变化对后弓离线率的影响明显，具体规律为随后弓抬升力增大，弓网离线概率降低。综合来看，提升后弓抬升力可有效降低后弓离线概率，对前弓影响不大，但是会提高前弓离线率的不稳定性。由于后弓离线率远高于前弓，后弓离线问题在双弓系统中更为严重，现考虑接触线不平顺与接触网风场两个因素对后弓离线率进行多工况分析。

在受电弓与接触性相互作用的过程中，接触线上的不平顺会影响接触压力的波动，从而影响弓网离线率。在弓网动力学模型中加入表示不平顺的波动方程，表述为

$$y(k)=\frac{1}{2}A\left[1-\cos\left(\frac{2\pi x}{\lambda}\right)\right] \tag{4-87}$$

式中：A 是不平顺波的幅值；λ 是波长。在不同的不平顺波幅值 A 的情况下进行动力学仿真获取后弓接触压力，并引入离线率计算流程进行计算，获得在不同不平顺度下的后弓离线率，如图 4-34 所示。如表 4-7 所示为不同不平顺度下后弓离线率与对应的接触压力标准差。

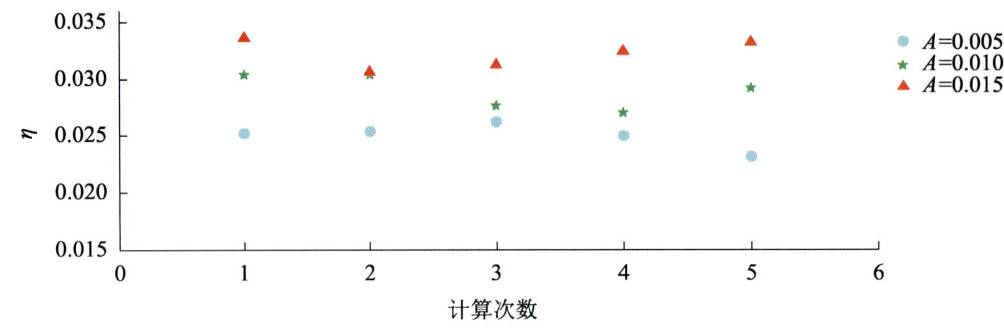

图 4-34　不同不平顺度下后弓离线率

表 4-7　不同不平顺度下后弓离线率与对应的接触压力标准差

不平顺度幅值 A/m	接触压力标准差/N	平均离线率
0.000 5	92.99	0.025 2
0.001	97.79	0.029 1
0.001 5	105.21	0.032 7

由图 4-34 和表 4-7 可以看出，接触线不平顺度幅值越高，后弓接触压力的标准差越高，后弓的离线率也越高。

接触网沿线风场条件如表 4-8 所示。接触网沿线风场会影响弓网间的相互作用，同样会影响接触压力的波动，从而影响弓网离线率。现考虑包含不同风速与风攻角的 6 种风场条件（W_1 ~ W_6）。在不同的风场条件下进行动力学仿真获取后弓接触压力，并引入离线率计算流程进行计算，获得后弓离线率，如图 4-35 和表 4-9 所示。可以看出，接触网所处的风场环境中风速越快、风攻角越大，其对应的弓网离线率越高。

表 4-8　接触网沿线风场条件

风场条件	风速/（m/s）	风攻角/（°）
W_1	20	20
W_2	20	40

续表

风场条件	风速/（m/s）	风攻角/（°）
W_3	20	60
W_4	30	20
W_5	30	40
W_6	30	60

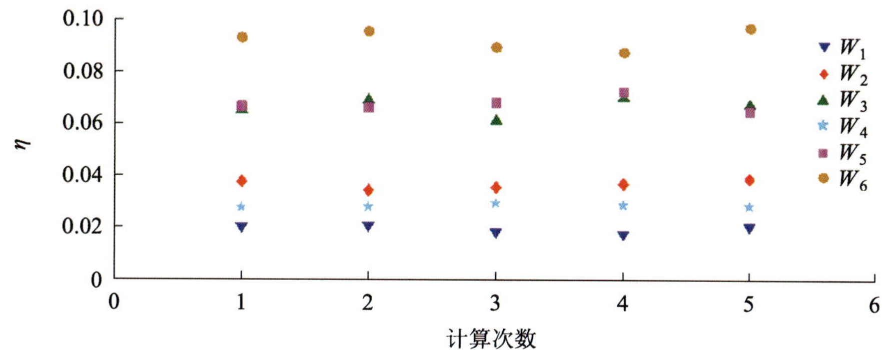

图 4-35　不同风场条件下后弓离线率

表 4-9　不同风场条件下弓离线率与对应的接触压力标准差

风场条件	接触压力标准差/N	平均离线率
W_1	82.32	0.018 9
W_2	112.45	0.037 1
W_3	158.79	0.064 8
W_4	96.16	0.027 4
W_5	168.02	0.070 8
W_6	204.57	0.092 5

2. 弓网宏观离线行为分析

在双弓动力学模型中，前、后弓的接触压力通过罚函数来表达，如下所示：

$$F_{pc}=\begin{cases}k_s(x-y),x\geqslant y\\0,x<y\end{cases}\tag{4-88}$$

式中：x 和 y 分别为受电弓和接触线的纵向位移；F_{pc} 为弓网间的接触压力；k_s 为接触刚度。

以双弓动力学模型在后弓抬升力为55 N条件下仿真获取的前、后弓接触压力为例，如图4-36所示，可以看出，在列车在运行过程中前、后弓接触压力均存在降低至0的情况，如图中虚线椭圆标注所示。

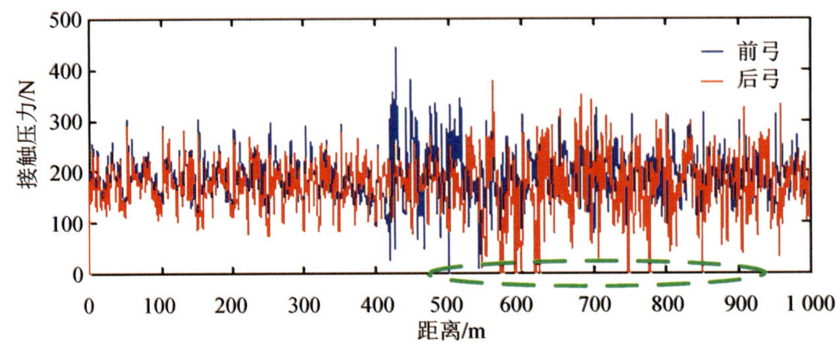

图4-36　后弓抬升力为55 N时前、后弓接触压力

在接触压力为0时，接触线的纵向位移大于受电弓的纵向位移，此时弓网在宏观尺寸上发生脱离。由于弓网间在横向的相对运动，弓网的宏观离线会形成一条离线轨迹，如图4-37所示。

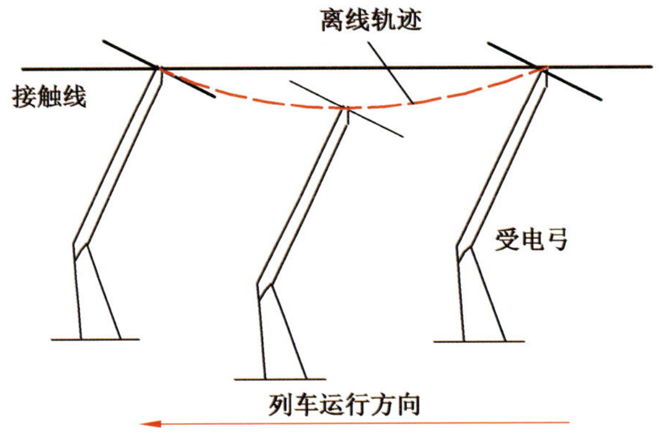

图4-37　弓网离线轨迹

现通过弓网的纵向位移来提取弓网离线轨迹。以图4-36中发生后弓619.4 m处的离线为例，提取其接触压力为0处附近的受电弓与接触线的纵向位移，如图4-38所示。可以看出，在离线区域内，接触线的位移大于受电弓的位移。在离线区间内，用接触线的纵向位移减去受电弓的纵向位移便可以获取此次弓网离线的离线轨迹。可以看出，弓网离线距离在弓网离线后随时间逐渐增大后又逐渐减小，直到受电弓与接触线重新接触。

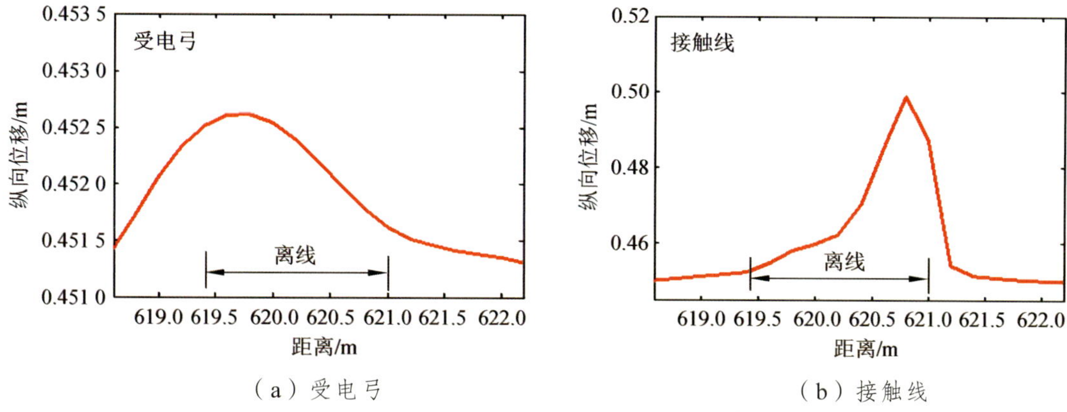

（a）受电弓　　（b）接触线

图 4-38　受电弓与接触线的纵向位移

由于通过动力学仿真结果获取的离线轨迹为一系列的散点，无法用于后续的电弧建模计算，于是考虑用 MATLAB 软件中的多项式拟合工具对其进行拟合，将其转化为多项式曲线，如图 4-39 所示。为了保证拟合结果的精确，考虑使用 6 阶多项式对其进行拟合。拟合结果可以表达为

$$L(t)=\sum_{i=0}^{6}(-1)^{i}p_{i}t^{i} \tag{4-89}$$

式中：p_i（$i=1,2,3,4,5,6$）为多项式系数。

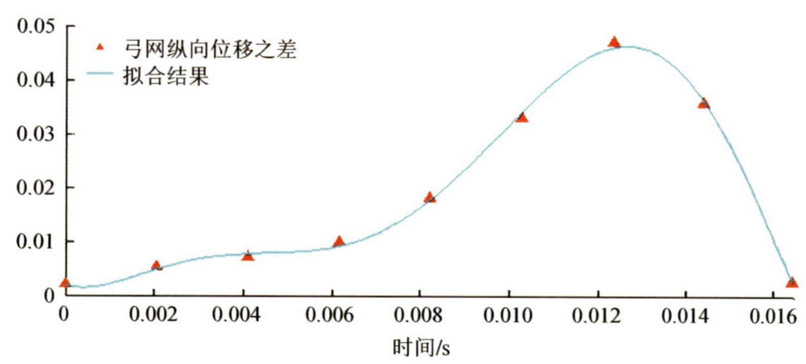

图 4-39　弓网离线轨迹与拟合结果

通过上述方法，弓网宏观离线行为可以被公式化描述，基于双弓动力学仿真结果可以建立前、后弓离线轨迹的方程。

4.2.4　考虑双弓-网离线行为的弓网电弧模型建立

基于前面对弓网离线行为的动力学分析，弓网离线电弧模型的建立应考虑相关的

动力学因素，通过离线轨迹结合经典电弧模型对弓网离线电弧进行精确建模以及对其动态特征进行分析。

1. 动态弓网离线电弧建模

在牵引网 27.5 kV 交流供电环境下，前、后弓离线发生电弧的电流会经历高电流阶段和低电流阶段。柯西型电弧模型在建立过程中考虑了电弧弧柱能量守恒，其适用于描述处于高电流阶段的电弧。柯西型电弧模型的方程主要描述了电弧电导与电弧电压、电弧电流以及电弧弧柱电压梯度的变化关系，其可表达为

$$\frac{\mathrm{d}g_{\mathrm{c}}}{\mathrm{d}t}=\frac{1}{\tau_{\mathrm{c}}}\left(\frac{ui}{E_0^2}-g_{\mathrm{c}}\right) \tag{4-90}$$

式中：g_{c} 为电弧电导；τ_{c} 为电弧时间常数；u 和 i 为电弧电压以及电弧电流；E_0 为电弧弧柱电压梯度。

麦尔型模型在建立过程中考虑了电弧弧柱能量耗散，其适用于描述处于低电流阶段的电弧。麦尔型模型的方程主要描述了电弧电导与电弧电流、电弧弧柱耗散功率的变化关系，其可以表达为

$$\frac{\mathrm{d}g_{\mathrm{m}}}{\mathrm{d}t}=\frac{1}{\tau_{\mathrm{m}}}\left(\frac{i^2}{P_0}-g_{\mathrm{m}}\right) \tag{4-91}$$

式中：g_{m} 为电弧电导；τ_{m} 为电弧时间常数；i 为电弧电流；P_0 为电弧弧柱耗散功率。

考虑到弓网间的离线电弧会周期性地经历电弧电流的高、低两个阶段，可以用包含了柯西型电弧模型以及麦尔型电弧模型的 Habedank 黑盒电弧模型来建立弓网电弧模型，其表达式为

$$\begin{cases}\dfrac{\mathrm{d}g_{\mathrm{c}}}{\mathrm{d}t}=\dfrac{1}{\tau_{\mathrm{c}}}\left(\dfrac{ui}{E_0^2}-g_{\mathrm{c}}\right)\\[2ex]\dfrac{\mathrm{d}g_{\mathrm{m}}}{\mathrm{d}t}=\dfrac{1}{\tau_{\mathrm{m}}}\left(\dfrac{i^2}{P_0}-g_{\mathrm{m}}\right)\\[2ex]\dfrac{1}{g}=\dfrac{1}{g_{\mathrm{c}}}+\dfrac{1}{g_{\mathrm{m}}}\end{cases} \tag{4-92}$$

式中：g 为电弧电导。Habedank 黑盒电弧模型是由柯西型电弧模型与麦尔型电弧模型的电弧并联形成。

针对弓网电弧的试验测试显示，电弧从发生到熄灭总共会经历 5 个阶段：

（1）电弧起始燃烧阶段。

（2）电弧不稳定建立阶段。

（3）电弧温度燃烧阶段。

（4）电弧熄灭前的不稳定阶段。

（5）电弧灭弧阶段。

其中，电弧稳定燃烧阶段占据整个电弧持续时间的 95%以上。

在电弧稳定燃烧阶段内，电弧电压梯度 E_0 与电弧弧柱长度成正比，可以表达为

$$E_0 = k_1 L_{\mathrm{arc}} \tag{4-93}$$

式中：L_{arc} 为电弧弧柱长度；k_1 为比例系数，其值根据电弧放电试验的测试结果可以确定为 10.87 ~ 13.42 V/cm。同样地，在电弧稳定燃烧阶段内，电弧耗散功率 P_0 与电弧弧柱长度有一定的相关性，其和电弧弧柱长度 L_{arc} 与电弧电导 g 呈指数相关性，可以表达为

$$P_0 = k_2 g^{\alpha} L_{\mathrm{arc}}^{\beta} \tag{4-94}$$

式中：k_2 为电弧参数，其需根据电弧波形的相关参数进行调整。电弧弧柱长度 L_{arc} 可等效为弓网离线距离。依据式（4-90）~ 式（4-94），弓网离线电弧模型可以表达为

$$\begin{cases} \dfrac{\mathrm{d}g_{\mathrm{c}}}{\mathrm{d}t} = \dfrac{1}{\tau_0 g^{\theta}}\left[\dfrac{ui}{k_1^2\left[\sum\limits_{i=0}^{6}(-1)^i p_i t^i\right]^2} - g_{\mathrm{c}}\right] \\ \dfrac{\mathrm{d}g_{\mathrm{m}}}{\mathrm{d}t} = \dfrac{1}{\tau_0 g^{\theta}}\left[\dfrac{i^2}{k_2 g^{\alpha}\left[\sum\limits_{i=0}^{6}(-1)^i p_i t^i\right]^{\beta}} - g_{\mathrm{m}}\right] \\ \dfrac{1}{g} = \dfrac{1}{g_{\mathrm{c}}} + \dfrac{1}{g_{\mathrm{m}}} \end{cases} \tag{4-95}$$

2. 弓网离线电弧动态特征分析

1）车-网等值电路模型与电弧模型仿真

为了对弓网电弧模型进行仿真测试，考虑建立简化的车-网π形等值电路，其中电弧模型以动态双端非线性电阻的形式镶嵌于电路中。

在图 4-40 所示的等值电路中，用 U_s、R_s 和 L_s 表示牵引变电所的等效电源、等效电阻和等效电感。牵引供电电路等效为π形等效电路，其中，R_1、L_1、C_1 和 C_2 分别表示接触网的等效电阻、电感和电容。机车负载用 R_c、L_c 表示，其中，R_c 和 L_c 是等效电阻和等效电感。此外，u_1 和 i_s 是牵引变电站的电压和电流；i_1 是接触网电流；u_2 是列车位置的接触网电压；u_c 是受电弓电压；u_a 和 i_c 是电弧电压和电弧电流。在上述条件下，等值电路的状态方程可以表示为

$$\frac{\mathrm{d}}{\mathrm{d}t}\begin{bmatrix} i_s \\ i_1 \\ i_c \\ u_1 \\ u_2 \end{bmatrix}=\begin{bmatrix} \frac{-R_s}{L_s} & 0 & 0 & \frac{-1}{L_s} & 0 \\ 0 & \frac{-R_1}{L_1} & 0 & \frac{1}{L_1} & \frac{-1}{L_1} \\ 0 & 0 & \frac{R_{arc}+R_c}{-L_c} & 0 & \frac{1}{L_c} \\ \frac{1}{C_1} & \frac{-1}{C_1} & 0 & 0 & 0 \\ 0 & \frac{1}{C_2} & \frac{-1}{C_2} & 0 & 0 \end{bmatrix}\begin{bmatrix} i_s \\ i_1 \\ i_c \\ u_1 \\ u_2 \end{bmatrix}+\begin{bmatrix} \frac{1}{L_s} \\ 0 \\ 0 \\ 0 \\ 0 \end{bmatrix}u_s \tag{4-96}$$

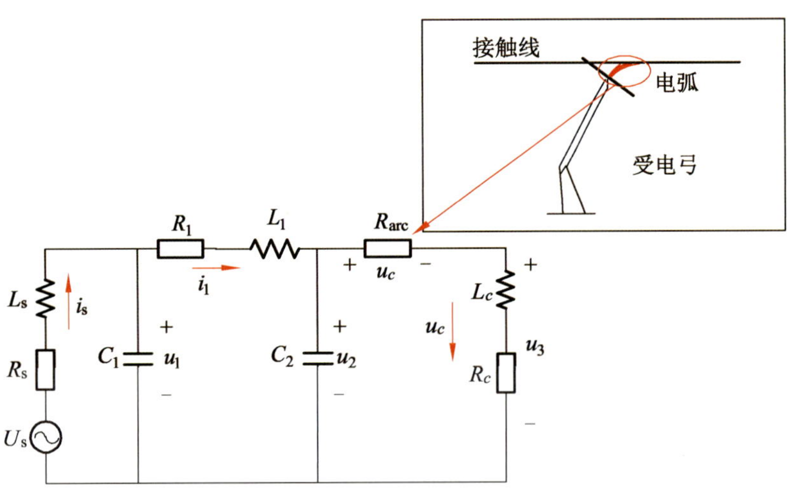

图 4-40 镶嵌弓网电弧电阻的π形等值电路

R_{arc} 不是一个固定值，随时间变化，因此状态方程（4-96）是时变的。对其进行离散化，具体迭代过程如图 4-41 所示。求解式（4-96）后得到电弧电流 i_c，并根据式（4-89）弓网离线距离的变化，通过迭代过程式（4-95）计算电弧电导。

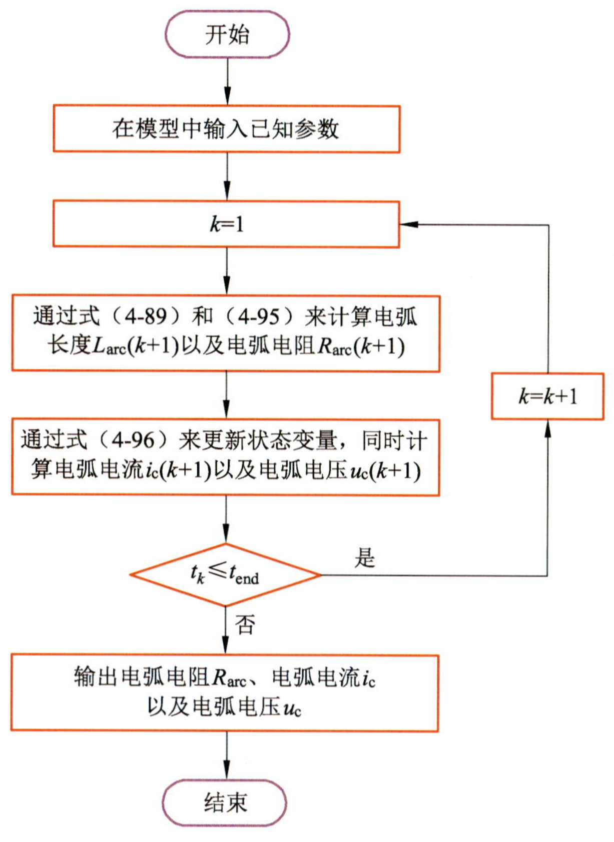

图 4-41　电弧计算迭代流程

结合前面建立的模型，可以在 MATLAB 中计算动态电弧模型。在计算和仿真之前，应确定模型和算法的具体参数。对于式（4-95）中黑盒电弧模型的算法，弓网动态离线距离 L_{arc} 反映了电弧模型的动态特性，其他参数是静态的。考虑电弧伏安特性的推导，热释电系数 k 和电弧损耗功率因数 β 的范围分别为 $k>0$ 和 $0<\beta<3$。电弧特性随两个参数的变化而变化。基于上述范围和实际调试，电弧模型的参数取值为 $n=1$、$\beta=1$ 和 $k=1\times10^{10}$。

考虑到弓网离线电弧发生的实际环境，选择了一条 50 Hz、2×27.5 kV、20.5 km 的中国实际高铁线路用于计算模型的参数。弓网电弧位置到牵引变电站的距离设置为 15 km。根据牵引供电系统电气参数的推导，$u_s = 27.5$ kV，$R_s = 0.177\ \Omega$，$L_s = 31.8$ mH，$R_1 = 2.95\ \Omega$，$L_1 = 23.5$ mH，$C_1 = C_2 = 0.081\ \mu$F，$R_c = 56.19\ \Omega$，$L_c = 91.6$ mH。

在仿真过程中，时间步长设置为 1×10^{-7} s，整个模拟持续 0.205 s，电弧模型的仿真结果包括电弧电流、电弧电压以及电弧电阻的波形，如图 4-42 所示。

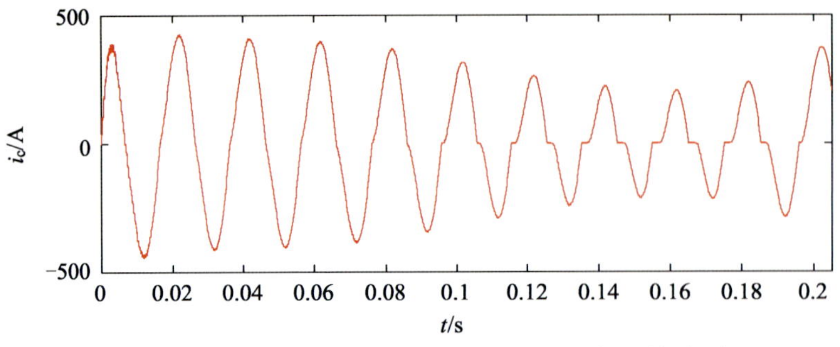

图 4-42　电弧电流、电弧电压以及电弧电阻的波形

2）电弧电流动态特征分析

如图 4-43 所示电流波形显示了弓网离线过程中动态电弧模型的电弧电流。可以发现，电弧电流具有一定的动态特性，包括电流过零的幅度和时间间隔（CZC）随时间而变化。图 4-41 中状态方程的求解过程显示了 L_{arc} 的更新会影响电弧模型计算的输出。因此，需要考虑结合弓网离线轨迹对电弧电流进行分析。

图 4-43 中，电弧电流和离线间距同时发生的变化很明显，电弧电流的峰值和 CZC 区域的持续时间会随离线间距的变化而变化。CZC 区域的时间间隔 t_p、电弧电流的峰值 I_p 和相应的离线间距 L_p 分别列于表 4-10 和表 4-11 中。表 4-10 中 L_p 是 CZC 区域时间间隔内的离线距离。在表 4-11 中，由于电弧电流的正峰值和负峰值具有相同的变化趋势，因此仅列出了电弧电流的正峰值。

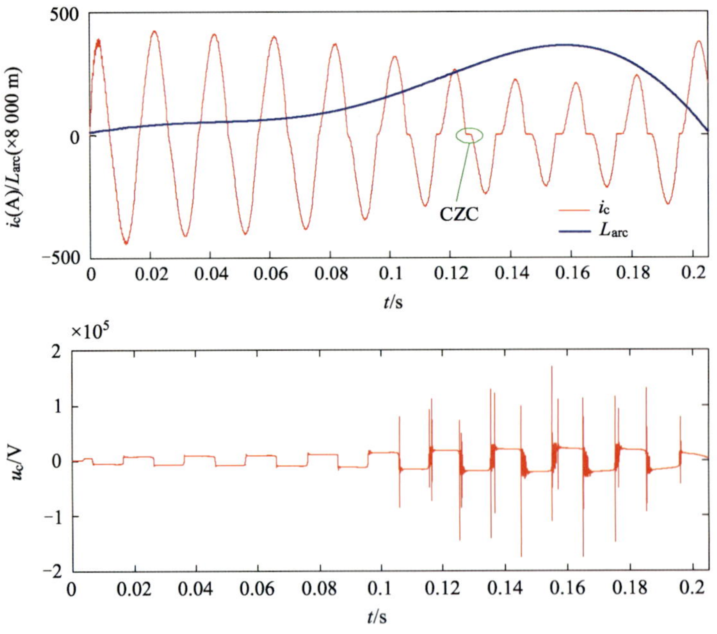

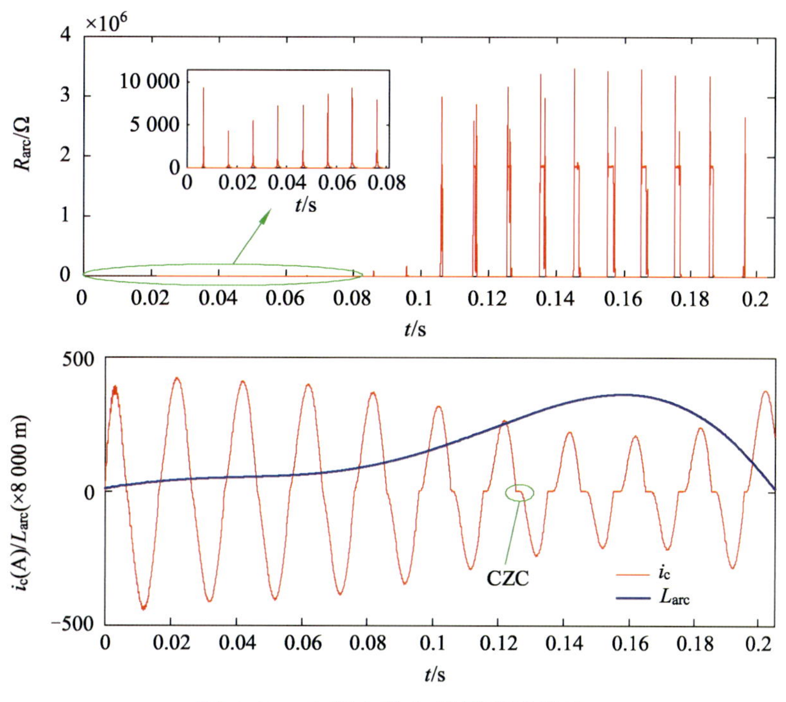

图 4-43　电弧电流与弓网离线轨迹

表 4-10　电弧 CZC 区域的时间间隔与其相关的离线间距

L_p/m	t_p/ms	L_p/m	t_p/ms
0.002 5	趋于 0	0.022 5	0.95
0.004 4	趋于 0	0.027 8	1.1
0.005 6	趋于 0	0.034 2	1.4
0.006 3	趋于 0	0.039 3	1.6
0.006 8	趋于 0	0.042 1	1.9
0.007 3	趋于 0	0.045 0	2.1
0.008 6	趋于 0	0.043 5	2.0
0.010 1	趋于 0	0.040 6	1.8
0.013 1	0.07	0.031 3	1.2
0.017 5	0.6	0.017 4	0.6

在表 4-10 的前 8 组数据中，t_p 接近于零，这在图 4-43 中是无法观察到的。同时，在其余数据组中，t_p 随着 L_p 的增加而增加，直到 L_p 增加到 0.045 m（根据模拟结果，

L_p的最大值为 0.045 1 m）。此后，t_p随L_p的降低而降低。可以注意到，在图 4-41 中，CZC 可观察区域中t_p和L_p的变化规律存在正相关。

表 4-11　电弧电流峰值与其相关的离线间距

L_p/m	I_p/ms	L_p/m	I_p/ms
0.002 4	380	0.031 3	266
0.005 5	427	0.041 3	225
0.006 4	408	0.045 0	207
0.008 1	396	0.034 5	241
0.012 1	369	0.006 9	373
0.020 4	320		

在表 4-11 中，I_p随着L_p的增加而减小，直到L_p增加到 0.045 m。然后，I_p随着L_p的减小而增加。显然，I_p的变化规律与图 4-43 中L_p的变化规律呈负相关。

3）电弧电压动态特征分析

和电弧电流一样，图 4-41 中状态方程的求解过程显示了L_{arc}的更新会影响电弧模型对电弧电压计算的输出。因此，考虑结合弓网离线轨迹对电弧电压进行分析，如图 4-44 所示。

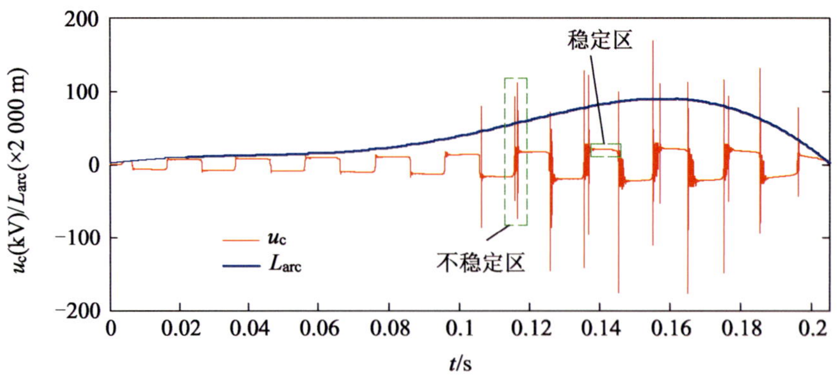

图 4-44　电弧电压与弓网离线轨迹

电弧电压的每个周期由稳定区和不稳定区组成。可以发现，电弧电压各周期稳定区的平均值随离线间距L_{arc}的变化而变化。表 4-12 列出了电弧电压稳定区平均幅值（标记为U_p）和相应的离线间距（标记为L_p）。

表 4-12　弧电压稳定区平均幅值与其相关的离线间距

L_p/m	U_p/kV	L_p/m	U_p/kV
0.002 4	4.704	0.031 2	17.732
0.005 2	7.152	0.041 5	20.206
0.006 6	8.116	0.045 0	21.408
0.007 9	8.902	0.035 9	18.982
0.011 8	10.842	0.010 1	10.158
0.019 7	14.156		

根据列出的数据，U_p 和 L_p 之间存在正相关性，这与电弧电压稳定区的负值和 L_p 之间的关系相似。

电弧电压不稳定区持续时间具有一定的变化规律。为了分析规律性与电弧其他特征的相关性，考虑将电弧电压和相应的电弧电流放在一起进行详细分析，如图 4-45 所示。电弧电压的不稳定区域出现在 CZC 区域的周期内，这意味着电弧电压不稳定区的持续时间与 CZC 区域相应的持续时间相同，这与以往对电弧的研究结论一致，即电弧波形在 CZC 区域发生畸变。

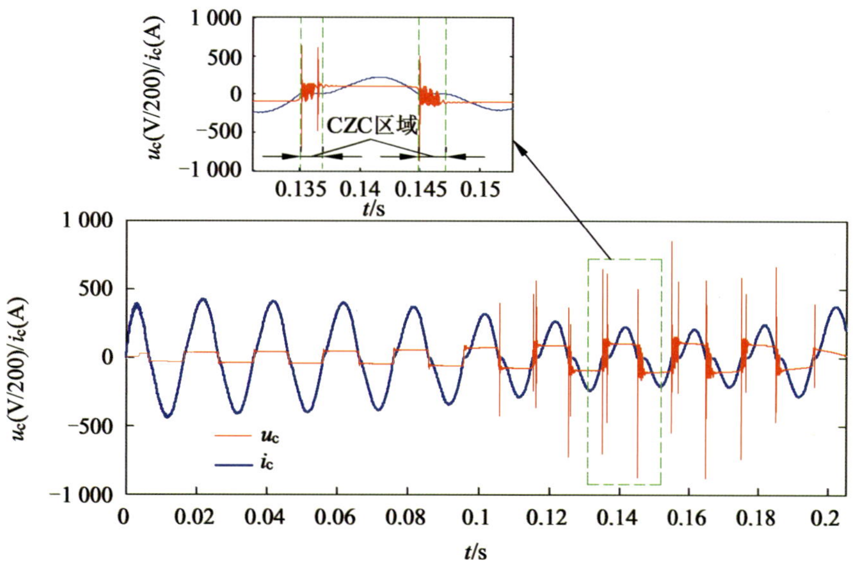

图 4-45　电弧电压与电弧电流

如图 4-45 所示，电弧电压在其不稳定区域内有高频与高幅度的变化。电弧电压的不稳定区域是导致弓网电弧再燃产生脉冲过电压的主要诱因，会对牵引供电系统造成电磁干扰。如上述所示，L_p的变化规律与 t_p（CZC 区域的持续时间）的变化规律呈正相关。电弧电压不稳定区持续时间的变化规律也与 t_p 呈正相关。由此可以得出，电弧电压不稳定区持续时间的变化规律与 L_p 呈正相关，即电弧电压不稳定区域对牵引系统的威胁随着弓网离线间距的增加而增加。

4）电弧电阻动态特征分析

由于提出的动态电弧模型等效于电阻并嵌入图 4-40 所示的简化电路模型中，电弧电阻直接影响牵引电路。同时，由于电弧电阻与电弧电流有着不可分割的联系，结合集成电路对动态模型的电弧电阻进行了如下分析。

电弧电阻波形和电弧电流波形的关系如图 4-46 所示。R_{arc}（电弧电阻）的波形在 t<0.08 s 的区域内不可观察，在 t>0.08 s 的区域内可观察到。为了分析 R_{arc} 和 i_c 的关系，选择了其波形的两个典型部分。

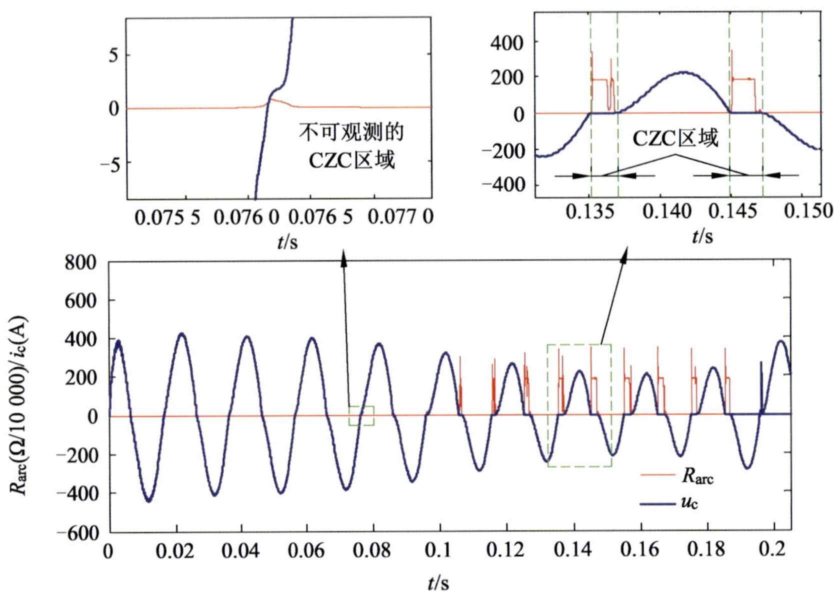

图 4-46　电弧电压与电弧电阻

在右侧放大区域内，可以观察到 R_{arc} 的波形。可以看出，R_{arc} 的存在时间等于相应的 CZC 区域的持续时间。在左侧放大区域内，R_{arc} 的值非常小，因为相应的 i_c 几乎没有畸变，并且没有明显的 CZC 区域。当 i_c 保持为零时（CZC 区域内），车辆电网系统的电流收集质量较低，并会导致大量谐波成分。通过分析 R_{arc} 和 i_c 之间的关系，结合 t_p 和 L_p 的变化规律，可以得出当 L_p 较小时，弓网离线电弧对车网集电质量的威胁相对较小，因为在这种情况下，R_{arc} 相对较小，t_p 非常短暂。然而，当 L_p 增加到一定程度时，R_{arc} 和 t_p 变大，在这种情况下弓网间的受流质量面临巨大威胁。

3. 多工况下弓网离线电弧动态特征分析

动态电弧模型反映了弓网动力学对弓网电弧的影响。前面对弓网离线轨迹的提取过程是在特定的风速与车速下进行的，考虑将不同的风速和列车速度引入电弧模型中，并对仿真结果进行对比，分析动力学条件对电弧模型电流、电压波形变化趋势的影响。

图 4-47 和图 4-48 显示了不同风速 $v_w = 15$ m/s、$v_w = 20$ m/s 和 $v_w = 25$ m/s 下的电弧电流和电弧电压波形。从图 4-47 可以看出，电弧电流的振幅随着风速的增加而减小。在图 4-48 中，在稳定区域（用蓝线圈出），电弧的振幅随着风速的增加而呈增加趋势；在不稳定区域，脉冲过电压的振幅和持续时间随着风速的增加而增加（用绿线圈出）。

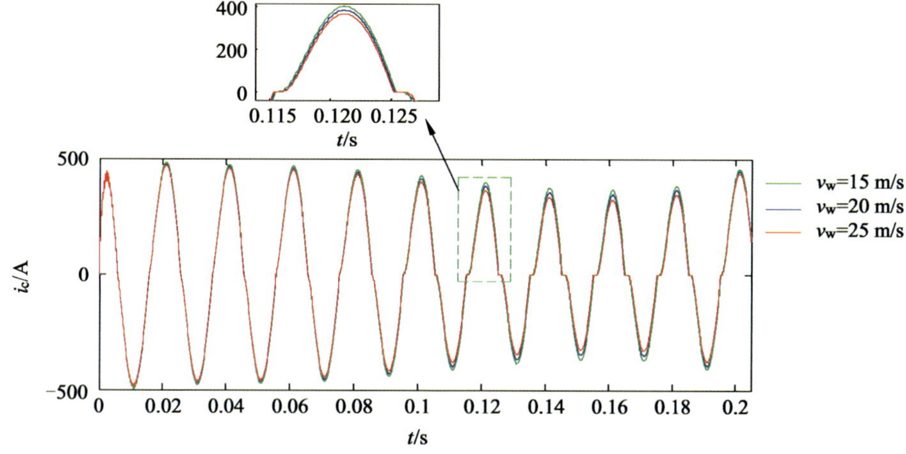

图 4-47　不同风速下的电弧电流

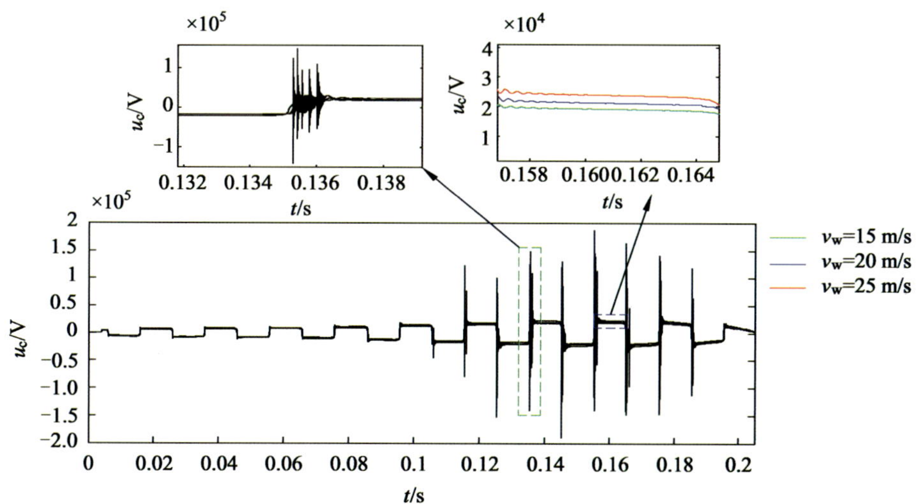

图 4-48　不同风速下的电弧电压

图 4-49 和图 4-50 中显示了不同列车速度（$v = 250$ km/h、$v = 300$ km/h 和 $v = 350$ km/h）下的电弧电流和电弧电压波形。与风速相同，图 4-49 中电弧电流幅值随着列车速度的增加而减小。在图 4-50 中，随着车速增加，电弧电压稳定区的振幅也呈现出增加的趋势（用绿线圈出）。在电压不稳定区域，$v = 250$ km/h 时不出现脉冲过电压，在其他列车速度条件下（用红线圈出），脉冲过电压的幅值和持续时间随着列车速度的增加而增加。

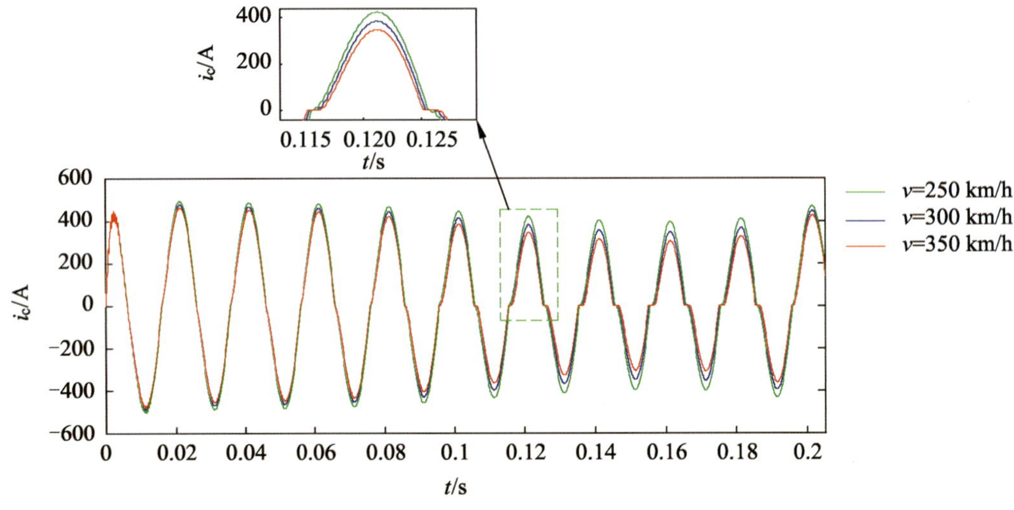

图 4-49　不同车速下的电弧电流

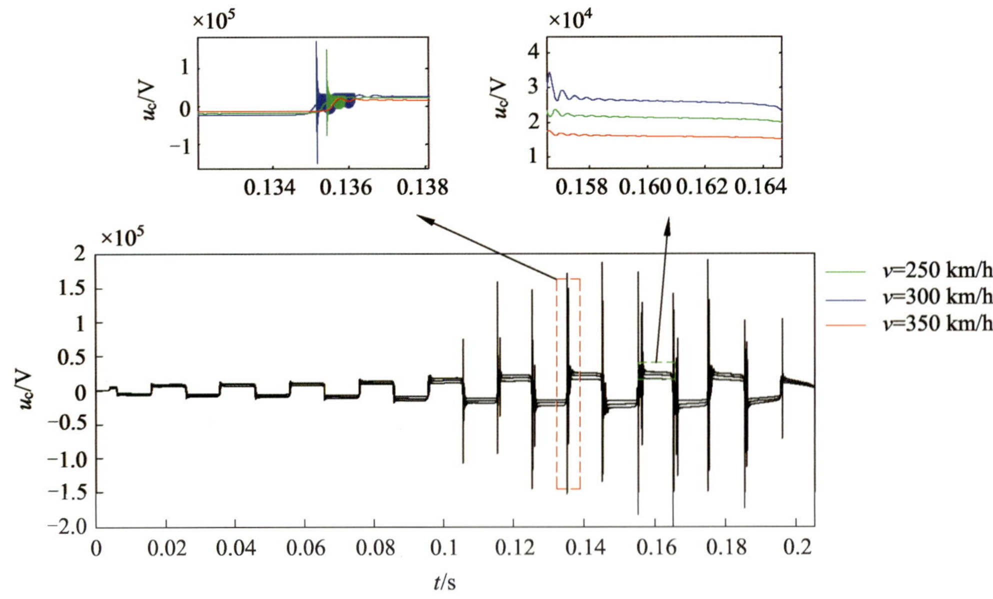

图 4-50　不同车速下的电弧电压

4.2.5 考虑弓网电弧的车-网一体化等值电路模型建立

动车组在运行过程中不可避免地经历过电分相弓网燃弧电磁暂态过程，有必要构建考虑弓网电弧的车-网一体化等值电路模型。以 CRH380BL 型动车组过京津城际铁路的 7 跨锚段关节式车载自动电分相为例，对采用双弓授流的长编组动车组过分相进行建模和相应的电磁暂态分析。

针对高速列车过车载自动电分相的电磁暂态过程，过去的研究只考虑了短编组动车组的情况。短编组动车组仅有两台受电弓，其中一台通过抬升与接触网接触受流，过分相期间弓网间的分合只会出现 4 次电磁暂态过程。然而，相较于短编组动车组，长编组动车组有更多受电弓，弓网之间更多的分合导致更多的暂态过程。暂态过电压发生的次数更多，过电压现象可能更严重。

如图 4-51 所示为 7 跨锚段关节式电分相。两边的接触线分别为 A 相供电臂的接触线和 B 相供电臂的接触线。两供电臂与中性段构成两组锚段关节，这两组锚段关节利用空气间隙进行电气隔离。支柱 2 与支柱 3 之间、支柱 3 与支柱 6 之间、支柱 6 与支柱 7 之间的区段分别为 A 相供电臂过渡区域、中性段和 B 相供电臂过渡区域。支柱 2、3、6、7 的位置分别为 A、B、C、D 位置。假设动车组行驶方向是由 A 相供电臂到 B 相供电臂，每台与接触线接触的受电弓经过 A、B、C、D 4 个位置的弓网接触机械动态过程会分别引起 4 次电磁暂态过程：受电弓到达支柱 2 之前，列车主断路器断开且弓头只与 A 相供电臂接触，受电弓只从 A 相供电臂获取电流。受电弓到达 A 位置时，弓头与中性线的距离迅速缩小导致空气间隙击穿，受电弓开始同时跨接中性线和 A 相供电臂，其间出现的弓网第 1 次燃弧以及中性线感应电压与 A 相供电臂电压叠加的共同作用使弓头出现第 1 次暂态过电压。受电弓继续前行到支柱 2 与 3 之间的过渡区域时弓头同时跨接 A 相供电臂和中性线。受电弓到达 B 位置时弓头与 A 相供电臂分离，产生离线拉弧，加上线路拓扑结构瞬间发生变化的因素，弓头出现第 2 次暂态过电压。受电弓前行到支柱 3 与 6 之间的中性段期间弓头只与中性线接触，但前行到 C 位置时开始跨接 B 相供电臂的接触线，其间出现弓网第 3 次燃弧，燃弧和 B 相供电臂的电压与中性线感应电压叠加的共同作用形成第 3 次暂态过电压。之后，受电弓运行到支柱 6 与 7 之间的过渡区域时弓头同时跨接 B 相供电臂和中性线。在 D 位置，受电弓脱离中性线，开始只与 B 相供电臂接触，这段暂态过程和 B 位置相似，将中性线从受电弓受流的来源中切除导致线路拓扑结构瞬间变化，加上中性线与受电弓分离过程中出现的燃弧现象，形成第 4 次暂态过电压。列车离开支柱 7 后，受电弓只与 B 相供电臂接触，只从 B 相供电臂获取电流。

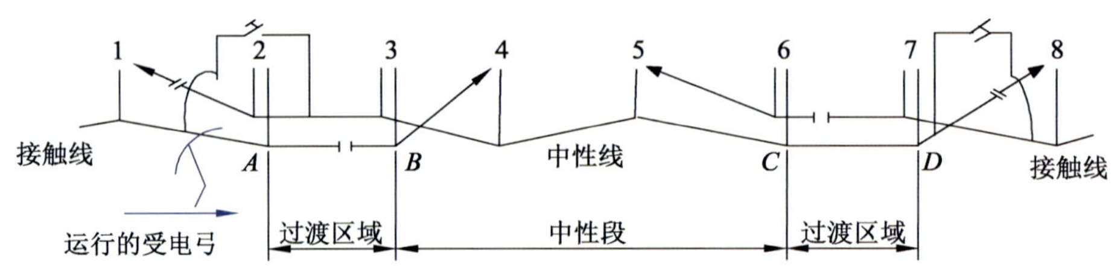

图 4-51　7 跨锚段关节式电分相示意图

根据图 4-52 和图 4-53，两台抬升的受电弓相距 202.6 m。根据京津城际铁路实际情况，每相供电臂和每个过渡区的长度分别为 25 km 和 320 m。过分相过程中两台受流受电弓在 *A*、*B*、*C*、*D* 位置都会产生 4 个电磁暂态过程，共产生 8 个电磁暂态过程。

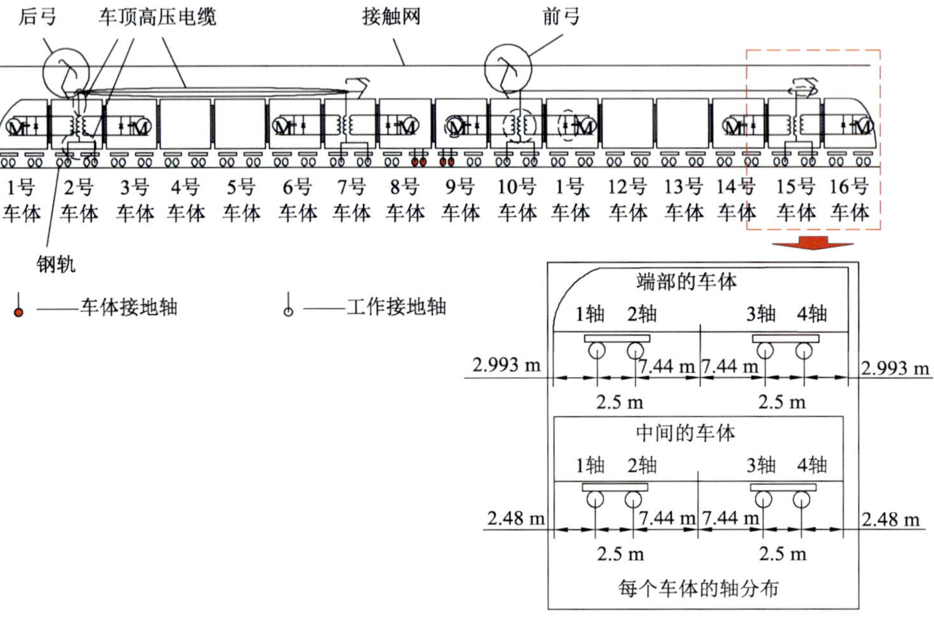

图 4-52　CRH380BL 型动车组的电气结构与每节车体的轴分布示意图

假设 CRH380BL 型动车组从 A 相供电臂运行到 B 相供电臂，16 号和 1 号车体分别为动车组行驶方向的车头和车尾，将 10 号车体受电弓记为前弓、2 号车体受电弓记为后弓。动车组过京津城际铁路的 7 跨锚段关节式电分相的 8 个电磁暂态过程示意图如图 4-53 所示。8 个电磁暂态过程的先后顺序分析和整理结果如下：

动车组进入电分相区域后，第一个暂态过程是前弓经过 *A* 位置。

对于暂态过程Ⅱ，可能是前弓过 *B* 位置，也可能是后弓过 *A* 位置，需要比较前弓过 *B* 位置和后弓过 *A* 位置的时间先后。由于前后弓间距（202.6 m）大于位置 *A* 和位置 *B* 的距离（95 m），前弓过 *B* 位置早于后弓过 *A* 位置。因此，过程Ⅱ是前弓过位置 *B* 的过程。

对于暂态过程Ⅲ，可能是前弓过 C 位置，也可能是后弓过 A 位置，需要比较前弓过 C 位置和后弓过 A 位置的时间先后。由于 B 位置和 C 位置的距离（130 m）大于暂态过程Ⅱ发生时后弓与位置 A 的距离（107.6 m），后弓过 A 位置早于前弓过 C 位置。因此，过程Ⅲ是后弓过位置 A 的过程。

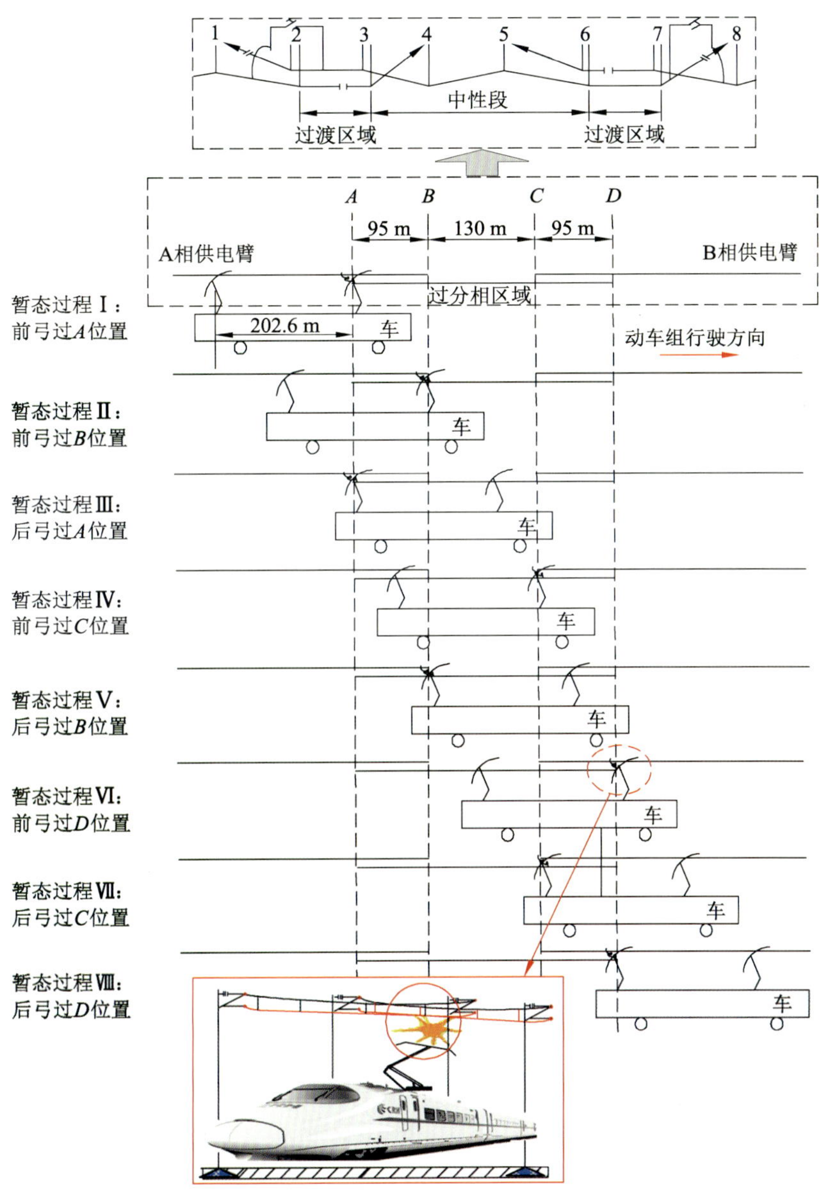

图 4-53　动车组过京津城际铁路的 7 跨锚段关节式电分相的 8 个电磁暂态过程示意图

对于暂态过程Ⅳ，由于 A 位置与 B 位置的距离（95 m）大于暂态过程Ⅲ发生时前弓与位置 C 的距离（22.4 m），因此，过程Ⅳ是前弓过 C 位置的过程。

对于暂态过程Ⅴ，由于 C 位置与 D 位置的距离（95 m）大于暂态过程Ⅳ发生时后弓与 B 位置的距离（72.6 m），因此，过程Ⅴ是后弓过 B 位置的过程。

对于暂态过程Ⅵ，由于位置 B 和位置 C 的距离（130 m）大于过程 Ⅴ 发生时前弓与 D 位置的距离（22.4 m），因此，过程Ⅵ是前弓过 D 位置的过程。

对于最后两个暂态过程，由于前弓已经经过了 A 位置、B 位置、C 位置和 D 位置，因此，过程Ⅶ和过程Ⅷ分别是后弓过位置 C 和后弓过 D 位置的过程。

在图 4-52 中，车体接地点分别位于 8 号车体 3、4 轴以及 9 号车体 1、2 轴。由于过分相整个过程中列车主断路器断开，所有工作接地轴均可视为非接地轴。此外，因为 8 号车体 3 轴与 4 轴间距和 9 号车体 1 轴与 2 轴间距非常小，建模中可以认为 8 号和 9 号车体分别只有一处接地点，将 8 号和 9 号车体两个接地轴合并处理。8 号车体与 9 号车体的接地点、前后弓位置，以及 A、B、C、D 位置将车-网系统分割成很多部分。根据分割点位置和相互的间距，每个暂态过程对应的车-网系统中被划分的区间如图 4-54 ~ 图 4-61 所示。

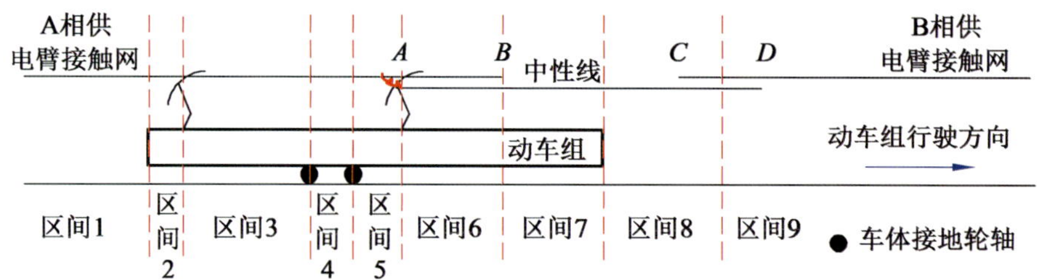

区间 2：含 1 号 ~2 号车体；区间 3：含 2 号 ~8 号车体；区间 4：含 8 号 ~9 号车体；区间 5：含 9 号 ~10 号车体；区间 6：含 10 号 ~ 14 号车体；区间 7：含 14 号 ~16 号车体。

图 4-54 暂态过程 Ⅰ 时车-网系统的区间分布

暂态过程 Ⅰ 的区间分布中，区间 1 只有牵引网系统；区间 2 的车-网系统可视为 A 相供电接触网、1 号 ~ 2 号车体和钢轨组成的三导体系统；区间 3 的车-网系统视为供电接触网、2 号 ~ 8 号车体和钢轨组成的三导体系统；区间 4 的车-网系统可视为供电接触网、8 号 ~ 9 号车体和钢轨组成的三导体系统；区间 5 的车-网系统可视为供电接触网、9 号 ~ 10 号车体和钢轨组成的三导体系统；区间 6 的位于供电臂过渡区域，该区间的车-网系统可视为供电接触网、中性线、10 号 ~ 14 号车体和钢轨组成的四导体系统；区间 7 的车-网系统可视为中性线、14 号 ~ 16 号车体和钢轨组成的三导体系统。区间 8、9 属于动车组还未行驶到的区域，分别为中性段区域和 B 相供电臂区域。

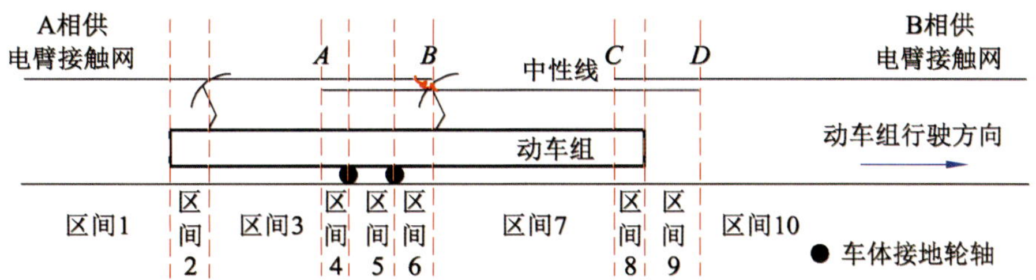

区间 2：含 1 号～2 号车体；区间 3：含 2 号～6 号车体；区间 4：含 6 号～8 号车体；区间 5：含 8 号～9 号车体；区间 6：含 9 号～10 号车体；区间 7：含 10 号～15 号车体；区间 8：含 15 号～16 号车体。

图 4-55　暂态过程Ⅱ时车-网系统的区间分布

过程Ⅱ的区间分布中，区间 2、3 位于过渡区域外的供电臂区域，对应的车-网系统可视为接触网、车体和钢轨组成的三导体系统；区间 4、5、6、8 位于过渡区域，对应的车-网系统可视为供电接触网、中性线、车体和钢轨组成的四导体系统；区间 7 位于中性段区域，对应的车-网系统可视为中性线、车体和钢轨组成的三导体系统。

过程Ⅲ的区间分布中，区间 2、9 对应的车-网系统可视为接触网、车体和钢轨组成的三导体系统；区间 3、8 对应的车-网系统可视为供电接触网、中性线、车体和钢轨组成的四导体系统；区间 4、5、6、7 对应的车-网系统可视为中性线、车体和钢轨组成的三导体系统。

过程Ⅳ的区间分布中，区间 2、3、7 对应的车-网系统可视为供电接触网、中性线、车体和钢轨组成的四导体系统；区间 4、5、6 对应的车-网系统可视为中性线、车体和钢轨组成的三导体系统；区间 8 对应的车-网系统可视为接触网、车体和钢轨组成的三导体系统。

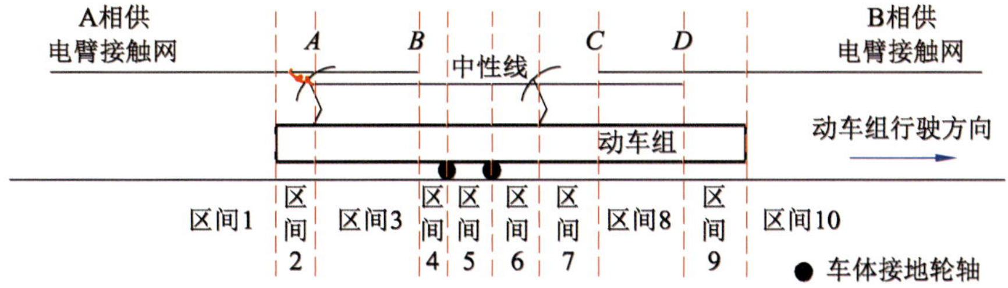

区间 2：含 1 号～2 号车体；区间 3：含 2 号～6 号车体；区间 4：含 6 号～8 号车体；区间 5：含 8 号～9 号车体；区间 6：含 9 号～10 号车体；区间 7：含 10 号～11 号车体；区间 8：含 11 号～15 号车体；区间 9：含 15 号～16 号车体。

图 4-56　暂态过程Ⅲ时车-网系统的区间分布

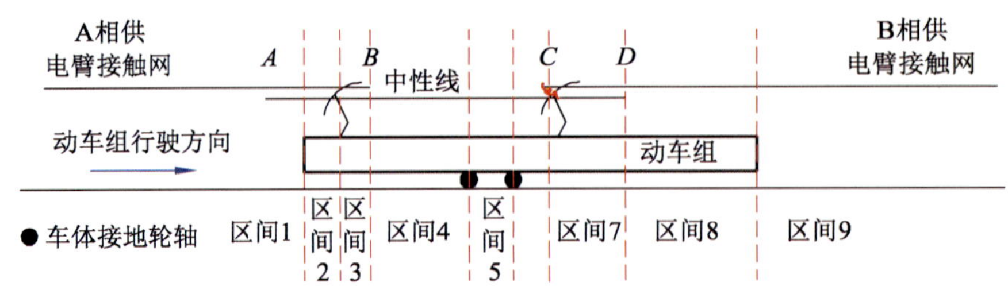

区间 2：含 1 号～2 号车体；区间 3：含 2 号～5 号车体；区间 4：含 5 号～8 号车体；
区间 5：含 8 号～9 号车体；区间 6：含 9 号～10 号车体；区间 7：含 10 号～14 号车体；
区间 8：含 14 号～16 号车体。

图 4-57 暂态过程Ⅳ时车-网系统的区间分布

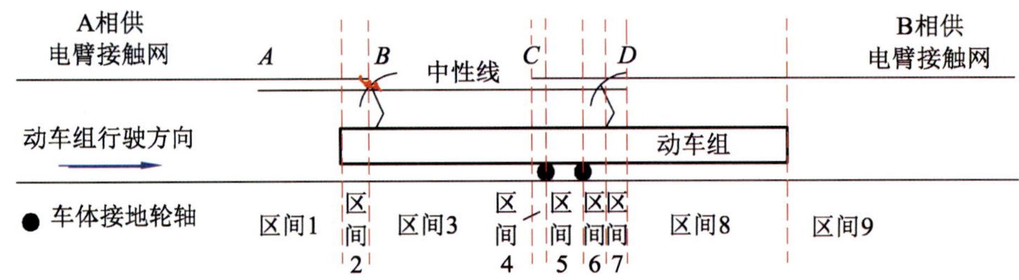

区间 2：含 1 号～2 号车体；区间 3：含 2 号～7 号车体；区间 4：含 7 号～8 号车体；
区间 5：含 8 号～9 号车体；区间 6：含 9 号～10 号车体；区间 7：含 10 号～11 号车体；
区间 8：含 11 号～16 号车体。

图 4-58 暂态过程Ⅴ时车-网系统的区间分布

过程Ⅴ的区间分布中，区间 2、4、5、6、7 对应的车-网系统可视为供电接触网、中性线、车体和钢轨组成的四导体系统；区间 3 对应的车-网系统可视为中性线、车体和钢轨组成的三导体系统；区间 8 对应的车-网系统可视为接触网、车体和钢轨组成的三导体系统。

过程Ⅵ的区间分布中，区间 2、5、6、7 对应的车-网系统可视为供电接触网、中性线、车体和钢轨组成的四导体系统；区间 3、4 对应的车-网系统可视为中性线、车体和钢轨组成的三导体系统；区间 8 对应的车-网系统可视为接触网、车体和钢轨组成的三导体系统。

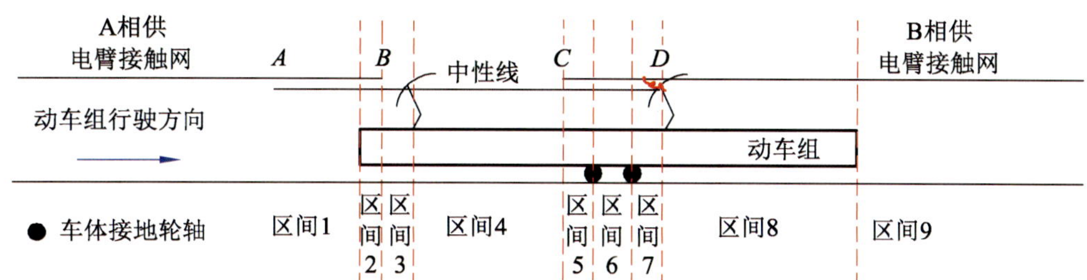

区间 2：含 1 号车体；区间 3：含 1 号～2 号车体；区间 4：含 2 号～6 号车体；
区间 5：含 6 号～8 号车体；区间 6：含 8 号～9 号车体；区间 7：含 9 号～10 号车体；
区间 8：含 10 号～16 号车体。

图 4-59　暂态过程Ⅵ时车-网系统的区间分布

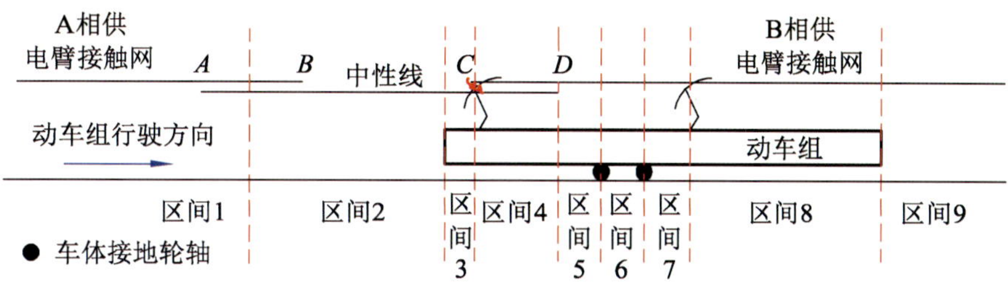

区间 3：含 1 号～2 号车体；区间 4：含 2 号～6 号车体；区间 5：含 6 号～8 号车体；
区间 6：含 8 号～9 号车体；区间 7：含 9 号～10 号车体；区间 8：含 10 号～16 号车体。

图 4-60　暂态过程Ⅶ时车-网系统的区间分布

过程Ⅶ的区间分布中，区间 3 对应的车-网系统可视为中性线、车体和钢轨组成的三导体系统；区间 4 对应的车-网系统可视为供电接触网、中性线、车体和钢轨组成的四导体系统；区间 5、6、7、8 对应的车-网系统可视为接触网、车体和钢轨组成的三导体系统。

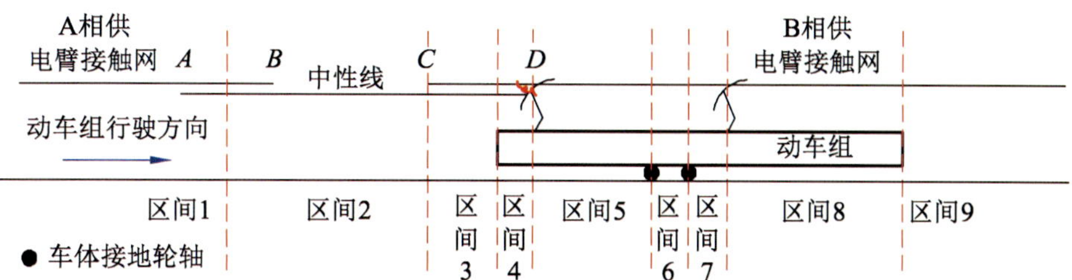

区间 4：含 1 号～2 号车体；区间 5：含 2 号～8 号车体；区间 6：含 8 号～9 号车体；
区间 7：含 9 号～10 号车体；区间 8：含 10 号～16 号车体。

图 4-61　暂态过程Ⅷ时车-网系统的区间分布

过程Ⅷ的区间分布中，区间 4 对应的车-网系统可视为供电接触网、中性线、车体和钢轨组成的四导体系统；区间 5、6、7、8 对应的车-网系统可视为接触网、车体和钢轨组成的三导体系统。

建立图 4-62 ~ 图 4-69 八个电磁暂态过程的 ATP-EMTP 仿真模型，进行进一步研究。考虑每个过分相暂态过程的持续时间很短且车长只有 400 多米，行车区域内的车-网模型采用传统的集总参数电路等效。在仿真建立的模型中，供电臂与中性段之间、供电臂接触网与车体之间、中性线与车体之间、车体与钢轨之间的 4 种容性耦合用等值电容表示；两供电臂的牵引变电所由变电所的等值电源、电阻和电感组成；供电接触网和中性线的模块包括等值电阻、电感和分布电容。由于过分相期间主断路器断开且 CRH380BL 型动车组主断路器位于车顶高压电缆的上方，列车车顶部分的模块包括受电弓与车体的耦合电容和车顶电压互感器等值电感；车体部分的模块由车体的等值电阻、电感组成；钢轨部分的模块由钢轨的等值电阻、电感、分布电容和对地泄漏电导组成，用拓展的 Habedank 电弧模型和开关的组合模型等效，8 个暂态过程的仿真模型均以上述等效方法建立。以暂态过程Ⅰ为例，下面详细说明模型的拓扑构成。过程Ⅰ对应的 ATP-EMTP 仿真模型如图 4-62 所示。

暂态过程Ⅰ模型拓扑由 9 个部分组成：部分 1 为从 A 相供电臂牵引变电所到 1 号车体之间的拓扑；部分 2 为 1 号车体到后弓（区间 2）之间的拓扑；部分 3 为后弓到 8 号车体接地点之间（区间 3）的拓扑；部分 4 为从 8 号和 9 号车体接地点之间（区间 4）的拓扑；部分 5 为 9 号车体接地点到前弓之间（区间 5）的拓扑；部分 6 为前弓到电分相 B 点之间（区间 6）的拓扑；部分 7 为电分相 B 点到 16 号车体之间（区间 7）的拓扑；部分 8 为 16 号车体到中性线与 B 相供电臂交接处之间的拓扑；部分 9 为中性线与 B 相供电臂交接处到 B 相供电臂牵引变电所之间的拓扑。其中，部分 1 和 9 的拓扑由串联的变电所等值电源、电阻、电感和供电臂分布参数模块组成；部分 2、3、4、5 的拓扑由接触网的集总参数模块、接触网与车体耦合电容、车体集总参数模块、车体与钢轨耦合电容、钢轨的集总参数模块和对地泄漏电导组成；部分 6 的拓扑由供电接触网集总参数模块、中性线集总参数模块、供电接触网与中性线耦合电容、供电接触网与车体耦合电容、中性线与车体间耦合电容、车体集总参数模块、车体与钢轨耦合电容、钢轨的集总参数模块和对地泄漏电导组成；部分 7 的拓扑由中性线集总参数模块、中性线与车体耦合电容、车体集总参数模块、车体与钢轨耦合电容、钢轨的集总参数模块和对地泄漏电导组成；部分 8 的拓扑由中性段分布参数模块组成。后弓位置的车顶等值电路模块位于部分 2 和 3 的拓扑之间；前弓位置车顶等值电路模块和电弧模型位于部分 5 和 6 的拓扑之间；车体保护接地电阻分别位于部分 3 和 4、部分 4 和 5 的拓扑之间；中性段和 B 相供电臂耦合电容位于部分 8 和 9 的拓扑之间。

过程Ⅱ ~ 过程Ⅷ对应的 ATP-EMTP 仿真模型分别如图 4-63 ~ 图 4-69 所示。

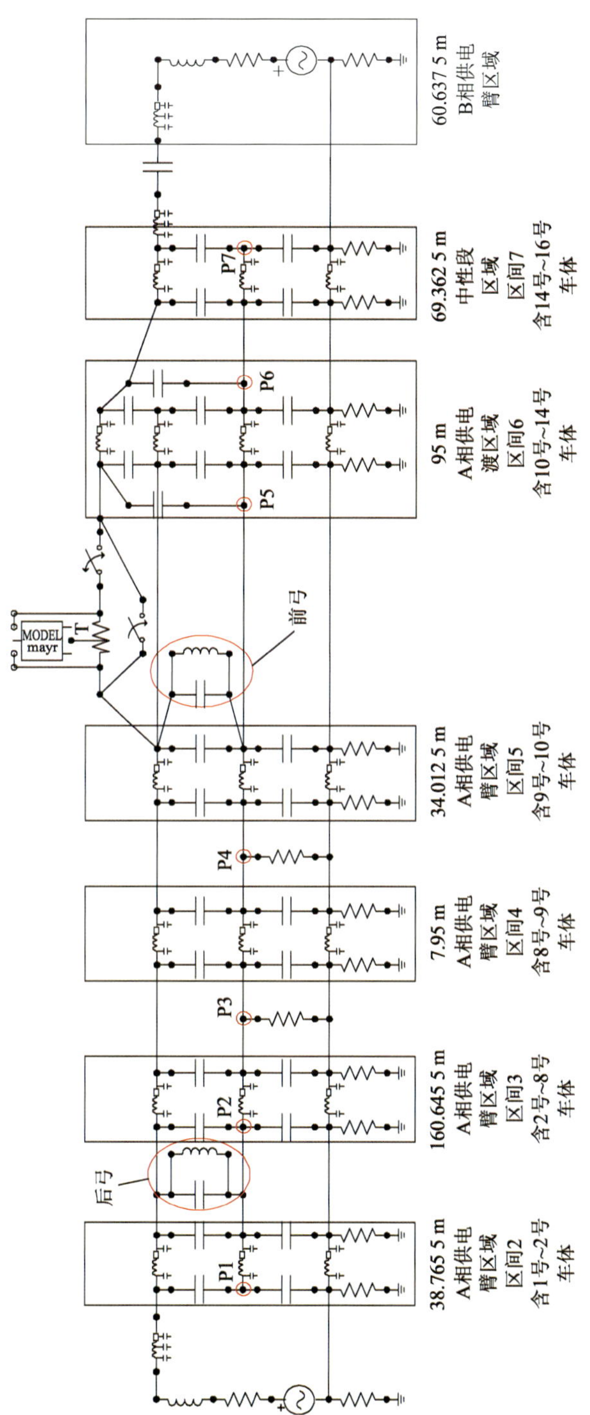

图 4-62　过程Ⅰ对应的 ATP-EMTP 仿真模型

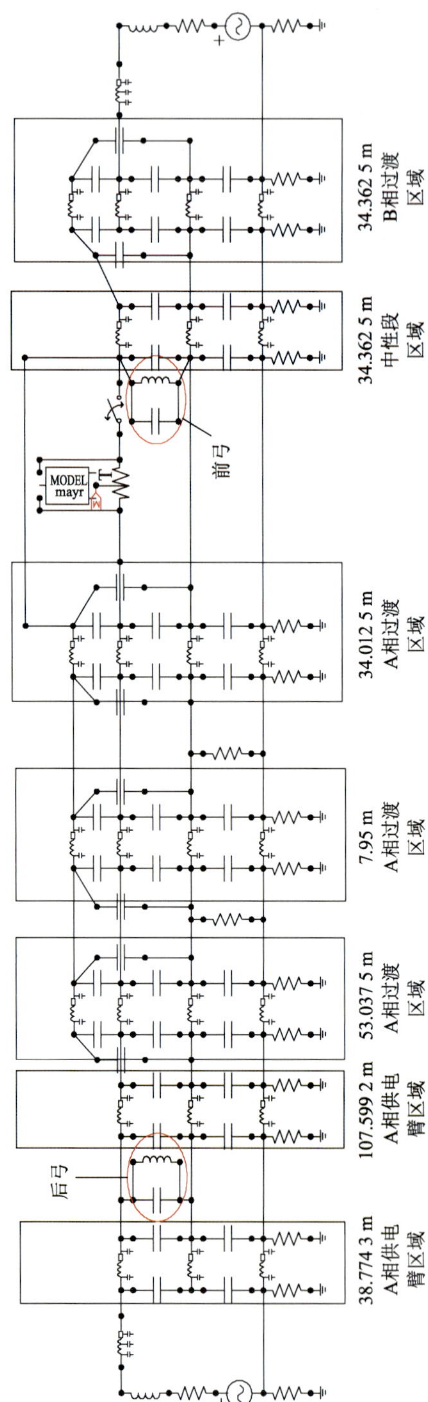

图 4-63 过程 II 对应的 ATP-EMTP 仿真模型

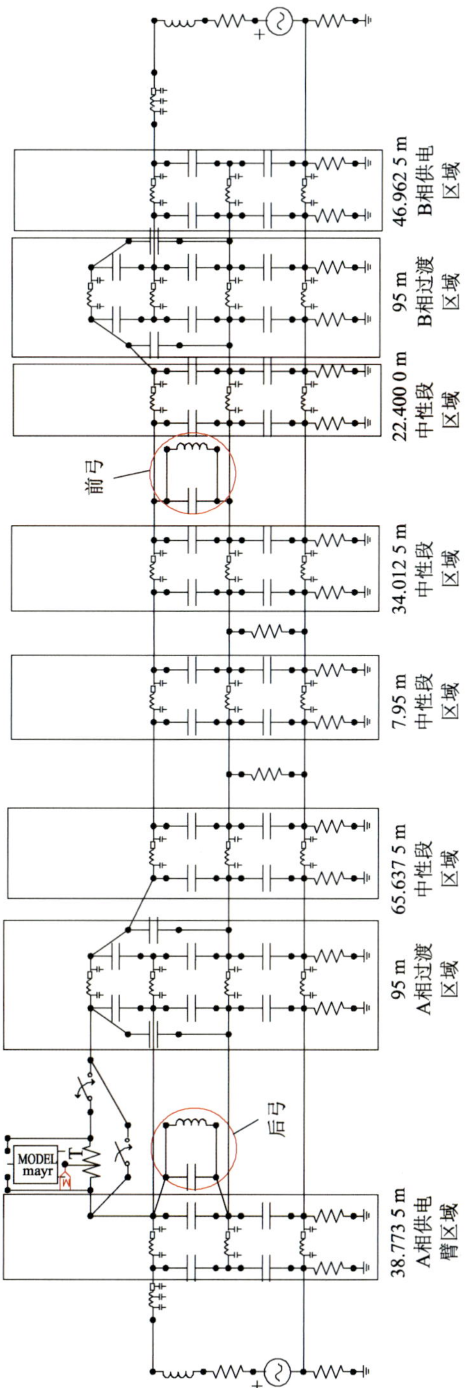

图 4-64　过程Ⅲ对应的 ATP-EMTP 仿真模型

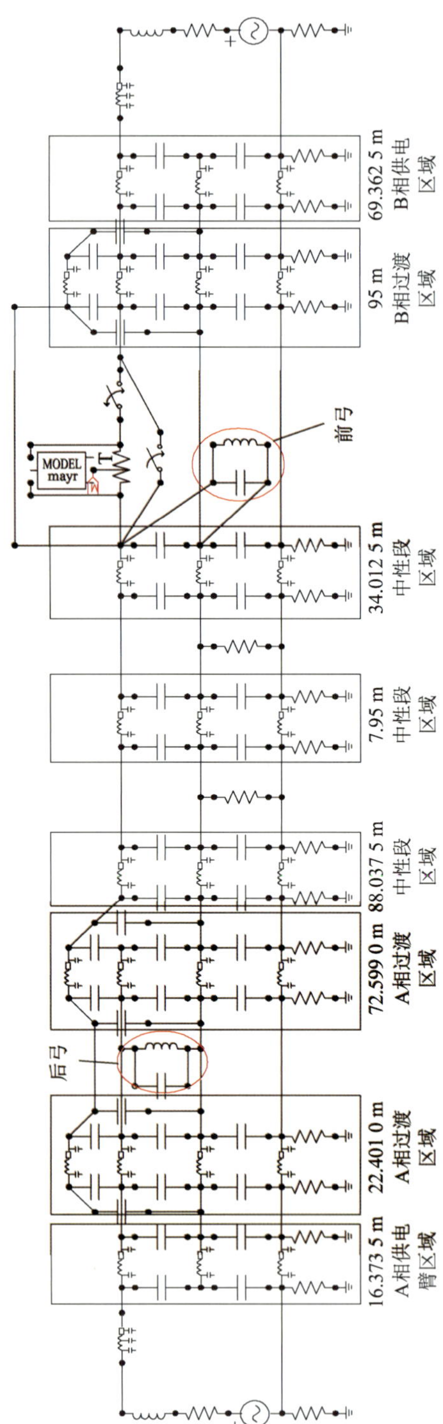

图 4-65　过程Ⅳ对应的 ATP-EMTP 仿真模型

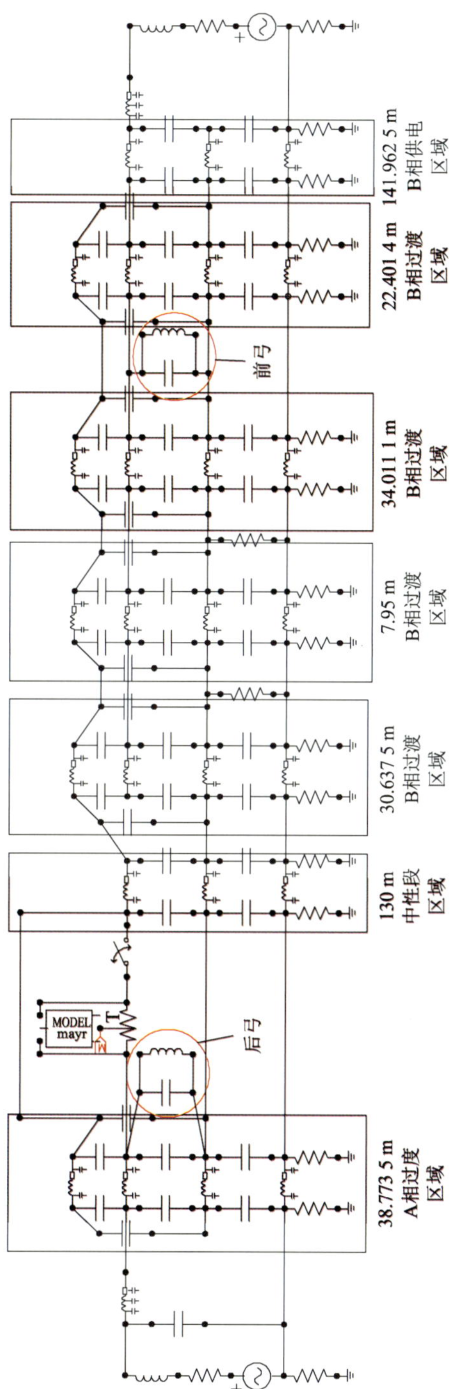

图 4-66　过程 V 对应的 ATP-EMTP 仿真模型

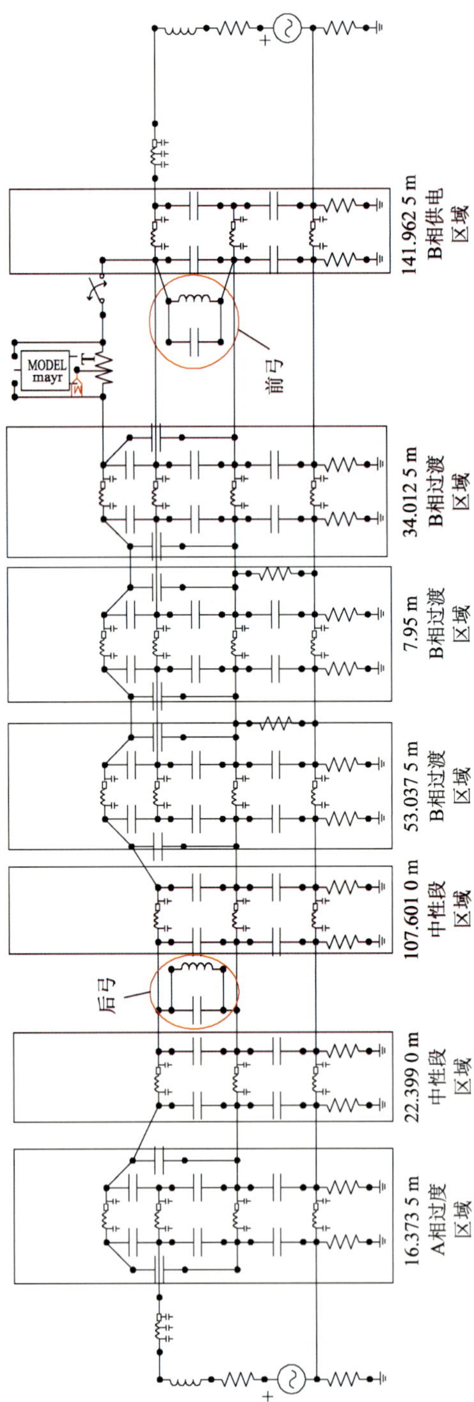

图 4-67　过程Ⅵ对应的 ATP-EMTP 仿真模型

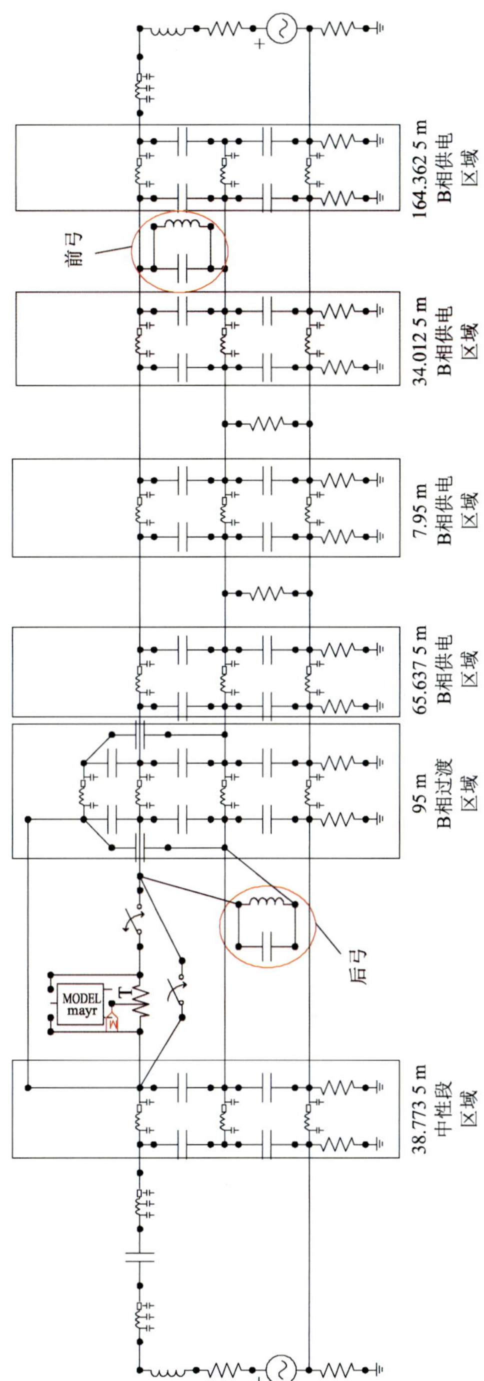

图 4-68　过程Ⅶ对应的 ATP-EMTP 仿真模型

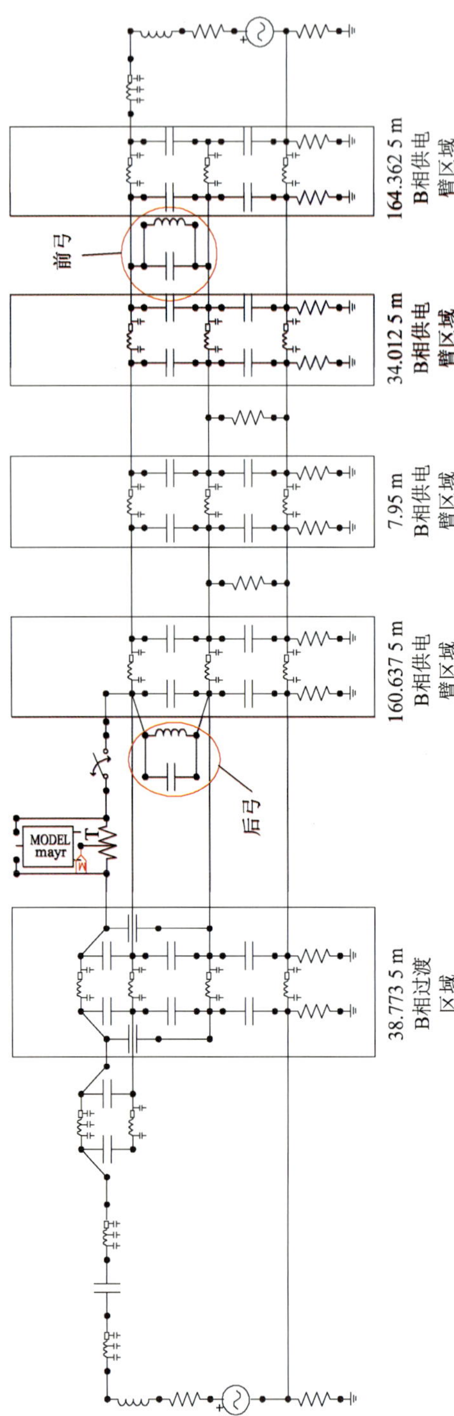

图 4-69　过程Ⅷ对应的 ATP-EMTP 仿真模型

4.2.6　电弧对牵引网电气性能以及列车受流质量的影响

结合根据双弓动力学特性所建立的动态电弧模型以及车-网一体化模型，对发生在双弓系统中的电弧对列车和牵引网造成的影响进行分析，分析过程中考虑列车正常运行、列车过分段结构时发生电弧的工况。

1. 列车正常运行工况下发生电弧造成的暂态影响分析

双弓系统中发生的电弧不仅会影响当前受电弓，还会对另一个受电弓的电气性能以及受流质量造成影响。如图 4-70 所示，假设后弓发生分离电弧，其会导致牵引受电弓中的电流发生严重瞬态变化，电弧电流的瞬变分量将沿着车辆顶部的高压电缆传播，会导致前弓的弓网间产生过电流，且可能会流入车辆并冲击车辆变压器等电气附件。前弓的弓网间电压也会受到后弓电弧的影响，电弧电流瞬变分量的传播也会导致过电压，这也是电弧产生电磁干扰的主要原因。

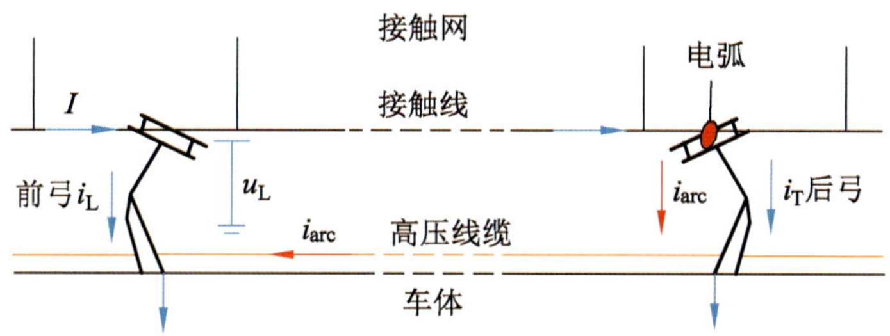

图 4-70　双弓系统中发生电弧的暂态影响

将动态电弧模型引入正常运行下的车-网模型进行仿真分析，以后弓初始接触力 $F_t = 55$ N 的工况下后弓某一次离线发生的电弧为例，仿真得到了后弓电弧发生期间前弓上的过电流 i_L 和过电压 u_L，同时不引入电弧模型进行仿真，获取列车未收到电弧影响的弓网间电流与电压的波形进行对比，其电流和电压波形分别如图 4-71 和图 4-72 所示。

可以看出，过电流和过电压的振幅高于不受电弧影响的弓网电流和电压。与不受电弧影响的平滑波形相比，过电流和过电压波形中存在高频波动。过电流和过电压的峰值随时间变化，与电弧不稳定区和 CZC 的变化规律相同，其与电弧弧长的变化呈正相关。

考虑不同的后弓初始接触压力工况，将每一种工况下发生的所有离线电弧造成的过电压与过电流影响进行统计，其中每一组过电压与过电流取其最大幅值 I_{om} 与 U_{om}，如图 4-73 和图 4-74 所示。

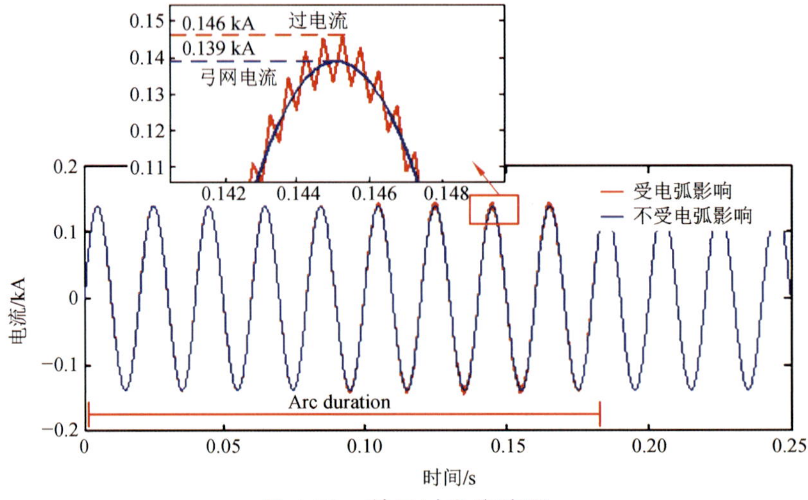

图 4-71 前弓过电流波形

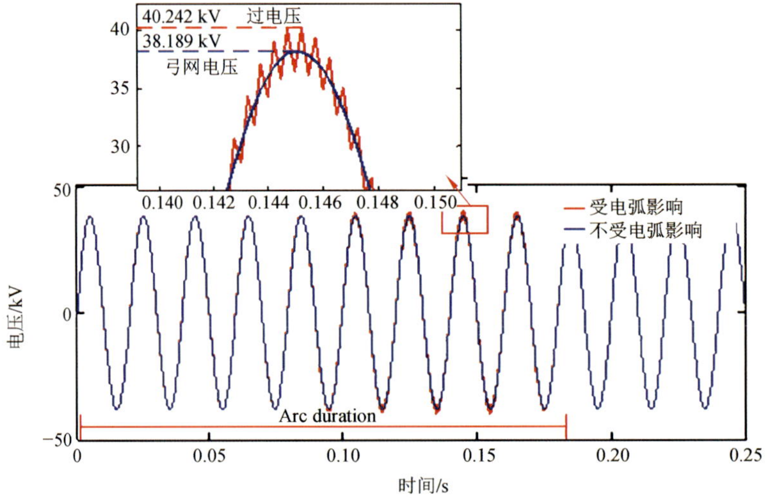

图 4-72 前弓过电流波形

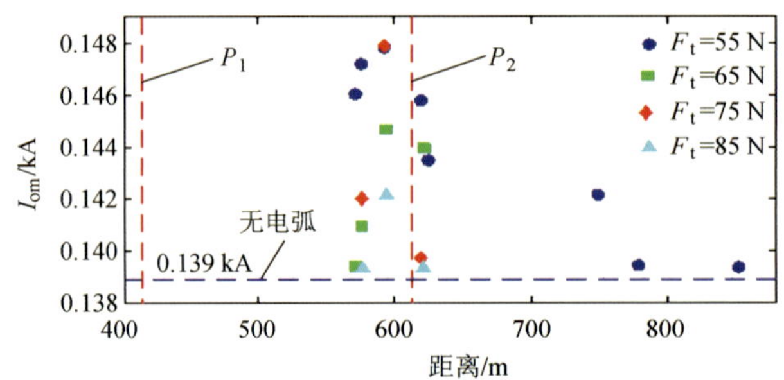

图 4-73 不同后弓初始抬升力下前弓过电流

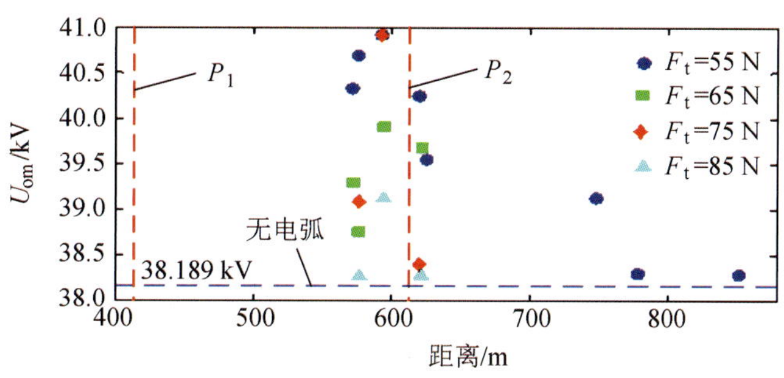

图 4-74　不同后弓初始抬升力下前弓过电压

可以看出，后弓发生电弧时，前弓电流与电压均高于未发生电弧的情况。前弓的过电流和过电压幅值与后弓初始抬升力工况以及电弧发生位置相关。如表 4-13 所示为不同后弓初始抬升力下对应的平均过电压与过电流，数据显示，随着后弓初始抬升力的增加，前弓平均过电流与过电压呈现减小的趋势。

表 4-13　后弓初始抬升力对应的前弓过电流与过电压

F_t/N	平均过电流/kA	平均过电压/kV
55	0.146 1	40.341 2
65	0.142 4	39.405 8
75	0.143 2	39.460 3
85	0.140 3	38.557 1

图 4-73 和图 4-74 中，P_1 与 P_2 两根红线分别表示前弓过锚段结构与后弓过锚段结构。受电弓过锚段结构时，弓网间的相互作用会增强。由于后弓发生电弧导致的前弓过电压与过电流大量分布于 P_1 与 P_2 之间，且接近 P_2 线的过电压与过电流的幅值较大。在 P_1 与 P_2 的区间内，后弓并未过锚段关节，其弓网间的相互作用仅受到前弓过锚段关节的影响，这就说明前弓过锚段关节产生的弓网相互作用增强会影响到后弓电弧的发生状况，从而影响电弧造成的影响。

2. 列车过分相时发生电弧造成的暂态影响分析

考虑长编组动车组普通路段过车载断电自动电分相，基于图 4-63 ~ 图 4-69 所示模型，设置 $\theta_A = 90°$、$\Delta\theta = 60°$后，仿真分析不同电磁暂态过程的车顶和车体电压。仿真时间和步长与数值求解的设置保持一致。8 个暂态过程对应的燃弧弓头电压波形（u_P）的仿真结果见图 4-75。由图可知：暂态过程 Ⅰ ~ Ⅷ对应的过电压峰值分别为 51.75 kV、49.38 kV、66.19 kV、43.06 kV、58.71 kV、40.80 kV、42.02 kV 和 40.50 kV。如图 4-76 所示为仿真模型不同位置（P1 ~ P7）的车体电压（u_{tb}）仿真结果。

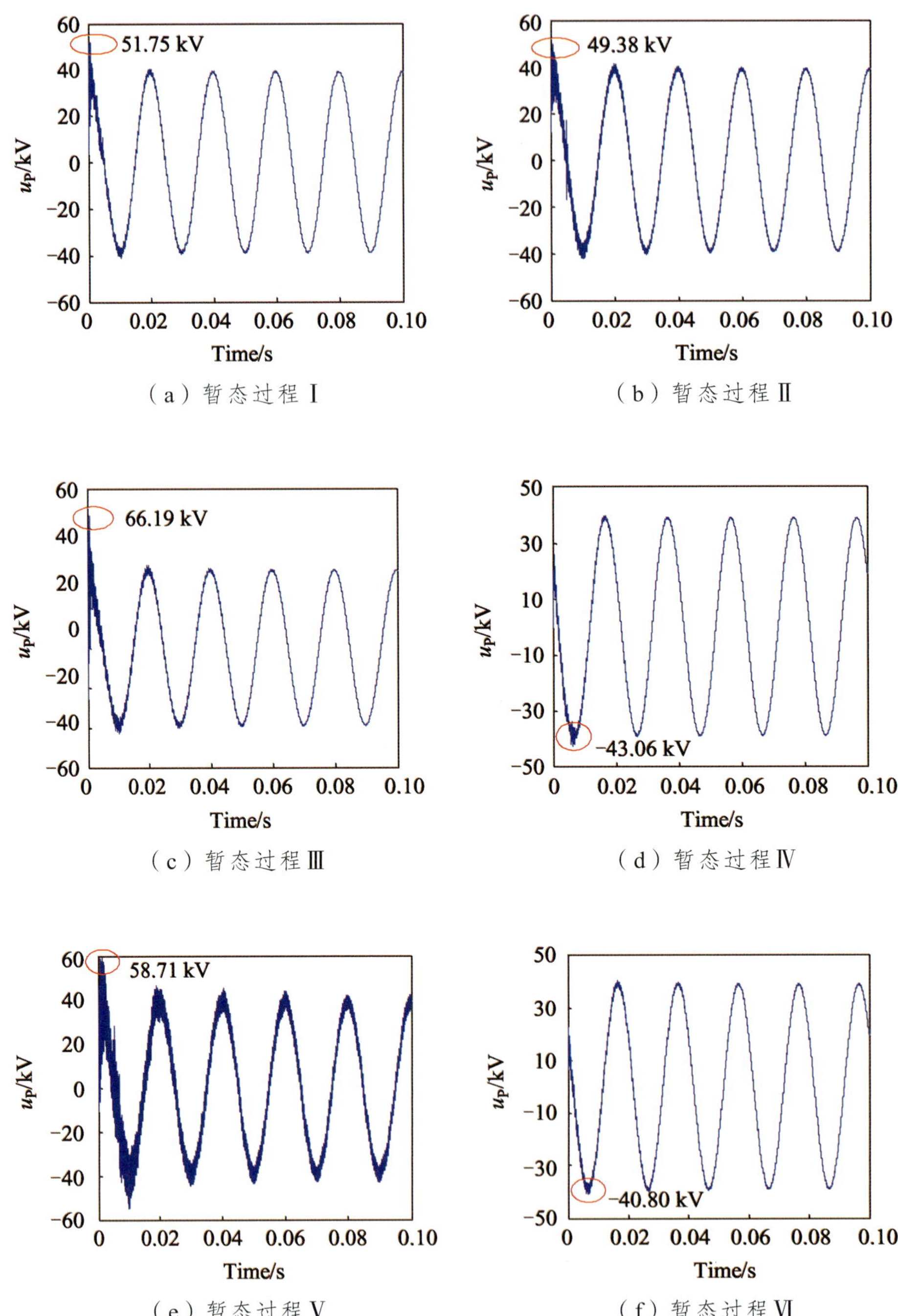

（a）暂态过程Ⅰ

（b）暂态过程Ⅱ

（c）暂态过程Ⅲ

（d）暂态过程Ⅳ

（e）暂态过程Ⅴ

（f）暂态过程Ⅵ

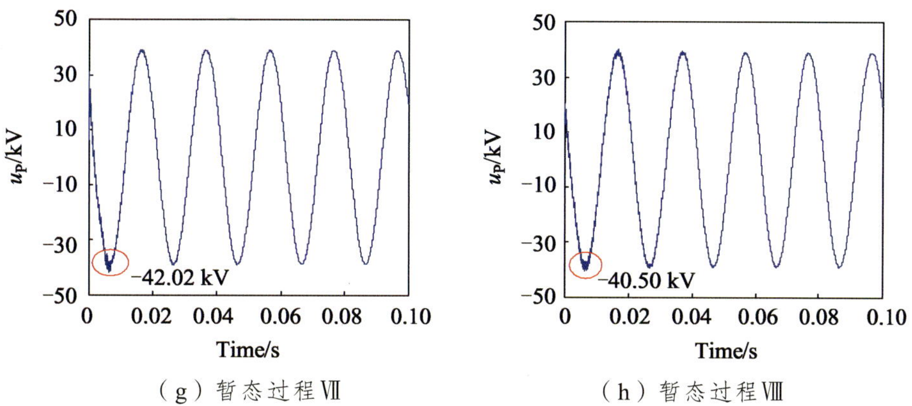

（g）暂态过程Ⅶ　　（h）暂态过程Ⅷ

图 4-75　8 个电磁暂态过程对应的燃弧弓头电压波形（$\theta_A=90°$，$\Delta\theta=60°$）

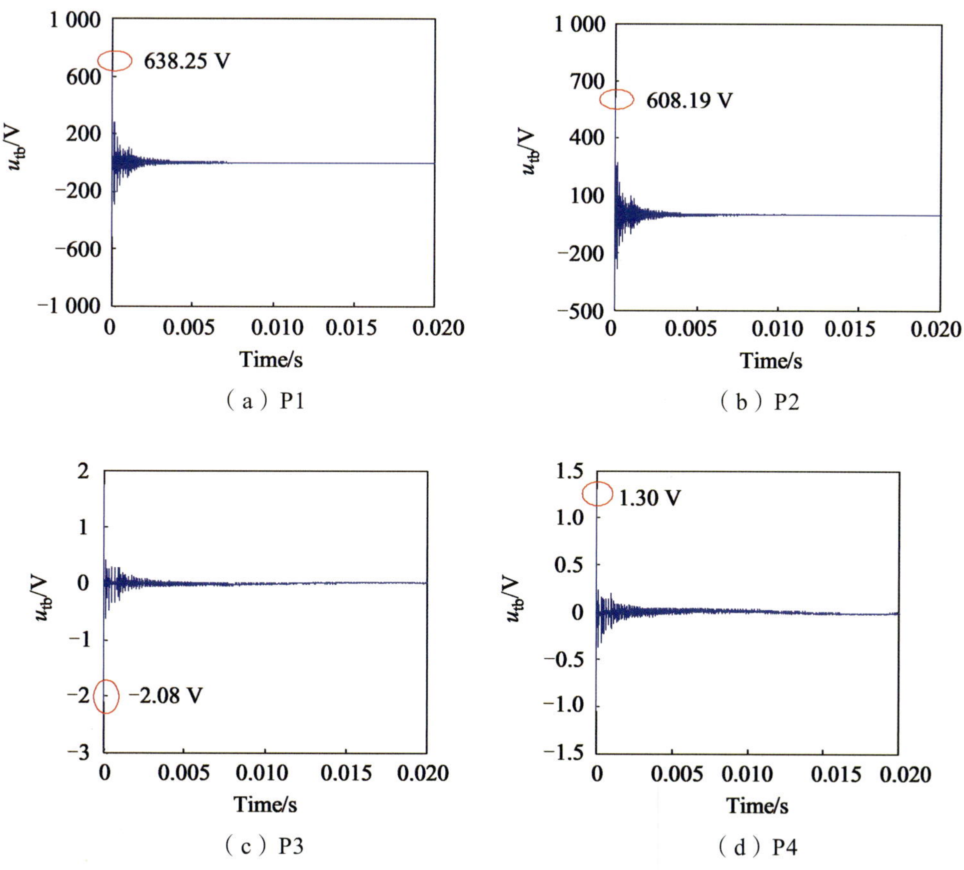

（a）P1　　（b）P2

（c）P3　　（d）P4

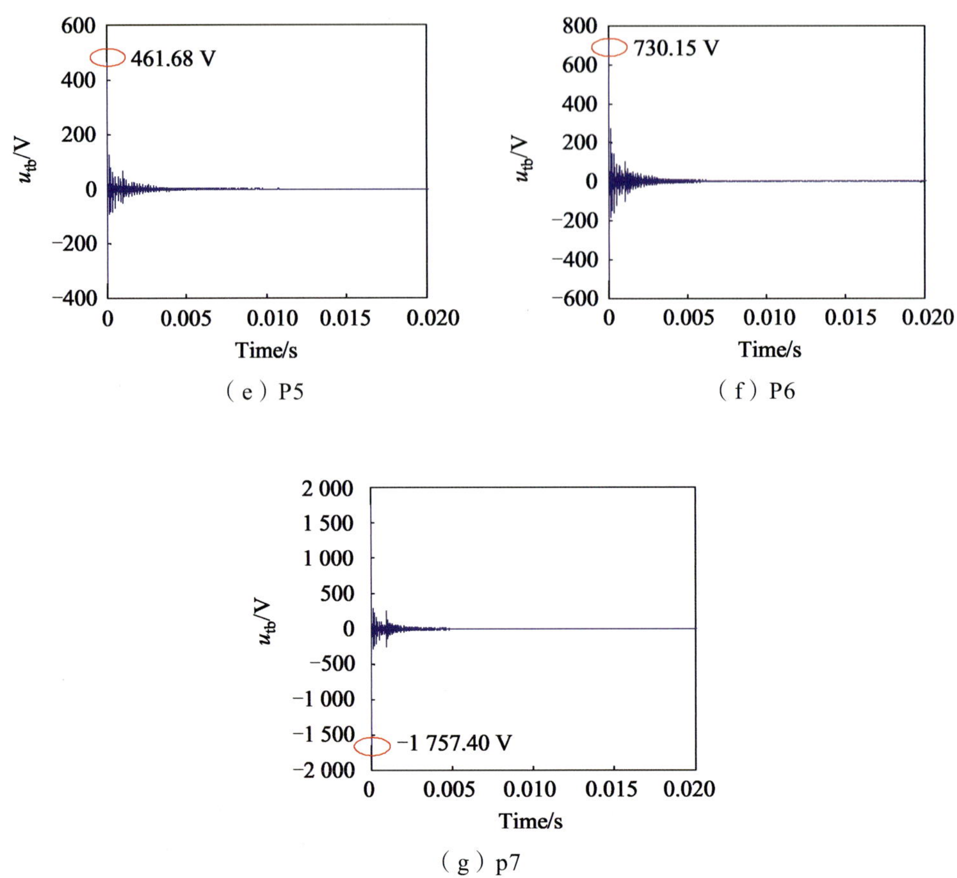

（e）P5

（f）P6

（g）p7

图 4-76 过程 I 对应模型的不同位置的车体电压波形（$\theta_A = 90°$，$\Delta\theta = 60°$）

进一步仿真分析暂态过程Ⅰ～Ⅷ对应的车体电压峰值分布（$\theta_A = 90°$，$\Delta\theta = 60°$）。8 个暂态过程对应的车体过电压分布如图 4-77 所示。由图可知，8 个暂态过程均存在严重的不均匀过电压分布现象。对于每个暂态过程，过电压分布的趋势是相同的。由于端部车体是阻抗突变点，它们的电压峰值相对相邻车体更高。CRH380BL 型动车组车体保护接地位于 8 号和 9 号车体。由于保护接地阻抗很小，接地车体没有出现过电压。暂态过程Ⅰ、Ⅱ和Ⅲ均出现超过 1 kV 的车体过电压，分别为 1 757.4 V、1 397.8 V 和 1 224.5 V。

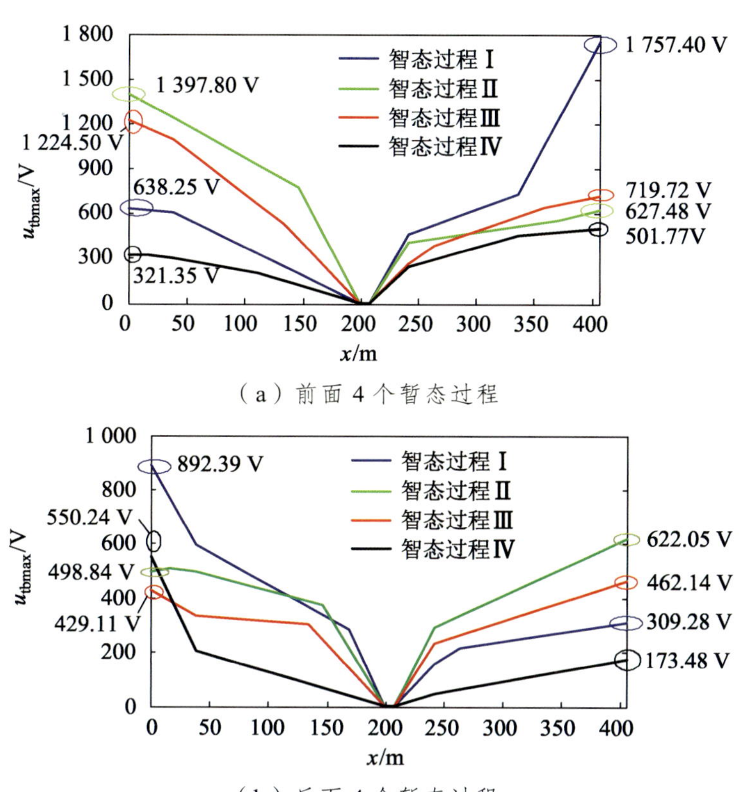

(b) 后面 4 个暂态过程

图 4-77　8 个暂态过程对应的车体过电压分布（$\theta_{\mathrm{A}}=90°$，$\Delta\theta=60°$）

4.3　双弓运行下弓网参数匹配及双弓协同控制策略

4.3.1　基于接触网波动传播规律的双弓-网参数匹配方法

本节对接触线抬升在受电弓激励下的响应进行了介绍。通过分析单个受电弓引起的接触线抬升响应，揭示后弓受流质量劣化机制。根据分析结果，给出一个新的最优双弓运行间距公式。通过将后弓放置在正确的位置，以获得更好的受流质量。

以京津城际铁路高铁参数为例，对不同速度和受电弓间隔下的双弓-网相互作用进行了多次仿真模拟。速度从 300 km/h 到 380 km/h 不等，双弓间距从 130 m 到 250 m 不等。得到的后弓接触力标准差与受电弓间隔和速度的关系如图 4-78 所示。可以看出，接触力标准差和双弓间距之间的周期性关系受列车运营速度的影响。具体来说，随着速度的增加，标准差与受电弓间隔的周期增加。

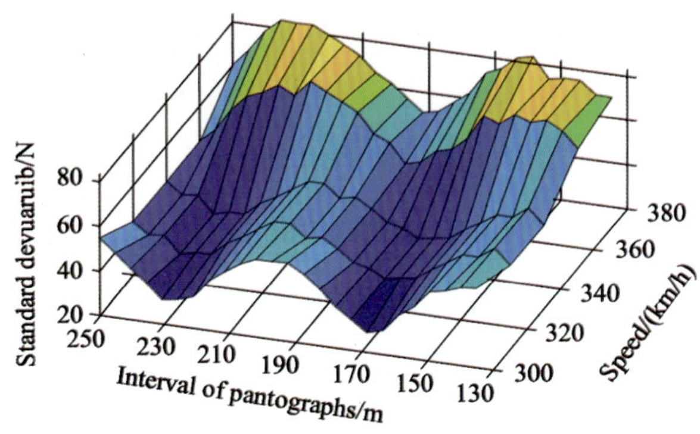

图 4-78　不同间距和速度下受电弓接触力的标准差分布情况*

为了进一步揭示后弓集流质量的劣化机理，通过在接触线上施加 150 N 的移动载荷，研究接触网随激励的抬升特征。350 km/h 下接触线振动时程曲线统计结果如图 4-79 所示。其中红线表示移动力的轨迹，黄线描述了前向波的传播，白线代表后向波的传播，红色椭圆表示恒力通过后接触线某点的响应。由于多普勒效应，前向波的幅度远小于后向波的幅度。这也说明了为什么前弓的后向波对后受电弓受流质量有显著影响。

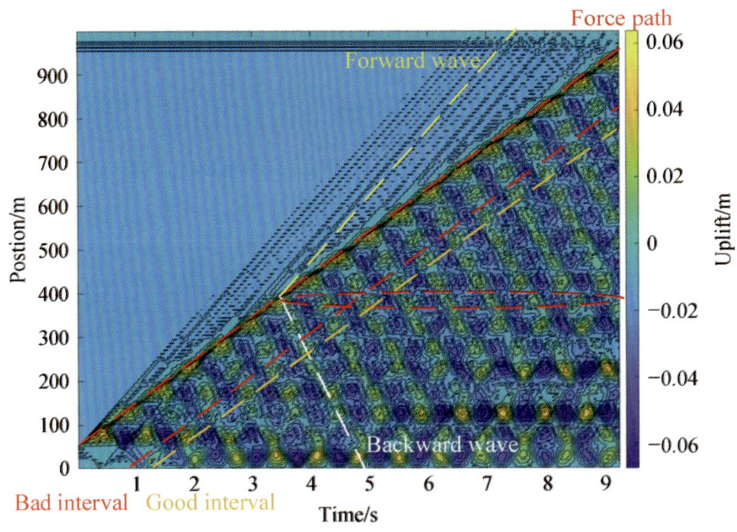

图 4-79　350 km/h 下接触线振动时程曲线统计结果

从图 4-77 中提取接触线支承点的抬升量响应，如图 4-80（a）所示。通过接触线抬升量微分可以得到接触线支承点的抬升速度，如图 4-80（b）所示。可以看出，接触线抬升的速度峰值处恰好出现了不良间距。反之，最优间距出现在接触线抬升速度的

* 统一说明：书中部分图为仿真图，为保持与仿真原图一致，其轴坐标保留英文表示。

谷值处。这说明，当后弓位于前弓引起的接触线抬升的速度峰值时会发生共振，导致后弓的受流质量下降；当后弓位于接触网抬升速度的谷值时，振动将被抵消并减弱前弓的影响，可以提高后弓的受流质量。

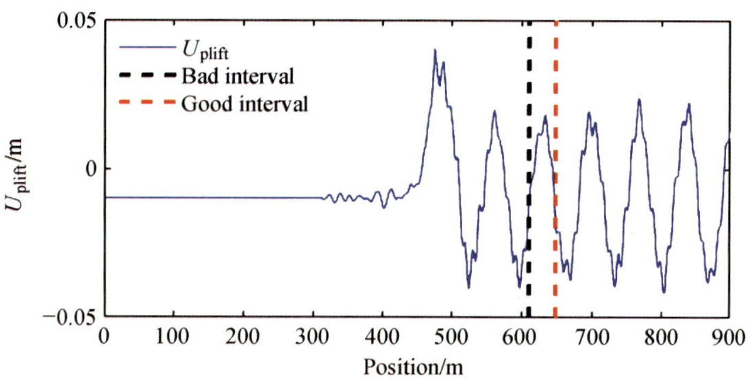

（a）接触线抬升量

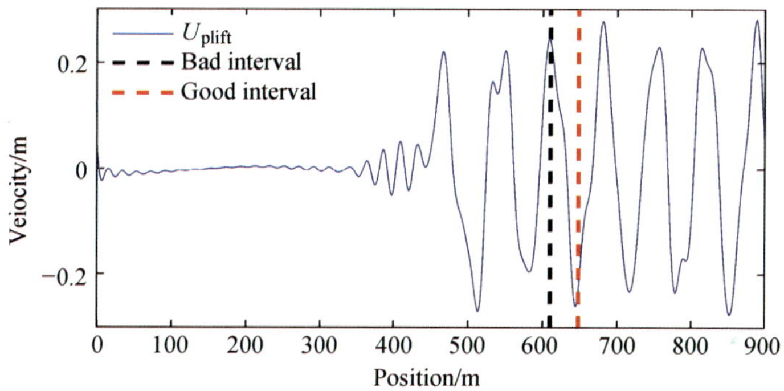

（b）接触线抬升速度

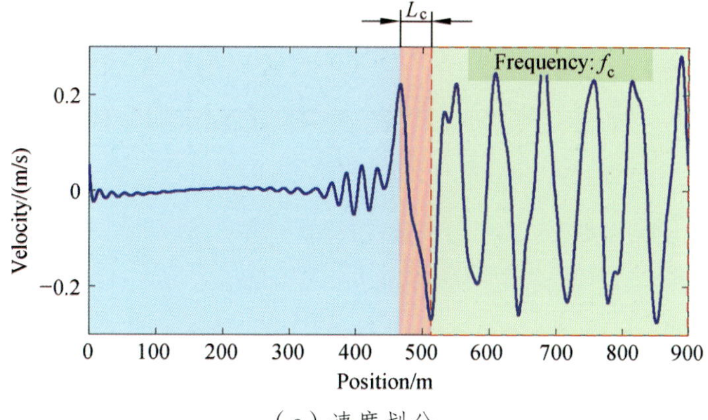

（c）速度划分

图 4-80 接触线抬升量、抬升速度与响应速度

通过研究接触线抬升速度的谷值和峰值的位置总结最佳间距公式。图 4-80 中，第一个是蓝色背景中显示的预通道阶段。在这个区域，接触线受到前向波的影响，引起轻微的振荡。当移动载荷接近时，速度达到最大值。第二个是红色背景中显示的通过阶段。此时，当移动载荷通过支承点时，速度增加到最大并急剧减小到最小。红色区域的长度由 L_c 表示。最后一个是后期阶段，如绿色背景所示。接触线受后向波的影响，速度呈现周期性波动。这个阶段的波动频率用 f_c 表示。由以上分析可知，当共振发生时，后弓出现在接触线抬升速度的峰值处。在这种情况下，双弓间距与运行速度的关系如下：

$$\frac{v}{L_p - L_c} = \frac{2}{2k-1} f_c \tag{4-97}$$

式中：v 是列车速度；L_p 是受电弓的运行间隔。当 L_p 满足式（4-97）时为不良间隔。反之，当后弓出现在接触线抬升速度谷值时，可推导出最优间距公式。

最优间距和不良间距的公式总结如下：

$$L_p = \begin{cases} \dfrac{2k-1}{2} \cdot \dfrac{v}{f_c} + L_c & k = 1,2,3\cdots \text{最优间距} \\ k \cdot \dfrac{v}{f_c} + L_c & k = 1,2,3\cdots \text{不良间距} \end{cases} \tag{4-98}$$

可以看出，最优间距是由 L_c 和 f_c 决定的，需要进一步研究影响 L_c 和 f_c 的潜在因素。L_c 的具体值与接触网本身的结构和列车速度有关，它可以通过单个受电弓的移动载荷动力模拟来获得。f_c 的值是图 4-80（c）中绿色背景中接触线抬升速度的波动频率。

接触线抬升的频域如图 4-81 所示。根据 f_c 进行频率分析的结果可以看出，在 350 km/h 时接触线抬升的峰值频率出现在接触网跨中位置，即 1.424 Hz。计算得到 350 km/h 时双弓的最佳间距分别为 116.3 m、184.5 m、252.8 m 和 321.1 m。最优间距和计算结果的比较如图 4-82 所示。将计算结果与仿真结果进行对比，可见公式结论与仿真结果合理且一致。

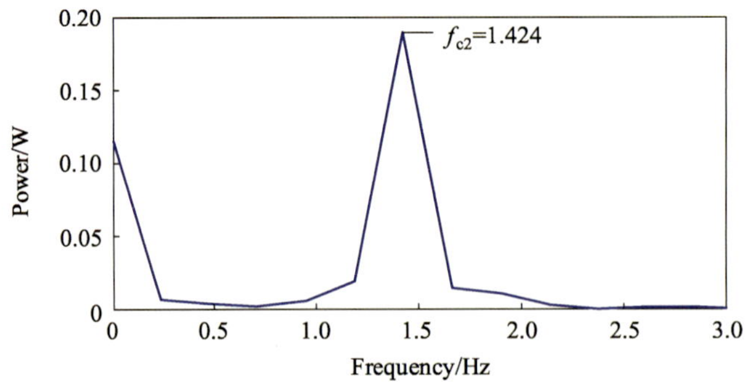

图 4-81　接触线抬升的频域

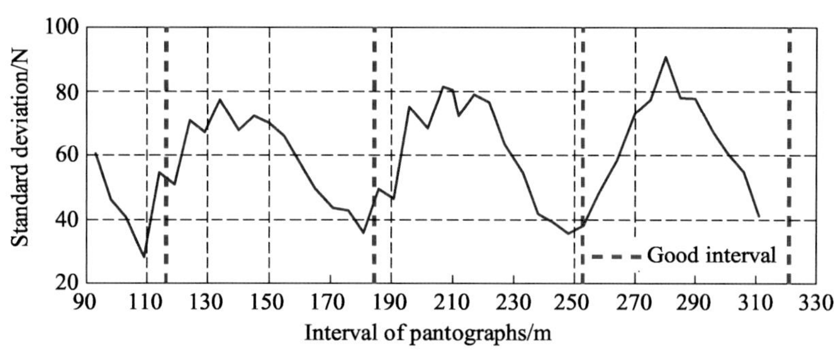

图 4-82　最优间距和计算结果的比较

为了获得更多速度条件下的 L_c 和 f_c，在 300 km/h、320 km/h、340 km/h、360 km/h 和 380 km/h 的速度下进行移动载荷动力模拟，得到相应的结果 L_c 和 f_c，如表 4-14 所示。可以看出，响应频率 f_c 的值随着速度的增加而略有增加。通过模态分析，系统固有频率如图 4-83 所示。通过与接触线的固有频率进行比较，可以看出 f_c 始终与弓网系统固有频率之一保持一致。

表 4-14　不同速度下的响应频率和最佳间隔

速度/（km/h）	f_c/Hz	L_c/m	最优间隔/m
300	1.322	36	99.0; 162.1; 225.1; 288.1
320	1.356	40	105.6; 171.1; 236.7; 302.1
340	1.383	37	105.3; 173.6; 241.9; 310.2
360	1.465	45	113.3; 181.5; 249.8; 318.3
380	1.482	42	113.2; 184.5; 255.7; 326.9

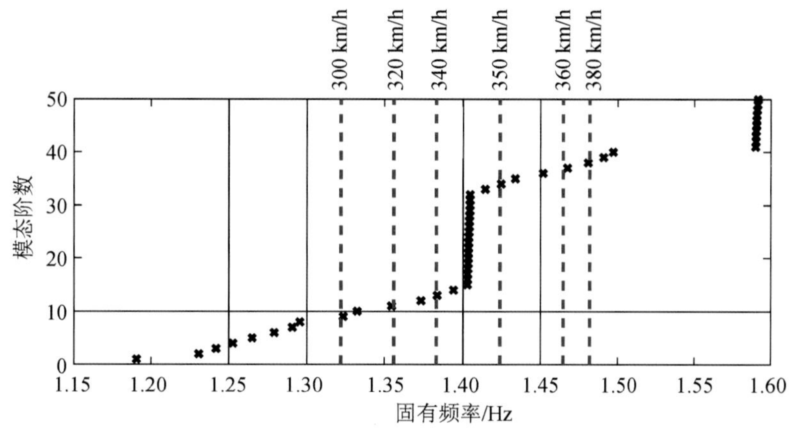

图 4-83　f_c 和固有频率的比较

可以得出结论：对接触线的移动载荷激励能够激发接触线的固有频率之一，但是移动速度决定了哪一个固有频率被激发。利用式（4-98）可以从理论上指导不同运行速度条件下运营线路的双弓运行最优间距设置。

基于传统有限元法弓网模型，可以分析波传播与接触网系统的共振对接触质量的影响。基于有限元模拟结果进行了波传播分析，以评估运行参数（包括列车速度）和结构参数（包括作用在吊索/接触线上的张力）对受流质量的影响。

1. 列车运行速度对受流质量的影响

一般来说，接触力的标准差随着列车速度的增加而增加。然而，从图 4-84 所示的接触力标准差与行驶速度的关系图中可以观察到 3 个特殊区域波动。在每个区域中，接触力标准差随着列车速度的增加而急剧上升或下降。这些特殊波动可以通过主波频率（f_1 和 f_2）与接触网的固有频率之间的匹配来解释。

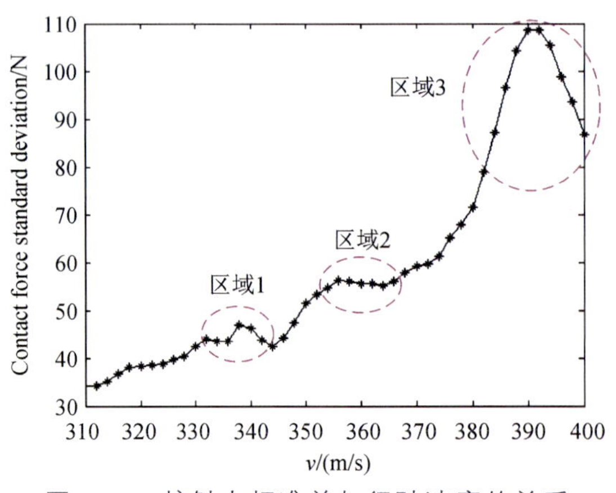

图 4-84　接触力标准差与行驶速度的关系

图 4-85（a）显示了 f_1 和 f_2 相对于列车速度 v 的变化。在恒定移动载荷下，前向波的固有频率分布与后向波相同，所以这里只需要选择其中一个来进行分析，如图 4-85（b）所示。从图 4-85（a）可以看出，f_1 和 f_2 都随着 v 的增加而增加。当 v 增加到 330 km/h 时，f_2 达到第 3 组固有频率。当 v 增加到 345 km/h 以上时，f_2 离开第 3 组固有频率。v 从 330 km/h 到 345 km/h 的范围与图中标注的波动区域 1 一致。类似地，当 v 从 355 km/h 增加到 370 km/h 时，f_1 进入第 4 组固有频率，导致波动区域 2 出现。在区域 3 中，接触力的标准差经历了一个急剧的变化，即随着 v 的增加先上升后下降，这也与在图中的现象重合，这表明 f_1 属于第 1 组固有频率。

通过波频率与对移动载荷敏感的接触网的固有频率之间的匹配，可以最大限度地利用波速以优化列车的运营速度。同时对于实际运营线路的弓网系统作为分析对象，应避免这 3 个波动区域的稳定运行速度。

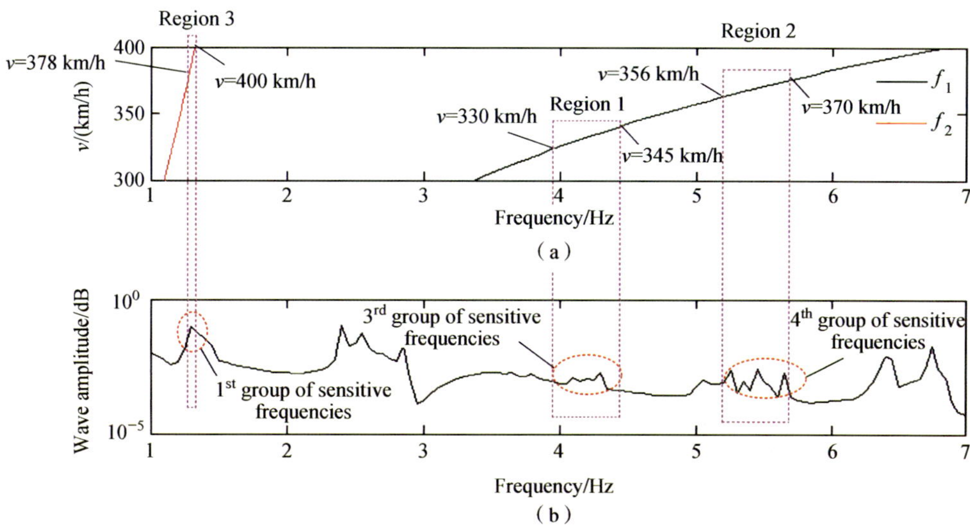

（a）f_1 和 f_2 与 v 的关系　　（b）恒定移动负载激发的波幅与频率的关系

图 4-85　速度和波幅与频率的关系

2. 接触线张力对受流质量的影响

根据 EN 50367：2020、TB 10009—2016 等高速铁路接触网设计规范，增加接触线张力 T_b 能够减少波反射并改善波在吊弦点的传输。实际上，增加 T_b 也可以提高波速，降低接触线刚度分布不均，这是目前公认的提高受流质量的措施。接触力的标准差与 T_b 的关系如图 4-86 所示。从图中可以看出，标准差一般可以随着 T_b 的增加而减小，但是随着 T_b 从 23 kN 增加到 31 kN，标准差减小趋势衰弱，如图 4-86 中椭圆标记。与图 4-85 不同的是，接触线上的张力变化能够改变接触线固有频率的分布。

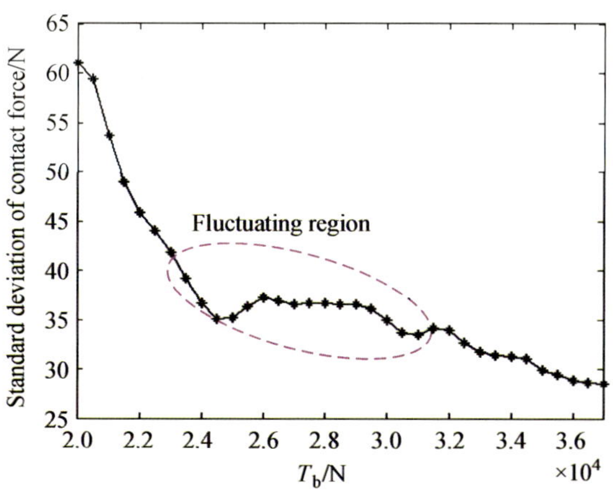

图 4-86　接触力标准偏差与 T_b 的关系

图 4-87 绘制了由恒定移动负载激发的接触线中的波幅与不同 T_b 的频率的等值线图。f_2 随 T_b 的变化也用红色虚线描绘以便于分析。从图中可以看出 f_2 随着 T_b 的增加而减小。同时可以清楚地观察到，波动区域与 f_2 通过第 3 组固有频率的黄色椭圆标记的区域一致。在 T_b 增加超过 32 kN 后，标准偏差随着 T_b 的增加而持续减小。

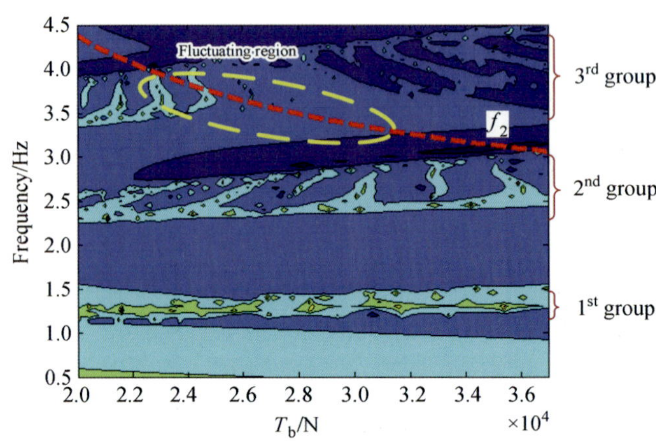

图 4-87 恒定移动负载激发的波幅与频率和 T_b 的关系

3. 承力索张力对受流质量的影响

承力索张力对弓网系统动力性能的影响机理相当复杂。降低吊索张力可以降低波的反射，改善吊弦处的波传输，有利于提升受流质量。接触力的标准差与 T_a 的关系如图 4-88 所示。当 T_a 低于 20 kN 时，接触力的标准偏差随 T_a 的增加而增加。然而可以清晰地观察到一个显著的拐点出现在 $T_a = 20$ kN。类似地，由恒定移动负载激发的波幅与频率和 T_a 的关系如图 4-89 所示，f_1 和 f_2 在该图中使用虚线表示。可以看出，f_1 在 $T_a = 20$ kN 时开始远离第一组固有频率，这可能导致接触力的波动急剧减小。另一个拐点出现在 $T_a = 23.5$ kN 附近，然而，无法从图 4-88 中进一步解释这个拐点，这可能是由于 T_a 对弓网系统动态行为的复杂影响，特别是在承力索中的波动传输。另外有研究表明，增加 T_a 有利于提高波速，也有利于提高结构稳定性。因此，为了稳定的受流质量而选择一个合适的承力索张力 T_a 是一个平衡的问题。

本小节基于有限元弓网模型，分析了主波频率与对移动载荷敏感的固有频率之间的匹配对接触质量的影响。结果表明，当主波频率与对移动载荷敏感的固有频率一致时，可能会发生共振，可用于揭示运行和结构参数对弓网系统集流质量的影响。

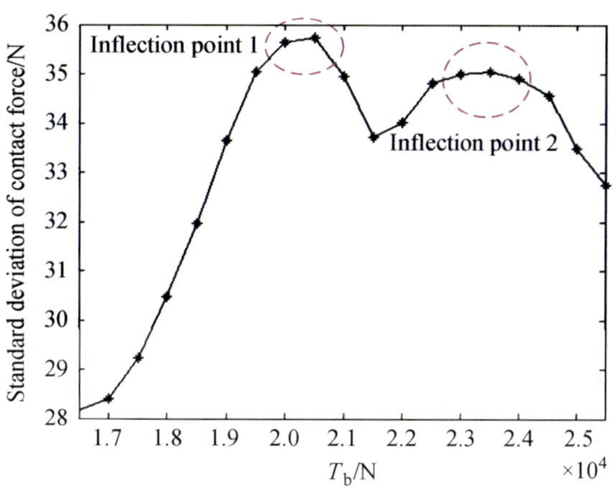

图 4-88　接触力标准偏差与 T_a 的关系

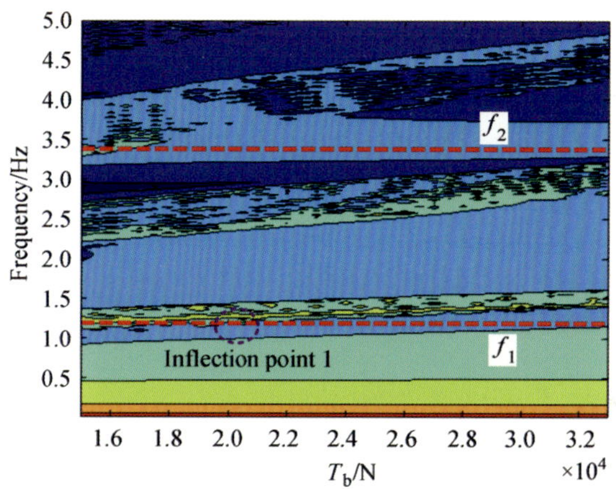

图 4-89　恒定移动负载激发的波幅与频率和 T_a 的关系

4.3.2　双弓协同控制策略研究

1. 双弓-网系统改进状态估计方法

本小节主要介绍用于受电弓量测随机丢失和模型不确定性的改进健壮迭代状态估计算法。仿真结果表明，所提出的状态估计算法能够在面临量测随机丢失和模型不确定性时准确地估计受电弓状态量。

基于状态反馈的控制器可以利用弓网系统状态信息特别是受电弓状态进行受电弓控制以提高控制效率，但由于弓网系统工作环境复杂，检测数据可能包含大量噪声成分。以单臂受电弓的三元归算质量模型为例，要得到所需要的除接触力外的全部 6 个状态（3 个质量块的垂向位移和垂向速度），需安装 6 个相关的传感器进行量测。在复杂的工作环境下，需要这些测量值的可靠性。弓网系统复杂的工作环境会造成两种数据缺失情况，一是传感器自身原因导致的量测失败，二是数据传输过程中的数据丢包。因此，需要考察量测数据随机丢失情况下的受电弓状态估计问题。

1）改进健壮迭代状态估计算法

考虑系统参数不确定性和量测数据随机丢失情况下的受电弓状态估计问题，对健壮迭代状态估计算法进行了改进。为方便状态估计算法分析，首先将受电弓三元质量模型写为状态空间形式：

$$\begin{cases} \dot{x} = \boldsymbol{A}x + \boldsymbol{B}u \\ y = \boldsymbol{C}x \end{cases} \tag{4-99}$$

式中：状态量 $\boldsymbol{x} = [x_1, \dot{x}_1, x_2, \dot{x}_2, x_3, \dot{x}_3]^{\mathrm{T}}$，将接触力和静态抬升力作为输入 $\boldsymbol{u} = [F_{pc}, F_l]^{\mathrm{T}}$，状态矩阵和输入矩阵分别为

$$\boldsymbol{A} = \begin{bmatrix} 0 & 1 & 0 & 0 & 0 & 0 \\ -k_1/m_1 & -c_1/m_1 & k_1/m_1 & c_1/m_1 & 0 & 0 \\ 0 & 0 & 0 & 1 & 0 & 0 \\ k_1/m_2 & c_1/m_2 & -(k_1+k_2)/m_2 & -(c_1+c_2)/m_2 & k_2/m_2 & c_2/m_2 \\ 0 & 0 & 0 & 0 & 0 & 1 \\ 0 & 0 & k_2/m_3 & c_2/m_3 & -(k_2+k_3)/m_3 & -(c_2+c_3)/m_3 \end{bmatrix}$$

$$\boldsymbol{B} = [0, -1/m_1, 0, 0, 0, 0; 0, 0, 0, 0, 0, 1/m_3]^{\mathrm{T}}$$

假设可观测量为各质量块的垂向位移，则观测矩阵为

$$\boldsymbol{C} = \begin{bmatrix} 1 & 0 & 0 & 0 & 0 & 0 \\ 0 & 0 & 1 & 0 & 0 & 0 \\ 0 & 0 & 0 & 0 & 1 & 0 \end{bmatrix}$$

将式（4-99）离散化后，增加过程噪声和量测噪声，表示为

$$\begin{cases} \dot{x}(k+1) = A_{\mathrm{h}} x(k) + B_{\mathrm{h}} u(k) + w(k) \\ y(k) = C_{\mathrm{h}} x(k) + v(k) \end{cases} \tag{4-100}$$

式中：假设过程噪声 $w \in \boldsymbol{R}^n$ 和量测噪声 $v \in \boldsymbol{R}^n$ 为零均值高斯白噪声，它们的协方差矩阵可表示为

$$\boldsymbol{E}\left\{\begin{bmatrix} w \\ v \end{bmatrix}\begin{bmatrix} w^{\mathrm{T}} & v^{\mathrm{T}} \end{bmatrix}\right\} = \begin{bmatrix} \boldsymbol{Q} & 0 \\ 0 & \boldsymbol{R} \end{bmatrix}\delta \tag{4-101}$$

式中：δ 为狄拉克函数。引入二元随机变量 $\gamma(k)$ 表示是否获得量测值，若 $\gamma(k)=1$，表示系统获得有效量测值；若 $\gamma(k)=0$，表示量测失败或量测值丢失，且不同时刻的 $\gamma(k)$ 是独立的，同时有

$$P[\gamma(k)=1]=E[\gamma(k)]=q_\gamma \tag{4-102}$$

$$P[\gamma(k)=0]=1-E[\gamma(k)]=1-q_\gamma \tag{4-103}$$

因此，面向估计的考虑量测随机丢失的受电弓离散状态方程可写为

$$\begin{cases}\dot{x}(k+1)=A_{\mathrm{h}}x(k)+B_{\mathrm{h}}u(k)+w(k)\\ y(k+1)=\gamma(k+1)C_{\mathrm{h}}x(k+1)+v(k+1)\end{cases} \tag{4-104}$$

当 $\gamma_k=1$ 时，$P[v(k)\mid\gamma(k)]=N(0,R)$；当 $\gamma_k=0$ 时，$P[v(k)\mid\gamma(k)]=N(0,\sigma^2 I)$。实际上，若量测数据丢失，只考虑 σ 趋于无穷的情况。

（1）考虑量测随机丢失的状态估计：

首先，给出标称模型下标准卡尔曼滤波器估计算法：

$$\hat{x}(k+1\mid k)=A_{\mathrm{h}}\hat{x}(k\mid k)+B_{\mathrm{h}}u(k) \tag{4-105}$$

$$P(k+1\mid k)=A_{\mathrm{h}}P(k\mid k)A_{\mathrm{h}}^{\mathrm{T}}+Q \tag{4-106}$$

$$\hat{x}(k+1\mid k+1)=\hat{x}(k+1\mid k)+K(k+1)(y(k+1)-C_{\mathrm{h}}\hat{x}(k+1\mid k)) \tag{4-107}$$

$$K(k+1)=P(k+1\mid k)C_{\mathrm{h}}^{\mathrm{T}}(C_{\mathrm{h}}P(k+1\mid k)C_{\mathrm{h}}^{\mathrm{T}}+R)^{-1} \tag{4-108}$$

$$P(k+1\mid k+1)=P(k+1\mid k)-K(k+1)C_{\mathrm{h}}P(k+1\mid k) \tag{4-109}$$

因此，可得基于卡尔曼滤波器的考虑受电弓状态量测随机丢失的状态估计算法（估计算法 I ）步骤如下：

Step1：系统初始化，$\hat{x}(0\mid 0)$，$P(0\mid 0)$，Q，R；

Step2：根据式（4-105）计算预测值；

Step3：根据式（4-106）计算预测值和真实值之间的误差协方差矩阵；

Step4：由下式计算状态估计值；

$$\begin{aligned}\hat{x}(k+1\mid k+1)=\hat{x}(k+1\mid k)+P(k+1\mid k)C_{\mathrm{h}}^{\mathrm{T}}(C_{\mathrm{h}}P(k+1\mid k)C_{\mathrm{h}}^{\mathrm{T}}+\gamma(k+1)R+\\ [1-\gamma(k+1))\sigma^2 I]^{-1}[y(k+1)-C_{\mathrm{h}}\hat{x}(k+1\mid k)]\end{aligned} \tag{4-110}$$

Step5：计算更新估计值和真实值之间的误差协方差矩阵；

$$\begin{aligned}P(k+1\mid k+1)=P(k+1\mid k)-P(k+1\mid k)C_{\mathrm{h}}^{\mathrm{T}}\{C_{\mathrm{h}}P(k+1\mid k)C_{\mathrm{h}}^{\mathrm{T}}+\gamma(k+1)R+\\ [1-\gamma(k+1)]\sigma^2 I\}^{-1}C_{\mathrm{h}}P(k+1\mid k)\end{aligned} \tag{4-111}$$

此时，若σ趋于无穷，则卡尔曼增益为

$$K(k+1)=P(k+1|k)C_{\mathrm{h}}^{\mathrm{T}}[C_{\mathrm{h}}P(k+1|k)C_{\mathrm{h}}^{\mathrm{T}}+R]^{-1} \tag{4-112}$$

式（4-110）和式（4-111）可进一步写为

$$\hat{x}(k+1|k+1)=\hat{x}(k+1|k)+\gamma(k+1)K(k+1)[y(k+1)-C_{\mathrm{h}}\hat{x}(k+1|k)] \tag{4-113}$$

$$P(k+1|k+1)=P(k+1|k)-\gamma(k+1)K(k+1)C_{\mathrm{h}}P(k+1|k) \tag{4-114}$$

（2）考虑模型不确定性的状态估计：

估计算法Ⅰ提供了解决量测数据随机丢失时的受电弓状态估计途径，其迭代计算步骤简单清晰，存在的问题是对系统模型不确定性未加以考虑。若考虑模型不确定性，系统方程式（4-104）可修改为

$$\begin{cases}\dot{x}(k+1)=A[\varepsilon(k)]x(k)+B[\varepsilon(k)]u(k)+w(k)\\ y(k+1)=\gamma(k+1)C[\varepsilon(k+1)]x(k+1)+v(k+1)\end{cases} \tag{4-115}$$

基于上面的状态方程式，可得以下健壮迭代估计算法（估计算法Ⅱ）：

Step1：系统初始化，q_γ，Q，R，$A(0)$，$B(0)$，$C(0)$；

$$\hat{R}(0)=R+q_\gamma(1-q_\gamma)C(0)X_0C(0)^{\mathrm{T}} \tag{4-116}$$

$$P(0|0)=[X_0+q_\gamma^2C(0)^{\mathrm{T}}\hat{R}(0)C(0)]^{-1} \tag{4-117}$$

$$\hat{x}(0|0)=q_\gamma C(0)^{\mathrm{T}}R(0)^{-1}y(0) \tag{4-118}$$

Step2：参数修正及过程变量更新；

$$\hat{P}(k|k)=(P(k|k)^{-1}+(1-\mu(k))/\mu(k)N(k)^{\mathrm{T}}N(k))^{-1} \tag{4-119}$$

$$\hat{A}(k)=\{A(0)-[1-\mu(k)]/\mu(k)\hat{B}(k)\hat{Q}(k)S(k)^{\mathrm{T}}N(k)\}\{I-[1-\mu(k)]/\mu(k)\hat{P}(k|k)N(k)^{\mathrm{T}}N(k)\} \tag{4-120}$$

$$\hat{B}(k)=B(0)-[1-\mu(k)]/\mu(k)A(k)\hat{P}(k|k)N(k)^{\mathrm{T}}S(k) \tag{4-121}$$

$$\begin{aligned}\hat{Q}(k)=\{&Q(k)^{-1}+[1-\mu(k)]/\mu(k)S(k)^{\mathrm{T}}[I+(1-\mu(k)]/\mu(k)\\&N(k)P(k|k)N(k)^{\mathrm{T}}]^{-1}S(k)\}^{-1}\end{aligned} \tag{4-122}$$

$$\begin{aligned}\hat{R}(k+1)=&(k+1)\hat{R}(k)/(k+2)+(1-q_\gamma)y(k+1)y(k+1)^{\mathrm{T}}/(k+2)-\\&(k+1)q_\gamma R(k)/(k+2)+q_\gamma R(k+1)\end{aligned} \tag{4-123}$$

Step3：更新估计值和真实值之间的误差协方差矩阵；

$$P(k+1|k)=A(0)\hat{P}(k|k)A(0)^{\mathrm{T}}+\hat{B}(k)\hat{Q}(k)\hat{B}(k)^{\mathrm{T}} \tag{4-124}$$

$$R_{\mathrm{e}}(k+1)=\hat{R}(k+1)+q_{\gamma}^{2}C[\varepsilon(k+1)]P(k+1|k)C[\varepsilon(k+1)]^{\mathrm{T}} \tag{4-125}$$

$$P(k+1|k+1)=P(k+1|k)-q_{\gamma}^{2}P(k+1|k)C(k+1)^{\mathrm{T}}R_{\mathrm{e}}(k+1)^{-1}C(k+1)P(k+1|k) \tag{4-126}$$

Step4：计算状态估计值；

$$\hat{x}(k+1|k+1)=\hat{A}(k)\hat{x}(k|k)+q_{\gamma}\hat{P}(k+1|k+1)C(k+1)^{\mathrm{T}}\hat{R}(k+1)^{-1}[y(k+1)-q_{\gamma}C(k+1)\hat{A}(k)\hat{x}(k|k)] \tag{4-127}$$

若计及丢失的量测数据不仅是伯努利分布，则受电弓状态可利用以下健壮迭代估计算法，同样基于状态空间方程，步骤如下（估计算法Ⅲ）：

Step1：输入系统初始值，$\hat{x}(0|0)$，$P(0|0)$，γ，Q，R；

Step2：过程变量更新；

$$S(k)=col\left\{\left[C(\varepsilon(k+1))\frac{\partial(A(\varepsilon(k)))}{\partial\varepsilon(k)};\frac{\partial(C(\varepsilon(k+1)))}{\partial\varepsilon(k+1)}A(\varepsilon(k))\right]\right\} \tag{4-128}$$

$$T(k)=col\left\{\left[C(\varepsilon(k+1))\frac{\partial(B(\varepsilon(k)))}{\partial\varepsilon(k)};\frac{\partial(C(\varepsilon(k+1)))}{\partial\varepsilon(k+1)}B(\varepsilon(k))\right]\right\} \tag{4-129}$$

$$\hat{P}(k|k)=[P(k|k)+(1-\mu(k))/\mu(k)S(k)^{\mathrm{T}}S(k)]^{-1} \tag{4-130}$$

$$\hat{Q}(k)=\{Q(k)^{-1}+[1-\mu(k)]/\mu(k)T(k)^{\mathrm{T}}[I+(1-\mu(k)]/\mu(k)\cdot S(k)P(k|k)S(k)^{\mathrm{T}})^{-1}T(k)\}^{-1} \tag{4-131}$$

$$\hat{B}(k)=B_{\mathrm{n}}-[1-\mu(k)]/\mu(k)A_{\mathrm{n}}\hat{P}(k|k)S(k)^{\mathrm{T}}T(k) \tag{4-132}$$

$$\begin{aligned}\hat{A}(k)=\{&A_{\mathrm{n}}-[1-\mu(k)]/\mu(k)\hat{B}(k)\hat{Q}(k)T(k)^{\mathrm{T}}S(k)\}\{I-[1-\mu(k)]/\mu(k)\cdot\\&\hat{P}(k|k)S(k)^{\mathrm{T}}S(k)\}\end{aligned} \tag{4-133}$$

Step3：更新估计值和真实值之间的误差协方差矩阵；

如果 $\gamma(k+1)=1$，有

$$P(k+1|k+1)=[(A_{\mathrm{n}}\hat{P}(k|k)A_{\mathrm{n}}^{\mathrm{T}}+\hat{B}(k)\hat{Q}(k)\hat{B}(k)^{\mathrm{T}})^{-1}+C_{\mathrm{n}}^{\mathrm{T}}RC_{\mathrm{n}}]^{-1} \tag{4-134}$$

如果 $\gamma(k+1)=0$，有

$$P(k+1|k+1)=A_{\mathrm{n}}P(k|k)A_{\mathrm{n}}^{\mathrm{T}}+B_{\mathrm{n}}QB_{\mathrm{n}}^{\mathrm{T}} \tag{4-135}$$

Step4：状态值更新；

如果 $\gamma(k+1)=1$，有

$$\hat{x}(k+1|k+1)=\hat{A}_{\mathrm{n}}(k)\hat{x}(k|k)+P(k+1|k+1)C_{\mathrm{n}}^{\mathrm{T}}R^{-1}\cdot[y(k+1)-C_{\mathrm{n}}\hat{A}_{\mathrm{n}}(k)\hat{x}(k|k)] \tag{4-136}$$

如果 $\gamma(k+1)=0$，有

$$\hat{x}(k+1|k+1)=A_{\mathrm{n}}\hat{x}(k|k)+B_{\mathrm{n}}u(k+1) \tag{4-137}$$

以上各式中，A_{n}、B_{n} 和 C_{n} 分别表示 $A[\varepsilon(k)]$、$B[\varepsilon(k)]$ 和 $C[\varepsilon(k)]$ 的标称值。

2）状态估计算法验证

分别在单弓-网系统中和双弓-网系统中验证以上算法。采用非线性有限元法的接触网模型和三元归算质量受电弓模型，取京津城际铁路接触网和 DSA380 型受电弓参数，如表 4-15 和表 4-16 所示。

表 4-15　自京津城际铁路接触网结构基本参数

参数	数值	参数	数值	参数	数值
跨距	48 m	承力索张力	21 kN	承力索线密度	1.068 kg/m
结构高度	1.6 m	接触线张力	27 kN	接触线线密度	1.083 kg/m
EIA	310 N·m^2	EIB	400 N·m^2	承力索类型	JTMH120
拉出值	±0.2 m	预弛度	0.5‰	接触线类型	CTMJ120
吊弦个数	5	网格长度	0.1 m	吊弦间距	5/9.5/9.5/9.5/9.5/5 m

表 4-16　不同类型受电弓三元归算质量模型标称参数

受电弓	等效质量/kg			等效阻尼/（Ns/m）			等效刚度/（N/m）		
型号	1	m2	m3	c1	c2	c3	k1	k2	k3
DSA380	7.12	6	5.8	0	0	70	9 430	14 100	0.1
DSA250	7.51	5.855	4.645	0	0	70	8 380	6 200	—
SSS400＋	0.1	10.2	10.3	10	0	120	10 400	10 600	0
SBS81	0.5	8.53	10.57	48	0	300	8 400	60 000	0

（1）单弓-网系统中的估计算法验证：

首先在单弓-网系统中验证量测数据随机丢失情况下的算法效率，初始值设置为 $Q=0$，$R=diag([10^{-4}ones(1,3)])$，$\hat{x}(0|0)=zeros(6,1)$，$P(0|0)=10^{-6}eye(6)$，$q_{\gamma}=0.7$，$\mu_k=0.9$。

受电弓状态估计值、实测值和实际值（300 km/h）如图 4-90 所示。

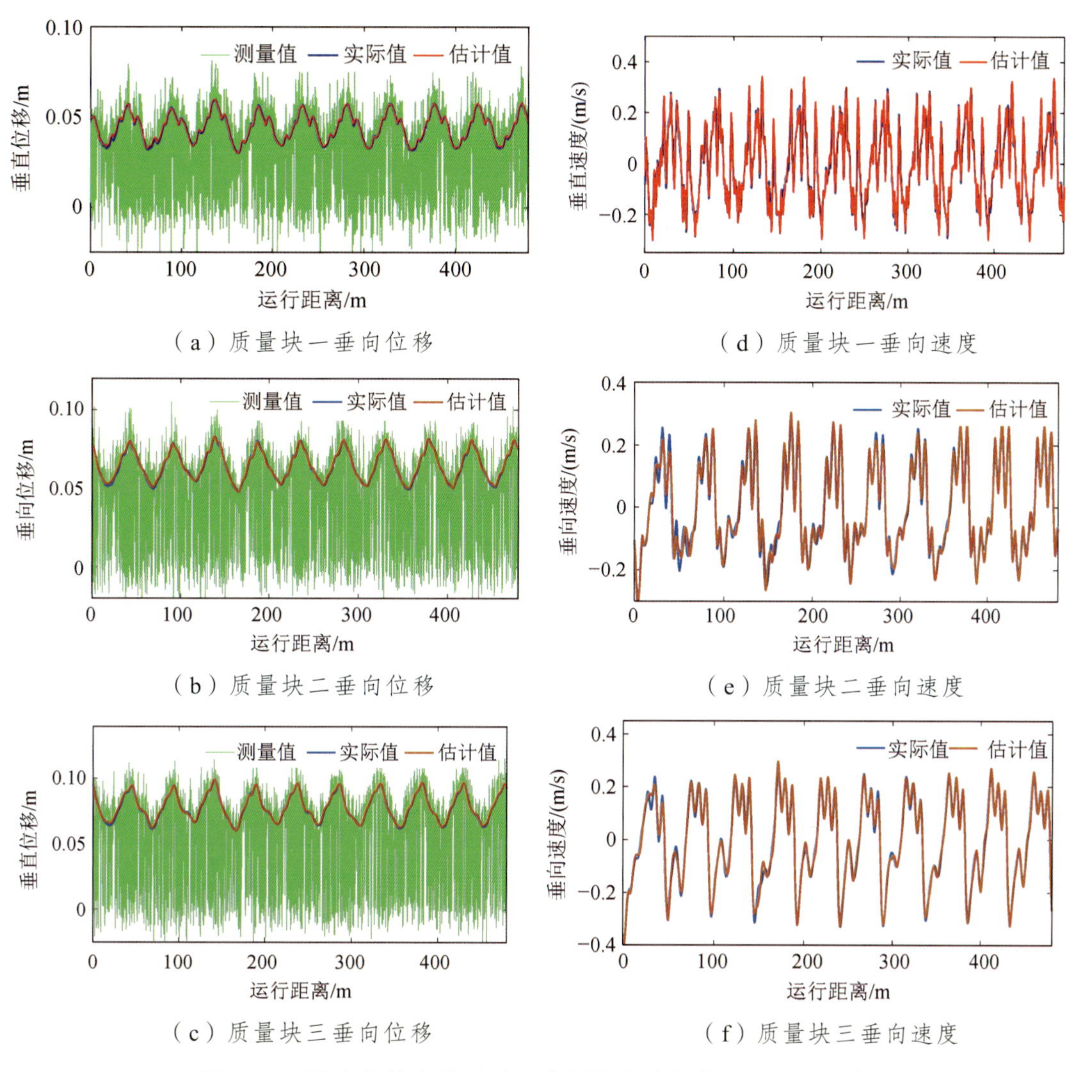

（a）质量块一垂向位移

（d）质量块一垂向速度

（b）质量块二垂向位移

（e）质量块二垂向速度

（c）质量块三垂向位移

（f）质量块三垂向速度

图 4-90 受电弓状态估计值、实测值和实际值（300 km/h）

图 4-90（a）、（b）和（c）分别表示受电弓各质量块垂向位移的测量值、实际值和估计值。图 4-90（d）、（e）和（f）分别为受电弓各质量块垂向速度的实际值和估计值。可以看出，基于估计算法 I 对于单弓-网系统的受电弓状态估计误差较小。通过统计结果计算均方根误差分别为 0.000 6、0.000 6、0.000 6、0.017 7、0.021 6 和 0.016 3，进一步说明精确算法的精确性。

（2）双弓-网系统下的估计算法验证：

前、后弓状态估计值、实测值和实际值（380 km/h）分别如图 4-91 和图 4-92 所示。

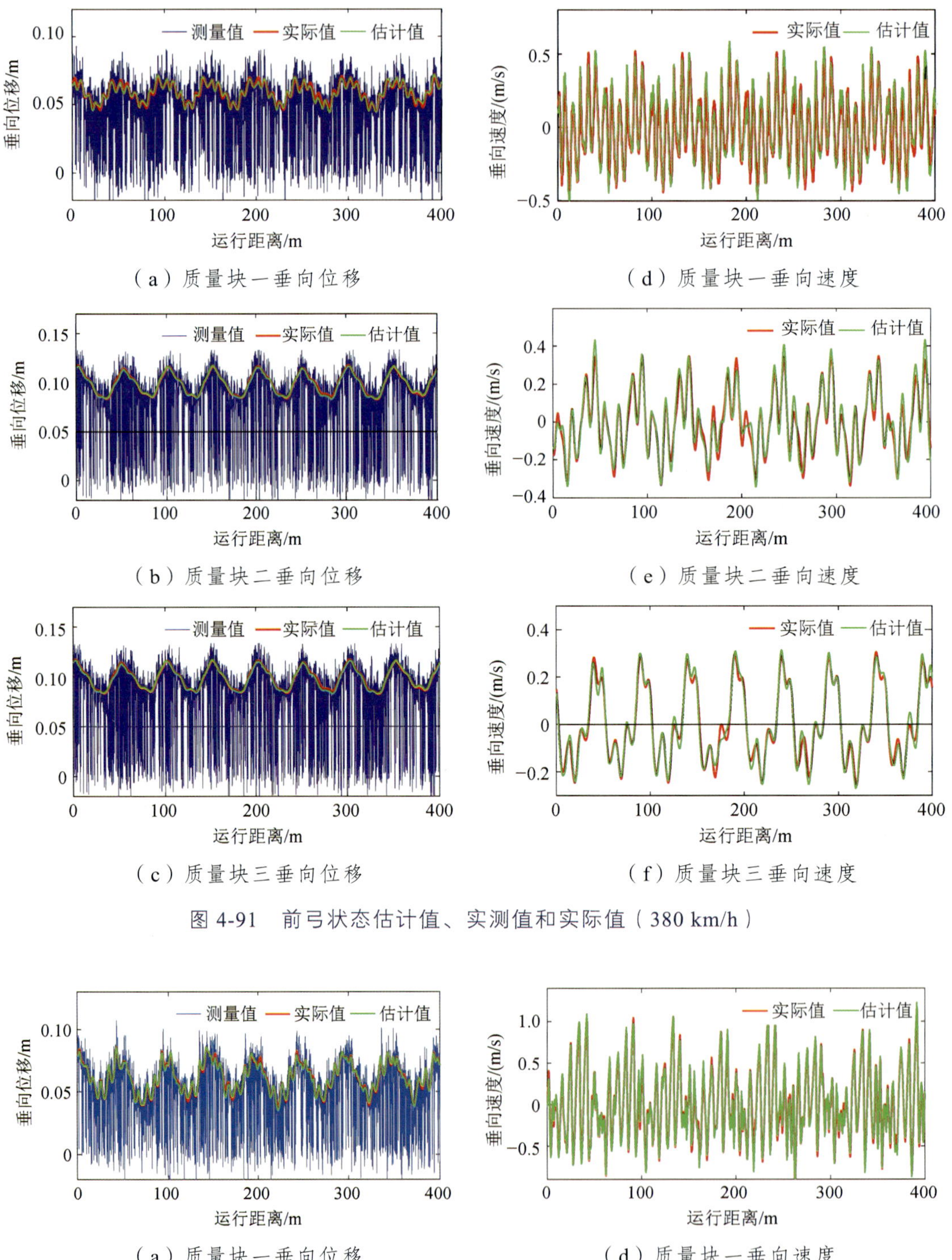

（a）质量块一垂向位移

（d）质量块一垂向速度

（b）质量块二垂向位移

（e）质量块二垂向速度

（c）质量块三垂向位移

（f）质量块三垂向速度

图 4-91 前弓状态估计值、实测值和实际值（380 km/h）

（a）质量块一垂向位移

（d）质量块一垂向速度

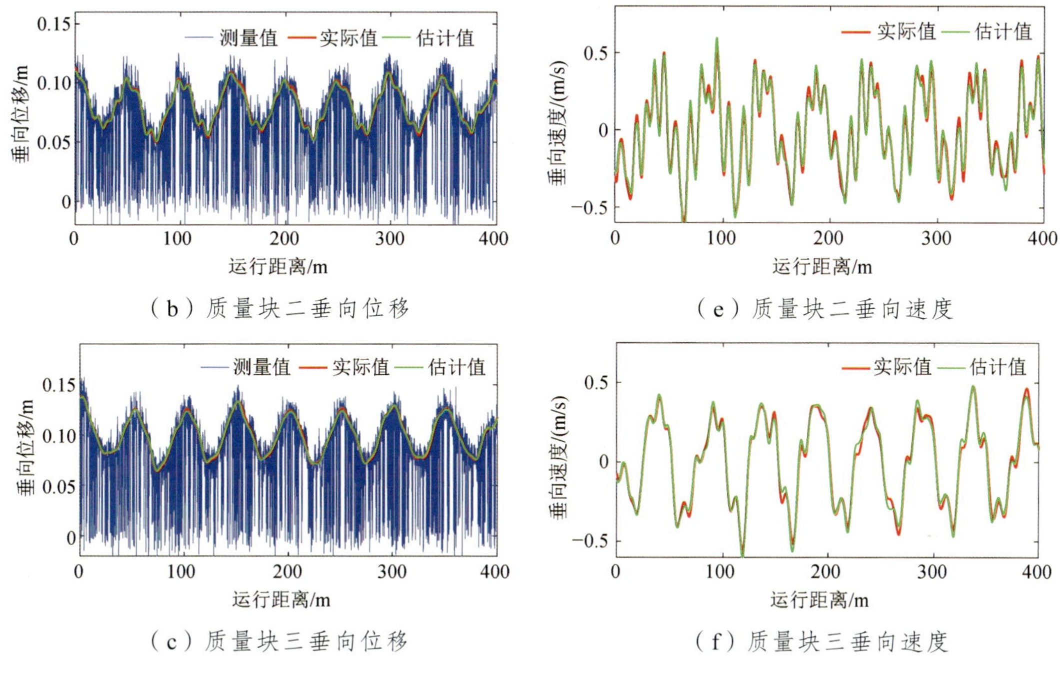

（b）质量块二垂向位移

（e）质量块二垂向速度

（c）质量块三垂向位移

（f）质量块三垂向速度

图 4-92　后弓状态估计值、实测值和实际值（380 km/h）

考虑双弓-网系统同时存在参数不确定性和量测随机丢失情况下的状态估计问题，受电弓参数在迭代的每一步在标称值的 5%范围内随机变化。其余初始值设置为 $R = diag([10^{-4} ones(1,6)])$，$\hat{x}(0|0) = zeros(12,1)$，$P(0|0) = 10^{-6} eye(12)$，$Q = 0$，$q_{\gamma} = 0.7$，$\mu_k = 0.9$。运行速度设置为 380 km/h，由于动态仿真时的边界效应，取接触力稳定的中间八跨进行状态估计分析。

与此类似，图 4-90 表示后弓的相关估计值。图 4-91 中的均方根误差分别为 0.001 5、0.049 7、0.001 3、0.043 0、0.001 2 和 0.024 4。图 4-92 中的均方根误差分别为 0.001 7、0.065 7、0.001 4、0.040 9、0.001 4 和 0.030 8。可以看出，即使在量测数据随机丢失且存在参数不确定的情况下，状态估计算法 Ⅱ 也获得了很好的估计效果。

2. 基于系统状态方程的受电弓多目标协同健壮控制

本小节首先介绍面向控制的弓网系统模型，在此基础上，给出一种多目标健壮控制算法。

1）面向控制的弓网系统模型

若以接触网有限元模型和受电弓多刚体模型为基础，设计基于模型的控制器是非常困难或不可行的。因此，一般可利用简化的弓网模型（面向控制的弓网模型，Control

Oriented Model，COM）进行控制器设计，然后在非线性弓网模型上进行有效性验证。COM 主要是对接触网模型的简化（受电弓模型一般均采用归算质量模型），根据接触网对接触力影响的主要因素，主要是将接触网的静态刚度表示出来。下式为最简单的表示形式：

$$k(t)=k_0[1+\alpha\cos(2\pi vt/L_{\mathrm{span}})] \tag{4-138}$$

式中：$k_0=(k_{\max}+k_{\min})/2$，$\alpha=(k_{\max}-k_{\min})/(k_{\max}+k_{\min})$；$v$ 表示运行速度；t 表示运行时间；L_{span} 表示跨距长度；$k_{\max}$ 表示一跨内的最大刚度；$k_{\min}$ 表示一跨内的最小刚度；k_0 表示平均刚度系数；a 表示刚度变化系数。利用接触网有限元模型计算得到接触网的静态刚度系数，进一步得到平均刚度系数和刚度变化系数。

另外一种表示形式为

$$\begin{aligned}k(t)=k_0[1&+\alpha_1\cos(2\pi vt/L_{\mathrm{span}})+\alpha_2\cos(2\pi vt/L_{id})+\\&\alpha_3\cos(2\pi vt/L_{\mathrm{span}})^2+\alpha_4\cos(\pi vt/L_{\mathrm{span}})^2+\alpha_5\cos(\pi vt/L_{id})^2]\end{aligned} \tag{4-139}$$

式中：L_{id} 表示吊弦间距；$\alpha_i(i=1,2,\cdots,5)$ 表示拟合系数。上式也需要首先计算得到接触网的静态刚度系数，该式利用给定的形式（利用了接触网的部分结构参数）通过拟合得到拟合系数 α_i。此时，接触力可表示为

$$F_{\mathrm{pc}}(t)=k(t)x_1 \tag{4-140}$$

接触网简化模型结合受电弓归算质量模型的状态空间形式即可得到面向控制的弓网系统模型，如下式所示：

$$\begin{cases}\dot{\bar{x}}(t)=\bar{\boldsymbol{A}}\bar{x}(t)+\bar{\boldsymbol{B}}_1\bar{w}(t)+\bar{\boldsymbol{B}}_2u(t)\\ \bar{z}_1(t)=\bar{\boldsymbol{C}}_1\bar{x}(t)\end{cases} \tag{4-141}$$

式中：u 为主动控制力，假设主动控制力向上施加于质量块 3；$\boldsymbol{B}_1=[0,-1/m_1,0,0,0,0]^{\mathrm{T}}$；$\boldsymbol{B}_2=[0,0,0,0,0,1/m_3]^{\mathrm{T}}$；$\boldsymbol{C}_1=[k(t),0,0,0,0,0]$，且有：

$$\boldsymbol{A}=\begin{bmatrix}0&1&0&0&0&0\\-(k_1+k(t))/m_1&-c_1/m_1&k_1/m_1&c_1/m_1&0&0\\0&0&0&1&0&0\\k_1/m_2&c_1/m_2&-(k_1+k_2)/m_2&-(c_1+c_2)/m_2&k_2/m_2&c_2/m_2\\0&0&0&0&0&1\\0&0&\dfrac{k_2}{m_3}&\dfrac{c_2}{m_3}&-\dfrac{k_2+k_3}{m_3}&-\dfrac{c_2+c_3}{m_3}\end{bmatrix}$$

2）多目标协同健壮控制器设计

H_∞控制是在确保闭环系统各回路稳定的前提下，对系统多个性能指标下的闭环传递函数的 H_∞范数进行优化，即干扰对系统期望输出影响最小，从而使系统即使在外界扰动输入、参数变化以及建模误差的情况下，也能够确保闭环系统的稳定性，而且能实现系统的健壮稳定性。在设计减少接触力波动的控制器之前，应考虑以下几个方面：

（1）执行器延时。无论我们选择哪种执行器，从应用的角度来看，它的时延总是不可避免的。为了得到一个普遍的结论，这个问题是根据时间延迟的值来解决的，而不是指明具体的执行器。

（2）系统的不确定性。由于不能保证参数辨识的精度，系统可能存在不确定性。此外，一些外部条件，如构件结冰，也会导致模型失配。事实上，每个基于模型的控制器都必须考虑参数不确定性。

（3）最大控制力。在现实中，执行器无法提供无限的控制力。因此，除了主要的目标外，作为应用研究，控制力应该被限制在一个合理的范围内。

基于以上分析，将式（4-141）写成：

$$\begin{cases}\dot{\bar{x}}(t)=\bar{A}(\varepsilon)\bar{x}(t)+\bar{B}_1(\varepsilon)\bar{w}(t)+\bar{B}_2(\varepsilon)u(t-\tau)\\ \bar{z}_1(t)=\bar{C}_1(\varepsilon)\bar{x}(t)\end{cases}\tag{4-142}$$

式中：τ 和 ε 分别表示执行器的时滞和不确定参数。假设 ε 在顶点 ε_1，ε_2，$\cdots$，ε_r 的多面体中变化。也就是说 $\bar{A}(\varepsilon)$，$\bar{B}_1(\varepsilon)$，$\bar{B}_2(\varepsilon)$ 和 $\bar{C}_1(\varepsilon)$ 可表示为

$$\begin{cases}[\bar{A}(\varepsilon),\bar{B}_1(\varepsilon),\bar{B}_2(\varepsilon),\bar{C}_1(\varepsilon)]\in\sum\limits_{i=1}^{r}\varepsilon_i(\bar{A}_i,\bar{B}_{1i},\bar{B}_{2i},\bar{C}_{1i})\\ \sum\limits_{i=1}^{r}\varepsilon_i=1;\varepsilon_i\geqslant 0,i=1,2,\cdots,r\end{cases}\tag{4-143}$$

因此，整个问题可以描述为设计一个状态反馈律：

$$u(t)=\boldsymbol{K}\bar{x}(t)\tag{4-144}$$

闭环系统表示为

$$sup\|G(\mathrm{j}\omega)\|_\infty<\gamma\tag{4-145}$$

$$|u(t)|\leqslant u_{\max}\tag{4-146}$$

式中：$\boldsymbol{K}$ 为控制增益矩阵；$G(\mathrm{j}\omega)$ 为从 $\bar{w}(t)$ 到 $\bar{z}_1(t)$ 的传递函数；$u_{\max}$ 代表最大控制力；控制器 I 给出正标量 γ 和 ρ。如果有适当的维数矩阵 $\boldsymbol{P}>0$ 和 W 满足：

$$\begin{bmatrix} [\bar{A}P+\bar{B}_2W]_{SYM} & * & * \\ \bar{B}_1^{\mathrm{T}} & -\gamma eye(2) & * \\ \bar{C}_1P & zeros(1,2) & -\gamma \end{bmatrix}<0 \tag{4-147}$$

$$\begin{bmatrix} -1 & * \\ \sqrt{\rho}W^{\mathrm{T}} & -u_{\max}^2P \end{bmatrix}<0 \tag{4-148}$$

此时存在一个稳定控制器，可得到上式所述的控制目标。

3）控制器性能验证和有效性分析

案例 1：控制器Ⅰ对标称单弓-网系统模型和预定时延的性能研究。

本案例研究了所提出的控制策略Ⅰ（结合估计器Ⅰ和控制器Ⅰ）在标称单弓-网系统模型下的性能验证。在京津城际铁路参数下对单弓网系统进行实验验证，不同运营速度下控制前、后接触力对比仿真结果如图 4-93 所示。统计分析表明，在 360 km/h、320 km/h、300 km/h 和 280 km/h 时，接触力的标准差分别降低了 20.6%、23.7%、24.8%和 21.8%。

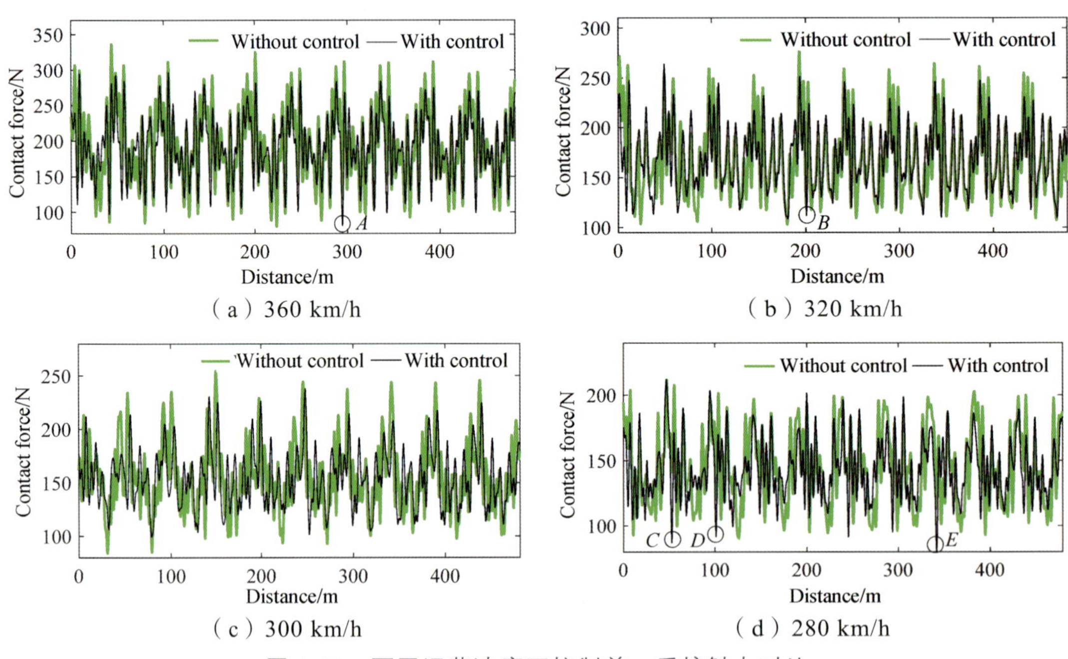

图 4-93　不同运营速度下控制前、后接触力对比

注意到图 4-93 中出现了几个负面结果，例如图 4-93（a）中的采样点 A、图 4-93（b）中的采样点 B 和图 4-93（d）中的采样点 C、D 和 E。在这些点上，最小接触力没有增加，而是降低了，这是由于算法需要同时优化多目标。虽然实验结果出现了个别的负面结果接触力点，但控制策略能够从整体上降低接触力的波动。

接触力标准差和均值的统计图如图 4-94 所示。从图 4-94（a）可以看出，在不同的运行速度（从 230 km/h 到 360 km/h）下，接触力的标准差均有所降低。尤其是在 300 km/h 时，接触力的标准差降低高达 24.8%。图 4-94（b）描绘了接触力的均值，其在相同的速度范围内微小变化。仿真结果表明，所提出的控制策略可以在不影响接触力均值的情况下减少接触力波动。

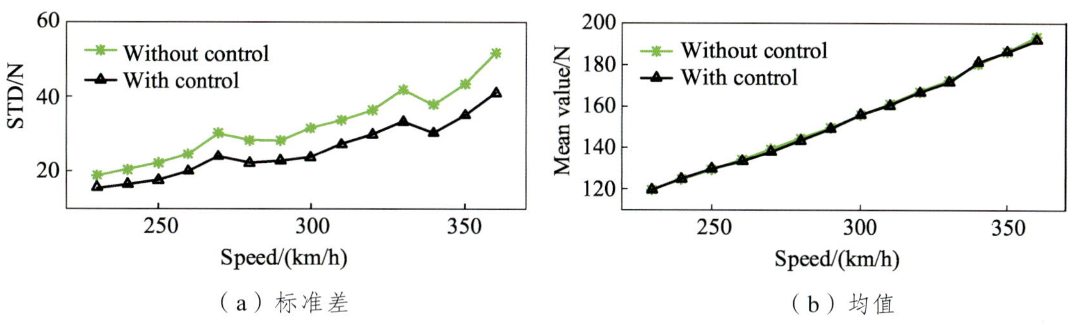

（a）标准差　　　　（b）均值

图 4-94　不同运行速度下的接触力统计

3. 基于健壮模型预测控制的受电弓控制方法

本小节首先介绍用于模型预测控制的弓网系统状态方程；然后，结合增强后的受电弓-接触网系统状态空间方程，给出基于状态估计的健壮预测控制方法，并在非线性弓网系统模型上，验证了所给出的控制策略的有效性和健壮性。结果表明，健壮预测控制方法在受电弓模型参数摄动的情况下，仍能有效减少弓网接触力的波动，且对弓网接触力平均值影响较小。

1）用于模型预测控制的弓网系统状态方程

基于模型预测控制器，应考虑以下几个控制目标：

（1）减少接触力波动。

控制器的主要目标是在保持弓网接触力平均值不变或者改变较小的同时减少弓网接触力的波动，即接触力的标准差：

$$\min[e(t)] = \min[F_r - F_{pc}(t)] \tag{4-149}$$

式中：F_r 为接触力参考（目标）值；$F_{pc}(t)$ 为接触力实际值；$e(t)$ 为接触力目标值与实际值之间的误差值。

（2）作动器输出。

实际中有许多类型的作动器，所有类型的作动器的输出都有一定的范围，超出范围容易引起不稳定。为了更贴合实际和保证作动器的稳定，作动器输出（主动控制力），需要限定在一定范围内。令输出最大值为 u_{max}，则输出的范围为

$$|u| \leqslant u_{\max} \tag{4-150}$$

（3）抬升量限制。

列车运行时，弓头抬升量是保证受电弓从接触网获取电能、正常工作的关键，控制器不能影响受电弓与接触网的正常工作，因此，需要保证弓头抬升量处于安全范围内。最大值为 $x_{1\max}$，则

$$|x_1(t)| \leqslant x_{1\max} \tag{4-151}$$

模型预测控制器的控制作用（控制力）$u(k+i|k)$ 是通过求解最小化目标性能函数 $J_\infty(k)$ 得到。$J_\infty(k)$ 表达式为

$$J_\infty(k) = \sum_{i=0}^{\infty}(x^{\mathrm{T}}\boldsymbol{Q}_1 x + u^{\mathrm{T}}\boldsymbol{R}_1 u) \tag{4-152}$$

式中：$x(k+i|k)$ 为系统状态量；$\boldsymbol{Q}_1$ 和 $\boldsymbol{R}_1$ 为对称正定加权矩阵。

由式（4-152）可知，$\min J_\infty(k)$ 是对状态量进行优化，而控制器的主要目标是减少弓网接触力的波动，弓网接触力属于系统输出量。因此，将 $e(t)$ 增广至系统状态量中，可得增广后的弓网系统状态空间方程：

$$\begin{cases} \dot{\boldsymbol{x}}(t) = \overline{\boldsymbol{A}}(t)\overline{\boldsymbol{x}}(t) + \overline{\boldsymbol{B}}(t)\boldsymbol{u}(t) \\ \boldsymbol{y}_1(t) = \overline{\boldsymbol{C}}\overline{\boldsymbol{x}}(t) \end{cases} \tag{4-153}$$

式中，$\overline{\boldsymbol{x}}(t)=\begin{bmatrix} \int_{t-i}^{t} e(t)\mathrm{d}t \\ x(t) \end{bmatrix}$，$\overline{\boldsymbol{A}}(t)=\begin{bmatrix} 0 & \boldsymbol{C}(t-i)-\boldsymbol{C} \\ 0 & A \end{bmatrix}$，$\dot{\overline{\boldsymbol{x}}}(t)=\begin{bmatrix} e(t)-e(t-i) \\ \dot{x}(t) \end{bmatrix}$，$\overline{\boldsymbol{B}}(t)=[0\ \ \boldsymbol{B}]^{\mathrm{T}}$，$\overline{\boldsymbol{C}}=[0,1,0,0,0,0,0]$。因此，整个控制目标可以转换为设计状态反馈控制：

$$\boldsymbol{u}(t) = \boldsymbol{G}(t)\overline{\boldsymbol{x}}(t) \tag{4-154}$$

其中，$\boldsymbol{G}(t)$ 为控制增益矩阵，由控制器计算获得。

2）模型预测控制的设计

控制器Ⅲ：设计受电弓健壮预测控制器。首先将式（4-153）离散化，得到弓网系统离散状态空间方程：

$$\begin{cases} \overline{\boldsymbol{x}}(k+1) = \overline{\boldsymbol{A}}(k)\overline{\boldsymbol{x}}(k) + \overline{\boldsymbol{B}}(k)\boldsymbol{u}(k) \\ \boldsymbol{y}_1(k) = \overline{\boldsymbol{C}}\overline{\boldsymbol{x}}(k) \\ [\overline{\boldsymbol{A}}(k)\ \ \overline{\boldsymbol{B}}(k)] \in \boldsymbol{\Omega} \end{cases} \tag{4-155}$$

式中，$\overline{\boldsymbol{C}}=[0,1,0,0,0,0,0,0]$，$\overline{\boldsymbol{x}}(k)=\begin{bmatrix}\int_{k-i}^{k}e(k)\mathrm{d}k\\ x(k)\end{bmatrix}$，$\boldsymbol{\Omega}=Co\{[\overline{\boldsymbol{A}}_1\ \ \overline{\boldsymbol{B}}_1],\cdots,[\overline{\boldsymbol{A}}_L\ \ \overline{\boldsymbol{B}}_L]\}$，$[\overline{\boldsymbol{A}}(k)\ \ \overline{\boldsymbol{B}}(k)]=\sum_{i=1}^{L}\lambda_i(k)[\overline{\boldsymbol{A}}_i\ \ \overline{\boldsymbol{B}}_i]$。$\overline{\boldsymbol{A}}(k)$ 和 $\overline{\boldsymbol{B}}(k)$ 分别是与式中 $\overline{\boldsymbol{A}}(t)$ 和 $\overline{\boldsymbol{B}}(t)$ 有关的系数矩阵。Co 表示凸包：对于任意时刻的 $\overline{\boldsymbol{A}}(k)$ 和 $\overline{\boldsymbol{B}}(k)$，存在一组非负参数 $\lambda_i(k),i=1,\cdots,L$，满足 $\sum_{i=1}^{L}\lambda_i(k)=1,\lambda_i(k)\geqslant 0$。

健壮预测控制器通过求出一组控制序列 $u(k+i\,|\,k),i=0,1,\cdots,m$，最小化健壮性能函数。在 k 时刻，健壮性能函数为

$$\min_{u(k+i|k),i=0,1,\cdots,m}\ \max_{[\overline{A}(k)\ \overline{B}(k)]\in\boldsymbol{\Omega},i\geqslant 0} J_\infty(k) \tag{4-156}$$

$J_\infty(k)$ 的表达式为

$$J_\infty(k)=\sum_{i=0}^{\infty}[x(k+i\,|\,k)^{\mathrm{T}}\boldsymbol{Q}_1x(k+i\,|\,k)+u(k+i\,|\,k)^{\mathrm{T}}\boldsymbol{R}_1u(k+i\,|\,k)] \tag{4-157}$$

式中：$\boldsymbol{Q}_1$ 和 $\boldsymbol{R}_1$ 是对称正定加权矩阵，它表示在 k 时刻进行滚动优化时，应使模型参数在 $\boldsymbol{\Omega}$ 内任意变化时对应于“最坏”情况的无穷时域性能指标最优。

处理该优化问题的步骤如下：

（1）给定极大问题的上界，将“极小-极大”优化问题转换为极小化问题。

对于系统，即式（4-153），有关弓网系统状态量 $\overline{x}$ 的二次函数可以表示为 $V(\overline{x})=\overline{x}^{\mathrm{T}}P\overline{x}$，$P>0$，对于满足式（4-153）的弓网状态量 $\overline{x}$ 和控制量 u，令 $\overline{x}$ 和 u 对应的 V 满足下列关系：

$$V[\overline{x}(k+i+1\,|\,k)]-V[\overline{x}(k+i\,|\,k)]\leqslant-[\overline{x}(k+i\,|\,k)^{\mathrm{T}}\boldsymbol{Q}_1\overline{x}(k+i\,|\,k)+u(k+i\,|\,k)^{\mathrm{T}}\boldsymbol{R}u(k+i\,|\,k)] \tag{4-158}$$

要求系统闭环渐近稳定，则须有 $\overline{x}(\infty\,|\,k)=0$，即 $V[\overline{x}(\infty\,|\,k)]=0$。将上式进行从 $i=0$ 到 $i=\infty$ 的累加，可得 $-V[\overline{x}(k\,|\,k)]\leqslant -J_\infty(k)$，即极大问题的上界为

$$\max_{[\overline{A}(k)\ \overline{B}(k)]\in\boldsymbol{\Omega},i\geqslant 0} J_\infty(k)\leqslant V[\overline{x}(k\,|\,k)]\triangleq\alpha \tag{4-159}$$

（2）采用单一状态反馈控制律以便将系统的状态保持在不变集内。

采用如下状态反馈控制律以解决控制变量数目无穷的问题：

$$u(k+i\,|\,k)=Gx(k+i\,|\,k),i\geqslant 0 \tag{4-160}$$

并假设 k 时刻，系统状态 $\bar{x}(k|k)=\bar{x}(k)\in\Pi$，其中：

$$\Pi=\{\bar{x}\in R^n \mid \bar{x}^{\mathrm{T}}Q^{-1}\bar{x}\leqslant 1\}, Q>0 \tag{4-161}$$

是系统式（4-153）在式（4-154）（即单一状态反馈控制律）的控制不变集，因此只要有 $\bar{x}(k|k)\in\Pi$，便可推导出 $\bar{x}(k+1|k)\in\Pi$，即

$$\{[\bar{A}(k)+\bar{B}(k)G]\bar{x}(k)\}^T Q^{-1}\{[\bar{A}(k)+\bar{B}(k)G]\bar{x}(k)\}\leqslant 1 \tag{4-162}$$

因此当下式的条件成立时，上式即成立。

$$[(\bar{A}(k)+\bar{B}(k)G)]^{\mathrm{T}}Q^{-1}[(\bar{A}(k)+\bar{B}(k)G)]\leqslant Q^{-1} \tag{4-163}$$

通过第（1）步和第（2）步两个步骤的转化，“极小-极大”优化问题和控制变量数目无穷的问题即可解决，对转换过程中的假设进行整理，并令 $P=\gamma Q^{-1}$，记 $G=YQ^{-1}$，已知 LMI（矩阵不等式）的Schur补性质：设对称矩阵 $\boldsymbol{Q}(x)$、$\boldsymbol{R}(x)$ 和矩阵 $\boldsymbol{S}(x)$ 与 x 具有放射关系，则线性矩阵不等式为

$$\begin{bmatrix} \boldsymbol{Q}(x) & \boldsymbol{S}(x) \\ \boldsymbol{S}^{\mathrm{T}}(x) & \boldsymbol{R}(x) \end{bmatrix}>0 \tag{4-164}$$

式（4-153）中的性质：$\boldsymbol{\Omega}=Co\{[\bar{A}_1 \quad \bar{B}_1],\cdots,[\bar{A}_L \quad \bar{B}_L]\}$。

其中，Co 表示凸包，即对于任意时变的 $\bar{A}(k)$ 和 $\bar{B}(k)$，存在一组非负参数 $\lambda_i(k), i=1,\cdots,L$，满足 $\sum_{i=1}^{L}\lambda_i(k)=1, \lambda_i(k)\geqslant 0$，$[\bar{A}(k) \quad \bar{B}(k)]=\sum_{i=1}^{L}\lambda_i(k)[\bar{A}_i \quad \bar{B}_i]$，可得到 $\bar{x}(k)$ 在 Π 内的条件：

$$\begin{bmatrix} 1 & \bar{x}(k|k)^{\mathrm{T}} \\ \bar{x}(k|k) & Q \end{bmatrix}\geqslant 0 \tag{4-165}$$

令 $V[\bar{x}(k+i|k)]$ 递减且满足条件：

$$\begin{aligned}&\bar{x}^{\mathrm{T}}(k+i|k)\{[\bar{A}(k+i)+\bar{B}(k+i)G]^{\mathrm{T}}P[\bar{A}(k+i)+\bar{B}(k+i)G]-P\}\bar{x}(k+i|k)\leqslant \\ &-[\bar{x}^{\mathrm{T}}(k+i|k)(Q_1+G^{\mathrm{T}}RG)x(k+i|k)]\end{aligned} \tag{4-166}$$

因为 $P=\gamma Q^{-1}$，$G=YQ^{-1}$，上述条件可转换为

$$\begin{aligned}&\gamma\{[\bar{A}(k+i)Q+\bar{B}(k+i)Y]^{\mathrm{T}}Q^{-1}[\bar{A}(k+i)Q+\bar{B}(k+i)Y]-Q\}\leqslant \\ &-[QQ_1Q+Y^{\mathrm{T}}RY]\end{aligned} \tag{4-167}$$

Schur 补性质可等价于下述矩阵不等式：

$$\boldsymbol{R}(x)>0,\boldsymbol{Q}(x)-\boldsymbol{S}(x)\boldsymbol{R}^{-1}(x)\boldsymbol{S}^{\mathrm{T}}(x)>0 \tag{4-168}$$

或

$$\boldsymbol{Q}(x)>0,\boldsymbol{R}(x)-\boldsymbol{S}^{\mathrm{T}}(x)\boldsymbol{Q}^{-1}(x)\boldsymbol{S}(x)>0 \tag{4-169}$$

根据 Schur 补性质将式（4-153）转换为 LMI 形式：

$$\begin{bmatrix} Q & Q\overline{A}^{\mathrm{T}}(k+i)+Y^{\mathrm{T}}\overline{B}^{\mathrm{T}}(k+i) & QQ_1^{1/2} & Y^{\mathrm{T}}R_1^{1/2} \\ \overline{A}(k+i)Q+\overline{B}(k+i)Y & Q & 0 & 0 \\ Q_1^{1/2}Q & 0 & \gamma I & 0 \\ R_1^{1/2}Y & 0 & 0 & \gamma I \end{bmatrix} \geqslant 0 \tag{4-170}$$

由于 $\overline{A}(k+i)$ 、$\overline{B}(k+i)$ 满足 $\boldsymbol{\Omega}=Co\{[\overline{A_1}\quad \overline{B_1}],\cdots,[\overline{A_L}\quad \overline{B_L}]\}$，属于各个顶点参数 $\overline{A}_i$ 、$\overline{B}_i$ 的线性组合，因此，上述条件可归结为各个顶点参数 $\overline{A}_i$ 、$\overline{B}_i$ 应满足条件：

$$\begin{bmatrix} Q & Q\overline{A_j}^{\mathrm{T}}+Y^{\mathrm{T}}\overline{B_j}^{\mathrm{T}} & QQ_1^{1/2} & Y^{\mathrm{T}}R_1^{1/2} \\ \overline{A_j}Q+\overline{B_j}Y & Q & 0 & 0 \\ Q_1^{1/2}Q & 0 & \gamma I & 0 \\ R_1^{1/2}Y & 0 & 0 & \gamma I \end{bmatrix} \geqslant 0, j=1,2,\cdots,L \tag{4-171}$$

上式转化为 LMI 形式后，利用多胞性质 $\boldsymbol{\Omega}=Co\{[\overline{A_1}\quad \overline{B_1}],\cdots,[\overline{A_L}\quad \overline{B_L}]\}$ 可转换为模型顶点参数 $\overline{A}_i$ 、$\overline{B}_i$ 的 LMI：

$$\begin{bmatrix} Q & (\overline{A_j}Q+\overline{B_j}Y)^{\mathrm{T}}\overline{C}^{\mathrm{T}} \\ \overline{C}(\overline{A_j}Q+\overline{B_j}Y) & y_{\max}^2 I \end{bmatrix} \geqslant 0 \tag{4-172}$$

经过以上分析和推导，k 时刻求解“极小-极大”问题：

$$\min_{u(k+i|k),i=0,1,\cdots,m}\ \max_{[\overline{A}(k)\ \overline{B}(k)]\in\boldsymbol{\Omega},i\geqslant 0} J_{\infty}(k)= \sum_{i=0}^{\infty}[x(k+i\mid k)^{\mathrm{T}}Q_1x(k+i\mid k)+u(k+i\mid k)^{\mathrm{T}}R_1u(k+i\mid k)] \tag{4-173}$$

可以转换为求解以下优化问题：

$$\min_{\gamma,\boldsymbol{Q},\boldsymbol{Y}}\gamma \tag{4-174}$$

由此可求出 Y 和 Q，即可得到 $G=YQ^{-1}$。结合状态估计算法，受电弓主动控制力为

$$u(k)=YQ^{-1}\left[\int_{k-i}^{k}e(k)\mathrm{d}k,\hat{x}(k)\right] \tag{4-175}$$

3）控制器性能验证

案例 2：控制器Ⅲ对标称单弓-网系统模型的性能研究。

本案例研究了提出的控制策略Ⅱ（结合估计器Ⅰ和控制器Ⅱ）在标称单弓-网系统模型下的性能验证。采用京津城际铁路接触网线路参数和DS380型受电弓参数，验证控制器的有效性。控制力最大值设定为200 N，控制参数 $Q_1=10^{-11}eye(7)$，$R_1=1\times10^{-20}$ 在360 km/h、300 km/h和250 km/h速度下分别进行弓网接触力仿真。图4-95为不同速度下控制前后的弓网接触力，其中未控制的接触力用蓝色实线表示，控制后的接触力用红色虚线表示。统计结果表明，在360 km/h、300 km/h和250 km/h速度下接触力平均值分别降低了1.2%、4.7%和7.3%，接触力标准差分别降低了19.18%、21.16%和16.21%，实验结果说明，控制器能有效减少接触力的标准差，同时对接触力平均值影响较小，验证了所给出的控制器的有效性。

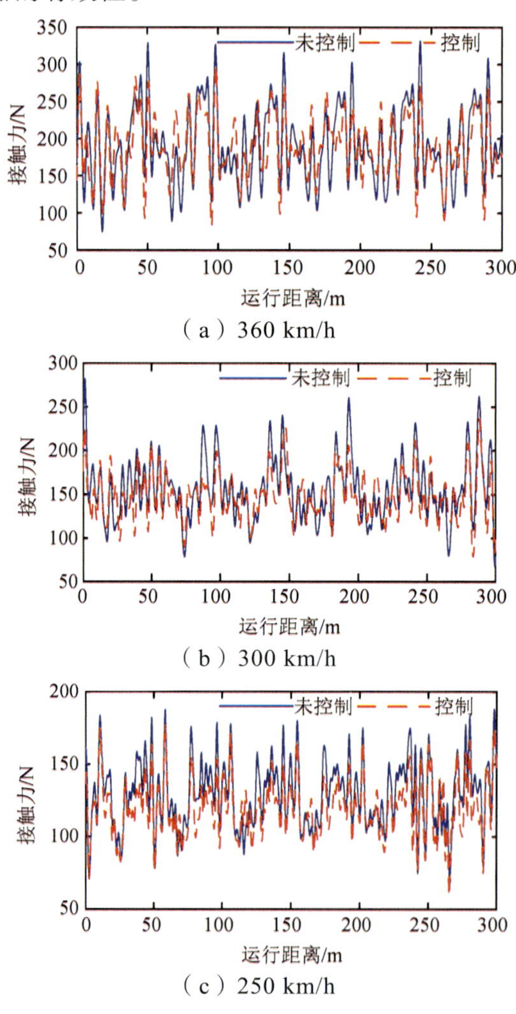

（a）360 km/h

（b）300 km/h

（c）250 km/h

图4-95　不同速度下接触力控制前后比较

4. 基于深度强化学习的受电弓控制方法

本小节首先介绍针对弓网控制系统的马尔可夫决策过程；然后，利用智能体与弓网交互产生的数据，训练了一种基于深度强化学习技术的无模型主动控制器。最后，在有限元弓网模型上验证控制器性能。结果表明，深度强化学习控制算法在实际应用中取得了较好的控制效果。

利用深度强化学习技术强大的试错能力，构建基于深度强化学习的受电弓主动控制方法。首先，以受电弓-接触网系统模型为研究对象，建立了三元受电弓-有限元接触网模型。其次，强化学习智能体（agent）与弓网模型进行交互，探索状态空间生成大量交互数据。最后，利用深度强化学习训练优化强化学习智能体，从而端到端地产生最优控制器。

1）强化学习理论

近年来，随着深度神经网络在许多科学和工程领域的出现，深度强化学习（Deep Reinforcement Learning，DRL）技术取得了显著进展。DRL 技术利用其强大的试错能力在难以明确建模的控制任务上取得了优异的成果。端到端的强化学习技术不需要任何关于控制对象动力学的先验知识，原则上，它可以应用于任何实际控制系统，而不需要明确的系统辨识或手动设计控制器参数。强化学习的理念是通过智能体（agent）与环境（environment）进行交互，反复试验收集数据自动调整控制器，优化给定的成本（或奖励）功能，以完成任务。

强化学习问题可以用马尔可夫决策过程（Markov Decision Process，MDPs）进行建模。一个典型的马尔可夫决策过程如图 4-96 所示，可以由 $<S,A,R,P,\gamma>$ 5 个变量定义。其中，S 是状态空间，是智能体能够感知到环境所有状态的 s_t 集合；A 是动作空间，是智能体所有动作 a_t 的集合；R 是奖励空间，是环境给予智能体奖励 r_t 的集合；γ 是回报折扣率，代表对未来回报的折算系数；$P(s_t \mid s_t,a_t)$ 是状态转移概率。智能体从状态 s_1 出发，从策略 π 中采样一个动作 a_1，环境根据状态转移概率 $P(s_2 \mid s_1,a_1)$ 转移到 s_2 并返回给智能体一个奖励 r_1。这会产生一系列轨迹 $\tau=(s_1,a_1,s_2,a_2,\cdots)$ 和交互过程 (s_t,a_t,r_t,s_{t+1})。

强化学习的目标是获得通过智能体与环境的交互过程的奖励最大化。因此，对于有限步骤 MDPs，强化学习的目标函数可以写为

$$J(\pi)=\sum_{t=0}^{T}E_{\tau\sim\rho_\pi}\gamma^t r(s_t,a_t) \tag{4-176}$$

最优策略可以写为

$$\pi^*=\arg\max_{\pi}\sum_{t=0}^{T}E_{\tau\sim\rho_\pi}\gamma^t r(s_t,a_t) \tag{4-177}$$

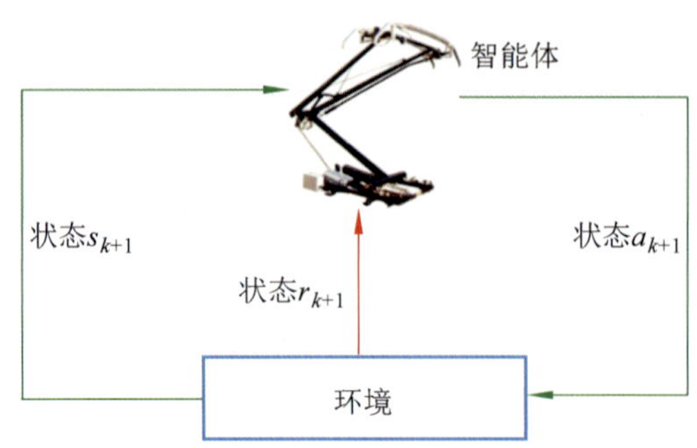

图 4-96 受电弓马尔可夫决策过程

2）深度强化学习算法

强化学习常用的优化方法有策略梯度和价值梯度两种。策略梯度（Policy Gradient，PG）法的工作原理是计算策略的估计量，并将其插入随机梯度上升算法中，直接学习最优策略。常用的梯度估计有以下形式策略梯度：

$$L^{\mathrm{pg}} = \hat{E}_t[\log \pi_\theta(a_t \mid s_t)\hat{A}_t] \tag{4-178}$$

在不加约束的条件下，以上优化过程中往往会导致大规模策略更新，致使策略训练过程不稳定。常用的做法是施加约束限制策略更新前后的变化。近端策略优化算法继承了 Actor-Critic 网络框架的同时，在策略更新时将约束项作为惩罚项引入最大化目标函数，以保证策略优化单调不减。目标函数设计为

$$L^{clip}(\theta) = \hat{E}_t\{\min[r_t(\theta)\hat{A}_t, clip(r,1-\varepsilon,1+\varepsilon)\hat{A}_t]\} \tag{4-179}$$

式中：ε 为截断常数，表示策略更新的步长；$r_t(\theta)=\dfrac{\pi_\theta(a_t,s_t)}{\pi_{\theta\mathrm{old}}(a_t,s_t)}$ 表示新旧策略采样动作的概率比；$clip$ 函数为截断函数，它将 $r_t(\theta)$ 的值限制在 $1-\varepsilon$ 和 $1+\varepsilon$ 之间；$\hat{A}_t$ 为优势函数，该函数表示动作的优劣，其计算公式为

$$\hat{A}_t = \delta_t + (\gamma\lambda)\delta_{t+1} + \cdots + (\gamma\lambda)^{T-t+1}\delta_{T-1} \tag{4-180}$$

$$\delta_t = r_t + \gamma V(s_{t+1}) - V(s_t) \tag{4-181}$$

同时通过最小化贝尔曼误差训练 critic 网络：

$$L^{\mathrm{VF}}(\theta) = \{V_\theta(s_t) - [r + V_\theta(s_{t+1})]\}^2 \tag{4-182}$$

因此，最终的目标函数可以写为

$$L(\theta) = \hat{E}_t[L^{clip}(\theta) - c_1 L^{\mathrm{VF}}(\theta) + c_2 S(\pi_\theta)] \tag{4-183}$$

式中：c_1 和 c_2 是权重参数，在本节中 c_1 取 0.5，c_2 取 0.01；$S(\pi_\theta)$ 表示策略的熵。PPO 在参数更新的过程中，通过截断或限制 KL 散度的方式，避免策略出现突变的情况，增强了训练的稳定性。使用两个包含 3 层隐含层的多层感知机（Multilayer Perceptron，MLP）代表策略网络和评价网络。策略网络每层神经元的个数为 64、32 和 2，状态 s_t 输入策略网络中输出均值和方差确定一个正态分布，通过采样得到动作 a_t 的值。评论网络每层神经元的个数为 64、64 和 1，状态 s_t 输入网络中后输出状态值函数 $V_\theta(s_t)$。其网络结构如图 4-97 所示。算法参数设置如表 4-17 所示。

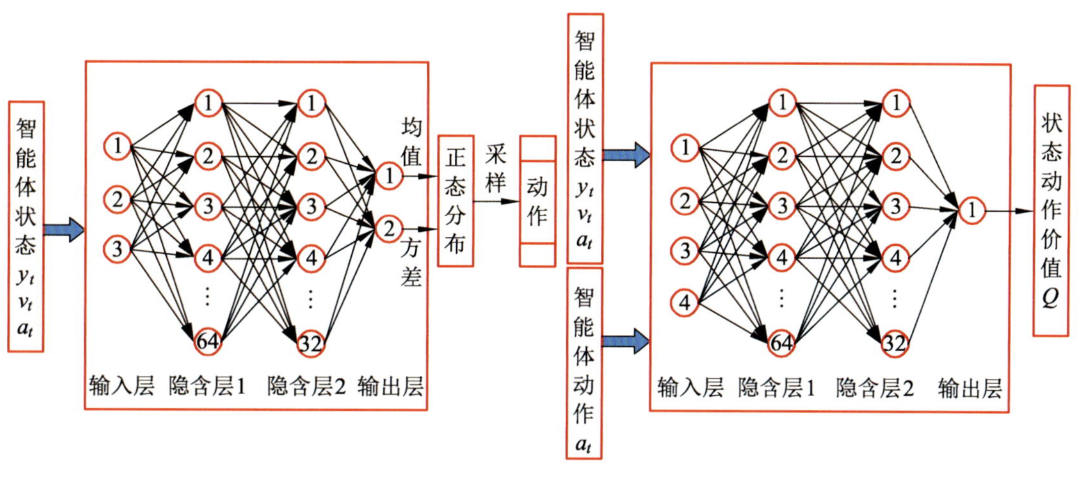

（a）策略网络　　（b）评论网络

图 4-97　网络结构

表 4-17　深度强化学习算法参数

参　数	数　值	参　数	数　值
策略网络学习率 lr_a	0.001	最大控制力	50
评价网络学习率 lr_c	0.002	控制力最大变化率	0.1
权重参数 c_1，c_2	0.5，0.01	批量大小（Batch Size）	128
折扣因子 γ	0.95	最大回合数（Max Episode）	300
截断常数 ε	0.2	每回合最大步数（Max Step）	2 400

3）基于深度强化学习算法的控制器设计

基于深度强化学习技术，智能体的状态空间、动作空间和奖励函数设置是训练控制策略的关键，需要针对智能体和目标函数精心设置。所设置的状态空间、动作空间和奖励函数如下：

（1）状态空间。

受电弓的状态空间可以表述为弓头的位移、速度和加速度，这可以通过在机车车顶添加一个位移传感器来实现。因此，状态空间设置为

$$s_t = [y_t, v_t, a_t] \tag{4-184}$$

（2）动作空间。

受电弓的主动控制力由受电弓底部的气囊提供，考虑气囊压力变化率和最大变化范围受到限制，因此，动作空间设置为

$$\begin{cases} a_t < a_{\max} \\ |a_{t+1} - a_t| < a_{\text{step}} \end{cases} \tag{4-185}$$

（3）奖励函数。

考虑实现受电弓主动控制的目标是在保持接触力均值不变，即保证受流质量稳定的条件下，减少接触力的波动。因此，奖励函数设置为

$$r_t = \begin{cases} -\left|F_{\text{r}} - F_{\text{pc}}(t)\right|, & F_{\text{pc}}(t) \geqslant 0 \\ -1\ 000, & F_{\text{pc}}(t) < 0 \end{cases} \tag{4-186}$$

4）控制器性能验证

案例 3：基于深度强化学习的控制器对标称单弓-网系统模型的性能研究。

本案例研究了基于深度强化学习的控制策略在标称单弓-网系统模型下的性能验证。采用京津城际铁路接触网线路参数和 DS380 型受电弓参数，验证控制器的有效性。使用一台 Ubuntu 16.04.3 操作系统、NVIDIA GeForce GTX 2080 显卡的计算机、PyTorch1.5.0 深度学习框架训练控制策略。

通过标称非线性弓网模型来研究控制策略的性能。图 4-98（a）~（d）分别为列车运行速度为 360 km/h、320 km/h、280 km/h 和 240 km/h 时的接触力波形。当列车运行速度分别为 280 km/h、320 km/h 和 360 km/h 时，接触力标准差分别降低了 21.32%、28.27%、28.31%和 35.68%。这说明控制器在对接触力平均值影响较小的情况下，能有效降低接触力的标准差。同时可以看出，随着高速列车运行速度的提高，控制器的性能逐渐增强，能有效降低接触力的波动。

进一步分析控制器产生的主动控制力，其时域波形和频谱如图 4-99 所示。从图中可以看出，控制器输出了频率约 2 Hz、幅值约 40、随跨距变化的主动控制力，对作动器有较低的性能要求，易于实现。在列车高速运行的情况下，往往导致更强烈的弓网振动。由于控制器产生了随跨距变化的主动控制力，大大降低了弓网接触力中低频率、高幅值部分，得到了比较好的控制效果。

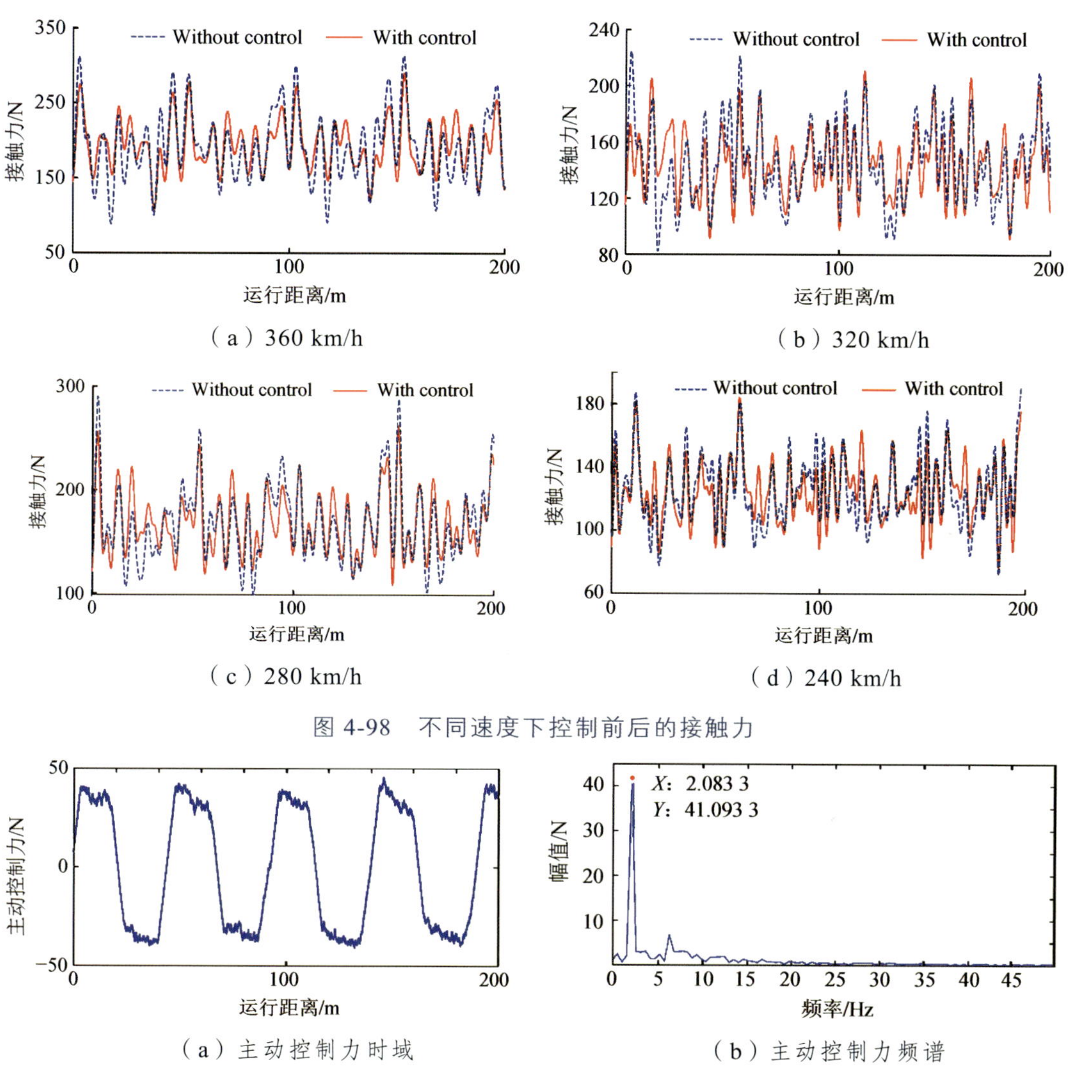

图 4-98　不同速度下控制前后的接触力

图 4-99　主动控制力及其频谱

5. 考虑受电弓操作时滞的双弓健壮控制

本小节通过将受电弓操作时滞引入系统状态方程，考虑执行器固定时滞和已知范围的随机时滞，分别提出了一种健壮控制器。仿真结果表明，无论是前弓还是后弓，即使存在执行器时延，所提出的控制策略都可以高效地减少接触力的波动。

1）固定时滞的控制器设计

考虑受电弓的操作时滞后，受电弓的状态方程可以写为

$$\begin{cases}\dot{\overline{x}}(t)=\overline{A}(\varepsilon)\overline{x}(t)+\overline{B}_1(\varepsilon)\overline{w}(t)+\overline{B}_2(\varepsilon)u(t-\tau)\\ \overline{z}_1(t)=\overline{C}_1(\varepsilon)\overline{x}(t)\end{cases} \tag{4-187}$$

式中：τ 表示受电弓的操作时滞，ε 表示模型参数的不确定性。在弓网系统中，如果可以预先确定执行器的延时时间，就可提出以下控制器：

控制器Ⅱ：给出正标量 γ、τ_{pd} 和 ρ。如果存在实对称正定矩阵 $\boldsymbol{P}>0$ 和 $\boldsymbol{Q}>0$，以及存在矩阵 $\boldsymbol{S}_i$ 和 $\boldsymbol{W}$ 满足下式：

$$\begin{bmatrix}\varXi_{1i}+[\varXi_{2i}]_{\mathrm{SYM}}+\varXi_{3i} & * & * & *\\ \sqrt{\tau_{pd}}\Gamma_{1i} & \boldsymbol{Q}-2\boldsymbol{P} & * & *\\ \sqrt{\tau_{pd}}\boldsymbol{S}_i & zeros(7,7) & -\boldsymbol{Q} & *\\ \Gamma_{2i} & zeros(1,7) & zeros(1,7) & -1\end{bmatrix}<0 \tag{4-188}$$

其中，

$$\varXi_{1i}=\begin{bmatrix}[\overline{A}_i\boldsymbol{P}]_{\mathrm{SYM}} & * & *\\ \boldsymbol{W}^{\mathrm{T}}\overline{B}_{2i}^{\mathrm{T}} & zeros(7,7) & *\\ \overline{B}_{1i}^{\mathrm{T}} & zeros(2,7) & zeros(2,2)\end{bmatrix},\quad \varXi_{2i}=[\boldsymbol{S}_i\quad -\boldsymbol{S}_i\quad zeros(16,2)]$$

$$\varXi_{3i}=diag[zeros(16,2)\quad zeros(16,2)\quad -\gamma^2 eye(2)],\quad \varGamma_{1i}=[\overline{A}_iP\quad \overline{B}_{2i}W\quad \overline{B}_{1i}]$$

$$\varGamma_{2i}=[\overline{C}_{1i}\boldsymbol{P}\quad zeros(1,7)\quad zeros(1,2)]$$

此时存在一个稳定控制器，可得到式（4-145）和式（4-146）所述的控制目标。

证明：选取 $\overline{w}(t)=0$ 的系统（4-187）的 Lyapunov 候选函数项为

$$V(x)=x^{\mathrm{T}}(t)\boldsymbol{P}x(t)+\int_{-h}^{0}\int_{t+\beta}^{t}\dot{x}^{\mathrm{T}}(\alpha)\boldsymbol{Q}\dot{x}(\alpha)\mathrm{d}\alpha\mathrm{d}\beta \tag{4-189}$$

然后，

$$\begin{aligned}\dot{V}(x)\leqslant{}&\chi^{\mathrm{T}}[G_1+[G_2]_{\mathrm{SYM}}+G_3+h\hat{\boldsymbol{S}}\boldsymbol{Q}^{-1}\hat{\boldsymbol{S}}^{\mathrm{T}}]\chi-\\&\int_{t-d(t)}^{t}[\chi^{\mathrm{T}}\hat{\boldsymbol{S}}+\dot{x}^{\mathrm{T}}(\alpha)\boldsymbol{Q}]\boldsymbol{Q}^{-1}[\hat{\boldsymbol{S}}^{\mathrm{T}}\chi+\boldsymbol{Q}\dot{x}(\alpha)]\mathrm{d}\alpha\end{aligned} \tag{4-190}$$

其中，

$$\chi=[x(t);x(t-\tau)],\quad \boldsymbol{G}_1=\begin{bmatrix}[PA_i]_{\mathrm{SYM}} & *\\ \boldsymbol{K}^{\mathrm{T}}B_{2i}^{\mathrm{T}}\boldsymbol{P}^{\mathrm{T}} & 0\end{bmatrix},\quad \boldsymbol{G}_2=[\hat{\boldsymbol{S}}\quad -\hat{\boldsymbol{S}}],$$

$$\boldsymbol{G}_3=h[A\quad B_2K]^{\mathrm{T}}\boldsymbol{Q}[A\quad B_2K],\quad \hat{\boldsymbol{S}}=\sum_{i=1}^{r}\varepsilon_i[S_{1i};S_{2i}],\quad A=\sum_{i=1}^{r}\varepsilon_iA_i,\quad B_2=\sum_{i=1}^{r}\varepsilon_iB_{2i}.$$

因为 $\boldsymbol{Q}>0$，$\dot{V}(x)$ 的第二部分是正的。通过式（4-190）证明 $\boldsymbol{G}_1+[\boldsymbol{G}_2]_{\mathrm{SYM}}+\boldsymbol{G}_3+h\hat{\boldsymbol{S}}\boldsymbol{Q}^{-1}\hat{\boldsymbol{S}}^{\mathrm{T}}<0$。因此，$\dot{V}(x)<0$，并建立了渐近稳定性。同样，通过选择相同的李亚普诺夫候选函数，可以建立 H_{∞}性能指标。

2）随机时滞的控制器设计

在主动受电弓中，执行器在不同的条件下运行，它的实际时延是很难确定的。更可能的结果是确定了时滞的范围，记为 τ_{ud}（$0\leqslant\tau_{\mathrm{ud}}\leqslant\hat{\tau}$）。此时只能利用其上界来计算控制增益矩阵。

控制器Ⅲ：给定正标量 m，γ，ρ 和 $\hat{\tau}$，如果存在实对称正定矩阵 $\boldsymbol{P}>0$，$\boldsymbol{Q}>0$ 和 $\boldsymbol{V}>0$，以及存在矩阵 $\boldsymbol{R}$、$\boldsymbol{T}$、$\boldsymbol{S}$、$\boldsymbol{W}$ 满足下式：

$$\begin{bmatrix} \sum_{1i} & * & * \\ \sqrt{\hat{\tau}/m}\sum_{2i} & \boldsymbol{Q}-2\boldsymbol{P} & * \\ \sum_{3i} & zeros(1,7) & -1 \end{bmatrix}<0 \tag{4-191}$$

其中，

$$\sum_{1i}=[\varUpsilon_A^{\mathrm{T}}\bar{A}_i\boldsymbol{P}\varUpsilon_{\mathrm{A}}+\varUpsilon_A^{\mathrm{T}}\bar{B}_{1i}\varUpsilon_{B1}+\varUpsilon_A^{\mathrm{T}}\bar{B}_{2i}\boldsymbol{W}\varUpsilon_{B2}+\varUpsilon_Z]_{SYM}-m/\hat{\tau}\varUpsilon_Q^{\mathrm{T}}\boldsymbol{Q}\varUpsilon_Q+\varUpsilon_{V1}^{\mathrm{T}}\boldsymbol{V}\varUpsilon_{V1}-\varUpsilon_{V2}^{\mathrm{T}}\boldsymbol{V}\varUpsilon_{V2}-\varUpsilon_{\gamma}^{\mathrm{T}}\gamma^2\varUpsilon_{\gamma}$$

$$\sum_{2i}=[\bar{A}_i\boldsymbol{P}\quad zeros(7,7m-7)\quad \bar{B}_{2i}\boldsymbol{W}\quad zeros(7,6)\quad \bar{B}_{1i}],$$

$$\sum_{3i}=[\bar{C}_{1i}\boldsymbol{P}\quad zeros(1,7m+8)],$$

$$Z=[\boldsymbol{R}^{\mathrm{T}}\quad zeros(7,7m-7)\quad \boldsymbol{S}^{\mathrm{T}}\quad zeros(7,7)\quad \boldsymbol{T}^{\mathrm{T}}]^{\mathrm{T}},$$

$$\varUpsilon_A=[eye(7)\quad zeros(7,7m+8)],$$

$$\varUpsilon_{B1}=[zeros(2,2m+13)\quad eye(2)],$$

$$\varUpsilon_{B2}=[zeros(7,7m)\quad eye(7)\quad zeros(7,8)],$$

$$\varUpsilon_Z=[eye(7)\ -eye(7)\ zeros(7,7m-7)\ eye(7)\ zeros(7,1)],$$

$$\varUpsilon_Q=[zeros(7,7m+7)\quad eye(7)\quad zeros(7,15)],$$

$$\varUpsilon_{V1}=[eye(7m)\quad zeros(7m,15)],$$

$$\Upsilon_{V2} = [zeros(7m,7) \quad eye(7m) \quad zeros(7m,8)] \text{ ,}$$

$$\Upsilon_{\gamma} = [zeros(1,7m+14) \quad 1]$$

此时存在一个稳定控制器，可得到式（4-145）和式（4-146）所述的控制目标。

3）控制器性能验证和有效性分析

案例 1：控制器Ⅱ对标称双弓-网系统模型和预定时延的性能研究。

本案例研究了控制策略Ⅱ（结合估计器和控制器Ⅱ）的性能，并实现了具有预定执行器时间延迟的名义双弓-网系统模型。作为对比，控制策略Ⅰ（结合估计器和控制器Ⅰ）也被用于这一情况和后文的情况。在 360 km/h 时，执行器时滞 30 ms 时，前弓（Leading Pantograph，LP）和后弓（Trailing Pantograph，TP）的接触力如图 4-100 所示。为了进一步分析性能，360 km/h 和 340 km/h 时控制前后的接触力箱线图分别如图 4-101（a）和 4-101（b）所示。在每个框中，中心红线为接触力的中值，加上星号标记的平均值，可以用来评估控制策略对接触力集中趋势的影响。盒子的边缘是第 25 和 75 个百分位数，分别表示为 q_1 和 q_3。边缘的红线表示接触力大于 $q_3+1.5\times(q_3-q_1)$ 或小于 $q_1-1.5\times(q_3-q_1)$ 的极端异常值。相应地，黑线表示在[$q_1-1.5\times(q_3-q_1)$ ，q_1]或[q_3 ，$q_3+1.5\times(q_3-q_1)$]范围内的温和离群值。方框和黑线都可以用来表示接触力的波动程度。从图 4-100 和图 4-101 所示，即使在受电弓执行机构存在时滞情况下，控制策略Ⅱ仍可以减少接触力波动，它的性能优于控制策略Ⅰ。LP 和 TP 在 360 km/h 的接触力标准差（STD）比控制器Ⅰ减少了 6.5%和 10.2%，但与无控制情况下相比分别减少了 15.5%和 19.2%。另外，控制器输出控制力限制在 100 N 目标范围以内，如图 4-102 所示。因此，提出的控制策略Ⅱ能够有效地减小具有固定时滞的接触力波动。

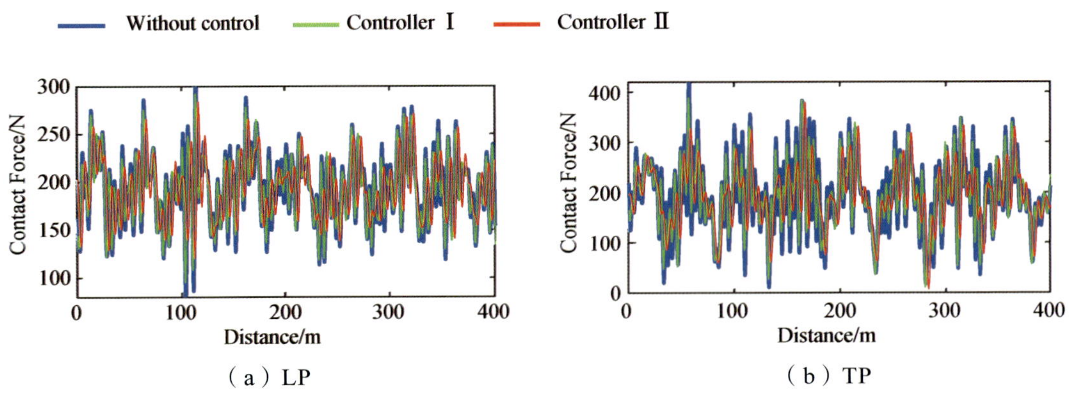

（a）LP

（b）TP

图 4-100　LP 和 TP 在 360 m/h 时的接触力，受电弓执行器固定时滞 30 ms

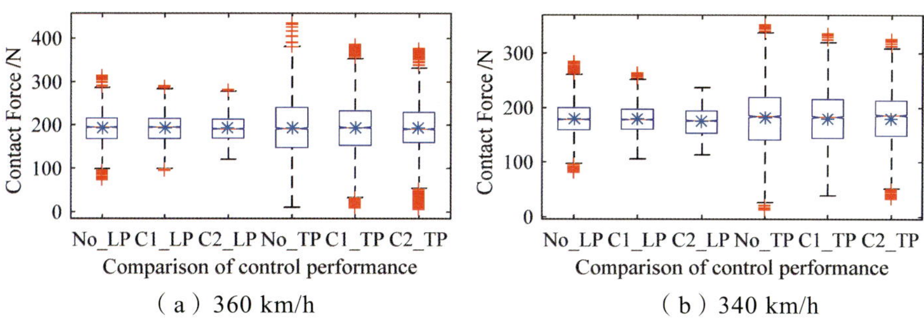

（a）360 km/h　　（b）340 km/h

No_LP 表示 LP 不受控制，C1_LP 和 C2_LP 表示 LP 分别采用控制策略Ⅰ和控制策略Ⅱ；No_TP 表示 TP 不受控制，C1_TP 和 C2_TP 表示 TP 分别采用控制策略Ⅰ和控制策略Ⅱ。

图 4-101　360 km/h 和 340 km/h 时，执行器固定时滞 30 ms 下的接触力箱线图

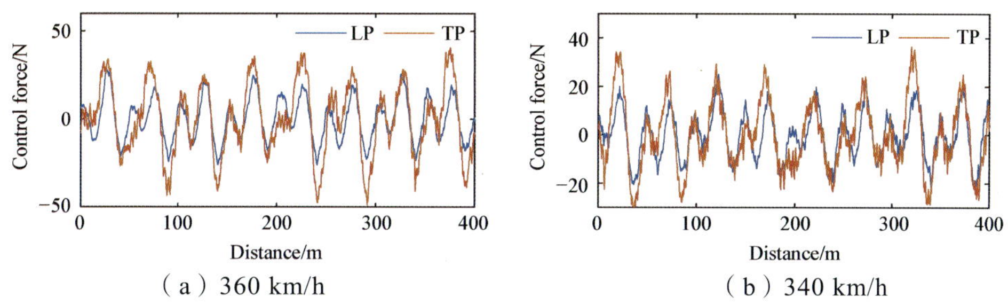

（a）360 km/h　　（b）340 km/h

图 4-102　控制策略Ⅱ在 360 km/h 和 340 km/h 时的控制力

案例 2：控制器Ⅲ对标称双弓-网系统模型和随机时延的性能研究。

本案例研究了当执行器时滞时变的情况下，控制策略Ⅲ（结合估计器和控制器Ⅲ）的有效性。如图 4-103 所示为 340 km/h 时 LP 和 TP 的接触力，随机时滞 0 ~ 30 ms。控制策略Ⅲ分别降低了 17.5%和 19.9%，而控制策略Ⅰ仅降低了 10.2%和 3.1%。接触力的箱线图如图 4-104 所示。同时，所提出的控制器能够约束控制力在 100 N 以内，如图 4-105 所示。从图 4-103 和图 4-104 可以看出，接触力波动减小了，特别是极端离群值明显减少了。因此，通过标称模型，提出的控制策略Ⅲ能够有效地实现目标。

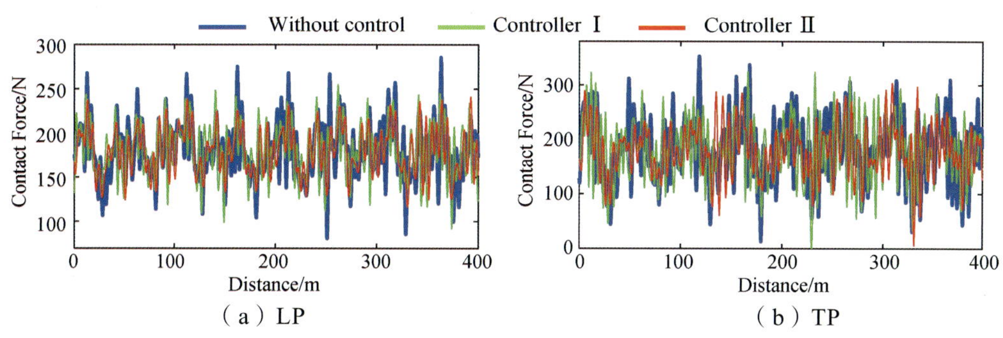

（a）LP　　（b）TP

图 4-103　LP 和 TP 在 340 m/h 时的接触力，执行器随机时滞 0 ~ 30 ms

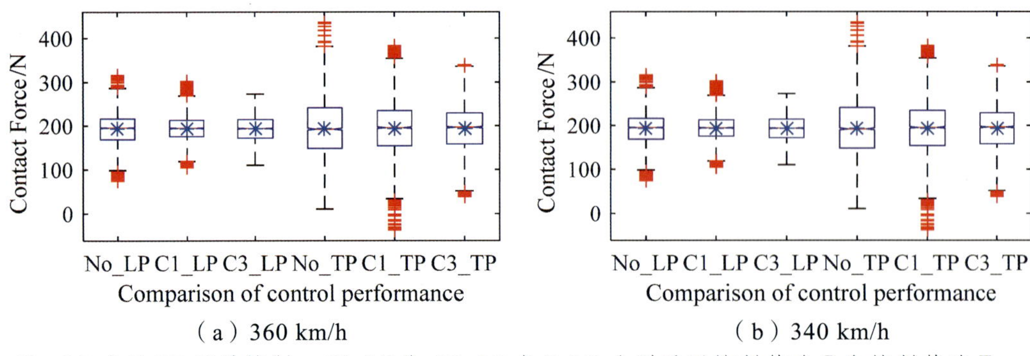

（a）360 km/h　　（b）340 km/h

No_LP 表示 LP 不受控制，C1_LP 和 C2_LP 表示 LP 分别采用控制策略Ⅰ和控制策略Ⅱ；
No_TP 表示 TP 不受控制，C1_TP 和 C2_TP 表示 TP 分别采用控制策略Ⅰ和控制策略Ⅱ。

图 4-104　360 km/h 和 340 km/h 时，作动器随机时滞 0 ~ 30 ms 下的接触力箱线图

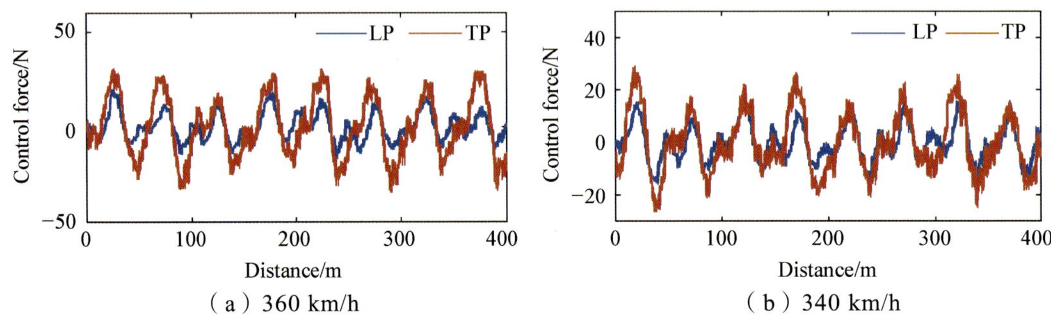

（a）360 km/h　　（b）340 km/h

图 4-105　控制策略Ⅲ在 360 km/h 和 340 km/h 时的控制力

无论是受电弓还是执行器，在固定时滞和随机时滞的情况下，提出的控制器都能有效减少接触力的波动，为双弓运行下的受流质量优化提供理论研究指导。

6. 考虑先验信息的有限频域控制

本节根据双弓-网系统弓网共振机理研究结果：弓网接触力主导频率均为跨距通过频率 SPF，将其视为先验信息设计了一种有限频域控制器。结果表明，给出的控制策略都可以高效地减少接触力的波动。

1）接触力先验信息分析

接触力的波动原因可归为以下 3 类：由接触网刚度分布引起的弓网之间的动态特性；外部扰动，例如环境风对接触网的影响和机车振动传递到受电弓；由于施工不标准、长期摩擦磨损或不严格维护引起的接触线不平顺。后两点原因具有明显的偶发性，不能用于控制器的设计和控制增益矩阵的计算（但可作为考察控制器健壮性的因素）。而周期性刚度分布是由接触线的柔性特性和吊弦及定位器的安装方式所决定，这些周期性特性（跨距和吊弦距等）被反映在接触力中并且可以通过辨识得到。也就是说，无

论受电弓类型和参数如何，接触力均包含特定的波长成分，反映了接触网结构周期性。

双弓运行时，前弓对接触线的冲击以波的形式沿接触网传播，进而影响后弓与接触网的耦合性能。换言之，前弓通过接触网间接影响后弓。尽管如此，无论前弓或后弓上的接触力波动多么剧烈，该波动仍然因为接触网的周期性结构特征而呈现周期性（从各种接触力波形上均可以明显得出这一结论）。因此，可以利用这种周期性特征作为先验信息设计控制器，以提高控制效率。这种方法可行性的关键在于接触网一旦建成，其周期性结构特征将不会改变。其基本原理为计算控制增益矩阵时，从频域角度减少接触力的主导频率成分。

通过接触力频域分析或时频域分析，如傅里叶变化或功率谱密度（*PSD*），可以得到接触力的主导频率或接触网结构信息，进而利用有限频域控制计算得到控制增益矩阵。本节首先利用 *PSD* 分析接触力的频域特性，根据接触力来源分为以下 3 个算例：

（1）算例 1。

本算例对通过 EN 50318 标准得到的接触力进行功率谱密度分析，结果如图 4-106 所示，分别为 250 km/h 和 300 km/h 时的接触力频谱。图中，*SPF* 表示跨距通过频率，*MDPF* 表示中间吊弦通过频率，*TDPF* 表示端点吊弦通过频率。图 4-106（a）中，有两个近似的能量峰值分别位于跨距通过频率 0.016 2 m^{-1} 处和中间吊弦通过频率 0.151 4 m^{-1} 处，对应波长 61.7 m 和 6.6 m，约等于实际跨距 62 m 和中间吊弦距 6.5 m。图 4-106（b）中，除 *SPF* 和 *MDPF* 之外还辨识出了端点吊弦通过频率 0.214 8 m^{-1}，相当于波长 4.7 m，约等于两端吊弦与定位器之间的距离。

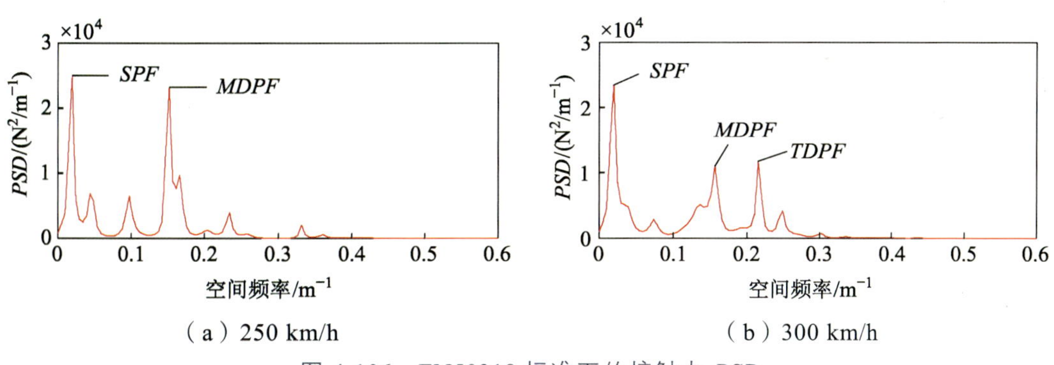

图 4-106　EN50318 标准下的接触力 *PSD*

（2）算例 2。

本算例中的接触力来自渝怀高铁的实测值，运行速度 100 km/h，采样间隔 0.5 m，如图 4-107（a）所示。与之对应的功率谱密度如图 4-107（b）所示。可以看出，唯一的 *PSD* 峰值位于跨距通过频率 0.015 63 m 处，也就是波长 64 m，接近于实际跨距 62 m。从图 4-107 中可得到其主导频率均为跨距通过频率 *SPF*。

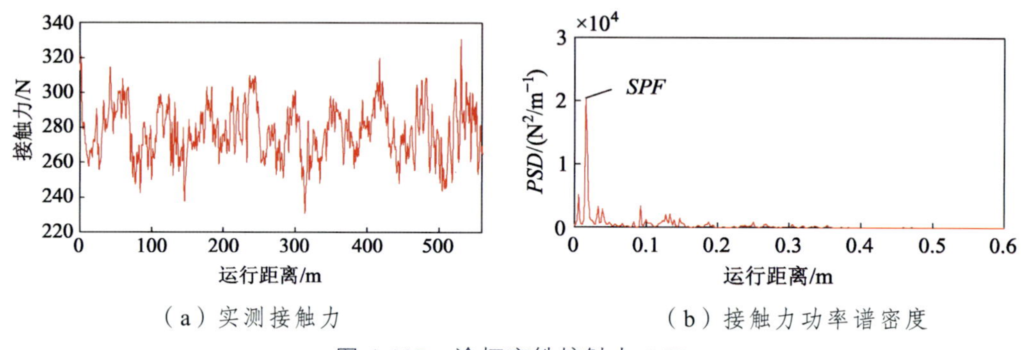

（a）实测接触力　　（b）接触力功率谱密度

图 4-107　渝怀高铁接触力 *PSD*

（3）算例 3。

本算例分析双弓网系统的接触力功率谱密度，采用京津城际铁路接触网参数和 DSA380 型受电弓，双弓间距 144 m。不同速度下前后弓接触力功率谱密度如图 4-108 所示，对应的主要和主导频率成分如表 4-18 所示。可以看出，在 360 km/h 和 320 km/h 时，无论是前弓接触力还是后弓接触力，其跨距通过频率均为主导频率；320 km/h 时也可以辨识到半跨距通过频率（*HSPF*）；特别在 280 km/h 时，半跨距通过频率为主导频率。另外，由表 4-18 可以看出，不同速度下相同接触网结构得到的同一物理参数的通过频率不同，例如 320 km/h 时，前弓的 *MDPF* 为 0.112 5，而其他速度下为 0.102 5。

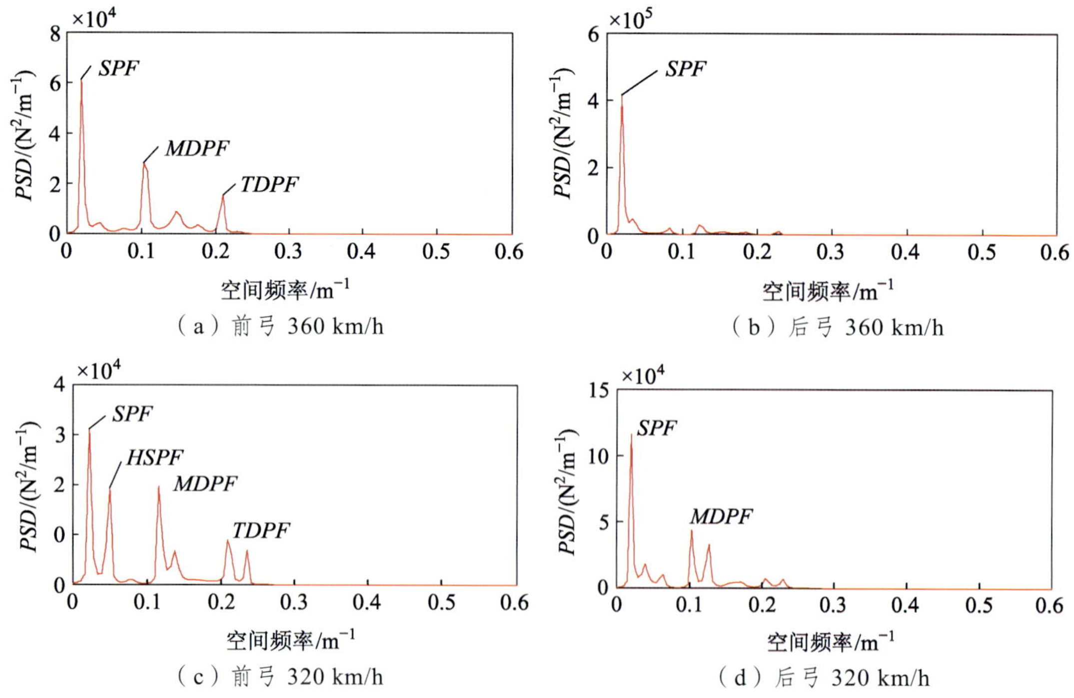

（a）前弓 360 km/h　　（b）后弓 360 km/h

（c）前弓 320 km/h　　（d）后弓 320 km/h

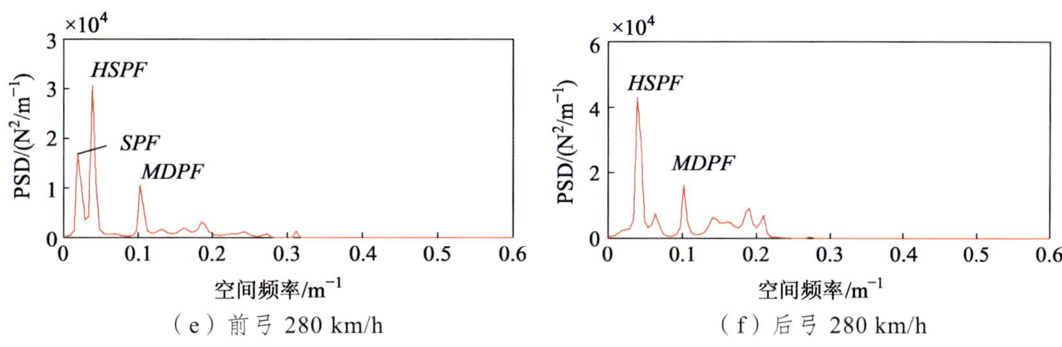

（e）前弓 280 km/h　　（f）后弓 280 km/h

图 4-108　京津城际铁路双弓网系统不同速度下的接触力 *PSD*

表 4-18　不同类型京津城际铁路双弓网系统不同速度下接触力主要和主导频率成分

频率分析	360 km/h		320 km/h		280 km/h	
	前弓	后弓	前弓	后弓	前弓	后弓
SPF/m^{-1}	0.019 5	0.019 5	0.019 5	0.019 5	0.019 5	—
$HSPF$/m^{-1}	—	—	0.045 4	—	0.039 1	0.039 1
$MDPF$/m^{-1}	0.102 5	—	0.112 5	0.102 5	0.102 5	0.102 5
$TDPF$/m^{-1}	0.210 0	—	0.210 0	0.208 7	—	—
主导频率	*SPF*	*SPF*	*SPF*	*SPF*	*HSPF*	*HSPF*

因此，无论是单弓-网系统还是双弓-网系统，都可以得到以下结论：接触网的周期性物理结构反映在接触力中，并且可以通过频域特性辨识得到；一般地，接触力中与跨距和吊弦距有关的频率成分（*SPF*、*HSPF*、*MDPF* 和 *TDPF*）具有较高能量，但主导频率与运行速度密切相关；无论是实测接触力还是数值仿真得到的接触力，*PSD* 均可以有效辨识其主要频率，因此接触力的频域特性可以很方便地应用于受电弓主动控制。

2）基于先验信息的控制器设计

基于先验信息的受电弓有限频域控制，可描述如下：求控制增益矩阵 $\boldsymbol{K}$，使得闭环系统式（4-144）代入式（4-141）渐进稳定；控制目标在扰动不大于 $w_{\max}$ 时得到保证；对于所有扰动 $w_{\max}=[\rho-V(0)]/\eta$，性能指标 $\|G_{y_1}\|_{\infty}^{\omega_1<\omega<\omega_2}<\gamma$ 在零初始条件下得到保证，其中 ω_1 和 ω_2 分别表示所关心频段的上、下界。KYP 引理建立了系统传函的频域不等式到其状态空间描述的线性矩阵不等式的等价关系。但标准的 KYP 引理只适应无限频域范围，广义 KYP 引理扩展了其应用，建立了有限频带内线性矩阵不等式和频域特性的关系，具有重要的应用价值。本节提出了受电弓有限频域控制器，描述如下：

控制器Ⅳ：基于式（4-155）所示的弓网系统，给定标量γ、η和ρ，若存在实对称正定矩阵$\boldsymbol{Q}>0$、$\boldsymbol{P}>0$、$\boldsymbol{H}>0$和普通矩阵$\boldsymbol{E}$和$\boldsymbol{F}$使得以下线性矩阵不等式组：

$$\begin{bmatrix} -\boldsymbol{F}-\boldsymbol{F}^{\mathrm{T}} & * & * & * \\ \tilde{\boldsymbol{A}}^{\mathrm{T}}\boldsymbol{F}+\boldsymbol{H}^{\mathrm{T}} & -H & * & * \\ \boldsymbol{F} & zeros(7,7) & -H & * \\ \tilde{\boldsymbol{B}}^{\mathrm{T}}\boldsymbol{F} & zeros(2,7) & zeros(2,7) & -\eta eye(2) \end{bmatrix}<0 \tag{4-192}$$

$$\begin{bmatrix} \boldsymbol{M}_{11} & \boldsymbol{M}_{12} \\ \boldsymbol{M}_{21} & \boldsymbol{M}_{22} \end{bmatrix}<0 \tag{4-193}$$

$$\begin{bmatrix} -1 & * \\ \sqrt{\rho}\boldsymbol{E}^{\mathrm{T}} & -u_{\max}^{2}\boldsymbol{F} \end{bmatrix}\leqslant 0 \tag{4-194}$$

式中：

$$\boldsymbol{M}_{11}=\begin{bmatrix} -\boldsymbol{Q} & * & * & * \\ \boldsymbol{P}^{\mathrm{T}}-\boldsymbol{F}^{\mathrm{T}} & -\omega_1\omega_2\boldsymbol{Q}+\widetilde{\boldsymbol{A}}^{\mathrm{T}}\boldsymbol{F}+\boldsymbol{F}^{\mathrm{T}}\widetilde{\boldsymbol{A}} & * & * \\ zeros(2,7) & \widetilde{\boldsymbol{B}}^{\mathrm{T}}\boldsymbol{F} & -\gamma^{2}eye(2) & * \\ zeros(1,7) & \boldsymbol{C} & zeros(1,2) & -1 \end{bmatrix},$$

$$\boldsymbol{M}_{21}=\begin{bmatrix} zeros(7,7) & * & * & * \\ (\omega_1+\omega_2)\boldsymbol{Q}/2 & zeros(7,7) & * & * \\ zeros(2,7) & zeros(2,7) & zeros(2,2) & * \\ zeros(1,7) & zeros(1,7) & zeros(1,2) & 0 \end{bmatrix},$$

$$\begin{bmatrix} \tilde{\boldsymbol{A}} & \tilde{\boldsymbol{B}} \\ \tilde{\boldsymbol{C}} & 0 \end{bmatrix}=\begin{bmatrix} \bar{\boldsymbol{A}}+\bar{\boldsymbol{B}}_2\boldsymbol{K} & \bar{\boldsymbol{B}}_1 \\ \bar{\boldsymbol{C}}_1 & zeros(1,2) \end{bmatrix},\quad \boldsymbol{M}_{22}=\boldsymbol{M}_{11},\quad \boldsymbol{M}_{12}=-\boldsymbol{M}_{21}$$

有可行解，则存在控制增益矩阵$\boldsymbol{K}$使得上述 3 个控制目标得以保证。

证明：控制器以广义 KYP 引理为基础，因此，首先给出广义 KYP 引理：若系统由状态空间方程(A,B,C,D)表示，给定对称矩阵$\boldsymbol{\Xi}$，则以下描述等价：

有限频域不等式：

$$[G(\mathrm{j}\omega)\quad I]\boldsymbol{\Xi}[G(\mathrm{j}\omega)\quad I]^{\mathrm{T}}\Big|_{\omega_1<\omega<\omega_2}<0 \tag{4-195}$$

存在对称正定矩阵和一般矩阵满足：

$$\begin{bmatrix} \boldsymbol{\Gamma}(\boldsymbol{P},\boldsymbol{Q},\boldsymbol{C},\boldsymbol{D}) & * \\ [\boldsymbol{C}\quad \boldsymbol{D}] & -\boldsymbol{I} \end{bmatrix}<0 \tag{4-196}$$

式中：$\varXi_{12}$ 和 $\varXi_{22}$ 为对称矩阵 $\varXi$ 的右上三角阵和右下三角阵，且

$$\boldsymbol{\varGamma}(\boldsymbol{P},\boldsymbol{Q},\boldsymbol{C},\boldsymbol{D})=\begin{bmatrix}\boldsymbol{A} & \boldsymbol{I}\\ \boldsymbol{B} & 0\end{bmatrix}\begin{bmatrix}-\boldsymbol{Q} & \boldsymbol{P}+\mathrm{j}(\omega_1+\omega_2)/2\boldsymbol{Q}\\ \boldsymbol{P}-\mathrm{j}(\omega_1+\omega_2)/2\boldsymbol{Q} & -\omega_1\omega_2\boldsymbol{Q}\end{bmatrix}\begin{bmatrix}\boldsymbol{A} & \boldsymbol{B}\\ \boldsymbol{I} & 0\end{bmatrix}+\begin{bmatrix}0 & *\\ \varXi_{12}\boldsymbol{C} & \varXi_{22}+\boldsymbol{D}^{\mathrm{T}}\varXi_{12}+\varXi_{12}{}^{\mathrm{T}}\boldsymbol{D}\end{bmatrix} \tag{4-197}$$

证明系统渐进稳定性。由 Schur 补引理及同余变换有

$$\begin{bmatrix}\tilde{\boldsymbol{B}}\tilde{\boldsymbol{B}}^{\mathrm{T}}/\eta+\boldsymbol{H}^{-1}-\boldsymbol{F}^{-1}-\boldsymbol{F}^{-\mathrm{T}} & *\\ \boldsymbol{H}^{-\mathrm{T}}\tilde{\boldsymbol{A}}^{\mathrm{T}}+\boldsymbol{F}^{-1} & -\boldsymbol{H}^{-1}\end{bmatrix} \tag{4-198}$$

利用交互投影定理，可得

$$\boldsymbol{H}\tilde{\boldsymbol{A}}+\tilde{\boldsymbol{A}}^{\mathrm{T}}\boldsymbol{H}+\boldsymbol{H}\tilde{\boldsymbol{B}}\tilde{\boldsymbol{B}}^{\mathrm{T}}\boldsymbol{H}/\eta<0 \tag{4-199}$$

上式保证了 $\boldsymbol{H}\tilde{\boldsymbol{A}}+\tilde{\boldsymbol{A}}^{\mathrm{T}}\boldsymbol{H}<0$，根据李雅普诺夫理论，说明闭环系统渐进稳定。给定标量 γ、η 和 ρ，若存在实对称正定矩阵 $\boldsymbol{Q}>0$、$\boldsymbol{P}>0$、$\boldsymbol{H}>0$ 和普通矩阵 $\boldsymbol{F}$ 和 $\boldsymbol{E}$ 及以下线性矩阵不等式组：

$$\begin{bmatrix}-\boldsymbol{F}-\boldsymbol{F}^{\mathrm{T}} & * & * & *\\ \boldsymbol{F}^{\mathrm{T}}\boldsymbol{A}^{\mathrm{T}}+\boldsymbol{E}^{\mathrm{T}}\boldsymbol{B}_2{}^{\mathrm{T}}+\boldsymbol{H}^{\mathrm{T}} & -H & * & *\\ \boldsymbol{F}^{\mathrm{T}} & zeros(7,7) & -\boldsymbol{H} & *\\ \boldsymbol{B}_1{}^{\mathrm{T}} & zeros(2,7) & zeros(2,7) & -\eta eye(2)\end{bmatrix}<0 \tag{4-200}$$

$$\begin{bmatrix}\boldsymbol{M}_{11} & \boldsymbol{M}_{12}\\ \boldsymbol{M}_{21} & \boldsymbol{M}_{22}\end{bmatrix}<0$$

式中：

$$\boldsymbol{M}_{11}=\begin{bmatrix}-\boldsymbol{Q} & * & * & *\\ \boldsymbol{P}^{T}-\boldsymbol{F}^{\mathrm{T}} & -\omega_1\omega_2\boldsymbol{Q}+\boldsymbol{A}\boldsymbol{F}+\boldsymbol{B}_2\boldsymbol{E}+[\boldsymbol{A}\boldsymbol{F}+\boldsymbol{B}_2\boldsymbol{E}]^{\mathrm{T}} & * & *\\ zeros(2,7) & \boldsymbol{B}_1{}^{\mathrm{T}} & -\gamma^2 eye(2) & *\\ zeros(1,7) & \boldsymbol{C}_1\boldsymbol{F} & zeros(1,2) & -1\end{bmatrix},$$

$$\boldsymbol{M}_{21}=\begin{bmatrix}zeros(7,7) & * & * & *\\ (\omega_1+\omega_2)\boldsymbol{Q}/2 & zeros(7,7) & * & *\\ zeros(2,7) & zeros(2,7) & zeros(2,2) & *\\ zeros(1,7) & zeros(1,7) & zeros(1,2) & 0\end{bmatrix}.$$

有可行解，则控制增益矩阵 $\boldsymbol{K}$ 可写为 $\boldsymbol{K}=\boldsymbol{E}\boldsymbol{F}^{-1}$，结合状态估计算法，受电弓主动控制力的大小可表示为

$$u(k)=\boldsymbol{E}\boldsymbol{F}^{-1}\left[\int_0^k e(k)\mathrm{d}k,\hat{x}(k)\right] \tag{4-201}$$

3）控制器有效性分析

控制器有效性验证分为两个部分：一是基于标称双弓-网系统模型的性能分析；二是与既有控制器在同等条件下的性能比较。

（1）基于标称双弓-网系统模型的控制器有效性验证。

利用非线性有限元接触网模型和三自由度归算质量受电弓模型分析控制器Ⅱ在标称模型下的有效性，同样采用京津城际铁路接触网参数和 DSA380 受电弓参数，双弓间距 144 m。图 4-109（a）和（c）分别为 360 km/h 时前、后弓在控制前后的接触力曲线，从中可见其波动程度明显降低，且其标准差分别降低了 23.34%和 26.98%。特别是后弓离线得到了有效抑制，离线率大幅降低，减小了弓头滑板和接触线磨损，提高了受流质量。图 4-109（b）和（d）分别为对应接触力的功率谱密度，从中可以看出，前弓在跨距通过频率处的能量降低了 60%左右，在中间吊弦通过频率处的能量也有一定程度的降低。类似地，图 4-110 展示了 320 km/h 时的控制效果。图 4-110（a）和（c）中前、后弓接触力标准差分别降低了 18.69%和 18.28%，对应的功率谱密度显示，跨距通过频率处的能量分别降低了 50%和 60%。如图 4-111 所示为 360 km/h 和 320 km/h 时的前、后弓主动控制力曲线，均在给定范围 100 N 以内。综上所述，控制器Ⅳ在非线性标称弓网系统中表现较优，接触力标准差降低 20%左右，相应接触力主导频率处的能量也显著降低，同控制器设计预期效果一致。

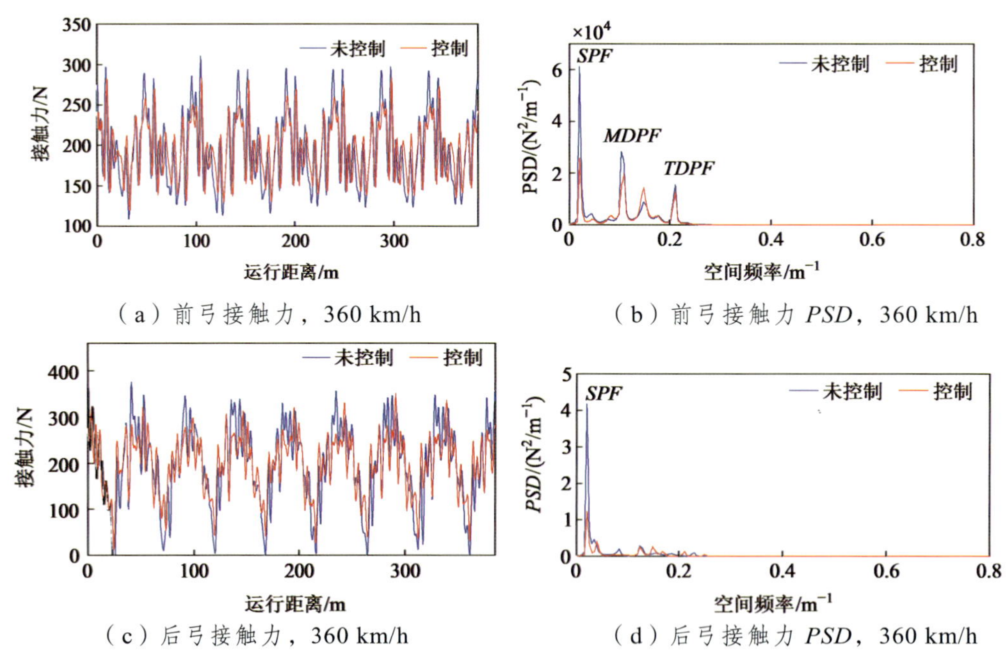

（a）前弓接触力，360 km/h　（b）前弓接触力 *PSD*，360 km/h

（c）后弓接触力，360 km/h　（d）后弓接触力 *PSD*，360 km/h

图 4-109　有限频域控制下的接触力及其功率谱密度（360 km/h）

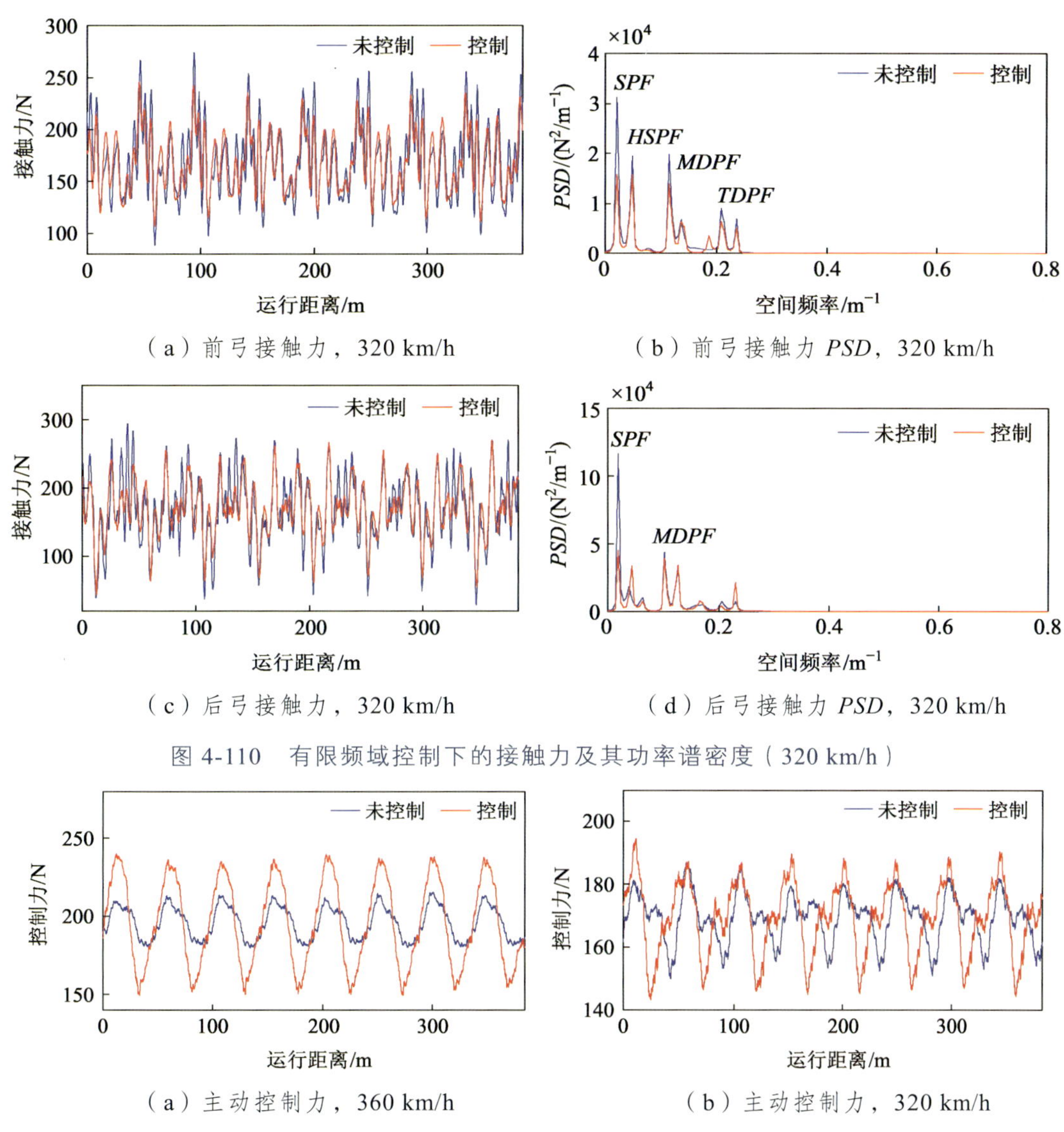

（a）前弓接触力，320 km/h　（b）前弓接触力 *PSD*，320 km/h

（c）后弓接触力，320 km/h　（d）后弓接触力 *PSD*，320 km/h

图 4-110　有限频域控制下的接触力及其功率谱密度（320 km/h）

（a）主动控制力，360 km/h　（b）主动控制力，320 km/h

图 4-111　有限频域控制下的主动控制力

（2）与全频域控制器的比较。

下面比较有限频域控制器与全频域控制器的控制效果，前、后弓接触力分别如图 4-112（a）和（c）所示，对应的功率谱密度如图 4-112（b）和（d）所示。从中可以看出，有限频域控制器效果更优，前、后弓的接触力标准差分别降低了 22.24%和 33.21%，而全频域控制下对应值只降低了 18.29%和 13.08%。在功率谱密度方面，对前弓来说，两个控制器对接触力在跨距通过频率和半跨距通过频率处的能量降低幅值大致接近，但全频域控制器明显增加了中间吊弦通过频率处的能量；对后弓来说，有限频域控制对接触力在跨距通过频率处的能量降低程度具有明显的优势。

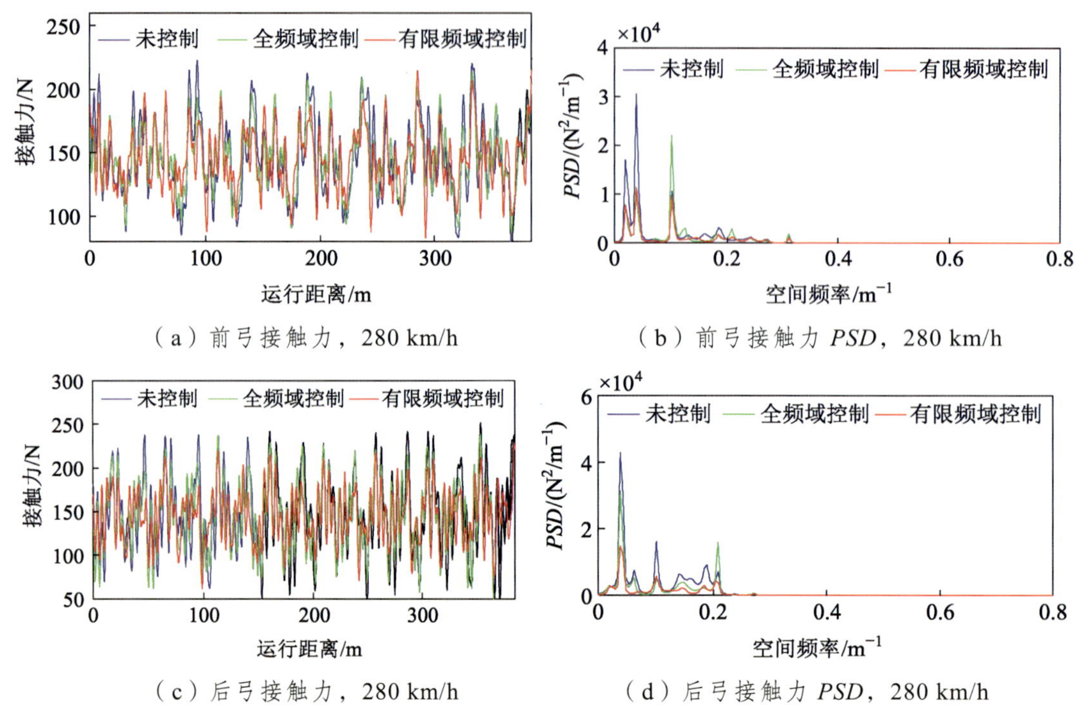

（a）前弓接触力，280 km/h　（b）前弓接触力 *PSD*，280 km/h

（c）后弓接触力，280 km/h　（d）后弓接触力 *PSD*，280 km/h

图 4-112　多目标有限频域控制与全频域控制的比较

本节通过分析 3 种弓网系统接触力的频域信息，发现主导频率均为跨距通过频率 *SPF*，将其视为先验信息设计了一种有限频域控制器。仿真结果表明，所提出的控制策略都可以高效地减少接触力的波动，最高达 26.98%。同时与全频域控制器相比，有限频域能够有效减小接触力在跨距通过频率处的能量降低程度。

4.4　双弓运行下弓网系统评估

4.4.1　双弓-网系统传统动态特性指标的适应性分析与修正

高速铁路弓网系统动态特性指标又被称为高速铁路接触网波动传播特征参数，是一类反映受电弓-接触网耦合系统基本动态特性的主要指标，包括波动传播速度、反射系数、多普勒系数、放大系数等。目前，我国高速铁路弓网系统在设计过程中其动态特性指标的制定主要参考 TB 10009—2016、BS EN 50318：2009、BS EN 50367：2012 等铁路行业相关标准规范。但是，我国铁路行业标准、欧洲标准和西门子公司建议的弓网动态评估指标主要是针对单弓运行情况，双弓运行具有全新的特点，亟须对现有的传统弓网系统动态指标的适应性进行评估，并引入新的适用于双弓-网系统的动态特性指标。

1. 双弓-网系统传统动态特性指标的适应性分析

1）波动传播速度

振动与波动传播是机械波导结构的固有属性。接触网在高速移动受电弓的持续冲击下，弓网接触点位置的接触线产生纵向振动，并沿线路方向传播，引起受电弓前方接触网处于持续振荡状态，从而导致弓网无法平稳接触，造成接触力持续变化。因此，接触网上波动传播速度是影响高速铁路弓网系统受流质量的主要因素。在受电弓低速运行状态下，即受电弓移动速度远小于接触网波动传播速度时，弓网之间可保持良好接触。但随着受电弓运行速度的提升，特别是运行速度接近波动速度（又被称为临界速度）时，受电弓与接触网之间出现共振或临近共振态，导致弓网之间出现严重离线。因此，为保证弓网稳定受流，现行标准多推荐将受电弓的移动速度限制在接触网最大波动速度的 70%。

接触网是一种大跨度的空间结构，具有较高的柔性，因此一般多采用柔性梁的概念进行接触网波动传播速度的计算。一般来说，单根梁结构的波动传播速度可表示为

$$v_b = \sqrt{T/\rho} \tag{4-202}$$

式中：v_b 为梁上波动的传播速度；T 为梁的张力；ρ 为梁的单位长度质量。由式（4-202）可见，对于单根梁系统，其波动传播速度主要与梁所受张力、梁的本身材质（单位长度质量）有关。

接触网系统由于在整体上具有柔性梁的性质，但在局部区域其刚度又无法忽略，因此，目前在研究接触网系统的波动传播规律时，普遍将接触网视为两端固定且具有刚度和梁的性质的特殊波导结构，其波动传播速度可由下式给出：

$$v_c = \frac{\omega}{\sqrt{\sqrt{\left(\frac{T}{2EI}\right)^2 + \frac{\omega^2 \rho}{EI}} - \frac{T}{2EI}}} \tag{4-203}$$

式中：v_c 为接触线的波动传播速度；ω 为角频率；T 为接触线两端张力；EI 为接触线的抗弯刚度；ρ 为接触线的线密度。

由式（4-203）可知，对于具有一定张力的接触线结构，其波动传播速度同样与张力有关，同时受到波动频率的影响。高速铁路接触网系统波动传播速度与系统张力、波动频率之间的关系如图 4-113 所示：随着系统张力的增加、波动频率的增加，接触网系统的波动传播速度也随之上升。即高速铁路接触网系统的波动传播速度与接触网的张力、波动频率呈正相关。为进一步评估高速铁路接触网波动传播速度与系统张力、波动频率之间的关系，基于式（4-203）分析接触网系统的无量纲波动传播速度与无量纲张力、无量纲频率、无量纲抗弯刚度、无量纲线密度之间的相关性，如图 4-112 所示。尽管接触网的波动传播速度与张力、频率均呈正相关，但张力对接触网波动传播速度的影响更为显著，因此，面对我国高速铁路日益旺盛的提速需求，应首先从优化现有接触网设计结构的张力体系入手；在低频范围内，波动频率对波动速度的影响尚不显著；随着关注频率范围的逐渐右移，频率成分对波动传播速度的影响已不容忽视，提示随着我国高速铁路动车组运行速度的不断提升，接触网激励频率的逐渐增大，传统的关注频率范围（20 Hz 以内）可能无法满足弓网系统受流性能评估的需求，应考虑扩大关注频率范围，将高频成分的影响纳入分析。抗弯刚度对接触网波动传播速度的影响较为有限，尽管二者仍存在一定的负相关特征，但此种趋势较为不显著，表明在现有的低频范围内，梁模型、索模型均可用于接触网波动传播规律的分析中。接触网波动传播速度与线材的线密度呈明显的负相关，在一定范围内（无量纲线密度≤5）改变接触网的线密度可显著影响接触网的波动传播速度。

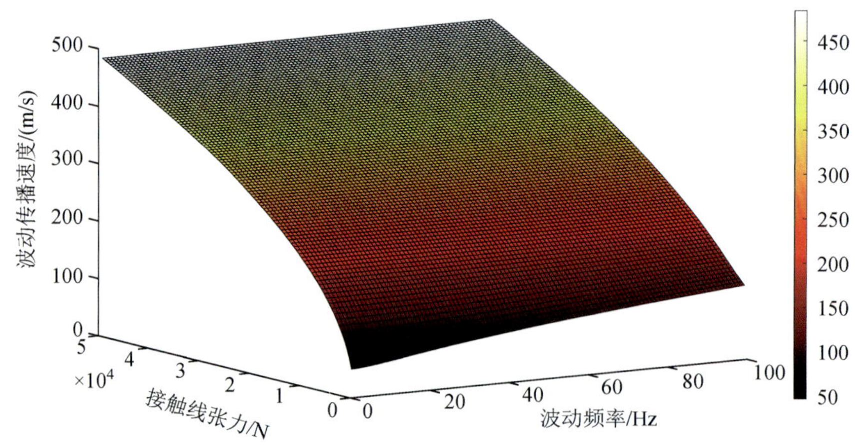

图 4-113　不同张力与频率下的接触网波动传播速度

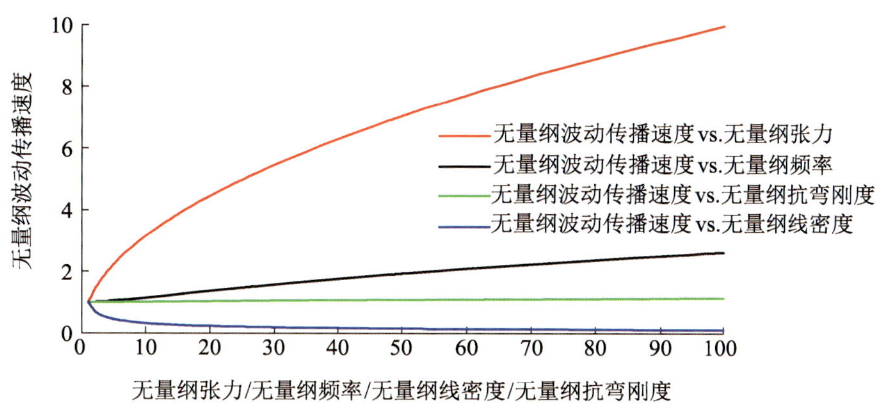

图 4-114　接触网无量纲波动传播速度 vs.无量纲张力和无量纲频率

2）反射系数

反射系数是接触网系统波动传播规律的另一项重要特征参数。接触网作为一种特殊的波导结构，一方面由承力索与接触线组成其主体结构，另一方面由吊弦、定位器等为系统提供稳定支承。在吊弦与承力索/接触线的连接处、定位器与接触线的连接处，受到局部张力、局部质量和局部张力突变的影响，导致接触网出现质量、刚度分布不均匀的特征。受电弓激励所引起的接触网振动在传播至吊弦线夹位置、定位器连接处等集中质量点时，由于波传播介质局部质量、局部刚度的突变，导致波动反射的发生。此时，部分波穿过突变点继续向前传播（波的透射），部分波则沿线路方向反向传播（波的反射），如图 4-115 所示。

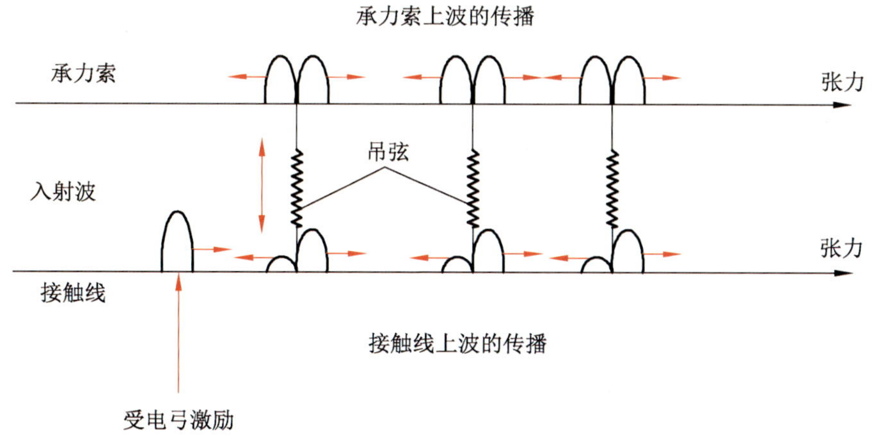

图 4-115　接触网上波的反射与透射

接触网上波的反射与透射模型中，吊弦等集中点处的波动反射系数可定义为反射波与入射波的比值，通常由下式给出：

$$r_{\mathrm{d}}^{\mathrm{cw}}=\frac{2\sqrt{T_{\mathrm{mw}}\rho_{\mathrm{mw}}}+\mathrm{i}\omega M_{\mathrm{d}}}{2\sqrt{T_{\mathrm{mw}}\rho_{\mathrm{mw}}}+2\sqrt{T_{\mathrm{cw}}\rho_{\mathrm{cw}}}+\mathrm{i}\omega M_{\mathrm{d}}} \tag{4-204}$$

式中：$r_{\mathrm{d}}^{\mathrm{cw}}$ 为接触线上吊弦位置的反射系数；T_{mw}、T_{cw} 分别为承力索张力、接触线张力；ρ_{mw}、ρ_{cw} 分别为承力索线密度、接触线线密度；M_{d} 为吊弦在接触线上的集中质量；ω 为波的角频率；i 为虚部单位。

由式（4-204）可知，接触线上波的反射系数与承力索、接触线的张力、线密度有关，同时也与吊弦质量、波的频率有关。接触网的波动传播速度与频率呈正相关，随着频率的升高，波传播速度逐渐增大。现行标准中多采用式（4-203）、式（4-204）中的频率无关项，以对接触网的波动传播速度、波动反射系数进行评估。式（4-204）的无频率形式如式（4-205）所示，其中，接触线上吊弦位置的波动反射系数随接触线张力、承力索张力的变化情况如图 4-116 所示。波动在接触线上吊弦位置的反射系数与接触线张力呈负相关，与承力索张力呈正相关。

$$r_{\mathrm{d}}^{\mathrm{cw}}=\frac{2\sqrt{T_{\mathrm{mw}}\rho_{\mathrm{mw}}}}{2\sqrt{T_{\mathrm{mw}}\rho_{\mathrm{mw}}}+2\sqrt{T_{\mathrm{cw}}\rho_{\mathrm{cw}}}} \tag{4-205}$$

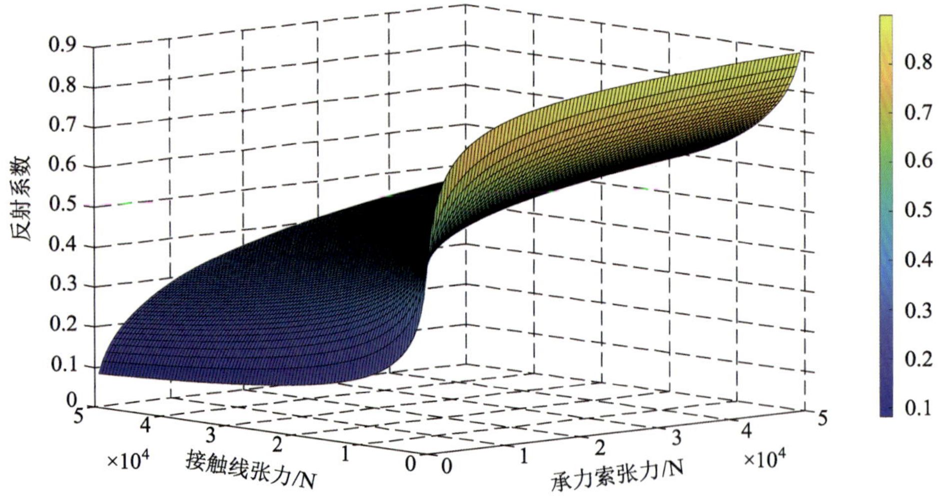

图 4-116 接触线上吊弦位置反射系数 vs.接触线和承力索张力

3）多普勒系数与放大系数

受电弓高速运行过程中，接触网上的振动波在传播过程中与高速移动受电弓之间的相互耦合、干扰作用被称为多普勒效应。高速铁路弓网系统多普勒系数 α 一般被定义为是一项与接触网波动传播速度、受电弓运行速度有关的参数，α 的表达式为

$$\alpha = \frac{v_c - v_p}{v_c + v_p} \tag{4-206}$$

受电弓在通过定位点、吊弦点等接触网周期性结构时所激发出的周期性振动波会在接触网上通过传播和反射不断叠加、增强。接触网放大系数主要与接触网反射系数、多普勒系数有关，其具体形式多表现为

$$\gamma = r_d^{cw} / \alpha \tag{4-207}$$

高速铁路弓网系统设计过程中，在确定了列车行车速度，即受电弓运行速度 v_p 后，即可根据式（4-202）和 70%临界速度指标确定接触线张力。

2. 双弓-网系统传统动态特性指标的评估与修正

1）波动传播速度

与单弓-网系统不同的是，双弓-网系统在运行过程中，由于前弓所激发的接触网振动向后传播，导致后弓接触位置处接触线出现初始状态失衡，从而造成双弓-网系统动态行为更加复杂。基于 4.1 节建立的双弓-网系统有限元模型，通过不同工况下的弓网接触力仿真结果以对传统弓网动态指标在双弓-网系统中的适应性进行评估和修正。

如表 4-19、图 4-117 所示为不同波动传播速度利用率下的双弓-网系统接触压力统计结果。在同等跨距条件下，仅改变接触网张力组合以改变接触网波动传播速度，从而获得不同的波动传播速度利用率。表 4-19 中，单一波速利用率为仅考虑接触线上波动传播的波速利用率，复合波速利用率为同时考虑承力索、接触线张力的波速利用率。

表 4-19　不同波动传播速度利用率下双弓-网系统接触压力统计结果

单一波速利用率	复合波速利用率	受电弓	最大接触力/N	平均接触力 F_m/N	最小接触力/N	接触力标准差 σ/N	$0.3F_m-\sigma$/N
0.70	0.74	前弓	387.0	223.7	79.9	46.7	20.4
		后弓	432.8	223.3	0	77.8	10.8
0.69	0.71	前弓	352.8	224.0	108.3	39.7	27.4
		后弓	429.4	223.6	0	71.2	4.2
0.68	0.68	前弓	323.1	223.8	96.7	38.9	28.2
		后弓	358.8	223.8	48.1	46.9	20.2
0.68	0.76	前弓	380.0	222.5	68.0	55.8	11.0
		后弓	529.2	222.9	0	110.7	43.8
0.66	0.70	前弓	362.7	223.6	90.4	49.3	17.8
		后弓	479.0	223.0	14.8	78.2	−11.3

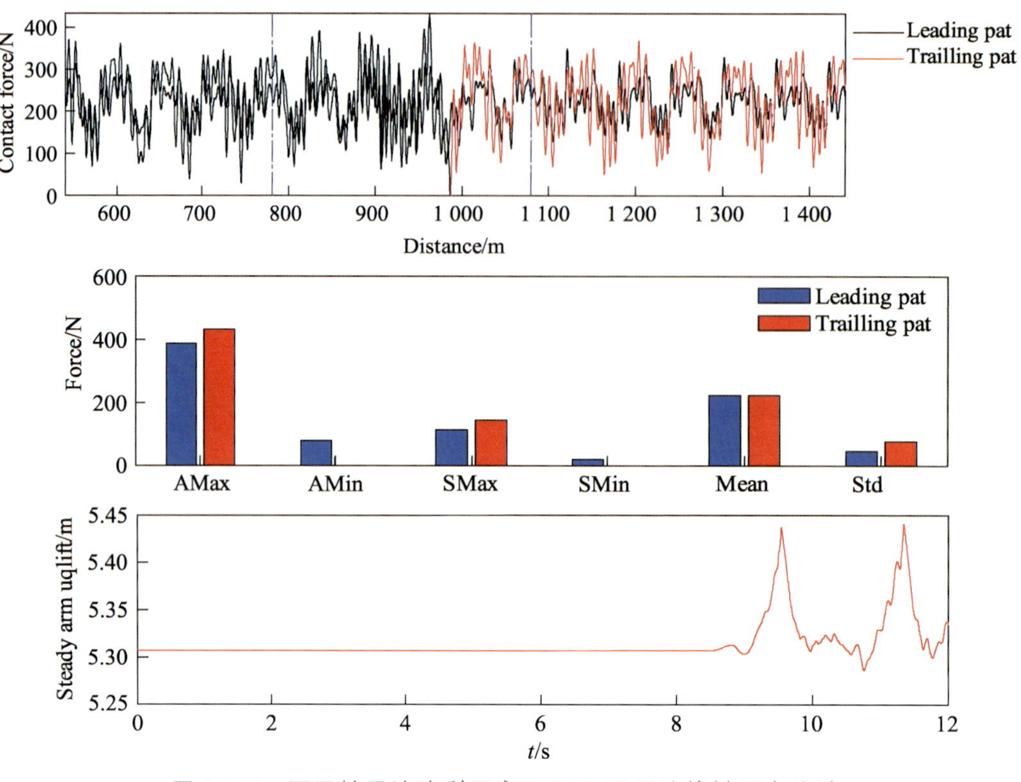

图 4-117　不同结果波速利用率下双弓-网系统接触压力统计

由表 4-19 可知，对于单一波速利用率，即式（4-202）所示传统波动传播速度指标，随着波速利用率的变化，双弓-网系统接触力标准差、统计最小值均未表现出显著的趋势变化。双弓-网系统的复合波速利用率可表示为如下形式：

$$v_c = \sqrt{\frac{T_c + T_m}{\rho_c + \rho_m}} \tag{4-208}$$

算例所示双弓-网系统的前弓接触压力标准差随复合波速利用率的增加而逐渐上升，在复合波速利用率为 0.68 时弓网接触力标准差取得最小值。对于后弓，由表 4-19 可观察到，在单一波速利用率未达到传统临界利用率 70%以上时，部分工况下后弓已出现明显的离线现象；而在复合波速利用率未达到 70%临界指标时，后弓仍可保持良好的接触。

上述现象表明，传统弓网系统仅采用接触线波动传播速度作为受电弓临界移动速度的设计标准已无法满足双弓-网系统中后弓稳定受流的要求。对于双弓-网系统，应采用同时考虑承力索、接触线相互制约、交互影响的复合波动传播速度作为临界车速的参考标准。

2）反射系数与多普勒系数

如表 4-20 所示为不同反射系数、多普勒系数下的双弓-网系统接触压力统计结果。由表 4-20 可知，尽管在反射系数 0.439、多普勒系数 0.190 处前弓、后弓的接触压力均取得本组最佳值，但弓网接触压力并未呈现出与反射系数、多普勒系数明显相关的变化趋势，这与现行标准中反射系数、多普勒系数越小，弓网接触压力越稳定的建议存在一定出入。结合波动传播速度指标评估结果，可知在双弓-网系统中，波动传播速度利用率仍是影响前、后弓受流的主要因素。

表 4-20　不同反射系数、多普勒系数下的双弓-网系统接触压力统计结果

反射系数	多普勒系数	受电弓	最大接触力/N	平均接触力 F_m/N	最小接触力/N	接触力标准差 σ/N	$0.3F_m-\sigma$/N
0.405	0.176	前弓	387.0	223.7	79.9	46.7	20.4
		后弓	432.8	223.3	0	77.8	−10.8
0.423	0.183	前弓	352.8	224.0	108.3	39.7	27.4
		后弓	429.4	223.6	0	71.2	−4.2
0.439	0.190	前弓	323.1	223.8	96.7	38.9	28.2
		后弓	358.8	223.8	48.1	46.9	20.2
0.438	0.190	前弓	380.0	222.5	68.0	55.8	11.0
		后弓	529.2	222.9	0	110.7	−43.8
0.466	0.203	前弓	362.7	223.6	90.4	49.3	17.8
		后弓	479.0	223.0	14.8	78.2	−11.3

4.4.2　双弓-网系统时域响应指标的适应性分析与修正

受电弓与接触网之间的持续稳定接触是高速铁路动车组得以安全运行的重要前提。目前国内外铁路行业普遍采用弓网接触力作为评估高速铁路弓网系统受流质量的主要指标。为保障动车组的供电稳定性，弓网接触力需要保持在一个相对稳定的范围：过大的接触力会造成受电弓碳滑板和接触线过度磨损，影响结构的使用寿命；过小的接触力则会造成弓网接触丢失和离线电弧发生风险增加，影响动车组的电气安全性。弓网接触力是由高速滑动受电弓与接触线持续冲击、接触所产生的，因此其频率成分十分复杂。在现行的牵引供电系统相关标准，如 EN 50367：2020、TB 10009：2016 中，均建议采用固定频率范围内的接触力作为弓网受流质量的评估指标，如表 4-21 所示。

表 4-21 双弓-网系统传统时域特性评估指标

国家	中国			欧洲	
标准	TB 10009—2016、TB 10621—2014			BS EN 50367：2012、IEC 62486：2017	
设计速度	250	300	350	$v\leqslant 200$	$v>200$
平均接触力（公式：$F_{\mathrm{m}}=\dfrac{\sum F_i}{n}$）	$\leqslant 0.000\,97\times v_2+70$			$<0.000\,47\times v_2+90$	$<0.000\,97\times v_2+70$
	≤130.625	≤157.3	≤188.825		
最大接触力（公式：$F_{\mathrm{m}}+3\sigma<F_{\max}$）	250	250	350	$F_{\mathrm{m}}+0.3$	$F_{\mathrm{m}}+0.3$
最小接触力（公式：$F_{\min}>0$）	0	0	0	$F_{\mathrm{m}}-0.3$	$F_{\mathrm{m}}-0.3$
最大标准差（公式：$\sigma=\sqrt{\dfrac{\sum(x_i-F_m)}{n-1}}$）	$0.3F_{\mathrm{m}}$			$0.3F_{\mathrm{m}}$	$0.3F_{\mathrm{m}}$
	≤39.187 5	≤47.19	≤56.647 5		
燃弧最小持续时间	0.1	0.2	0.2		
定位点处接触线自由和不受限制的抬升空间	$1.5S_0$（采用限位定位器时），$2.0S_0$（采用不限位定位器时）				

目前传统观点均认为 0 ~ 20 Hz 范围内的接触力足以反映弓网系统的整体受流质量，该频率范围接触力足以描述接触网几何形状对接触力的关键影响：通常情况下，接触网的跨距长度分布在 40 ~ 65 m 范围内，最小吊弦间距为 5 ~ 6 m。在时速 350 km 及以下速度运行时，受电弓高速运行所激发的最低接触力频率为 1.50 ~ 1.62 Hz，最高频率为 16.20 ~ 19.44 Hz，均在现有 20 Hz 低通滤波频率范围内，如图 4-118 所示。

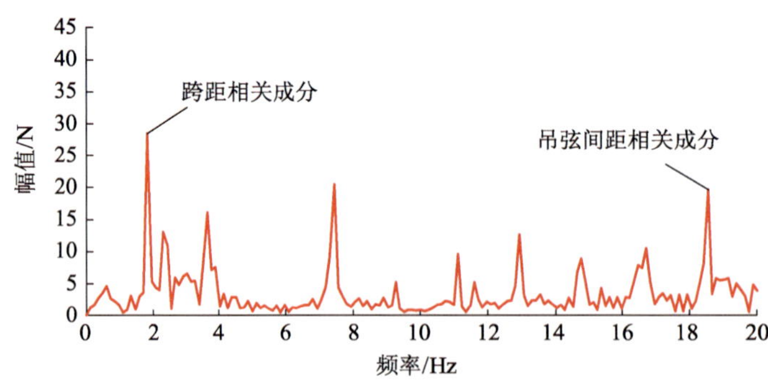

图 4-118 弓网接触力频谱特征

但是，随着列车运行速度的提升，传统的 20 Hz 低通滤波方式已无法满足更高速度运行下弓网接触力的主要频率范围。此外，受电弓高速滑动经过磨耗等特殊位置时所激发的短波波长扰动、接触线的高阶模态等高频分量同样对既有低频滤波指标提出了挑战。如图 4-119 所示，随着运行速度的提升，弓网接触压力的频率成分呈现明显的右移。同运行速度 350 km/h 相比，400 km/h 及以上速度运行时，弓网接触力在 20 Hz 以上频带仍存在明显的能量分布。

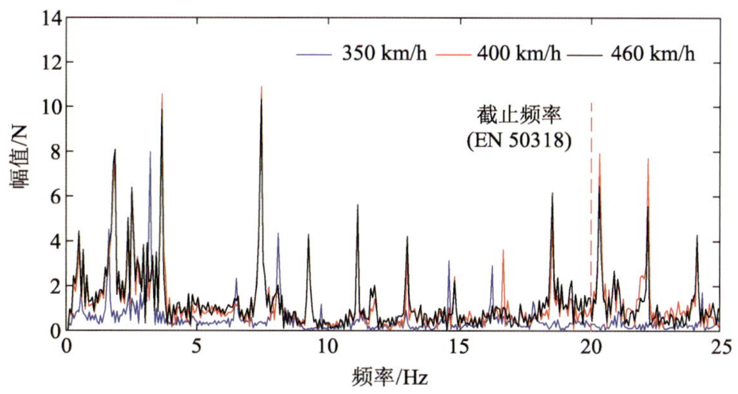

图 4-119　不同运行速度下的弓网接触力频谱特征

1. 双弓-网系统传统时域响应指标的适应性分析

双弓-网系统时域响应指标受到弓网接触力滤波范围的直接影响。根据上节内容，传统的 20 Hz 低通滤波已无法满足更高速度、更复杂工况（短波磨耗、高阶形变模态）下的双弓-网系统受流质量评价要求。

本节基于双弓-网系统仿真模型探讨双弓-网系统接触压力截止频率的建议范围。分别采用 4 种单元长度模拟 320 km/h 运行时的弓网接触压力变化情况，其中网格长度由相邻两个吊弦点之间的单元数量（*NAD*）进行定义，包括 9、12、15、18 共 4 种单元长度类型。如图 4-120 所示为 4 种单元长度所得接触压力在 20 Hz、100 Hz、150 Hz、200 Hz 四种截止频率下的标准差统计结果。由图 4-120 可知，缩短单元长度（增大节点数量）可显著增加接触压力的信息量，造成接触压力标准差增加。同时，随着截止频率的上升，不同截止频率所得接触压力标准差的差异也逐渐缩小。

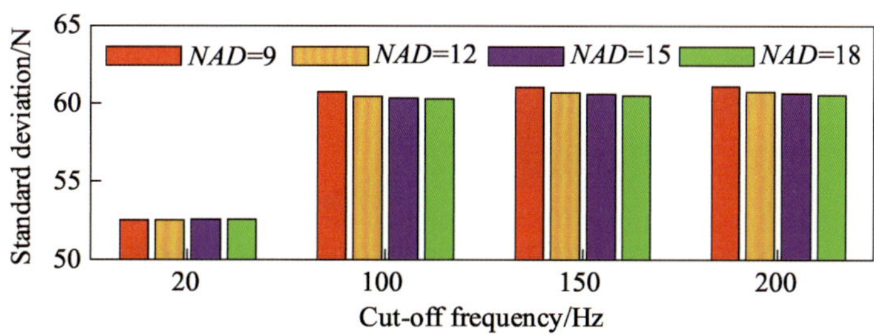

图 4-120　不同单元长度、截止频率下弓网接触压力标准差统计结果

如图 4-121 所示为不同单元长度、截止频率下弓网接触压力的频谱分布情况统计结果。由图 4-121 可知，在 0 ~ 100 Hz 的频率范围内，不同单元长度所得接触压力的频谱基本重合。随着频率范围的增加，在 100 ~ 160 Hz 范围内可观察到明显的差异。其中，$NAD = 9$ 时接触压力在 123 Hz、157 Hz 位置的能量强度远高于其他单元长度。对于弓网系统，受电弓高速滑动所激发的接触压力频率特征与单元长度之间存在直接联系。

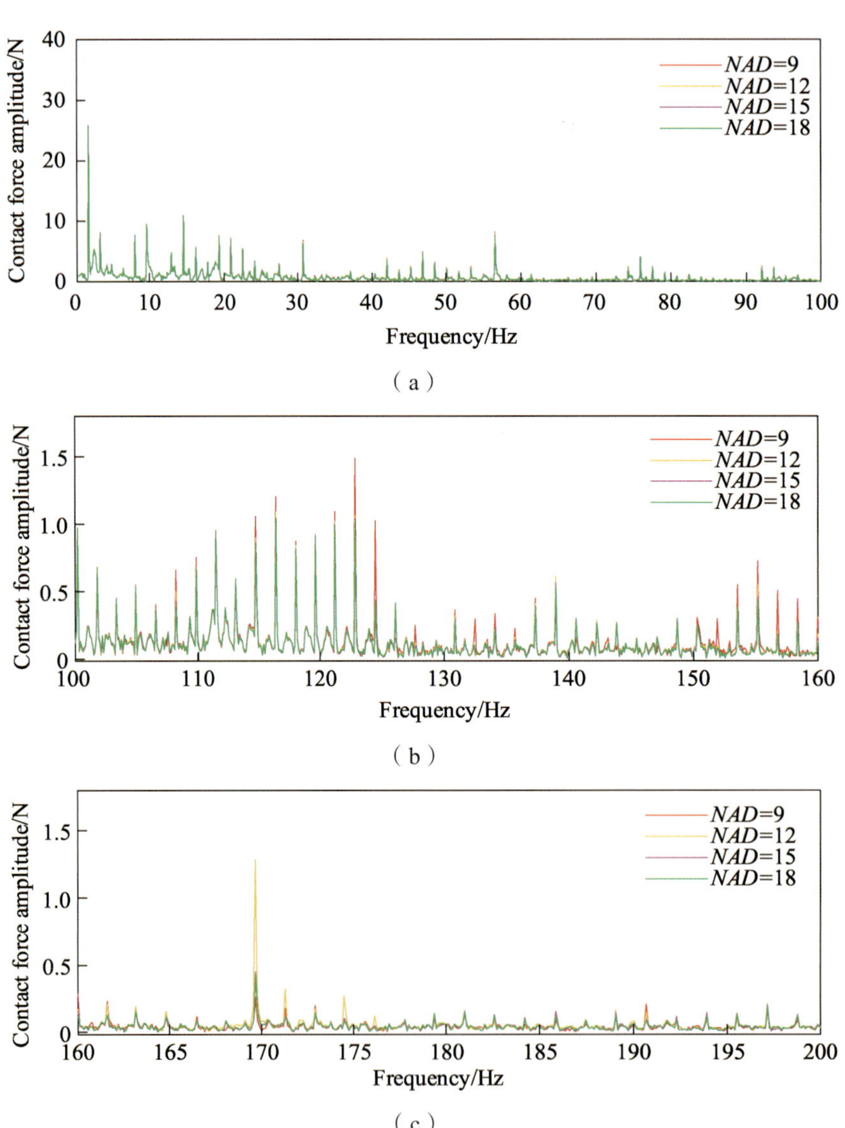

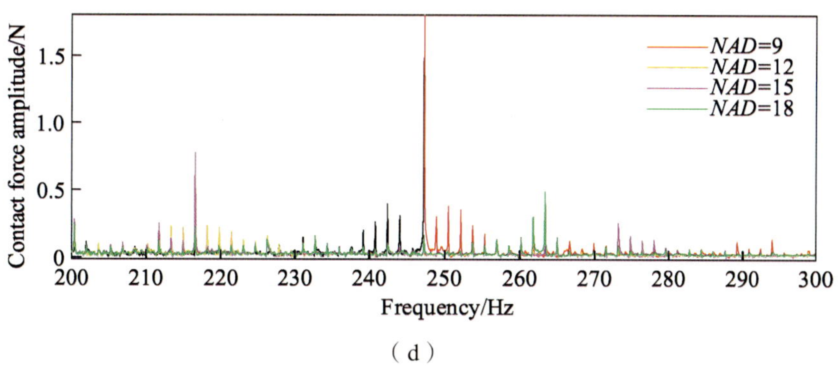

（d）

图 4-121　不同单元长度、截止频率下弓网接触压力的频谱特征统计结果

一般地，在接触压力统计结果中存在大量与受电弓移动速度、单元长度相关的周期性波长，此类特殊的波长是由两个节点之间的位移差值产生的。其主导频率可通过下式进行计算：

$$f_{\mathrm{e}} = n\frac{v}{L_{\mathrm{e}}}\ (n = 1, 2, \cdots, N) \tag{4-209}$$

式中：L_{e}为单元长度；v为列车移动速度；n为倍频数；f_{e}为激发频率。

根据该理论，在列车运行速度为 320 km/h、吊弦最短间距为 5 m 时，在 $NAD = 9$ 时应存在 123.67 Hz、158.02 Hz 两个主导频率；在 $NAD = 12$ 时应存在 170.05 Hz、217.28 Hz 两个主导频率；在 $NAD = 15$ 时应存在 216.43 Hz、276.54 Hz 两个主导频率；在 $NAD = 18$ 时应存在 262.80 Hz、335.80 Hz 两个主导频率，与图 4-121 所示结果基本一致。

2. 双弓-网系统传统时域指标的修正与补充

由于接触网是一种周期性结构，因此接触力频率成分的来源也大部分与接触网结构参数有关。在传统的 0 ~ 20 Hz 低频滤波范围，接触压力频率成分的来源一般较为明确，包括跨距相关频率成分、吊弦间距相关频率成分等。如图 4-122 所示为 225 km/h、275 km/h 和 320 km/h 下接触压力的空间频谱分布情况。由图 4-122 可知，弓网接触压力的空间频谱基本可分为 6 个区域，即 DD（吊弦间距）、SD（吊弦-定位点间距）区域，DD/2 区域，SD/2 区域，DD/4 区域和 SD/4 区域。其中，DD 区域、SD 区域在传统的 0 ~ 20 Hz 低通滤波范围内即可观察到。而在高频区域，则主要与 DD、SD 的 1/2、1/4 波长分量有关。

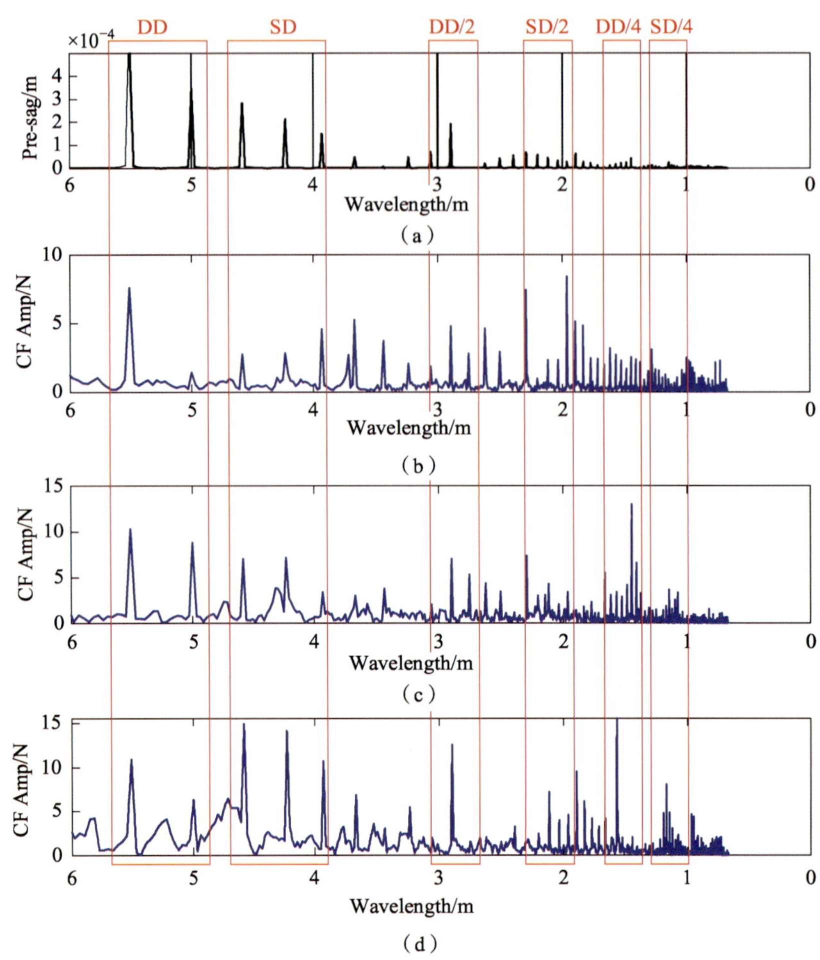

图 4-122　不同时速下接触压力空间频谱统计结果

由上节内容可知，接触压力的频率范围变化与运行速度、单元长度均有关联。如图 4-123 给出了不同运行速度、不同截止频率下的接触压力标准差统计结果。在受电弓以 200 km/h、225 km/h、250 km/h、275 km/h 和 320 km/h 速度运行时，相应的接触压力截止频率分别为 50 Hz、56.25 Hz、62.5 Hz、68.75 Hz 和 80 Hz，在上述截止频率下滤波所得到的接触压力曲线与 200 Hz 截止频率下所得到的接触压力分布基本一致，但与 20 Hz 截止频率所得接触压力结果则存在较大差异。

在传统的 0～20 Hz 低通滤波范围，所得到的接触压力时域指标无法完全覆盖接触网几何参数特征，仅可反映跨距、DD、SD 等低频接触压力分量。因此，为了更为充分地描述接触网几何结构对弓网接触压力的影响，应选取足够高的截止频率，即 DD、SD 中最小者的 1/4 波长频率。

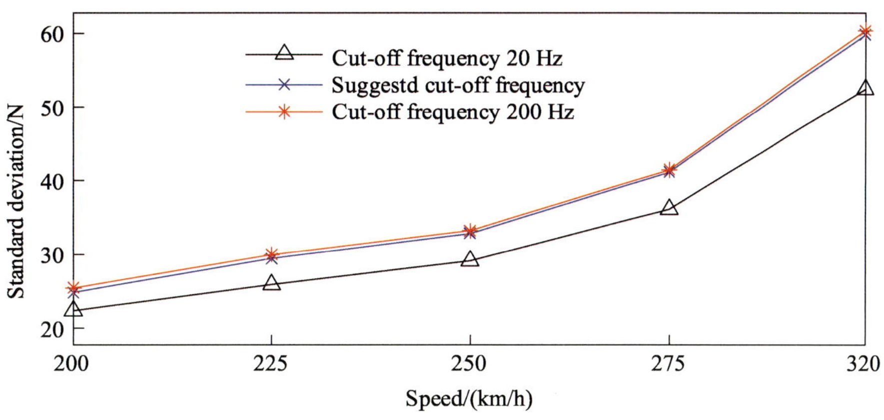

图 4-123　不同运行速度、不同截止频率下的接触压力标准差统计结果

4.4.3　双弓-网系统时频域响应指标的补充与分析

1. 基于功率谱密度的双弓-网系统弓网动态响应时频域特征分析

高速铁路接触网是一种周期性分布的机械结构。在静止状态下，接触网沿线路在数值方向呈现自然下垂状态，并以跨距、吊弦间距呈现周期性分布，如图 4-124（a）所示。受到接触网机械结构周期性分布的影响，接触网的弹性曲线（静态刚度分布曲线）也同样呈现沿线路的周期性分布，如图 4-124（b）所示。

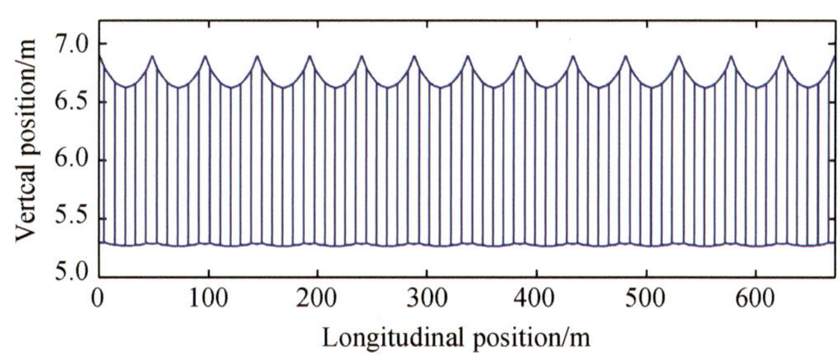

（a）简单链形悬挂接触网初始形态

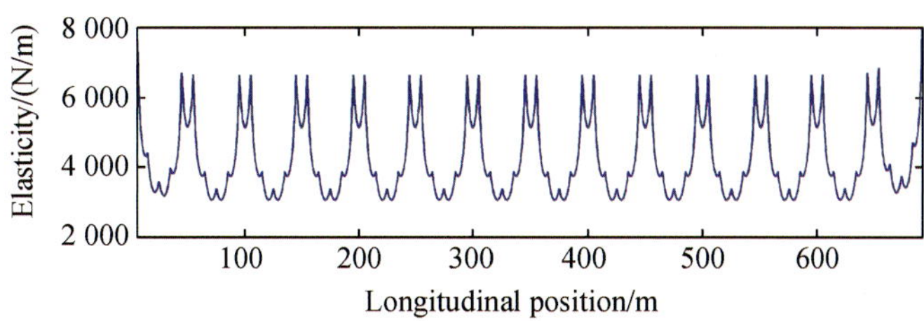

（b）简单链形接触网悬挂弹性分布曲线

图 4-124　接触网几何结构示意图

在采用常规的罚函数法进行弓网接触压力计算时，弓网接触压力与接触点处的接触线高度穿透深度呈正相关。在不考虑接触线非线性磨耗的前提下，接触点位置处的弓网接触压力大小取决于接触线高度的周期性变化，从而在弓网接触力中引入周期性频率成分。图 4-125、图 4-126 所示为基于京津城际铁路高铁接触网参数所得的 300 km/h 速度下弓网接触压力仿真结果及其 *PSD*（谱密度）统计结果。为了避免单元内插值对弓网接触压力的频谱分布造成干扰，本节以接触线单元长度作为采样距离对弓网接触力进行抽取。在如图 4-125 所示弓网接触力时域结果中，可观察到弓网接触力呈显著的周期分布特征，其变化周期与跨距直接相关。如图 4-126 所示的弓网接触压力 *PSD* 结果中分别存在 48.76 m、9.66 m、5.36 m、1.65 m 共 4 个空间频率峰值，即在接触力中存在波长为 48.76 m、9.66 m、5.36 m、1.65 m 的 4 种显著波分量，其中，48.76 m 为跨距对应波分量，9.66 m、5.36 m、1.65 m 均为吊弦间距对应的波分量。

$$\begin{cases} F(k) = K_c[u_p(k) - u_c(k)] & u_p(k) \geqslant u_c(k) \\ F(k) = 0 & u_p(k) < u_c(k) \end{cases} \tag{4-210}$$

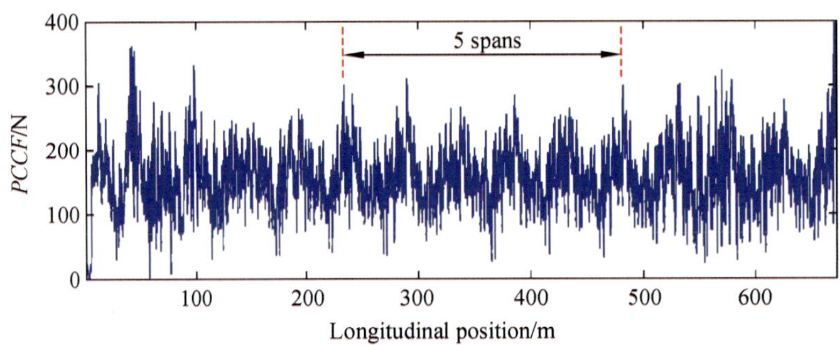

图 4-125　京津城际铁路弓网接触压力仿真结果

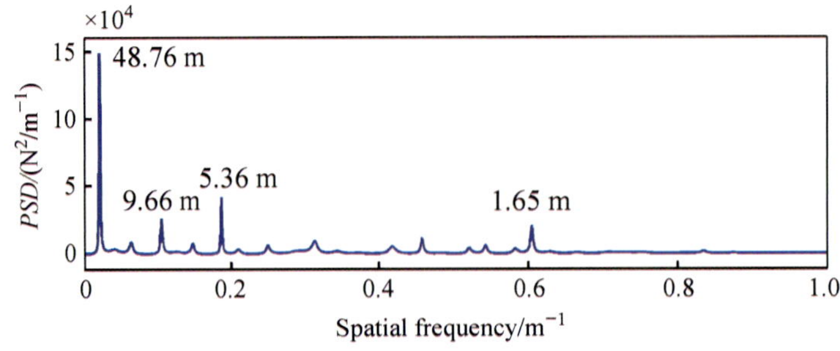

图 4-126　京津城际铁路弓网接触压力谱密度结果

2. 基于结构波长的双弓-网系统时频域指标补充与分析

1）弓网接触力结构波长成分

传统的弓网评估指标主要以接触压力的时域指标为主，包括接触压力统计值、抬升量、离线率等。如图 4-126 所示，在弓网接触压力中同时存在着丰富的接触网结构参数信息。例如，可将弓网接触压力中的接触网结构信息进行准确提取，一方面可用于更为准确地评估接触网不同结构参数对接触压力的影响规律，另一方面则可用于弓网接触状态的准确评估和诊断。EEMD 是一种常用的时频分析方法，通过对弓网接触压力进行 EEMD 变换，提取其 IMFs 分量，并对其进行 Hilbert-Huang 变换（HHT）以获取信号的解析形式。即

$$z_j(t)=d_j(t)+\mathrm{i}H[d_j(t)]=a_j(t)\mathrm{e}^{\mathrm{i}\theta_j(t)} \tag{4-211}$$

上式为典型的希尔伯特变换公式，其中 $H[d_j(t)]$ 为第 j 个 IMF 变量 $d_j(t)$ 的希尔伯特变换结果。其中，

$$\begin{cases} a_j(t)=\sqrt{d_j^{\,2}(t)+H[d_j(t)]^2} \\ \theta_j(t)\ =\arctan\left(\dfrac{H[d_j(t)]}{d_j(t)}\right) \end{cases} \tag{4-212}$$

信号的瞬时频率定义为

$$\omega_j(t)=\frac{\mathrm{d}\theta_j(t)}{\mathrm{d}t} \tag{4-213}$$

则信号 $x(t)$的希尔伯特频谱可表示为

$$S(\omega,t)=\mathrm{Re}\left[\sum_{j=1}^{N}a_j(t)\,\mathrm{e}^{\mathrm{i}\int\omega_j(t)\mathrm{d}t}\right] \tag{4-214}$$

对于弓网接触压力此类非平稳随机信号，采用 HHT 即可更为准确获得信号中不同频率分量的能谱信息。如图 4-127 所示为不同运行速度下仿真所得接触压力的结构波长信息。由图 4-127 可知，尽管随着运行速度的提升，接触压力主要波长的振幅增大，但其波峰、波谷的位置相对稳定，即表明接触网结构波长是双弓-网系统接触压力的一项重要属性。

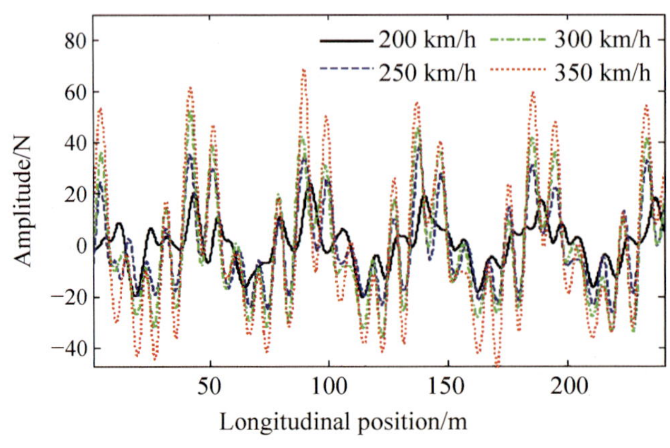

图 4-127　不同运行时速下的弓网接触压力结构波长提取结果

如图 4-128 所示为 SSS400 + 、DSA380 两种受电弓在 350 km/h 运行时所得接触压力的结构波长提取结果。由图 4-128 可知，在接触网结构、运行速度相同的情况下，不同类型受电弓所得接触压力的结构波长成分基本一致。但受到受电弓结构参数差异的影响，二者在局部存在微小差别。如图 4-129 所示为 SSS400 + 、DSA380 型受电弓在 350 km/h 运行时弓网接触压力结构波长分量的希尔伯特变换谱对比结果。由图 4-129 可知，SSS400 + 型受电弓、DSA380 型受电弓尽管结构波长分布范围基本一致，但是 Hilbert 谱对比显示，SSS400 + 受电弓在跨距、吊弦位置的能谱密度明显高于 DSA380 型受电弓，提示在时速 350 km 时，该类接触网结构中，DSA380 型受电弓具有更好的受流表现。

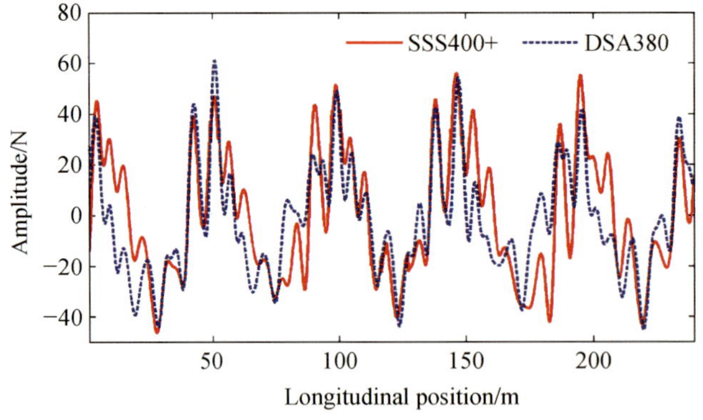

图 4-128　不同受电弓的弓网接触压力结构波长提取结果及其频谱

2）双弓-网系统接触网不平顺波长成分

在弓网系统中，接触网对弓网受流质量的影响除体现在接触网本身结构参数所造成的接触压力周期性变化外，同时接触网在长期运营过程中由磨耗、吊弦断裂、张力变化等疲劳损伤所产生的接触网不平顺对弓网受流质量也具有十分严重的影响。接触网磨耗示意图如图 4-130 所示。当前，在双弓-网系统中，大部分标准、规范均未将接触网不平顺纳入弓网受流质量的评估标准。尽管现有标准中标准差、离线率等时域特性指标可在一定程度上反映接触网的不平顺程度，但此类指标均为间接反映，缺乏对接触网不平顺影响下弓网受流质量变化的准确表征。此外，与接触网结构波长不同的是，由于接触网不平顺多为较短、较小的位点，因此受电弓高速滑动所激发的振动多为短波、高频波长，在传统的 0 ~ 20 Hz 低通滤波范围中较为难以体现，如图 4-131 所示。

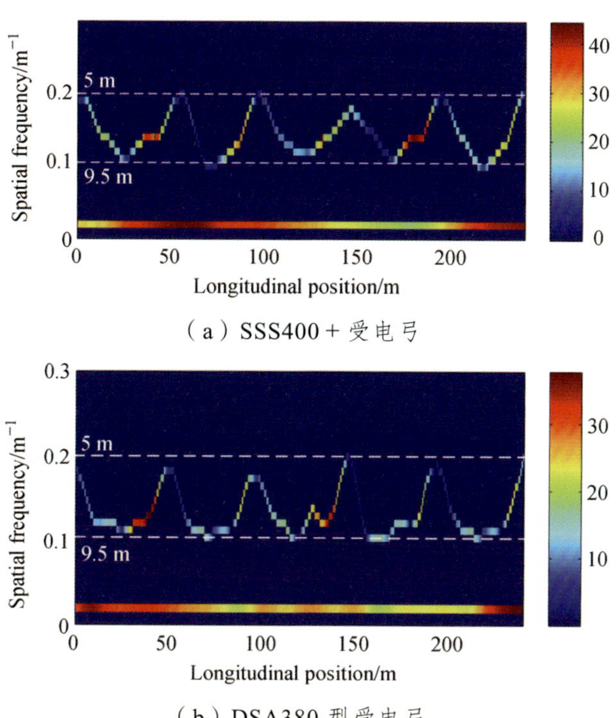

图 4-129　不同受电弓的弓网接触压力结构波长分量的希尔伯特谱对比结果

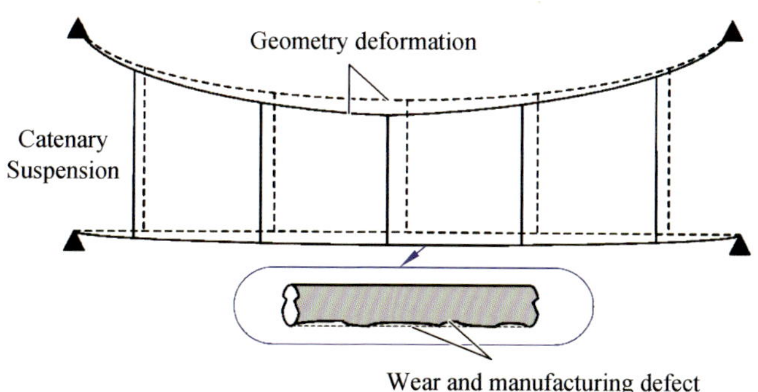

图 4-130　接触网磨耗示意图

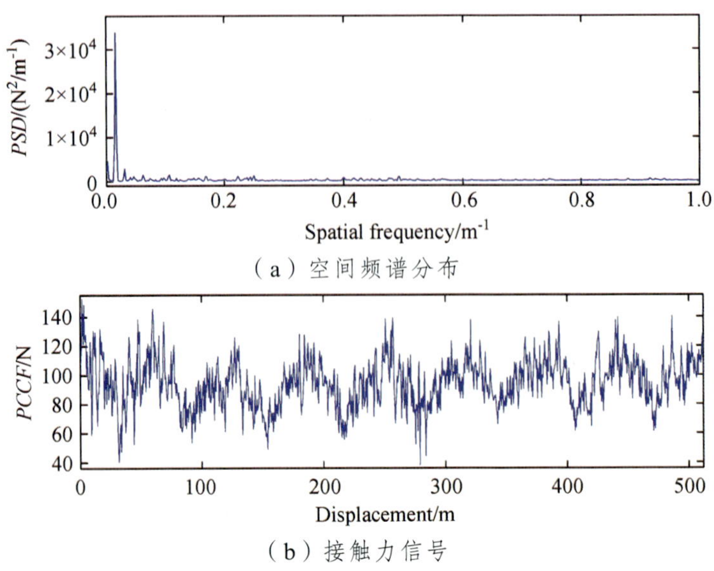

（a）空间频谱分布

（b）接触力信号

图 4-131　典型弓网接触力及其空间频谱分布

如图 4-132 所示为无不平顺的理想接触力与实际线路的接触力。由于实际线路中受到列车长期运行、环境、随机扰动等多种因素的影响，接触网存在一定程度的不平顺，因此与图 4-132（a）相比，图 4-132（b）中可观察到明显增多的高频接触力分量。

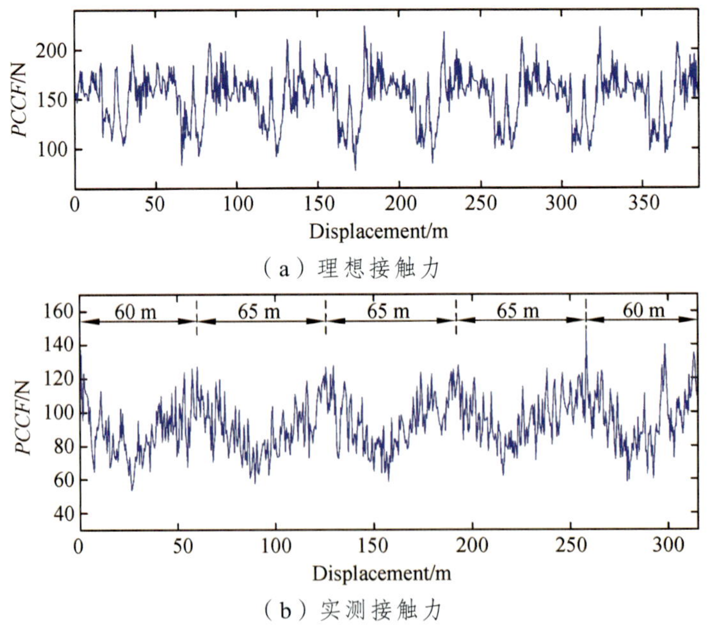

（a）理想接触力

（b）实测接触力

图 4-132　无不平顺的理想接触力与实际线路的接触力

依据双弓-网系统仿真模型，分析接触网不平顺波长在弓网受流质量评估中的应用价值。接触网不平顺可视为不同波长、频率和持续时间的谐波的组合。在实际研究中，常采用傅里叶逆变换或基于实测接触网导高的 *PSD* 三角函数法来拟合接触网的不平顺谱。本节基于京广铁路接触网导高实测数据 *PSD*，采用最大熵法构建接触网的不平顺数据。其中，接触网的不平顺数据可视为三角函数叠加的零均值平稳高斯过程，如下式所示：

$$s(k\Delta x)=\sum_{n=1}^{N}a_n\cos(\omega_n k+\theta_n) \tag{4-215}$$

式中：k 为采样点数；Δx 为采样间隔；$s(k\Delta x)$ 为不平顺数据序列；N 为谐波总数；θ_n 为随机相位差；a_n 为均值为 0 的随机变量，其方差 σ_n^2 定义为

$$\sigma_n^2=4S(\omega_n)\Delta\omega \tag{4-216}$$

式中：$S(\omega_n)$ 为接触网不平顺滤波后的 *PSD*；$\Delta\omega$ 为频率间隔；采样频率 ω_n 的定义如下：

$$\begin{cases}\Delta\omega=\dfrac{1}{N}(\omega_u-\omega_l)\\ \omega_n=\omega_u+(n-0.5)\Delta\omega\end{cases} \tag{4-217}$$

如图 4-133 所示为接触网不平顺谱及其时程曲线拟合结果。理想状态下，接触网导高应沿线路呈现周期性变化，但不平顺的产生会导致接触网导高在部分区域出现偏差，从而影响弓网接触力的稳定性。

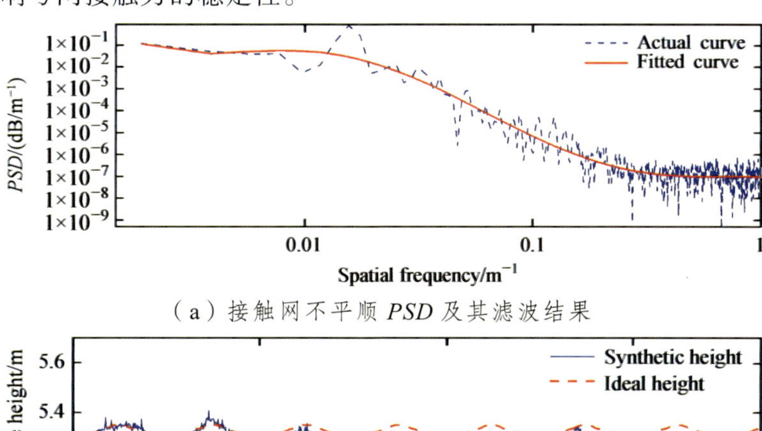

（a）接触网不平顺 *PSD* 及其滤波结果

（b）接触网不平顺拟合结果

图 4-133　接触网不平顺谱及时程曲线

如图 4-134 所示分别为理想接触力的结构波长成分、含 1 m 不平顺的接触力结构波长成分、含 2 m 不平顺的接触力结构波长成分。通过对接触力进行二次时频分析，并与理想接触力进行对比，即可在实际接触力中准确提取不同波长不平顺所致的接触力成分，并对不平顺所在位置进行准确定位，从而实现双弓-网系运行状态的准确评估。

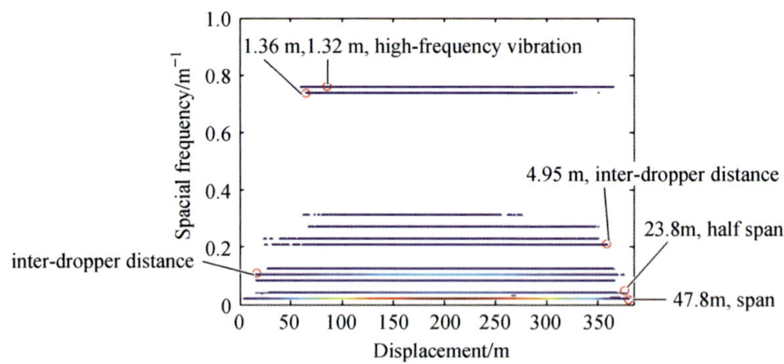

（a）理想接触力结构波长成分

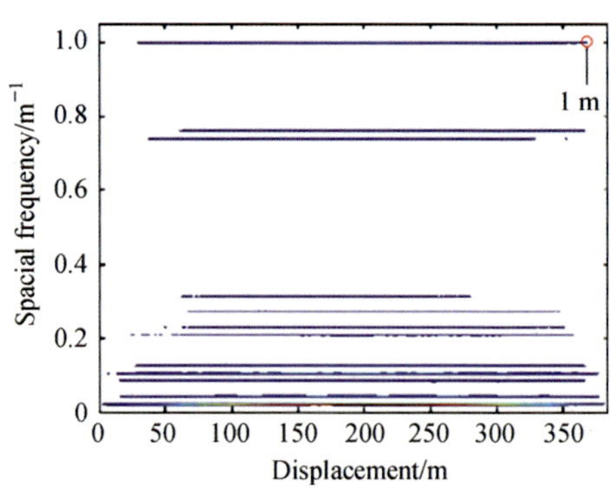

（b）1 m 不平顺所致接触力结构波长成分

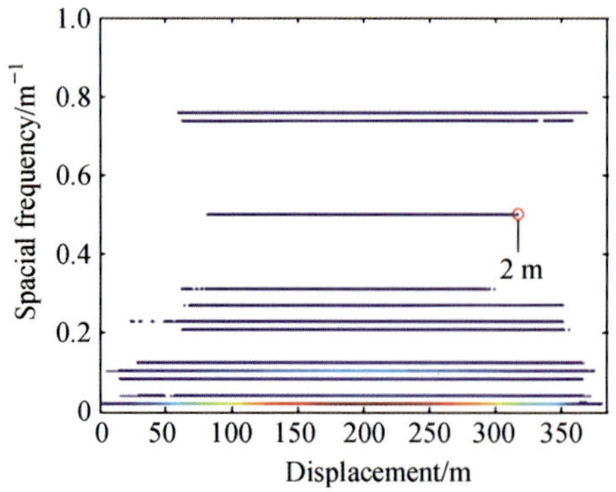

（c）2 m 不平顺所致接触力结构波长成分

图 4-134　接触网结构波长成分

如图 4-135 所示为实测接触力结构波长统计结构，该段线路接触网的吊弦间距分布为 4 ~ 10 m，跨距为 65 m。因此在图 4-135 中，可将波长为 65 m、32.5 m、4 ~ 10 m 之间的接触力分量视为健康分量。通过利用已知的接触网结构参数排除健康分量，即可在实测接触力中识别不平顺波长成分，同时可得到不同波长不平顺在线路所处的空间位置。

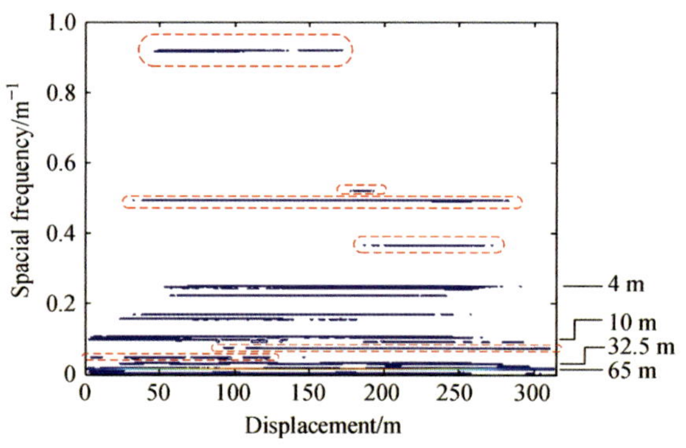

图 4-135　实测接触力结构波长统计结构

3）基于不平顺谱的双弓-网系统受流质量预测

接触网不平顺是线路长期运营的结果。在长期运行过程中，接触线与滑板表面会产生磨损，运行年限越长，磨损等引起的不平顺情况越严重，对弓网系统受流质量所造成的影响也愈发显著。但是，实际上弓网受流质量并非随着年限增加而单调增加。接触线磨损的随机性导致弓网动态接触存在不确定性。传统的确定性分析方法可能不适用于评估存在随机磨损的弓网系统性能。因此，采用功率谱密度估计方法构建了接触线磨损的谱表征。然后再基于此谱表征，采用逆傅里叶变换方法重构接触线磨耗的时域曲线。之后，将接触线磨耗曲线引入弓网动力学模型，通过蒙特卡罗仿真，分析不同级别的磨耗所引起的系统性能变化。

一般来说，预测结果是依赖于模型的，如图 4-136 所示。传统的弓网模型仅使用设计参数来预测理想情况下的结果，而不能考虑存在实际扰动的情况。因此，将接触线磨耗引入所建立的弓网模型，来预测 4 年服役时间里受流质量的变化。通过蒙特卡罗方法进行大批量仿真，从而表现随机扰动造成的影响。预测弓网系统在随机磨耗扰动下的随机动态性能的流程如图 4-137 所示。

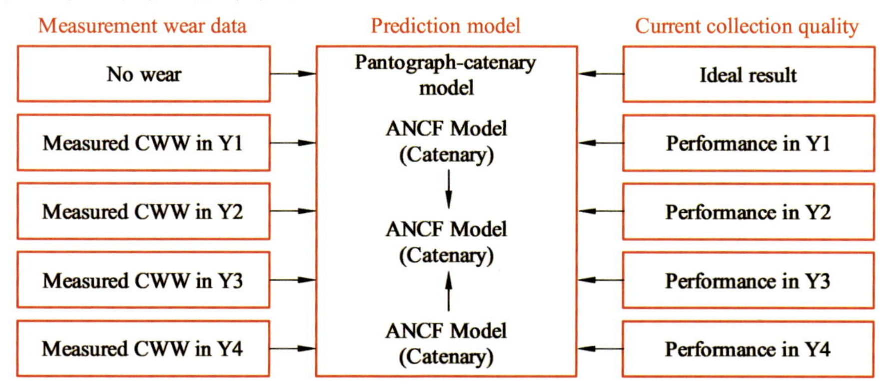

图 4-136　基于模型的受流质量预测方法

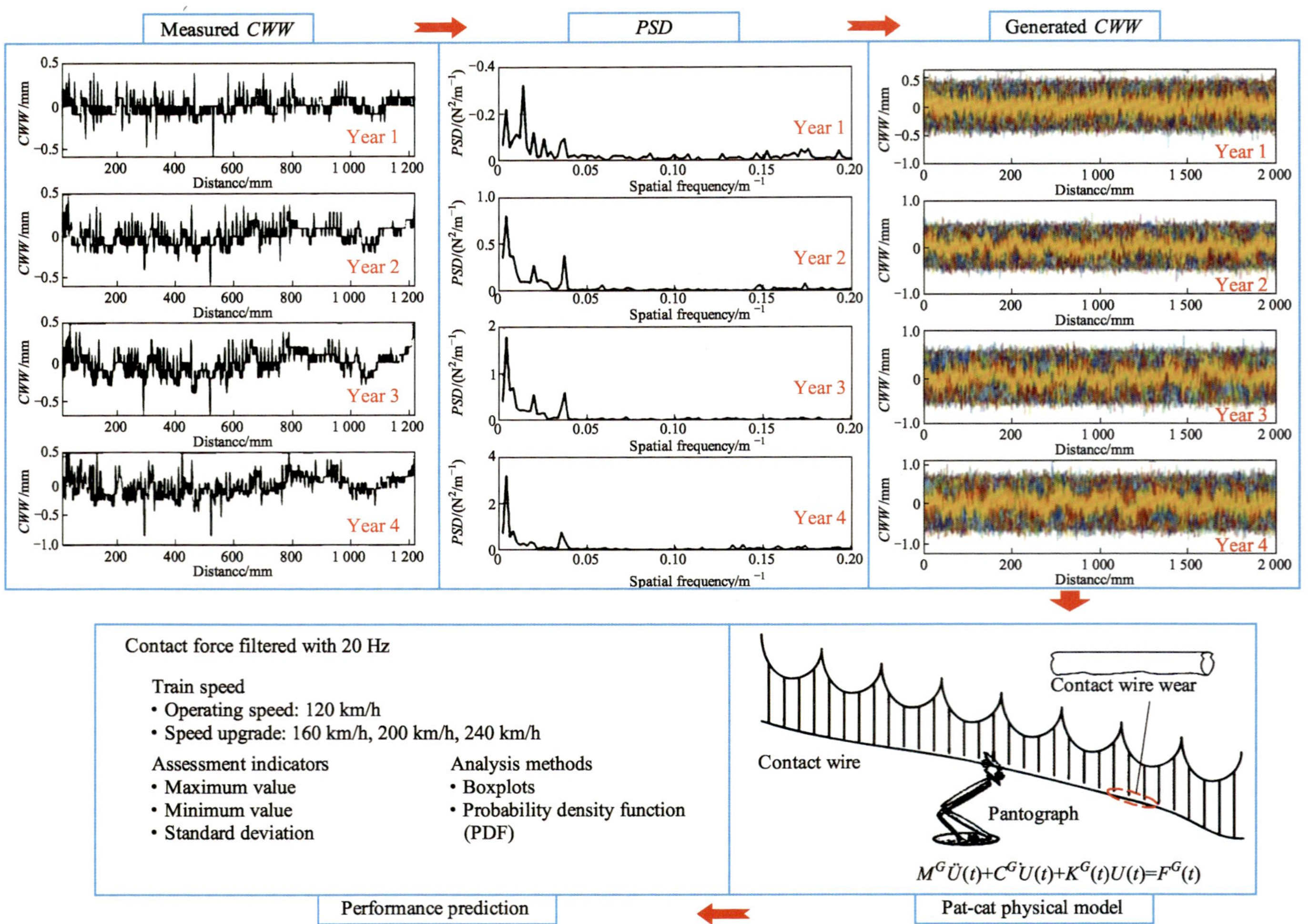

图 4-137　预测弓网系统在随机磨耗扰动下的随机动态性能的流程

采用功率谱密度评估方法构建检测数据的谱表征。传统的功率谱密度评估方法是基于傅里叶变换结果的非参数估计，通常采用周期图法。为克服谱泄露问题，构建了自回归模型。对于一个具有 N 个数据样本的离散过程 $\{x(n);n=1,2,\cdots,N\}$，自回归模型为

$$x(n)=\sum_{k=1}^{p}a_k x(n-k)+e_n$$

式中：p 为自回归模型的阶数；a_k 为自回归系数；e_n 为一均值为零、方差为 σ_{e}^2 的白噪声。基于自回归轨迹的功率谱为

$$S(\omega)=\frac{\sigma_{\mathrm{e}}^2}{\left|1-\sum_{k=1}^{p}a_k \mathrm{e}^{-\mathrm{i}\omega k}\right|^2} \tag{4-218}$$

式中：σ_{e}^2 和 a_k 可通过求解尤尔-沃克方程得到。

通过逆傅里叶变换，可以由功率谱密度函数获得具有相同频率特征的接触线磨损时程数据。通过对标准谱密度 $S(f)$ 离散化采样获得频谱 $P(m)$。$P(m)$ 的实部和虚部对 $N/2$ 既具有偶对称性又具有奇对称性。因此，有

$$P(m)=|P(m)|(\cos\phi_m+\mathrm{i}\sin\phi_m)\ (m=0,1,\cdots,N/2) \tag{4-219}$$

式中：ϕ_m 为相角，服从 0 ~ 2π 的均匀分布。时程数据计算公式为

$$y(n)=\frac{1}{N}\sum_{m=0}^{N-1}P(m)\exp\left[\frac{\mathrm{i}2\pi mn}{N}\right]\ (n=0,1,\cdots,N-1) \tag{4-220}$$

将第 4 年（Y4）测量所得数据作为案例代入上述方法，原始数据和生成的 1 000 组功率谱密度函数对比如图 4-138 所示。可以看出，生成的功率谱密度与原始数据保持高度一致性，证明上述方法生成的接触线磨耗可以用于后续的随机分析。此处采用实际线路的运营速度（120 km/h）进行仿真，分析弓网系统在不同等级磨耗下的性能的变化。整体的随机分析方案如图 4-139 所示。接触力数据（标准差、最大值、最小值）的箱式图被用来分析结果的离散度。同时，也进行了不同速度等级的仿真，分析接触力的离散度变化与接触力最小值的概率密度函数，以预测弓网系统在不同年限时的可靠性。

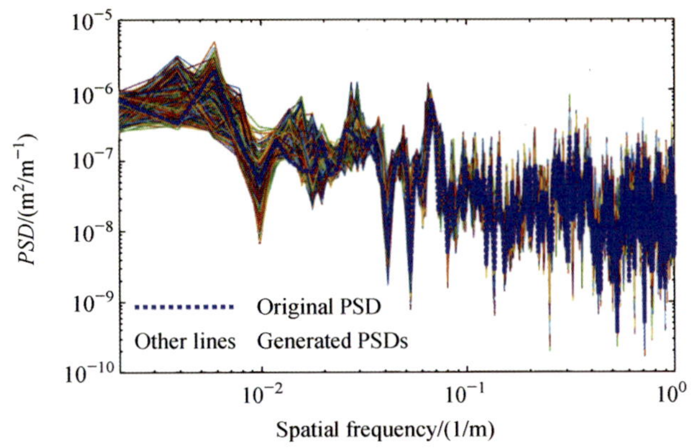

图 4-138 原始数据与重构的功率谱密度对比

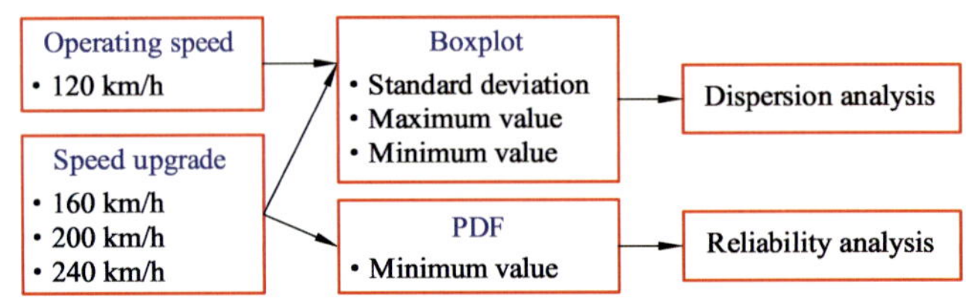

图 4-139 随机分析整体方案

在运行速度为 120 km/h 的工况下，前、后弓接触力标准差的箱式图分别如图 4-140（a）、（b）所示。理想模型（不含接触线磨耗）的仿真结果在图 4-140 中用紫色点画线标出。可以看出，对于前、后双弓，接触线磨耗均引起了轻微的标准差离散。接触力标准差最小值出现在第 2 年（Y2），表明弓网系统经过两年的运行之后达到了最好的性能。在第 2 年之后，随着磨耗的逐渐加剧，弓网性能逐渐恶化。

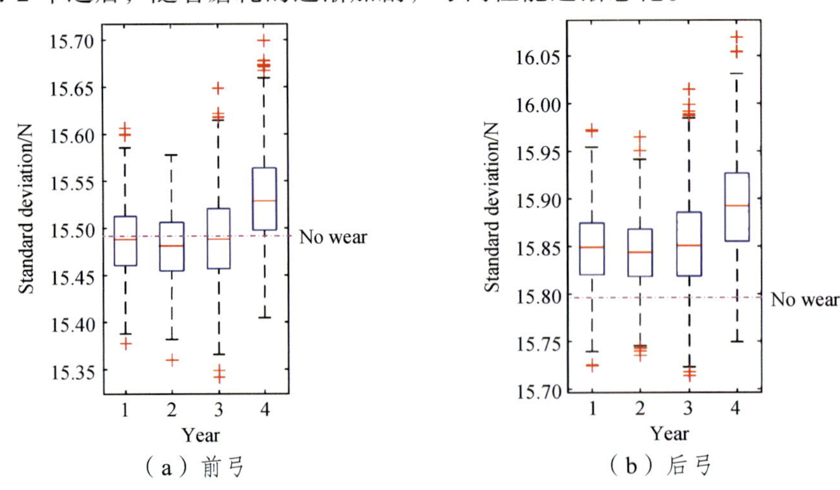

（a）前弓 （b）后弓

图 4-140 120 km/h 下接触力标准差的箱式图

如图 4-141 所示为前、后双弓最大接触力的箱式图。在 Y1 至 Y2 过程中，接触力最大值离散度略微减小，而 Y2 至 Y4 过程中，离散度迅速增大。在最大接触力的最小值与最大值之间存在超过 4 N 的差距。而在如图 4-142 所示的最小接触力箱式图中，也存在相似的趋势。Y2 的最小接触力离散度比 Y1 要小，在 Y2 至 Y4 过程中，最小接触力的离散度也迅速增大。以上现象表明，在接触线磨耗引入的额外激励作用下，双弓-网系统存在反共振现象。在 Y2 阶段的接触线磨耗，使得弓网振动幅度处于极小值，或可利用反共振原理设计弓网参数，以减小弓网振动。

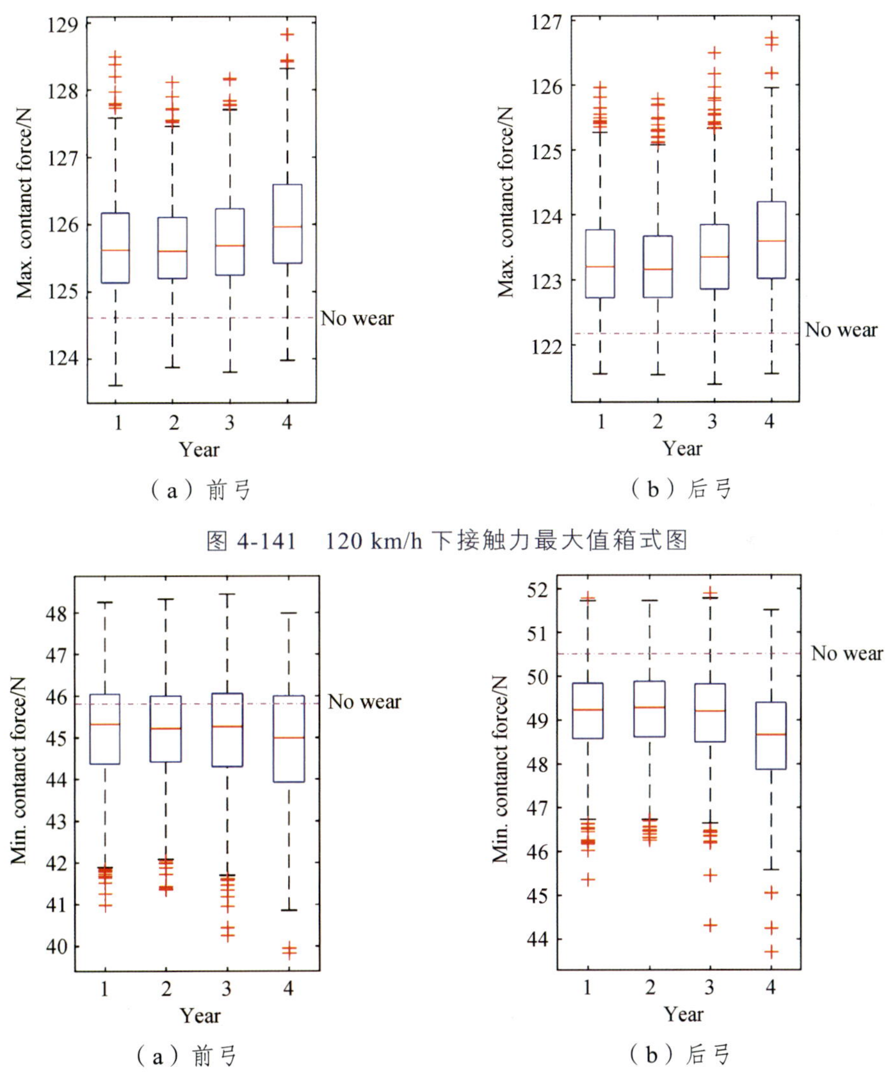

（a）前弓　（b）后弓

图 4-141　120 km/h 下接触力最大值箱式图

（a）前弓　（b）后弓

图 4-142　120 km/h 下接触力最小值箱式图

运行速度为 160 km/h 时的接触力最大值和最小值箱式图分别如图 4-143 和图 4-144 所示。与 120 km/h 工况时类似，弓网动态性能在第 2 年达到最佳状态，在 Y2 至 Y4 则逐渐恶化。相比于 120 km/h 速度下的结果，在 160 km/h 速度下，由接触线磨耗造成的接触力离散更加明显。

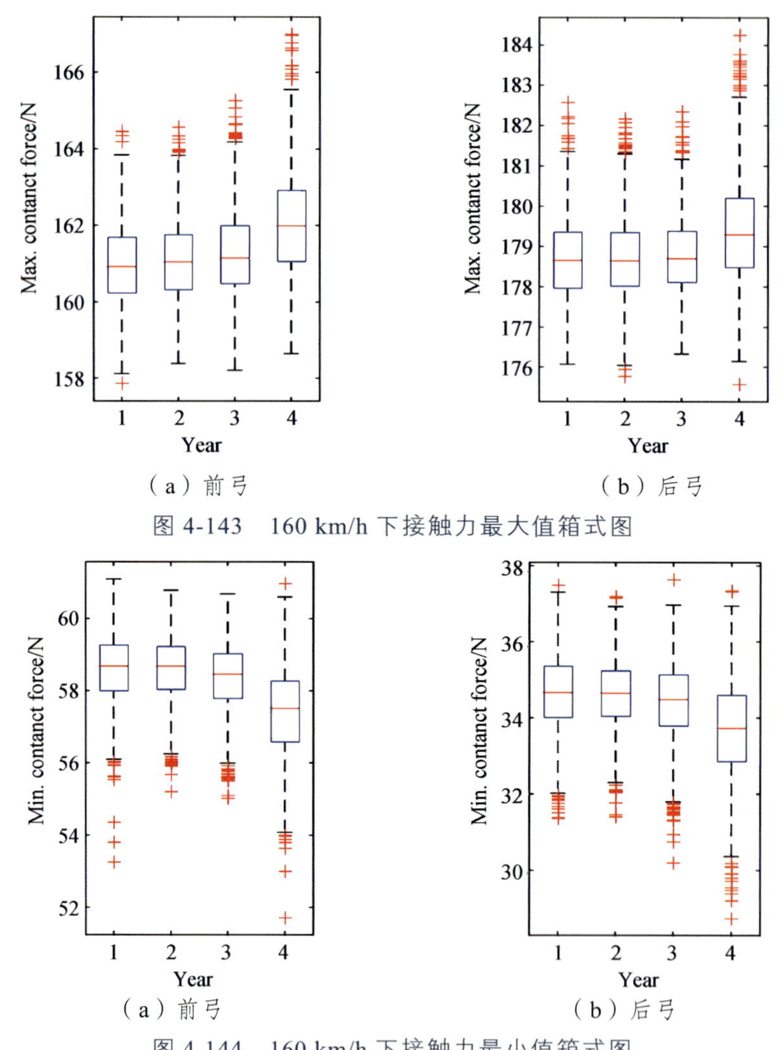

（a）前弓　　（b）后弓

图 4-143　160 km/h 下接触力最大值箱式图

（a）前弓　　（b）后弓

图 4-144　160 km/h 下接触力最小值箱式图

在运行速度为 200 km/h 时，接触力最大值变化趋势与低速工况下类似。接触力最小值的箱式图如图 4-145 所示。可以看出，由接触线磨耗引起的接触力离散更明显。此外，后弓最小接触力在 Y4 时低于安全阈值（10 N），表明此时可能会出现长距离拉弧现象，导致弓网系统预期寿命缩短。

基于上述大量的仿真结果，在 Y4 接触线磨耗工况下的后弓接触力最小值柱状图如图 4-146（a）所示。可以看出，存在 3 个最小接触力是低于安全阈值的。基于正态分布假设，构建了后弓最小接触力的概率密度函数，如图 4-146（b）所示。考虑 99.73% 的置信度，下界为 10.54 N，仅略微高于安全阈值。根据累积分布函数，在第 4 年，后弓最小接触力小于 10 N 的概率为 0.042%，小于 EN 50119：2020 中规定的 0.1%。因此，根据预测结果来看，所研究的弓网系统在第 4 年依然能够支撑 200 km/h 的运行速度。

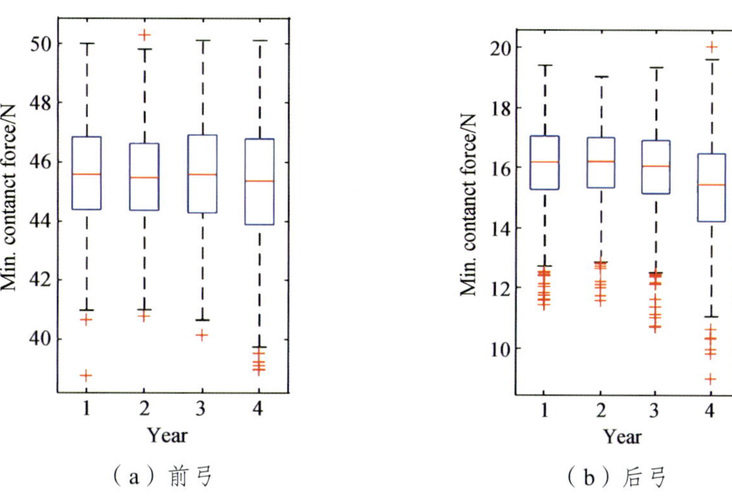

（a）前弓　　（b）后弓

图 4-145　200 km/h 下接触力最小值箱式图

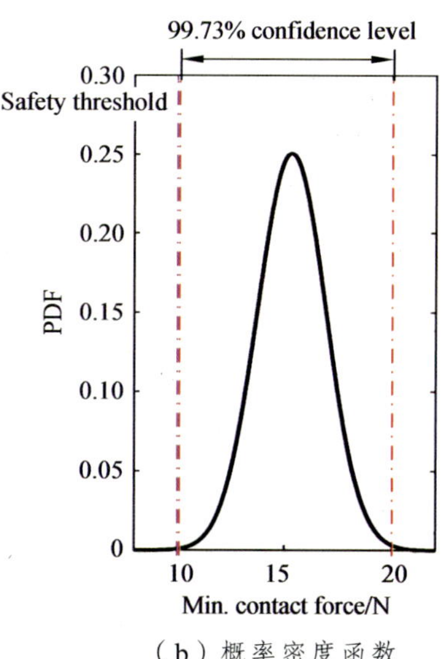

（a）柱状图　　（b）概率密度函数

图 4-146　200 km/h 下后弓接触力最小值

240 km/h 工况下，前、后弓接触力最小值箱式图如图 4-147 所示。可以看出，在 Y3 和 Y4 时，后弓最小接触力低于安全阈值的部分更多。对应的柱状图和概率密度函数图如图 4-148 所示。在 Y3 时，仅有一个数值小于安全阈值。考虑 99.73%的置信度，Y3 和 Y4 时的下界分别为 9.75 N 和 8.77 N，均低于安全阈值。最小接触力小于 10 N 的概率分别为 0.76%和 0.2%，均不满足 EN 50119：2020 中规定的 0.1%。因此，预计在第 3 年和第 4 年时，此线路运行在 240 km/h 速度下，将会出现大量的拉弧现象。根据预估结果，此线路接触网不足以支撑 240 km/h 的运行速度。

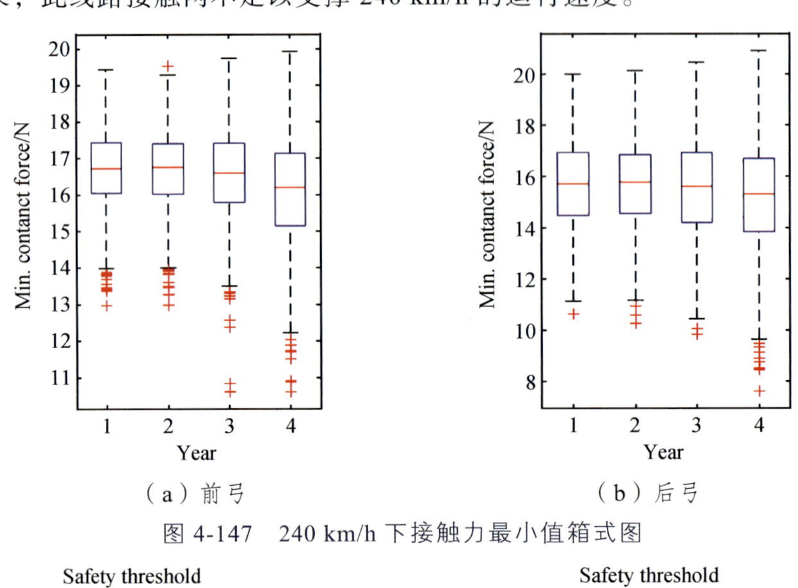

（a）前弓　　（b）后弓

图 4-147　240 km/h 下接触力最小值箱式图

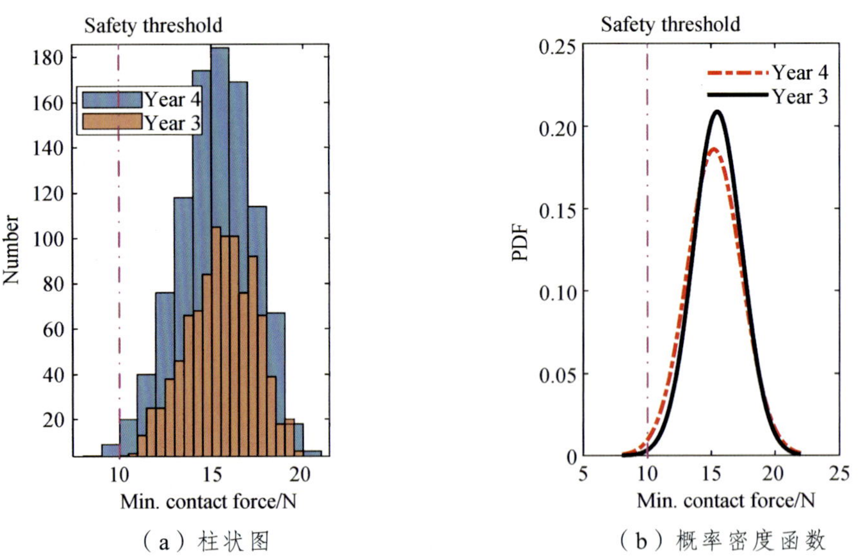

（a）柱状图　　（b）概率密度函数

图 4-148　240 km/h 下后弓接触力最小值

第 5 章 高速铁路接触网外因故障预测

高速铁路接触网故障预测是指根据接触网当前或历史状态，预测性地诊断出接触网未来的故障状态。我国高铁运营实践证明，高速接触网 90%以上的故障都是由极端天气、漂浮物等外部因素引起的。本章主要介绍由雷击、漂浮物、雾霾三种外部因素导致的接触网故障的预测方法，即外因故障预测方法。同时，针对接触网外因故障，介绍了相应的风险评估方法。

5.1 高速接触网雷击跳闸预测方法

雷击跳闸是高速接触网常见的外因故障。这是因为雷电在高速接触网中会形成大电流，从而导致牵引变电所跳闸，极大地影响了高速接触网的可用性。根据 2015—2019 年我国部分线路接触网故障统计数据，在所有接触网故障中，雷击跳闸占比 50%以上，如图 5-1 所示。一些严重的雷击跳闸会导致列车停运，如 2013 年 5 月，京广高铁北京至郑州段接触网雷击跳闸造成长时间停电，使列车大面积晚点，部分列车晚点长达 4 个多小时。

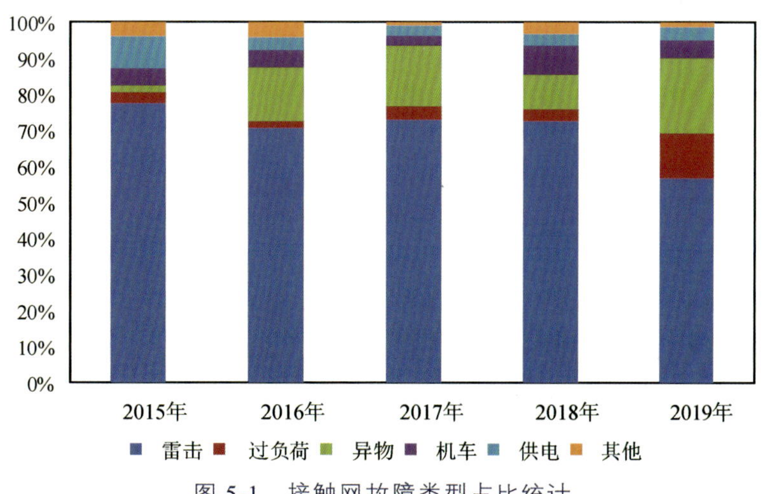

图 5-1 接触网故障类型占比统计

造成高速接触网雷击跳闸的原因有：

（1）雷电是大气中常见的瞬态放电现象。我国高速铁路横跨东西、纵贯南北，途经地理位置的地形地貌千差万别，部分地区雷电活动非常频繁。

（2）我国高速铁路线路多采用高架桥方式。以京津城际和京沪高铁为例，高架桥区段分别占到全线的 86.6%和 80.4%。在高架桥区段，接触线对地高度接近或超过 110 kV 输电网的对地高度，但其防雷水平仅与 35 kV 配电网相当，且部分线路未架设避雷线，耐雷水平低，易遭受雷击。一旦接触网遭受雷击，很可能会导致牵引变电所跳闸，从而使运输中断。本节介绍了一种基于雷电特性和雷击跳闸时空关联性的接触网雷击跳闸预测方法。该方法不仅能快速查找出接触网雷击防护的薄弱点，还可为制定预测修策略提供支撑。

5.1.1 接触网雷击跳闸预测流程

接触网雷击分为直击雷和感应雷。根据雷击部位的不同，直击雷又被分为接地位置处雷击和高压区域内雷击。直击雷会产生很大的雷击过电压。

（1）接地位置处雷击：当雷电直接击中接触网的接地位置时，如支柱顶部（图 5-2 中 *B* 点）、回流线、自耦变压器供电方式下的保护线等，雷电流通过导线电感及接地电阻产生过电压。

（2）高压区域内雷击：当雷电直接击中接触网的高压部分时，如接触线或承力索（图 5-2 中 *C* 点），采用 AT 供电方式时还包括正馈线和加强线，雷电流通过高压导线的波阻抗产生过电压。

同样地，感应雷也会造成感应过电压。例如，当雷电击中接触网附近的地面时（图 5-2 中 *A* 点），雷电流通过电磁耦合在接触网上产生感应过电压。

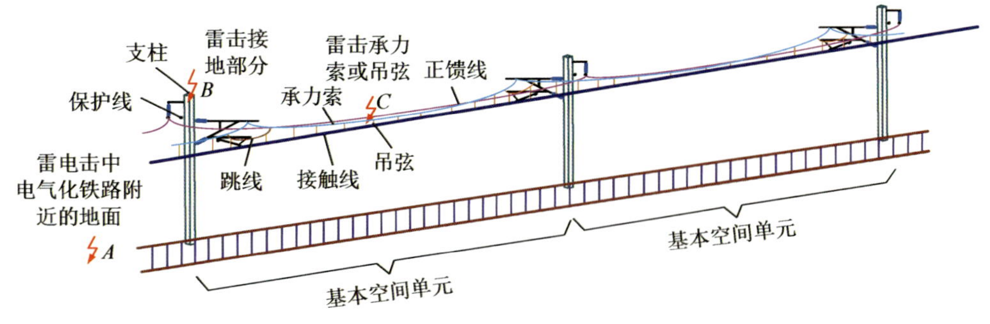

图 5-2　接触网雷击类型

为对不同区段的接触网进行雷击跳闸的预测，引入接触网基本空间单元的定义，具体如下：

牵引变电所左右两条供电臂的接触网由多个支柱和多跨接触网构成，定义“1 个支柱 + 1 跨接触网”为接触网基本空间单元。

Gordon W. Brown 在 20 世纪 60 年代建立了电气几何模型（Electro-Geometric Model，EGM），并假设雷电先导对导线、避雷线、地面三者的击距相等。经过几十年的不断发展和完善，该模型演变成能够区分对地击距与对导线击距的改进模型。雷雨云放电，是在带电云层形成的高压电场作用下，空气中气体原子核最外层的电子跃迁形成带电离子，带电离子可形成电子流，造成空间气体形成的绝缘介质击穿。接触网 EGM 是将雷电的放电特性与接触网的结构尺寸联系起来建立的一种几何计算模型。雷雨云向地面发展的先导放电通道头部到达被击物体的临界击穿距离时，即向该物体放电。根据 EGM 的原理，物体遭受雷击概率与暴露弧的投影长度有关。击距反映了雷电到物体击穿强度的大小，是描述物体引雷能力的物理量。

在图 5-3 中，R_F、R_T 和 R_g 分别表示雷电先导放电通道头部对馈线、承力索和地面的击距；b 表示接触网馈线与支柱之间的距离；l 表示接触网承力索与支柱之间的距离；w 表示一组支柱之间两个承力索的距离。以大地为参考面，接触网导线和大地击距分别采用 IEEE 导则推荐式进行计算，即

$$R_F = 0.67 h_F^{0.6} I^{0.74} \tag{5-1}$$

$$R_T = 0.67 h_T^{0.6} I^{0.74} \tag{5-2}$$

$$R_g = \begin{cases} [0.36 + 0.17\ln(43 - h_g)]0.67 h_g^{0.6} I^{0.74}, & h_g < 40\ \text{m} \\ 0.55 \times 0.67 h_g^{0.6} I^{0.74}, & h_g \geqslant 40\ \text{m} \end{cases} \tag{5-3}$$

式中：h_F、h_T 和 h_g 分别表示馈线、承力索和架空地线对地平均高度；I 表示 LPC 大小。

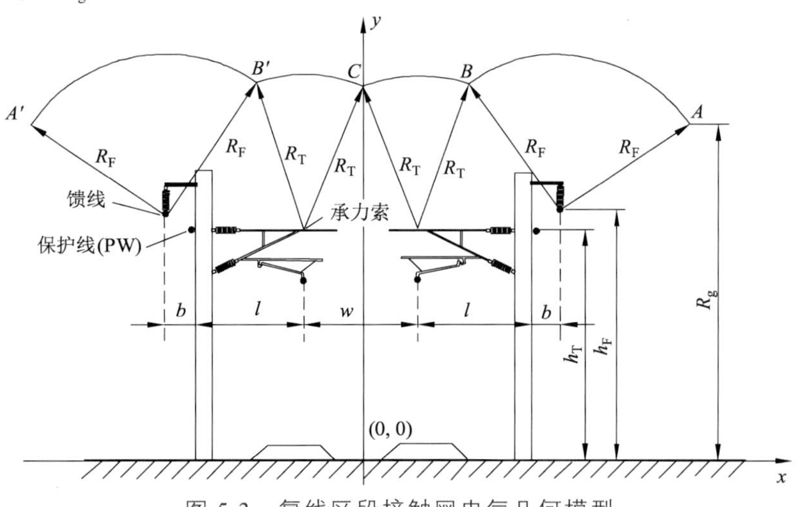

图 5-3　复线区段接触网电气几何模型

接触网脆弱性是指在外因影响下，接触网可靠性急剧下降，进而导致接触网故障发生。接触网由于雷击而产生跳闸时，接触网脆弱性可用于描述雷电参数与接触网雷击跳闸概率之间的关系，用下式表示：

$$R = HV \tag{5-4}$$

式中：H 表示雷电参数；V 表示接触网脆弱性；R 表示接触网雷击跳闸概率。针对雷击跳闸，接触网承灾体指遭受雷击的部件，如支柱、接触线、承力索等；接触网灾情指雷击跳闸导致的直接经济损失（备品备件购置费用、维修费用等）、间接经济损失（牵引网失电造成列车晚点、停运等产生的经济损失）及社会不良影响。

脆弱性曲线可定量评估承灾体损失，最早被提出用于水灾后果评估，后广泛应用于台风、地震、山洪等自然灾害的风险评估。脆弱性与致灾因子强度、损失率相关，可表示为

$$V = f(h,d) \tag{5-5}$$

式中：h 表示致灾因子强度；d 表示损失率。本节利用历史雷击跳闸数据构建接触网脆弱性曲线，进而描述雷电参数与雷击跳闸概率之间的关系。接触网雷击跳闸脆弱性曲线如图 5-4 所示。

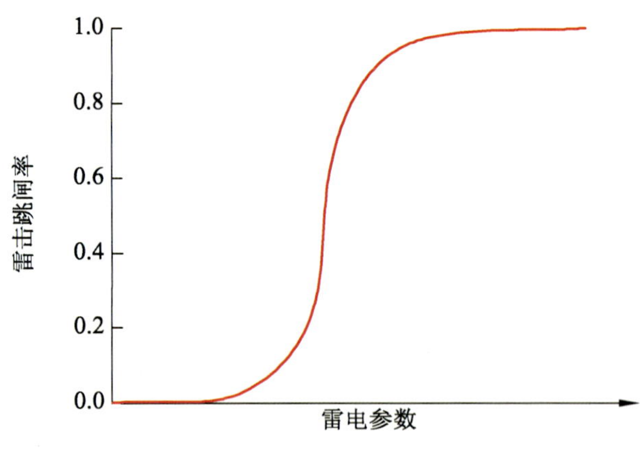

图 5-4 接触网雷击跳闸脆弱性曲线

接触网雷击跳闸预测流程如图 5-5 所示。该流程包括接触网雷击跳闸影响因素分析及建模、雷击跳闸时空关联分析，以及基于贝叶斯网络的接触网雷击跳闸预测 4 个步骤。

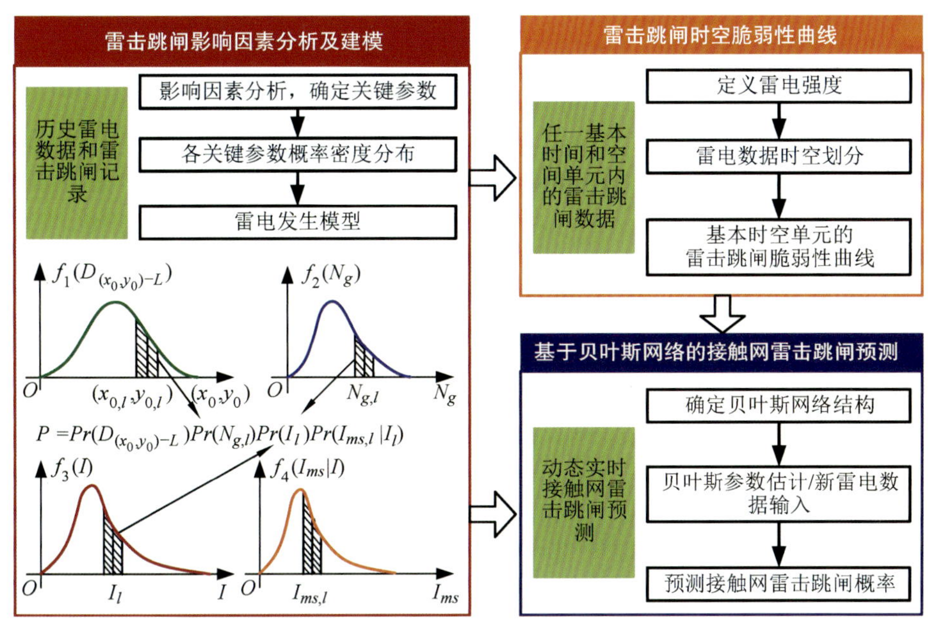

图 5-5 接触网雷击跳闸预测流程

1. 数据获取

主要利用两类数据进行接触网雷击跳闸预测：一是每天的雷电数据（包括时间、经纬度、雷电流和雷电流陡度），二是接触网雷击跳闸记录。

2. 接触网雷击跳闸影响因素分析及建模

通过分析雷击类型、接触网雷击跳闸时空差异特性和雷电移动过程，结合接触网电气几何模型，确定了影响雷电跳闸的关键雷电参数；并分析各雷电参数之间的关联关系，建立雷电发生模型。

3. 接触网雷击跳闸时空关联曲线

为挖掘雷电跳闸的时空差异特性，定义雷电强度，并借助历史接触网雷击跳闸记录进行时空划分，采用时空关联曲线来描述雷电强度与雷击跳闸概率之间的时空关联关系。

4. 基于贝叶斯网络的接触网雷击跳闸预测

通过分析雷电参数、雷电强度与雷击跳闸之间的依赖关系，确定贝叶斯网络结构，并利用构建好的雷击跳闸数据集进行训练。

5. 模型评价

利用训练好的预测模型，对测试集进行预测分类，并采用 *P*、*R*、*F*1 和 *Acc* 评价指标评估，为预测维修决策制定和雷击风险防控提供支撑。

5.1.2 接触网雷击跳闸影响因素分析与建模

如图 5-6 所示，对 2018—2020 年中国铁路广州局集团有限公司（后简称广州铁路局）管内部分线路接触网雷击跳闸数据进行统计分析。雷击跳闸主要发生在 5 ~ 10 月，且接触网易遭受雷击的月份是 6 月、7 月和 8 月。此外，这 3 个月发生的雷击跳闸次数占全年的 50% ~ 80%，3 年平均值高于 70%。虽然雷击跳闸概率相对较小，但是短时间内雷击跳闸事件具有“聚集效应”。

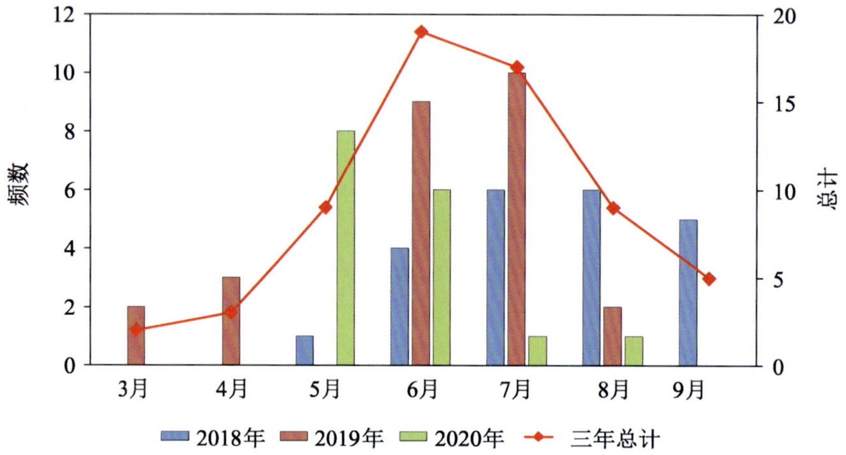

图 5-6　2018—2020 年广州铁路局管内京广高铁接触网雷击跳闸分布

2018—2020 年广州铁路局管内部分线路接触网雷击跳闸分布如图 5-7 所示。数百公里接触网沿线地形复杂多样，赣韶铁路、广珠城际铁路、贵广客专、京广高铁、京广铁路这 5 条铁路在地理位置（包括山地、河流、平原等）上存在显著差异，2018—2020 年期间接触网发生故障雷击跳闸频数也存在较大差异。由此可知，接触网雷击跳闸事件与地理因素密切相关。

雷电是一种常见的自然放电现象，一般产生于对流较强的雷雨云中，雷雨云通常是大气不稳定的产物。当冷空气遇到较温暖、较潮湿的空气时，前者向下流动，后者向上抬升，从而产生强对流活动，进而引发雷电。雷电被定义为一个在空气中长达千米级的瞬态大电流放电现象，雷电发生时间、地点和强度具有随机性，而且雷击的发生具有季节性特征，例如中国南方的春季和夏季容易发生雷电天气。

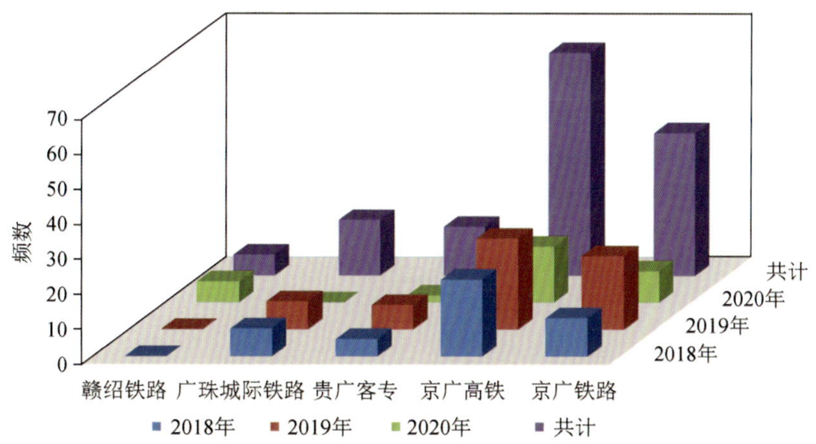

图 5-7　2018—2020 年广州铁路局管内部分线路接触网雷击跳闸分布

雷电监测系统可获取多次雷击的信息，包括时间、雷电流、雷击经纬度和雷电流陡度等，可将雷击发生的时间划分到不同的时间段内。图 5-8 为相邻时间段雷电聚类及移动示意图。在相应的时间段内，雷击发生的位置是随机分布的，通过基于密度的噪声应用空间聚类（Density-Based Spatial Clustering of Applications with Noise，DBSCAN）方法对其进行聚类，确定每个时间段内的雷暴云位置及覆盖范围。通过比较分析不同时间段内雷暴云的走向，分析雷暴云的移动趋势，为进一步计算雷击风险奠定基础，如图 5-9 所示。

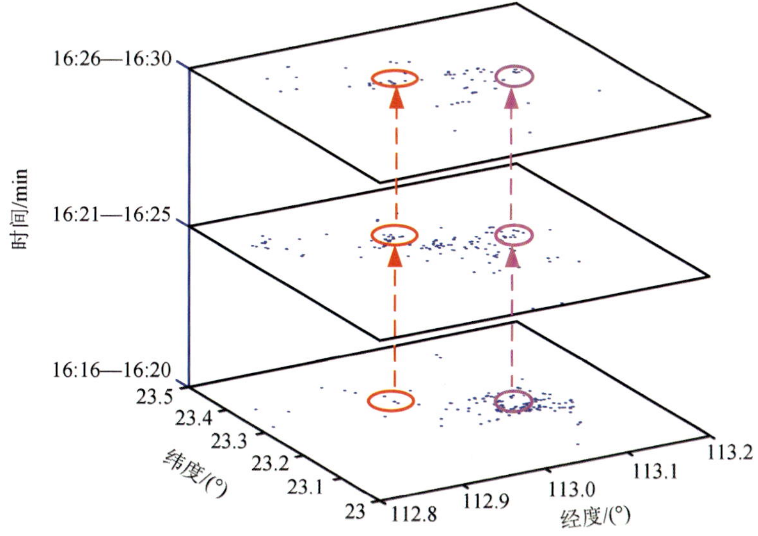

图 5-8　相邻时间段雷电聚类及移动示意图

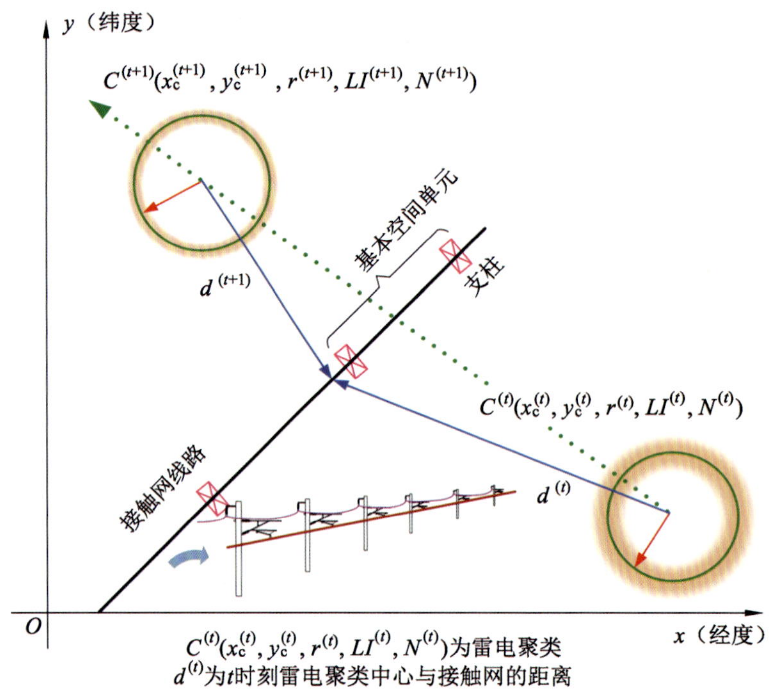

图 5-9　雷暴云穿越接触网示意图

DBSCAN 算法可对任意一个落雷点坐标位置 p 进行聚类，p 的 $\varepsilon-$邻域集合 N_{Eps} 计算公式为

$$N_{Eps}=\{q\in D|dsit(p,q)\leqslant Eps\} \tag{5-6}$$

式中：Eps 表示空间簇 C 的邻域半径；q 表示距离落雷点坐标位置 p 小于或等于 Eps 的落雷点；$dsit(p,q)$ 表示落雷点 p 与 q 之间的距离；空间簇 C 的邻域半径 Eps 和最小空间实体数 $MinPts$ 根据实际情况进行设置。

在每个时间段内，雷电聚类的中心点和半径分为

$$x_c^{(t)}=\sum_{i=1}^{N^{(t)}}x_c^i/N^{(t)},y_c^{(t)}=\sum_{i=1}^{N^{(t)}}y_c^i/N^{(t)} \tag{5-7}$$

$$r^{(t)}=\max\{[(x_c^i-x_c^{(t)})^2+(y_c^i-y_c^{(t)})^2]^{\frac{1}{2}},i=1,2,\cdots,N^{(t)}\} \tag{5-8}$$

式中：(x_c^i,y_c^i) 为聚类中心 $C^{(t)}$ 雷击点 i 经纬度；$N^{(t)}$ 为时间段 t 内雷击数。

时间段 t 内所有落雷与接触网的最小距离为

$$D_{(x_c^{(t)},y_c^{(t)})-L}^{(t)}=\min\{p\in LP\,|\,dsit[p,(x_c^{(t)},y_c^{(t)})]\} \tag{5-9}$$

式中：LP 为接触网；$dist[p,(x_c^{(t)},y_c^{(t)})]=\sqrt{(x_p-x_c^{(t)})^2+(y_p-y_c^{(t)})^2}$；$p(x_p, y_p)$ 为接触网上任一点。

时间段 t 内的地闪密度为

$$N_g^{(t)}=\frac{N^{(t)}}{\pi r^{(t)^2}T_c^{(t)}} \tag{5-10}$$

式中：$T_c^{(t)}$ 为时间段 t 的间隔。

$N^{(t)}$ 次雷击的雷电流和雷电陡度分别为

$$I^{(t)}=\{i^1,i^2,i^3,\cdots,i^b,\cdots,i^{N^{(t)}},b=1,2,\cdots,N^{(t)}\} \tag{5-11}$$

$$I_{ms}^{(t)}=\{i_{ms}^1,i_{ms}^2,i_{ms}^3,\cdots,i_{ms}^k,\cdots,i_{ms}^{N^{(t)}},k=1,2,\cdots,N^{(t)}\} \tag{5-12}$$

当雷暴云穿越接触网时，落雷的雷电流、雷电流陡度、位置以及地闪密度差异较大，接触网遭受雷击概率也不尽相同。结合接触网电气几何模型，确定影响接触网雷击跳闸的关键雷电参数包括雷击点与接触网之间的距离（$D_{(x_0,y_0)-L}$）、地闪密度（GFD）、雷电流（LPC）和雷电流陡度（$MS\text{-}LPC$）。

根据从雷电监测系统获取到的大量雷电数据，可获取各关键雷电参数的概率密度分布函数，其中 $D_{(x_0,y_0)-L}$ 服从正态分布，GFD、LPC 和 $MS\text{-}LPC$ 服从对数正态分布。由雷电数据相关性分析可得，$D_{(x_0,y_0)-L}$、GFD 和 LPC 相互独立，$MS\text{-}LPC$ 依赖于 LPC。将每个关键雷电参数的概率密度函数划分为等宽间隔，可在每个划分的间隔中列举出一组关键雷击参数，如图 5-10 所示。以雷电流为例，将先验 LPC 概率密度函数分为 S 等份，每个间隔宽度为 $sLPC$，雷电 l 的先验雷电流 I_l 的发生概率为

$$Pr(I_l)=\int_{I_l-sLPC/2}^{I_l+sLPC/2}f_3(I)\mathrm{d}I \tag{5-13}$$

式中：$Pr()$ 为每个雷电参数的发生概率；s 为每个间隔宽度；$f_3(I)$ 为雷电流概率密度。雷电 l 的各雷电参数联合发生概率，即为雷电 l 的发生概率，利用下式计算：

$$\begin{aligned}P_l&=Pr(D_{(x_{0,l},y_{0,l})-L})Pr(N_{g,l})Pr(I_l)Pr(I_{ms,l}\mid I_l)\\&=Pr(D_{(x_{0,l},y_{0,l})-L})Pr(N_{g,l})Pr(I_l,I_{ms,l})\end{aligned} \tag{5-14}$$

式中：$f_1(D_{(x_0,y_0)-L})$、$f_2(N_g)$、$f_3(I)$ 分别为 $D_{(x_0,y_0)-L}$、GFD、LPC 的概率密度分布函数；$f_5(I,I_{ms})$ 为 LPC 和 $MS\text{-}LPC$ 的联合概率密度分布函数；$f_4(I_{ms}\mid I)$ 为给定 LPC 情况下 $MS\text{-}LPC$ 的条件概率密度分布函数，$f_4(I_{ms}\mid I)$ 可通过下式计算得到：

$$f_4(i_{ms}^k\mid i^b)=\frac{f(i^b\cap i_{ms}^k)}{\sum_{k=1}^{n}f(i^{b,k})},\quad\begin{cases}1\leqslant b\leqslant m\\1\leqslant k\leqslant n\end{cases} \tag{5-15}$$

$$
[f(i_{ms}^{k} \mid i^{b})]=\begin{bmatrix}
\dfrac{f_5(i_{ms}^{1}\cap i^{1})}{\sum\limits_{k=1}^{n} f_3(i^{1,k})} & \dfrac{f_5(i_{ms}^{1}\cap i^{2})}{\sum\limits_{k=1}^{n} f_3(i^{2,k})} & \cdots & \dfrac{f_5(i_{ms}^{1}\cap i^{m})}{\sum\limits_{k=1}^{n} f_3(i^{m,k})} \\
\dfrac{f_5(i_{ms}^{2}\cap i^{1})}{\sum\limits_{k=1}^{n} f_3(i^{1,k})} & \dfrac{f_5(i_{ms}^{2}\cap i^{2})}{\sum\limits_{k=1}^{n} f_3(i^{2,k})} & \cdots & \dfrac{f_5(i_{ms}^{2}\cap i^{m})}{\sum\limits_{k=1}^{n} f_3(i^{m,k})} \\
\vdots & \vdots & & \vdots \\
\dfrac{f_5(i_{ms}^{n}\cap i^{1})}{\sum\limits_{k=1}^{n} f_3(i^{1,k})} & \dfrac{f_5(i_{ms}^{n}\cap i^{2})}{\sum\limits_{k=1}^{n} f_3(i^{2,k})} & \cdots & \dfrac{f_5(i_{ms}^{n}\cap i^{m})}{\sum\limits_{k=1}^{n} f_3(i^{m,k})}
\end{bmatrix} \tag{5-16}
$$

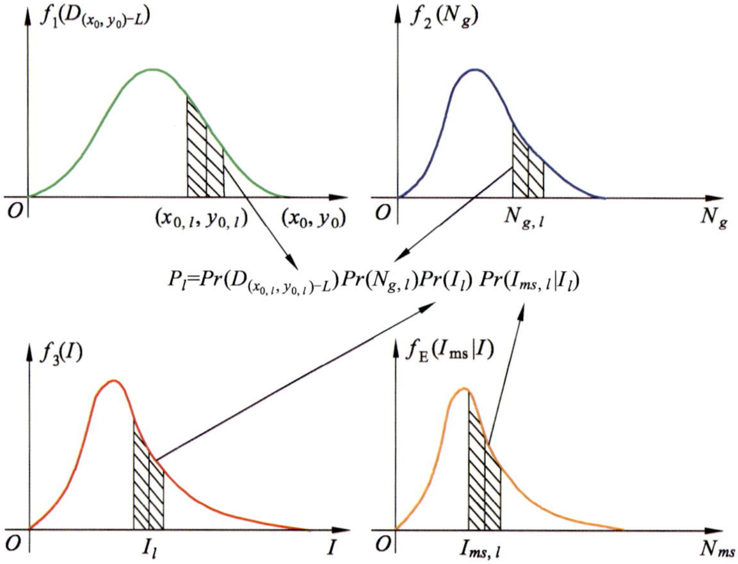

图 5-10　雷电参数的联合概率密度分布模型

5.1.3　接触网雷击跳闸时空脆弱性曲线

为了量化评估雷电对接触网的影响，需要分析接触网雷击跳闸概率与雷电参数之间的时空关联关系。雷电强度（Lightning Intensity, LI）是量化各雷电参数对接触网影响的一个关键参数，与各雷电参数之间的关系描述如下：

（1）对于单个雷击点，$D_{(x_0,y_0)-L}$ 越小，雷电强度越大；

（2）地闪密度越大，雷电强度越大；

（3）雷电流越大，雷电强度越大；

（4）雷电流陡度依赖于雷电流，雷电流陡度越大，雷电强度越大。

因此，定义雷电 l 的强度为

$$LI_l = \frac{N_{g,l} I_l I_{ms,l}}{D_{(x_{0,l}, y_{0,l})-L}} \tag{5-15}$$

式中：LI_l 为雷电 l 的强度；结合式（5-13）和式（5-14），P_l 代表雷电 l 强度为 LI_l 的雷电发生概率。

将每个牵引变电所供电的多个接触网基本空间单元视为串联关系，即每个牵引变电所供电的两条供电臂接触网上任一基本空间单元发生雷击跳闸，则牵引变电所馈线保护都会跳闸。此外，雷电强度在不同的基本空间单元上不同。分析基本空间单元雷击跳闸概率的关键在于：从不同时间层面建立雷电强度和基本空间单元的雷击跳闸概率之间的关联关系。对于不同的基本空间单元和时间段，时空脆弱性曲线差异较大，如图 5-11 所示。依据历史接触网雷击跳闸数据和雷电数据，统计分析获得雷击跳闸频数和累积分布，进而建立不同的基本空间单元和时间段的接触网雷击跳闸脆弱性曲线。雷电强度大于 e^{10} 时，接触网雷击跳闸概率高于 50%。通过参数拟合，发现雷击跳闸频数分布符合对数正态分布，因此采用对数正态分布来描述脆弱性曲线，如图 5-12 所示。

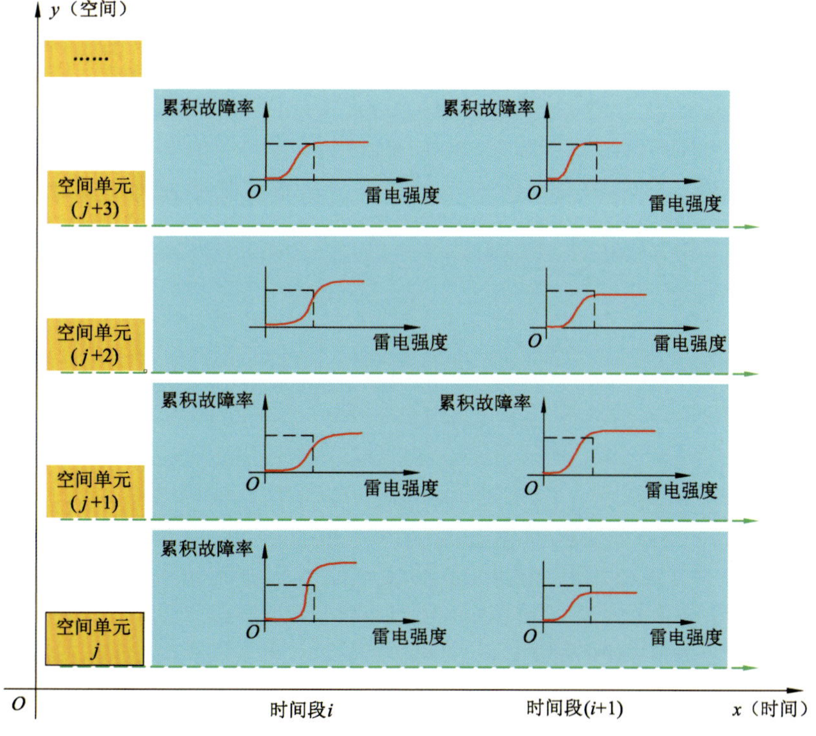

图 5-11　接触网时空脆弱性曲线

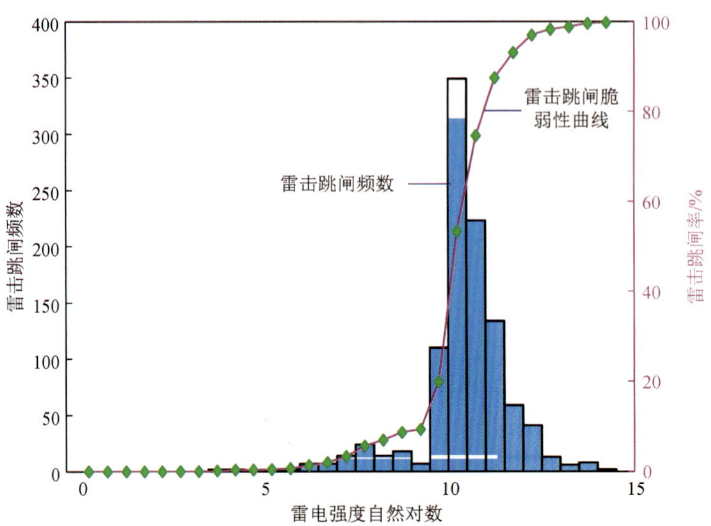

图 5-12　雷击跳闸频数柱状图和雷击跳闸脆弱性曲线

t_i时刻，第 s 个牵引变电所供电的第 h 个基本空间单元上的雷击跳闸概率 $\lambda f_{s,h}(t_i)$ 为

$$\lambda f_{s,h}(t_i)=\frac{1}{LI(t_i)\sqrt{2\pi}\sigma_l}\exp\left[-\left(\frac{\ln[LI(t_i)]-\mu_l}{2\sigma_l^2}\right)^2\right] \tag{5-16}$$

式中：$LI(t_i)$ 为 t_i 时刻的雷电强度；μ_l 和 σ_l 为雷电强度的均值和方差。

T 时间段内，第 s 个牵引变电所供电的第 h 个基本空间单元上的雷击跳闸概率为

$$\begin{aligned}Plf_{s,h}&=1-\exp\left(-\int_0^T\lambda f_{s,h}\mathrm{d}t\right)\\&=1-\exp\left[-\sum_{i=0}^{N_T-1}\int_{t_i}^{t_i+\Delta t}\lambda f_{s,h}(t_i)\mathrm{d}t\right]\\&=1-\exp\left[-\sum_{i=0}^{N_T-1}\lambda f_{s,h}(t_i)\Delta t\right]\end{aligned} \tag{5-17}$$

式中：N_T 为时间间隔的数量；Δt 为时间间隔；$Plf_{s,h}$ 为 T 时间段内，第 s 个牵引变电所供电的第 h 个基本空间单元上的雷击跳闸脆弱性曲线。

T 时间段内，第 s 个牵引变电所供电的接触网雷击跳闸概率为

$$Plf_s=1-\prod_{h=1}^{H_s}(1-Plf_{s,h}) \tag{5-18}$$

式中：H_s 为第 s 个牵引变电所供电的基本空间单元数量。

5.1.4　基于贝叶斯网络的接触网雷击跳闸预测

贝叶斯学习的基础有两个概率法则：

（1）求和：

$$p(x)=\int p(x,y)\mathrm{d}y \tag{5-19}$$

（2）乘积法则：

$$p(x,y)=p(y\mid x)p(x) \tag{5-20}$$

式中：x 和 y 为随机变量。

推导出贝叶斯公式：

$$p(y\mid x)=\frac{p(x\mid y)p(y)}{p(x)}=\frac{p(x\mid y)p(y)}{\int p(x,y)\mathrm{d}y} \tag{5-21}$$

将贝叶斯理论用于机器学习中，该学习任务可描述为：训练集 X 以及对应的数据标签 Y，寻找参数 ω 的后验分布为

$$p(\omega\mid X,Y)=\frac{p(Y\mid X,\omega)p(\omega)}{p(Y\mid X)} \tag{5-22}$$

式中：$p(\omega)$ 为模型的先验假设分布；$p(Y\mid X,\omega)$ 为条件概率分布学习模型。对于给定的观测数据以及相应的标签，该分布描述了最优的模型分布参数。训练完成后，对于新给定的测试数据样本 $\widehat{X}$，预测输出为

$$p(\widehat{Y}\mid \widehat{X},X,Y)=\int p(\widehat{Y}\mid \widehat{X},\omega)p(\omega\mid X,Y)\mathrm{d}\omega \tag{5-23}$$

它是综合整个 ω 的分布得出的边缘概率分布。需要用到条件概率分布：

$$p(Y\mid X)=\int p(Y\mid X,\omega)p(\omega)\mathrm{d}\omega \tag{5-24}$$

这一边缘概率分布求解是贝叶斯网络预测的关键，也叫作模型证据。

接触网雷击跳闸概率由雷电发生模型和时空脆弱性曲线联合确定。对于雷电发生模型：$f:X\to P_l$，式中 $X\in\mathbb{R}^d$，$d=4$，包括 $D_{(x_0,y_0)-L}$、GFD、LPC 和 $MS\text{-}LPC$。通过该映射关系，即可实现雷电 l 的关键参数到雷电发生概率（即雷电强度为 LI_l 的概率）

的推导计算。将基本空间单元 s 和时间 t 的接触网雷击跳闸脆弱性曲线 $Plf_{s,t}$ 映射为 $f: LI_1 \to Y$（LI_1 为雷电 l 的强度；Y 为雷击跳闸率）。通过该映射关系，即可实现由雷电强度到雷击跳闸概率的推理计算。通过上述两个映射关系，即可实现每个基本空间单元上任意时刻雷击跳闸概率的推理预测（$f: X \to Y$）。

为实现上述复杂的概率推理计算，采用贝叶斯网络简化接触网雷击跳闸概率的实时推理预测过程。接触网雷击跳闸预测贝叶斯网络结构如图 5-13 所示。

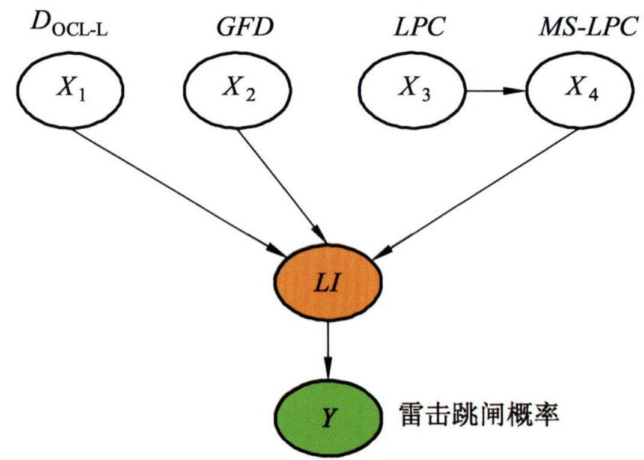

图 5-13　贝叶斯网络结构——接触网雷击跳闸预测

BN 是一种有监督的接触网雷击跳闸预测方法，训练时，具体输入数据为：$D_{(x_0,y_0)-L}$、*GFD*、*LPC* 和 *MS-LPC*，接触网雷击跳闸数据标签为 0 或 1（0 为无雷击跳闸风险，1 为有雷击跳闸风险）。具体的训练及测试步骤如下：

算法 5.1　BN 训练与测试
1. 输入 （1）X：关键雷电参数训练集。 （2）$Plf_{s,t}$：基本空间单元 s 和时间 t 的接触网雷击跳闸脆弱性曲线。 （3）LI：雷电强度。 （4）Y：对应训练标签，0 或 1。 （5）求解：最优模型参数分布 $p(\omega \mid X,Y,LI)$。 **2. 输出：** 测试输出 $\hat{Y}$ 1）开始训练 （1）初始化模型参数。 （2）初始化后验分布 $p(\omega)$。

（3）求模型最优参数分布 $p(\boldsymbol{\omega} \mid X, Y, LI)$。

2）训练过程结束

3）接触网雷击跳闸预测开始

（1）输入测试样本 $\widehat{X}$。

（2）得到雷击点的基本空间单元 s 和时间 t 信息。

（3）训练优化好的 $p(\boldsymbol{\omega} \mid X, Y, LI)$ 代入模型。

（4）计算 $\Pr(\widehat{LI}) = P(\widehat{LI} \mid \widehat{X})$。

（5）利用 $Plf_{s,t}$ 求得 $P(\hat{Y} \mid \widehat{LI})$。

（6）输出雷击跳闸风险。

4）雷击跳闸预测结束

该算法可通过历史数据训练网络参数。当输入新雷击数据时，即可利用 $D_{(x_0,y_0)-L}$、GFD、LPC 和 $MS\text{-}LPC$，借助构建的贝叶斯网络，求得雷电发生概率 $P(LI \mid X_1, X_2, X_3, X_4)$ 和 $P(Y \mid LI)$，推理计算 $P(Y \mid X_1, X_2, X_3, X_4)$，输出雷击跳闸风险。接触网雷击跳闸预测流程如图 5-14 所示。

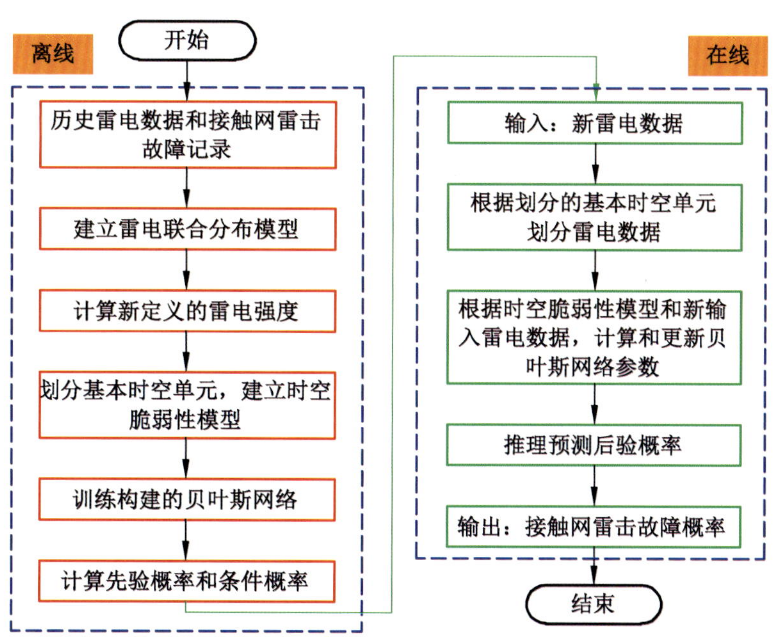

图 5-14　基于贝叶斯网络的雷击跳闸预测流程

5.1.5 计算实例

以某铁路局高铁 3 座牵引变电所供电范围内的 6 条供电臂接触网为实验对象，并从气象局获得了该线路接触网 2015—2020 年雷电数据，具体数据包括时间、经纬度、雷电流和雷电流陡度。该高铁的雷击跳闸记录包括故障公里标、恢复时间、支柱号、跳闸时间、天气状况等。由于接触网雷击跳闸数据的稀疏性，仅以每座牵引变电所供电的 2 条供电臂接触网为基本验证空间单元，以月为基本验证时间单元，2015—2018 年数据为训练集，2019—2020 年数据为测试集。通过雷电数据和雷击跳闸数据之间的关联分析，构建的接触网雷击跳闸数据集如表 5-1 所示。

表 5-1 接触网雷击跳闸数据集

类别	0	1	总计	时间跨度
训练集	6 900	745	7 645	2015 年 1 月 1 日至 2018 年 12 月 31 日
测试集	2 956	360	3 319	2019 年 1 月 1 日至 2020 年 12 月 31 日

利用 2015—2018 年雷击数据，计算基于贝叶斯网络接触网雷击跳闸预测模型的输入特征量，并拟合分布，利用最小二乘法估计 4 种雷电参数的概率密度分布参数，如表 5-2 所示。通过如图 5-15（a）所示的雷电流和雷电流陡度联合分布图，求得如图 5-15（b）所示的雷电流和雷电流陡度的联合概率密度函数

$$f_5(I,I_{ms})=\frac{1.6119}{I\cdot I_{ms}}\mathrm{e}^{(-A)} \tag{5-25}$$

式中：

$$A=\frac{1}{2(1-0.591\,2^2)}\left[\left(\frac{\ln I-3.364}{0.384}\right)^2+\left(\frac{\ln I_{ms}-2.283}{0.319}\right)^2-2\times0.591\,2\times\left(\frac{\ln I-3.364}{0.384}\right)\left(\frac{\ln I_{ms}-2.283}{0.319}\right)\right]$$

表 5-2 雷电参数的概率密度分布参数

正态分布	μ	σ
$D_{(x_0,y_0)-L}$	0.048 37	0.100 9
对数正态分布	μ	σ
地闪密度（N_g）	−2.741	1.277
雷电流（I）	3.364	0.384
雷电流陡度（I_{ms}）	2.283	0.319

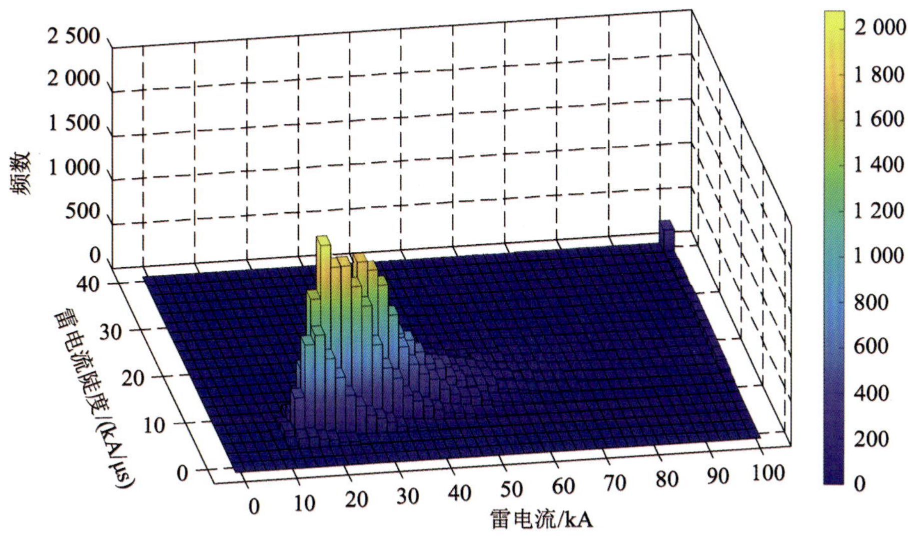

（a）雷电流和雷电流陡度联合分布图

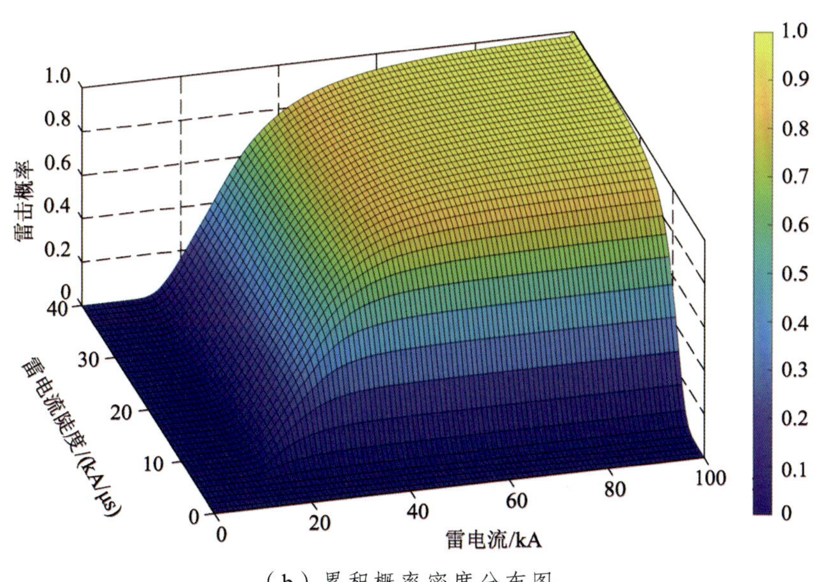

（b）累积概率密度分布图

图 5-15　雷电流和雷电流陡度联合分布图以及累积概率密度分布图

图 5-16 所示为 2018 年 6 月实验对象的接触网脆弱性曲线。

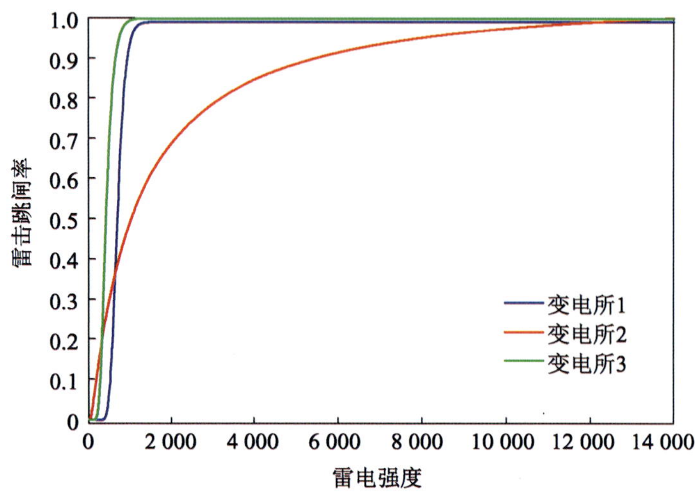

图 5-16　2018 年 6 月实验对象的接触网雷击跳闸脆弱性曲线

为验证基于数据驱动的接触网雷击跳闸预测方法的有效性，首先进行对比实验。对比模型包括长短期记忆网络、支持向量回归机、卷积神经网络和 Elman 神经网络。为了定量评估各种接触网雷击跳闸预测方法的性能，采用 P、R、$F1$ 和 Acc 作为评价指标。

$$P=\frac{TP}{TP+FP} \tag{5-26}$$

$$R=\frac{TP}{TP+FN} \tag{5-27}$$

$$F1=\frac{2(P\times R)}{P+R} \tag{5-28}$$

$$Acc=\frac{TP+TN}{TP+TN+FP+FN} \tag{5-29}$$

式中：TP 代表真正例；FP 代表假正例；TN 代表真反例；FN 代表假反例。

在实验中，将基于数据驱动的接触网雷击跳闸预测方法与其他 4 种预测分类方法进行对比分析。由表 5-3 可见，基于数据驱动的接触网雷击跳闸预测方法在 P、$F1$ 和 Acc 指标上评分最高，分别为 93.95%、96%和 92.71%。一个好的预测分类算法应能够准确地预测接触网雷击跳闸风险，并且具有较高的 P、R 和 $F1$ 值，亦即一个好的预测分类算法能够防止将正常样本预测成故障样本，减少不必要的损失，如备件购置和调度。

表 5-3　对比实验结果

对比模型	*P*	*R*	*F*1	*Acc*
长短期记忆网络	89.15%	**100%**	94.26%	89.15%
支持向量回归机	90.10%	99.97%	94.78%	90.18%
卷积神经网络	89.15%	**100%**	94.26%	89.15%
Elman 神经网络	90.34%	99.83%	94.85%	90.27%
算法 5.1	**93.95%**	98.14%	**96.00%**	**92.71%**

长短期记忆网络和卷积神经网络的 *Acc* 指标为 89.15%，而支持向量回归机和 Elman 神经网络的 *Acc* 指标略高于 89.15%。所用的数据集为非平衡数据集，有雷击跳闸/无雷击跳闸样本数量差异较大，其中无故障样本占比为 89.15%。本质上来讲，长短期记忆网络和卷积神经网络的 *Acc* 指标值表明，这两种方法将所有跳闸样本都预测为正常样本，无法区分有/无雷击跳闸样本之间的边界。支持向量回归机和 Elman 神经网络能提升接触网雷击跳闸的预测性能，但是预测性能提升有限，仅将 *Acc* 指标分别提升到 90.18%和 90.27%。长短期记忆网络、支持向量回归机、卷积神经网络和 Elman 神经网络表现得相对保守。

为评估基于数据驱动的接触网雷击跳闸预测方法中各部分的有效性，本节通过消融实验进行验证分析。为了验证时空脆弱性曲线的有效性，消融实验将对贝叶斯网络的预测性能进行分析。为了验证贝叶斯网络的有效性，消融实验还对脆弱性曲线、时空脆弱性曲线的预测性能进行分析。消融实验结果如表 5-4 所示。

贝叶斯网络能有效区分所有无故障样本，并将大部分测试样本预测为“0”类（无故障样本），存在与支持向量回归机和 Elman 神经网络一样的问题，预测相对保守，导致接触网雷击跳闸预测性能不佳。

表 5-4　消融实验结果

对比模型	*P*	*R*	*F*1	*Acc*
贝叶斯网络	89.96%	**100%**	94.71%	90.05%
脆弱性曲线	93.29%	93.91%	93.60%	88.55%
时空脆弱性曲线	92.25%	96.62%	94.38%	89.76%
算法 5.1	**93.95%**	98.14%	**96.00%**	**92.71%**

虽然基于脆弱性曲线的接触网雷击跳闸预测的准确性不高，但是 4 个评估指标都较均衡，能够在一定程度上缓解贝叶斯网络过于保守的现象。相比脆弱性曲线，时空

脆弱性曲线则进一步提升了接触网雷击跳闸预测性能，R、$F1$ 和 Acc 指标分别提升了 2.71%、0.78%和 1.21%。两种方法的区别在于，脆弱性曲线仅利用历史雷电数据和雷击跳闸数据的统计预测方法，未考虑雷击跳闸的时空差异性，而时空脆弱性曲线则将时空差异特性集成到雷击跳闸统计预测方法中。由此可知，考虑时空差异特性有利于提升接触网雷击跳闸预测性能。

图 5-17 是通过雷电参数之间的独立性关系及依赖性决定的，而贝叶斯网络结构对于数据驱动的贝叶斯推理模型极其重要。为了分析贝叶斯网络结构对所提方法预测性能的影响，本节对 4 种贝叶斯网络进行了对比实验。

如图 5-17（a）所示结构 1 增加了 X_3 与 X_5 之间的指向关系；如图 5-17（b）所示结构 2 相较于结构 1，取消了从 X_3 指向 X_4 的边；如图 5-17（c）所示结构 3 相较于图 5-17（a），调换了 X_3 与 X_4 之间的指向关系，取消了从 X_4 指向 X_5 的边；如图 5-17（d）所示结构 4 相较于结构 3，增加了从 X_4 指向 X_5 的边。其他实验设置与实验 1 一致，对比实验结果如表 5-5 所示，对应的混淆矩阵如表 5-6 所示。

表 5-5　不同贝叶斯网络结构的预测结果

贝叶斯网络结构	P	R	$F1$	Acc
1	91.66%	96.62%	94.08%	89.15%
2	91.66%	96.62%	94.08%	89.15%
3	93.83%	97.57%	95.66%	92.11%
4	91.66%	96.62%	94.08%	89.15%
贝叶斯网络	**93.95%**	**98.14%**	**96.00%**	**92.71%**

表 5-6　不同贝叶斯网络结构的预测混淆矩阵

贝叶斯网络结构	故障类别	混淆矩阵	
结构 1、2 和 4	0	2 859	100
	1	260	100
结构 3	0	2 887	72
	1	190	170
贝叶斯网络	0	2 904	55
	1	187	173

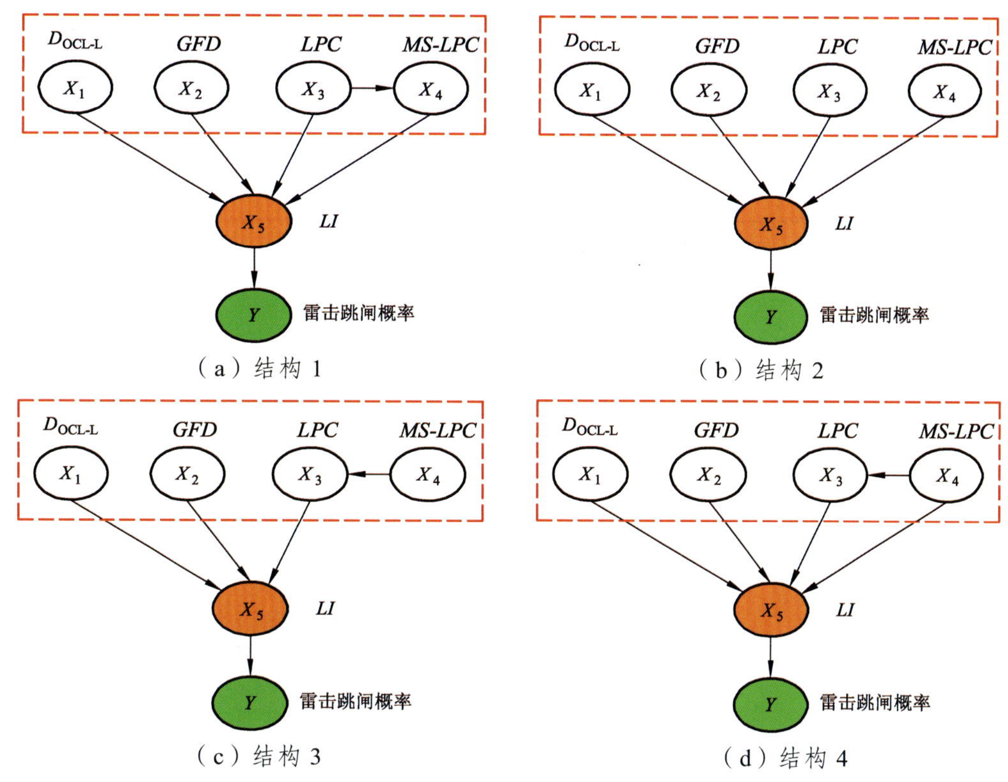

图 5-17　4 种贝叶斯网络结构——接触网雷击跳闸预测

基于结构 1、2 和 4 的接触网雷击跳闸预测结果一致，对比实验结果表明，在 X_1、X_2、X_3、X_4 都与 X_5 相连接的情形下，无论是否存在 X_3 与 X_4 之间的指向关系，R、$F1$ 和 Acc 指标均为 91.66%、96.62%、94.08%和 89.15%。而基于结构 3 的接触网雷击跳闸预测方法能够减少误预测情况，P、R、$F1$ 和 Acc 指标分别提升了 2.17%、0.95%、1.58%和 2.96%，因此，基于结构 3 的预测方法预测效果更佳。结合基于结构 4 的实验结果分析表明，增加 X_4 到 X_5 的指向关系反而降低了所提方法的预测性能，且该结论也可由结构 1 和图 5-13 中的结构对比分析可得。对比结构 1、2、3 和 4，基于图 5-17（c）中结构的接触网雷击跳闸预测结果最好，因此建立雷电关键参数之间的关联关系不仅需要从物理关系层面进行理论分析，还需要从数据层面深入挖掘。

在实际雷电数据监测中，噪声数据不可避免，且易影响接触网雷击跳闸风险预测结果。因此，针对上述情况，开展对噪声数据的容忍度实验。获取的雷电数据作为无噪声数据，将信噪比为 0.1 ~ 30 dB 的白噪声添加到雷电流、雷电流陡度、地闪密度、雷击点经纬度数据中，并作为模型输入分析接触网雷击跳闸预测结果。通常情况下，低信噪比意味着雷电数据中有更多的噪声，更易影响雷击跳闸预测结果。训练协议和训练数据均与预测性能验证实验一致，实验结果见表 5-7，测试样本预测分布见图 5-18。

表 5-7 添加不同信噪比白噪声情况下的预测结果

信噪比/dB	*P*	*R*	*F*1	*Acc*
0.1	89.62%	47.28%	61.90%	48.12%
0.2	90.34%	48.06%	62.74%	49.11%
0.5	90.08%	51.57%	65.59%	51.76%
1	90.50%	54.41%	67.96%	54.26%
2	89.99%	61.03%	72.73%	59.20%
3	90.96%	67.69%	77.62%	65.20%
4	90.29%	83.31%	86.66%	77.13%
5	90.43%	91.35%	90.89%	83.67%
10	91.67%	94.05%	92.84%	87.07%
15	92.63%	97.23%	94.87%	90.63%
20	93.75%	97.36%	95.52%	91.87%
30	93.52%	97.53%	95.48%	91.77%

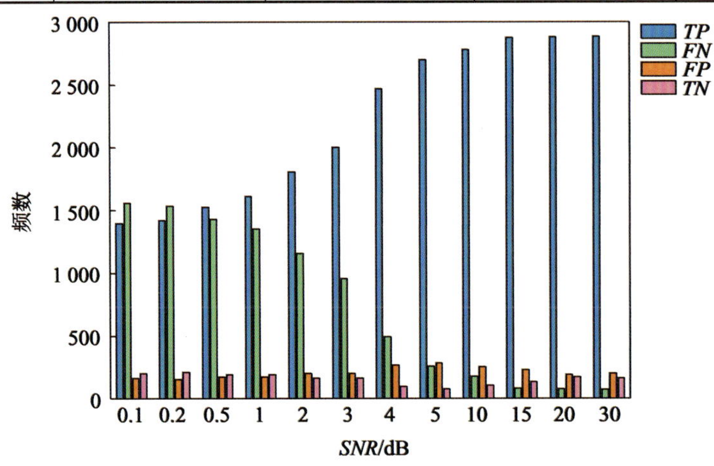

图 5-18 添加不同信噪比白噪声情况下 *TP*、*FN*、*FP* 和 *TN* 分布图

当信噪比大于等于 15 dB 时，预测效果与无噪声数据情形下的结果相近，*Acc* 值高于 90%，其他 3 个指标值也较高。当信噪比减少时，*R* 和 *Acc* 值下降较明显，同时 *FN* 数量快速增加，表明已将无故障样本预测为故障样本。当信噪比为 0.1 dB 的白噪声添加到雷电流、雷电流陡度、地闪密度、雷击点经纬度数据时，*P*、*R*、*F*1 和 *Acc* 指标分别为 89.62%、47.28%、61.9%和 54.26%。在信噪比大于等于 15 dB 的情形下，预测结果的 *Acc* 值高于 90%，具有较好的预测性能。这种噪声容忍的能力是因为利用各雷电关键参数的概率密度函数对贝叶斯网络输入数据进行离散化，减少噪声影响，同时时空脆弱性曲线也提升了预测性能。

为了验证该方法在实际场景中的应用效果，利用 2020 年 8 月 31 日 03:38～06:11 的雷暴数据进行了在线验证分析，此次雷暴过程持续 2 个半小时，如图 5-19（a）所示。具体在线验证过程如下：

（1）采用 10 min 为一个时间段，将该雷暴数据划分为 16 个时间段。

（2）利用 DBSCAN 对每个时间段上的雷电数据进行聚类，蓝色圈代表聚类中心，蓝色线条代表雷暴移动趋势。

（3）在每个时间段上，利用构建的基于数据驱动的接触网雷击跳闸预测方法，对雷电数据进行分类，探明是否有发生雷击跳闸的风险。预测结果如表 5-8 所示。

表 5-8　在线验证结果

P	R	$F1$	Acc
96.40%	93.70%	95.03%	90.73%

图 5-19 为各时间段雷电分布图以及正确预测和错误预测分布图。图中：

① 红色的“*”为正确预测的雷击点，浅蓝色的“*”为错误预测的雷击点。

② 预测结果中 9 个时间段内有雷击跳闸风险，与实际相符合。

③ 算法 5.1 能够适用于实际场景的接触网雷击跳闸预测，并且准确性较高。

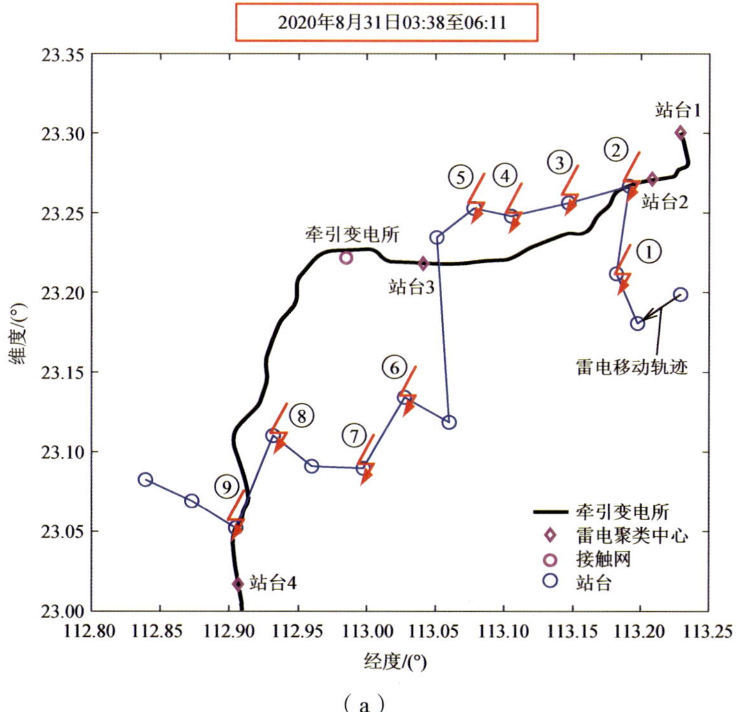

（a）

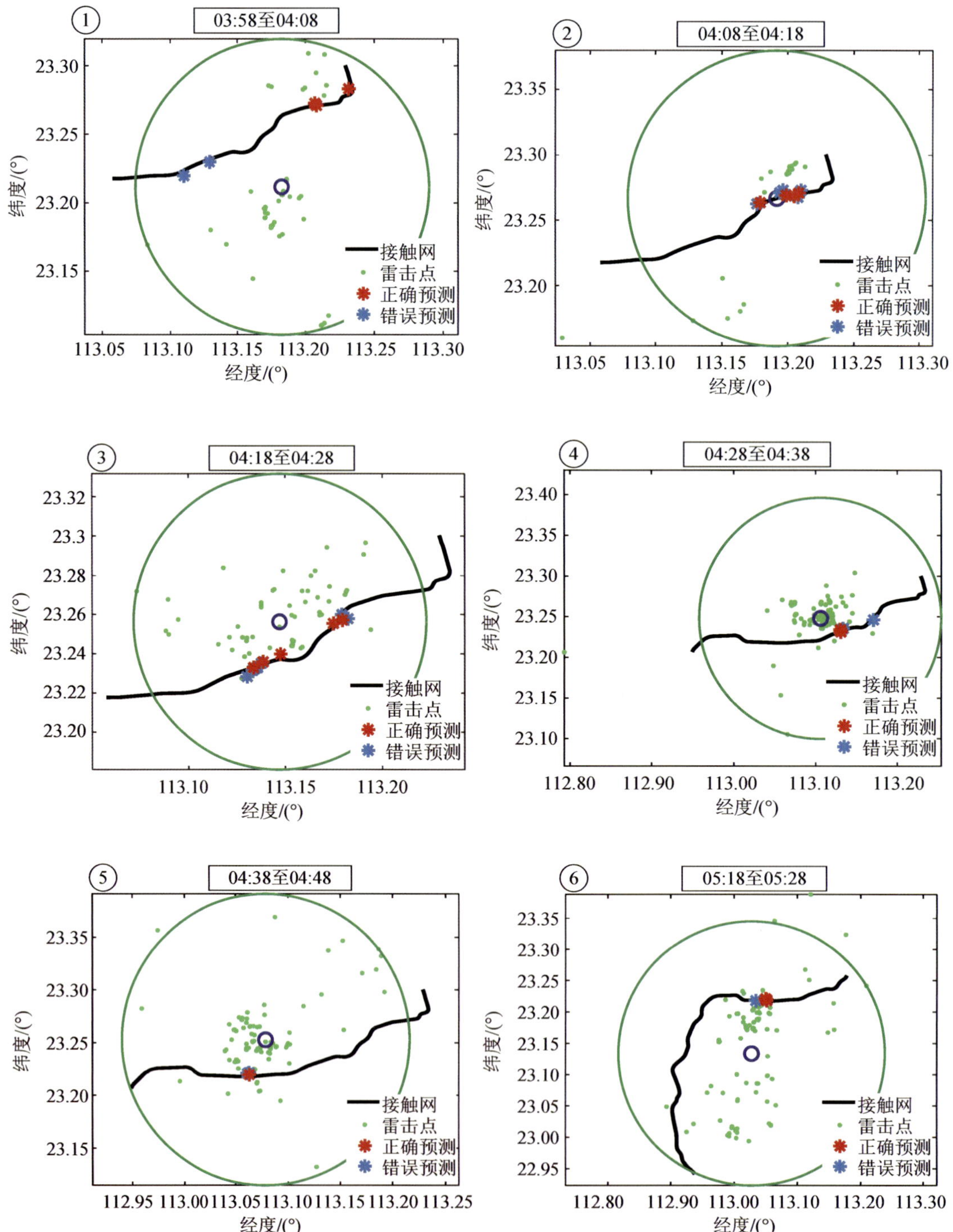

①
03:58至04:08
②
04:08至04:18
③
04:18至04:28
④
04:28至04:38
⑤
04:38至04:48
⑥
05:18至05:28
纬度/(°)
经度/(°)
接触网
雷击点
正确预测
错误预测

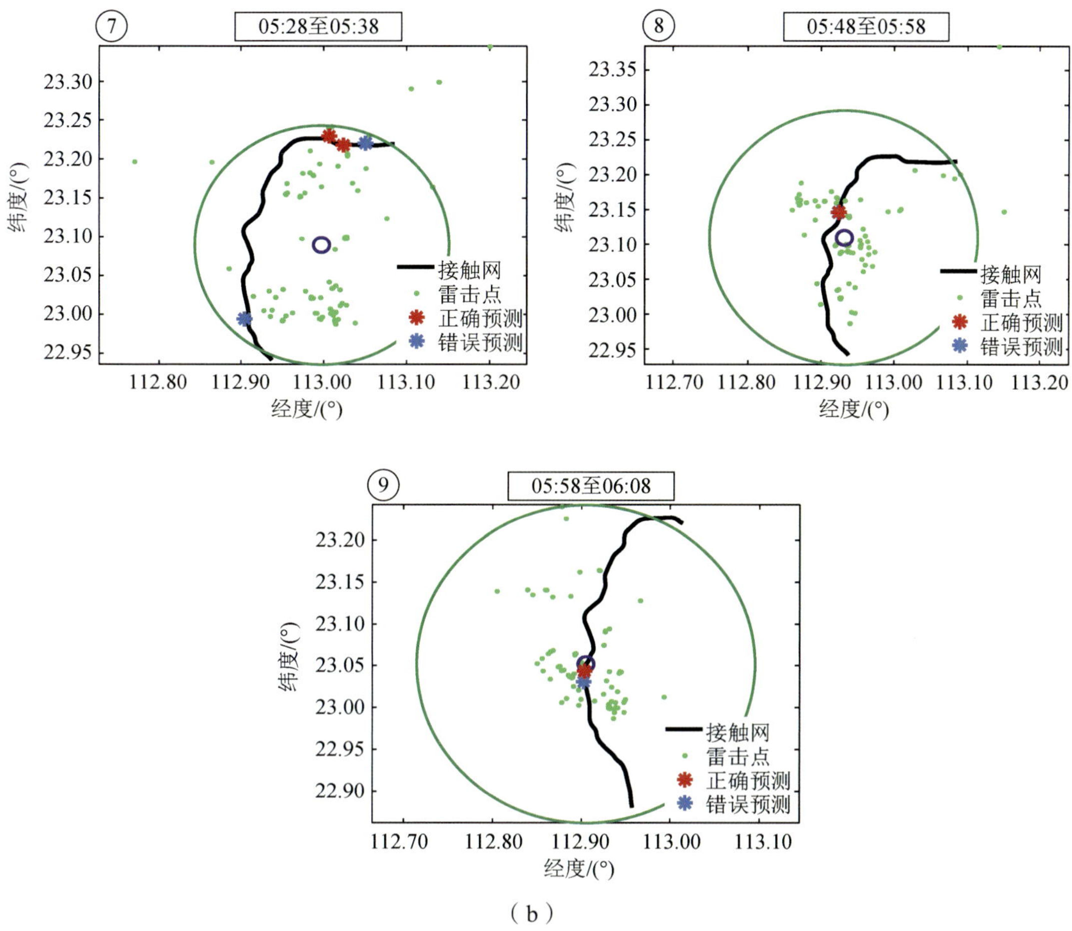

（b）

图 5-19　各时间段雷电分布图及正确预测和错误预测分布图

5.2　漂浮物侵扰接触网风险预测方法

由于高速接触网是露天架设的，在大风作用下，农用地膜、工地防尘网、风筝线、气球、塑料包装袋等铁路沿线的漂浮物极易侵入列车车辆限界并缠绕在接触网上。一方面，侵入的漂浮物会造成接触网绝缘性能下降，严重时会引发接触网短路，导致供电中断；另一方面，当高速运行的受电弓运行到侵限区域时，漂浮物可能会缠绕到受电弓上，造成打弓、拉弧，损坏受电弓，严重时甚至会拉垮接触网，酿成塌网事故。典型漂浮物侵扰接触网事故如图 5-20 所示。

（a）农用地膜侵扰接触网

（b）接触网短路停电后人工清除农用地膜

图 5-20　漂浮物侵扰接触网

2021 年 5 月 4 日，中国铁路北京局集团有限公司官方微博发布消息称，京津城际、京沪高铁、京哈线、津山线等多条铁路的部分路段，发生漂浮物侵扰接触网事件，导致相关路线的列车晚点；2022 年 3 月 11 日，太焦铁路山西段因接触网搭挂异物造成接触网短路，导致三列货车降速运行。对漂浮物侵扰接触网风险进行准确预测，对于提升接触网可靠性和铁路运行安全具有重要的理论和现实意义。

本节介绍一种基于贝叶斯神经网络（Bayesian Neural Network，BNN）的漂浮物侵扰接触网的风险预测方法。该方法将大风特性、接触网结构特性及环境因素影响集成到漂浮物侵扰接触网风险预测的模型中去，具有较好的健壮性。

5.2.1　漂浮物侵扰接触网风险预测流程

基于贝叶斯神经网络（BNN）的漂浮物侵扰接触网风险预测流程，包括 5 个关键步骤：数据获取、数据预处理、影响因素分析及建模、基于 BNN 的漂浮物侵扰接触网风险预测和模型评价。漂浮物侵扰接触网风险预测流程如图 5-21 所示。

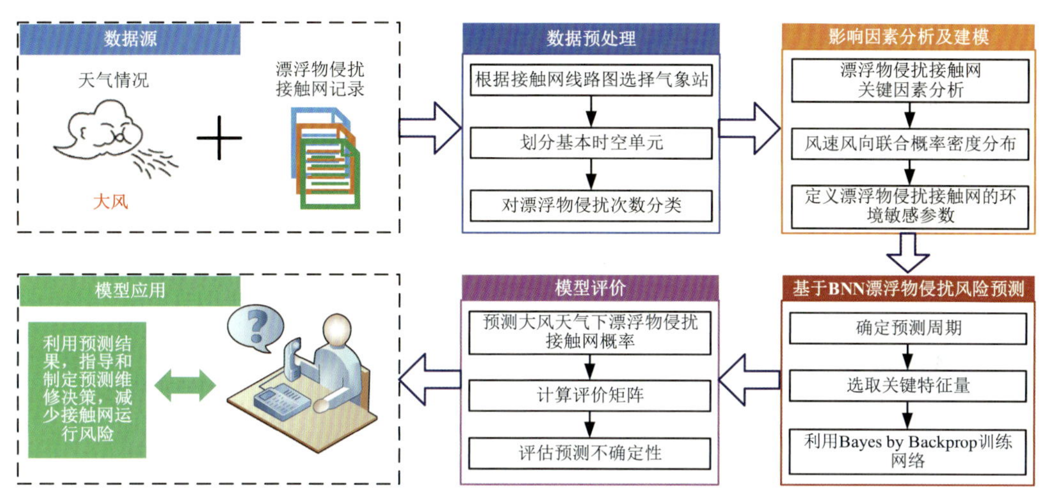

图 5-21　漂浮物侵扰接触网风险预测流程

1. 数据获取

主要利用两类数据进行漂浮物侵扰接触网风险预测，一是每天大风数据（包括风速和风向），二是漂浮物侵扰接触网的安全隐患事件及故障记录。

2. 数据预处理

根据漂浮物侵扰接触网的安全隐患事件及故障次数统计分析，确定预测周期。漂浮物侵扰接触网风险等级划分是根据周期内漂浮物侵扰接触网事件及故障次数统计分析决定的。

3. 影响因素分析及建模

大风是漂浮物侵扰接触网的关键因素。建立大风风向和风速的联合分布概率密度模型，以表征大风天气的随机特性。引入漂浮物侵扰接触网的环境敏感参数，将多个影响因素集成为一个关键参数，为漂浮物侵扰接触网风险预测提供基础。

4. 基于 BNN 的漂浮物侵扰接触网风险预测

统计分析漂浮物侵扰接触网的事件及故障数据，利用箱式图显式分析和 Spearman

相关系数验证，选取关键特征量作为 BNN 的输入，包括周平均风速、周最大风速、周接触网线路走向与风向夹角的和、周环境敏感性参数的和，并利用 Bayes by Backprop 对训练集进行训练。

5. 模型评价

利用训练好的网络模型，对测试集进行预测分类，并采用 P、R、$F1$ 和 Acc 评价指标评估；在此基础上，进一步评估 BNN 预测结果的不确定性，为制定预防修策略决策提供指导。

5.2.2 漂浮物侵扰接触网影响因素分析与建模

漂浮物侵扰接触网风险主要与 3 个因素相关：异物源、风速、风向角与接触线的夹角，这主要取决于接触网的周围环境、大风天气情况以及接触网本身特性。异物源与接触网沿线人类生产生活及环境状况关联密切。漂浮物侵扰接触网事件地点侵扰次数与其相对人口密度紧密相关。若一个区域人口相对稠密，工业生产和城市居民生活产生的废弃物越多，孕育漂浮物侵扰接触网风险的可能性就越大。运营实践发现，漂浮物侵扰接触网的事件点主要集中在城市废弃物品处理区、农业生产活动区域、工业生产厂区、草地及公园草坪等典型区域，详见表 5-9。表中，不同的典型区域地貌环境存在差异，导致漂浮物侵扰接触网的异物类型也存在较大差异。

表 5-9　典型漂浮物侵扰接触网的异物类型

区域	典型漂浮物侵扰位置	异物类型
城市区	废弃物品处理区	彩带、包装袋等
农业区	农业生产活动区域	薄膜、编织物等
工业区	工厂生产场地	金属薄片、锡纸、彩瓦等
休闲区	草地或公园草坪	风筝、孔明灯、气球等

此外，漂浮物侵扰接触网与发生的时间也密切相关。通过对 2019 年 01 月 ~ 2021 年 11 月中国铁路郑州局集团有限公司（后简称郑州铁路局）发生的漂浮物侵扰接触网事故进行统计分析发现：漂浮物侵扰接触网事件主要发生在下午时段（12:00 ~ 17:00），如图 5-22（a）所示。这是因为：该时段易发生强流天气，致使漂浮物侵扰接触网风险增大。

不同季节漂浮物侵扰接触网的风险也不同。图 5-22（b）表明漂浮物侵扰接触网事件主要集中在 1、3、4 和 5 月份，这是因为：① 3、4、5 月份为春季，温室大棚等农用薄膜会大规模退用，薄膜在大风作用下易飘挂到接触网支柱上；另外，城市居民春游等活动大量增多，导致风筝等漂浮物也易飘挂至接触网。② 郑州铁路局地处北方，1 月份为强风高发季节，风速越大越容易激发致灾漂浮物，也容易造成大型漂浮物覆盖高铁接触网，引发大面积跳闸及停电事故。

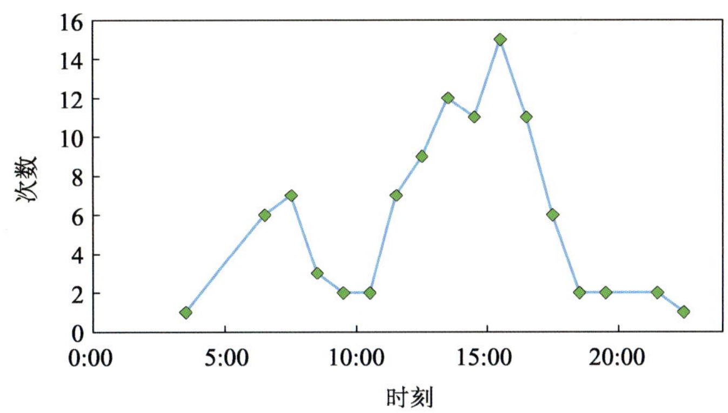

（a）不同时刻漂浮物侵扰接触网次数分布情况

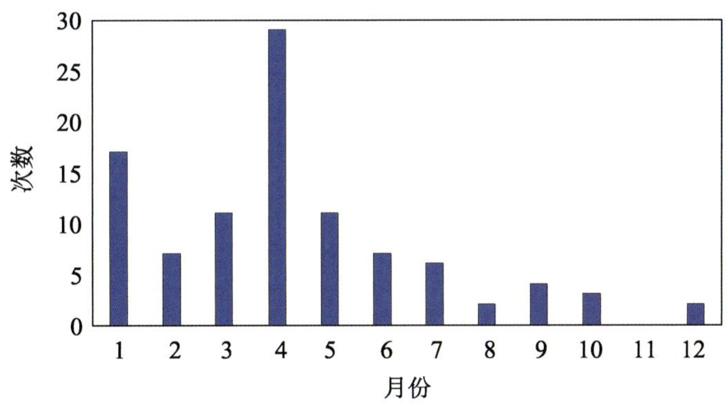

（b）不同月份漂浮物侵扰接触网次数分布情况

图 5-22　不同时域的漂浮物侵扰接触网次数分布情况

为准确表征大风特性，以实际获取的大风数据为基础，利用联合概率密度函数对大风的两个特征参数（即风速和风向）进行建模：

$$f(v,\theta)=f_{\mathrm{wd}}(\theta)\cdot f_{v|\theta}(v) \tag{5-30}$$

式中：$f_{\mathrm{wd}}(\theta)$ 为风向 θ 的概率密度函数；$f_{v|\theta}(v)$ 为给定风向 θ 下风速 v 的概率密度函数。

具体地，风向概率密度函数采用正弦和函数表征风向的分布情况，即

$$f_{\mathrm{wd}}(\theta)=\sum_{j=1}^{2}[a_j\cdot\sin(b_j\theta+c_j)] \tag{5-31}$$

式中：a_j、b_j和c_j为正弦和分布函数的参数；$\theta=[0,\pi/4,\pi/2,3\pi/4,\pi,5\pi/4,3\pi/2,7\pi/4]$。风向角$\theta=0$，$\theta=\pi/2$，$\theta=\pi$，$\theta=3\pi/2$时，分别表示北风、东风、南风和西风。

风速概率密度函数采用广义极值分布函数（Generalized Extreme Value，GEV）描述给定风向下风速的分布情况，GEV 分布的累积分布函数为

$$F_{v|\theta}(v)=\begin{cases}\exp\left\{-\left[1-\gamma\left(\dfrac{v-u}{\eta}\right)^{1/\gamma}\right]\right\},\gamma\neq 0\\ \exp\left\{-\exp\left[-\dfrac{(v-u)}{\eta}\right]\right\},\gamma=0\end{cases} \tag{5-32}$$

式中：u、η和γ分别为位置、尺度和形状参数。如果γ=0，GEV 将变为耿贝尔（Gumbel）分布，又称Ⅰ型 GEV；如果$\gamma<0$或$\gamma>0$，GEV 将分别变为 Fréchet 分布（Ⅱ型 GEV）或威布尔分布（Ⅲ型 GEV）。

在$\gamma\neq 0$情况下，GEV 分布的概率密度函数为

$$f_{v|\theta}(v)=-\frac{1}{\eta}\exp\left\{-\left[1-\gamma\left(\frac{v-u}{\eta}\right)^{1/\gamma}\right]\right\}\exp\left[1-\gamma\left(\frac{v-u}{\eta}\right)^{1/\gamma}\right] \tag{5-33}$$

根据上述定义的概率密度函数，可建立风速风向的联合概率密度分布，即$f(v,\theta)$，以表征大风天气的随机特性。

漂浮物侵扰接触网风险与多个因素相关。为此，定义环境敏感参数，将众多因素集成为一个参数，来描述接触网受漂浮物侵扰的环境敏感性。

漂浮物侵扰接触网环境敏感参数E_{f}与 6 个关键因素有关，包括：

（1）环境状况，α_{s}；

（2）最小风速（能扬起漂浮物的最小风速），$v_{\min}$；

（3）风速，v；

（4）风向θ与接触网线路走向α之间的夹角，β；

（5）风速和风向的联合概率分布，$f(v,\theta)$；

（6）接触网等效面积S_{wd}。

根据接触网所处的工业区、农业区、住宅区等情形，选取α_{s}为 1 ~ 2 的数值作为环境影响因子。最小风速$v_{\min}$与漂浮物大小和质量有关，即

$$v_{\min}=u_{\min}/k_{\mathrm{mv}} \tag{5-34}$$

式中：$u_{\min}$ 为在空旷地区能够扬起漂浮物致使漂浮物侵扰接触网的最小风速；k_{mv} 为修正系数，河湖、水库地形修正系数为 1 ~ 1.2，山谷地区修正系数为 0.75 ~ 0.85，山峰、山坡修正系数为 0.5 ~ 1.0，若接触网两侧有树木、建筑平均高度超过支柱 2/3 时，修正系数为 0.68 ~ 0.87。

接触网线路走向角：

$$\alpha = \arctan\left(\frac{x_{\mathrm{la2}} - x_{\mathrm{la1}}}{x_{\mathrm{lo2}} - x_{\mathrm{lo1}}}\right) \tag{5-35}$$

式中：$(x_{\mathrm{lo1}}, x_{\mathrm{la1}})$ 和 $(x_{\mathrm{lo2}}, x_{\mathrm{la2}})$ 为相邻两个支柱的经纬度。

接触网线路走向与风向角之间的夹角 (β) 示意图如图 5-23 所示，其计算式为

$$\beta = \theta - \alpha \tag{5-36}$$

一跨接触网的等效面积为

$$S_{\mathrm{wd}} = W_{\mathrm{d}} \cdot l \tag{5-37}$$

式中：$W_{\mathrm{d}} = n_{\mathrm{d}} \cdot d_{\mathrm{o}}$；$n_{\mathrm{d}}$ 为风径向下的线路投影行数；d_{o} 为单行接触网的等效影响宽度；$l = \sqrt{(k_{\mathrm{lo}}(x_{\mathrm{lo2}} - x_{\mathrm{lo1}}))^2 + (k_{\mathrm{la}}(x_{\mathrm{la2}} - x_{\mathrm{la1}}))^2}$，$k_{\mathrm{lo}}$ 和 k_{la} 分别为接触网支柱经度、纬度转换为长度单位的转换系数。

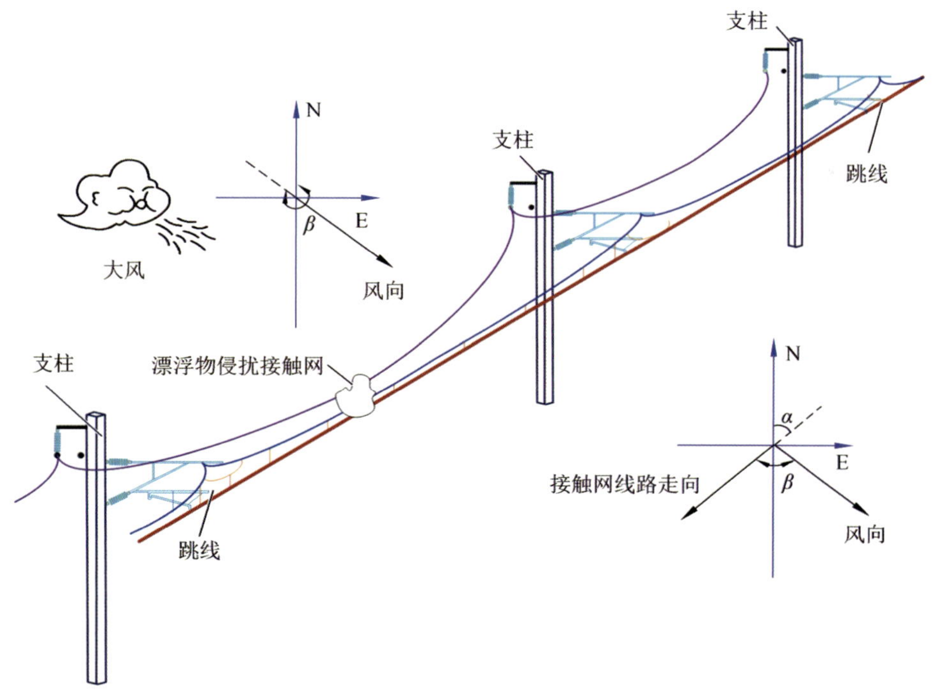

图 5-23 风向、接触网线路走向与风向角之间的夹角示意图

因此，定义漂浮异物侵扰接触网的环境敏感参数为

$$E_f = \begin{cases} \int_0^{2\pi} \int_{v_{\min}}^{v_{\max}} \alpha_s S_{wd} \left| \sin\beta \right| f(v,\theta) \mathrm{d}v \mathrm{d}\theta, \text{ if } v \geqslant v_{\min} \\ 0, \text{ if } v < v_{\min} \end{cases} \tag{5-38}$$

式中：$v_{\max}$ 为给定时间段内的最大风速。上式综合考虑了漂浮异物侵扰接触网的主要关键因素。

5.2.3 基于贝叶斯神经网络的漂浮物侵扰接触网风险预测

漂浮物侵扰接触网事件与各影响因素之间的关系涉及两个要素：① 预测周期；② 关键特征量。

不同的预测周期意味着不同的漂浮物侵扰次数，即不同的风险水平。通常有两种通用的预测周期：① 以天为周期；② 以周为周期。

根据《高速铁路接触网运行维修规则》，目前主要通过接触网安全巡检装置（2C）检测漂浮物侵扰接触网。一般情况下，2C 的巡检周期为 3 ~ 10 天，因此，设定预测周期为 1 周。

根据漂浮物侵扰接触网的实际事件数据发现，一周内发生侵扰事件次数小于等于 2 次的占比大于 97%，且几乎不会引发弓网事故。因此，大多数漂浮物侵扰接触网事件属于中低风险水平。将一周内发生漂浮物侵扰接触网的次数划分为 3 个等级，分别为高（“2”）、中（“1”）、低（“0”），对应的频数如图 5-24 所示。

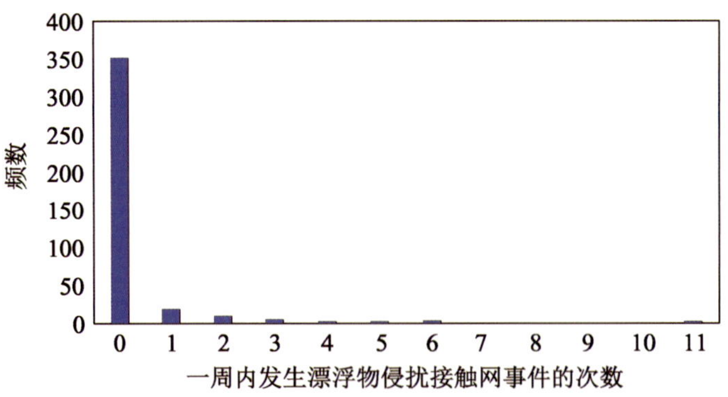

图 5-24 一周内发生漂浮物侵扰接触网的次数及频数关系

关键特征量包括周平均风速、周最大风速、接触网线路走向与风向夹角的和、环境敏感性参数的和，漂浮物侵扰接触网故障风险类别标签为 0、1、2。上述关键特征量

选取依据如表 5-10 所示。漂浮物侵扰接触网与大风的风速和风向密切相关：一个极大的风速能为风筝、气球、塑料薄膜等漂浮物提供漂浮和移动的能量，风向可以为漂浮物悬挂在接触网支柱、接触线、吊弦上提供良好的角度。同时，环境敏感参数综合考虑了多种因素对漂浮物侵扰接触网的影响。

表 5-10　漂浮物侵扰接触网风险分类

类别	漂浮物侵扰接触网次数
0	0
1	1 次或 2 次
2	≥3 次

为了分析特征量与发生漂浮物侵扰事件周次数类别之间的关系，利用箱式图和 Spearman 相关系数分别进行显式及定量分析。构建的特征量与发生漂浮物侵扰事件周次数类别之间的箱式图如图 5-25 所示。特征 1、2、3 和 4 都可用作区分是否发生漂浮物侵扰接触网事件的关键特征；特征 2，即周最大风速，是区分 1 类和 2 类漂浮物侵扰风险的关键。关键特征量与漂浮物侵扰接触网周次数类别的 Spearman 相关系数分别为 0.63、0.69、0.33 和 0.47。因此，关键特征与漂浮物侵扰接触网事件周次数类别之间具有强关联性。

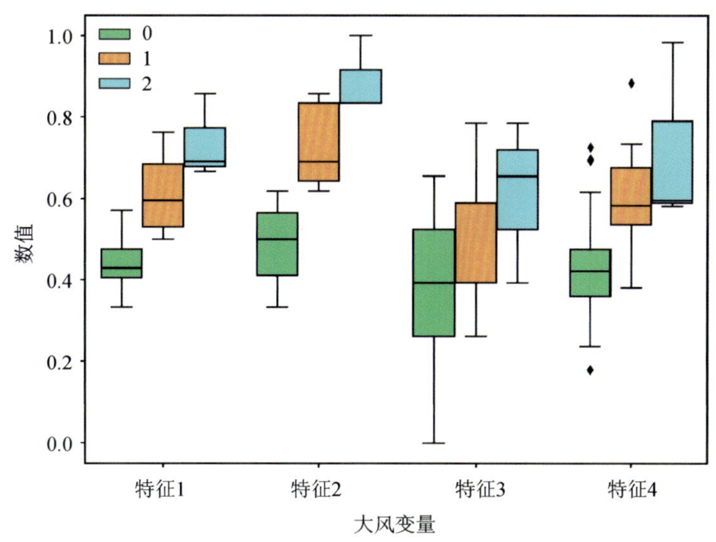

图 5-25　关键特征与风险类别的箱式图

典型的神经网络结构和 BNN 结构如图 5-26 所示。训练一个具有良好分类及预测性能的神经网络需要大量的数据，因而在小数据和不平衡数据集时，神经网络易出现过拟合现象。BNN 将贝叶斯方法引入神经网络中，来提升 BNN 的健壮性，防止过拟合。与传统神经网络相比，BNN 的权重参数是随机变量，服从一定的概率分布，而非确定值。通常，BNN 将权重看作是服从均值为 μ 、方差为 σ 的高斯分布，每个权重服从不同的高斯分布。

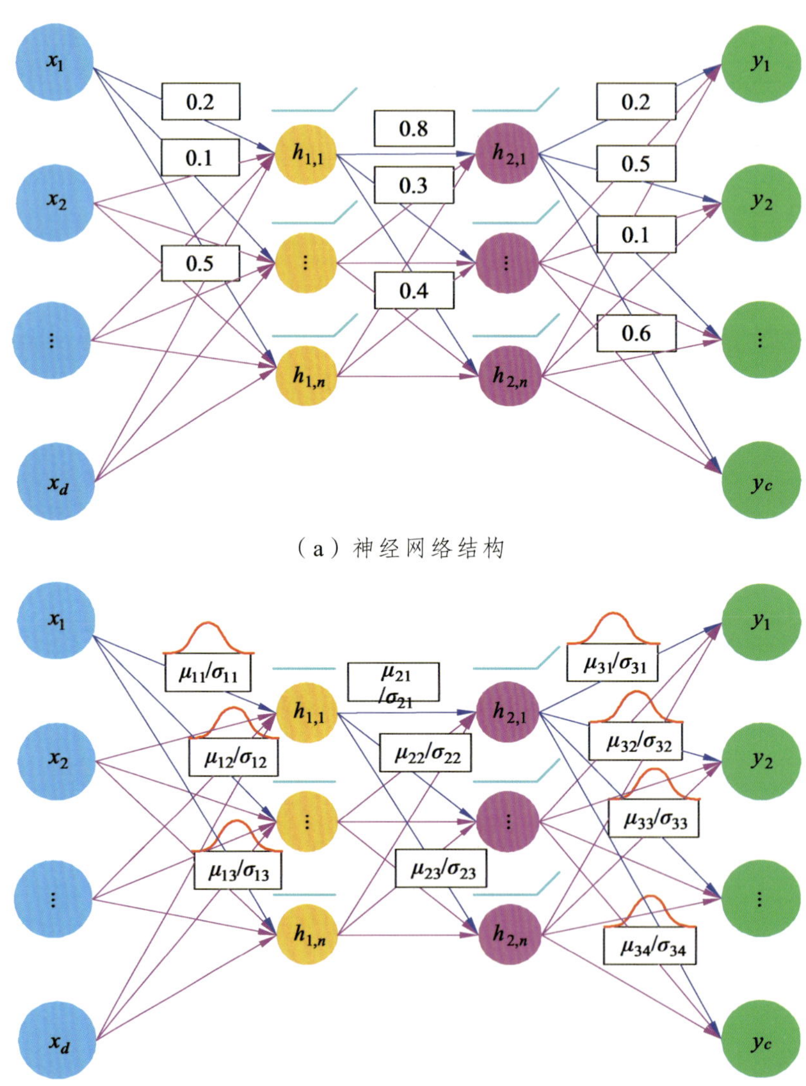

（b）贝叶斯神经网络结构

图 5-26　神经网络和贝叶斯神经网络结构

一个神经网络可以看作一个条件概率分布模型 $p(y|x,w)$：输入 x，即 4 个关键特征量，输出漂浮物侵扰接触网风险概率 y 的分布，w 为神经网络的权重。在分类问题中，y 的分布对应各类漂浮物侵扰接触网风险的概率；在回归问题中，一般认为是（标准差固定的）高斯（Gaussian）分布并取均值作为预测结果。因此，神经网络也可视为一个最大似然估计：

$$w^{\mathrm{MLE}}=\arg\max_{w}\log p(D|w)=\arg\max_{w}\sum_{i}\log p(y_i|x_i,w) \tag{5-39}$$

式中：D 为用于训练的数据集。回归问题中，代入高斯分布即可得到平均平方误差；分类问题中，代入逻辑函数可以推出交叉熵；然后利用反向传播梯度下降求取神经网络极小值点。最大似然估计中，不对权重 w 的先验概率进行假设，认为 w 取所有可能值的机会均等。如果引入先验，则最大后验估计：

$$w^{\mathrm{MAP}}=\arg\max_{w}\log p(w|D)=\arg\max_{w}\log p(D|w)+\log p(w) \tag{5-40}$$

式中：$p(w)$ 为先验概率分布。利用高斯分布可以推出 L2 正则化（倾向于取小值），代入拉普拉斯分布可以推出 L1 正则化（倾向于取 0 使权重稀疏）。

与基于神经网络的最大后验估计的不同之处在于，贝叶斯估计求出的 w 后验分布 $p(w|D)$，不限于 argmax 值，这样可将不确定性引入神经网络中。对于潜在变量 w，观测数据点为 D 的贝叶斯模型。根据贝叶斯规则，后验分布 $p(w|D)$：

$$p(w|D)=\frac{p(D|w)p(w)}{p(D)}=\frac{\prod_{i=1}^{N}p(y_i|x_i,w)p(w)}{p(D)} \tag{5-41}$$

对于新输入 $\hat{x}$，输出预测值的分布：

$$p(\hat{y}|\hat{x},D)=\int_{\Omega}p(\hat{y}|\hat{x},w)p(w|D)\mathrm{d}w \tag{5-42}$$

变分推理是一种有效近似贝叶斯推理模型中的后验概率密度方法，对比 MCMC（Markov Chain Monte Carlo）方法，具有更高的收敛速度和更好的可拓展性。该方法利用一组参数 ϑ 控制的分布 $q_{\vartheta}(w)$，用变分参数来近似后验分布 $p(w|D)$。通常假设变分后验分布服从正态分布，变分向量的变分参数 ϑ 可表示为

$$\vartheta=(\mu,\sigma) \tag{5-43}$$

式中：μ 为均值向量；σ 为产生标准差的非负向量，即 $\sigma=\ln[1+\exp(\mu)]$。由此，可将求解后验分布 $p(w|D)$ 的过程转化为求解最优参数 ϑ 的优化问题。该过程可通过最小化两个分布的 KL 散度实现。

$$
\begin{aligned}
\vartheta^{\text{opt}} &= \arg\min KL[q_\vartheta(w) \| p(w|D)] \\
&= \arg\min E_{q_\vartheta(w)}\left[\log\frac{q_\vartheta(w)}{p(w|D)}\right] \\
&= \arg\min E_{q_\vartheta(w)}\left[\log\frac{q_\vartheta(w)p(D)}{p(D|w)p(w)}\right] \\
&= \arg\min KL[q_\vartheta(w) \| p(w)] - E_{q_\vartheta(w)}p(D|w) + \int q_\vartheta(w)\log p(D)\mathrm{d}w
\end{aligned} \tag{5-44}
$$

式中：

$$
KL[q_\vartheta(w) \| p(w)] = \int q_\vartheta(w)\log\frac{q_\vartheta(w)}{p(w)}\mathrm{d}w \tag{5-45}
$$

$$
E_{q_\vartheta(w)}p(D|w) = \int q_\vartheta(w)\log p(D|w)\mathrm{d}w \tag{5-46}
$$

式中：$KL[q_\vartheta(w) \| p(w)]$ 由先验概率分布 $p(w)$ 决定；$E_{q_\vartheta(w)}p(D|w)$ 依赖于 $p(D|w)$；$\int q_\vartheta(w)\log p(D)\mathrm{d}w$ 因其恒定，可忽略不计。利用蒙特卡罗进行近似，改写成目标函数形式：

$$
F(D,\vartheta) \approx \sum_{r=1}^{N_r}[\log q_\vartheta(w^{(r)}|\vartheta) - \log p(w^{(r)}) - \log p(D|w^{(r)})] \tag{5-47}
$$

式中：N_r 为采样次数；$w^{(r)}$ 为从变分后验 $q_\vartheta(w^{(r)}|\vartheta)$ 中第 r 次蒙特卡罗采样的权重。对于分类问题，利用蒙特卡罗采样进行随机前向计算，预测值分布为

$$
p(\hat{y}|\hat{x},D) \approx \int p(\hat{y}|\hat{x},w)q(w)\mathrm{d}w \approx \frac{1}{N_r}\sum_{r=1}^{N_r}\int p(\hat{y}|\hat{x},\widehat{w_r}) \tag{5-48}
$$

式中：$\widehat{w_r}$ 为从最优变分后验参数 $q_\vartheta^{opt}(w)$ 中第 r 次蒙特卡罗采样的权重。

BNN 的预测结果为

$$
E_{q(\hat{y}|\hat{x})}(\hat{y}) \approx \frac{1}{N_r}\sum_{r=1}^{N_r} f^{w_r}(\hat{x}) \tag{5-49}
$$

式中：$f^{w_r}(\cdot)$ 表示 BNN 预测函数。BNN 预测结果的不确定性为

$$
Var_{q(\hat{y}|\hat{x})}(\hat{y}) \approx \frac{1}{N_r}\sum_{r=1}^{N_r} f^{w_r}(\hat{x})^T f^{w_r}(\hat{x}) - E_{q(\hat{y}|\hat{x})}(\hat{y})^T E_{q(\hat{y}|\hat{x})}(\hat{y}) \tag{5-50}
$$

BNN 是一种有监督的漂浮物侵扰接触网风险预测方法。训练时，输入特征量为：① 周平均风速；② 周最大风速；③ 接触网线路走向与风向夹角的和；④ 环境敏感

性参数的和。漂浮物侵扰接触网风险类别标签为 0、1 和 2（0 表示无漂浮物侵扰接触网事件发生；1 为有 1 次或 2 次漂浮物侵扰接触网事件发生；2 为有 2 次以上漂浮物侵扰接触网事件发生）。具体的训练及测试步骤如下所示。

算法 5.2　BNN 训练与测试

1. **输入**

（1）X：BNN 输入，即漂浮物侵扰接触网特征量构成的训练集。

（2）Y：BNN 输入的对应训练标签，0、1 或 2。

（3）N^r：后验采样次数。

（4）N^t：训练迭代次数。

（5）求解：BNN 最优变分后验参数 $q_{\vartheta}^{\text{opt}}(w)$。

2. **输出**：测试输出 $\hat{y}$

1）开始训练。

（1）初始化模型参数。

（2）初始化先验概率分布 $p(w)$。

（3）初始化参数 ϑ 控制的分布 $q_{\vartheta}(w)$。

For $k=1$ to N^t **do**

（4）利用蒙特卡罗对近似后验分布 $q_{\vartheta}(w|\vartheta)$ 采样。

（5）得到采样权重 $w^{(r)}$（$r=1,2,\cdots,N^r$），计算式（5-47）目标函数。

（6）求最优变分后验参数 $q_{\vartheta}^{\text{opt}}(w)$。

End

2）训练过程结束。

3）漂浮物侵扰接触网风险预测开始。

（1）输入测试样本 $\hat{x}$。

（2）训练优化好的 $q_{\vartheta}^{\text{opt}}(w)$ 代入模型。

（3）求测试集后验分布 $p(\hat{x},\hat{y}|w)$。

（4）按照式（5-49）求 $E_{q(\hat{y}|\hat{x})}(\hat{y})$。

（5）输出结果即为漂浮物侵扰接触网概率分布。

（6）漂浮物侵扰接触网风险预测结果。

5.2.4　计算实例

以郑太高铁的 7 座牵引变电所供电的 14 条供电臂接触网为分析对象，从气象局获得 2019 年 1 月至 2021 年 9 月的大风数据。郑太高铁漂浮侵扰接触网事件记录包括事件发生处的公里标、恢复时间、支柱号、跳闸/打弓时间、天气状况等。考虑到漂浮物侵扰接触网数据的稀疏性，仅以每座牵引变电所供电的 2 条供电臂接触网为基本验证单元，将牵引变电所供电的接触网编号为 1 ~ 6，并作为训练样本，将第 7 座牵引变电所供电的 2 条供电臂接触网作为目标集。通过对上述 7 座变电所的 14 条供电臂接触网发生的一周内漂浮物侵扰事件次数进行统计分析，构建漂浮物侵扰接触网数据集，如表 5-11 所示。

表 5-11　漂浮物侵扰接触网数据集

牵引变电所供电的 2 条供电臂接触网	0	1	2	时间跨度
牵引变电所 1	42	1	0	2019 年 1 月 1 日至 2021 年 9 月 30 日
牵引变电所 2	41	2	0	2019 年 1 月 1 日至 2021 年 9 月 30 日
牵引变电所 3	40	3	0	2019 年 1 月 1 日至 2021 年 9 月 30 日
牵引变电所 4	41	2	0	2019 年 1 月 1 日至 2021 年 9 月 30 日
牵引变电所 5	36	5	2	2019 年 1 月 1 日至 2021 年 9 月 30 日
牵引变电所 6	40	2	1	2019 年 1 月 1 日至 2021 年 9 月 30 日
训练集	240	17	3	2019 年 1 月 1 日至 2021 年 9 月 30 日
测试集	30	8	5	2019 年 1 月 1 日至 2021 年 9 月 30 日

由表 5-11 可知，漂浮物侵扰接触网风险预测可转化为一个不平衡样本数据集分类问题。通过分析风速和风向的联合分布，并拟合相应分布，可得

$$f_{wd}(\theta)=0.164\,2\sin(0.332\,7\theta+0.989)+0.072\,56\sin(3.184\theta-1.678) \tag{5-51}$$

$$f_{v|\theta}(v)=-\frac{1}{1.438}\exp\left\{-\left[1+0.139\,8\left(\frac{v-2.515}{1.438}\right)^{1/(-0.139\,8)}\right]\right\}\exp\left[1+0.139\,8\left(\frac{v-2.515}{1.438}\right)^{1/(-0.139\,8)}\right] \tag{5-52}$$

全部训练集中各风向角频数占比如表 5-12 所示。风速风向玫瑰图如图 5-27 所示。

表 5-12　全部训练集中各风向角频数占比

风向	风向角/rad	占比	风向	风向角/rad	占比
北	0	5.88%	南	3.142	20.59%
东北	0.785	22.55%	西南	3.927	7.52%
东	1.571	15.03%	西	4.712	14.05%
东南	2.356	10.78%	西北	5.498	3.59%

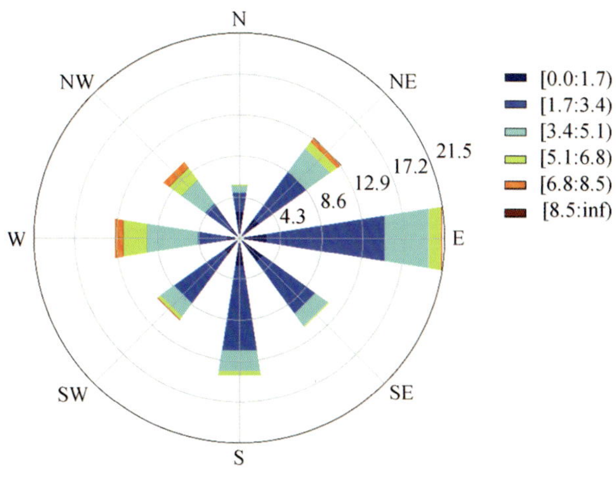

图 5-27　风速风向玫瑰图

为验证基于 BNN 的漂浮物侵扰接触网风险预测方法的有效性，首先进行对比实验。对比模型包括随机森林、神经网络、支持向量回归机、贝叶斯网络和长短期记忆网络，并采用 *P*、*R*、*F*1 和 *Acc* 作为评价指标评估各方法的预测性能，采用“*weighted*”方式来评价各类风险预测结果。

将基于 BNN 的漂浮物侵扰接触网风险预测方法与其他 5 种预测分类方法进行对比分析，结果如表 5-13 所示，BNN 预测结果如图 5-28 所示。由表 5-13 可知，比起其他 5 个预测模型，BNN 预测方法在漂浮物侵扰接触网风险预测方面表现出更加优越的预测性能，*P*、*R*、*F*1 和 *Acc* 值分别为 92.89%、92.84%、92.72%和 92.84%。因此，BNN 预测方法对非平衡数据具有更好的健壮性和适应能力。支持向量回归机和长短期记忆网络的 *P* 值较小，而 *R* 值较大，造成这两种方法易将中高风险测试样本预测为低风险类别。神经网络也存在同样的问题，即无法区分中高漂浮物侵扰接触网风险边界，导致神经网络将大量高风险测试样本预测为中风险类别。虽然贝叶斯网络和随机森林表现出较好的预测效果，但是比起 BNN 预测方法仍有所不足。

表 5-13　对比实验结果

对比模型	*P*	*R*	*F*1	*Acc*
随机森林	90.54%	90.07%	90.05%	90.07%
神经网络	80.62%	86.05%	82.79%	86.05%
支持向量回归机	48.67%	69.77%	57.34%	69.77%
贝叶斯网络	90.33%	88.37%	88.82%	88.37%
长短期记忆网络	48.67%	69.77%	57.34%	69.77%
计及因素的贝叶斯网络	**92.89%**	**92.84%**	**92.72%**	**92.84%**

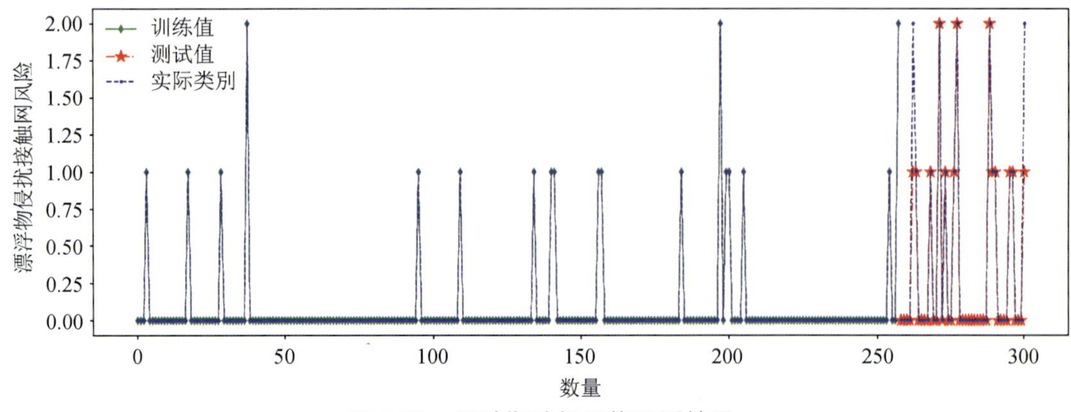

图 5-28　贝叶斯神经网络预测结果

基于 BNN 的漂浮物侵扰接触网风险预测方法拥有更好的预测性能，5 个指标均为最优，尤其是针对非平衡数据集具有较好的健壮性。为评估不同样本大小及样本分布对预测性能的影响，通过实验 1：依次递减训练集的大小；实验 2：调整训练集顺序，然后依次递减；实验 3：新增训练集 3 种方式进行验证。

实验 1：依次递减训练集

如图 5-29 所示，依次递减训练集大小，预测结果如表 5-14 所示。

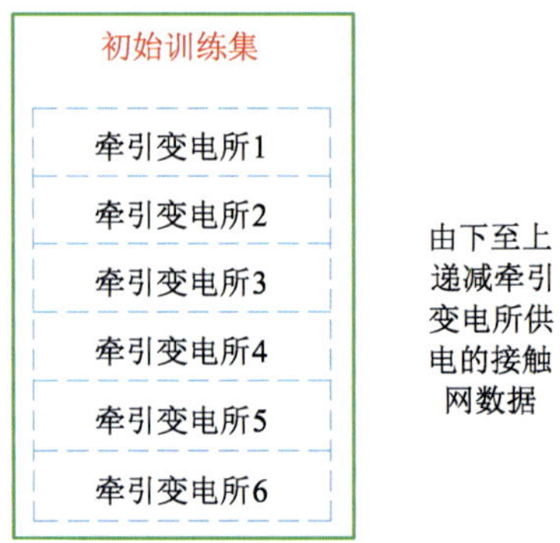

图 5-29　依次递减训练集示意图

表 5-14　不同大小训练集下实验结果对比

训练集	*P*	*R*	*F*1	*Acc*
2 座变电所供电的接触网数据	81.22%	88.37%	83.94%	88.37%
3 座变电所供电的接触网数据	81.22%	88.37%	83.94%	88.37%
4 座变电所供电的接触网数据	81.22%	88.37%	83.94%	88.37%
5 座变电所供电的接触网数据	91.79%	90.42%	89.96%	90.42%
6 座变电所供电的接触网数据	**92.89%**	**92.84%**	**92.72%**	**92.84%**

由表 5-14 可知，随着训练集中样本数据的减少，算法 5.2 不能有效地区分中高漂浮物侵扰接触网风险边界，只能预测出是否有漂浮物侵扰接触网风险。造成该现象的原因有两个：一个是训练集样本数减少导致预测性能下降；另一个是随着训练集样本数减少，故障样本数也随之减少，导致无法从少故障样本中学习到足够的潜在分类特征。

实验 2：调整训练集顺序，依次递减训练集

实验 2 的目的是在尽量保留事件样本训练集的基础上，通过减少训练集中样本数据，分析预测性能变化趋势。按照如图 5-30 所示训练集的编号，将“牵引变电所 5”作为训练集，其他训练集顺序不变，仍然按照依次递减训练集的大小方式进行训练及测试，预测结果如表 5-15 所示。

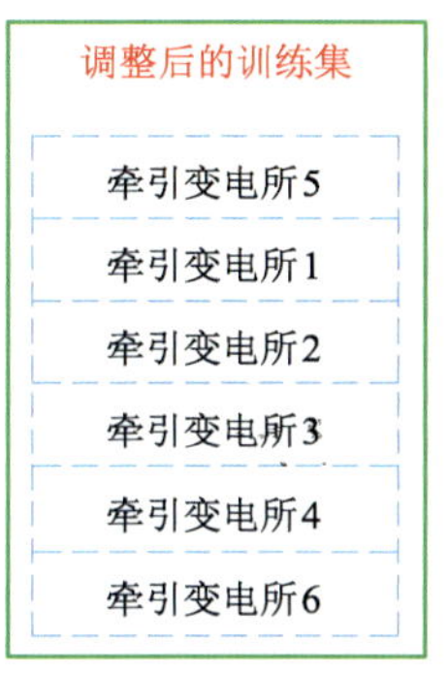

图 5-30　调整后的训练集示意图

表 5-15　不同大小训练集下实验结果对比（调整训练集顺序）

新数据集	*P*	*R*	*F*1	*Acc*
3 座变电所供电的接触网数据	90.65%	90.70%	90.67%	90.70%
4 座变电所供电的接触网数据	91.82%	91.53%	91.65%	91.53%
5 座变电所供电的接触网数据	91.13%	90.79%	90.56%	90.79%
6 座变电所供电的接触网数据	91.79%	90.42%	89.96%	90.42%

由表 5-15 可知，在相对保留事件样本数据集的基础上，预测性能有所下降。由于训练集中样本数据的减少，预测性能没有在相对较小的数据集上好，例如，用了 4 座变电所供电的接触网数据的数据集，其对应评价指标分别为 91.82%、91.53%、91.65% 和 91.53%。但是，随着训练集中样本数量的减少，“1”类别故障样本数量也在较少，进而导致预测性能非绝对下降。这是由于漂浮物侵扰接触网事故数据具有稀疏性，实验 2 无法做到完全控制各类样本数量。实验 2 表明，在合适的样本数量和充分事件样本数据集下，算法 5.2 能够很好地预测出漂浮物侵扰接触网的风险，具有较好的预测性

能。同时，通过实验 2 还可以得出，样本数量和充分事件样本数量是影响预测性能的重要因素。

实验 3：新增训练集

在表 5-11 列出的训练集基础上，新增加两个只有“0”类样本的训练集，对算法 5.2 进行训练及测试，预测结果如表 5-16 所示。其余实验设置保持一致。

表 5-16　不同大小训练集下实验结果对比（增加训练集）

新增训练集	*P*	*R*	*F*1	*Acc*
新增 1 座变电所供电的接触网数据	92.84%	92.09%	91.67%	92.09%
新增 2 座变电所供电的接触网数据	92.28%	91.35%	91.04%	91.35%

由表 5-16 可看出，漂浮物侵扰接触网风险预测效果有所下降。在只增加“0”类别样本训练集的情况下，训练集的不平衡性严重影响了预测性能。尽管性能有所下降，但是在两个新训练集的 *Acc* 值分别达到 92.09%和 91.35%。

样本数量及样本分布情况都对预测性能产生较大影响。在保证充足事件样本的情况下，“0”类别样本的增加，会导致漂浮物侵扰接触网风险预测方法的性能下降。同时，当训练集样本数量减少时，预测性能也会有所下降，但是在保证事件样本充足的情况下，性能下降速度会有所减缓。

BNN 的权重参数是随机变量，服从一定的概率分布，因此基于 BNN 的漂浮物侵扰接触网风险预测方法可以对预测结果的不确定性进行评估。预测不确定性主要来源于事件数据不足和天气数据不准确等。利用预测结果的置信区间估计漂浮物侵扰接触网风险预测不确定性，不确定估计的上、下限分别为 95%置信度和 0。特别地，不确定估计的上限与漂浮物侵扰接触网风险管控密切相关。采用 BN 作为对比分析模型，两种模型的预测不确定性统计分析和分布分别见表 5-17 和图 5-31。

表 5-17　预测不确定性统计分析

方法	平均误差	均方误差	均方根误差
BN	0.119 7	0.051 41	0.199 4
BNN	**0.022 35**	**0.006 440**	**0.077 07**

由表 5-17 和图 5-31 可知，基于 BNN 的预测方法具有更小的预测不确定性误差，对应的平均误差、均方误差和均方根误差分别为 0.021、0.005 8、0.074。相反，基于贝叶斯网络的预测方法具有较大的预测不确定性误差。因此，基于 BNN 的预测方法具有较强的健壮性，能够为接触网运维提供更可信的预测结果。

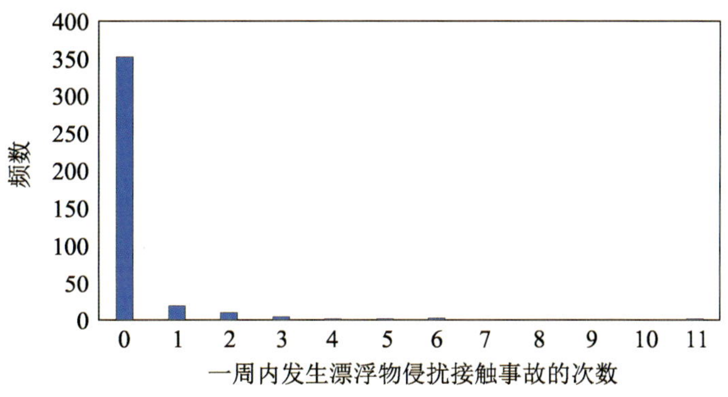

图 5-31　预测结果的不确定性分布

进一步，可利用不确定度（uncertainty ratio）和覆盖率（coverage percentage）来评估两种模型的不确定估计能力。不确定度和覆盖率的计算如式（5-53）和式（5-54）所示，不确定估计的评估结果见表 5-18。

$$UR = \frac{\sum_{i=1}^{n}(Q_{\text{upper}i} - Q_{\text{lower}i})}{n\sum_{i=1}^{n} y_{pi}} \tag{5-53}$$

$$Coverage\% = \frac{1}{n}\sum_{i=1}^{n} 1_{\{Q_{\text{lower}i} < y_{pi} < Q_{\text{upper}i}\}} \times 100\% \tag{5-54}$$

式中：$Q_{\text{upper}i}$ 和 $Q_{\text{lower}i}$ 分别为第 i 个样本预测结果上、下限；n 为预测集的样本数量；y_{pi} 为预测集样本对应的真实值；$1_{\{Q_{\text{lower}i} < y_{pi} < Q_{\text{upper}i}\}}$ 表示如果 y_{pi} 在第 i 个样本预测结果上、下限之间，则为 1。不确定度代表预测区间的宽度，即不确定度越大代表预测不确定性更大。覆盖度代表预测区间对真实值的覆盖程度，覆盖度越大，不确定性越小。利用这两个指标可以综合评估两种预测方法的不确定估计能力。

表 5-18　预测不确定估计评估结果

方法	不确定度	覆盖度
BN	0.499 7	0.860 5
BNN	**0.266 1**	**0.935 8**

相比贝叶斯网络预测方法，BNN 预测方法的不确定度小、覆盖度大。BNN 预测方法具有较好的处理非线性关系分析能力，能够很好地预测漂浮物侵扰接触网风险，给出更可信的预测结果，有利于指导接触网运维管理。

5.3 接触网瓷绝缘子污闪预测方法

接触网绝缘子绝缘性能受雾霾影响较大，严重的雾霾天气会使绝缘子绝缘性能急剧下降，在绝缘子表面产生局部放电现象，从而导致绝缘子闪络。若接触网大批量绝缘子发生连续闪络，往往不能通过自动重合闸来恢复供电，这会直接造成接触网停电、列车停运。表 5-19 给出了 2006—2013 年部分接触网绝缘子污闪事故。若能通过雾霾天气参数准确预测绝缘子闪络的可能性，对接触网预防修意义重大。本节介绍一种随机梯度哈密顿蒙特卡罗推断深度高斯过程（Stochastic Gradient Hamiltonian Monte Carlo inference for Deep Gaussian Process，SGHMC-DGP）的接触网瓷绝缘子雾霾污闪预测方法。通过选取雾霾天气下接触网瓷绝缘子污秽程度紧密相关的参数：相对湿度、天气质量指数（Air Quality Indx，AQI）、温度、风速和 PM2.5，建立基于深度高斯过程的接触网瓷绝缘子雾霾污闪预测模型。

表 5-19 2006—2013 年部分接触网绝缘子污闪事故统计

时间	地点	污闪事故概况
2006 年 2 月	京广铁路	石家庄供电段管辖内的元氏—高邑区间接触网绝缘子由于大雾天气发生闪络，造成跳闸停电，导致京广下行正线中断行车 315 min
2007 年 8～9 月	陇海铁路	邵岗集站接触网棒式绝缘子大面积污闪，造成连续污闪跳闸 19 次，供电中断 120 min 以上
2009 全年	迁曹铁路	属海域地区电气化铁路（另有大量工业污染源），全年污闪跳闸次数共 246 次
2010 全年	曹妃甸区段	全年累积发生跳闸事故 319 起，其中仅 32 起跳闸动作后断路器重合成功，形成连续多发性污闪跳闸事故
2012 年 1～2 月	郑西高铁	西安—渭南北站区段，由于雾霾天气，接触网绝缘子大面积污闪，严重干扰了运输秩序
2013 年 1～2 月	中国铁路沈阳局集团有限公司	受严重雾霾天气影响，累积发生牵引供电污闪跳闸事故 36 起，严重影响供电安全，对运输秩序产生较大干扰

5.3.1 接触网瓷绝缘子雾霾污闪预测流程

基于 SGHMC-DGP 的接触网瓷绝缘子雾霾污闪预测流程包括 4 个关键步骤：数据源、雾霾数据获取及影响因素分析、基于 SGHMC-DGP 的瓷绝缘子雾霾污闪预测和模型评价。接触网瓷绝缘子雾霾污闪预测流程如图 5-32 所示。

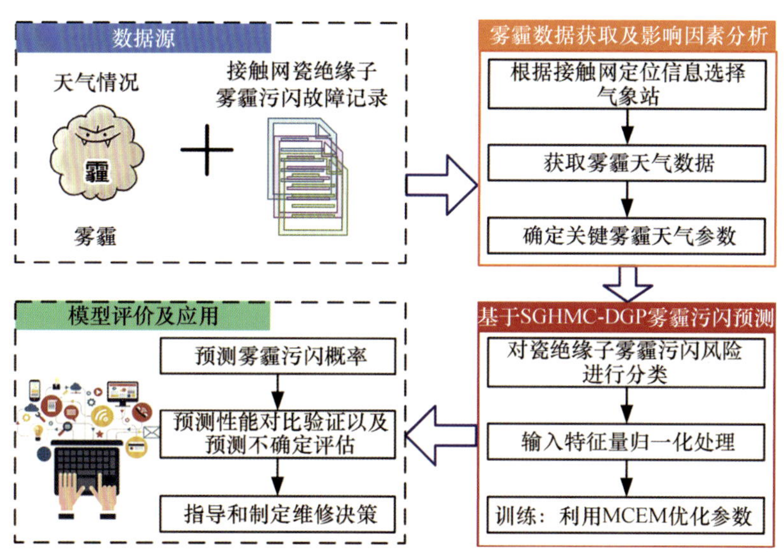

图 5-32　接触网瓷绝缘子雾霾污闪预测框架

1. 数据源

主要利用两类数据进行接触网瓷绝缘子雾霾污闪预测：一是每天监测的雾霾数据，二是接触网瓷绝缘子雾霾污闪故障记录。

2. 雾霾数据获取及影响因素分析

根据高铁线路接触网定位信息，通过附近城市或地区的气象站，获取雾霾天气数据，分析与瓷绝缘子表面积污及导致污闪的关键雾霾参数。

3. 基于 SGHMC-DGP 的瓷绝缘子雾霾污闪预测

将瓷绝缘子雾霾污闪风险等级进行分类，建立接触网瓷绝缘子雾霾污闪数据集，并对关键雾霾参数进行归一化处理，利用蒙特卡罗期望最大化法对训练集进行训练。

4. 模型评价

利用训练好的网络模型，对测试集进行预测分类，并采用 P、R、$F1$ 和 Acc 评价指标进行评估；在此基础上，进一步评估 SGHMC-DGP 预测结果的不确定性，为接触网瓷绝缘子雾霾污闪短期预报提供依据。

5.3.2　雾霾数据获取及影响因素分析

根据高铁线路的定位信息，通过附近城市或地区的气象站，获取雾霾天气数据，

具体包括 AQI、PM2.5、PM10、SO_2、CO、NO_2、O_3、极大风速、平均相对湿度、最大风速和最小相对湿度。获取数据的采样间隔为 1 天。绝缘子沿面电场产生的畸变是导致绝缘子闪络发生的根本原因。由于接触网绝缘子多暴露在露天环境下且安装高度相对较低，故绝缘子表面积污易受雾霾天气影响。绝缘子的污闪由两个因素决定：① 大气污染造成的绝缘子表面积污；② 使污秽物质充分受潮的气象条件。

根据安徽省电网 2000—2010 年的污闪故障统计，持续大雾是气象造成线路污闪故障的主要因素。空气质量指数是颗粒物 PM2.5、PM10 以及 CO、NO_2、SO_2、O_3 的综合指标，直接反映空气质量好坏，因此，可直接用 AQI 表示雾霾污染的严重程度。AQI 数值越大，绝缘子表面污秽度越大。雾霾发生时，大气中含有大量的固体颗粒物，如 PM2.5、PM10 等，这些微粒子会对瓷绝缘子伞裙之间气隙的电场分布产生较大影响，使得电场发生严重畸变。同时，雾霾中的 PM2.5 和 PM10 等颗粒物在重力、流体阻力和电场力的共同作用下，向接触网绝缘子移动，此外，颗粒物还会受到碰撞力、黏附力和摩擦力的影响，这些力的共同作用导致雾霾颗粒物在接触网绝缘子表面沉积，形成绝缘子污层。绝缘子污层的湿润与温度密切联系，在不同温度条件下，湿润的方式、均匀状况等各种条件均有所改变，因而使得绝缘子污闪特性发生重大变化。大风也会增加污染物影响范围，影响雾霾中颗粒物浓度。总体来讲，风速越大，浓度降低幅度越大。此外，颗粒在不同风速下的浓度降低比率不同。通过上述分析，风速、湿度、温度、AQI 及 PM2.5 对瓷绝缘子雾霾污闪具有较大影响，可将这 5 个雾霾天气参数作为接触网瓷绝缘子雾霾污闪的关键影响因素。

5.3.3 接触网瓷绝缘子雾霾污闪预测

为明晰接触网瓷绝缘子雾霾污闪事件与各雾霾天气参数之间的关系，将瓷绝缘子雾霾污闪预测问题转换为一个分类问题。通过选取的关键雾霾天气参数（风速、湿度、温度、AQI 及 PM2.5），预测雾霾污闪发生的可能性及瓷绝缘子发生雾霾污闪事件的概率。因此，将瓷绝缘子雾霾污闪风险等级划分为两类，即 0（瓷绝缘子不发生雾霾污闪事件）和 1（瓷绝缘子发生雾霾污闪事件）。

首先对数据进行标准化处理，即采用 0 均值标准化对风速、湿度、温度、AQI 及 PM2.5 进行归一化处理。

$$X' = \frac{X - \mu_X}{\sigma_X} \tag{5-55}$$

式中：X，μ_X 和 σ_X 分别为雾霾天气参数、雾霾天气参数的均值与雾霾天气参数标准差。

1. 高斯过程

1）标准高斯过程回归

对于一个连续随机变量 X，服从高斯分布，则其分布函数为

$$f_x(x)=\frac{1}{\sqrt{2\pi\delta}}\exp\left(-\frac{(x-\mu)^2}{2\delta^2}\right) \tag{5-56}$$

式中：$\mu\in R$，$\delta^2\geqslant 0$。该分布也被称为正态分布，记为 $X\sim N(\mu,\delta^2)$。

对于高斯过程，任意有限个随机变量的联合都服从高斯分布，该联合高斯分布由均值函数和协方差函数唯一确定。一个无噪声的高斯过程形式为

$$f\sim GP(m(\cdot),k(\cdot,\cdot)) \tag{5-57}$$

式中：f 为潜函数，表示输入和输出之间的映射关系；$m(\cdot)$ 为均值函数；$k(\cdot,\cdot)$ 为协方差函数，可用核函数表示。

对于给定的训练集 $\boldsymbol{X}\in R^N$ 和 $\boldsymbol{Y}\in R^N$ 分别为训练输入数据及其标签，N 为训练样本数量，有

$$\boldsymbol{Y}=f(\boldsymbol{X})+\boldsymbol{\varepsilon},\ \boldsymbol{\varepsilon}\sim N(0,{\sigma_n}^2\boldsymbol{I}) \tag{5-58}$$

式中：$\boldsymbol{\varepsilon}$ 为高斯白噪声；σ_n 为高斯白噪声的方差；$\boldsymbol{I}$ 为 N 维单位矩阵。并且有

$$f(\boldsymbol{X})=GP(m(\boldsymbol{X}),K(\boldsymbol{X},\boldsymbol{X})) \tag{5-59}$$

先验分布可表示为

$$p(\boldsymbol{Y}\mid\boldsymbol{X})=N(0,K(\boldsymbol{X},\boldsymbol{X})+{\sigma_n}^2\boldsymbol{I}) \tag{5-60}$$

当新的测试数据点 x^* 输入 GP 函数时，则可得到新预测值 $f(x^*)$。训练输入样本（含噪声）与测试数据点（含噪声）关系为

$$\begin{pmatrix}\boldsymbol{Y}\\ f(x^*)\end{pmatrix}\sim N\left[\begin{pmatrix}0\\0\end{pmatrix},\begin{pmatrix}K(\boldsymbol{X},\boldsymbol{X})+{\sigma_n}^2\boldsymbol{I} & K(\boldsymbol{X},x^*)\\ K(x^*,\boldsymbol{X}) & K(x^*,x^*)\end{pmatrix}\right] \tag{5-61}$$

式中：$K(\boldsymbol{X},x^*)$ 和 $K(x^*,\boldsymbol{X})$ 为训练输入样本与测试数据点之间的协方差矩阵，分别为 $N\times 1$ 和 $1\times N$ 维；$K(x^*,x^*)$ 为测试数据点的协方差。

$$K(\boldsymbol{X},\boldsymbol{X})=\begin{bmatrix}k(x_1,x_1) & k(x_1,x_2) & \cdots & k(x_1,x_N)\\ \vdots & \vdots & & \vdots\\ k(x_N,x_1) & k(x_N,x_2) & \cdots & k(x_N,x_N)\end{bmatrix} \tag{5-62}$$

$$K(\boldsymbol{X},x^*)=\begin{bmatrix}k(x_1,x^*)\\k(x_2,x^*)\\\vdots\\k(x_N,x^*)\end{bmatrix} \tag{5-63}$$

$$K(x^*,\boldsymbol{X})=[k(x^*,x_1)\quad k(x^*,x_2)\quad\cdots\quad k(x^*,x_N)] \tag{5-64}$$

$$K(x^*,x^*)=k(x^*,x^*) \tag{5-65}$$

式中：$k(x_i,x_j)=\sigma_{\text{ard}}^2\exp\left[-\dfrac{1}{2}(x_i-x_j)\right]$。

$f(x^*)$的后验分布为

$$p(f(x^*)\,|\,x^*,X,Y)\sim N(\overline{f}(x^*),\text{cov}(f(x^*))) \tag{5-66}$$

$$\overline{f}(x^*)=K(x^*,\boldsymbol{X})(K(\boldsymbol{X},\boldsymbol{X})+\sigma_n{}^2\boldsymbol{I})^{-1}\boldsymbol{Y} \tag{5-67}$$

$$\text{cov}(f(x^*))=K(x^*,x^*)-K(x^*,\boldsymbol{X})(K(\boldsymbol{X},\boldsymbol{X})+\sigma_n{}^2\boldsymbol{I})^{-1}K(\boldsymbol{X},x^*) \tag{5-68}$$

式中：$\overline{f}(x^*)$和$\text{cov}(f(x^*))$分别为测试数据点的回归均值和方差。

2）标准高斯过程回归训练

标准高斯过程回归通过基于梯度的最大边缘似然法找到使负对数边缘似然$L(\vartheta)=-\lg(\boldsymbol{Y}\,|\,\boldsymbol{X},\vartheta)$最大的超参数来优化模型，即

$$\vartheta^{\text{GP}}=\arg\max_{\vartheta^{\text{GP}}}(-\lg(\boldsymbol{Y}\,|\,\boldsymbol{X},\vartheta)) \tag{5-69}$$

式中：ϑ^{GP}为高斯过程回归模型的超参数，可以表示为$\vartheta^{\text{GP}}=\{\sigma_{\text{ard}}{}^2,\sigma_n{}^2\}$，计算复杂度为$O(N^3)$。

2. 稀疏高斯过程

为降低计算复杂度，引入稀疏高斯过程。该模型通过利用M个辅助点（$M\ll N$）降低训练复杂度至$O(NM^2)$。具体过程如下：

通过引入M个辅助输入$\boldsymbol{Z}=[z_1\quad z_2\quad\cdots\quad z_M]^{\text{T}}$和辅助输出$\boldsymbol{u}=[u_1\quad u_2\quad\cdots\quad u_M]^{\text{T}}$来近似原来$N$维高斯过程，其联合概率分布为

$$p(\boldsymbol{Y},\boldsymbol{f},\boldsymbol{u};\boldsymbol{X},\boldsymbol{Z})=p(\boldsymbol{Y}\,|\,\boldsymbol{f})P(\boldsymbol{f},\boldsymbol{u};\boldsymbol{X},\boldsymbol{Z}) \tag{5-70}$$

式中：$p(\boldsymbol{Y}\,|\,\boldsymbol{f})$为似然；$\boldsymbol{f}$为$N$维高斯过程无噪声的输出；$P(\boldsymbol{f},\boldsymbol{u};\boldsymbol{X},\boldsymbol{Z})$为联合高斯过程的先验且能分解为$P(\boldsymbol{u})$和$P(\boldsymbol{f}\,|\,\boldsymbol{u};\boldsymbol{X},\boldsymbol{Z})p(\boldsymbol{u})$。$P(\boldsymbol{u})$为先验分布；$P(\boldsymbol{f}\,|\,\boldsymbol{u};\boldsymbol{X},\boldsymbol{Z})p(\boldsymbol{u})$为条件分布。

$$p(\boldsymbol{u})=N[\boldsymbol{u}\mid 0,K(\boldsymbol{Z},\boldsymbol{Z})] \tag{5-71}$$

$$P(\boldsymbol{f}\mid \boldsymbol{u};\boldsymbol{X},\boldsymbol{Z})=N[\boldsymbol{f}\mid \boldsymbol{K}(\boldsymbol{X},\boldsymbol{Z})K(\boldsymbol{Z},\boldsymbol{Z})^{-1}\boldsymbol{u},\boldsymbol{K}(\boldsymbol{X},\boldsymbol{X})-\boldsymbol{K}(\boldsymbol{X},\boldsymbol{Z})\boldsymbol{K}(\boldsymbol{Z},\boldsymbol{Z})^{-1}\boldsymbol{K}(\boldsymbol{Z},\boldsymbol{X})] \tag{5-72}$$

式中：$\boldsymbol{K}(\boldsymbol{X},\boldsymbol{X})$、$\boldsymbol{K}(\boldsymbol{X},\boldsymbol{Z})$、$\boldsymbol{K}(\boldsymbol{Z},\boldsymbol{X})$和$\boldsymbol{K}(\boldsymbol{Z},\boldsymbol{Z})$分别为$N\times N$、$N\times M$、$M\times N$和$M\times M$维核函数矩阵。

引入变分后验分布$q(\boldsymbol{u},\boldsymbol{f})=p(\boldsymbol{f}\mid \boldsymbol{u})q(\boldsymbol{u})$，其中，$q(\boldsymbol{u})=N(\boldsymbol{\mu},\boldsymbol{\Sigma})$。变分推理通过最小化变分后验$q(\boldsymbol{u},\boldsymbol{f})$和真实后验$p(\boldsymbol{u},\boldsymbol{f})$之间的 Kullback-Leibler（$KL$）散度来优化参数（$KL$ 参数越小，表明两种分布越接近），等价于最大化模型证据（ELBO）下界：

$$\lg p(\boldsymbol{Y})=E_{q(\boldsymbol{u},\boldsymbol{f})}\lg\frac{p(\boldsymbol{Y},\boldsymbol{f},\boldsymbol{u})}{q(\boldsymbol{u},\boldsymbol{f})} \tag{5-73}$$

式中：$p(\boldsymbol{Y},\boldsymbol{f},\boldsymbol{u})$由式（5-70）给出；$E$为数学期望。

高斯边缘似然为

$$\begin{aligned}q(\boldsymbol{f})=\int p(\boldsymbol{f}\mid \boldsymbol{u})q(\boldsymbol{u})\mathrm{d}\boldsymbol{u}=N(\boldsymbol{f}\mid \boldsymbol{K}(\boldsymbol{X},\boldsymbol{Z})\boldsymbol{K}(\boldsymbol{Z},\boldsymbol{Z})^{-1}\boldsymbol{u},\\ \boldsymbol{K}(\boldsymbol{X},\boldsymbol{X})+\boldsymbol{K}(\boldsymbol{X},\boldsymbol{Z})\boldsymbol{K}(\boldsymbol{Z},\boldsymbol{Z})^{-1}[\boldsymbol{\Sigma}-\boldsymbol{K}(\boldsymbol{Z},\boldsymbol{Z}))\boldsymbol{K}(\boldsymbol{Z},\boldsymbol{Z})^{-1}\boldsymbol{K}(\boldsymbol{Z},\boldsymbol{X})]\end{aligned} \tag{5-74}$$

ELBO 化简后为

$$\lg p(\boldsymbol{Y})\geqslant E_{q(\boldsymbol{f})}\lg p(\boldsymbol{Y}\mid \boldsymbol{f})-\Omega[q(\boldsymbol{u})\parallel p(\boldsymbol{u})] \tag{5-75}$$

式中：函数$\Omega(\cdot)$为KL散度函数。可通过最大化 ELBO 优化稀疏高斯过程模型超参数：$\vartheta^{\mathrm{GP}}=\{\boldsymbol{\mu},\boldsymbol{\Sigma},\boldsymbol{Z},{\sigma_{\mathrm{ard}}}^2,{\sigma_n}^2\}$，得到变分参数$\boldsymbol{\mu}$和$\boldsymbol{\Sigma}$后，即可利用最优分布$q(\boldsymbol{u})=N(\boldsymbol{\mu},\boldsymbol{\Sigma})$来对新输入的测试数据点$x^*$进行预测。

3. 深度高斯过程

在浅层高斯过程模型中，核函数一旦确定，那么该模型获取核函数估计的过程只能在同一类形态类似的函数上进行，且核函数依据经验设定。Damianou 和 Lawrence 提出了多个高斯过程回归堆叠而成的深度高斯过程（Deep Gaussian Process，DGP）。当 GP 的模型具有深度结构时，可以在不需要人为调整的情况下，通过隐藏层拉伸和扭曲输入空间起到“自动调整”核函数的作用。相较于单层 GP 模型，DGP 模型能够构建更加丰富的函数映射，具有更强的建模能力。

DGP 模型的目标为学习一个从输入空间到输出空间的映射。一个 DGP 模型具有L层，可以看作由L个 SGP 组成的深度结构模型，每层 GP 模型之间相互连接，第l层 GP 的输入为第$l-1$层 GP 的输出，$l=1,2,\cdots,L$。对于给定的训练集$\boldsymbol{X}\in\mathbb{R}^{N\times Q}$和$\boldsymbol{Y}\in\mathbb{R}^{N\times D}$，潜变量集合为$\boldsymbol{F}=\{\boldsymbol{f}^1,\boldsymbol{f}^2,\cdots,\boldsymbol{f}^L\}$，稀疏诱导输入集合$\boldsymbol{Z}=\{\boldsymbol{Z}^0,\boldsymbol{Z}^1,\cdots,\boldsymbol{Z}^{L-1}\}$和诱导变量集

合 $\boldsymbol{u}=\{\boldsymbol{u}^1,\boldsymbol{u}^2,\cdots,\boldsymbol{u}^L\}$。深度高斯过程的图模型如图 5-33 所示。

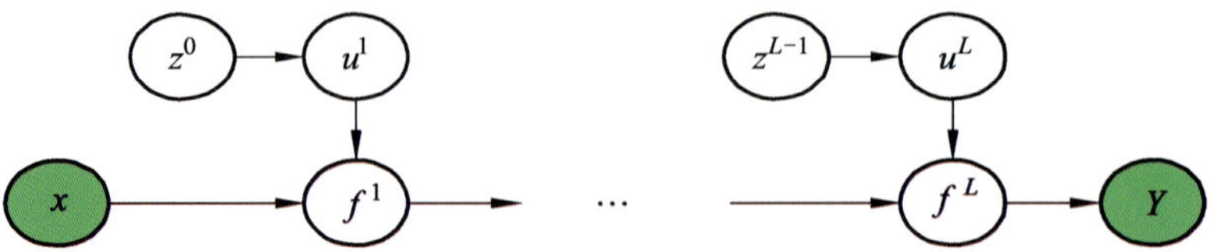

图 5-33　深度高斯过程的图模型

每个 $\boldsymbol{f}^l$ 为前一层 SGP 的输出和后一层 SGP 的输入，即

$$f_l(\boldsymbol{f}^{l-1})=\mathrm{GP}(0,K_l(\boldsymbol{f}^{l-1},\boldsymbol{f}^{l-1})) \tag{5-76}$$

式中：$f_l(\cdot)$ 为第 l 层 SGP 的潜函数。

与稀疏高斯过程引入变分分布后求解边缘似然方法一样，引入变分分布：

$$q(\{\boldsymbol{f}^l\mid\boldsymbol{u}^l\}_{l=1}^L)=\prod_{l=1}^L p(\boldsymbol{f}^l\mid\boldsymbol{u}^l;\boldsymbol{f}^{l-1},\boldsymbol{Z}^{l-1})q(\boldsymbol{u}^l) \tag{5-77}$$

$$q(\boldsymbol{u}^l)=N(\boldsymbol{\mu}^l,\boldsymbol{\Sigma}^l) \tag{5-78}$$

式中：$\boldsymbol{\mu}^l$ 和 $\boldsymbol{\Sigma}^l$ 分别为第 l 层 SGP 变分先验分布的均值和方差。

最后一层即输出层的边缘似然为

$$q(\boldsymbol{f}^L)=\int\prod_{l=1}^{L-1}q(\boldsymbol{f}^l;\boldsymbol{f}^{l-1},\boldsymbol{Z}^{l-1})\mathrm{d}\boldsymbol{f}^l \tag{5-79}$$

深度高斯过程的 ELBO 为

$$\lg p(\boldsymbol{Y})=E_{q(\boldsymbol{f}^L)}\lg p(\boldsymbol{Y}\mid\boldsymbol{f}^L)-\sum_{l=1}^{L}\Omega(q(\boldsymbol{u}^l)\parallel p(\boldsymbol{u}^l)) \tag{5-80}$$

通过基于梯度的优化方法即可优化所有模型的超参数，即

$$\vartheta^{\mathrm{DGP}}=\{\{\boldsymbol{\mu}^l\}_{l=1}^L,\{\boldsymbol{\Sigma}^l\}_{l=1}^L,\{\boldsymbol{\mu}^l\}_{l=1}^L,\{\boldsymbol{Z}^l\}_{l=0}^{L-1},\{\sigma_{\mathrm{ard}}^{l\ 2}\}_{l=1}^L,\{\sigma_n^{l2}\}_{l=1}^L\} \tag{5-81}$$

得到最优的变分参数和模型超参数后，在测试阶段，输入新的测试数据点 x^*，即可通过测试数据点的边缘分布得到回归值[$q(\boldsymbol{f}^{*L})$ 为测试数据点的后验分布]：

$$q(\boldsymbol{f}^{*L})=\int\prod_{l=1}^{L-1}q(\boldsymbol{f}^{*l};\boldsymbol{f}^{*l-1},\boldsymbol{Z}^{*l-1})\mathrm{d}\boldsymbol{f}^{*l} \tag{5-82}$$

4. 随机梯度哈密顿蒙特卡罗推断深度高斯过程

DGP 模型主要通过变分推断去优化寻找与真实后验分布 $p(\boldsymbol{u}^l)$ 的变分近似后验分

布 $q(\boldsymbol{u}^l)$，且变分近似后验分布假设为高斯分布。但实际场景中很多数据集的后验分布并非高斯分布，利用采样的方式来求取近似后验分布 $p(\boldsymbol{u}^l)$。随机梯度哈密顿蒙特卡罗（Stochastic Gradient Hamiltonian Monte Carlo，SGHMC）是一种马尔可夫链蒙特卡罗采样方法，具有采样效率更高、更灵活且速度更快等优势，因此利用 SGHMC 采样。

引入辅助变量 $\boldsymbol{r}$ 与待采样变量 $\boldsymbol{u}$ 组成联合分布 $p(\boldsymbol{u},\boldsymbol{r})$，形成一个能量守恒的动力学系统：

$$p(\boldsymbol{u},\boldsymbol{r}) \propto \exp\left(-U(\boldsymbol{u})-\frac{1}{2}\boldsymbol{r}^{\mathrm{T}}\boldsymbol{m}^{-1}\boldsymbol{r}\right) \tag{5-83}$$

$$U(\boldsymbol{u}) = -\lg p(\boldsymbol{u}) \tag{5-84}$$

式中：$U(\boldsymbol{u})$ 为势能；$\boldsymbol{r}$ 为动能；$\boldsymbol{m}$ 为质量矩阵。利用随机梯度方法对势能和动能进行更新，从而找到新的采样点：

$$\begin{cases}\nabla\boldsymbol{u} = \gamma\boldsymbol{m}^{-1}\boldsymbol{r} \\ \nabla\boldsymbol{r} = -\gamma\nabla U(\boldsymbol{u}) - \gamma C\boldsymbol{m}^{-1}\boldsymbol{r} + N[0,2\gamma(C-\widehat{B})]\end{cases} \tag{5-85}$$

式中：C 为摩擦项；γ 为步长；$\widehat{B}$ 为假设的随机梯度模型噪声；在未对后验分布有足够认识时，$\boldsymbol{m}$ 取单位矩阵。

采用蒙特卡罗期望最大化法（Monte Carlo Expectation Maximization，MCEM）来优化参数，即通过从后验分布采样和最大化采样样本和数据输出的平均对数联合概率分布，来优化 SGHMC-DGP 模型参数。

第 1 步：

$$\boldsymbol{u}_{1,2,\cdots,S} \sim p(\boldsymbol{u} \mid \boldsymbol{X}, \vartheta^{\mathrm{DGP}}) \tag{5-86}$$

第 2 步：

$$\vartheta^{\mathrm{DGP}} = \underset{\vartheta^{\mathrm{DGP}}}{\arg\max}\, Q(\vartheta^{\mathrm{DGP}}) \tag{5-87}$$

$$Q(\vartheta^{\mathrm{DGP}}) = \frac{1}{S}\sum_{s=1}^{S}\lg p(\boldsymbol{Y},\boldsymbol{u}_s \mid \vartheta^{\mathrm{DGP}}) \tag{5-88}$$

式中：S 为每次迭代采用的样本数；ϑ^{DGP} 为 SGHMC-DGP 模型中所有超参数。

然后将近似后验分布 $p(\boldsymbol{u}^l)$ 与优化后的 SGHMC-DGP 模型超参数 ϑ^{DGP} 代入下式，可求得每层和输出层的边缘分布：

$$p(\boldsymbol{f}^l;\boldsymbol{f}^{l-1},\boldsymbol{Z}^{l-1}) = \int p(\boldsymbol{f}^l \mid \boldsymbol{u}^l)p(\boldsymbol{u}^l)\mathrm{d}\boldsymbol{u}^l \tag{5-89}$$

$$p(\boldsymbol{f}^{L})=\int\prod_{l=1}^{L-1}p(\boldsymbol{f}^{l};\boldsymbol{f}^{l-1},\boldsymbol{Z}^{l-1})\,\mathrm{d}\boldsymbol{f}^{l} \tag{5-90}$$

在测试阶段，输入新的测试数据点 x^{*} 即可通过测试数据点的边缘分布得到回归值：

$$p(\boldsymbol{f}^{*L})=\int\prod_{l=1}^{L-1}p(\boldsymbol{f}^{*l};\boldsymbol{f}^{*l-1},\boldsymbol{Z}^{*l-1})\mathrm{d}\boldsymbol{f}^{*l} \tag{5-91}$$

SGHMC-DGP 是一种有监督的接触网瓷绝缘子雾霾污闪预测方法，具体输入数据为：风速、湿度、温度、*AQI* 及 PM2.5，瓷绝缘子雾霾污闪数据标签为 0 或 1（0 为无雾霾污闪，1 为有雾霾污闪）。具体的训练及测试步骤如算法 5.3 所示。

算法 5.3 SGHMC-DGP 训练与测试

1. **输入**

（1）X：SGHMC-DGP 的雾霾天气参数训练集。

（2）Y：SGHMC-DGP 输入的对应训练标签，0 或 1。

（3）S：后验采样次数。

（4）e：训练迭代次数。

（5）求解：SGHMC-DGP 模型超参数 ϑ^{DGP}。

2. **输出：** 测试输出 y^{*}

1）开始训练

（1）初始化模型参数。

（2）初始化后验分布 $p(\boldsymbol{u})$。

（3）利用式（5-55）对 X 进行归一化处理。

For $k=1$ to e do

（4）采样得到近似后验分布 $p(\boldsymbol{u}')$。

（5）通过随机梯度更新采样器。

（6）$\boldsymbol{u}=\boldsymbol{u}-\nabla\boldsymbol{u}$。

（7）$\boldsymbol{r}=\boldsymbol{r}-\nabla\boldsymbol{r}$。

（8）MCEM 求模型超参数 ϑ^{DGP}。

（9）求每层边缘分布 $p(\boldsymbol{f}^{L})$。

End

2）训练过程结束

3）雾霾污闪预测开始

（1）输入测试样本 x^{*}。

（2）训练优化好的 ϑ^{DGP} 代入模型。
（3）对雾霾污闪测试数据集进行归一化处理。
（4）求后验分布 $p(\boldsymbol{u}^{*})$。
（5）求 $p(\boldsymbol{f}^{*L})$。
（6）输出层边缘概率分布即为接触网瓷绝缘子雾霾污闪概率分布。
4）雾霾污闪预测结束

5.3.4　计算实例

以京广高铁武广段接触网为对象，从气象局获得京广高铁武广段接触网 2016—2020 年雾霾天气数据，具体包括 *AQI*、PM2.5、PM10、SO_2、CO、NO_2、O_3、极大风速、平均相对湿度、最大风速和最小相对湿度。该条线路的雾霾污闪故障记录包括故障公里标、恢复时间、支柱号、跳闸时间、天气状况等。选取 2016 年至 2019 年雾霾天气数据及瓷绝缘子雾霾污闪故障作为训练集，选取 2020 年雾霾天气数据及瓷绝缘子雾霾污闪故障作为测试集，预测间隔为一天（24 h）。

通过雾霾数据和瓷绝缘子污闪故障数据之间的关联分析，构建接触网瓷绝缘子雾霾污闪故障数据集，如表 5-20 所示。

表 5-20　接触网瓷绝缘子雾霾污闪故障数据集

类别	0	1	总计	时间跨度
训练集	1 374	87	1 461	2016 年 1 月 1 日至 2019 年 12 月 31 日
测试集	348	18	366	2020 年 1 月 1 日至 2020 年 12 月 31 日

接触网瓷绝缘子雾霾污闪预测是一个不平衡样本数据集分类问题，同时也是少样本学习问题。为进一步分析雾霾天气参数分布情况，以及与污闪类别之间的关系，给出了雾霾天气参数联合分布图（见图 5-34）以及雾霾天气参数与污闪类别的箱式图（见图 5-35）。2016 年至 2019 年的雾霾天气参数与雾霾污闪类别分布较为分散，未发现明显分类特征。传统的回归方法和机器学习方法存在特征学习困难和分类效果差的问题，导致预测不确定，预测结果可靠度和可信度低。深度高斯过程致力于用概率理论建模随机过程，可建立复杂数据集的高度非线性模型，具有较好的预测不确定性适应能力。因此，采用深度高斯过程对接触网瓷绝缘子雾霾污闪进行预测是一种较好的解决办法。

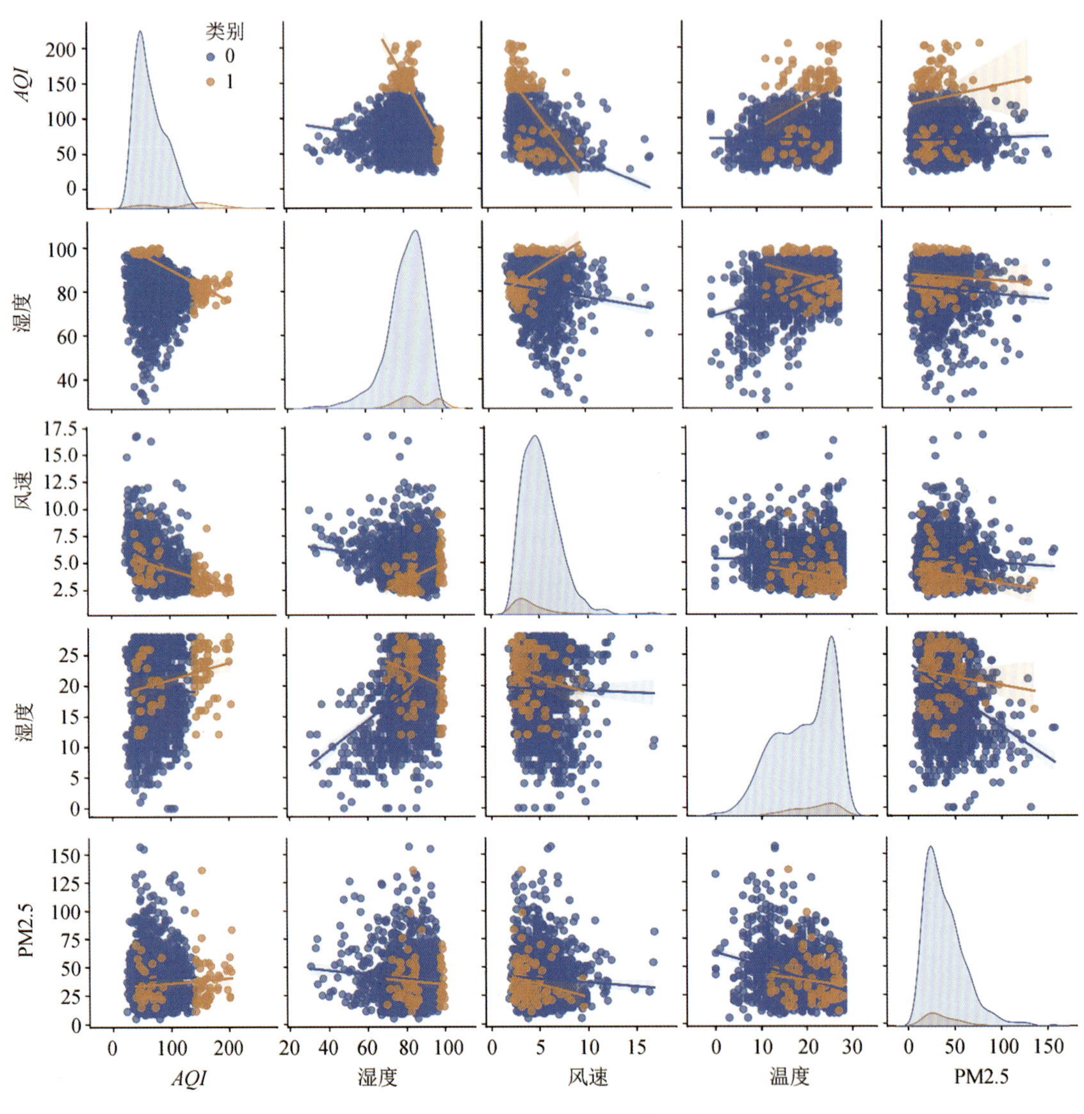

图 5-34　雾霾天气参数联合分布图

为验证基于随机梯度哈密顿蒙特卡罗推断深度高斯过程的接触网瓷绝缘子雾霾污闪预测方法的有效性，进行了实验 1：预测性能对比实验。采用的对比模型包括随机森林、神经网络、支持向量回归机和长短期记忆网络，并采用 P、R、$F1$ 和 Acc 作为评价指标评估各方法的预测性能。

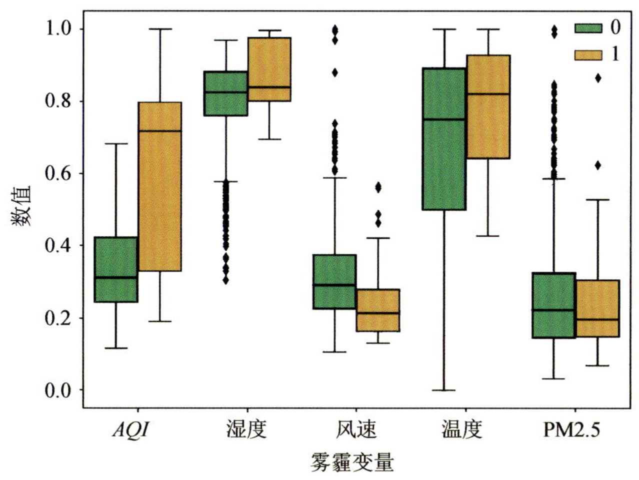

图 5-35　雾霾天气参数与污闪类别箱式图

基于 SGHMC-DGP 的接触网瓷绝缘子雾霾污闪预测方法与其他 4 种预测分类方法的对比结果如表 5-21 所示，SGHMC-DGP 预测结果如图 5-36 所示。由表 5-21 可知，SGHMC-DGP 预测方法在接触网瓷绝缘子污闪预测方面表现出更好的预测性能，*P*、*R*、*F*1 和 *Acc* 值分别为 99.43%、99.71%、99.57%和 99.18%。另一方面，支持向量回归机预测的 *P* 值较小、*R* 值较大的原因在于，该方法易将故障样本预测为无故障类别，即未发生雾霾污闪。长短期记忆网络也存在同样的问题，其根本原因在于无法从有限的故障样本中学习到分类特征，以区分瓷绝缘子雾霾污闪事件发生的边界。比起支持向量回归机和长短期记忆网络，神经网络和随机森林接触网瓷绝缘子污闪预测方面表现更佳，*Acc* 值分别为 95.36%和 96.72%。但是与 SGHMC-DGP 相比，预测效果仍有所不足。由图 5-36 可知，SGHMC-DGP 预测结果的不确定性较小，能够较好地预测出接触网瓷绝缘子雾霾污闪类别。

综上所述，基于 SGHMC-DGP 的接触网瓷绝缘子污闪预测方法具有更好的预测性能，*P*、*F*1 和 *Acc* 指标均为最优，能够较好地从有限的故障样本中学习到分类特征，区分瓷绝缘子雾霾污闪发生的边界，对于所用的非平衡数据集具有更好的健壮性和适应能力。

表 5-21　对比实验结果

对比模型	*P*	*R*	*F*1	*Acc*
随机森林	99.70%	96.84%	98.25%	96.72%
神经网络	95.34%	**100%**	97.62%	95.36%
支持向量回归机	95.08%	**100%**	97.48%	95.08%
长短期记忆网络	95.08%	**100%**	97.48%	95.08%
SGHMC-DGP	**99.43%**	99.71%	**99.57%**	**99.18%**

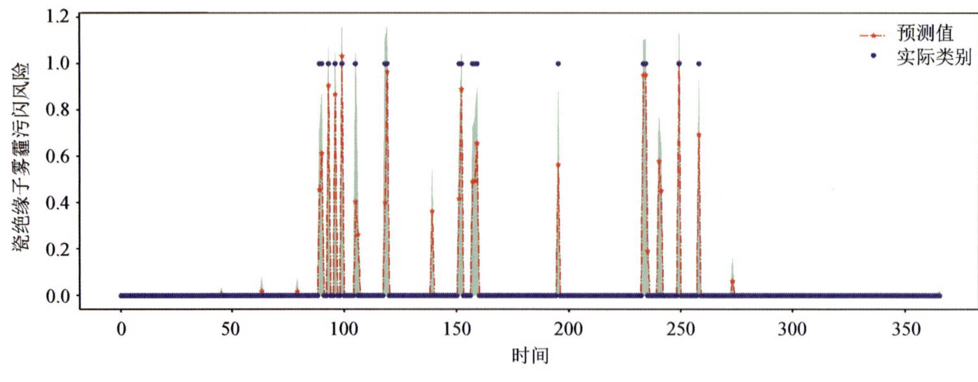

图 5-36　SGHMC-DGP 预测结果（95%置信度）

SGHMC-DGP 是一种概率预测方法。为此，进行了实验 2：概率预测方法对比，以验证 SGHMC-DGP 的优越性。采用的对比模型包括 BN、BNN、GPR（Gaussian Process Regression）、SGPR（Sparse Gaussian Process Regression）、SVGP（Sparse Variational Gaussian Process）、GPRFITC（Gaussian Process Regression with Fully Independent Training Conditional Approximation）、DGP1（1 Layer DGP）、DGP2（2 Layer DGP）、DGP3（3 Layer DGP）和 DGP4（4 layer DGP），并采用 *P*、*R*、*F*1 和 *Acc* 作为评价指标评估各方法的预测性能。

基于 SGHMC-DGP 的接触网瓷绝缘子雾霾污闪预测方法与其他 10 种概率预测分类方法对比实验结果如表 5-22 所示，BNN、GPR、SGPR、SVGP、GPRFITC、DGP1、DGP2、DGP3 和 DGP4 的预测结果分别如图 5-37、图 5-38 和图 5-39 所示。

表 5-22　概率预测方法对比实验结果

对比模型	*P*	*R*	*F*1	*Acc*
BN	96.90%	98.85%	97.87%	95.90%
BNN	97.20%	99.71%	98.44%	96.99%
GPR	99.71%	99.14%	99.42%	98.91%
SGPR	98.30%	99.71%	99.00%	98.09%
SVGP	98.02%	99.71%	98.86%	97.81%
GPRFITC	96.40%	**100%**	98.17%	96.45%
DGP1	98.58%	**100%**	99.29%	98.63%
DGP2	99.42%	98.85%	99.14%	98.36%
DGP3	99.14%	99.14%	99.14%	98.36%
DGP4	99.42%	98.85%	99.14%	98.36%
SGHMC-DGP	**99.43%**	99.71%	**99.57%**	**99.18%**

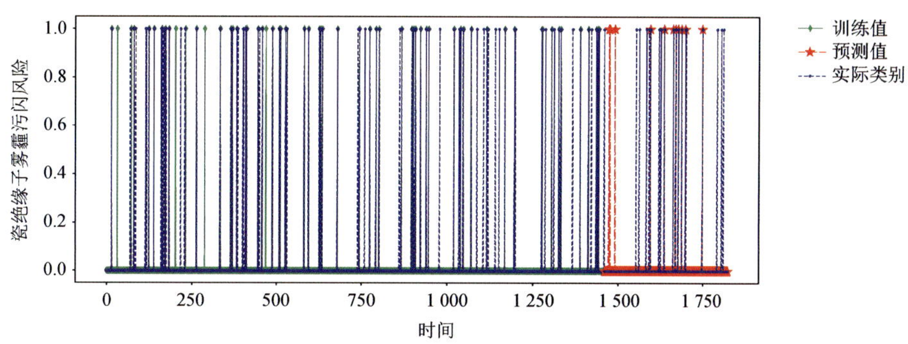

图 5-37　BNN 预测结果

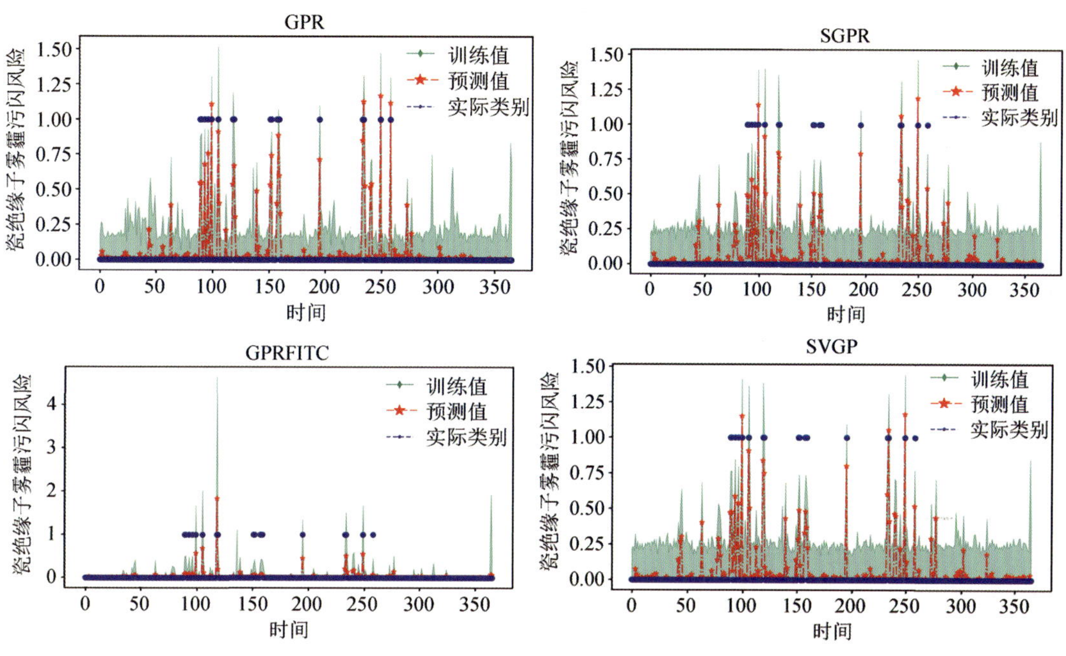

图 5-38　GPR、SGPR、SVGP 及 GPRFITC 预测结果（95%置信度）

由表 5-22 可知，BN 和 BNN 预测结果的 *Acc* 指标分别为 95.90%和 96.99%，预测结果略差于 GPR 及基于 GPR 的方法，例如 SGPR 和 SVGP。与 BN 和 BNN 相比，GPR 的 *Acc* 指标提升了 3.01%和 1.92%，SGPR 的 *Acc* 指标提升了 2.19%和 1.10%，SVGP 的 *Acc* 指标提升了 1.91%和 0.82%。GPRFITC 预测的 *P*、*R*、*F*1 和 *Acc* 值分别为 96.40%、100%、98.17%和 96.45%，其 *R* 指标为 100%，原因在于该方法能够正确预测所有无故障样本（无瓷绝缘子雾霾污闪事件发生）。但是该方法预测结果的 *Acc* 指标仅为 96.45%。GPR、SGPR 和 SVGP 3 种概率预测方法的预测不确定性接近，GPRFITC 的预测不确定性较小，部分样本预测不确定性峰值较高。

由表 5-22 可知，DGP1、DGP2、DGP3 和 DGP4 的预测效果都较好，*Acc* 值高达 98.36%，DGP1 预测结果的 *Acc* 值为 98.63%，其他评价指标均在 98%以上。与 BN、BNN 和 GPR 等方法相比，针对非平衡和少样本数据集，DGP 方法具有更好的预测分类性能，有利于瓷绝缘子雾霾污闪预测。随着 DGP 层数的增加，预测性能有所下降，当两层 DGP 达到稳定，预测性能保持不变。但是随着 DGP 层数的增加，预测不确定性逐渐降低。究其原因在于非平衡数据集的样本数有限，且故障样本稀少，导致多层 DGP 都充分学习预测分类特征，所以预测性能基本保持不变。整体来看，与 DGP1、DGP2、DGP3 和 DGP4 相比，SGHMC-DGP 预测的 *P*、*F*1 和 *Acc* 值均为最优，具有更好的瓷绝缘子雾霾污闪预测性能。

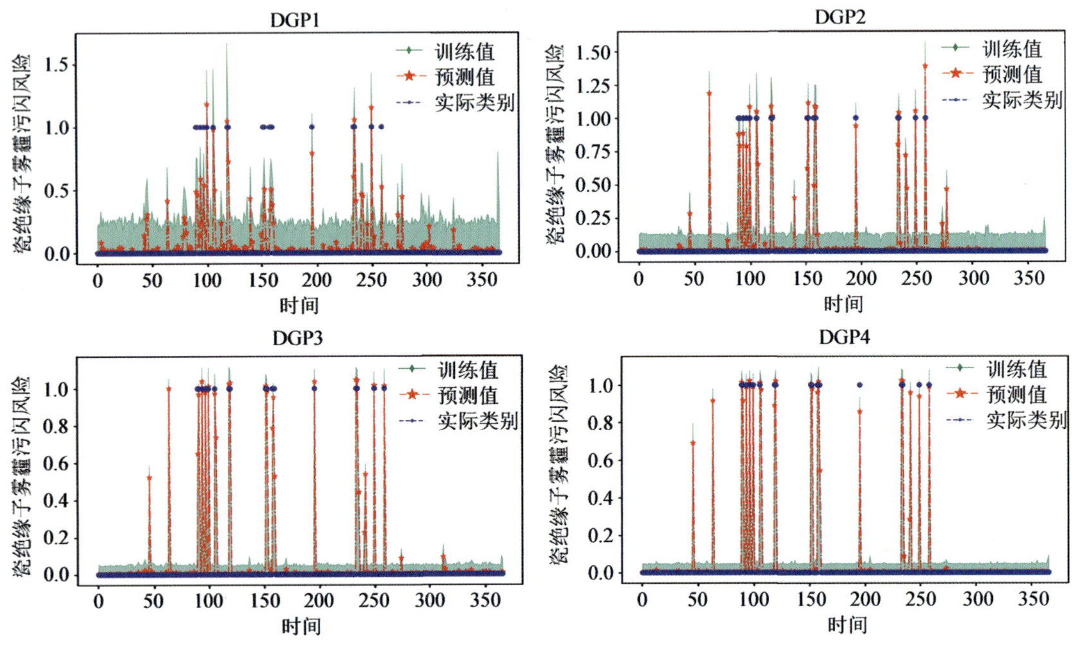

图 5-39　DGP1、DGP2、DGP3 及 DGP4 预测结果（95%置信度）

为定量评估上述概率预测方法的不确定性，采用不确定度和覆盖率进行量化分析。不确定度代表预测区间的宽度，即不确定度越大，代表预测不确定性越大。覆盖度代表预测区间对真实值的覆盖程度。覆盖度越大，预测不确定性越小。预测不确定性主要来源于故障数据稀疏、数据集正负样本不平衡和天气数据不准确。

利用预测结果的置信区间来评估瓷绝缘子雾霾污闪预测不确定性，不确定评估的上、下限分别为 95%置信度和 0。特别地，不确定估计的上限与接触网瓷绝缘子雾霾污闪风险防控密切相关。上述概率预测方法预测不确定评估结果见表 5-23，SGHMC-DGP 预测不确定性直方分布图如图 5-40 所示。

表 5-23　预测不确定评估结果

方法	不确定度	覆盖度	方法	不确定度	覆盖度
BN	4.150 8	52.73%	DGP1	6.188 5	96.99%
BNN	3.108 9	81.97%	DGP2	3.837 5	97.81%
GPR	5.184 5	97.54%	DGP3	2.127 3	98.91%
SGPR	6.068 0	96.99%	DGP4	2.103 5	**99.18**%
SVGP	6.096 5	96.99%	SGHMC-DGP	**1.184 3**	97.54%
GPRFITC	2.166 9	96.72%			

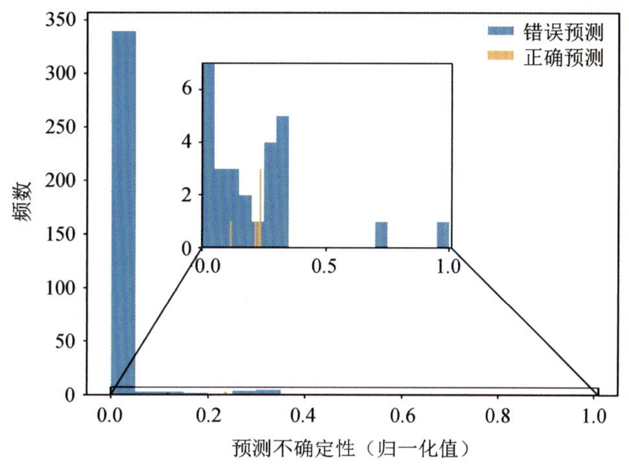

图 5-40　预测不确定性直方分布图

由表 5-23 可知，与 BN 和 BNN 相比，SGHMC-DGP 方法的不确定度更小，仅为 1.184 3，覆盖度高达 97.54%。而 BN 和 BNN 的不确定度分别为 4.150 8 和 3.108 9，BN 和 BNN 的覆盖度分别为 52.73%和 81.97%。与 GPR 及其相关方法相比，虽然 SGHMC-DGP 方法的覆盖度与 GPR 的覆盖度一致，但是 SGHMC-DGP 方法的不确定度更小，预测不确定性更低。其余 GPR 方法，SGPR、SVGP 和 GPRFITC 的覆盖度均在 96.72%及以上，SGPR 和 SVGP 预测的不确定度与 GPR 接近，分别为 6.068、6.096 5 和 5.184 5；GPRFITC 预测的不确定度较低，仅为 2.166 9。随着 DGP 层数的增加，不确定度不断减小，覆盖度不断增加，预测不确定性在逐渐降低，DGP4 的不确定度降低至 2.103 5 和覆盖度提升至 99.18%。DGP 层数的增加虽然不能提升瓷绝缘子雾霾污闪预测性能，但是降低了预测不确定性。与 DGP 及多层 DGP 方法相比，SGHMC-DGP 方法的不确定度更低，覆盖度接近，与 DGP4 相差 1.64%。综上所述，基于 SGHMC-DGP 的瓷绝缘子雾霾污闪预测方法具有较好的非线性关系分析能力，能够给出更加可靠的预测结果，有利于指导接触网运营维护。

第6章 高速铁路接触网内因故障预测与风险预估

在高速铁路接触网投入运用之前，接触网零部件固有可靠性与设计、制造、施工等环节中的诸多因素息息相关。例如，不同单位施工完成的接触网质量不同，接触网的固有可靠性水平也不一样。施工水平较低的接触网先天存在缺陷，这些缺陷往往很难被察觉，它们也就随之进入接触网运行阶段。运行时，接触网在机械、电气载荷长期作用下，接触网缺陷（亦即零部件的潜在故障）会转变为功能故障，形成设备及系统的故障，称之为接触网内因故障。本章主要介绍内因故障预测的方法，以及内外因故障风险预估的方法。

6.1 基于 FMEA 的接触网缺陷致因分析

6.1.1 失效模式与影响分析

失效模式与影响分析作为一种主观定性的分析方法，由失效模式分析和失效影响分析两部分构成。20 世纪中期，美国飞机制造企业在研究设计战斗机操作系统时首次采用 FMEA，之后在工业制造、微电子、医疗卫生等领域得到广泛应用。FMEA 针对某一设备的部件，列举其可能存在的失效模式，探明失效发生的根本原因，确定各失效模式造成的影响，提出改进措施加以预防，进一步提升产品质量。

FEMA 采用表格的形式，对系统中零部件失效时产生的影响进行研究，其使用范围涵盖项目开发、产品设计、设备制造等阶段。有效的 FMEA 可以辨识出所有的失效模式及其影响，并指出失效发生的原因，由此提升产品或服务的质量、可靠性和安全性。接触网零部件失效，亦即缺陷，涉及接触网设计、制造、施工等全寿命周期中的多个环节，可采用 FMEA 分析不同接触网缺陷的致因因素。

针对接触网缺陷发生的实际情况，制定出一套符合接触网缺陷失效分析的 FMEA 实施分析流程，如图 6-1 所示，其实施步骤如下：

1. 列举各零部件的失效模式

以现场实际失效案例为基础，广泛收集并确定接触网缺陷种类，列举各零部件的失效模式。结合失效机理，分析判定缺陷发生的根本原因，探明缺陷发生的致因因素，并确定缺陷造成的影响。

2. 确定度量指标

FMEA 包含 3 个度量指标：严重程度（*S*）、发生率（*O*）、检查能力（*D*），每个度量指标相关的风险都匹配一个数值。伴随着风险增加，数值随之变大。其具体定义如下：

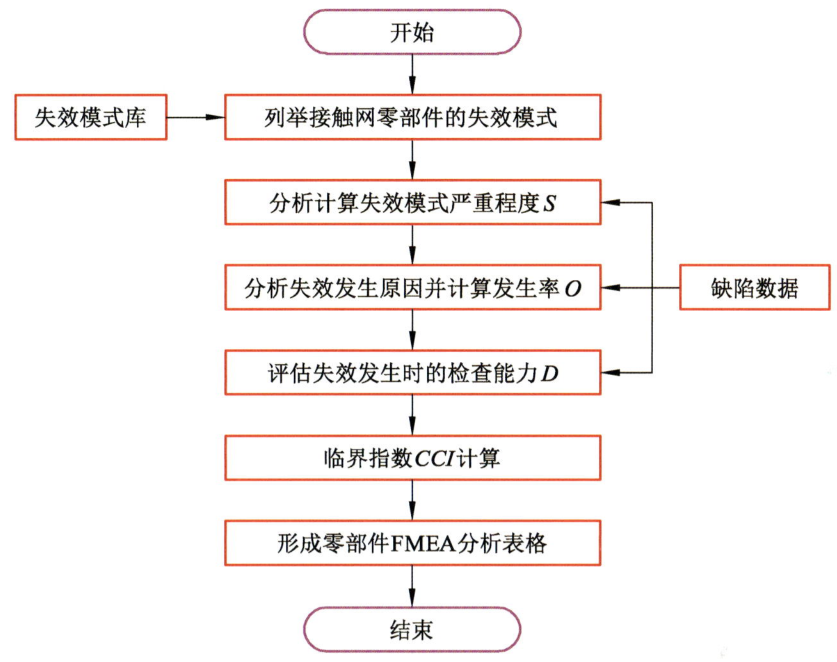

图 6-1　接触网 FMEA 分析流程

（1）严重程度（Severity）：代表零部件失效对接触网造成影响的严重程度，按照 1～10 的等级排列。其评判标准来自接触网各零部件的整体状态，严重程度高则代表存在严重风险。这里，可以用失效模式的修复时间作为评判严重程度等级的标准。

（2）发生率（Occurrence）：代表在整个接触网范围内，零部件发生失效的可能性，按照 1～10 的等级排列，可能性大的代表失效频繁发生。这里，可采用零部件的平均失效率作为发生率的指标。

（3）检查能力（Detection）：代表在失效发生之前运用现有检测技术和专家经验可以检查到的能力。根据检查的难易程度按照 1～10 的等级排列，检查等级高的代表检查能力低、检查难度大。在我国，采用不同的巡检方式对接触网缺陷进行检测，这些巡检方式的巡检周期不同，而且缺陷检出率也不仅相同，综合考虑检出率与巡检周期等要素，将其作为衡量检查能力的指标。

对以上三个度量指标进行量化处理，具体评价等级划分如表 6-1 所示。

表 6-1 FMEA 度量指标登记表

等级	严重程度	发生率	检查能力
10	严重且无预警	经常发生	完全不确定
9	严重有预警		很难发现
8	很高	高	很小程度确定
7	高		较小程度确定
6	中等	中等	稍低程度确定
5	低		一般
4	较低		稍高程度确定
3	轻微	低	较大程度确定
2	很轻微		很大程度确定
1	无	不太可能	基本可以确定

3. 计算临界指数 *CCI*

风险优先等级 *RPN* 由严重程度、发生率以及检查能力 3 个度量指标共同组成。作为一个主观的无量纲指标，风险优先等级表示失效模式发生时风险度的评价指标，用以分析各零部件的风险水平。定义以下公式进行计算：

$$RPN = S \cdot O \cdot D \tag{6-1}$$

风险优先等级 *RPN* 的值越高，代表该失效模式的风险越大，应及时采取改进措施。然而，风险优先等级是一个非常敏感的指数，3 个度量指标的变化会导致 *RPN* 值产生不同的变化。为此，引入临界指数 *CCI* 对接触网零部件失效影响进行评判，它将严重程度、发生率以及检查能力三个要素的乘积转换为三个要素之和。*CCI* 的优点在于一个指标的变化同时不会对另外两个指标产生较大的影响。

$$CCI = S + O + D \tag{6-2}$$

4. 形成 FMEA 表

根据步骤 1 ~ 3，形成 FMEA 分析表格，分析引起缺陷发生的致因因素。

6.1.2 典型接触网缺陷的致因分析

如前文所述，接触网缺陷致因与设计、制造、施工紧密相关。以吊弦为例，本书 1.2 节详细阐述了吊弦零部件失效的原因，严重的吊弦零部件失效会直接引起打弓故障。本节以吊弦和定位器为例，对其零部件失效进行致因分析。

6.1.2.1　吊弦零部件失效的致因分析

1. 吊弦类型

高速接触网主要采用整体吊弦，它由吊弦线、承力索吊弦线夹、接触线吊弦线夹、钳压管、心形护环、调节螺栓、压接端子等零部件组成。按照不同结构和制造工艺可划分为 A 型、B 型、C 型、D 型、E 型整体吊弦。不同类型的整体吊弦结构如表 6-2 所示。

表 6-2　整体吊弦结构组成

序号	A 型整体吊弦	B 型整体吊弦	C 型整体吊弦	D 型整体吊弦	E 型整体吊弦
1	模锻型承力索吊弦线夹	模锻型承力索吊弦线夹	冲压型承力索吊弦线夹	冲压型承力索吊弦线夹	合页型承力索吊弦线夹
2	钳压管	吊弦固定螺栓	心形护环	心形护环	卡箍
3	吊弦线	吊弦线	吊弦线	调节固定螺栓	钳压管
4	心形护环	钳压管	钳压管	吊弦线	吊弦线
5	压接端子	心形护环	压接端子	钳压管	心形护环
6	模锻型接触线吊弦线夹	压接端子	冲压型接触线吊弦线夹	压接端子	压接端子
7		模锻型接触线吊弦线夹		冲压型接触线吊弦线夹	模锻型接触线吊弦线夹

以 A 型整体吊弦为例，其结构如图 6-2 所示。

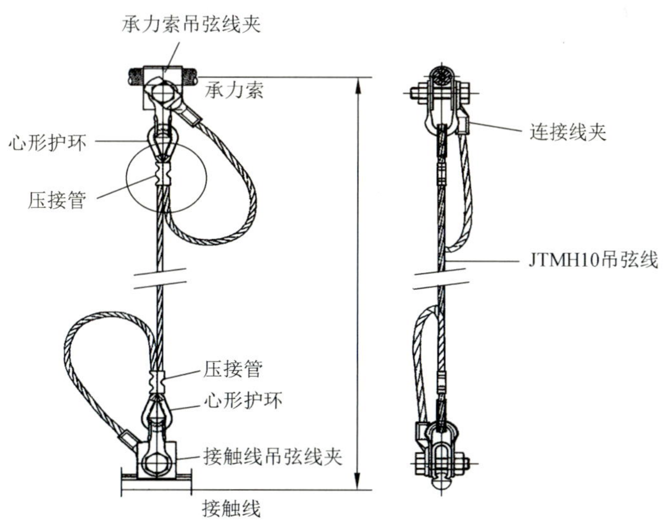

图 6-2　A 型整体吊弦结构示意图

依据 TB/T 3111—2017，吊弦线一般采用铜合金绞线制造而成，材料是牌号为 JTMH10 的铜镁合金。吊弦线截面面积为 9.62 mm^2，结构为 7×7，单线直径为 0.5 mm，吊弦线横截面结构如图 6-3 所示。

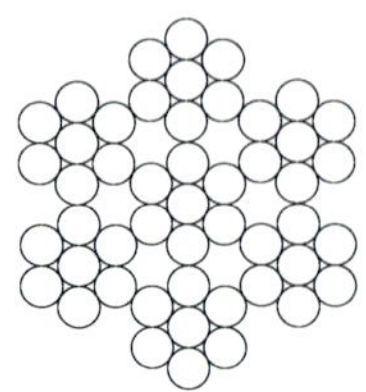

图 6-3　吊弦线横截面结构示意图

我国高速接触网大都采用弹链悬挂方式，如图 6-4 所示，该方式对接触线的高度、坡度和弛度都有严格要求。相比于其他吊弦，整体吊弦无论电气性能还是机械性能均有很大提升，它的长度由专业计算软件确定。在安装过程中，其长度是可以调整的。通过调节螺母更改吊弦长度，从而保证受电弓平稳通过，提高受流质量。值得注意的是，整体吊弦安装调试完成后一般不允许调整其长度，维修量小。

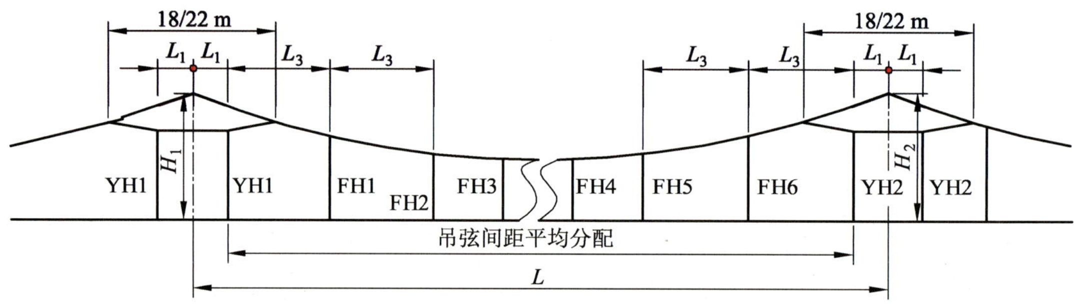

图 6-4　弹性链型悬挂示意图

2. 吊弦失效模式

整体吊弦设计结构合理、抗疲劳能力强、电气性能较好，有利于提高接触网的机械和电气性能。在实际运行过程中，多条线路均有整体吊弦断丝、断股甚至折断等失效发生。根据现场失效数据，结合专家意见，统计吊弦失效类型及发生概率，采用 FMEA 对概率较大的吊弦失效模式进行逐一分析。

1）吊弦线夹螺母松动和螺帽缺失

吊弦线夹螺母松动和螺帽缺失通常与螺栓螺母的紧固力矩不达标有关，同时也与受电弓经过时所引起的承力索、接触线振动有关，吊弦的上下运动极易引起螺母松动、螺帽缺失。该失效模式会导致线夹脱落，进而会引发吊弦不受力、偏移，严重则会引发吊弦脱落，如图 6-5 所示。

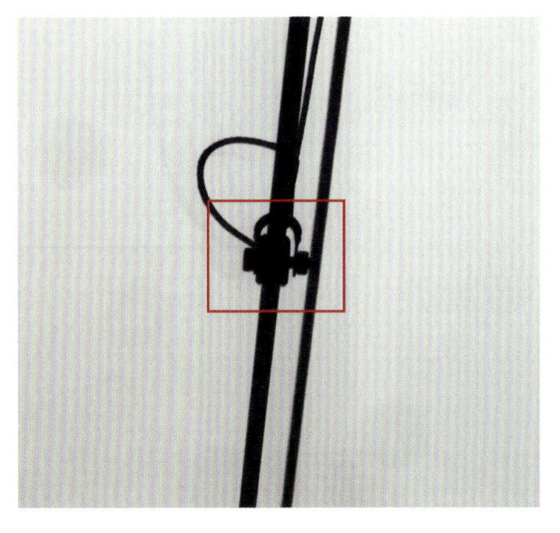

（a）螺母松动

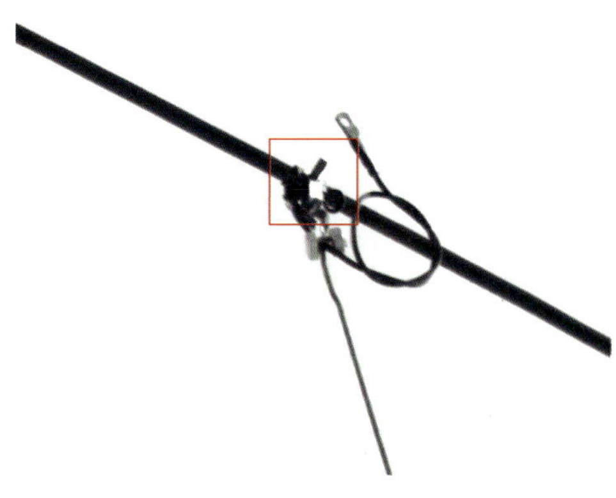

（b）螺帽缺失

图 6-5　吊弦螺母松动和螺帽缺失

2）吊弦线偏移和不受力

造成吊弦线偏移和不受力的原因有两种：一是在施工过程中，安装不到位使吊弦线出现偏移和不受力情况；二是接触线、承力索振动引发吊弦上下反复运动，导致吊弦线出现偏移和不受力等潜在故障状态。该失效模式会直接导致弓网受流质量下降，当连续吊弦线出现不受力时，可能会引起打弓故障，如图 6-6 所示。

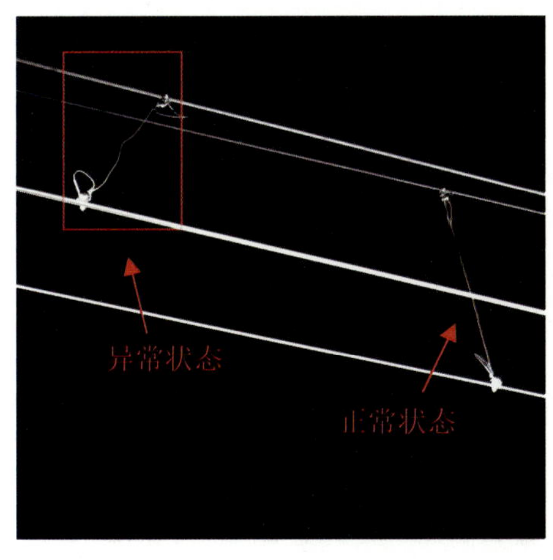

（a）吊弦偏移

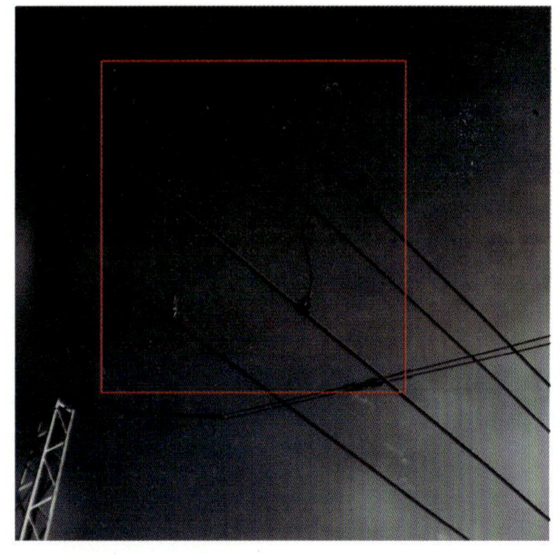

（b）吊弦不受力

图 6-6　吊弦偏移和不受力

3）吊弦线鼓包、散股和断股

在安装吊弦时采用犬牙型压接工艺，手工压接力度不统一，压接深度相差较大，同时部分压接管端口垂直，最外层的压接边缘与管边距离未达到 5 mm，未形成喇叭口形状。安装后端口比较锋利，相互摩擦加速吊弦线的断股。铜合金绞线在交变应力作用下产生金属应力疲劳，最初的微裂痕慢慢拓展，直至完全断裂。吊弦上下扭曲容易引起吊弦发生损伤，由最初的鼓包，逐渐演变成散股、断股。该失效模式的影响后果是吊弦断裂，如图 6-7 所示。

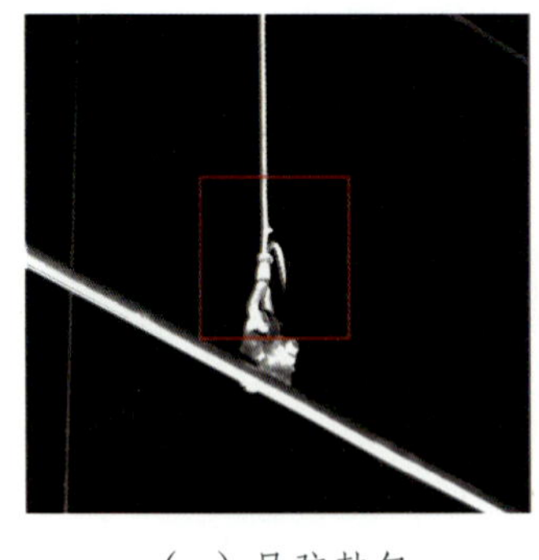

（a）吊弦鼓包

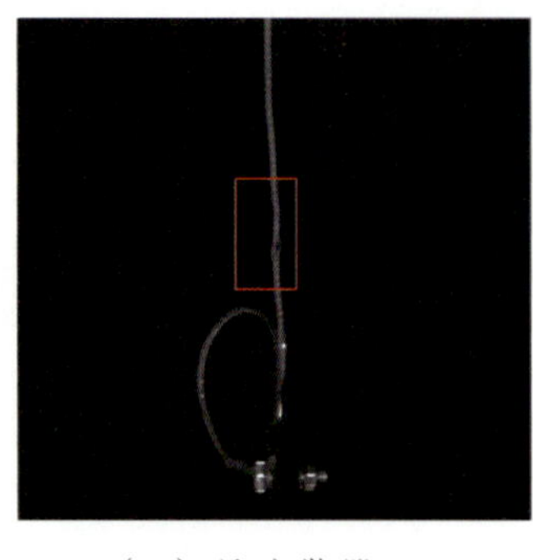

（b）吊弦散股

（c）吊弦断股

图 6-7　吊弦鼓包、散股和断股

4）心形护环断裂

心形护环断裂的原因通常包括材料牌号不符合生产标准、生产制造工艺不达标和受电弓通过时引起的吊弦振动。吊弦振动极易导致心形护环产生金属疲劳，引发断裂。该失效模式表现为吊弦脱落。当吊弦顶部倒挂在接触线时，将会引发弓网故障，甚至导致事故，如图 6-8 所示。

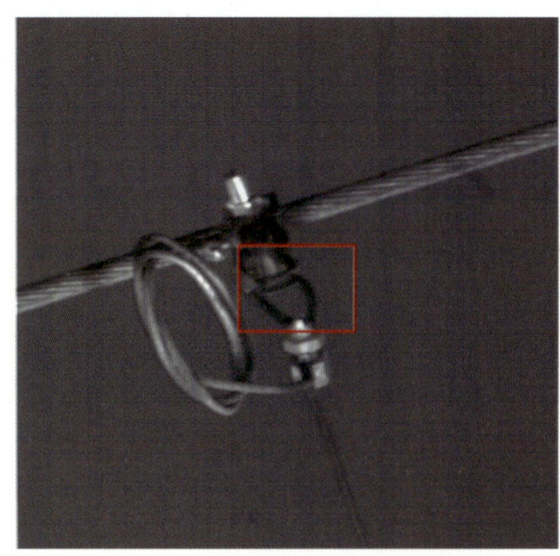

图 6-8　吊弦心形护环断裂

5）吊弦线折断和缺失

吊弦线折断分为上端折断和下端折断，其原因主要包括吊弦线松弛、心形护环与线夹间相磨严重等。此外，由于制造工艺不达标，在振动条件下导致线夹松动，从而使吊弦线脱落，造成吊弦线缺失。该失效模式的影响后果是直接引起打弓故障，如图 6-9 所示。

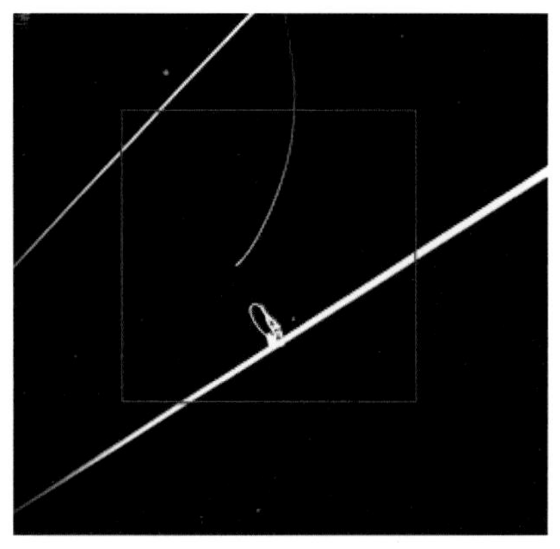

（a）吊弦折断

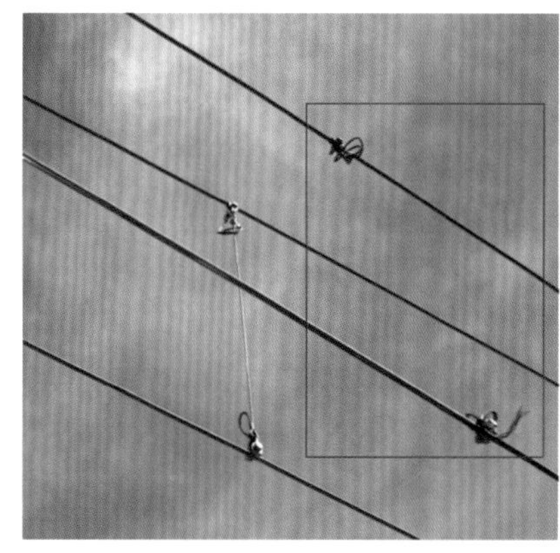

（b）吊弦缺失

图 6-9　吊弦折断和缺失

6）线夹烧伤

导致线夹烧伤的原因有 3 种：当大电流通过吊弦时，因吊弦衔接处的导电能力差，造成局部产生高电位差，长期作用下导致吊弦发生烧伤；列车通过时引发接触线振动，引起绝缘距离缩短，从而引发放电现象；施工时未按照相关标准安装线夹，电连接的接线方式不正确。严重情况下，烧伤甚至会导致线夹烧断，使吊弦倒挂在接触网上，造成打弓故障。

结合上述分析结果，最终确定吊弦失效 FMEA 分析如表 6-3 所示。

表 6-3　吊弦失效 FMEA 分析表

设备名称及功能	编号	失效模式	失效原因	失效影响分析
吊弦 连接 承力索和 接触线	1	吊弦线夹螺母松动和螺帽缺失	紧固力矩未达标，接触线、承力索长期振动	吊弦线夹脱落，吊弦出现不受力、偏移或脱落现象
	2	吊弦偏移和不受力	吊弦安装不到位，接触线、承力索长期振动	受流质量下降，连续吊弦不受力出现打弓故障
	3	吊弦线鼓包、散股和断股	高频振动下产生金属应力疲劳 压接管压接变形导致吊弦损伤 吊弦线扭曲导致吊弦线有损伤	吊弦由鼓包—散股—断股逐渐恶化，最终引发吊弦断裂

续表

设备名称及功能	编号	失效模式	失效原因	失效影响分析
吊弦连接承力索和接触线	4	心形护环断裂	材料牌号、生产制造工艺不符合标准；接触线承力索振动引起	吊弦脱落，当顶部心形护环断裂引起吊弦倒挂时，将引发打弓故障
	5	吊弦折断和缺失	吊弦松弛严重，心形护环与线夹相磨严重；吊弦有烧伤；线夹螺栓、螺母缺失；吊弦制造材料、制造工艺不符合标准	吊弦缺失导致接触线张力变化，吊弦顶部折断直接引起打弓故障
	6	线夹烧伤	衔接处导电能力差造成局部高电位差；振动引起绝缘距离缩短发生放电现象；施工过程不规范	线夹线索烧伤甚至烧断，引发打弓故障甚至停电等事故

6.1.2.2 定位器零部件失效的致因分析

1. 定位器分类

定位器分为直形定位器（L 型定位器）和弧形定位器（G 型定位器以及 RG 型定位器）。L 型限位定位器结构示意图如图 6-9 所示。

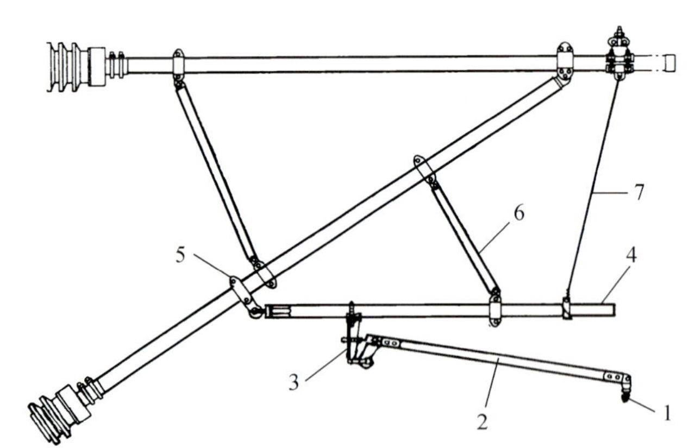

1—定位线夹；2—L 型限位定位器；3—定位器底座；4—定位管；5—定位环；6—定位管支撑；7—吊线。

图 6-10　L 型限位定位器结构示意图

不同规格的定位器材料、长度及质量如表 6-4 所示。

表 6-4　定位器规格型号

型号	标准代号	定位管材料及型式	L/mm	参考质量/kg
L9	TB/T 2075.3A（L9）-10	6082 矩形管	900	1.16
L10	TB/T 2075.3A（L10）-10	6082 矩形管	1 000	1.24
L11	TB/T 2075.3A（L11）-10	6082 矩形管	1 100	1.32
L12	TB/T 2075.3A（L12）-10	6082 矩形管	1 200	1.4
L13	TB/T 2075.3A（L13）-10	6082 矩形管	1 300	1.48
G10	TB/T 2075.3A（G10）-10	20 号钢圆形管	1 000	3.02
G12	TB/T 2075.3A（G12）-10	20 号钢圆形管	1 200	3.42
G13	TB/T 2075.3A（G13）-10	20 号钢圆形管	1 300	3.82
RG12	TB/T 2075.3A（RG12）-10	20 号钢圆形管	1 200	3.41
RG13	TB/T 2075.3A（RG13）-10	20 号钢圆形管	1 300	3.81

1）定位器材料要求

（1）直形定位器材料要求如下：

定位器管、定位钩以及定位套筒按照行业标准 GB/T 6892—2015，采用材料牌号为 6082、热处理状态为 T6 的铝合金制造而成。

定位销钉分为铜合金型和不锈钢型两种，铜合金定位销钉采用材料牌号为 CuNi2Si、材料状态为 R600 的铜镍硅制造而成，不锈钢型定位销钉采用材料牌号为 12Cr18Ni9 的奥体式不锈钢制造而成。

（2）弧形定位器材料要求如下：

① 定位器管依据国家标准 GB/T 699—2015 及 GB/T 8162—2018 采用牌号为 20 的优质碳素结构钢无缝钢管。

② 整体式定位销钉套筒采用牌号为 QAl9-4 的铝青铜，机械性能符合国家标准 GB/T 4423—2020；定位钩采用牌号为 Q235A 的碳素结构钢；限位间隙调整螺钉采用牌号为 06Cr19Ni10 的不锈钢；螺母采用材料牌号为 12Cr18Ni9 的不锈钢。

2）定位器的制造工艺要求

定位钩、定位套筒、整体式定位销钉套筒采用金属模锻工艺制造而成；弧形定位器的定位钩按照国家标准 TB/T 2073—2020 的要求进行 2 级热浸镀锌；直形定位器中的定位套筒与定位销钉之间采用锻压工艺进行连接；直形限位定位器中的定位器管与定位钩及定位销钉套筒分别进行铆接，避免产生铆裂或铆钉松动现象；弧形定位器中的定位钩及整体式定位销钉套筒应分别同定位器管进行压接。压接前应在整体式定位销钉套筒及定位钩的压接部分涂以环氧树脂再行压接；压接后亦应在管端缝隙处涂以环氧树脂将缝隙密封。

2. 定位器失效模式

由于定位器长时间承担着接触线的高频振动，其失效模式多种多样，主要包括定位钩与定位器底座相磨、定位器坡度不足、定位器底座断裂、定位器线夹偏斜夹持导线大面、定位器等电位线散股、定位器定位销钉缺失、定位器防风拉线变形、定位器偏移、定位器本体与限位定位钩不密贴、定位器防风拉线固定环疑似破损、定位钩弹簧装置变形/活动余量不足等。选取发生频率较高的 3 种失效模式，对失效原因进行分析。

1）定位钩与定位器底座相磨

定位钩与定位器底座相磨如图 6-11 所示。相磨的原因主要分为以下几点：正定位的定位器出现相磨的概率远高于其他定位方式，通常由于定位器拉力过小导致；施工不标准引起定位器底座与定位环的距离不足，导致定位器角度小于设计标准值；特殊的钩环结构导致接触位置存在疲劳冲击，定位管的横向振动及纵向自由摆动加剧了相磨的频率，连接处应力高度集中；定位器制造材料不符合生产标准，以及制造工艺不达标。

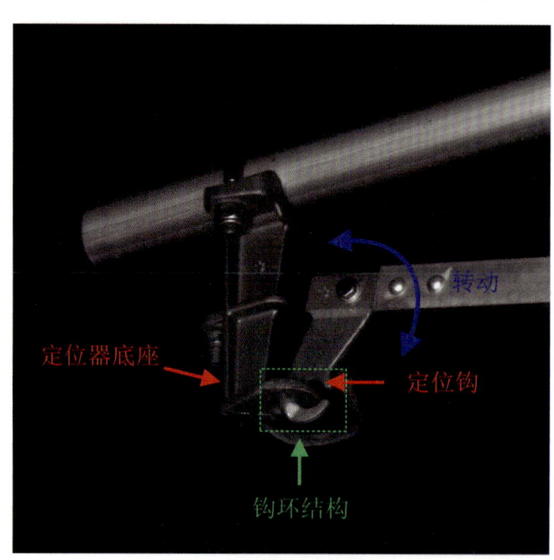

图 6-11　定位钩与定位器底座相磨

2）定位器坡度不足

定位器坡度示意图如图 6-12 所示。定位器坡度不足容易引起受电弓与定位器发生碰撞。第 1 吊弦的位置、拉出值以及跨距 3 者对定位器的坡度影响较大，在拉出值和跨距不变的前提下，随着定位点与第 1 吊弦的距离减小，定位器的坡度随之变小；在跨距和第 1 吊弦点位置不变的前提下，随着拉出值的逐渐增大，定位器的坡度逐渐变小；在第 1 吊弦位置与拉出值不变的前提下，随着跨距的变小，定位器坡度随之减小。坡度较小的情况下，定位器容易侵入受电弓的动态包络线，引起打弓故障。

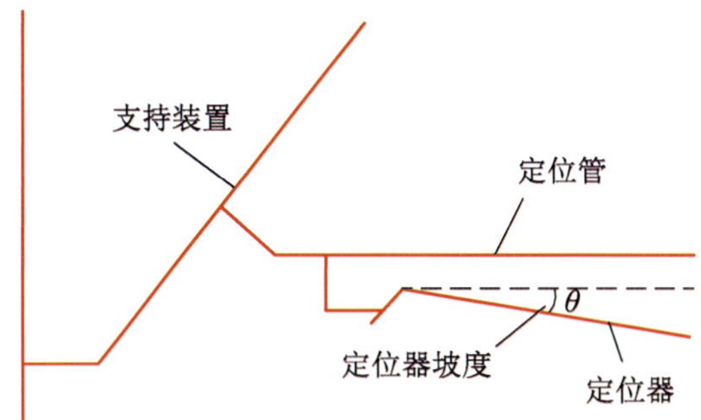

图 6-12　定位器坡度示意图

根据受力分析可知，定位器受到的水平力和重力的平衡决定定位器的坡度。定位器坡度在 1/10 ~ 1/5 为正常，1/10 ~ 1/5 或 1/5 ~ 1/3 为 2 级缺陷，大于 1/3 为 1 级缺陷。正常情况下定位器静态角度为 6° ~ 13°，4° ~ 6°、13° ~ 15°为 2 级缺陷，小于 4°或大于 15°为一级缺陷。

3）定位器底座断裂

定位器底座断裂如图 6-13 所示。由于高速接触网的定位装置主要采用铝合金材料，这虽然解决了定位点的弹性问题，但部分定位器底座容易出现断裂。定位器底座出现断裂的原因主要有以下几点：受电弓经过定位点时，由于高频振动影响，交变应力导致定位器底座发生疲劳断裂；制造工艺不完善，降低了定位器底座的强度，增加了底座发生断裂的概率。该失效模式会直接导致定位器偏移，降低弓网受流质量，严重时使定位器侵入受电弓动态包络线，引发弓网事故，危及行车安全。

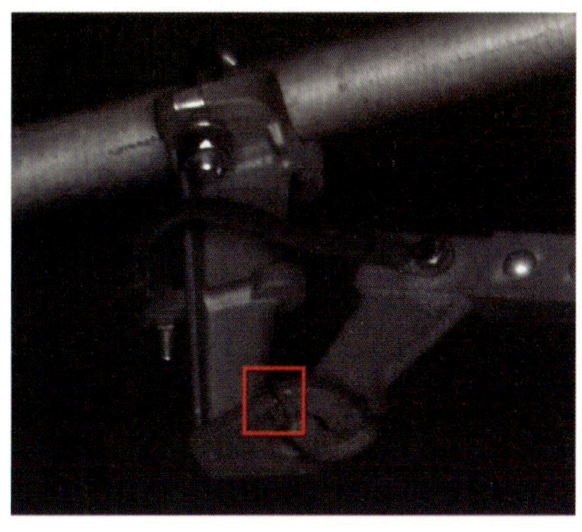

图 6-13　定位器底座断裂

根据上述对定位器不同失效模式的分析，最终确定定位器 FMEA 分析表格如表 6-5 所示。

表 6-5　定位器失效 FMEA 分析表

设备名称及功能	编号	失效模式	失效原因	失效影响分析
定位器对接触线实现定位	1	定位钩与定位器底座相磨	定位器底座与定位环距离不足，定位器拉力偏小；定位管的横、纵向往复运动增加相磨的频率；生产材料、制造工艺不符合标准	定位器底座断裂，定位器发生偏移
	2	定位器坡度不足	定位器发生偏移；拉出值、跨距、第一吊弦设置距离三者的施工参数存在一定问题	定位器容易侵入受电弓的动态包络线，引起打弓故障
	3	定位器底座断裂	高频振动引起的长期应力变化产生金属疲劳；制造工艺不完善；酸性物质腐蚀	定位器发生偏移，受流质量下降，严重时会引发打弓故障

当接触网出现吊弦顶部折断和定位器脱落等缺陷时，直接会引发接触网打弓故障。因此，对吊弦、定位装置等设备零部件的失效进行深入分析，对接触网内因故障预测具有重要意义。

6.2　计及共因失效的接触网内因故障预测

6.2.1　基于贝斯网络-融合共因失效的可靠性建模

贝叶斯网络是一种由有向边和节点构成的概率图模型，$G=(X,E)$，其中节点 X 代表随机变量，节点间的有向边代表了节点间的互相关系（由父节点指向其子节点）。$X_{\mathrm{w}} \to X_{\mathrm{r}}$ 代表节点 X_{w} 对节点 X_{r} 有直接影响，如果节点 X_{w} 与节点 X_{r} 之间没有联结关系，则代表节点 X_{w} 与节点 X_{r} 条件独立。节点 X 的联合概率分布为

$$P(X_{1:W})=\prod_{w}^{W}P[X_{\mathrm{w}} \mid P_{\mathrm{a}}(X_{\mathrm{w}})] \tag{6-3}$$

式中：$P_{\mathrm{a}}(X_{\mathrm{w}})$ 为节点 X_{w} 的父节点；W 为随机变量数。

贝叶斯学习的基本概率论法则为

$$P(X_{\mathrm{w}},X_{\mathrm{r}})=P(X_{\mathrm{w}} \mid X_{\mathrm{r}})P(X_{\mathrm{w}}) \tag{6-4}$$

简单贝叶斯网络结构如图 6-14 所示。A、B 为根节点，C、D 为中间节点，节点 E 为贝叶斯网络的叶节点（无子节点）。当系统节点的状态量仅用“0”和“1”表征（“0”

表示正常运行状态，“1”表示失效状态），A、B、C、D 和 E 对应的先验概率分别用 $P(a)$、$P(b)$、$P(c)$、$P(d)$ 和 $P(e)$ 表示。

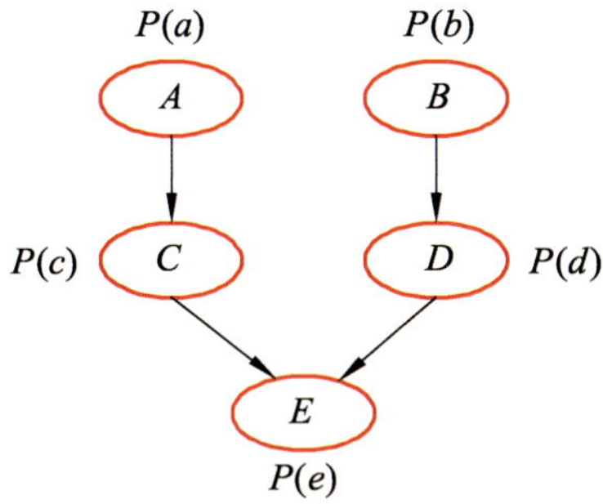

图 6-14　简单贝叶斯网络结构

贝叶斯网络的联合概率为

$$P(a,b,c,d,e)=P(a)P(b)P(c\,|\,a)P(d\,|\,b)P(e\,|\,c,d) \tag{6-5}$$

若 E 节点故障，通过贝叶斯网络推理 A、B、C 和 D 各节点不能正常工作的概率。例如：

$$P(a=1\,|\,e=1)=\frac{P(e=1\,|\,a=1)P(a=1)}{P(e=1)} \tag{6-6}$$

E 节点故障的概率为

$$P(e=1)=\sum_{a=0}^{1}\sum_{b=0}^{1}\sum_{c=0}^{1}\sum_{d=0}^{1}[P(a)P(b)P(c\,|\,a)P(d\,|\,b)P(e=1\,|\,c,d)] \tag{6-7}$$

在二态故障树中，系统及部件都用两种运行状态表示，即正常（“0”）和故障（“1”）。利用逻辑门建立故障树，进而利用故障概率表转化为贝叶斯网络图。假设 A 和 B 为基本时间，T 为输出事件，则故障树二态与门、或门转化为贝叶斯网络图和条件概率表，分别如图 6-15 和图 6-16 所示。

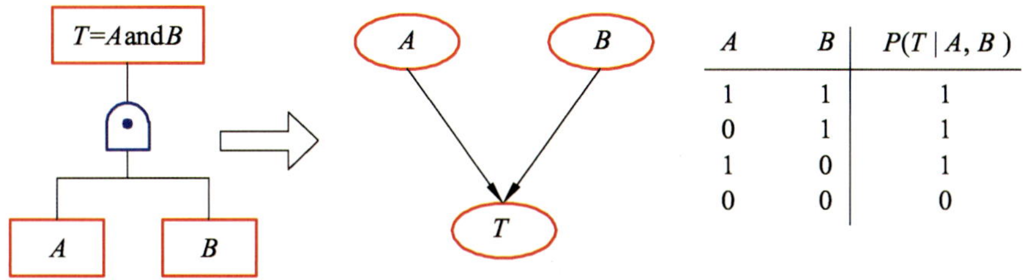

A	B	$P(T\,|\,A,B)$
1	1	1
0	1	1
1	0	1
0	0	0

图 6-15　二态与门故障树向贝叶斯网络转化

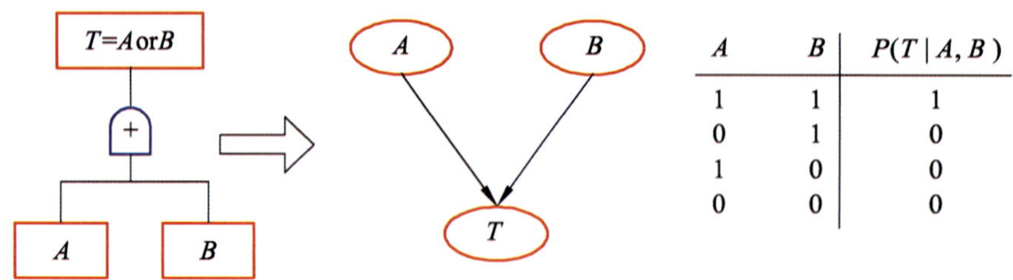

图 6-16　二态或门故障树向贝叶斯网络转化

一个系统有两个以上零部件因某种共同原因同时失效，称该系统为共因失效（Common Cause Failure, CCF）系统。若系统可靠性评估时不考虑 CCF，往往导致评估的可靠度较大。因此，在估计系统的可靠性指标时，如可靠度、失效概率，需考虑 CCF。考虑 CCF 的系统可靠性评估方法主要有显式替代分析法和隐式替代分析法。

隐式替代分析法：首先不考虑 CCF 推导系统可靠度表达式，然后利用隐式替代法将 CCF 中引入系统可靠度表达式中，求得考虑 CCF 的系统可靠度。该方法计算量较小，适用于复杂系统的 CCF 分析，但是分析结果易出现一定误差。

显式替代分析法：利用系统每个部件的 CCF 下“正常”和“故障”状态，进而求得考虑 CCF 的系统可靠度。该方法易实现，适用于简单系统，但是进行复杂系统的 CCF 分析时，易出现计算过程烦琐且计算量大。

常用的 CCF 参数模型有基本参数模型、α-因子模型和 β-因子模型。

1. 基本参数模型

基本参数模型指运用基本事件发生概率对系统各部件间的 CCF 问题进行表示。以 a、b、c 3 个部件组成的 CCF 组为例，部件 a 发生 CCF 的共因基本事件 A，包括部件 a 独立失效以及部件 a 相关的 CCF 事件，其中包括 ab、ac 和 abc 同时失效概率。

$$
\begin{aligned}
P(A) &= P(a_1) + P(ab) + P(ac) + P(abc) \\
P(B) &= P(b_1) + P(ab) + P(bc) + P(abc) \\
P(C) &= P(c_1) + P(ac) + P(bc) + P(abc)
\end{aligned}
\tag{6-8}
$$

CCF 组发生失效的概率为 Q_t（包括部件独立失效和共因失效），则

$$
Q_t = \sum_{k=1}^{3} C_{3-1}^{k-1} Q_k \tag{6-9}
$$

式中，Q_k 表示 k 个部件同时失效的概率。

同理，可推理出 m 个部件的总失效概率为

$$
Q_t = \sum_{k=1}^{m} C_{m-1}^{k-1} Q_k \tag{6-10}
$$

2. α-因子模型

对于α-因子模型，若有 m 个单元的 CCF 组，有以下等式：

$$\alpha_k^{(m)} = \frac{C_m^k Q_k^{(m)}}{\sum_{k=1}^{m} C_m^k Q_k^{(m)}}, k = 1,2,\cdots,m \tag{6-11}$$

$$\sum_{k=1}^{m} \alpha_k^{(m)} = 1 \tag{6-12}$$

$$Q_k^{(m)} = \frac{k}{C_{m-1}^{k-1}} \frac{\alpha_k^{(m)}}{\alpha_t} Q_t \tag{6-13}$$

式中：需要估算出 m 个参数 $Q_k^{(m)}, k = 1,2,\cdots,m$。

3. β-因子模型

β-因子模型用 β 量化 CCF 对系统可靠度的影响，并且系统中每个部件失效都由独立失效和共因失效两部分组成，即部件失效率分为 λ_I 和 λ_{CCF}，即

$$\lambda = \lambda_I + \lambda_{CCF} \tag{6-14}$$

式中：λ 为部件失效率；λ_I 为部件独立失效率；λ_{CCF} 为 CCF 引起的部件失效率。

引入 β 参数后，有

$$\lambda_I = (1-\beta)\lambda \tag{6-15}$$

$$\lambda_{CCF} = \beta\lambda \tag{6-16}$$

6.2.2　基于贝叶斯网络的接触网内因故障预测

在进行接触网可靠性评估之前，需进行一些假设，包括：

（1）接触网零部件失效无记忆；

（2）接触网零部件失效时间服从指数分布，失效率为常数；

（3）接触网系统是一个串联可修系统，其重要零部件之间为“与”逻辑关系；

（4）接触网零部件状态划分为两种状态，即正常（用“0”表示）和失效（用“1”表示）；

（5）每个维修间隔都是独立的，并且不考虑维修时间，因为与维修间隔相比，维修时间较小，可忽略不计。

需要说明的是，接触网的预防修属于非完美维修，它可以提升整个系统的可靠度水平。考虑非完美维修对接触网系统可靠性的影响，接触网可靠性评估流程如图 6-17 所示。

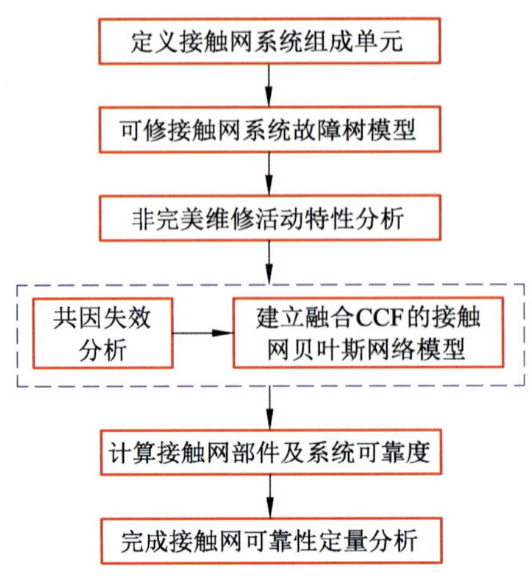

图 6-17　接触网可靠性评估流程

（1）确定可修接触网系统的关键零部件，根据以往失效数据，给出接触网各零部件的失效率。

（2）建立可修接触网系统故障树模型。

（3）分析非完美维修对接触网可靠性的影响，并采用量化分析的方法进行显性评估。

（4）结合零部件失效率和运行环境，分析接触网存在的 CCF 组，同时将接触网考虑 CCF 组的失效率划分为两部分，即 CCF 失效率和独立失效率。

（5）建立融合 CCF 的接触网系统贝叶斯网络模型，计算系统可靠度。

下面以广州铁路局管内京广高铁武广段某牵引变电所供电的接触网为对象，进行系统可靠性评估。

首先，统计分析历史失效数据，获得接触网主要零部件失效率，如表 6-6 所示。

表 6-6　接触网主要零部件失效率

事件代码	基本事件	失效率/年	事件代码	基本事件	年失效/年
E	接触网	—	G_2	支持装置	—
J_1	支柱基础失效	0.011 1	J_7	平腕臂失效	0.006 45
J_2	定位装置失效	0.028 8	J_8	斜腕臂失效	0.006 45
G_1	接触悬挂	—	J_9	定位环失效	0.004 86
J_3	承力索失效	0.004 43	J_{10}	承力索座失效	0.007 23
J_4	接触线失效	0.004 43	J_{11}	绝缘子失效	0.028 2
J_5	吊弦失效	0.008 4	J_{12}	套管失效	0.003 72
J_6	线夹失效	0.004 2			

本节假设接触网零部件存在两种状态，即正常状态和失效状态。若零部件的失效引发了系统故障，则系统处于故障状态；否则，系统处于潜在故障状态。换句话说，零部件失效程度不严重，不足以使设备或系统丧失功能。此外，假设重要零部件之间为串联关系，即任何一个重要零部件失效则引发系统发生潜在故障或功能故障。一旦发生功能故障，需立即开展抢修；若引发的是潜在故障，则可通过延迟维修，使接触网系统恢复正常工作状态。以“接触网系统功能故障，亦即故障”或“接触网系统潜在故障”为基本事件，建立的接触网系统故障树模型如图 6-18 所示。

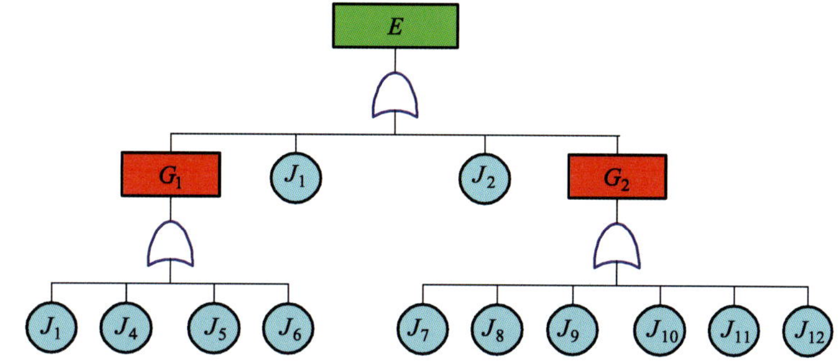

图 6-18　接触网系统故障树模型

根据上述假设，考虑非完美维修的接触网零部件可靠度可表示为

$$R_j^i(t\mid IM)=\begin{cases}R^i(t),\ 0\leqslant t\leqslant t_1, j=1\\ \left\{\prod\limits_{l=1}^{j-1}R^i(t_l)+m_2^i\left[R^i{}_0-\prod\limits_{l=1}^{j-1}R^i(t_l)\right]\right\}R^i\left[\dfrac{1}{m_1^i}\left(t-\sum\limits_{l=1}^{j-1}t_l\right)\right],\ \sum\limits_{l=1}^{j-1}t_l\leqslant t\leqslant\sum\limits_{l=1}^{j}t_l, j\geqslant 2\end{cases}\tag{6-17}$$

式中：$R^i\left[\dfrac{1}{m_1^i}\left(t-\sum\limits_{l=1}^{j-1}t_l\right)\right]$为第 j 个维修间隔的零部件 i 可靠度退化程度；$\prod\limits_{l=1}^{j-1}R^i(t_l)$为第 j 个维修间隔的零部件 i 的初始可靠性；$m_2^i\left[R^i{}_0-\prod\limits_{l=1}^{j-1}R^i(t_l)\right]$为第 j 个维修间隔的部件 i 的可靠度提升程度；R_0^i 为接触网零部件 i 的初始可靠度；$R^i(t)=\exp(-\lambda^i t)$ 为接触网零部件 i 的可靠度，λ^i 为接触网零部件 i 的失效率。考虑到接触网维修方式主要是预防修和故障修相结合方式，预防修时，设定 $m_1^i=0.995$，$m_2^i=0$；故障修时，设定 $m_1^i=0.995$，$m_2^i=0.995$。

若接触网零部件之间是相互独立的，则接触网系统可靠度为

$$R_j(t\mid S)=\prod_{i=1}^{12}R_j^i(t|IM)\tag{6-18}$$

由前文分析，不同的接触网零部件可能发生共因失效。选取功能和结构都相似的接触网零部件作为 CCF 组，并采用 β-因子模型，将其失效率分为两部分，即独立失效率和 CCF 失效率。设 CCF 组中，i 个零部件共同失效率为：$\lambda_{\mathrm{C}}^{1,1}=0.001\ 47$、$\lambda_{\mathrm{C}}^{1,2}=0.000\ 2$、$\lambda_{\mathrm{C}}^{2,1}=0.002\ 15$ 和 $\lambda_{\mathrm{C}}^{2,2}=0.000\ 4$，如表 6-7、表 6-8 所示。

表 6-7 接触网 CCF 组划分

CCF 组	独立失效因子	CCF 因子
J_3，J_4	J_3，J_4	Q_1
J_7，J_8	J_7，J_8	Q_2

表 6-8 接触网 CCF 失效率

接触网零部件失效率	独立失效率	CCF 故障率
λ_{J_3}，λ_{J_4}	λ^3，λ^4	$\lambda_{\mathrm{C}}^{1,q}$
λ_{J_7}，λ_{J_8}	λ^7，λ^8	$\lambda_{\mathrm{C}}^{2,q}$

根据 CCF 理论，建立接触网贝叶斯网络，如图 6-19 所示。

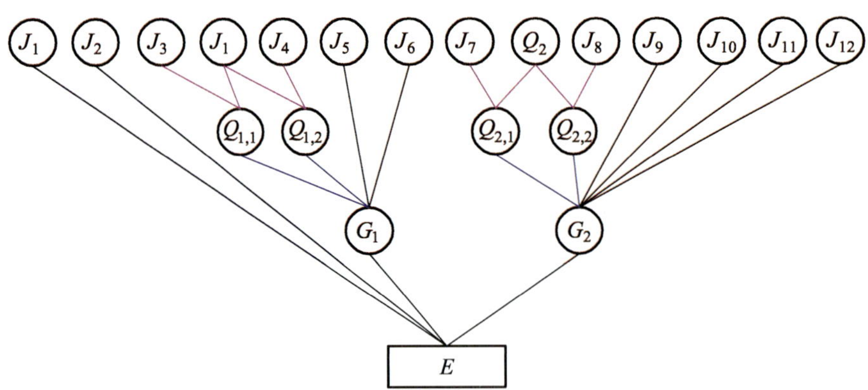

图 6-19 考虑 CCF 的接触网贝叶斯网络

考虑 CCF 的接触网系统可靠性评估过程如下：

（1）划分 CCF 组。

（2）第 j 个维修间隔 CCF 组中 n_q 个单元的失效率分别为

$$\lambda_{Cj}^{1},\lambda_{Cj}^{2},\lambda_{Cj}^{3},\cdots,\lambda_{Cj}^{n_q}$$

（3）计算含 $n_{M,q}$ 个部件 CCF 组 M 可靠度；CCF 组 M 中任一部件正常工作的概率为

$$R_{j,n_{M,q}}^{1}(t\mid CCF_M)=\exp\left(-\sum_{q=1}^{n_{M,q}}\mathrm{C}_{n_{q-1}}^{q-1}\lambda_{Cj}^{M,q}t\right) \tag{6-19}$$

（4）CCF 组 M 中任意 r 个部件正常工作的概率为

$$\begin{aligned}R_{j,n_{M,q}}^{r}(t\mid CCF_M)&=R_{j,n_{M,q}}^{1}(t\mid CCF_M)R_{j,n_{M,q}-1}^{1}(t\mid CCF_M)R_{j,n_{M,q}-r+1}^{1}(t\mid CCF_M)\\&=\prod_{m=n_{M,q}-r+1}^{n_{M,q}}R_{j,m}^{1}(t\mid CCF_M)\end{aligned} \tag{6-20}$$

$$R_{j,n_{M,q}}^{r}(t\mid CCF_M)=\prod_{m=n_{M,q}-r+1}^{n_{M,q}}\exp\left(-\sum_{q=1}^{m}\mathrm{C}_{m-1}^{q-1}\lambda_{Cj}^{M,q}t\right) \tag{6-21}$$

$$R_{j,n_{M,q}}^{r}(t\mid CCF_M,IM)=\begin{cases}R_{j,n_{M,q}}^{r}(t\mid CCF_M),\ 0\leqslant t\leqslant t_1,j=1\\ \left\{\prod_{l=1}^{j-1}R_{j,n_{M,q}}^{r}(t_l\mid CCF_M)+m_2\left[R_0-\prod_{l=1}^{j-1}R_{j,n_{M,q}}^{r}(t_l\mid CCF_M)\right]\right\}\\ \qquad R_{j,n_{M,q}}^{r}\left[\dfrac{1}{m_1}\left(t-\sum_{l=1}^{j-1}t_l\right)\middle| CCF_M\right],\ \sum_{l=1}^{j-1}t_l\leqslant t\leqslant\sum_{l=1}^{j}t_l,j\geqslant 2\end{cases} \tag{6-22}$$

（5）计算接触网系统可靠度：

$$\begin{aligned}R_j(t\mid S)=&R_j^1(t\mid IM)\,R_j^2(t\mid IM)R_j^5(t\mid IM)\,R_j^6(t\mid IM)R_j^9(t\mid IM)\,R_j^{10}(t\mid IM)\\&R_j^{11}(t\mid IM)\,R_j^{12}(t\mid IM)\prod_{M=1}^{2}\prod_{r=1}^{n_{M,q}}R_{j,n_{M,q}}^{r}(t\mid CCF_M,IM)\end{aligned} \tag{6-23}$$

（6）计算接触网系统的潜在故障概率或故障概率，即内因故障概率：

$$F_j(t\mid S)=1-R_j(t\mid S) \tag{6-24}$$

假设接触网系统出现故障，根据上述可靠性评估方法，利用贝叶斯网络推断各个基本事件发生概率，找出最容易导致接触网系统故障的节点，即为接触网薄弱环节。接触网系统故障贝叶斯网络诊断推理如图 6-20 所示（正常即 No，故障即 Yes）。结果表明，当接触网系统故障时，基本事件支持装置和定位装置正常工作概率较低，分别为 50.9%和 74.9%。由图 6-20 可知，对接触悬挂可靠性影响较大的部件为吊弦，对支持装置可靠性影响较大的部件为绝缘子。借助贝叶斯网络分析接触悬挂和支持装置故障时，各部件状态诊断推理如图 6-21 所示。当接触悬挂故障时，承力索失效、接触线失效、吊弦失效和线夹失效事件发生概率分别为 20.5%、20.5%、39.6%和 19.8%。由

此可知，接触悬挂的薄弱环节集中在吊弦上，应加强故障检修。当支持装置故障时，平腕臂、斜腕臂、定位环、承力索座、绝缘子和套管正常工作概率分别为 88.4%、94.3%、91.4%、87.1%、50.0%和 93.3%。由此可知，支持装置的薄弱环节集中在绝缘子上，应加强定期故障检修。

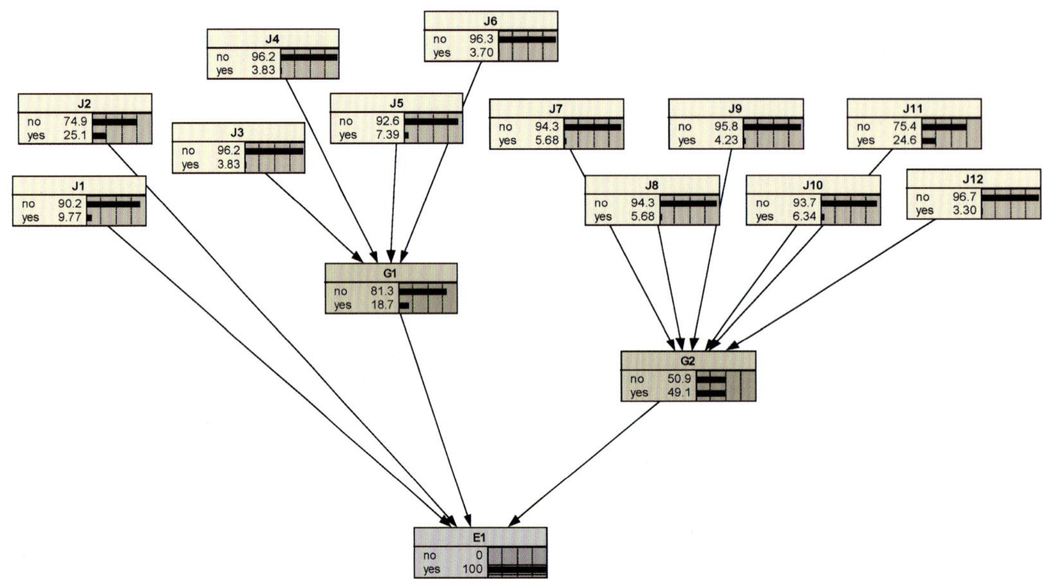

图 6-20　接触网系统故障贝叶斯网络诊断推理

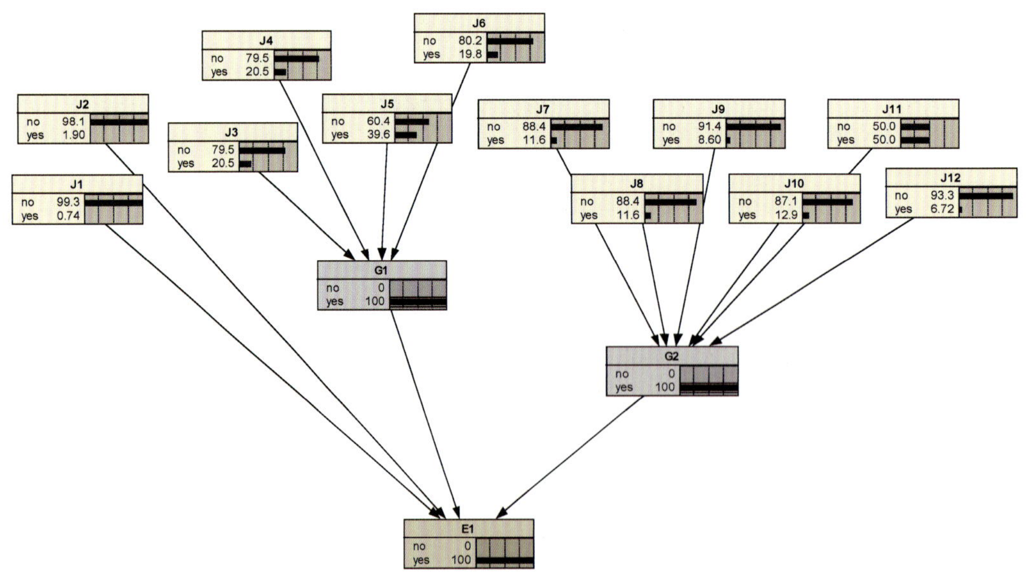

图 6-21　接触悬挂和支持装置故障贝叶斯网络诊断推理

6.3　接触网风险预估

不同的内外因故障会带来不同程度的后果，形成不同的安全风险。本节介绍一种基于动态贝叶斯网络的接触网风险动态预估方法。利用竞争失效模型将内外因故障风险进行融合，结合 FMEA 方法分析接触网故障模型及后果影响，建立接触网故障风险传播网络图；从停电时间、经济损失和社会信用损失 3 个方面对故障风险后果进行定量分析；利用动态贝叶斯网络实现接触网运行风险的动态预估。

6.3.1　接触网风险动态预估流程

接触网系统风险预估需要考虑两个方面的因素，即故障发生的概率以及故障后果。故障发生的概率包括内因故障发生的概率及外因故障发生的概率，两者的计算方法可通过第 5 章及 6.2 节的方法进行计算。接触网故障的后果不仅包含设备故障损失及维修费用，还需考虑停电时间、运输经济损失、社会信任水平等相关后果。

以接触网现场实际数据和天气数据为驱动，介绍一种基于 DBN 的接触网风险动态预估方法。

根据 IEC 标准，一般采用下式进行风险评估：

$$R = P(A)P(C \mid A)C \tag{6-25}$$

式中：R 表示系统风险；$P(A)$ 表示事件 A 发生的概率；$P(C \mid A)$ 表示事件 A 导致后果 C 的概率；C 表示后果 C 出现带来的严重程度或损失。在接触网系统风险评估中，R 表示接触网系统的动态风险；$P(A)$ 则表示接触网系统的故障概率或潜在故障概率，包括由内因引起的潜在故障概率或故障概率以及直接由外因引起的故障概率；$P(C \mid A)$ 表示故障导致后果 C 的概率；C 表示具体的各项损失。基于风险理论，基于动态贝叶斯网络的接触网风险动态预估流程如图 6-22 所示，主要包含 6 个步骤：

1. 数据获取

（1）与雷电、大风和雾霾相关的天气数据；

（2）接触网参数及运行线路图等信息；

（3）接触网故障及维修记录。

2. 接触网外部故障预测

利用第 5 章介绍的接触网雷击跳闸、漂浮物侵扰和瓷绝缘子雾霾污闪预测方法，对接触网外部故障进行预测。

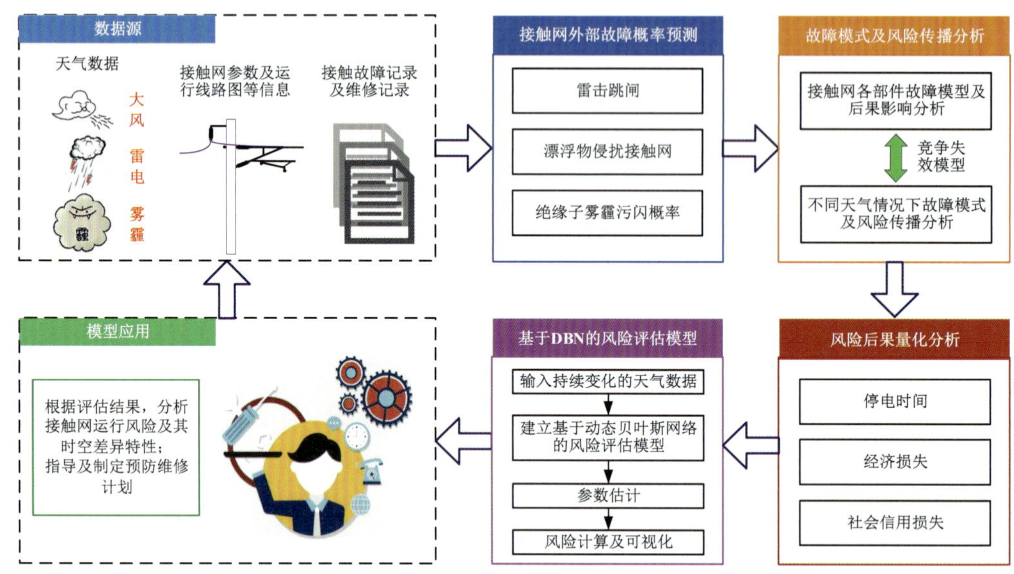

图 6-22　基于动态贝叶斯网络的接触网风险动态预估流程

3. 故障模式及风险传播分析

通过深入分析接触网故障及维修记录，采用 FMEA 法对接触网内部故障进行分析，并利用风险传播链分析外因故障风险及后果，进而结合竞争失效模型，建立融合内外部因素的零部件失效率模型。

4. 风险后果量化

利用接触网系统故障概率乘以故障后果来表征风险大小。将风险理论用于接触网风险评估，从停电时间、经济损失和社会信用丢失 3 方面对风险后果进行量化分析。

5. 基于 DBN 的接触网风险动态预估

基于 DBN 建立融合内外部故障的接触网风险评估模型。利用历史故障和维修记录数据对网络参数进行估计，实现接触网整体风险评估；当输入新的天气数据时，通过“接触网外部故障预测”对接触网外因故障进行预测，并结合实际运维场景，动态评估接触网风险。

6. 模型应用

考虑时变的天气数据对接触网故障的影响，同时利用竞争失效模型分析内外因融合的接触网故障风险，进而从停电时间、经济损失和社会信用丢失 3 方面量化风险后果，全面反映了接触网运行风险，为制定预防运维决策和保障接触网运行安全提供有益理论支撑。

6.3.2　接触网故障模式及风险传播分析

1. 接触网内因故障模式及后果分析

通过现场实际调研分析，利用 FMEA 定性分析部分接触网设备及零部件故障模式和后果影响，如表 6-9 所示。

表 6-9　部分接触网设备及零部件 FMEA 分析

部件	失效模式	后果分析	检验方式	应对措施
支柱基础	支柱倾斜、倒塌；基础不牢、倒塌	塌网、行车中断；支柱倾斜、倒塌	人工巡视检查	及时维修与更换
定位装置	定位器及其支座弯曲过度、脆裂；定位钩、定位销钉套管等电气烧伤、断裂	打弓	检测车、人工检测	及时维修与更换，调整定位器和定位管坡度
承力索	断线、弛度不符标准	打弓	检测车、人工检测	及时维修与更换
接触线	断线、磨损超限、电气烧伤	接触网失电、行车中断	检测车、人工检测	及时维修与更换
吊弦	断线、电气烧伤、疲劳超限	打弓、弓网受流质量差	检测车、人工检测	及时维修与更换
线夹	松动、电气烧伤	打弓、弓网受流质量差	检测车、人工检测	及时维修与更换
平腕臂	磨损、断裂	塌网、中断行车	检测车、人工检测	及时维修与更换
斜腕臂	磨损、断裂	塌网、中断行车	检测车、人工检测	及时维修与更换
定位环	腐蚀超度、疲劳开裂	支持装置安全隐患	检测车、人工检测	及时维修与更换
承力索座	腐蚀超度、疲劳开裂	支持装置安全隐患	检测车、人工检测	及时维修与更换
绝缘子	破损、闪络、击穿	短路、停电	人工巡视检查	及时维修与更换

2. 接触网外因故障模式及后果分析

为了准确分析外部故障风险和对应后果之间的关联，采用风险传播链来描述接触网雷击跳闸、漂浮物侵扰接触网和瓷绝缘子雾霾污闪风险传播过程，建立的风险传播链如图 6-23 所示。

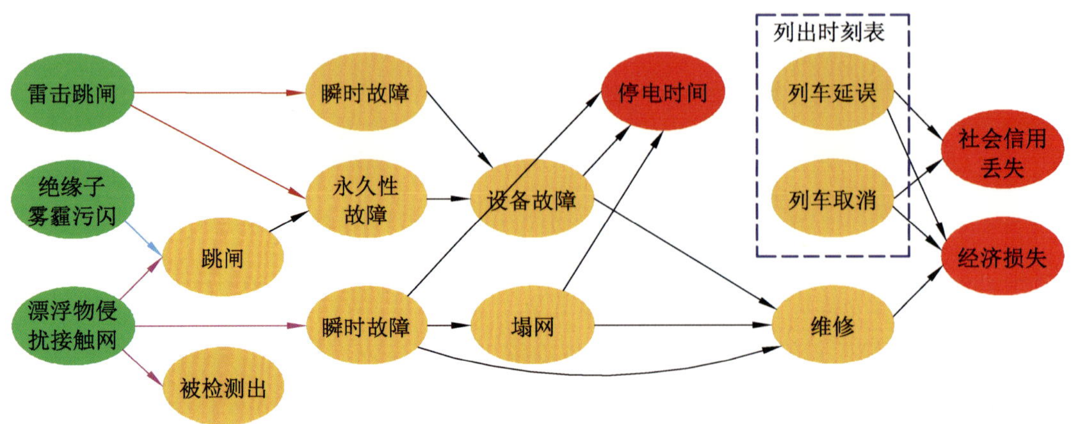

图 6-23　接触网外部运行风险传播链

具体的故障风险传播分析如下：

接触网雷击跳闸：高速接触网很多区段采用高架桥架设方式，接触网设备大都为金属材质，导致其更易遭受雷击；且接触网在运行过程中无备用，一旦遭受雷击可能引发跳闸，对电力机车的安全运行造成影响。从两方面对雷击跳闸进行分析，即瞬时故障和永久性故障。瞬时故障：继电保护动作后，断路器跳闸切除故障，短路点的电弧自行熄灭，故障点的绝缘强度重新恢复的故障。永久性故障：该故障严重影响接触网设备运行，若不采取措施则无法恢复设备正常运行的故障。这类故障重合闸装置动作会再次跳开断路器，人为重新合上断路器一般不成功。

漂浮物侵扰接触网：地膜、防尘网、风筝线、气球等因风的作用漂浮而起，并缠绕在接触网上，造成接触网绝缘强度下降，严重时会发生短接现象，导致跳闸。当受电弓运行到漂浮物侵限区域时，漂浮物可能会缠绕至受电弓上，造成受电弓与接触线产生物理隔断，造成打弓、打火、拉弧，甚至拉垮某一区段的接触网，引起接触网塌网，造成重大的安全事故。

瓷绝缘子雾霾污闪：接触网瓷绝缘子长期暴露在外界环境中，因此，绝缘子极易受到污染。近年来，雾霾天气频发，导致接触网绝缘闪络事件经常发生。不同的雾霾浓度和湿度致使瓷绝缘子表面脏污程度各异，进而影响绝缘子闪络电压，较低的闪络电压就会引起外绝缘放电或短路，严重情况下会导致运行线路大面积中断，影响列车的安全运行。

3. 接触网内外因故障风险融合分析

对接触网内外因故障模型及风险传播分析进行融合，结合表 6-9 和图 6-23，建立如图 6-24 所示的接触网故障风险传播网络图。

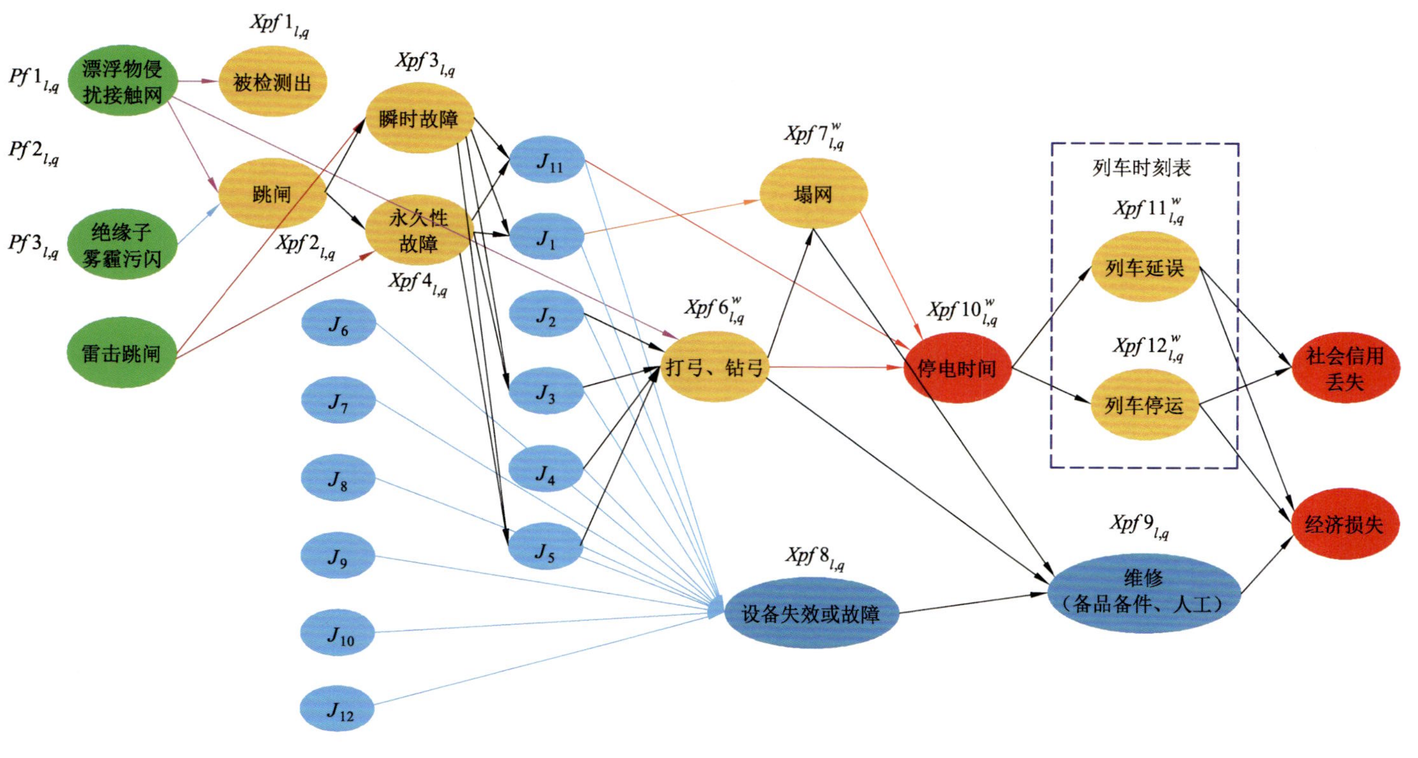

图 6-24 接触网故障风险传播网络图（注：$w=\{1,2,3,4,5,11\}$）

根据第 5 章介绍的外因故障预测方法，可得 $P(Pf1_{l,q})$， $P(Pf2_{l,q})$ 和 $P(Pf3_{l,q})$。通过对历史数据进行统计分析，可得如下概率：

$$\begin{aligned}
&P(Xpf1_{l,q}|Pf1_{l,q}),P(Xpf2_{l,q}|Pf1_{l,q}),P(Xpf6_{l,q}|Pf1_{l,q}),P(Xpf2_{l,q}|Pf2_{l,q}),\\
&P(Xpf4_{l,q}|Pf3_{l,q}),P(Xpf3_{l,q}|Xpf2_{l,q}),P(Xpf4_{l,q}|Xpf2_{l,q}),\\
&P(J_{11}|Xpf3_{l,q}),P(J_1|Xpf3_{l,q}),P(J_3|Xpf3_{l,q}),P(J_5|Xpf3_{l,q}),\\
&P(J_{11}|Xpf4_{l,q}),P(J_1|Xpf4_{l,q}),P(J_3|Xpf4_{l,q}),P(J_5|Xpf4_{l,q}),\\
&\{P(J_1),P(J_2),\cdots,P(J_{12})\},P(Xpf9_{l,q}|Xpf8_{l,q})=1,\\
&P(Xpf8_{l,q}\mid J_1),\ P(Xpf8_{l,q}\mid J_2),\cdots,\ P(Xpf8_{l,q}\mid J_{12}),\\
&P(Xpf10^{w}_{l,q}\mid J_{11}),P(Xpf7^{w}_{l,q}\mid J_1),P(Xpf6^{w}_{l,q}\mid J_2),\\
&P(Xpf6^{w}_{l,q}\mid J_3),P(Xpf6^{w}_{l,q}\mid J_4),P(Xpf6^{w}_{l,q}\mid J_5),\\
&P(Xpf7^{w}_{l,q}\mid Xpf6^{w}_{l,q}),P(Xpf10^{w}_{l,q}\mid Xpf6^{w}_{l,q}),P(Xpf9_{l,q}\mid Xpf6^{w}_{l,q}),\\
&P(Xpf11^{w}_{l,q}\mid Xpf10^{w}_{l,q}),P(Xpf12^{w}_{l,q}\mid Xpf10^{w}_{l,q})
\end{aligned} \tag{6-26}$$

式中：

$$\begin{cases}
P(Xpf1_{l,q}\mid Pf1_{l,q})+P(Xpf2_{l,q}\mid Pf1_{l,q})+P(Xpf6^{w}_{l,q}\mid Pf1_{l,q})=1\\
P(Xpf3_{l,q}\mid Pf3_{l,q})+P(Xpf4_{l,q}\mid Pf3_{l,q})=1\\
P(Xpf3_{l,q}\mid Xpf2_{l,q})+P(Xpf4_{l,q}\mid Xpf2_{l,q})=1
\end{cases}$$

接触网零部件同时受到内外部因素影响，任意一个因素都可能会导致接触网发生故障，因此，可将接触网零部件视为具有竞争失效机制的零部件。对于第 k 个故障原因发生的时间 T_k，假设 $T_1,T_2,\cdots,T_m$ 之间相互独立，则系统发生故障的时间为

$$T=\min\{T_1,T_2,\cdots,T_m\},\ k=1,2,\cdots,m. \tag{6-27}$$

接触网部件的可靠度函数为

$$\begin{aligned}
R(t)&=P(T>t)\\
&=P(T_1>t,T_2>t,\cdots,T_m>t)\\
&=\prod_{k=1}^{m}P(T_k>t)
\end{aligned} \tag{6-28}$$

失效率函数为

$$\lambda(t)=\prod_{k=1}^{m}\lambda_k(t) \tag{6-29}$$

基于竞争失效机制，可得部件 1、2、3、4、5 和 11（$w=\{1,2,3,4,5,11\}$），即支柱基础、定位装置、承力索、接触线、吊弦、绝缘子的联合失效概率为

$$P^{w'} = \mathrm{e}^{-\lambda^{w}} P(J_w \mid Pf1_{l,q}, Pf2_{l,q}, Pf3_{l,q}) = P(J_w)P(J_w \mid Pf1_{l,q}, Pf2_{l,q}, Pf3_{l,q}) \tag{6-30}$$

进一步，可得条件 $P(C \mid A)$：

$$\begin{cases} P(C_{\mathrm{el1}} \mid J_1, J_2, \cdots, J_{12}) = P(Xpf11^{w}_{l,q} \mid J_1, J_2, \cdots, J_{12}) \\ P(C_{\mathrm{el2}} \mid J_1, J_2, \cdots, J_{12}) = P(Xpf12^{w}_{l,q} \mid J_1, J_2, \cdots, J_{12}) \\ P(C_{\mathrm{el3}} \mid J_1, J_2, \cdots, J_{12}) = P(Xpf9_{l,q} \mid J_1, J_2, \cdots, J_{12}) \\ P(C_{\mathrm{stl}} \mid J_1, J_2, \cdots, J_{12}) = P(Xpf11_{l,q} \mid J_1, J_2, \cdots, J_{12}) + P(Xpf12^{w}_{l,q} \mid J_1, J_2, \cdots, J_{12}) \end{cases} \tag{6-31}$$

式中：C_{el1}、C_{el2}、C_{el3}和C_{stl}分别表示停电时间过长导致列车延迟造成的损失、停电时间过长导致列车停运造成的损失、设备维修费用和社会信用损失。

6.3.3　故障后果量化分析

接触网跳闸后不能恢复供电，会引起一系列后果。这种情况发生的故障概率虽然小，但故障后果非常严重，将直接影响列车的正常运行，导致列车延误或取消。因此，接触网也会面临较大的风险。这是由于接触网设备故障会带来直接经济损失，主要包含设备本身损失和维护维修成本，而且设备故障还会造成变电所中断供电，引起列车停运。如果乘客不能按时到达目的地，就会消耗乘客的时间成本，这可能会导致商务旅行计划的中断，影响这些旅客创造的社会和经济价值。此外，从对旅客个体的影响来看，旅客在经历列车延误或取消后，会对铁路公司的服务失去信任。这些旅客在未来继续选择铁路运输的可能性会降低，导致铁路公司收入损失。因此，主要从停电时间、经济损失和社会信用损失 3 方面进行风险后果量化分析。

1. 停电时间

受第 w 种部件失效模式情况影响，高铁线路 l 第 q 个牵引变电所供电的接触网停电时间为

$$POT^{w}_{l,q} = MTTR^{w}_{l,q} \tag{6-32}$$

式中：w 表示 6 种部件失效模式 $w = \{1,2,3,4,5,11\}$，即支柱基础失效、定位装置失效、承力索失效、接触线失效、吊弦失效和绝缘子失效，其中雷击跳闸、漂浮物侵扰接触网和瓷绝缘子雾霾污闪都会对接触网绝缘子失效产生一定的影响。$MTTR^{w}_{l,q}$ 为第 w 种故障模式影响下，高铁线路 l 第 q 个牵引变电所供电的接触网平均维修时间。

2. 经济损失

经济损失包括3方面内容：① 由停电时间过长导致列车延迟，造成的经济损失，C_{el1}；② 由停电时间过长导致列车取消，乘客必须选择其他交通方式或者改签等，进而造成的经济损失，C_{el2}；③ 设备维修费用包括设备备品备件费用和维修人员费用，C_{el3}。各部分损失定义如下：

（1）列车延迟损失：第 w 种部件失效模式情况，高铁线路 l 第 q 个牵引变电所供电的接触网故障导致列车延迟造成的损失为

$$C_{l,q,\mathrm{el1}}^{w}=\begin{cases}\sum\limits_{j=1}^{Ntd_{l,q}^{w}} N_{j,l,q}^{w} td_{j,l,q}^{w} M_{j,l,q}^{w}, \text{ if } POT_{l,q}^{w} \geqslant TD_{l,q}^{w} \\ 0, \text{ if } POT_{l,q}^{w} < TD_{l,q}^{w}\end{cases} \tag{6-33}$$

式中：$Ntd_{l,q}^{w}$ 表示受延迟影响的列车数；$N_{j,l,q}^{w}$ 表示受第 j 辆列车延迟影响的乘客数；$td_{j,l,q}^{w}$ 表示第 j 辆列车延迟影响时间；$M_{j,l,q}^{w}$ 为受第 j 辆列车延迟影响的乘客平均收入。$td_{j,l,q}^{w}$ 设置如下：

$$td_{1,l,q}^{w}, td_{2,l,q}^{w}, \cdots, td_{Ntd_{l,q}^{w},l,q}^{w} = MTTR_{l,q}^{w} \tag{6-34}$$

（2）列车停运损失：第 w 种部件失效模式情况，高铁线路 l 第 q 个牵引变电所供电的接触网故障导致列车停运造成的损失为

$$C_{l,q,el2}^{w}=\begin{cases}\sum\limits_{s=1}^{Ntc_{l,q}^{w}} Ntc_{s,l,q}^{w} tc_{s,l,q}^{w} M_{s,l,q}^{w}, \text{ if } POT_{l,q}^{w} \geqslant TC_{l,q}^{w} \\ 0, \text{ if } POT_{l,q}^{w} < TC_{l,q}^{w}\end{cases} \tag{6-35}$$

式中：$Ntc_{l,q}^{w}$ 表示受停运影响的列车数；$Ntc_{s,l,q}^{w}$ 表示受第 s 辆列车停运影响的乘客数；$tc_{s,l,q}^{w}$ 表示第 s 辆列车停运影响时间；$M_{s,l,q}^{w}$ 为受第 j 辆列车停运影响的乘客平均收入。如果乘客因受列车停运影响，选择其他交通方式到达目的地需另外的 0.5 h，那么受列车停运影响时间为

$$tc_{1,l,q}^{w}, tc_{2,l,q}^{w}, \cdots, tc_{Ntc_{l,q}^{w},l,q}^{w} = \begin{cases}0.5, \text{选择其他交通} \\ MTTR_{l,q}^{w}, \text{改签}\end{cases} \tag{6-36}$$

因受列车停运影响，选择其他交通方式的乘客占比为 $\alpha_{Ns,l,q}^{w}$，可利用问卷调查方式获得。$Ntc_{s,l,q}^{w}$ 可用下式进行计算：

$$Ntc_{s,l,q}^{w}=\begin{cases}\alpha_{Ns,l,q}^{w}Ntc_{s,l,q}^{w},\ 其他交通\\(1-\alpha_{Ns,l,q}^{w})Ntc_{s,l,q}^{w},\ 改签\end{cases} \tag{6-37}$$

（3）设备维修费用：高铁线路 l 第 q 个牵引变电所供电的接触网故障造成的设备维修花费计算表达式为

$$C_{l,q,\mathrm{el3}}=(L_{\mathrm{eror}_{l,q}}+N_{MP,l,q}MMP_{l,q}MTTR_{l,q}) \tag{6-38}$$

式中：$L_{\mathrm{eror}_{l,q}}$ 表示接触网设备备品备件费用；$N_{MP,l,q}$ 表示维修人数；$MMP_{l,q}$ 表示维修人员的平均工时费。

3. 社会信用损失

近年来，铁路运输已成为一种受欢迎的旅行方式。与此同时，铁路客运的相关服务质量也备受关注。特别是社会经济和铁路系统的快速发展，推动了旅客服务质量的提高，提高了旅客满意度和忠诚度。铁路旅客运输总体服务质量可分为安全、及时、快捷、方便、舒适 5 个方面。

一旦接触网因设备故障或不利天气影响，导致列车延误或取消，会严重影响列车的安全性、及时性、快速性和便利性，服务的质量问题和旅客的投诉会导致不同程度的信任损失。如果服务质量不提高，就会降低顾客满意度；同时，如果对旅客的投诉处理不及时，就会导致旅客忠诚度丢失。第 w 种部件失效模式情况，高铁线路 l 第 q 个牵引变电所供电的接触网故障导致社会信用丢失造成的损失为

$$C_{\mathrm{stl},l,q}^{w}=\sum_{p=1}^{P}\sum_{m=1}^{M}a_{l,q}^{w}\tanh(n_{p,l,q}^{w}/2)N_{m,p,l,q}^{w}tp_{m,p,l,q}^{w}MTTR_{l,q}^{w}+b_{l,q}^{w} \tag{6-39}$$

式中：$a_{l,q}^{w}$ 和 $b_{l,q}^{w}$ 是一个设定参数；$tp_{m,p,l,q}^{w}$ 为乘客遇到 p 次列车延迟或停运的平均票价；$N_{m,p,l,q}^{w}$ 表示遇到 p 次列车延迟或停运的乘客数量；M 表示平均票价总类别数；P 表示乘客遇到列车延迟或停运的次数。

高铁线路 l 第 q 个牵引变电所供电的接触网系统风险为

$$CR_{l,q}=\sum_{i=1}^{12}P(J_i)(P(C_{\mathrm{el1}}\mid J_i)C_{\mathrm{el1}}+P(C_{\mathrm{el2}}\mid J_i)C_{\mathrm{el2}}+P(C_{\mathrm{el3}}\mid J_i)C_{\mathrm{el3}}+P(C_{\mathrm{stl}}\mid J_i)C_{\mathrm{stl}})) \tag{6-40}$$

高铁线路 l 接触网总风险为

$$CR_l=\sum_{q}CR_{l,q} \tag{6-40}$$

6.3.4 基于动态贝叶斯网络的接触网风险动态预估

DBN 是静态 BN 和时间相结合的模型。通过将时间信息加入静态 BN 中，原有的 BN 就变为了动态贝叶斯网络（DBN），如图 6-25 所示。DBN 通常是由初始网络和转移网络组成，并且整个网络具有有限个时间片，每个时间片由一个有向无环图和条件概率表组成。DBN 的一个标准定义如下：

一个 DBN 可以被定义为 $(G_0,G_\to)$，其中 G_0 为一个 BN，其初始时刻的概率分布定义为 $P(X^{(0)})$；$G_\to$ 为一个具有两个时间片的 BN，两个相邻时间片各变量之间的条件分布为定义为

$$P(X^{(t)} \mid X^{(t-1)}) = \prod_{i=1}^{n} P[X_i^{(t)} \mid Pa(X_i^{(t)})] \tag{6-41}$$

式中：$X_i^{(t)}$ 为第 t 个时间片上的第 i 个节点；$P_a(X_i^{(t)})$ 为节点 $X_i^{(t)}$ 的父节点；$G_\to$ 中前一个时间片中的节点可以不给出参数，第 2 个时间片中的每个节点都有一个条件概率 $P[X_i^{(t)} \mid Pa(X_i^{(t)})], t>0$。节点 $X_i^{(t)}$ 的父节点 $P_a(X_i^{(t)})$ 可以在同一时间片内，也可以在前一时间片上。位于同一时间片内的边可以理解为瞬时作用，而跨越时间片的边可以理解为时变作用，反映时间的流逝。图 6-25（a）表示一个具有 3 个时间片的 DBN，图 6-25（b）为初始网络 G_0，图 6-25（c）为两个时间片之间的转移网络 $G_\to$。

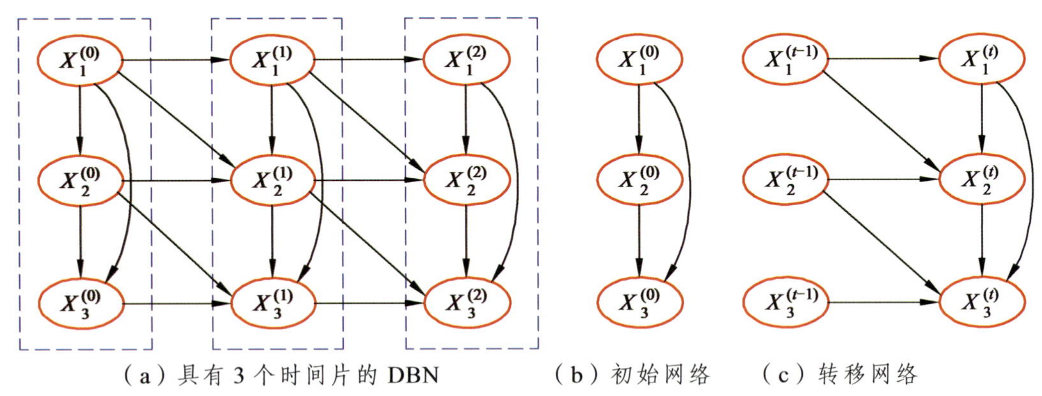

（a）具有 3 个时间片的 DBN　（b）初始网络　（c）转移网络

图 6-25　动态贝叶斯网络示意图

DBN 具有两个基本假设：

（1）一阶马尔可夫假设，即各节点之间的边或者位于同一时间片内，或者位于相邻时间片内，不能跨越时间片。

（2）齐次性，即 $G_\to$ 中的参数不随时间变化，根据初始分布和相邻时间片之间的条件分布，可以将 DBN 拓展到第 T 个时间片，跨越多个时间片的联合概率分布为

$$P(X^{1:T})=\prod_{t=1}^{T}\prod_{i=1}^{n}P(X_i^t \mid P_a(X_i^t)) \tag{6-42}$$

由上述可知，动态贝叶斯中的“动态”指的是样本数据，并不是结构和参数随时间的推移而发生变化，或者观测数随着时间的推移而变化。

采用 DBN 进行接触网系统风险动态预估。利用分析得到的接触网故障模式及风险传播网络图，构建的 DBN 结构如图 6-26 所示。

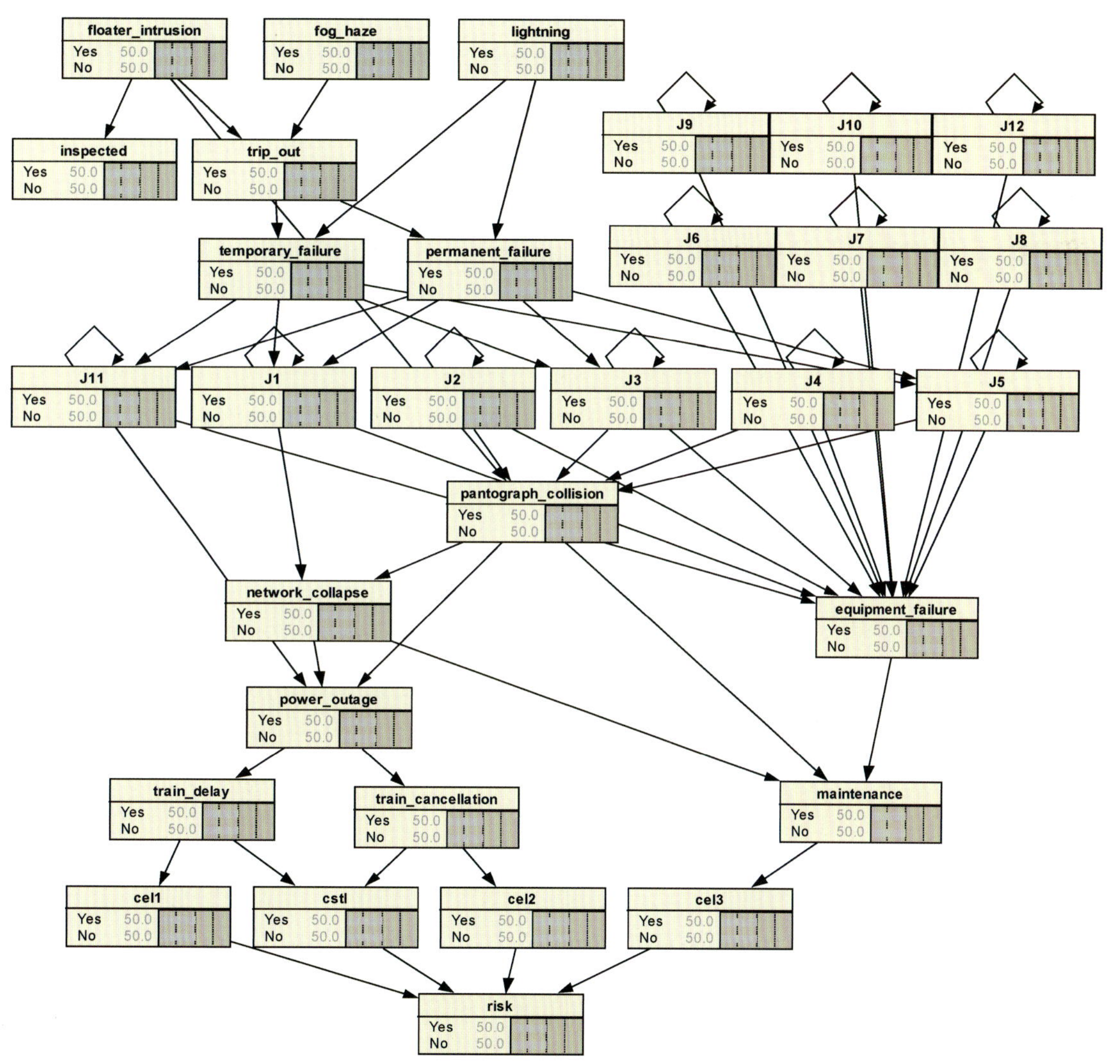

图 6-26　动态贝叶斯网络（DBN）结构

对于所有的节点都是离散节点，具有两种状态：正常（No，即 0）和故障（Yes，即 1）。当两个时间片的间隔为 Δt 时，两个相邻时间片的节点 $J_1, J_2, \cdots, J_{12}$ 之间的转移概率为

$$\begin{cases} P(J_i^{(t+\Delta t)} = 1 \mid J_i^{(t)} = 1) = 1 \\ P(J_i^{(t+\Delta t)} = 0 \mid J_i^{(t)} = 1) = 0 \\ P(J_i^{(t+\Delta t)} = 1 \mid J_i^{(t)} = 0) = e(-\lambda_i \Delta t) \\ P(J_i^{(t+\Delta t)} = 0 \mid J_i^{(t)} = 0) = 1 - e(-\lambda_i \Delta t) \end{cases} \tag{6-42}$$

基于 DBN 的接触网风险动态预估方法是以外部的天气数据和接触网零部件失效率为基础，通过接触网外因故障预测模型预测雷击跳闸、漂浮物侵扰和瓷绝缘子雾霾污闪概率，并利用历史故障和维修记录，确定接触网零部件失效率，借助 DBN 实现内外因故障融合，开展接触网运行风险动态预估研究。具体的实现步骤如算法 6.1 所示。

算法 6.1 基于 DBN 的接触网风险动态预估算法

1. **输入：**
- X：利用外部数据构建的训练集
- Y：对应训练标签，0 或 1
- q：牵引变电所数量
- $P(J_{1:12}^i)$：接触网部件故障率（牵引变电所 i 供电的 2 条供电臂接触网）
- 求解：接触网外因故障率

2. **输出：** 接触网总风险
- 接触网风险动态预估开始

For $i = 1$ to q do
- 开始训练
- 以牵引变电所 i 供电的一跨接触网为基本空间单元；
- 初始化模型参数；
- 模型训练；
- 训练过程结束
- 测试过程开始
- 确定 Δt；
- 训练好的预测模型；
- 输出接触网外因故障率；
- 测试过程结束
- 根据 1 跨接触网之间的串联逻辑，计算牵引变电所 i 供电的 2 条供电臂接触网外因故障率；

- 统计确定故障模式及风险传播网络图中条件概率；
- 给出风险后果量化参数；
- 确定部件在 t 时刻状态；
- 计算零部件状态转移概率；
- 计算牵引变电所 i 供电的 2 条供电臂接触网风险；

End

- 计算接触网总风险
- 接触网风险动态预估结束

基于 DBN 的接触网风险动态预估流程分为离线分析和在线评估两部分。离线分析：获取相关的历史天气数据后，计算相应的天气参数，训练外部故障预测模型；并结合接触网历史故障和维修记录数据，统计并确定故障模式及风险传播网络图中的条件概率和风险后果量化参数。在线评估：在输入持续变化的天气数据后，对数据进行时空划分，确定 Δt；计算各牵引变电所供电的两条供电臂接触网的天气参数，并利用训练好的模型对当前天气情况下接触网故障概率进行预测；结合列车运行时刻表，利用构建的 DBN 计算接触网风险，具体如图 6-27 所示。

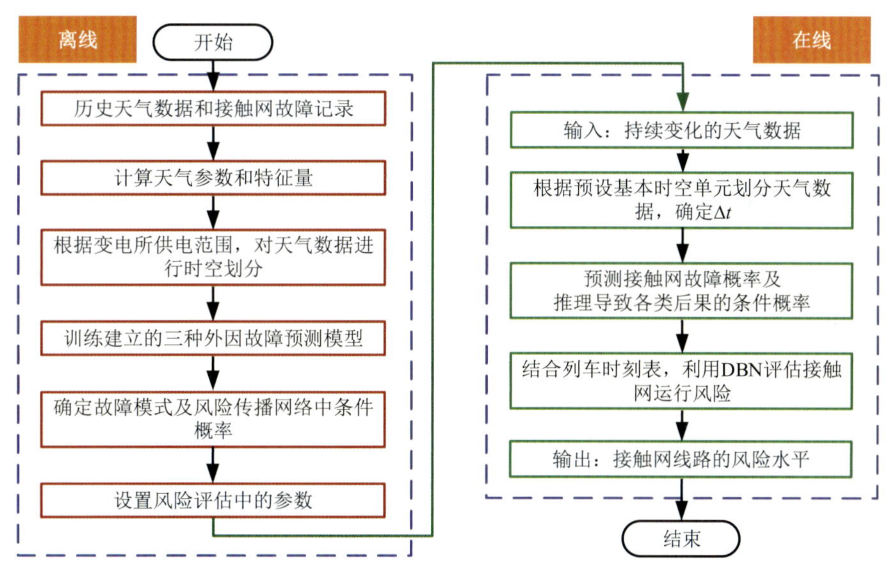

图 6-27　接触网风险动态预估整体流程

6.3.5　实例分析

对 3 种天气情况下的数据集进行分析。具体如下：以广州铁路局京广高速铁路接触网为对象，2015—2019 年雷击数据、2018—2019 年大风数据和 2016—2019 年雾霾数据构建训练集，2020 年 3 种天气数据用于构建测试集。实验环境如下：Python 3.8，深度学习框架 PyTorch，Intel i7-6700U CPU@3.40 GHz 和 16 GB 内存。通过对 2015—2019 年京广高速铁路接触网历史故障和维修记录进行统计分析，确定接触网故障风险传播网络图中的参数。对试验线路列车运行情况进行分析，如表 6-10 所示。

表 6-10　试验线路列车运行情况及票价

列车类型	列车数量	列车运行时间	软卧票价/商务（高铁）/元	硬卧票价/一等（高铁）/元	硬座票价/二等（高铁）/元
K	23	3 小时 27 分	147.50	87.50	47.50
T	6	2 小时 30 分	207.00	121.00	69.00
G	114	1 小时 5 分	393.00	199.00	124.5.00

试验线路总共有 143 趟列车组从起点站乐昌东站到终点站广州站，每辆列车有 18 节车厢，其中 8 节硬座、6 节硬卧、1 节软卧，搭载约 2 600 人次。每辆列车平均耗时为 1 小时 20 分钟。终点站广州 2020 年人均年 GDP 为 68 304 元。

采用如表 6-11 所示的 3 种天气情况下的数据集对前述接触网外因故障预测方法进行测试验证。雷电数据时间跨度为 2020 年 8 月 22 日 17 时至 20 时 48 分，大风数据时间跨度为 2020 年 4 月 1 日至 5 月 31 日，雾霾数据时间跨度为 2020 年 3 月 1 日至 5 月 31 日。预测结果如表 6-12 所示。

表 6-11　三种外因故障数据集大小及时间范围

外因	训练集	测试集	测试集时间跨度
雷电	2092	126	2020 年 8 月 22 日（17:00—20:48）
大风	1224	61	2020 年 4 月 1 日至 5 月 31 日
雾霾	1462	90	2020 年 3 月 1 日至 5 月 31 日

表 6-12　接触网外因故障预测结果

外因	P	R	$F1$	Acc
雷击跳闸	100.00%	89.53%	94.48%	92.86%
漂浮物侵扰	88.89%	100.00%	94.12%	90.16%
雾霾污闪	93.81%	98.80%	95.91%	92.39%

可以看出，3 种天气情况下接触网外因故障预测的 P、R、$F1$ 和 Acc 值均高于 88%。接触网运行风险评估结果见表 6-13、图 6-28。

表 6-13　3 种天气情况下接触网风险评估结果

天气情况	雷电	大风			雾霾			
时间	2020 年 8 月 22 日	4 月	5 月	总计	3 月	4 月	5 月	总计
风险评估结果	62 434.63	11 561.21	6 786.60	18 347.81	44 367.90	50 198.78	6 128.91	100 695.59

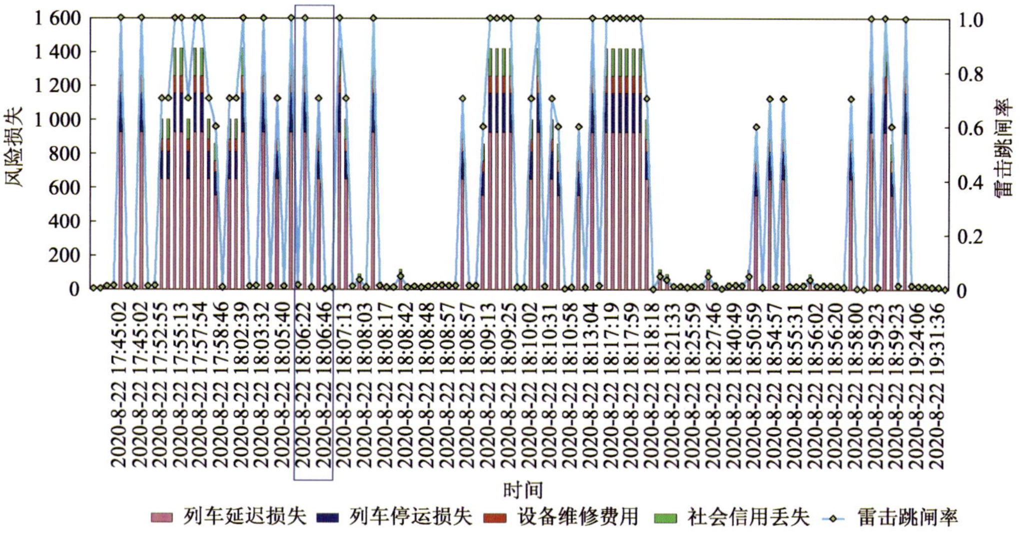

图 6-28　接触网风险后果及雷击跳闸率图

不难看出，单日雷击风险较高，造成的风险损失高达 6 万多元；4 月和 5 月大风天气接触网运行风险造成的损失分别为 11 561.21 元和 6 786.60 元；雾霾天气下，接触网运行风险在 2020 年 3 月和 4 月较高，造成的损失分别为 44 367.90 元和 50 198.78 元。接触网在雷电天气下的单日运行风险高于大风和雾霾天气下单月接触网运行风险，因此雷电季节来临时，应重点开展雷击防护工作，增强防雷措施。将连续的雷击事件划分为多个连续的时间片，通过构建的 DBN 风险评估方法，可以计算出时变的接触网运行风险。除了基本上固定的内因故障风险损失，接触网整体风险随着接触网雷击跳闸概率变化而产生了较大的波动。因此，可以推断出在进行风险评估时，外部天气导致的接触网风险损失更是不可忽视，在雷电天气下，一旦导致一次永久性故障，就会耗费一定的人力物力，从而造成较大的经济损失。通过与实际故障和维修记录进行验证分析，发现一起雷击跳闸事件发生在 2020 年 8 月 22 日 18:06，并且导致平腕臂绝缘子闪络烧伤，由运维部门于 8 月 23 日天窗时进行更换。

图 6-29 和图 6-30 分别给出了大风和雾霾天气下接触网日运行风险变化曲线。因雾霾污闪和大风漂浮物侵扰的影响，导致接触网日运行风险也随着预测的漂浮物侵扰风险和瓷绝缘子雾霾污闪概率波动。通过与实际故障和维修记录进行验证分析，发现 6 起漂浮物悬挂接触网事件（分别发生在 2022 年 4 月 13 日、15 日、16 日、24 日、29 日和 30 日）和两起雾霾污闪事件（分别发生在 2022 年 3 月 13 日和 3 月 30 日）。4 月 13 日风筝悬挂在 147 号支柱斜腕臂棒式绝缘子带电侧铁锚压板与接触线下锚棘轮封堵侧面不锈钢挡板之间，短接棒式绝缘子造成跳闸，后由运维人员携带应急工具添乘进行处理及维修。4 月 24 日 8:58 发现，大风天气（7 级西风）将白色塑料薄膜挂至 110# 支柱防风拉线上，影响行车，白色塑料薄膜长约 1.2 m、宽为 0.2 m。由于巡视人员发现及时，列车降弓通过；9:46 维修人员成功取下白色塑料膜。

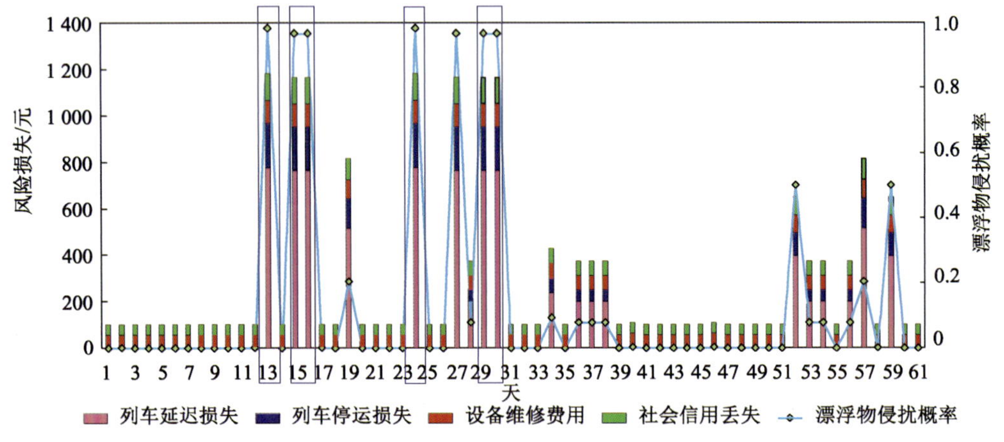

图 6-29　接触网风险后果及漂浮物侵扰概率图

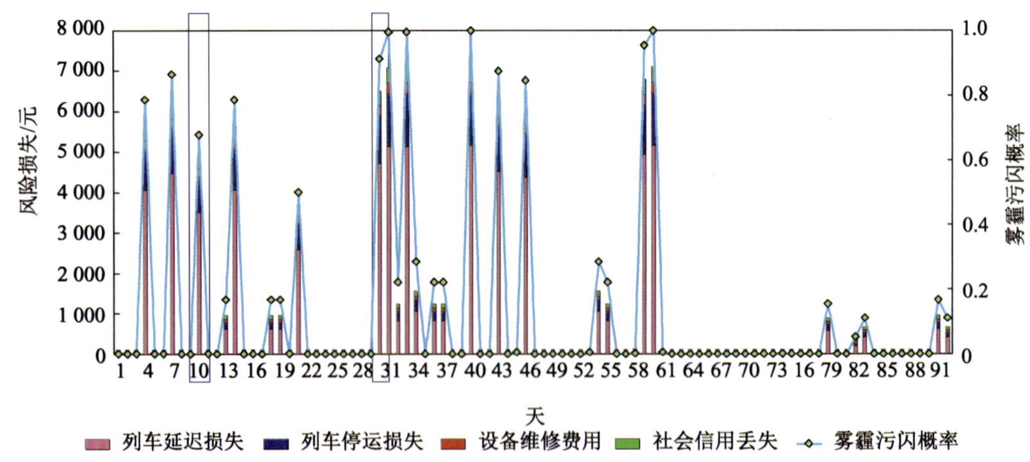

图 6-30　接触网风险后果及雾霾污闪概率图

2020 年 4 月与 5 月，雾霾和大风天气频发，综合考虑接触网零部件失效、雾霾污闪风险和漂浮物侵扰，分析接触网运行风险，评估结果见图 6-31。与雾霾污闪风险和漂浮物侵扰风险相比，接触网零部件失效及其各类风险损失整体较小，日风险损失约 100 元，但是雾霾污闪风险损失日最高可达 7 000 元。原因在于：瓷绝缘子雾霾污闪，严重情况可造成炸裂，引起接触网失电，造成列车晚点和社会信用损失，严重影响列车安全运行，大风漂浮物亦是如此。

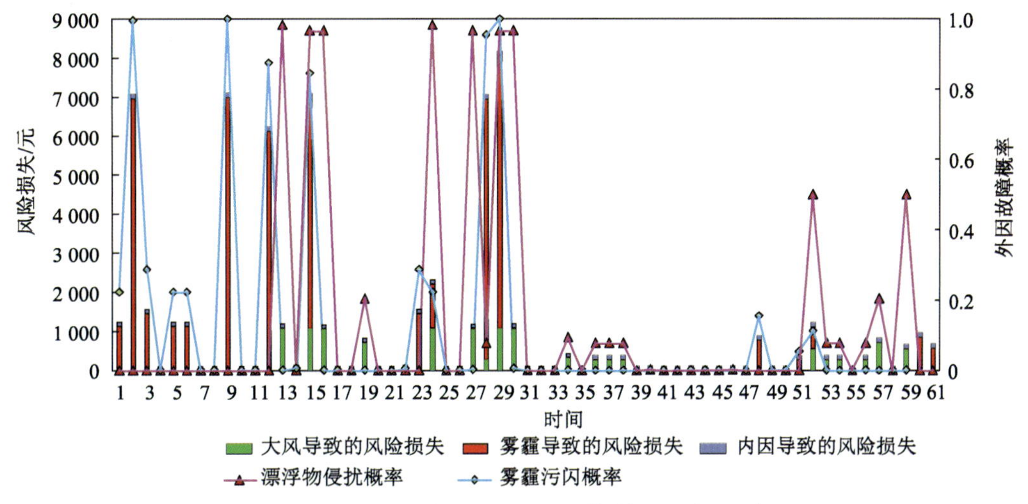

图 6-31　2020 年 4 月至 5 月接触网运行风险

为降低外部天气对接触网安全运行造成的风险及后果严重程度，减少经济损失，可从以下方面入手：

（1）针对雾霾污闪情况，应进一步开展瓷绝缘子雾霾污闪风险预测及评估研究，适当调整接触网绝缘子的清污周期，避免接触网污闪跳闸事故的发生。

（2）针对漂浮物侵扰，加大外部环境宣传力度。对管内集中的居民区和人员密集区要做好宣传，粘贴宣传画报，发放宣传手册；加强网外排查整治，对管内生活区的轻飘物进行全面检查，一旦发现有轻飘垃圾，要及时跟当地沟通处理。

（3）加强非正常情况下的应急预想、演练，提高应急处置能力。

（4）做好信息传递、共享及研判工作，提高抢修效率。

该方法能够动态预估接触网运行风险，能够反映各种天气情况下接触网运行风险的时变差异特性，有益于识别受外部天气影响较大的高铁线路接触网，并制定针对性的维修决策，从而降低接触网运行风险水平。

第7章 高速铁路接触网可用性评估

高速接触网是复杂载流机电系统。针对接触网系统，是可以对接触网缺陷或者故障进行修复的。因此，高速接触网不仅要考虑其可靠性，还要考虑其维修性，关心在发生故障时能否尽快将故障排除，或减少和预防故障的发生。将可靠性与维修性结合起来称为高速接触网的广义可靠性，亦称为可用性。可用度是高速接触网广义可靠性研究的关键，也是最重要的可用性指标。本章主要介绍两种高速接触网可用性评估的方法：基于马尔可夫模型的方法和基于 Petri 网的方法。

7.1 基于马尔可夫过程的接触网可用性评估

7.1.1 马尔可夫过程的基本原理

随机事件的变化过程称为随机过程。随机过程可用随机函数来描述。随机函数 $X(t)$ 在时间 t_1 时的取值称为 $X(t)$ 在 $t=t_1$ 时的状态，t 称为过程参数，两者所有可能值的集合，称为状态空间和参数空间。

当系统完全由定义状态的变量值来描述时，称这个系统处于一种状态。当描绘系统的变量从一种状态的特定值变化到另一种状态的特定值时，称该系统实现了状态的转移。马尔可夫过程就是研究系统状态与状态间的相互转移关系的。在系统可靠性中，通常关注随机变量 $X(t)$ 在任意时刻的状态 $X(t_n)$ 与过去所有时刻的状态 $X(t_i),1\leqslant i\leqslant n-1$ 间的关系。上述情况可用下述条件概率来描述：

当随机过程中出现的系统状态 $X(t_1)=x_1$，$X(t_2)=x_2$，…，$X(t_{n-1})=x_{n-1}$ 已定时，则出现下一个系统状态 $X(t_n)=x_n$ 的条件概率为

$$P\{X(t_n)=x_n \mid X(t_1)=x_1, X(t_2)=x_2, \cdots, X(t_{n-1})=x_{n-1}\} \tag{7-1}$$

称 $X(t_n)$ 与 $X(t_1),X(t_2),\cdots,X(t_{n-1})$ 有关。当条件概率为

$$P\{X(t_n)=x_n \mid X(t_1)=x_1, X(t_2)=x_2, \cdots, X(t_{n-1})=x_{n-1}\}=P\{X(t_n)=x_n\} \tag{7-2}$$

称 $X(t_n)$ 与过去历史无关，即为独立随机过程。

当条件概率为

$$P\{X(t_n)=x_n \mid X(t_1)=x_1, X(t_2)=x_2, \cdots, X(t_{n-1})=x_{n-1}\} = P\{X(t_n)=x_n \mid X(t_{n-1})=x_{n-1}\} \quad (7\text{-}3)$$

称 $X(t_n)$ 仅与前一状态 $X(t_{n-1})$ 有关。这一随机工程就是最简单的马尔可夫过程。

马尔可夫过程的随机变量在任意时刻 t_n 时的状态 $X(t_n)$，仅与其前有限次数之内的状态 $X(t_{n-1}), X(t_{n-2}), \cdots, X(t_{n-i})$ 有关，而与更以前的状态 $X(t_{n-i-1}), X(t_{n-i-2}), \cdots, X(t_1)$ 无关。马尔可夫过程所具有的这种以前的各状态不影响现状态 $X(t_n)$ 的性质，称为马氏性，即无记忆性。

若将状态 $X(t_n)$ 记为 j 、$X(t_n)$ 记为 i，则式（7-3）可写为

$$P\{X(t_n)=j \mid X(t_{n-1})=i\} = P_{ij} \quad (7\text{-}4)$$

式中：条件概率 P_{ij} 称为过程从状态 i 到状态 j 的转移概率。

如果马尔可夫过程从一个给定状态向另一个状态转移的概率仅与两状态的相对时间有关，或具体观测时间变化时其转移概率不变，即

$$P\{X(t_n)=j \mid X(t_{n-1})=i\} = P_{ij} = \text{const} \quad (7\text{-}5)$$

则称这种马尔可夫过程为平稳马尔可夫过程。上述马尔可夫过程适用于系统的工作状态和故障状态均服从指数分布的情况，因为只有当故障率和修复率均为常数的指数分布，才能确保两个状态间的转移概率在所有时间都保持恒定。

马尔可夫的状态转移过程也可用马尔可夫转移矩阵表达。对于 n 状态系统，若可能产生的状态为 $S_1, S_2, \cdots, S_n$，且在状态 S_i 产生后，状态 S_j 产生的条件概率为 P_{ij}，若由最初的分布中随机地选出 S_i 的概率为 a_i，则当此事件群的条件概率为定值且表示为

$$P\{S_i, S_j, \cdots, S_m, S_n\} = a_i P_{ij} \cdots P_{mn} \quad (7\text{-}6)$$

上式称为马尔可夫链。当可能产生的状态为有限个时，又称为有限马尔可夫链。且有

$$\left.\begin{aligned} &\sum_{i=1}^{n} a_i = 1 \\ &1 > P_{ij} \geqslant 0 \\ &\sum_{j=1}^{n} P_{ij} = 1 \end{aligned}\right\}, i, j = 1, 2, \cdots, n \quad (7\text{-}7)$$

n 状态系统的转移矩阵为 $n \times n$ 阶的方阵：

$$\boldsymbol{P}=\begin{bmatrix} P_{11} & P_{12} & \cdots & P_{1n} \\ P_{21} & P_{22} & \cdots & P_{2n} \\ \vdots & \vdots & & \vdots \\ P_{n1} & P_{n2} & \cdots & P_{nn} \end{bmatrix} \tag{7-8}$$

转移矩阵 $\boldsymbol{P}$ 完全描述了马尔可夫过程。由式（7-7）可知，转移矩阵的各元素均为不大于 1 的非负元素，而每一行中的各元素之和均等于 1。有了转移矩阵，可以用它解决关于状态转移的问题，可以计算状态转移过程中停留在任何状态的概率。如果用概率向量 $\boldsymbol{P}(0)$ 表示系统的初始状态，$\boldsymbol{P}(1)$ 表示系统运行一段时间后的状态，$\boldsymbol{P}(2)$ 表示再运行一段时间后的状态，并依此类推，$\boldsymbol{P}(n)$ 表示系统运行 n 段时间后的状态，那么，n 次转移后系统所处状态的概率等于初始状态的概率向量右乘转移矩阵的 n 次幂，即有

$$\begin{aligned} &\boldsymbol{P}(1)=\boldsymbol{P}(0)\cdot\boldsymbol{P} \\ &\boldsymbol{P}(2)=\boldsymbol{P}(1)\cdot\boldsymbol{P}=\boldsymbol{P}(0)\cdot\boldsymbol{P}^2 \\ &\ \vdots \\ &\boldsymbol{P}(n)=\boldsymbol{P}(n-1)\cdot\boldsymbol{P}=\boldsymbol{P}(0)\cdot\boldsymbol{P}^n \end{aligned} \tag{7-9}$$

7.1.2 基于马尔可夫过程的可修系统可用性评估

考虑故障率为常数 ρ 的系统，当系统发生故障时，它以修复率 μ 被修复。可修系统定义两个互斥状态：状态 s_0 代表系统的工作状态，状态 s_1 代表系统的故障状态。系统的状态转移方程为

$$P_0(t+\Delta t)=[1-\rho\Delta t]P_0(t)+\mu\Delta tP_1(t) \tag{7-10}$$

$$P_1(t+\Delta t)=[1-\mu\Delta t]P_1(t)+\rho\Delta tP_0(t) \tag{7-11}$$

对上式进行变形，则

$$\frac{\mathrm{d}P_0(t)}{\mathrm{d}t}=\dot{P}_0(t)=-\rho P_0(t)+\mu P_1(t) \tag{7-12}$$

$$\frac{\mathrm{d}P_1(t)}{\mathrm{d}t}=\dot{P}_1(t)=-\mu P_1(t)+\rho P_0(t) \tag{7-13}$$

利用拉普拉斯变换且初始条件 $P_0(0)=1$ 和 $P_1(0)=0$，可以得到上述方程的解：

$$sP_0(s)-1=-\rho P_0(t)+\mu P_1(t) \tag{7-14}$$

$$sP_1(s)=-\mu P_1(t)+\rho P_0(t) \tag{7-15}$$

由式（7-15）可得

$$P_1(s)=\frac{\rho}{s+\mu}P_0(s) \tag{7-16}$$

将式（7-16）代入式（7-14）中，可得

$$P_0(s)=\frac{s+\mu}{s(s+\rho+\mu)} \tag{7-17}$$

利用部分分式展开法，则上式变为

$$P_0(s)=\frac{\frac{\mu}{\rho+\mu}}{s}+\frac{\frac{\rho}{\rho+\mu}}{s+\rho+\mu} \tag{7-18}$$

对式（7-18）进行反拉普拉斯变换，则

$$P_0(t)=\frac{\mu}{\rho+\mu}+\frac{\rho}{\rho+\mu}\mathrm{e}^{-(\rho+\mu)t} \tag{7-19}$$

式（7-19）为系统在时刻 t 的可用度。那么，不可用度为

$$\bar{A}(t)=1-P_0(t)=\frac{\rho}{\rho+\mu}-\frac{\rho}{\rho+\mu}\mathrm{e}^{-(\rho+\mu)t} \tag{7-20}$$

7.1.3　可修接触网可用性评估实例

根据浴盆曲线，假设接触网零部件失效率、故障率（由失效引发的故障）以及修复率为常数，即失效时间、故障时间与修复时间服从指数分布。对于接触网系统的接触悬挂、支持装置、支柱与基础以及定位装置 4 种设备，令 ρ_1、ρ_2、ρ_3 和 ρ_4 分别表示上述 4 种设备的故障率；μ_1、μ_2、μ_3 和 μ_4 分别表示上述 4 种设备的修复率。将接触网重要的零部件等效为串联逻辑，则接触网设备的故障率为可以用下式表示

$$\rho_i=\sum\lambda_{ij},\ i=1,2,3,4 \tag{7-21}$$

式中：λ_{ij} 表示第 i 种设备含有的第 j 个零部件的失效率，这里零部件的失效是直接引起接触网设备发生故障的失效。接触网设备的修复率可以采用下式表示：

$$\mu_i=\frac{1}{\gamma_i} \tag{7-22}$$

式中：γ_i 表示第 i 种设备的平均修复时间，可以采用下式计算：

$$\gamma_i = \frac{\sum \rho_j \gamma_{ij}}{\sum \rho_j} \tag{7-23}$$

式中：γ_{ij} 表示第 i 种设备中第 j 个零部件的平均修复时间。

表 7-1 给出了接触悬挂、支持装置、定位装置以及支柱与基础 4 种设备中零部件的失效率与修复率，则根据式（7-21）~式（7-23），统一失效率与修复率的单位，均换算到每天的故障率和修复率，则结果如表 7-2 所示。

表 7-1　接触网各部分失效率与修复率

子系统名	零部件名	失效率（1/年）	修复率（1/小时）
接触悬挂	承力索	0.035 7	0.066 7
	接触线	0.035 7	0.066 7
	吊弦	0.342 4	0.769 2
	线夹	0.021 4	0.769 2
支持装置	斜腕臂	0.034 8	0.219 8
	水平腕臂	0.034 8	0.219 8
	绝缘子	0.104 8	0.238 1
	承力索座	0.021 8	0.333 3
	套管	0.065 5	0.333 3
	定位环	0.013 2	0.333 3
定位装置	定位装置	0.625	0.176 1
支柱与基础	支柱与基础	0.028 29	0.339 0

表 7-2　以天为单位的接触网设备故障率和修复率

子系统名	故障率（1/天）	修复率（1/天）
接触悬挂	0.001 192	0.148
支持装置	0.000 753	0.160
定位装置	0.001 712	0.237
支柱与基础	0.000 077 5	0.123

将表 7-2 中的数据直接代入式（7-8）中，得到状态转移矩阵：

$$
\boldsymbol{P}=\begin{bmatrix} 0.996\,265\,5 & 0.001\,192 & 0.000\,753 & 0.001\,712 & 0.000\,077\,5 \\ 0.148 & 0.852 & 0 & 0 & 0 \\ 0.160 & 0 & 0.84 & 0 & 0 \\ 0.237 & 0 & 0 & 0.763 & 0 \\ 0.123 & 0 & 0 & 0 & 0.877 \end{bmatrix} \tag{7-24}
$$

因此，在接触网系统恢复后，系统正常无故障，表明初始状态下对应的概率为 1。同时，接触网各零部件满足下面假设：① 接触网零部件无备份；② 系统故障过程无记忆；③ 零部件失效率与修复率为常数；④ 在同一时刻，发生失效而导致系统出现故障的零部件出现二次或二次以上失效的概率为 0；⑤ 任意时刻每个零部件所处状态互不影响。设定时间为 50 天，以式（7-24）为初始状态，利用马尔可夫过程评估接触网可用度，其曲线如图 7-1 所示。

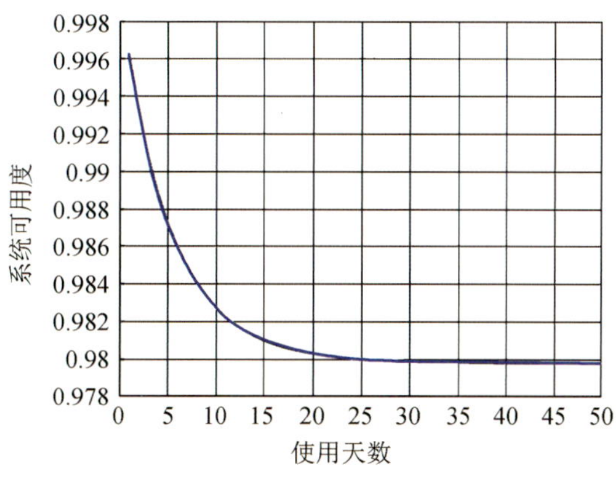

图 7-1　基于马尔可夫过程的接触网可用度评估

可以看到，系统的可用性与时间呈反比关系，在 50 天左右趋近于稳定，接触网系统维修稳定时的可用率大约为 0.98，同时根据上面介绍的马尔可夫模型稳定态计算方法，可以得到在时间趋于无穷时，系统的可用性稳定在 0.9 以上，接近 0.98。

7.2　基于随机 Petri 网的接触网系统可用性评估

利用马尔可夫过程进行接触网可用度评估的前提是假设故障率和修复率是常数，

且系统的状态只有两态，即故障状态和正常状态。事实上，依据第 2 章对接触网设备及系统状态的描述，接触网系统是多态的，包括正常状态、潜在故障状态以及故障状态。因此，本节引入随机 Petri 网评估接触网系统的可用性。

7.2.1　接触网零部件性能状态及维修

如第 2 章所述，接触网零部件性能状态转移过程可以用图 7-2 表示。

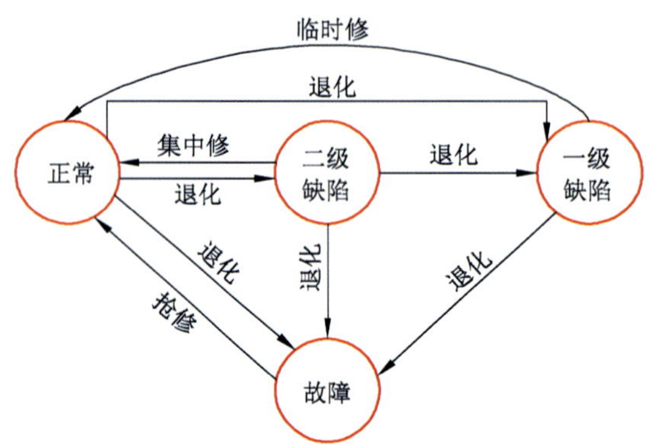

图 7-2　零部件性能状态转移图

当接触网零部件处于二级失效状态或一级失效状态时，需要进行以集中修和临时修为主的预防修作业，使得接触网设备及其零部件恢复正常状态，确保列车平稳运行，如图 7-3 所示。

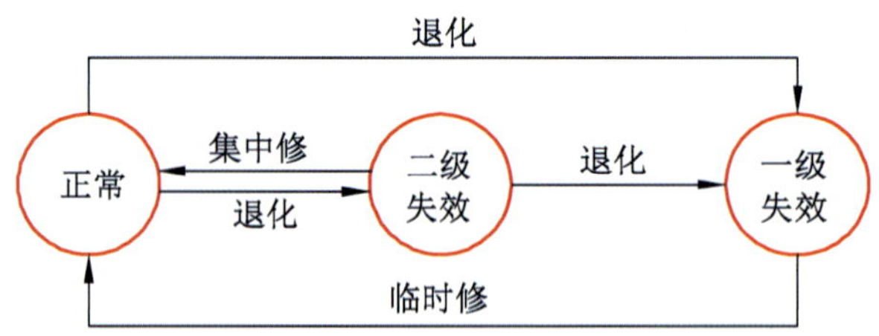

图 7-3　零部件预防修性能状态转移图

当接触网零部件处于正常状态、二级失效状态或一级失效状态时，面临着退化为失效状态的风险，若设备处于失效状态时，需立即进行故障修作业，确保列车在最短时间内恢复运行，如图 7-4 所示。

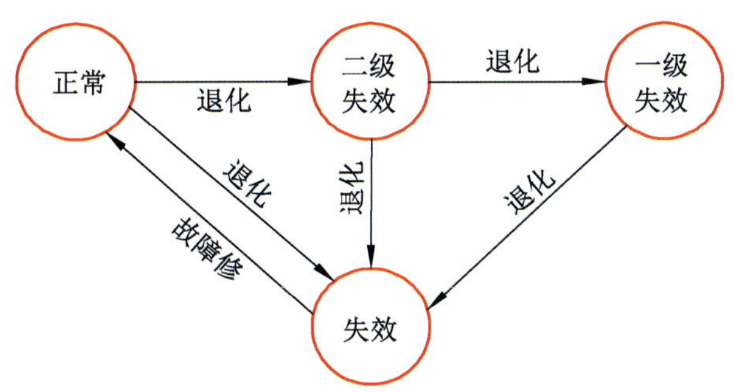

图 7-4　零部件故障修状态转移图

根据图 7-2、图 7-3 和图 7-4，接触网零部件性能状态转移图如图 7-5 所示。

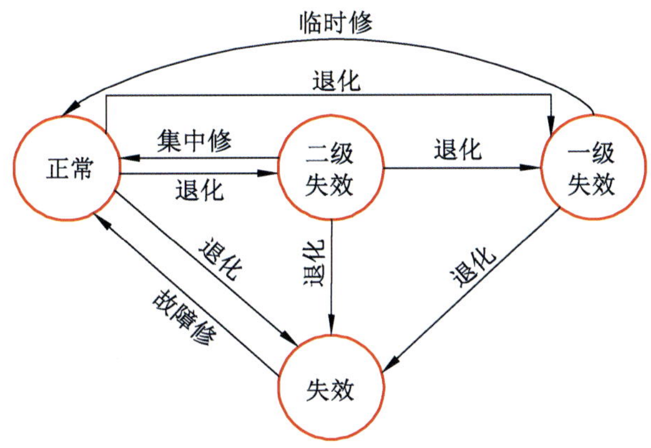

图 7-5　零部件性能状态转移图

针对接触网零部件处于二级失效状态时，即风险较低的失效，进行集中地延时预防维修（集中修）；针对接触网设备及其零部件处于一级失效状态时，即极易发生失效，需立即通过视情预防修对其修复（无事先计划的临时修）。无论是集中修还是临时修，其本质上都是以经验为主的预防修，属于非完美维修，在高速铁路接触网领域中不会影响接触网可用度，而经过维修最终都会回到“正常”状态。接触网故障抢修是对于接触网设备及其零部件处于失效状态时实施的维修方式，遵循“先行供电”“先通后复”和“先通一线”的原则，通过优化抢修策略，减少故障停电时间对运行的干扰，达到较高的可用度目标，理论和实践证明是完全可能的。

零部件正常状态是指设备的整体或局部没有发生失效，或者发生失效时其设备的性能状态在允许范围之内。接触网零部件处于二级失效状态或者一级失效状态时，是指接触网设备性能已退化，但仍能维持设备进行正常运营，不会立即对接触网的运营造成严重影响，但处于二级失效状态或一级失效状态的设备还是存在安全隐患，如果不及时对零部件进行维修，该零部件状态将继续发生退化，为功能失效状态，导致系统出现故障。对二级或者一级失效的零部件进行维修的方式统称为预防性维修，常见的集中修、临时修、周期大规模维修都属于预防性维修。例如，绝缘子表面出现涂层脱落或者起泡等现象后，其绝缘性可能会有所下降，但是其主要功能还是能够执行，但如果长时间不对其进行维修，在极端情况下（如雷击）很有可能导致绝缘子击穿并炸裂，进而导致绝缘子完全丧失功能。接触网零部件处于功能失效状态是指零部件的失效已使设备不能正常工作。所以零部件处于功能失效状态时，会使得设备丧失其功能，从而导致接触网出现故障。接触网零部件处于失效状态时，将影响系统可用度，所以必须尽可能避免或者减少类似情况的发生。例如，承力索发生断股，即发生潜在故障，若不加以处理，承力索可能被拉断，导致塌网。虽然接触网零部件的二级失效或一级失效不会对接触网运行造成影响，但功能失效会导致接触网出现故障。因此，把接触网故障状态可分为二级潜在故障状态、一级潜在故障状态及功能故障状态。零部件典型失效类型及接触网故障等级分类如表 7-3 所示。

表 7-3　失效模式及接触网系统故障状态

设备及零部件	零部件失效模式	接触网系统故障状态
接触线	局部磨损或磨损超标、接触线线面不正	二级潜在故障
	接触线拉出值≥500 mm	一级潜在故障
	接触导线烧断	故障
承力索	承力索及连接部分有锈蚀、磨损现象	二级潜在故障
	承力索接头补强总数量≥4	一级潜在故障
	承力索断裂	故障
吊弦	两吊弦间距>12 m	二级潜在故障
	吊弦线夹脱落（未侵入受电弓动态包络线）	一级潜在故障
	吊弦线夹脱落（侵入包络线）、吊弦断裂	故障
定位装置	定位器线夹螺母生锈、缺失	二级潜在故障
	定位线夹开裂	一级潜在故障
	定位器脱落	故障
绝缘子	绝缘子表面脏污、各部螺栓力矩不达标	二级潜在故障
	绝缘子表面出现环状或者贯通性放电痕迹	一级潜在故障
	绝缘子表面闪络	故障

续表

设备及零部件	零部件失效模式	接触网系统故障状态
隔离开关	隔离开关引线有散股	二级潜在故障
	隔离开关及底座螺栓紧固件状态较差	一级潜在故障
	导电回路过热	故障
补偿装置	同一补偿装置的两补偿滑轮间距<500 mm	二级潜在故障
	电容器受热膨胀	一级潜在故障
	补偿绳存在断股、散股；坠砣跌落	故障
电连接	电连接线夹是否有燃弧	二级潜在故障
	电连接线夹导电电阻（μΩ）大于限界值	一级潜在故障
	电连接与绳索连接处有烧伤	故障
线岔	线岔定位拉出值 450 mm≤α<500 mm	二级潜在故障
	线岔定位拉出值≥500 mm	一级潜在故障
	道岔定位器支座侵入受电弓动态包络线	故障
中心锚结	承力索中心锚结绳断股	二级潜在故障
	接触线中心锚结线夹偏斜严重，存在打弓可能	一级潜在故障
	中心锚结辅助绳脱落	故障

7.2.2　随机着色 Petri 网模型

随机着色 Petri 网是典型的描述可修系统多逻辑、多状态转移的模型。一个九元组随机着色 Petri 网 $\sum[P,T;F,D,C,I_-,I_+,M_0,\lambda(t)]$ 描述九元组各元素与可修系统的对应关系。

（1）P 是模型中所有的库所集合，按照功能可划分为状态库所及存储库所。例如在可修系统中，token 初始在库所 P_0 中，代表此时 token 处于正常状态，经过一段时间退化到故障状态，经过维修恢复到正常工作状态，在维修过程所产生的数据信息记录在存储库所中。

（2）T 是模型中所有的变迁集合，可用来承载点火条件，例如，token 从状态库所 P_0 经过变迁 T_0 转移到库所 P_1，只有满足变迁 T_0 承载的变迁条件才能完成转移工作。

（3）F 是模型中所有的有向弧集合，用来连接库所和变迁，是可修系统正常与故障状态相互转移的桥梁。

（4）D 是模型中的颜色集合，即对模型进行着色，对可修系统进行编号，附着安装日期、维修时长、维修费用等信息。

（5）C 是模型中颜色集合 D 的幂集合，$C(P)$ 表示库所 P 可能出现的颜色集合，如状态信息、存储信息等；$C(T)$ 表示变迁 T 可以接收的颜色集合，如时间参数。

（6）I_- 和 I_+ 分别为 $P\times T$ 上的负函数和正函数，使得所有 $(P,T)\in P\times T$。例如，I_- 表示可修系统中发生失效的设备或者零部件未被发现，返回到潜在故障状态库所中；I_+ 表示可修系统正常状态到故障状态的功能退化规律。

（7）M_0 为标识函数，满足 $\forall P\in P: M_0(P)\in C(P)$，即 $M_0(P)$ 是 C 集合的多重集；在可修系统中，标识函数表征可修系统所处状态，可作为可修系统是否处于故障状态的依据。

（8）$\lambda(t)$ 是变迁 T 点火条件的集合，包含可修系统的故障概率密度函数、维修概率密度函数及周期维修的定时限常数等。

token 表示可修系统中不同类型设备及附着的数据信息。

7.2.3　基于随机着色 Petri 网的可修系统状态转移实现

首先，需要在变迁 T 中引入随机时间参数，即每个变迁 T 都拥有一个独立的分布函数。这个分布函数可以表征零部件从输入库所到输出库所的延迟时间，即从一个状态转移到另一个状态所延迟的时间。点火条件 $\lambda(t)$ 用来表示延迟时间的长短，可以把导致可修系统故障的零部件失效的不确定性更好地引入模型中。

可修系统中的零部件状态通过维修是在不断循环的，即可修系统的零部件发生失效后会通过更换回到正常状态。但有的时候，零部件失效后，可能采用修理的方式使其恢复到正常状态，如零部件松动。这样，零部件不可能修复如新。

每个随机延迟变迁都拥有一个概率密度函数 $f(t)$，每个符合点火条件的 token 会根据密度函数 $f(t)$ 取一个随机值，即延迟时间，而常见的由给定概率密度函数生产随机值的方法有逆函数分步法和舍选法。

在经历一次状态循环转移后，且没考虑更新作业时，设备可靠度相对于该次循环之前的“正常”状态会有所下降，即设备的延迟时间相较于上一次大概率会下降。故取第一次的随机值为 $T_{(j)i}$，表示第 i 个 token 的第 j 次随机值（延迟时间），第 i 个 token 第 j 次、第 $j+1$ 次的随机值与故障概率密度函数中的时间 T 关系如下式：

$$T=t+T_{(j-1)i}+(1-\theta)[T_{(j)i}-T_{(j-1)i}] \tag{7-25}$$

式中：j 表示维修次数；θ 表示退化因子。

可修系统的零部件会发生退化、失效、功能失效、维修等基本事件，而变迁的作用是让随机着色 Petri 网中的 token 进行转移。由于不同的故障状态对接触网零部件的处理不同，故把变迁分为检查变迁、退化变迁、失效变迁及维修变迁。

对于检查变迁，是对可修系统的零部件状态进行评测，可分为以下 3 种情况：

（1）在维修资源充足的情况下被维修；

（2）在维修资源不足的时候等待被维修；

（3）长时间不维修造成零部件发生失效。

针对以上 3 种情况，定义检查变迁实现在可修系统工作过程中的检查事件，每次检查变迁点火，仅仅是把零部件名称记录到存储库所中。

对于退化变迁，用于实现在可修系统工作过程中零部件由于内外部条件的干扰导致状态的变迁转移。在可靠性工程中，使用状态转移的概率密度函数用于计算零部件进行状态转移所需时间。

对于故障变迁，实际上可以看作退化变迁中的一个子集，即可修系统从正常状态直接退化为故障状态，作用与退化变迁一致。对于维修变迁，用于分析多种维修方式共同作用下对可修系统的影响。

可修系统中的事件（如退化、故障、维修等）已经由变迁实现。现在需要确定可修系统中的事件发生序列，使得变迁依次进行点火操作。可修系统中的事件具有不确定性、模糊性及多变性，不可能直接确定点火顺序，考虑采用蒙特卡罗仿真方法。蒙特卡罗又称为统计模拟法，是一种随机模拟方法，一种以概率和统计理论方法为基础的计算机算法。蒙特卡罗模拟方法将所求解的问题同一定的概率模型相联系，用电子计算机实现统计模拟或抽样，以获得问题的近似解。蒙特卡罗仿真在于所求解的问题可以转换为多个随机变量之间的函数关系，如下所示：

$$Z = \mathrm{g}(t_1, t_2, t_3, \cdots, t_n) \tag{7-26}$$

式中：$t_1, t_2, t_3, \cdots, t_n$ 使用逆函数分布法通过概率密度函数 $f(t)$ 确定。

蒙特卡罗的特点在于把随机处理为多次确定事件，与枚举法的区别在于，后者是把所有可能的发生情况都考虑并代入函数计算，其计算的时间复杂度高且每次仿真的结果是一个定值，不会有任何改变。蒙特卡罗和枚举法也很类似，其依然会遍历最有可能的情况，但由于日常生活中的很多问题都是连续的，程序不可能全部遍历计算，而且很多变量的取值不是等概率发生的，这种取值的次数也很难体现，故选择蒙特卡罗模拟方法。一般情况下，蒙特卡罗仿真结果会收敛于一个定值，这个定值一般取仿真结果的均值。由于可修系统中自变量和应变量之间的函数关系十分复杂，很难使用统一的数学表达式的形式进行表示，所以使用随机着色 Petri 网模型对公式（7-26）中的函数进行描述。每次仿真前把随机着色 Petri 网模型中最先可能发生的事件进行确定，多次仿真后，通过分析每次仿真中的结果，求取最终值。求解的问题中的变量并不是确定的，而是满足一定的概率分布，在这种情况下其解 Z 并不是唯一的，而是满足相应的概率分布。令随机变量为时间，如设备的退化时间、维修时间等，这些变量都是独立且符合某种分布函数的，使用这种方法为了求出其解的概率分布，需要通过大量的随机取值模拟可能出现的随机现象，然后把所取样本进行统计分析即可得到所求结果。通过蒙特卡罗模拟出的样本提取其数字特征，由大数定律可知，如果样本的容量足够大，那么该事件的发生频率即为概率大小，所以提取多次结果的均值作为近似解。在开始仿真时，所有的 token 初始时刻都在库所 P_0 中，在这个库所中的 token 假设被变迁 T_0、T_1、T_2 进行转移，由此可知这三个变迁是竞争关系，三个都可能发生。所以三个变迁对库所 P_0 中的每个 token 都会发生冲突，这种冲突可以看成一种竞争。通过变迁自身的密度函数 $f(t)$ 使用舍取法在 1 到正无穷的时间里取值，从而确定每个变迁的延迟时间，其中变迁 T_0、T_1、T_2 取得的值为 t_1,t_2,t_3，不妨假设 $t_1 < t_2 < t_3$，那么变迁 T_0 则点火，其他变迁对此 token 的竞争失败，即变迁 T_1、T_2 在本次冲突中点火失败。

随机着色 Petri 网就是让变迁随机进行点火操作或依次让变迁进行点火操作，但这样做会进行很多冗余计算，从而导致仿真速度过慢。蒙特卡罗仿真本身就是需要数百成千次的仿真计算，所以按照之前的方法进行仿真的时间复杂度将是极高的。蒙特卡罗仿真经过数次仿真后也可以模拟可修系统中各事件发生时间的不确定性。蒙特卡罗在变迁点火前就确定了延迟时间，所以不用在每个单位时间都对所有的变迁依次进行点火判断，只需要维护一个变迁点火序列即可。这样不仅可以加快程序的仿真速度，还可以更好地实现不同变迁对 token 进行并发访问。所以，使用以点火任务的形式对其进行封装，使用小根堆这种数据结构对变迁点火任务序列进行存储，这样就可以动态确定变迁点火顺序。

下面将对点火任务和点火逻辑进行描述。为了提高程序的运行速度和拓展度，对可修系统中发生的事件进行封装。可修系统中发生的事件有三个基本属性，分别是点火时间（延迟时间）、变迁（事件种类）、token 序列（变迁点火的对象）。token 序列由变迁的输入库所确定，而不是直接存储在任务中。每个变迁都会维护一个散列表，用于存储该变迁所有输入库所的所有 token 的延时时间，以此来判断哪些 token 能点火。使用任务的形式对可修系统工作过程中发生的事件进行描述，可以大大降低程序中的冗余计算，而且这种方式拓展性好、逻辑清晰，适用于多种事件描述。把随机着色 Petri 网模型看作一个图进行存储，由于随机着色 Petri 网是一种稀疏有向图，故可采用邻接表进行存储。除了需要存储随机着色 Petri 网图外，还需要对大量点火任务进行管理，如果使用线性表进行存储，例如每次查找并取得当前点火任务的时间为 A，但使用小根堆进行存储，那么查找并取得当前点火任务的时间复杂度就降为 B，且 $A > B$，这将大大减少每次查找任务的时间花费。

对于当前可能发生的点火任务都按照延迟时间插入小根堆 heap 中。每个点火任务中只存储了一个变迁，但是在实际的可修系统工作过程中，每个事件都是相互影响的，比如一个零部件发生了退化，那么这个零部件就有可能继续发生检查事件、失效事件、维修事件等，这些都不是单个变迁可以实现的，故必须有一种方法使得一个变迁的点火操作可以影响其他变迁，进而导致其他变迁点火。为了实现这一目的，采用广度优先遍历法，在单个任务中程序会先初始化一个空队列 queue，若点火任务中的变迁点火成功，然后以点火任务中的变迁为起点，继续根据随机着色 Petri 网的邻接表遍历与其相邻输出库所的所有输出变迁，并将这些变迁依次入队 queue，把这些输入变迁依次出队后，依次进行点火判断操作。若可以点火，则继续以该变迁为起点遍历随机着色 Petri 网的邻接表，并把该变迁的所有输出库所的所有输出变迁依次入队 queue，不断进行上述操作，直到队列为空，本次点火任务完成。但是点火任务是必须按照延迟时间依次进行点火操作的，即变迁分为瞬时变迁和延时变迁。比如检查事件可以马上进行，但故障事件不可能在当前仿真时刻发生，所以程序将不能立即发生的事件，再次封装为一个点火任务，将其插入最小堆 heap 中，直到该任务的点火时间和当前仿真时间相同，该点火任务执行，重复执行上述步骤。在单次仿真当中，每个设备会发生不同事件，这些事件发生的时间由变迁自身的概率密度函数 $\lambda(t)$ 通过舍取法得到，将这些事件封装到一个任务中并插入小根堆 heap 中，然后不断从小根堆 heap 中取得任务并执行。多次仿真只需按照单次仿真流程重复执行即可，多次仿真的目的是考虑可修系统中事件发生的不确定性。完整的仿真流程如图 7-6 所示。

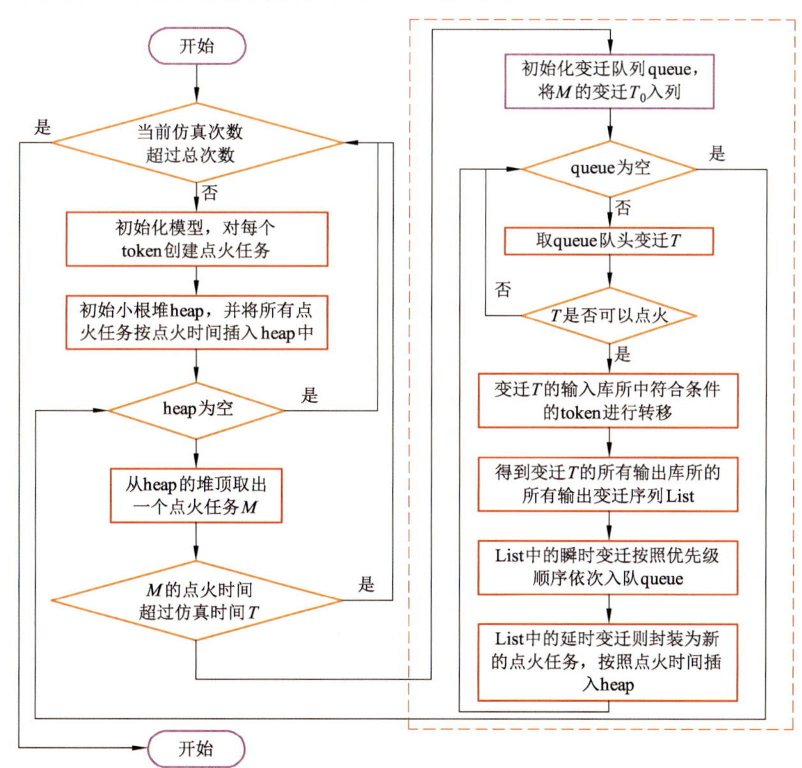

图 7-6　仿真流程

该算法的前提是所有变迁在仿真时间为 0 时不存在一个变迁满足点火条件。在初始化时，程序会将 token 添加到库所中。因为在此之前没有一个库所中存在 token，没有一个变迁满足点火条件，所以算法可以满足 0 时刻不存在一个变迁满足点火条件。

点火流程指的是输入库所中的 token 转移到输出库所的过程，如图 7-7 所示。

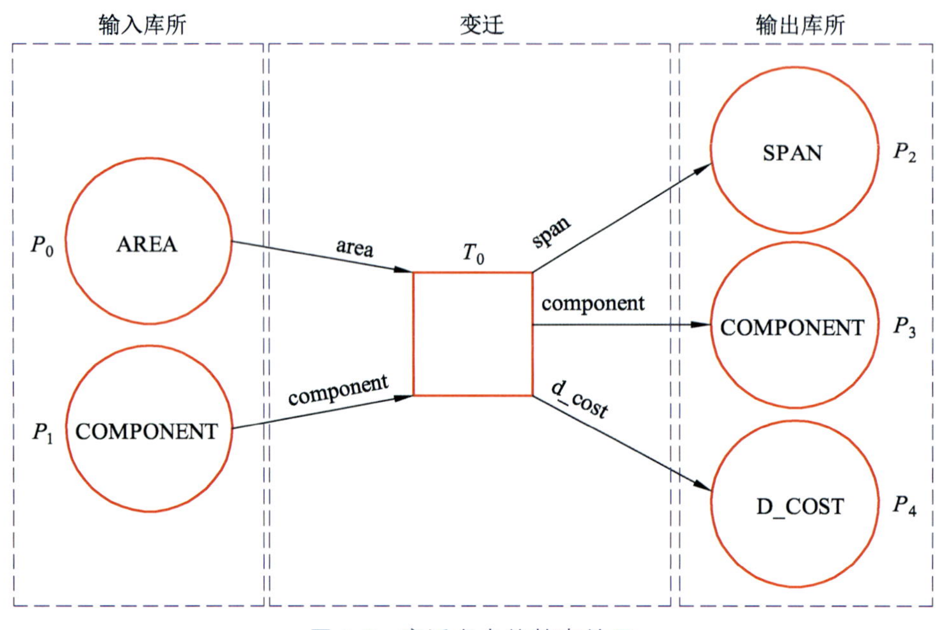

图 7-7　变迁点火的基本单元

图 7-7 展示的是一个变迁点火的基本单元。库所 P_1 和库所 P_3 存储的信息都是 COMPONENT，而库所 P_0 和库所 P_2 存储的 token 所在的区域（AREA）和跨度（SPAN）。变迁 T_0 的输出数据除了零部件，还有零部件的部分属性值。需要说明的是，输出库所也可以作为其他变迁的输入库所。例如，当一个输入库所 P_0 中存储的数据类型有：（1, 1, 4, 0, 0, 1, 6, 5）、（2, 9, 2, 0, 0, 3, 3, 3）、（3, 8, 3, 0, 0, 5,4, 9），由图 7-8 可知，当判断变迁 T_0 是否可以点火时，会依次判别库所 P_1 中的 3 个 COMPONENT 是否可以转移，假设当前 COMPONENT 为（1, 1, 4, 0, 0, 1, 6, 5），则对比库所 P_0 中容纳的区域（AREA）是否有 4，若存在则转移该 COMPONENT，反之则不能点火，继续等待。而 COMPONENT（2, 9, 2, 0, 0, 3, 3, 3）、（3, 8,3, 0, 0, 5, 4, 9）可以进行变迁点火作业，库所 P_2 存储跨度（SPAN）信息，库所 P_3 存储 COMPONENT（2, 9, 2, 0, 0, 3, 3, 3）、（3, 8,3, 0, 0, 5, 4, 9），库所 P_4 存储与已经转移的 COMPONENT 相关的维修信息。

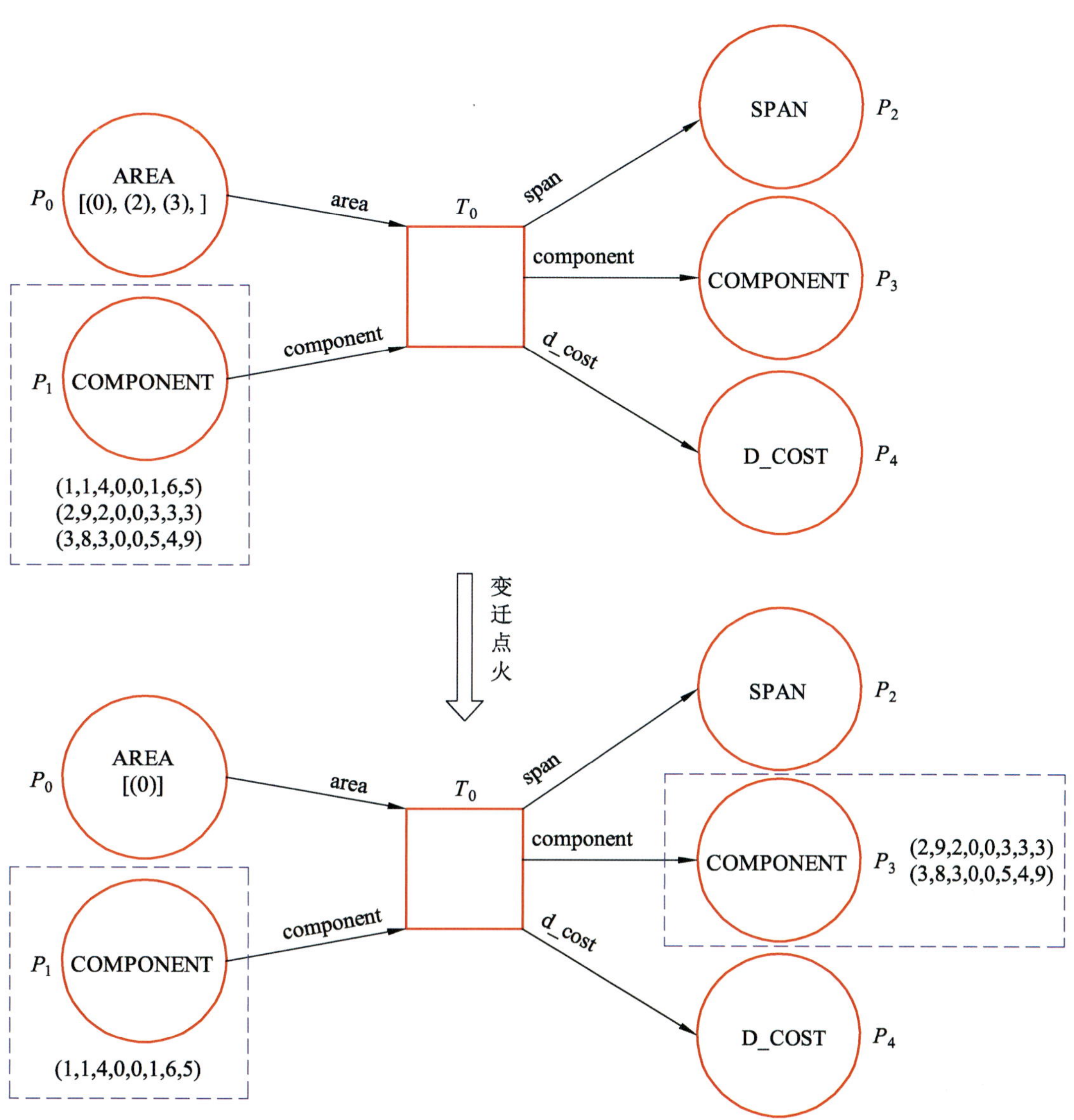

图 7-8　变迁点火逻辑示意图

上述描述的是瞬时变迁的点火作业。对于延迟变迁的点火作业，只需在瞬时变迁点火作业的基础上延迟一段时间即可。但需要注意的是，一个 token 面临着被多个变迁争夺的风险，这种情况下就需要考虑到延迟时间差，token 会因为延迟时间短的变迁抢先争夺；若延迟时间相同，则需要考虑变迁的优先级问题，使得编程逻辑成为可能。

7.2.4 接触网可用性评估模型

根据上节描述，利用随机着色 Petri 网建立接触网系统的可用性评估模型，其九元组$\sum[P,T;F,D,C,I_{-},I_{+},M_{0},\lambda(t)]$定义如下：

（1）P：接触网可用性评估模型中接触网状态、设备及维修信息的集合，分为状态库所与存储库所。状态库所表征接触网所处状态（正常、二级潜在故障、一级潜在故障、故障）；存储库所记录每次变迁发生后接触网自身数据信息，如设备名称、故障次数、维修费用、维修时长等。

（2）T：接触网可用性评估模型中接触网状态转移、维修资源更新的点火信息的集合，分为检查变迁、退化变迁、故障变迁、维修变迁与更新变迁。其中，检查变迁依据功能可定义为瞬时变迁，瞬时变迁表征接触网处于潜在故障状态时被检查到放置到下一个存储库所中等待或者尽快安排维修。退化变迁依据功能可定义为随机延迟变迁与固定延迟变迁，表征接触网从正常状态退化到二级潜在故障状态、正常状态退化到一级潜在故障状态、二级潜在故障状态退化到一级潜在故障状态，由于退化的时间不是固定的，需要蒙特卡罗模拟依据故障、潜在故障概率密度函数抽取随机数，故称为随机延迟变迁；而一级潜在故障由于极易发生故障，此状态下的接触网极易退化为故障状态，故通过临时修进行修复。故障变迁依据功能定义为随机延迟变迁。维修变迁依据功能分为瞬时变迁、固定延迟变迁。例如，故障发生时，需立即安排维修；而当接触网处于二级潜在故障状态时，可通过延迟维修进行处理，例如周期式的集中修。更新变迁依据功能定义为固定延迟变迁，例如，周期式的集中修，需要定时安排定量人手与天窗数量。

（3）F：接触网状态转移、维修资源更新及维修工作顺利进行的通道。例如，库所 P_0 表示接触网处于正常状态，库所 P_1 表示接触网处于二级潜在故障状态，变迁 T_0 连接库所 P_0、P_1，有向弧 F 可看作 token 在 $P_0 \to T_0 \to P_1$ 中的通道。

（4）D：接触网可用性模型中 token 的集合，对 token 进行着色，附着接触网设备名称、故障次数及维修时长等数据信息。

（5）C：接触网可用性模型中颜色集合 D 的幂集合，接触网状态、存储接触网数据信息及变迁点火条件信息的集合。

（6）I_{-}、I_{+}：接触网可用性模型中接触网状态与检查维修的双向流动。例如，接触网零部件发生二级失效时，应该通过集中修进行恢复，但是漏检或维修不到位等情况，并不能全部被修复，而没被修复的二级失效零部件就被退回到二级失效库所 P_1 中，继续等待被维修或者退化到一级潜在故障状态、功能故障状态。

（7）M_0：表征接触网系统的初始工作状态，表征了初始状态下接触网的各种静态特征，它所处的状态是进行逻辑转移判断的依据。

（8）$\lambda(t)$：接触网可用性模型中时间参数的集合，包含接触网中故障、失效概率密度函数、维修概率密度函数及时间参数等。

接触网的可用度计算需要明确接触网在运行过程的不可用时间。不可用时间在接触网中会由三种途径产生：

（1）接触网从正常状态到故障状态；

（2）接触网从二级潜在故障状态到故障状态；

（3）接触网从一级潜在故障状态到故障状态。

首先，利用接触网零部件的失效概率密度函数与蒙特卡罗模拟相结合抽取随机数，当指示函数为 1 时，蒙特卡罗模拟才会和接触网零部件的维修概率密度函数相结合抽取随机数 Y，求取平均值，两者相乘求取最终维修总时长，最后评估接触网可用度。

接触网零部件从正常状态退化到失效状态经故障修回到正常状态过程的维修时长计算步骤如下：

（1）蒙特卡罗模拟依据各设备的失效概率密度函数抽取随机数 $X^{(0)}$；

（2）确定指示函数 $I^{(0)}(x)$ 是否为 1；

（3）蒙特卡罗模拟依据各设备的维修概率密度函数抽取维修时长随机数 $y^{(0)}$；

（4）将维修时长随机数 $y^{(0)}$ 进行叠加求取平均值；

（5）确定好一个零部件之后，将其余零部件按照上述步骤重复进行叠加。

从接触网的接触线、承力索、绝缘子、电连接及补偿装置 5 项设备入手，设备各零部件从正常状态退化到失效状态经故障修回到正常状态过程的维修时长计算公式如下：

$$T_1^{(0)}=\left[\sum_{i=1}^{n}\sum_{j=1}^{m_{1,i}^{(0)}}y_{1,i,j}^{(0)}\right]\Big/n \tag{7-27}$$

$$T_2^{(0)}=\left[\sum_{i=1}^{n}\sum_{j=1}^{m_{2,i}^{(0)}}y_{2,i,j}^{(0)}\right]\Big/n \tag{7-28}$$

$$T_3^{(0)}=\left[\sum_{i=1}^{n}\sum_{j=1}^{m_{3,i}^{(0)}}y_{3,i,j}^{(0)}\right]\Big/n \tag{7-29}$$

$$T_4^{(0)}=\left[\sum_{i=1}^{n}\sum_{j=1}^{m_{4,i}^{(0)}}y_{4,i,j}^{(0)}\right]\Big/n \tag{7-30}$$

$$T_5^{(0)}=\left[\sum_{i=1}^{n}\sum_{j=1}^{m_{5,i}^{(0)}}y_{5,i,j}^{(0)}\right]\Big/n \tag{7-31}$$

$$T^{(0)} = T_1^{(0)} + T_2^{(0)} + T_3^{(0)} + T_4^{(0)} + T_5^{(0)} \tag{7-32}$$

式中：$T_1^{(0)}$ 表示接触线从正常状态退化到失效状态经故障修回到正常状态过程的维修时长；$T_2^{(0)}$ 表示承力索从正常状态退化到失效状态经故障修回到正常状态过程的维修时长；$T_3^{(0)}$ 表示绝缘子从正常状态退化到失效状态经故障修回到正常状态过程的维修时长；$T_4^{(0)}$ 表示电连接中零部件从正常状态退化到失效状态经故障修回到正常状态过程的维修时长；$T_5^{(0)}$ 表示补偿装置中零部件从正常状态退化到失效状态经故障修回到正常状态过程的维修时长；$T^{(0)}$ 表示接触网从正常状态退化到故障状态经故障修回到正常状态过程的维修时长。

接触网各设备零部件从二级失效状态退化到失效状态经故障修回到正常状态过程的维修时长计算步骤如下：

（1）蒙特卡罗模拟依据各设备的二级失效概率密度函数抽取随机数 $X^{(2)}$；

（2）确定指示函数 $I^{(2)}(x)$ 是否为 1；

（3）蒙特卡罗模拟依据各设备的维修概率密度函数抽取维修时长随机数 $y^{(2)}$；

（4）将维修时长随机数 $y^{(2)}$ 进行叠加求取平均值；

（5）确定好一个零部件之后，将其余零部件按照上述步骤重复进行叠加。

$$T_1^{(2)} = \left[\sum_{i=1}^{n}\sum_{j=1}^{m_{1,i}^{(2)}} y_{1,i,j}^{(2)}\right] \Big/ n \tag{7-33}$$

$$T_2^{(2)} = \left[\sum_{i=1}^{n}\sum_{j=1}^{m_{2,i}^{(2)}} y_{2,i,j}^{(2)}\right] \Big/ n \tag{7-34}$$

$$T_3^{(2)} = \left[\sum_{i=1}^{n}\sum_{j=1}^{m_{3,i}^{(2)}} y_{3,i,j}^{(2)}\right] \Big/ n \tag{7-35}$$

$$T_4^{(2)} = \left[\sum_{i=1}^{n}\sum_{j=1}^{m_{4,i}^{(2)}} y_{4,i,j}^{(2)}\right] \Big/ n \tag{7-36}$$

$$T_5^{(2)} = \left[\sum_{i=1}^{n}\sum_{j=1}^{m_{5,i}^{(2)}} y_{5,i,j}^{(2)}\right] \Big/ n \tag{7-37}$$

$$T^{(2)} = T_1^{(2)} + T_2^{(2)} + T_3^{(2)} + T_4^{(2)} + T_5^{(2)} \tag{7-38}$$

式中：$T_1^{(2)}$ 表示接触线从二级失效状态退化到失效状态经故障修回到正常状态过程的维修时长；$T_2^{(2)}$ 表示承力索从二级失效状态退化到失效状态经故障修回到正常状态过程的维修时长；$T_3^{(2)}$ 表示绝缘子从二级失效状态退化到失效状态经故障修回到正常状态过程

的维修时长；$T_4^{(2)}$ 表示电连接中零部件从二级失效状态退化到失效状态经故障修回到正常状态过程的维修时长；$T_5^{(2)}$ 表示补偿装置中零部件从二级失效状态退化到失效状态经故障修回到正常状态过程的维修时长；$T^{(2)}$ 表示接触网从二级潜在故障状态退化到故障状态经故障修回到正常状态过程的维修时长。

接触网设备中零部件从一级失效状态退化到失效状态经故障修回到正常状态过程的维修时长计算步骤如下：

（1）蒙特卡罗模拟依据各设备的一级失效概率密度函数抽取随机数 $X^{(1)}$；

（2）确定指示函数 $I^{(1)}(x)$ 是否为 1；

（3）蒙特卡罗模拟依据各设备的维修概率密度函数抽取维修时长随机数 $y^{(1)}$；

（4）将维修时长随机数 $y^{(1)}$ 进行叠加求取平均值；

（5）确定好一个零部件之后，将其余零部件按照上述步骤重复进行叠加。

$$T_1^{(1)}=\left[\sum_{i=1}^{n}\sum_{j=1}^{m_{1,i}^{(1)}}y_{1,i,j}^{(1)}\right]\Bigg/n \tag{7-39}$$

$$T_2^{(1)}=\left[\sum_{i=1}^{n}\sum_{j=1}^{m_{2,i}^{(1)}}y_{2,i,j}^{(1)}\right]\Bigg/n \tag{7-40}$$

$$T_3^{(1)}=\left[\sum_{i=1}^{n}\sum_{j=1}^{m_{3,i}^{(1)}}y_{3,i,j}^{(1)}\right]\Bigg/n \tag{7-41}$$

$$T_4^{(1)}=\left[\sum_{i=1}^{n}\sum_{j=1}^{m_{4,i}^{(1)}}y_{4,i,j}^{(1)}\right]\Bigg/n \tag{7-42}$$

$$T_5^{(1)}=\left[\sum_{i=1}^{n}\sum_{j=1}^{m_{5,i}^{(1)}}y_{5,i,j}^{(1)}\right]\Bigg/n \tag{7-43}$$

$$T^{(1)}=T_1^{(1)}+T_2^{(1)}+T_3^{(1)}+T_4^{(1)}+T_5^{(1)} \tag{7-44}$$

式中：$T_1^{(1)}$ 表示接触线从一级失效状态退化到失效状态经故障修回到正常状态过程的维修时长；$T_2^{(1)}$ 表示承力索从一级失效状态退化到失效状态经故障修回到正常状态过程的维修时长；$T_3^{(1)}$ 表示绝缘子从一级失效状态退化到失效状态经故障修回到正常状态过程的维修时长；$T_4^{(1)}$ 表示电连接从一级失效状态退化到失效状态经故障修回到正常状态过程的维修时长；$T_5^{(1)}$ 表示补偿装置从一级失效状态退化到失效状态经故障修回到正常状态过程的维修时长；$T^{(1)}$ 表示接触网从一级潜在故障状态退化到故障状态经故障修回到正常状态过程的维修时长。

上述 3 种引起接触网故障发生的途径均会产生维修时长，其接触网故障修过程的维修时长如下：

$$
\begin{aligned}
T &= T^{(0)} + T^{(1)} + T^{(2)} \\
&= \sum_{p=1}^{5} T_p^{(0)} + \sum_{p=1}^{5} T_p^{(1)} + \sum_{p=1}^{5} T_p^{(2)} \\
&= \sum_{k=0}^{2}\left[\sum_{p=1}^{5}\left(\sum_{i=1}^{n}\sum_{j=1}^{m_{p,i}^{(k)}} y_{p,i,j}^{(k)}\right)/n\right]
\end{aligned}
\tag{7-45}
$$

式中：T 表示接触网故障修过程的维修时长；k 表示接触网故障发生途径；i 表示仿真次数；p 表示接触网各设备。

1. 基于随机着色 Petri 网的设备零部件性能退化子网模型

依据随机着色 Petri 网九元组在接触网中的物理含义，由于 token 所携带的数据较多，用数组的形式进行命名，具体数据信息如表 7-4 所示。

表 7-4　设备属性表

颜色集	数据值	缩写	属性描述
编号	ID	id	设备标识符
跨距	SPAN	s	设备所在跨距
区域	AREA	a	设备所在区域
维修次数	PREV_MAINTAIN	pm	设备维修次数
维修时间	MAINTAIN_DATE	md	设备计划维修时间
故障产生费用	F_COST	f	故障抢修费用
潜在故障产生费用	D_COST	d	预防修费用
更新产生费用	U_COST	u	更新费用
资源	RESOURCE	r	维修资源

*Component Information（CI）=（ID, SPAN, AREA, PREV-MAINTAIN, MAINTAIN_DATE, F_COST, D_COST, U_COST, RESOURCE）=（id, s, a, pm, md, f, d, u, r）。

利用随机着色 Petri 网能够描述接触网多设备、多状态、多逻辑并发过程的特点与优势，并基于随机着色 Petri 网九元组建立不同设备的零部件性能状态退化转移随机着色 Petri 网中的一个子网模型，如图 7-9 所示。

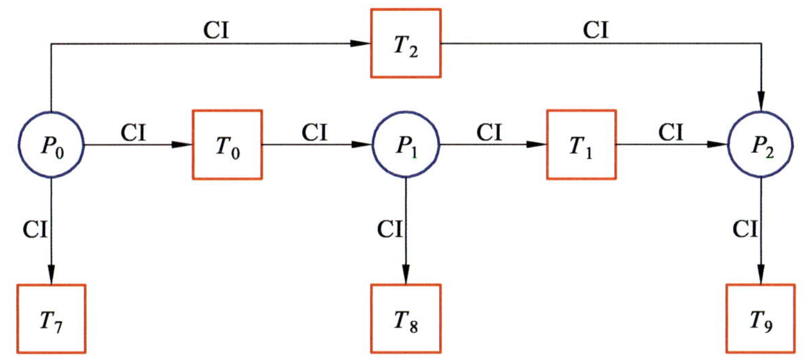

图 7-9　基于随机着色 Petri 网的设备零部件性能状态退化子网模型图

图 7-9 中，P_0、P_1、P_2 代表接触网零部件的正常、二级失效状态、一级失效状态；$P_0 \to T_0 \to P_1$ 表示接触网零部件从正常状态退化到二级失效状态；$P_1 \to T_1 \to P_2$ 表示接触网零部件从二级失效状态退化到一级失效状态；$P_0 \to T_2 \to P_2$ 表示接触网零部件从正常状态退化到一级失效状态；$P_0 \to T_7$ 表示接触网零部件从正常状态退化到失效状态；$P_1 \to T_8$ 表示接触网零部件从二级失效状态退化到失效状态；$P_2 \to T_9$ 表示接触网零部件从一级失效状态退化到失效状态；变迁 T_0、T_1、T_2、T_7、T_8、T_9 分别代表不同退化事件的发生。

2. 基于随机着色 Petri 网的设备预防修子网模型

以图 7-9 为基础，引入检查单元、预防修单元填充图 7-9 中没有的二级失效零部件的集中修、一级失效设备的临时修过程，如图 7-10 所示。

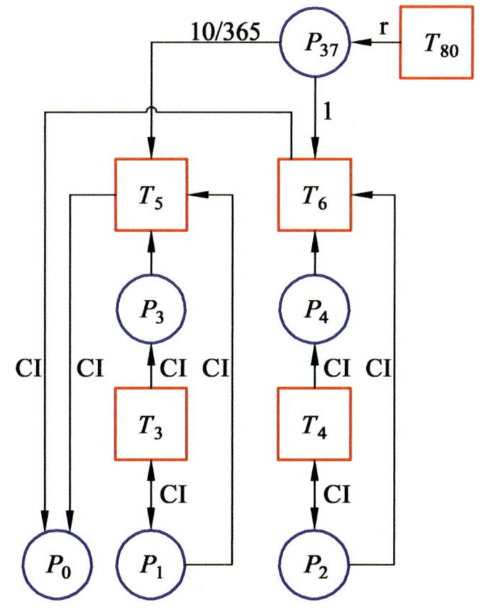

图 7-10　基于随机着色 Petri 网的设备预防修子网模型

在图 7-10 中，库所 P_1、P_3 是变迁 T_5 的输入库所，库所 P_1、P_3 经瞬时变迁 T_4 检测得到。库所 P_3 是库所 P_1 的一个子集。例如，变迁 T_3 是检查变迁，专门检查二级失效零部件，考虑到检查的不准备性，这里赋予检查变迁 T_3 概率密度函数 $\lambda(t)=0.9$，即检查变迁 T_3 检查出二级失效设备的概率为 0.9。而变迁 T_5 是维修变迁，一方面维修来自库所 P_3 的二级失效零部件，一方面在集中修机会维修检查出变迁 T_3 未检查出的二级失效零部件。

变迁 T_4 是检查变迁，检查一级失效零部件，考虑到检查的非完美性，这里赋予检查变迁 T_4 常数概率密度函数 $\lambda(t)=0.9$，即检查变迁 T_4 检查出一级失效设备的概率为 0.9。变迁 T_6 是维修变迁，用于维修一级失效零部件。变迁 T_{80} 会根据接触网零部件失效等级给出特定的维修资源安排维修作业。T_5 的输入库所有 P_2、P_3，而库所 P_3 是库所 P_1 经过瞬时变迁 T_4 检测得到，库所 P_2 与库所 P_4 的逻辑同上。

变迁 T_{80} 会根据接触网零部件失效等级确定维修资源并安排维修。例如，$P_1 \to T_3 \to P_3 \to T_5 \to P_0$ 表示零部件处于二级失效状态时，经过检查并将代表二级失效零部件的 token 放入库所 P_3 中，再经集中修变迁 T_5 回到正常状态并放置在库所 P_0 中，而 $P_1 \to T_5 \to P_0$ 表示在周期式的集中修时，考虑到检查的非完美性，将未检出的处于二级失效状态的零部件进行人工平推式检修；$P_2 \to T_4 \to P_4 \to T_6 \to P_0$ 表示零部件处于一级失效状态时，经过检查并将代表一级失效零部件的 token 放入库所 P_4 中，再经集中修变迁 T_6 回到正常状态并放置在库所 P_0 中，而 $P_2 \to T_6 \to P_0$ 表示周期式的集中修时，基于机会维修将处于一级失效的零部件进行检修。在进行周期式的集中修时，使用了机会维修方式，即在对处于二级失效状态及一级失效状态的零部件进行维修时，将其他失效零部件进行一起维修。变迁 T_{80} 是对于检测到一级失效零部件就立即给出 1 个天窗维修资源，对于二级失效零部件的集中修操作，每 365 天给出 10 个天窗维修资源。

3. 基于随机着色 Petri 网的设备故障修子网模型

图 7-4 中描述了接触网零部件处于失效状态时，需要经过故障修恢复到正常状态。而零部件发生失效时，需要立即安排故障修作业，如图 7-11 所示。

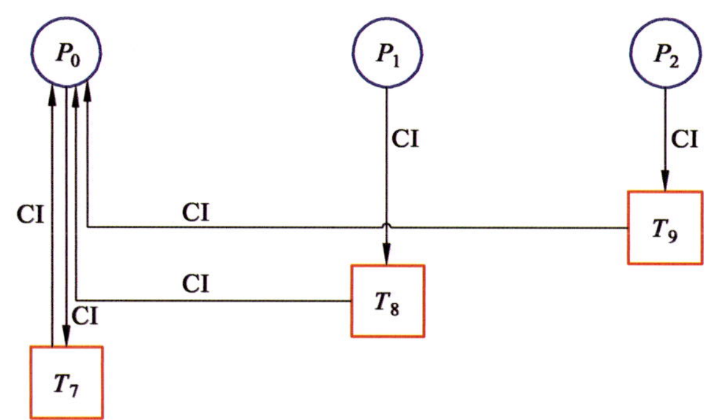

图 7-11　基于随机着色 Petri 网的设备故障修子网模型

在图 7-11 中，库所 P_1 中的二级失效零部件经延时变迁 T_8 故障修回到正常状态并存储在库所 P_0 中。而延时变迁 T_7、T_8、T_9 代表非失效状态的零部件退化到失效状态。

延时变迁 T_7 点火成功代表零部件从正常状态直接退化到失效状态；延时变迁 T_8 点火成功代表零部件从二级失效状态退化到失效状态；延时变迁 T_9 点火成功代表设备从一级失效状态退化到失效状态。

考虑到只有零部件功能失效才会导致接触网发生故障，从而影响可用度，故对延时变迁 T_7、T_8、T_9 赋予维修概率密度函数，并在故障修之后通过存储库所 P_{41} 记录此失效零部件故障修的维修时长。例如，$P_0 \to T_7 \to P_0$ 代表零部件从正常状态直接退化到失效状态，经过故障修回到正常状态；$P_0 \rightarrow T_8 \rightarrow P_0$ 代表零部件从二级失效状态退化到失效状态，经过故障修回到正常状态；$P_0 \rightarrow T_9 \rightarrow P_0$ 代表零部件从一级失效状态退化到失效状态，经过故障修回到正常状态。

4. 基于随机着色 Petri 网的接触网设备可用性模型

接触网设备的随机着色 Petri 网模型如图 7-12 所示。从图中可看出，变迁 T_0 有且只有一个输出状态库所和一个输入状态库所。这里假设一个零部件的退化不依靠其他任何条件，只和自身的失效概率密度函数有关。对于存在多输入、单输出的变迁，例如变迁 T_{10}，该变迁存在多个输入，但只有一个输入弧的 token 类型是零部件所需信息，

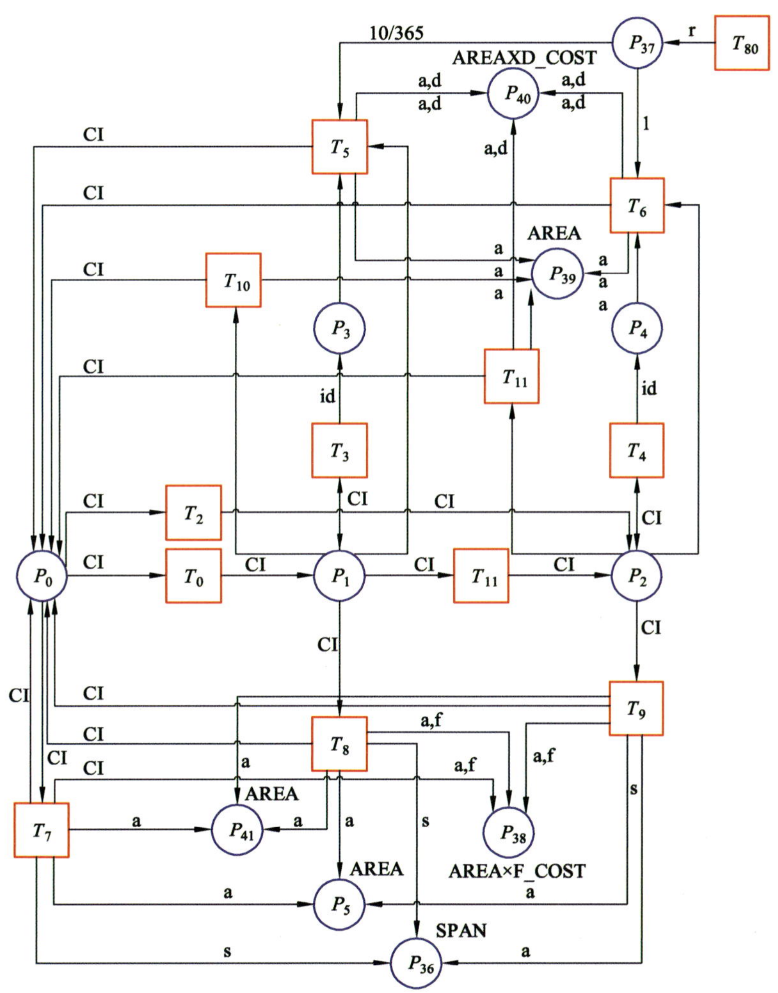

图 7-12　基于随机着色 Petri 网的接触网设备可用性模型

其余的都是条件，只有在该零部件存在且条件满足的情况下，变迁 T_{10} 才会点火。对于存在单输出、多输出的变迁，例如变迁 T_8，该变迁存在多个输出，但只有一个输出弧的 token 类型是零部件输出到库所 P_0 中，其余输出的类型都是零部件的属性。在图 7-12 中还有部分库所是作为输出库所的。例如，库所 P_{38}、P_{39}、P_{40}，这些库所作为模型输出数据结果的存储地。比如存储库所 P_{40} 记录了每个区域（AREA）的一级失效零部件与二级失效零部件的预防修维修费用（D_COST）；而存储库所 P_{38} 则记录了每个区域（AREA）的失效零部件的故障修费用（F_COST）。如果两个存储库所中的存储信息 pm 相加大于等于 5，则启动相关更新变迁库所，如 T_{10}、T_{11}，即该零部件会修复如新，零部件可靠度恢复到 1，并记录接触网设备更新所需费用。

接触网可用性模型中所有变迁的详细解释如表 7-5 所示。

表 7-5　变迁简述

编号	类别	点火信息	功能描述
T_0	随机延时变迁	威布尔分布	零部件从正常状态到二级失效状态
T_1	随机延时变迁	威布尔分布	零部件从二级失效状态到一级失效状态
T_2	随机延时变迁	威布尔分布	零部件从正常状态到一级失效状态
T_3	瞬时变迁	二级失效零部件 有一定概率被检测	二级失效零部件被检测
T_4	瞬时变迁	一级失效零部件 有一定概率被检测	一级失效零部件被检测
T_5	瞬时变迁	二级失效的 “集中修”资源	二级失效零部件被检测并维修
T_6	瞬时变迁	一级失效的 “集中修”资源	一级失效零部件被检测并维修
T_7	随机延时变迁	威布尔分布	正常到失效零部件“故障修”
T_8	随机延时变迁	威布尔分布	二级失效零部件“故障修”
T_9	随机延时变迁	威布尔分布	一级失效零部件“故障修”
T_{10}	瞬时变迁/重置	显示失效信息	机会维修
T_{11}	瞬时变迁/重置	显示失效信息	机会维修
T_{80}	固定延时变迁	固定周期点火	“集中修”资源更新

库所中使用的变量详细解释如表 7-6 所示。

表 7-6 库所简述

编号	功能描述	token 信息
P_0	正常零部件所在状态库所	CI
P_1	零部件所处二级失效所在状态库所	CI
P_2	零部件所处一级失效所在状态库所	CI
P_3	检查二级失效零部件所在存储库所	ID
P_4	检查一级失效零部件所在存储库所	ID
P_5	存储故障修零部件的区域信息库所	AREA
P_{36}	存储零部件跨度的全局库所	SPAN
P_{37}	预防修维修资源的全局库所	RESOURCE
P_{38}	存储故障修费用、维修时长的全局库所	AREA × F_COST
P_{39}	存储维修次数、区域的全局库所	PM,AREA
P_{40}	存储预防修费用的全局库所	AREA × D_COST
P_{41}	存储设备区域的全局库所	AREA

接触网零部件的退化、失效、检查及维修是通过 token 在不同库所之间的转移来实现的。需要注意的是，对于所有指向状态库所 P_0 的操作，并不是真正意义上使设备恢复到“正常”状态，即设备维修不能“修复如新”。因此，引入退化因子 θ，随着设备维修次数的增加，其维修间隔会随之下降，其设备当次的延迟时间相较于上一次大概率会下降。

$$\lim_{N\to\infty}\left[\sum_{i=1}^{N}(T_j)_i/N\right]\times\theta^{pm}=\lim_{N\to\infty}\sum_{i=1}^{N}(T_{j+1})_i/N \tag{7-46}$$

式中：pm 代表设备维修次数，T_j 代表设备在第 j 次的维修时长，但为了保障设备的可靠度以及避免下次的维修间隔过短，取 $pm\leqslant 5$。当 $pm>5$ 时，存储库所 P_{39}、P_{40} 中会进行记录，会启动重置弧对设备进行更新程序，对该设备的维修数据进行清零，即该设备可靠度重置为 1，$pm=0$。

依据基于随机着色 Petri 网建立的设备可用性模型，每个设备单独的子模型都包含在接触网系统模型中。例如，1 代表基于随机着色 Petri 网的接触线可用性模型；2 代表基于随机着色 Petri 网的绝缘子可用性模型。因此，可以得到基于随机着色 Petri 网的接触网可用性模型，如图 7-13 所示。

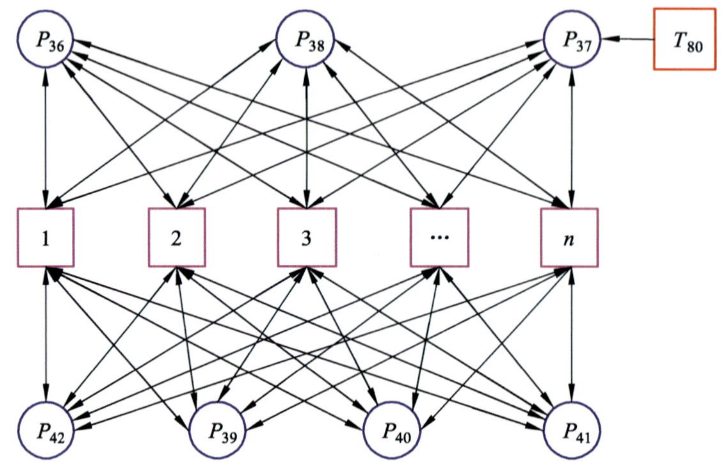

图 7-13　基于随机着色 Petri 网的接触网可用性模型

全局库所 P_{38}、P_{39}、P_{40} 分别用于存储接触网中所有设备的抢修费用、集中修维修次数、预防修费用。由于每个子模型只包含一个设备，故需多个子模型共同完成维修操作。随机着色 Petri 网中只能通过变迁才可使模型中 token 发生转移，且随机着色 Petri 网使用变迁 T_{80} 对库所 P_{37} 资源进行更新。变迁 T_{80} 是对于检测到一级失效零部件就立即给出 1 个最近的天窗维修资源，对于二级失效零部件的集中修操作，每 365 天给出 10 个天窗维修资源。

图 7-13 中，n 表示接触网设备名称，具体信息如表 7-7 所示。

表 7-7　接触网设备名称

序号	接触网设备名称
1	接触线
2	承力索
3	绝缘子
4	电连接
…	…
n	…

7.2.5　基于随机着色 Petri 网的接触网可用度评估

全局库所是针对系统而言的，直接访问接触网系统中所有设备发生的所有事件。例如，图 7-14 中的全局库所 P_{38} 存储接触网中所有设备的失效维修次数、失效维修时长；库所 P_{39} 用于机会维修，在进行接触网集中修作业时，对未被检查到的处于二级失效状态及一级失效状态的零部件进行维修；库所 P_{40} 用于记录接触网设备在集中修与临时修过程中产生的维修次数与维修时长；库所 P_{41} 用于记录失效设备在抢修过程中设备所处的区域信息。变迁 T_{80} 对库所 P_{37} 中的资源进行定时更新。变迁 T_{80} 的点火操作如下：检测到接触网处于一级潜在故障状态就立即给出 1 个天窗进行维修，对于接触网处于二级潜在故障的集中修操作，每 365 天给出 10 个天窗维修时长。

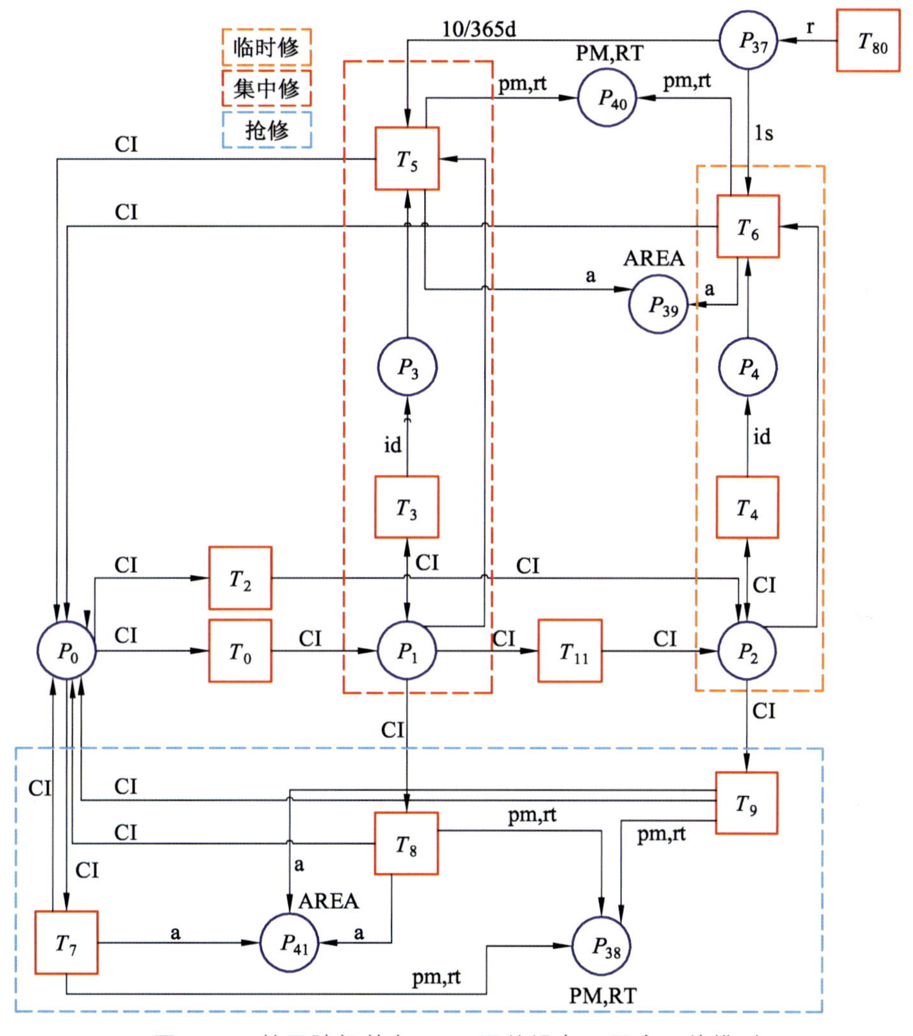

图 7-14　基于随机着色 Petri 网的设备可用度评估模型

设备零部件从正常状态退化到失效状态、正常状态退化到二级失效状态、正常状态退化到一级失效状态、二级失效状态退化到一级失效状态、二级失效状态退化到失效状态及一级失效状态退化到失效状态的失效概率密度函数如表 7-8 所示。

表 7-8　接触网设备各级失效概率密度函数表

设备	$N \to F$	$SD \to F$	$N \to PD$	$N \to SD$	$SD \to PD$	$PD \to F$
接触线	$\alpha = 0.373$, $\beta = 1.67\times 10^6$	$\alpha = 0.363$, $\beta = 1.67\times 10^5$	$\alpha = 0.341$, $\beta = 1.67\times 0^4$	$\alpha = 0.320$, $\beta = 1.67\times 10^3$	$\alpha = 0.287$, $\beta = 1.67\times 10^2$	被检测维修的概率为 0.9
承力索	$\alpha = 0.478$, $\beta = 1.29\times 10^6$	$\alpha = 0.458$, $\beta = 1.29\times 10^5$	$\alpha = 0.438$, $\beta = 1.29\times 10^4$	$\alpha = 0.413$, $\beta = 1.29\times 10^3$	$\alpha = 0.396$, $\beta = 1.29\times 10^2$	被检测维修的概率为 0.9
绝缘子	$\alpha = 0.855$, $\beta = 1\ 584$	$\alpha = 0.831$, $\beta = 1\ 265$	$\alpha = 0.807$, $\beta = 1\ 061$	$\alpha = 0.785$, $\beta = 865$	$\alpha = 0.735$, $\beta = 743$	被检测维修的概率为 0.9
电连接	$\alpha = 0.756$, $\beta = 4\ 320$	$\alpha = 0.734$, $\beta = 3\ 875$	$\alpha = 0.714$, $\beta = 3\ 243$	$\alpha = 0.674$, $\beta = 2\ 586$	$\alpha = 0.639$, $\beta = 1\ 875$	被检测维修的概率为 0.9
补偿装置	$\alpha = 0.426$, $\beta = 65\ 354$	$\alpha = 0.401$, $\beta = 52\ 743$	$\alpha = 0.387$, $\beta = 38\ 651$	$\alpha = 0.354$, $\beta = 21\ 375$	$\alpha = 0.323$, $\beta = 6\ 078$	被检测维修的概率为 0.9

表 7-8 展示了接触网随机着色 Petri 网中退化变迁上承载的失效概率密度函数，这是退化变迁点火操作可以顺利执行的前提。其中，$N \to F$ 代表接触网设备中零部件从正常状态直接退化到失效状态；$SD \to F$ 代表接触网设备中零部件从二级失效状态退化到失效状态；$N \to PD$ 代表接触网设备中零部件从正常状态退化到一级失效状态；$N \to SD$ 代表接触网设备中零部件从正常状态退化到二级失效状态；$SD \to PD$ 代表接触网设备中零部件从二级失效状态退化到一级失效状态；$PD \to F$ 代表接触网设备中零部件从一级失效状态退化到失效状态。

分析上述单个或多个设备由于故障导致接触网故障，全局库所 P_{38} 记录维修时长，即不可用时间，进而对接触网系统可用度进行评估。

以长度为 120 km 的京津城际铁路为对象，进行接触网可用性评估。重点考虑接触线、承力索、绝缘子、电连接、补偿装置 5 项设备。假设其他设备在运营过程中性能状态不发生变化。设定 50 m 为 1 跨，每 100 跨为 1 个区域，设备数量明细见表 7-9。

表 7-9　接触网设备数量表

设备名称	数量/个
接触线	2 400
承力索	2 400
绝缘子	6 250
电连接	540
补偿装置	230

取特定年份模拟当年接触网故障发生次数是否收敛于某个有限值，收敛结果如图 7-15 所示，可知在第 70 年接触网故障发生次数具有收敛性。

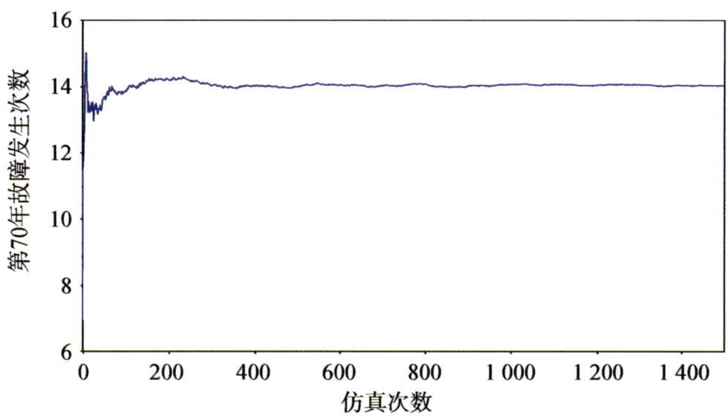

图 7-15　第 70 年接触网故障发生次数收敛性

为凸显机会维修的优势，以绝缘子为例，进行对比分析，结果如图 7-16 所示。

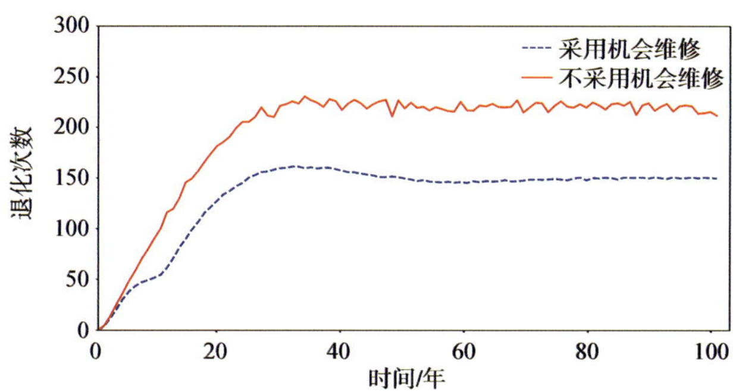

图 7-16　绝缘子采用机会维修退化次数对比图

由图 7-16 可知，在集中修时，进行机会维修可以降低零部件退化发生次数。下面分析机会维修会对零部件失效发生次数产生的影响，分析结果如图 7-17 所示。

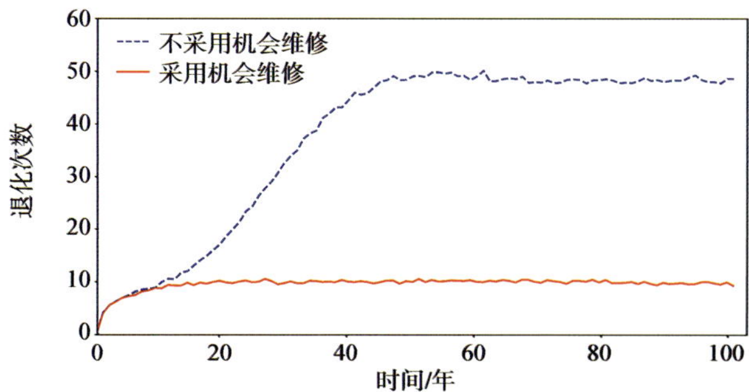

图 7-17　绝缘子采用机会维修失效次数对比图

由图 7-17 可知，机会维修可以显著降低零部件失效发生次数。单设备不能代表系统，对 5 个重点设备的接触网随机着色 Petri 网模型多进程并发执行 1 500 次蒙特卡罗仿真分析，多维修方案下由于零部件失效引起接触网故障时长，进而对接触网可用度进行评估。

集中修一方面对检查到处于二级失效状态的设备进行维修；一方面对于未被检查到处于二级失效状态的零部件，可能会退化到失效状态，也可能会退化到一级失效状态。虽然这样会导致接触网故障次数增加，但这也会充分利用零部件的使用寿命，如图 7-18 所示。

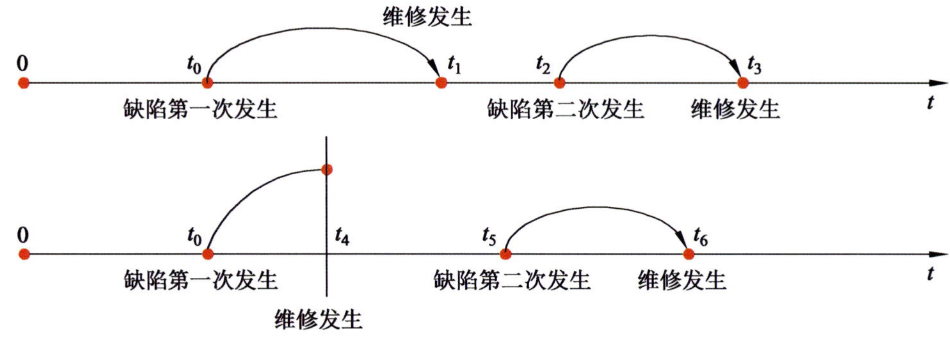

图 7-18　维修对零部件生命周期的影响

对于接触网系统可用度而言，年平均故障次数越少，即故障时长越少，系统可用度就越高。年平均可用度公式如下：

$$A_{1(i)} = 1 - RepairTime_i \tag{7-47}$$

式中：$i = 1,2,3,\cdots,100$; $RepairTime_i$ 是第 i 年用于维修的时长（单位/年）。

接触网系统每年可用度仿真结果如图 7-19 所示。

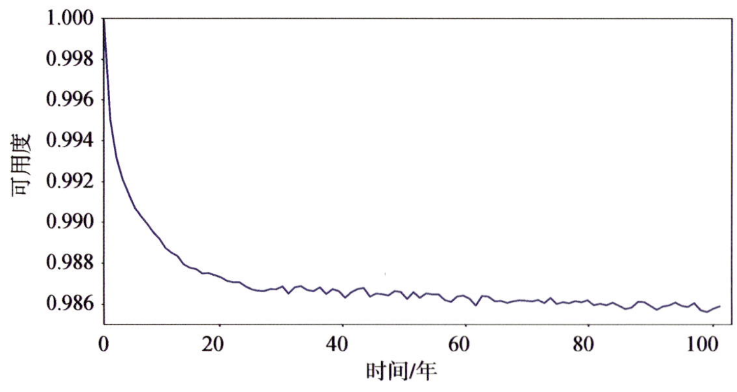

图 7-19　接触网系统每年可用度

这里的年平均可用度与过去年份的维修数据无关，从图上可以直观地看出每年系统可用度变化情况。而要考虑系统总体可用度的变化情况需要结合历史维修数据。接触网系统总可用度如下：

$$A_{2(i)}=\left(i-\sum_{j=1}^{i}RepairTime_j\right)/i \tag{7-48}$$

接触网系统总可用度仿真结果如图 7-20 所示。

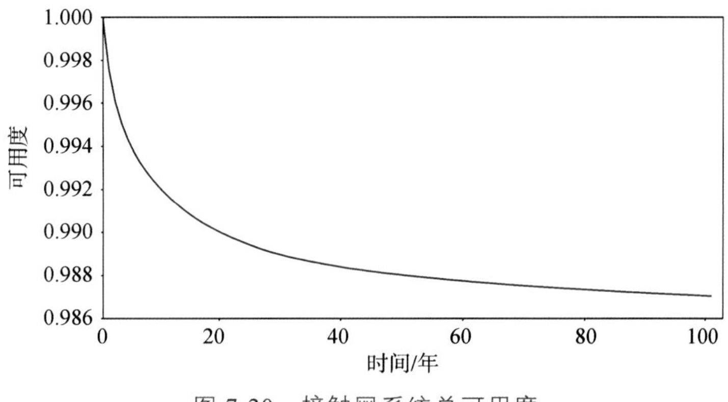

图 7-20　接触网系统总可用度

式中：$i=1,2,3,\cdots,100$; $RepairTime_j$ 是第 j 年接触网用于故障维修的时长（单位/年），可知接触网总可用度会逐渐下降并稳定在 0.987 1 附近。

第 8 章 高速铁路接触网健康管理

高速接触网的健康管理指根据检测监测、预测信息及接触网的运行要求，利用各项维修资源，对巡检、预防修等维修活动做出适当决策的能力。本章首先介绍了一种基于可靠性指标的接触网系统健康评价方法，然后介绍接触网巡检周期与集中修周期优化决策的方法。

8.1 基于可靠性指标的接触网系统健康评价

8.1.1 基于层次分析和熵权的综合评价方法

综合评价的最终目的是将接触网系统不同层级的多项指标信息加以综合得到其健康度，然后根据健康度对接触网系统进行整体性评价。接触网系统综合评价包括 5 个步骤：① 定义不同层级下的评价指标；② 评价指标同质性转换；③ 确定汇总综合的方法；④ 确定评价指标的权重；⑤ 状态等级的划分。

1. 定义不同层级下的评价指标

根据可靠性、可用性及维修性的含义，定义可靠性指数、可用性指数和可维修性指数三个一级指标，以及故障率、缺陷率、维修率、可用度等二级指标。各项二级指标的定义可参见第 2 章。

2. 评价指标同质性转换

由于各项指标量纲不一致，需要对各项指标进行归一化。常用的归一化方法有最小-最大标准化和零均值标准化。最小-最大标准化采用下式计算：

$$\bar{\rho}_k=\frac{\rho_k-\rho_{\min}}{\rho_{\max}-\rho_{\min}},\ \rho_{\min}=\min\{\rho_k\},\rho_{\max}=\max\{\rho_k\},k=1,\cdots,n \tag{8-1}$$

式中：n 表示指标 ρ 的样本数量，$\bar{\rho}$ 为归一化后的指标。

零均值标准化计算公式如下：

$$\bar{\rho}_k=\frac{|\rho_k-\rho_{\text{mean}}|}{\rho_s},\ \rho_{\text{mean}}=\frac{\sum_{k=1}^{n}\rho_k}{n},\ \rho_s=\sqrt{\frac{1}{n-1}\sum_{k=1}^{n}(\rho_k-\rho_{\text{mean}})^2} \tag{8-2}$$

3. 确定汇总综合的方法

令 H 表示给定时段区间内接触网系统健康度，由下式计算：

$$H=\frac{\alpha\rho_{\mathrm{re}}+\beta\rho_{\mathrm{se}}+\gamma\rho_{\mathrm{ma}}}{M} \tag{8-3}$$

式中：$\rho_{\mathrm{re}},\rho_{\mathrm{se}},\rho_{\mathrm{ma}}$ 分别表示可靠性指数、可用性指数和维修性指数；M 表示待评价区间的条公里数。

可靠性指数为

$$\rho_{\mathrm{re}}=\alpha_1\rho_{\mathrm{rep}}+\alpha_2\rho_{\mathrm{rec}}=\alpha_1\sum_{k=1}^{m}\alpha_{1k}\rho_{\mathrm{repk}}+\alpha_2\sum_{k=1}^{m'}\alpha_{2k}\rho_{\mathrm{reck}} \tag{8-4}$$

式中：ρ_{rep} 表示质量评价指数；ρ_{rec} 表示质量鉴定指数；ρ_{repk} 表示与质量评价相关的接触网系统可靠性二级指标；α_{1k} 表示第 k 项 ρ_{repk} 对应权重；ρ_{reck} 表示与质量鉴定相关的接触网系统可靠性二级指标；α_{2k} 表示第 k 项 ρ_{reck} 对应权重系数。根据式（8-4）可以类似定义 $\rho_{\mathrm{se}},\rho_{\mathrm{ma}}$，然后统一代入式（8-3）中，并用单一值表示权重，得到接触网系统健康度为

$$H=\frac{\sum_{k=1}^{n}w_k\rho_k}{nM} \tag{8-5}$$

式中：ρ_k 统一表示接触网系统可信性的二级指标；w_k 表示对应的权重。

4. 确定评价指标的权重

在综合评价方法中，指标权重的确定方法可分为主观赋权法、客观赋权法和组合赋权法 3 种。主观赋权法包括层次分析法（AHP）、专家调查法（Delphi 法）等；客观赋权法有熵权法、主元分析法等；组合赋权法是同时兼顾主客观权重，采用加权集成，即

$$W=\eta W_{\mathrm{s}}+(1-\eta)W_{\mathrm{o}} \tag{8-6}$$

式中：$W_{\mathrm{s}}=[w_{\mathrm{s}1},\cdots,w_{\mathrm{s}n}]^{\mathrm{T}}$ 为主权赋权法得到的权重向量，$W_{\mathrm{o}}=[w_{\mathrm{o}1},\cdots,w_{\mathrm{o}n}]^{\mathrm{T}}$ 为客观赋权法得到的权重向量，$0<\eta<1$。

下面介绍一种 AHP 与熵权的组合赋权法。AHP 是一种定性与定量相结合的多准则决策方法。首先，若要确定 n 项指标 $\rho_k(k=1,\cdots,n)$ 的权重 w_{sk}，先要建立判断矩阵 $\boldsymbol{A}=(a_{ij})_{n\times n}$，其中 $a_{ij}>0,a_{ij}=1/a_{ji},a_{ii}=1$，$a_{ij}$ 表示指标 ρ_i 相对于 ρ_j 的重要性比例标度，可采用 1 ~ 9 标度法。然后，采用根法计算判断矩阵最大特征根 $\lambda_{\max}$ 及权重向量，即

$$w_{si}=\frac{\sqrt[n]{\prod_{j=1}^{n}a_{ij}}}{\sum_{j=1}^{n}\sqrt[n]{\prod_{j=1}^{n}a_{ij}}} \tag{8-7}$$

$$\lambda_{\max}=\sum_{i=1}^{n}\frac{[A\cdot W_{\mathrm{s}}]_i}{nw_{\mathrm{s}i}} \tag{8-8}$$

根据最大特征值 $\lambda_{\max}$，利用一致性指标、随机一致性指标和一致性比率进行一致性检验，如果检验通过，权重向量 W_{s} 即为对应 $\rho_k(k=1,\cdots,n)$ 的权重；否则，重新建立判断矩阵。

W_{o} 可采用熵权法确定，即根据 ρ_k 变异性的大小来确定 $w_{\mathrm{o}k}(k=1,\cdots,n)$。一般来说，若 ρ_k 的信息熵越小，表明该指标值变异程度越大，提供的信息量越多，在综合评价中所能起到的作用也越大，反之亦然。首先，设 i 个评价区间的指标 ρ_k 为 ρ_{ik}，定义评价矩阵 $\boldsymbol{B}=(\rho_{ik})_{m\times n}$，其中 m 为待评价区间总数，n 为指标总数。然后，定义 ρ_k 的信息熵为

$$E_k=-\frac{1}{\ln n}\sum_{i=1}^{m}(y_{ik}\ln y_{ik}) \tag{8-9}$$

式中：$y_{ik}=\dfrac{\rho_{ik}}{\sum\limits_{i=1}^{m}\rho_{ik}}$，特别地，当 $y_{ik}=0$ 时，规定 $y_{ik}\ln y_{ik}=0$。最后，通过下式计算信息熵 E_k（指标 ρ_k）对应的权重：

$$w_{\mathrm{o}k}=\frac{1-E_k}{n-\sum\limits_{k=1}^{n}E_k} \tag{8-10}$$

根据 AHP 和熵权法确定权重向量 W_{s} 和 W_{o}，然后根据相应公式确定接触网系统二级指标的各项权重。

5. 状态等级的划分

依据综合评价后获得的健康度，划分当前接触网区段的状态等级，可采用 1 ~ 6 等级法，如表 8-1 所示。

表 8-1　接触网系统健康度等级

健康状态	健康等级	健康度建议值
健康状态	健康	0.9 ~ 1
	亚健康	0.7 ~ 0.9
功能降低状态	轻度病态	0.6 ~ 0.7
	中度病态	0.5 ~ 0.6
不能工作状态	重度病态	0.4 ~ 0.5
	故障	0 ~ 0.4

8.1.2　接触网系统健康综合评价实例

针对广州供电段和衡水供电段的部分线路进行了健康综合评价。线路的编码表如表 8-2 所示。

表 8-2　线路编码表

线路编号	线路名称
A	京广高铁（广州段）
B	南广高铁（广州段）
C	广深港高铁（广州段）
D	广珠城际
E	广佛肇城际
F	广茂线
G	津霸客专、霸徐铁路
H	粤西沿海高铁
I	石济客专（衡水段）
J	贵广高铁（广州段）

以每条线路每个季度的接触网系统为一个评价对象，共计 70 个评价对象（某些线路资料全面，涉及季度较多；某些线路资料缺乏，涉及季度较少）。可靠性评价包括质量评价和质量鉴定，前者评价各项系统表征参数指标，后者涉及不同零部件失效的综合评价，可用性与维修性则通过典型的可用性与维修性指标来进行综合评价，具体如图 8-1 所示。

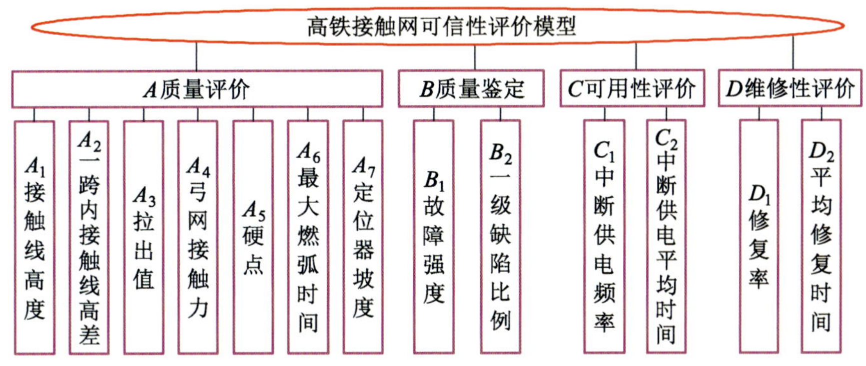

图 8-1　接触网系统可信度评价的因素

图 8-1 中接触网的 13 项二级指标大致可分为 3 种类型：极大型指标、极小型指标、区间型指标。利用评价指标同质性转换，分别对以上 3 种类型的指标进行归一化处理，部分结果摘录如表 8-3 所示。

表 8-3 部分接触网对象可信性评价指标归一化结果

线路	检测季度	A_1	A_2	A_3	A_4	A_5	A_6	A_7	B_1	B_2	C_1	C_2	D_1	D_2
A	2015-S1	1	1	1	1	1	1	0.26	1	0	0.98	1	1	0.85
B	2015-S1	1	0.38	1	1	1	1	0.25	0.99	0	0.97	0.95	1	0.86
C	2016-S4	1	1	0.34	1	1	1	1	0.99	0	1	1	1	0.77
D	2015-S1	1	1	1	1	1	1	0.06	0.98	0	0.95	0.97	1	0.85
E	2015-S1	1	0.49	1	1	1	1	0	0.94	0	1	1	1	0.86
F	2018-S2	1	1	0.71	1	1	0.59	1	0.95	0.93	0.98	1	0	0
G	2017-S1	1	0.58	1	1	1	1	1	0.99	0	0.85	0.99	1	0.8
H	2018-S2	1	1	1	1	1	0.72	1	1	0	0.99	1	0	0
I	2017-S4	0.48	0.64	1	1	1	1	1	0.94	0.44	0.85	0.93	0.17	0.82
J	2015-S1	1	1	1	1	1	1	0.44	0.97	0	1	1	1	0.86

对于 4 项一级指标（可靠性指数分为质量评价和质量鉴定，可用性指数和可维修性指数），采用层次分析法予以赋权。按照高铁接触网运行经验，可用性评价对接触网系统的安全稳定运行至关重要；质量评价和质量鉴定的作用次之；维修性评价只是对故障的后续处理，其重要性最低。据此构建 AHP 判断矩阵如下：

$$\boldsymbol{T}=\begin{bmatrix}1 & 1 & 1/3 & 7\\ 1 & 1 & 1/3 & 7\\ 3 & 3 & 1 & 9\\ 1/7 & 1/7 & 1/9 & 1\end{bmatrix}$$

根据判断矩阵，得到 4 项一级指标的权重系数见表 8-4。

表 8-4 接触网可信性评价一级指标权重

指标	质量评价	质量鉴定	可用性评价	维修性评价
权重	0.217 2	0.217 2	0.527 2	0.038 4

对于质量评价下属的 7 项二级指标，对其归一化值进行熵权计算。结合专家经验，对这 7 项指标构建 AHP 判断矩阵：

$$
\boldsymbol{A}=\begin{bmatrix}
1 & 3 & 1/3 & 3 & 3 & 3 & 5 \\
1/3 & 1 & 1/5 & 1 & 1 & 1 & 3 \\
3 & 5 & 1 & 5 & 5 & 5 & 7 \\
1/3 & 1 & 1/5 & 1 & 1 & 1 & 3 \\
1/3 & 1 & 1/5 & 1 & 1 & 1 & 3 \\
1/3 & 1 & 1/5 & 1 & 1 & 1 & 3 \\
1/5 & 1/3 & 1/7 & 1/3 & 1/3 & 1/3 & 1
\end{bmatrix} \tag{8-11}
$$

根据矩阵 $\boldsymbol{A}$ 计算 AHP 权重，然后将 AHP 权重和熵权加权求和，得出组合权重，结果如表 8-5 所示。

表 8-5　质量评价下属二级指标权重

指标	导高	跨内高差	拉出值	弓网接触力
熵权	0.173 0	0.195 4	0.099 6	0.095 8
AHP 权重	0.214 6	0.084 6	0.412 7	0.084 6
组合权重	0.198 0	0.128 9	0.287 5	0.089 1
指标	硬点	最大燃弧时间		定位器坡度
熵权	0.077 7	0.193 4		0.165 1
AHP 权重	0.084 6	0.084 6		0.034 2
组合权重	0.081 8	0.128 1		0.086 6

对于质量鉴定等 3 个大类下属的二级指标，采用层次分析法求取权重，其结果如下：质量鉴定之下，故障强度（0.9）、一级缺陷比例（0.1）；可用性评价之下，中断供电频率（0.5）、中断供电平均时间（0.5）；维修性评价之下，修复率（0.9）、平均修复时间（0.1）。最终得到 13 项二级指标在可信性评价体系内的总体权重，如表 8-6 所示。

表 8-6　接触网可信性评价指标总体权重

指标	A_1	A_2	A_3	A_4	A_5
权重	0.043 0	0.028 0	0.062 4	0.019 3	0.017 8

指标	A_6	A_7	B_1	B_2
权重	0.027 8	0.018 8	0.195 5	0.021 7
指标	C_1	C_2	D_1	D_2
权重	0.263 6	0.263 6	0.034 5	0.003 8

根据表 8-6 的权重计算接触网健康评价总分，并进行健康状态等级划分，部分结果摘录如表 8-7 所示。

表 8-7　部分接触网对象可信性评价结果（AHP-熵权法）

排序	线路	检测季度	质量评价	质量鉴定	可用性评价	维修性评价	总分	等级
1	D	2017-S1	0.986 4	0.895 2	1	0.971 3	0.973 2	健康
2	J	2015-S1	0.951 5	0.877 2	1	0.986 4	0.962 3	健康
3	A	2015-S1	0.935 9	0.895 6	0.992 3	0.984 5	0.958 8	健康
29	E	2017-S3	0.979 6	0.893 4	0.931 6	0	0.898 0	亚健康
30	E	2018-S3	0.890 4	0.893 4	0.965 8	0	0.896 7	亚健康
59	D	2018-S3	0.811 1	0.935 9	0.775 0	0.271 2	0.798 5	亚健康
60	B	2017-S1	0.672 6	0.456 8	0.977 5	0.895 1	0.795 0	亚健康
68	J	2018-S2	0.791 4	0.044 2	0.915 5	0.115 8	0.668 6	中度病态
69	B	2018-S2	0.527 4	0.417 4	0.865 0	0.116 7	0.665 7	中度病态
70	D	2017-S4	0.833 4	0.890 4	0.475 0	0.973 5	0.662 2	中度病态

8.2　接触网集中修维修周期决策

接触网集中修是根据预先设置的固定维修周期和维修内容对接触网实施的预防性维修措施。随着服役时间的增长，接触网设备及零部件逐渐老化，性能随之退化，可靠性下降，若未及时维修维护，接触网系统发生故障概率将会增大。维修能改善接触网系统性能，保证接触网可靠工作，延长运营时间，充分发挥其性能，以创造更高的价值。

以可靠性为中心的维修理论将零部件性能退化过程划分为两个阶段，对高速接触网系统实施周期维修本质是在 *P-F* 间隔内对接触网实施预防性维修，防止潜在故障进一步发展，从而产生接触网系统故障。接触网集中修要预先确定维修时间及维修内容，提前准备维修所需资金、材料、工具，并按照预先制定的维修方案有计划地开展维修作业，便于组织安排。同时，集中修能有效阻止接触网故障的发生，减少非计划性维修工作，降低接触网集中修成本。

目前，我国高速接触网集中修主要以主观经验作为维修周期确定的依据，缺乏理论支持。本节利用延迟时间模型模拟接触网故障形成过程，认为接触网故障是由缺陷经过一段延迟时间发展形成的，以最小维修费用为目标，以维修周期和维修次数为优化变量，并引入役龄回退因子，构建接触网系统寿命周期内维修费用模型，在保证接触网运行安全可靠度的前提下制定最优周期维修策略。

8.2.1　接触网集中修的数学描述

高速接触网系统大修周期为 T，在大修周期内对接触网系统实施 n 次集中维修且维修非完美，如图 8-2 所示。接触网系统从初始状态开始运行，初始役龄为 0，分别在 $T_1,T_2,\cdots,T_i,\cdots,T_n$ 时刻对接触网系统实施集中维修，$T_0=0$ 表示接触网投运时刻，$T_n=T$ 表示接触网大修时刻，ΔT_i 表示集中修周期。

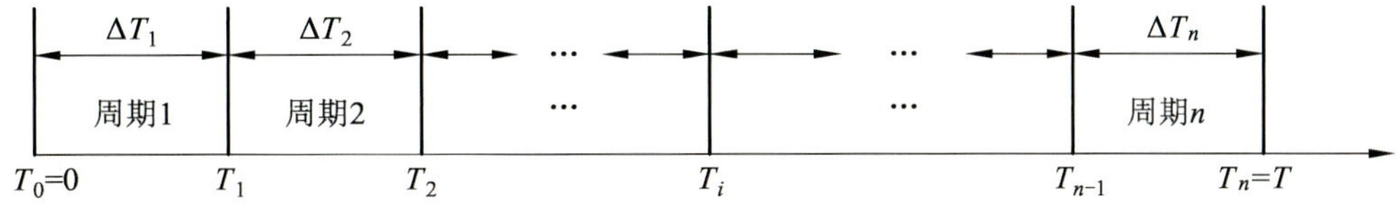

图 8-2　高速接触网周期式集中修示意图

每次集中修后，接触网整体性能会有一定的提升。值得注意的是，在集中修周期内，由于接触网零部件性能退化也可能导致接触网发生故障。集中修周期及次数的确定是接触网健康管理的关键，若集中修次数过多，则集中修周期短，虽然能够在大修周期内保证接触网可靠度，但也会产生过高的维修成本；若集中修次数太少，则集中修周期过长，虽然维修成本大幅度降低，但接触网将会处于不可靠的运行状态，接触网发生故障的可能性会增大。以接触网缺陷发生规律为基础，求解最优的集中修周期 ΔT_i 及维修次数 n，最小化大修周期内接触网总维修成本。

接触网系统大修周期内的维修成本主要包含：① 接触网故障修的平均维修费用 C_{r}；② 接触网平均故障损失费用 C_{l}；③ 接触网集中修平均维修费用 C_{m}。因此，接触网大修周期内总维修成本可表示为

$$C_{\mathrm{sys}}=(C_{\mathrm{r}}+C_{\mathrm{l}})E[N_{\mathrm{f}}]+(n-1)C_{\mathrm{m}} \tag{8-12}$$

式中：$E[N_{\mathrm{f}}]$ 表示接触网大修周期内故障次数的期望。由于第 n 次维修时间 $T_n=T$ 为接触网系统寿命时间，所以不再进行维修，因此接触网实际维修次数为 $n-1$。

8.2.2　按最小维修费用原则建立的接触网集中修模型

为方便接触网系统集中修模型的构建，做以下假设：

（1）接触网系统运行固定周期后，无论状态如何实施维修；

（2）维修仅提升接触网系统可靠度，不产生其他任何负面影响；

（3）维修为非完美，且每次维修成本固定；

（4）引入役龄回退因子衡量非完美维修后的等效役龄；

（5）接触网零部件失效彼此独立。

接触网由初始状态投入运行，运行时间 ΔT_1 至 T_1 时刻，此时可靠度为 R_1'，维修后可靠度恢复到 R_1。随后开始第二个运行周期，再运行时间 ΔT_2 至 T_2 时刻，此时可靠度

为 R_2'，维修后可靠度恢复到 R_2，直至运行到大修周期时刻 T，此时可靠度为 R_n'，如图 8-3 所示。

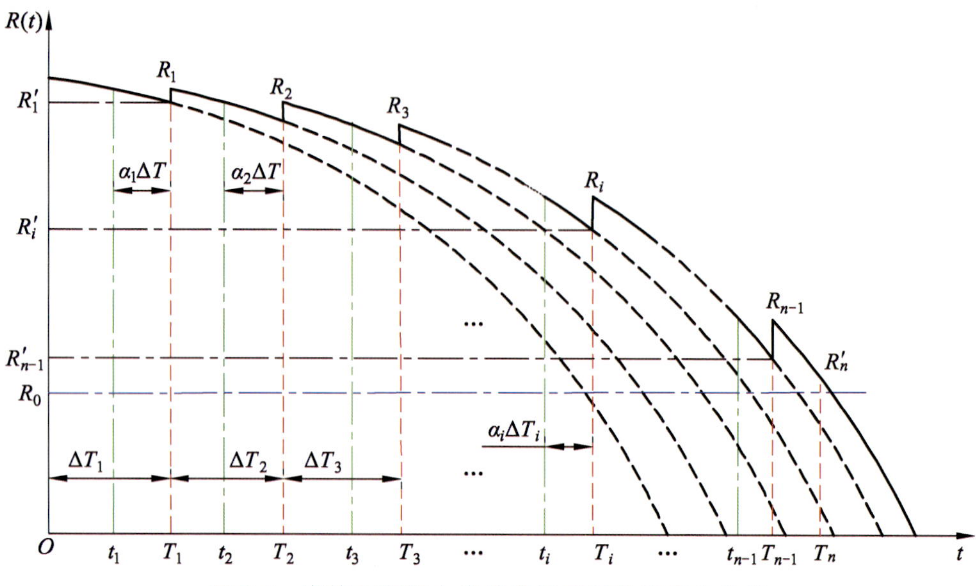

图 8-3　实施周期集中修后接触网可靠度变化曲线

维修周期为

$$\Delta T_i = T_i - T_{i-1} \tag{8-13}$$

接触网系统大修周期与集中修周期的关系可表示为

$$T = \sum_{i=1}^{n} \Delta T_i \tag{8-14}$$

由于集中修周期固定，因此 $T_1 = T_2 - T_1 = \cdots = T_i - T_{i-1} = \cdots = T_n - T_{n-1} = \Delta T$，则接触网系统大修周期与集中修周期的关系可表示为

$$T = n\Delta T \tag{8-15}$$

1. 接触网等效役龄

接触网等效役龄是相对于实际役龄而言的。实际役龄是指接触网从投运开始，所有处于正常工作状态的运行时间之和，实际役龄 t 反映接触网真实的工作时长。接触网运行固定时间后，为保证接触网运行的安全性，铁路部门组织集中修，维修之后接触网系统整体可靠度有一定程度的提升，其可靠度恢复至维修之前某一时刻 Δt 对应的可靠度。

如图 8-3 所示，接触网集中修周期固定为 ΔT ，从初始时刻 $t=0$ 运行至 T_1 时刻，接触网实施第一次集中修。令接触网实际役龄 $t=T_1=\Delta T$ ，则第一次维修前的等效役龄 Δt_1^- 、维修后的等效役龄 Δt_1^+ 分别为

$$\Delta t_1^- = T_1 = \Delta T \tag{8-15}$$

$$\Delta t_1^+ = (1-\alpha_1)T_1 = (1-\alpha_1)\Delta T \tag{8-16}$$

式中：$\alpha_1\Delta T = T_1 - t_1$ 为第一次集中修后的役龄回退量，α_1 为第一次集中修的役龄回退因子。

在 T_2 时刻接触网系统实施第二次集中修。令接触网实际役龄 $t=2\Delta T$ ，则第二次集中修前的等效役龄 Δt_2^- 、维修后的等效役龄 Δt_2^+ 分别为

$$\Delta t_2^- = \Delta t_1^+ + \Delta T = (2-\alpha_1)\Delta T \tag{8-17}$$

$$\Delta t_2^+ = \Delta t_1^+ + (1-\alpha_2)\Delta T = (2-\alpha_1-\alpha_2)\Delta T \tag{8-18}$$

式中：$\alpha_2\Delta T = T_2 - t_2$ 为第二次集中修后的役龄回退量，α_2 为第二次维修的役龄回退因子。

由此，可推导出在 T_i 时刻接触网实际役龄 $t=i\Delta T$ ，第 i 次集中修前的等效役龄 Δt_i^- 、集中修后的等效役龄 Δt_i^+ 分别为

$$\Delta t_i^- = \Delta t_{i-1}^+ + \Delta T = (i-\alpha_1-\alpha_2-\cdots-\alpha_{i-1})\Delta T = \left(i-\sum_{j=1}^{i-1}\alpha_j\right)\Delta T \tag{8-19}$$

$$\Delta t_i^+ = \Delta t_{i-1}^+ + (1-\alpha_i)\Delta T = (1-\alpha_1-\alpha_2-\cdots-\alpha_{i-1}-\alpha_i)\Delta T = \left(i-\sum_{j=1}^{i}\alpha_j\right)\Delta T \tag{8-20}$$

接触网第 i 次集中修后的役龄回退量为 $\alpha_i\Delta T = T_i - t_i$，$\alpha_i$ 为第 i 次维修的役龄回退因子，则接触网在集中修周期 (T_{i-1},T_i) 内的等效役龄为

$$\Delta t_i = \Delta t_{i-1}^+ + (t-(i-1)\Delta T) = t - \sum_{j=1}^{i-1}\alpha_j\Delta T \tag{8-21}$$

式中：$(n-1)\Delta T \leqslant t \leqslant n\Delta T$ 。

2. 接触网集中修周期内故障次数的期望

在集中修周期内，接触网故障是随机发生的。故障发生次数与接触网故障率分布相关。若接触网实际役龄为 t ，维修后接触网等效役龄为 Δt ，则维修后接触网发生故障的次数主要取决于故障率 $\rho(\Delta t)$ 。

假设接触网发生故障的设备种类为 m，由故障率的定义可知接触网在集中修周期 (T_{i-1},T_i) 内的故障率为

$$\rho_i(t)=\sum_{k=1}^{m}\int_{T_{i-1}}^{t}\lambda_k(\Delta t_i)f_k(t-\varsigma)\mathrm{d}\varsigma\,,\quad T_{i-1}\leqslant t\leqslant T_i \tag{8-22}$$

集中修周期 $(0,T_1)$ 内接触网故障率为

$$\rho_1(t)=\sum_{k=1}^{m}\int_{0}^{t}\lambda_k(\Delta t_1)f_k(t-\varsigma)\mathrm{d}\varsigma=\sum_{k=1}^{m}\int_{0}^{t}\lambda_k(\varsigma)f_k(t-\varsigma)\mathrm{d}\varsigma\,,\quad 0\leqslant t\leqslant T_1 \tag{8-23}$$

则第一个集中修周期 $(0,T_1)$ 内接触网第 k 类故障次数期望为

$$E[N_f(1,k)]=\int_{0}^{T_1}\int_{0}^{t}\lambda_k(\Delta t_1)f_k(t-\varsigma)\mathrm{d}\varsigma\mathrm{d}t=\int_{0}^{T_1}\lambda_k(\varsigma)F_k(T_1-\varsigma)\mathrm{d}\varsigma \tag{8-24}$$

$F_k(\cdot)$ 为第 k 类缺陷对应的延时时间累积分布函数，则第一个集中修周期 $(0,T_1)$ 内接触网全部故障期望为

$$\begin{aligned}E_1[N_\mathrm{f}]&=\int_{0}^{T_1}\rho_1(t)\mathrm{d}t=\sum_{k=1}^{m}\int_{0}^{T_1}\int_{0}^{t}\lambda_k(\Delta t_1)f_k(t-\varsigma)\mathrm{d}\varsigma\mathrm{d}t\\&=\sum_{k=1}^{m}\int_{0}^{T_1}\lambda_k(\varsigma)F_k(T_1-\varsigma)\mathrm{d}\varsigma=\sum_{k=1}^{m}E[N_\mathrm{f}(1,k)]\end{aligned} \tag{8-25}$$

集中修周期 (T_1,T_2) 内接触网故障率为

$$\rho_2(t)=\sum_{k=1}^{m}\int_{T_1}^{t}\lambda_k(\Delta t_2)f_k(t-\varsigma)\mathrm{d}\varsigma=\sum_{k=1}^{m}\int_{T_1}^{t}\lambda_k(\varsigma-\alpha_1\Delta T)f_k(t-\varsigma)\mathrm{d}\varsigma\,,\quad T_1\leqslant t\leqslant T_2 \tag{8-26}$$

则第二个维修周期 (T_1,T_2) 内接触网第 k 类故障次数期望为

$$\begin{aligned}E[N_\mathrm{f}(2,k)]&=\int_{T_1}^{T_2}\int_{T_1}^{t}\lambda_k(\Delta t_2)f_k(t-\varsigma)\mathrm{d}\varsigma\mathrm{d}t\\&=\int_{T_1}^{T_2}\lambda_k(\varsigma-\alpha_1\Delta T)F_k(T_2-\varsigma)\mathrm{d}\varsigma\end{aligned} \tag{8-27}$$

第二个集中修周期 (T_1,T_2) 内接触网全部故障次数期望为

$$\begin{aligned}E_2[N_\mathrm{f}]&=\int_{T_1}^{T_2}\rho_2(t)\mathrm{d}t=\sum_{k=1}^{m}\int_{T_1}^{T_2}\int_{T_1}^{t}\lambda_k(\Delta t_2)f_k(t-\varsigma)\mathrm{d}\varsigma\mathrm{d}t\\&=\sum_{k=1}^{m}\int_{T_1}^{T_2}\lambda_k(\varsigma-\alpha_1\Delta T)F_k(T_2-\varsigma)\mathrm{d}\varsigma=\sum_{k=1}^{m}E[N_\mathrm{f}(2,k)]\end{aligned} \tag{8-28}$$

由此可推导出第 i 个集中修周期 (T_{i-1},T_i) 内接触网第 k 类故障次数期望为

$$
\begin{aligned}
E[N_{\mathrm{f}}(i,k)] &= \int_{T_{i-1}}^{T_i}\int_{T_{i-1}}^{t}\lambda_k(\Delta t_i)f_k(t-\varsigma)\mathrm{d}\varsigma\mathrm{d}t \\
&= \int_{T_{i-1}}^{T_i}\lambda_k\left(\varsigma-\sum_{j=1}^{i-1}\alpha_j\Delta T\right)F_k(T_i-\varsigma)\mathrm{d}\varsigma
\end{aligned} \tag{8-29}
$$

则第 i 个集中修周期 (T_{i-1},T_i) 内接触网全部故障次数期望为

$$
\begin{aligned}
E_i[N_{\mathrm{f}}] &= \int_{T_{i-1}}^{T_i}\rho_i(t)\mathrm{d}t \\
&= \sum_{k=1}^{m}\int_{T_{i-1}}^{T_i}\int_{T_{i-1}}^{t}\lambda_k(\Delta t_i)f_k(t-\varsigma)\mathrm{d}\varsigma\mathrm{d}t \\
&= \sum_{k=1}^{m}\int_{T_{i-1}}^{T_i}\lambda_k\left(\varsigma-\sum_{j=1}^{i-1}\alpha_j\Delta T\right)F_k(T_i-\varsigma)\mathrm{d}\varsigma \\
&= \sum_{k=1}^{m}E[N_{\mathrm{f}}(i,k)]
\end{aligned} \tag{8-30}
$$

接触网大修周期内第 k 类故障次数的总期望为

$$
\begin{aligned}
E[N_{\mathrm{f}}(k)] &= \sum_{i=1}^{n}E[N_{\mathrm{f}}(i,k)] = \sum_{i=1}^{n}\int_{T_{i-1}}^{T_i}\int_{T_{i-1}}^{t}\lambda_k(\Delta t_i)f_k(t-\varsigma)\mathrm{d}\varsigma\mathrm{d}t \\
&= \sum_{i=1}^{n}\int_{T_{i-1}}^{T_i}\lambda_k\left(\varsigma-\sum_{j=1}^{i-1}\alpha_j\Delta T\right)F_k(T_i-\varsigma)\mathrm{d}\varsigma
\end{aligned} \tag{8-31}
$$

接触网大修周期内全部故障次数期望为

$$
\begin{aligned}
E[N_{\mathrm{f}}] &= \sum_{i=1}^{n}\int_{T_{i-1}}^{T_i}\rho_i(t)\mathrm{d}t \\
&= \sum_{i=1}^{n}\sum_{k=1}^{m}\int_{T_{i-1}}^{T_i}\int_{T_{i-1}}^{t}\lambda_k(\Delta t_i)f_k(t-\varsigma)\mathrm{d}\varsigma\mathrm{d}t \\
&= \sum_{i=1}^{n}\sum_{k=1}^{m}\int_{T_{i-1}}^{T_i}\lambda_k\left(\varsigma-\sum_{j=1}^{i-1}\alpha_j\Delta T\right)F_k(T_i-\varsigma)\mathrm{d}\varsigma \\
&= \sum_{i=1}^{n}\sum_{k=1}^{m}E[N_{\mathrm{f}}(i,k)] = \sum_{k=1}^{m}E[N_{\mathrm{f}}(k)] = \sum_{i=1}^{n}E_i[N_{\mathrm{f}}]
\end{aligned} \tag{8-32}
$$

3. 实施集中修后接触网的可靠度

接触网运行至 T_1 时刻可靠度为

$$
\begin{aligned}
R_1' &= \exp\left(-\sum_{k=1}^{m}\int_{0}^{\Delta t_1^-}\lambda_k(\varsigma)F(\Delta t_1^- -\varsigma)\mathrm{d}\varsigma\right) \\
&= \exp\left(-\sum_{k=1}^{m}\int_{0}^{\Delta T}\lambda_k(\varsigma)F(\Delta T-\varsigma)\mathrm{d}\varsigma\right)
\end{aligned} \tag{8-33}
$$

对接触网开展集中修后可靠度为

$$R_1=\exp\left(-\sum_{k=1}^{m}\int_0^{\Delta t_1^+}\lambda_k(\varsigma)F_k(\Delta t_1^+-\varsigma)\mathrm{d}\varsigma\right)\\=\exp\left\{-\sum_{k=1}^{m}\int_0^{(1-\alpha_1)\Delta T}\lambda_k(\varsigma)F_k[(1-\alpha_1)\Delta T-\varsigma]\mathrm{d}\varsigma\right\}\tag{8-34}$$

接触网运行至 T_2 时刻可靠度为

$$R_2'=\exp\left(-\sum_{k=1}^{m}\int_0^{\Delta t_2^-}\lambda_k(\varsigma)F_k(\Delta t_2^--\varsigma)\mathrm{d}\varsigma\right)\\=\exp\left\{-\sum_{k=1}^{m}\int_0^{(2-\alpha_1)\Delta T}\lambda_k(\varsigma)F_k[(2-\alpha_1)\Delta T-\varsigma]\mathrm{d}\varsigma\right\}\tag{8-35}$$

对接触网开展集中修后的可靠度为

$$R_2=\exp\left(-\sum_{k=1}^{m}\int_0^{\Delta t_2^+}\lambda_k(\varsigma)F_k(\Delta t_2^+-\varsigma)\mathrm{d}\varsigma\right)\\=\exp\left\{-\sum_{k=1}^{m}\int_0^{(2-\alpha_1-\alpha_2)\Delta T}\lambda_k(\varsigma)F_k[(2-\alpha_1-\alpha_2)\Delta T-\varsigma]\mathrm{d}\varsigma\right\}\tag{8-36}$$

由此可推导出接触网运行至 T_i 时刻的可靠度为

$$R_i'=\exp\left(-\sum_{k=1}^{m}\int_0^{\Delta t_i^-}\lambda_k(\varsigma)F_k(\Delta t_i^--\varsigma)\mathrm{d}\varsigma\right)\\=\exp\left\{-\sum_{k=1}^{m}\int_0^{(i-\sum_{j=1}^{i-1}\alpha_j)\Delta T}\lambda_k(\varsigma)F_k\left((i-\sum_{j=1}^{i-1}\alpha_j)\Delta T-\varsigma\right)\mathrm{d}\varsigma\right\}\tag{8-37}$$

在 T_i 时刻接触网系统第 i 次维修，则维修后接触网可靠度为

$$R_i=\exp\left(\sum_{k=1}^{m}-\int_0^{\Delta t_i^+}\lambda_k(\varsigma)F_k(\Delta t_i^+-\varsigma)\mathrm{d}\varsigma\right)\\=\exp\left\{\sum_{k=1}^{m}-\int_0^{(i-\sum_{j=1}^{i}\alpha_j)\Delta T}\lambda_k(\varsigma)F_k\left((i-\sum_{j=1}^{i}\alpha_j)\Delta T-\varsigma\right)\mathrm{d}\varsigma\right\}\tag{8-38}$$

维修间隔 (T_{i-1},T_i) 内接触网可靠度 $R_i(t)$ 为

$$R_i(t)=R_{i-1}\exp\left\{-\sum_{k=1}^{m}\int_{T_{i-1}}^{t}\lambda_k\left(\varsigma-\sum_{j=1}^{i-1}\alpha_j\Delta T\right)F_k(T_i-\varsigma)\mathrm{d}\varsigma\right\},\quad T_{i-1}\leqslant t\leqslant T_i\tag{8-39}$$

4. 接触网周期维修优化模型

将式（8-29）代入式（8-12），可得到接触网大修周期内总维修费用 C_{sys}：

$$C_{\mathrm{sys}}=(n-1)C_{\mathrm{m}}+(C_{\mathrm{l}}+C_{\mathrm{r}})\sum_{i=1}^{n}\sum_{k=1}^{m}E[N_{\mathrm{f}}(i,k)] \tag{8-40}$$

定义：第 i 次集中修后接触网系统可靠度提升量为

$$\Delta R_i=R_i-R_i' \tag{8-41}$$

若 $\Delta R_i=0$，表示维修前后接触网系统可靠度相等，为保证维修有意义，ΔR_i 必须大于给定的最小阈值 ΔR_0，如图 8-4 所示。

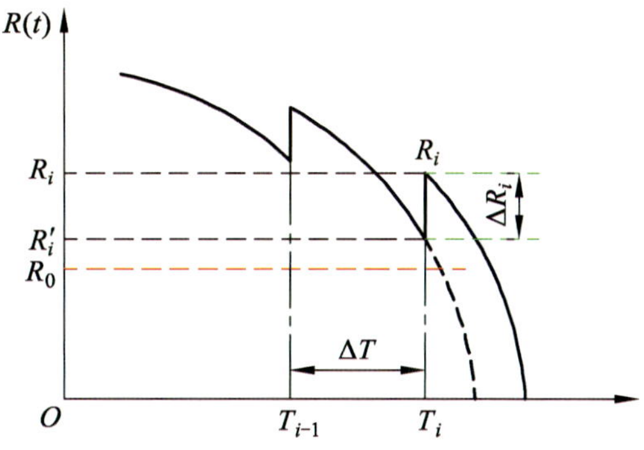

图 8-4　维修后可靠度提升示意图

令 R_0 为设定的保证接触网系统安全运行的最小可靠度，若第 i 次维修后的可靠度 R_i 略大于 R_0，则可能在维修间隔 (T_{i-1},T_i) 内某一时刻 $t_p(T_{i-1}\leqslant t_p\leqslant T_i)$ 接触网可靠度已经下降至安全阈值 R_0，即 $R(t_p)\leqslant R_0$。第 i 次维修之后接触网可靠度上升至 R_i，且 $R_i>R_0$，虽然维修之后接触网系统可靠度大于设定的安全阈值，但在 t_p 时刻接触网系统可靠度已下降至 R_0，即接触网系统在 (t_p,T_i) 时间内处于可靠度安全阈值之下运行，存在一定的安全风险。因此，维修周期的选择必须保证接触网系统可靠度始终处于安全阈值 R_0 之上。

接触网系统大修周期内最小维修费用优化模型为

$$\begin{aligned}&\min_{\Delta T,n}C_{\mathrm{sys}}=(n-1)C_{\mathrm{m}}+(C_{\mathrm{l}}+C_{\mathrm{r}})\sum_{i=1}^{n}\sum_{k=1}^{m}E[N_{\mathrm{f}}(i,k)]\\&\Delta R_i>\Delta R_0;R_i'>R_0;n\Delta T=T,\ \ n\in N^*;0<n\leqslant n_{\max}\end{aligned} \tag{8-42}$$

接触网系统大修周期内总维修费用是关于维修周期 ΔT 与维持次数 n 的函数。维修次数不同，接触网每次周期维修前后的可靠度不同，大修周期内总的维修费用也不同。最优维修决策的目标就是在保证接触网运行安全可靠的前提下，寻找最优的维修周期 ΔT^* 及维持次数 n^*，使总维修费用最小。

虽然每次维修之后接触网系统整体可靠度提升，但是接触网系统可靠度随时间递减的趋势不会被改变，选用枚举法计算最佳集中修周期。具体步骤如下：

（1）给定役龄回退因子 α_i、大修周期 T 和式（8-42）中的约束条件 $\Delta R,R_0,n_{\max}$；

（2）令 $n=n+1$，若 $n\leqslant n_{\max}$，计算下一步，否则停止优化；

（3）由式（8-42）求解 ΔT；

（4）若 $R_i'\geqslant R_0$，则进行下一步，否则回到步骤（2）；

（5）若 $\Delta R_i'\geqslant \Delta R_0$，则进行下一步，否则回到步骤（2）；

（6）由式（8-40）计算 C_{sys}；

（7）比较并输出最优 $(\Delta T^*, C_{\text{sys}}^*)$。

在利用枚举算法求解最佳周期时，为减少计算量，需事先确定维修次数 n 的取值范围，将 n 的取值限定在合适的范围内。在接触网系统大修周期 T 取值固定的情况下，维修次数 n 与集中修周期 ΔT 成反比。在实际情况下，若 ΔT 取值过小，频繁的维修虽然能够保证接触网运行的可靠性，但成本高昂；若 ΔT 取值过大，接触网大修周期内总维修次数减少，周期维修费用相应大幅降低，但发生故障的可能性也随之增大，安全风险增加。根据实际维修经验，高速铁路接触网维修周期一般取值为 $\Delta T=12$（月），若维修周期取 $\Delta T=36$（月），则两次维修时间间隔过长，不利于接触网安全运营，因此可以根据实际情况将维修次数 n 的取值缩小至合适范围。

理论上，在接触网系统大修周期内实施 n 次集中修，第 n 次集中修时间 T_n 等于接触网大修时间 T，因此，实际工程中只需执行 $n-1$ 次集中修。

8.2.3 接触网集中修周期决策分析实例

假设大修周期内接触网发生 4 种缺陷，其缺陷率如表 8-8 所示，选取不同的延时时间分布函数，分别计算最优维修周期 ΔT^* 及维修费用 C_{sys}^*，比较不同的延迟时间分布函数对接触网大修周期内总维修费用及集中修周期的影响。假设接触网大修周期 $T=360$（月），接触网安全运行可靠度阈值 $R_0=0.9$。设役龄回退因子取值相同，取 $\alpha_1=\alpha_2=\cdots=\alpha_n=\alpha=0.8$。

表 8-8 4 种接触网缺陷对应的零部件失效率函数

缺陷类型	$\lambda_k(t)$
1	$\lambda_1(t)=\dfrac{4.55}{143.47}\left(\dfrac{t}{143.47}\right)^{3.55}$
2	$\lambda_2(t)=\dfrac{5.25}{179.21}\left(\dfrac{t}{179.21}\right)^{4.25}$
3	$\lambda_3(t)=\dfrac{9.14}{175.17}\left(\dfrac{t}{175.17}\right)^{8.14}$
4	$\lambda_4(t)=\dfrac{6.57}{171.62}\left(\dfrac{t}{171.62}\right)^{5.57}$

维修费用数据如表 8-9 所示。

表 8-9　维修费用参数表

周期修平均维修费用 C_m/元	故障修平均维修费用 C_r/元	故障平均损失 C_l/元
8 000	300 000	30 000

将延迟时间概念引入接触网集中修模型中，根据延迟时间模型和式（8-37），可得接触网系统运行至 T_i 时刻的可靠度为

$$\begin{aligned} R_i' &= \exp\left(-\sum_{k=1}^{4}\int_0^{\Delta t_i^-}\lambda_k(\varsigma)F_k(\Delta t_i^- - \varsigma)\mathrm{d}\varsigma\right) \\ &= \exp\left\{-\sum_{k=1}^{4}\int_0^{(i-\alpha(i-1))\Delta T}\lambda_k(\varsigma)F_k[(i-\alpha(i-1))\Delta T-\varsigma]\mathrm{d}\varsigma\right\} \end{aligned} \tag{8-43}$$

式中：$\lambda_k(t)$ 为第 k 类接触网缺陷对应的零部件失效率，见表 8-8；$F_k(\cdot)$ 为对应缺陷 k 的延迟时间累积分布函数。

由式（8-38）可知，第 i 次维修之后接触网可靠度为

$$\begin{aligned} R_i &= \exp\left(\sum_{k=1}^{4}-\int_0^{\Delta t_i^+}\lambda_k(\varsigma)F_k(\Delta t_i^+ - \varsigma)\mathrm{d}\varsigma\right) \\ &= \exp\left(\sum_{k=1}^{4}-\int_0^{(i-i\alpha)\Delta T}\lambda_k(\varsigma)F_k((i-i\alpha)\Delta T-\varsigma)\mathrm{d}\varsigma\right) \end{aligned} \tag{8-44}$$

集中修周期 (T_{i-1},T_i) 内由接触网第 k 类缺陷发展形成的第 k 类故障次数期望为

$$\begin{aligned} E[N_f(i,k)] &= \int_{T_{i-1}}^{T_i}\int_{T_{i-1}}^{t}\lambda_k(\Delta t_i)f_k(t-\varsigma)\mathrm{d}\varsigma\mathrm{d}t \\ &= \int_{T_{i-1}}^{T_i}\lambda_k(\varsigma-\alpha(i-1)\Delta T)F_k(T_i-\varsigma)\mathrm{d}\varsigma \end{aligned} \tag{8-45}$$

则在整个接触网系统大修周期内第 k 类故障次数的期望为

$$\begin{aligned} E[N_{\mathrm{f}}(k)] &= \sum_{i=1}^{n}\int_{T_{i-1}}^{T_i}\int_{T_{i-1}}^{t}\lambda_k(\Delta t_i)f_k(t-\varsigma)\mathrm{d}\varsigma\mathrm{d}t \\ &= \sum_{i=1}^{n}\int_{T_{i-1}}^{T_i}\lambda_k(\varsigma-\alpha(i-1)\Delta T)F_k(T_i-\varsigma)\mathrm{d}\varsigma \end{aligned} \tag{8-46}$$

集中修周期 (T_{i-1},T_i) 内接触网全部故障次数期望为

$$E_i[N_{\mathrm{f}}] = \sum_{k=1}^{4}\int_{T_{i-1}}^{T_i}\lambda_k(\varsigma-\alpha(i-1)\Delta T)F_k(T_i-\varsigma)\mathrm{d}\varsigma \tag{8-47}$$

则接触网大修周期内的全部故障次数期望为

$$E[N_{\mathrm{f}}]=\sum_{i=1}^{n}\sum_{k=1}^{4}\int_{T_{i-1}}^{T_i}\lambda_k(\varsigma-\alpha(i-1)\Delta T)F_k(T_i-\varsigma)\mathrm{d}\varsigma \tag{8-48}$$

指数函数常被用作延迟时间密度函数。指数分布是一种常用的连续型随机变量分布，在概率论与统计学中指数分布常被用于模拟彼此独立的随机事件发生的时间间隔的概率分布。假设接触网缺陷与故障发生相互独立，由接触网缺陷发展为故障的延迟时间间隔满足指数分布的性质，选择指数分布作为延迟时间概率分布函数 $f_k(t)$。

将式（8-48）代入式（8-40）可得到维修费用 C_{sys} 是关于周期 ΔT 和维修次数 n 的函数，且 n 与 ΔT 成反比，n 在一定范围内取值为正整数，利用枚举算法计算出 n 在取值范围内的不同取值对应的维修费用及维持周期，找出最小维修费及最优维修周期。

指数分布函数为

$$f(t)=\gamma \mathrm{e}^{-\gamma t} \tag{8-49}$$

式中：γ 为指数分布的参数；t 为时间变量，则 $1/\gamma$ 表示相互独立的随机事件发生的平均时间间隔。取表 8-10 中 5 组参数分别进行计算。

表 8-10　指数分布参数取值

参数	取值	物理含义
γ_1	1/30	单位时间内接触网缺陷发展为故障的平均次数
γ_2	1/10	
γ_3	1/5	
γ_4	1	
γ_5	10	

为方便对计算结果进行分析，假设接触网不同类型缺陷发展为故障的延迟时间密度函数一致，即 $f_1(t)=f_2(t)=f_3(t)=f_4(t)$。

1. 指数分布参数取值 $\gamma=\gamma_1$

延迟时间概率密度函数参数取 $\gamma_1=1/30$，在接触网不同类型故障服从相同的延迟时间分布时，即 $f_1(t)=f_2(t)=f_3(t)=f_4(t)=(1/30)\exp(-t/30)$，接触网大修周期内总维修费用 C_{sys} 随维修周期的取值变化如图 8-5 所示。当维修次数 $n=21$ 时，计算得到最优维修周期 $\Delta T^*=17.14$（月），最小维修费用为 $C_{\mathrm{sys}}^*=0.303\,7$（亿元），此时，接触网大修周期内不同类型的故障次数期望计算结果见表 8-11。

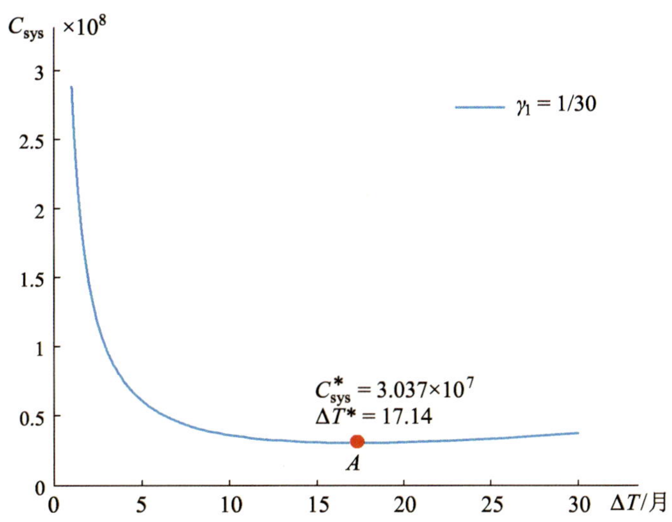

图 8-5 指数分布参数取$\gamma_1 = 1/30$时维修费用与维修周期关系图

表 8-11 指数分布参数取$\gamma_1 = 1/30$时接触网不同类型故障次数期望

故障类型	符号表示	故障次数期望
1	$E[N_f(1)]$	73.055
2	$E[N_f(2)]$	12.436
3	$E[N_f(3)]$	0.594
4	$E[N_f(4)]$	5.459

2. 指数分布参数取值$\gamma = \gamma_2$

延迟时间概率密度函数参数取$\gamma_2 = 1/10$，在接触网不同类型故障服从相同的延迟时间分布时，即$f_1(t) = f_2(t) = f_3(t) = f_4(t) = (1/10)\exp(-t/10)$，接触网大修周期内总维修费用$C_{sys}$随维修周期的取值变化如图 8-6 所示。当维修次数$n = 28$，计算得到最优维修周期$\Delta T^* = 12.86$（月），最小维修费用为$C^*_{sys} = 0.464$（亿元）。此时，接触网大修周期内不同类型故障次数期望计算结果见表 8-12。

3. 指数分布参数取值$\gamma = \gamma_3$

延迟时间概率密度函数参数取$\gamma_3 = 1/5$，在接触网不同类型故障服从相同的延迟时间分布时，即$f_1(t) = f_2(t) = f_3(t) = f_4(t) = (1/5)\exp(-t/5)$，接触网大修周期内总维修费用$C_{sys}$随维修周期的取值变化如图 8-7 所示。当维修次数$n = 31$时，接触网大修周期内总维修费用最小，$C^*_{sys} = 0.584\ 4$（亿元），此时最优维修周期$\Delta T^* = 11.61$（月），接触网大修周期内不同类型故障次数期望计算结果见表 8-13。

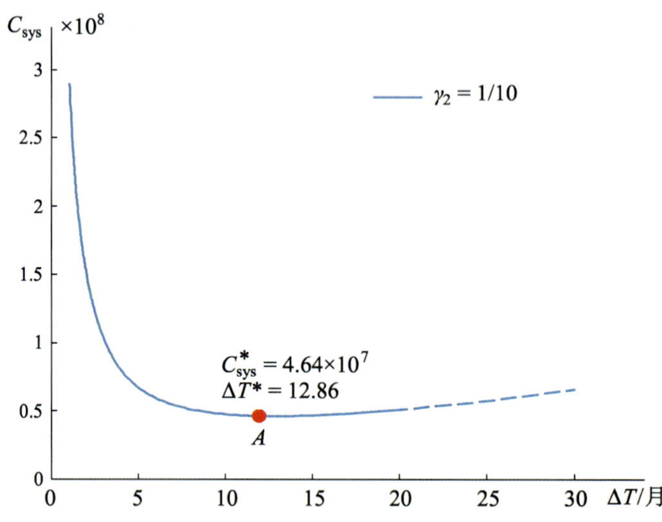

图 8-6　指数分布参数取 $\gamma_2 = 1/10$ 时维修费用与维修周期关系图

表 8-12　指数分布参数取 $\gamma_2 = 1/10$ 时接触网不同类型故障次数期望

故障类型	符号表示	故障次数期望
1	$E[N_f(1)]$	112.218
2	$E[N_f(2)]$	18.828 4
3	$E[N_f(3)]$	0.836
4	$E[N_f(4)]$	8.078

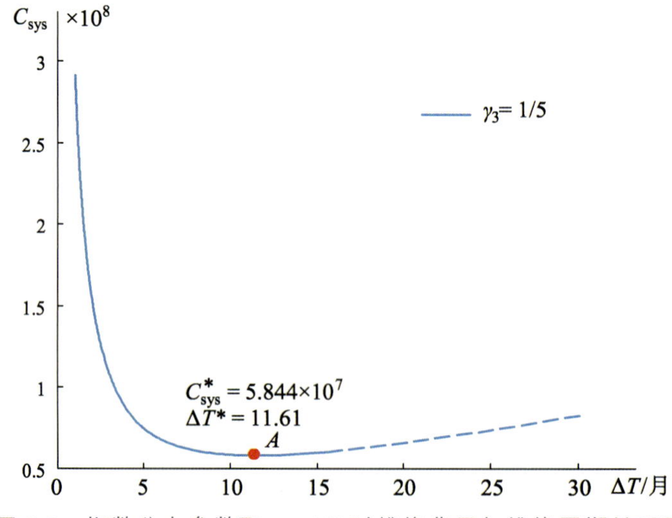

图 8-7　指数分布参数取 $\gamma_3 = 1/5$ 时维修费用与维修周期关系图

表 8-13 指数参数取$\gamma_3 = 1/5$ 时接触网不同类型故障次数期望

故障类型	符号表示	故障次数期望
1	$E[N_f(1)]$	141.499
2	$E[N_f(2)]$	23.694
3	$E[N_f(3)]$	1.04
4	$E[N_f(4)]$	10.134

4. 指数分布参数取值$\gamma = \gamma_4$

延迟时间概率密度函数参数取 $\gamma_4 = 1$，在接触网不同类型故障服从相同的延迟时间分布时，即 $f_1(t) = f_2(t) = f_3(t) = f_4(t) = \exp(-t)$，接触网大修周期内总维修费用 C_{sys} 随维修周期的取值变化如图 8-8 所示。当维修次数 $n = 29$ 时，C_{sys} 的取值最小，对应维持周期为 $\Delta T = 12.41$（月），此时最小维修费用为 $\min C_{sys} = 0.782\ 2$（亿元），如图 8-8 中 B 点所示。但维修次数 $n = 29$ 时，不满足 $R_0 \geqslant 0.9$ 的可靠度约束，因此，当延迟时间函数参数取 $\gamma = 1$ 时，接触网最优维修周期必然位于图 8-8 中 B 点左侧的 A 点。此时，维修次数 $n = 32$，最优维修周期 $\Delta T^* = 11.25$（月），最小维修费用 $C^*_{sys} = 0.784\ 4$（亿元），接触网寿命周期内不同类型故障次数期望计算结果见表 8-14。

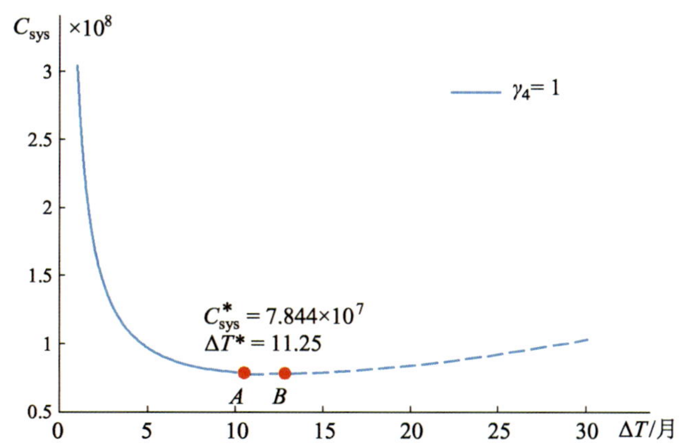

图 8-8 指数分布参数取$\gamma_4 = 1$ 时维修费用与维修周期关系图

表 8-14 指数分布参数取$\gamma_4 = 1$ 时接触网不同类型故障次数期望

故障类型	符号表示	故障次数期望
1	$E[N_f(1)]$	189.581
2	$E[N_f(2)]$	32.029
3	$E[N_f(3)]$	1.461
4	$E[N_f(4)]$	13.876

5. 指数分布参数取值$\gamma=\gamma_5$

延迟时间概率密度函数参数取$\gamma_5=10$，在接触网不同类型故障服从相同的延迟时间分布时，即$f_1(t)=f_2(t)=f_3(t)=f_4(t)=10\exp(-10t)$，接触网寿命周期总维修费用$C_{sys}$随维修周期的取值变化如图 8-9 所示。当维修次数$n=28$时，维修费用C_{sys}取最小值，对应维修周期为$\Delta T=12.86$（月），此时最小维修费用$\min C_{sys}=0.841\,8$（亿元），如图 8-9 中B点所示。但维修次数$n=28$时，不满足$R_0\geqslant 0.9$的可靠度约束，因此，当延迟时间函数参数$\gamma_5=10$时，接触网最优维修周期必然位于图 8-9 中B点左侧的A点。此时，维修次数最优维修周期$\Delta T^*=10.29$（月），维修次数$n=35$，最小维修费用为$C_{sys}^*=0.855\,1$（亿元），接触网寿命周期内不同类型故障次数期望计算结果见表 8-15。

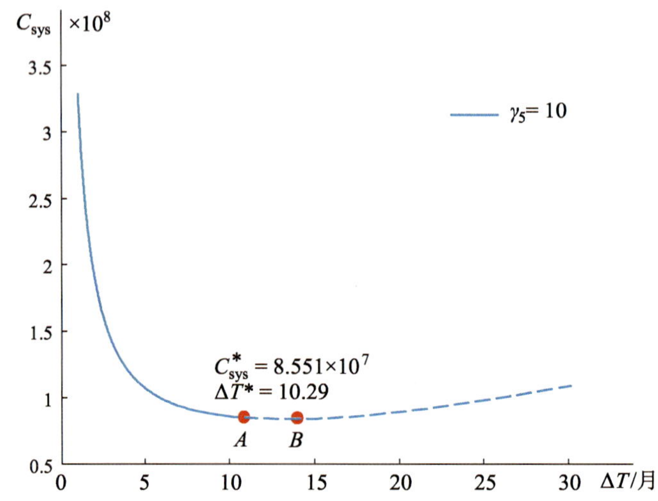

图 8-9　月指数分布参数取$\gamma_5=10$时维修费用与维修周期关系图

表 8-15　指数参数取$\gamma_5=10$时接触网不同类型故障次数期望

故障类型	符号表示	故障次数期望
1	$E[N_f(1)]$	205.686
2	$E[N_f(2)]$	35.238
3	$E[N_f(3)]$	1.725
4	$E[N_f(4)]$	15.628

当延迟时间概率密度分布函数的参数取值逐渐增大时，表示接触网缺陷发展为故障的平均时间间隔逐渐缩短，即单位时间接触网缺陷发展为故障的平均次数增加。上述计算结果也表明，随着延迟时间概率密度函数参数取值增大，接触网系统大修周期内的不同类型故障次数期望$E[N_f(k)]$随延迟时间概率密度函数参数取值的增大呈上升

趋势，大修周期内全部故障次数期望 $E[N_f]$ 也随之增长，以第 1 类故障次数期望随延迟时间函数参数取值变化为例，见图 8-10。为保证接触网运行的安全，最优维修周期 ΔT^* 也随延迟时间概率密度函数参数取值的增大而缩短，大修周期内最小维修费用 C_{sys}^* 也随延迟时间概率密度函数参数取值的增大而增大，如图 8-11 所示。

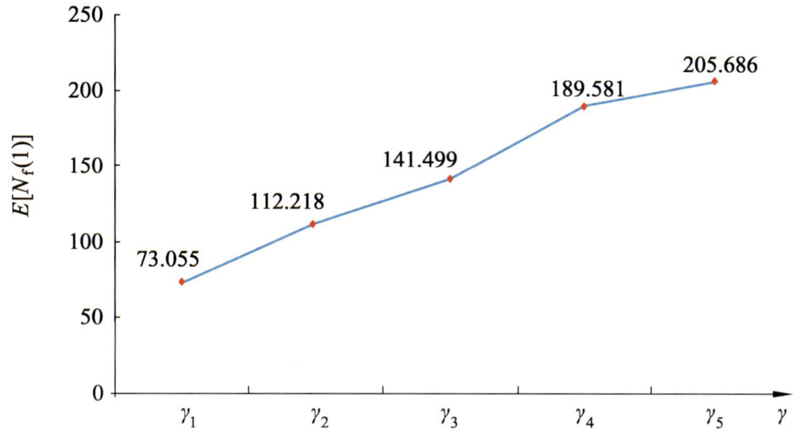

图 8-10 第 1 类故障期望随延迟时间函数参数取值变化趋势

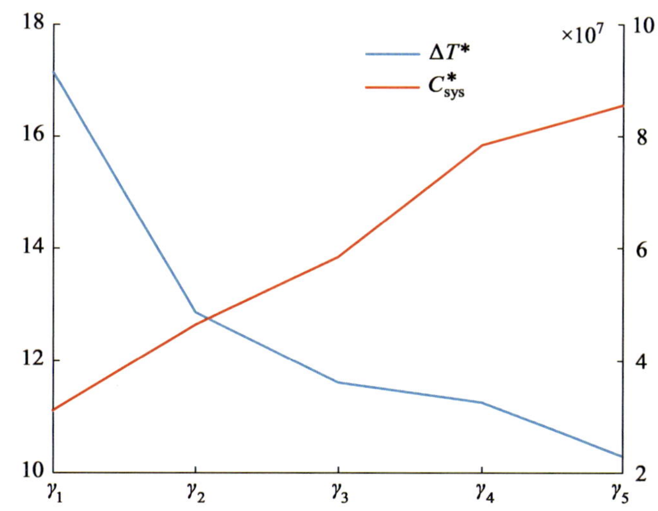

图 8-11 最优维修周期 ΔT^* 和维修费用 C_{sys}^* 随 γ 取值变化趋势

维修周期及维修费用对所选取的指数分布形式的延迟时间概率密度函数的参数取值敏感。延迟时间概率密度函数在不同参数取值情况下，大修周期内总维修费用变化如图 8-12 所示，维修费用随延迟时间概率密度函数参数取值的增大而增大。

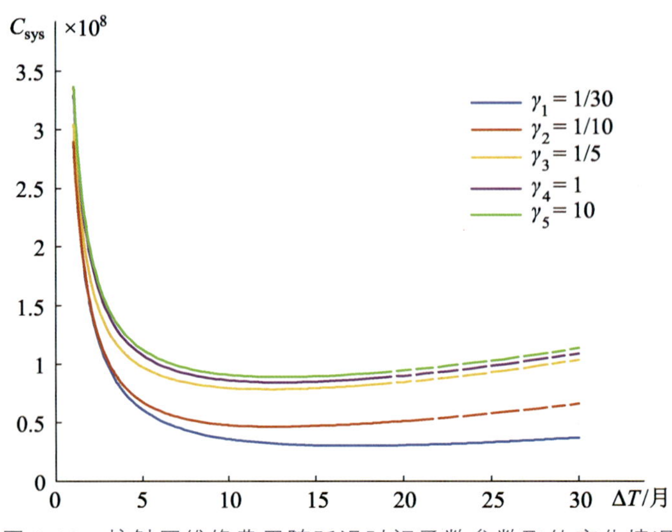

图 8-12　接触网维修费用随延迟时间函数参数取值变化情况

在延迟时间概率密度函数参数γ取不同值时，接触网大修周期内总的维修费用变化趋势保持不变。下面以$\gamma=\gamma_2=1/10$为例分析说明，见图 8-6。

总维修费用随维修周期的增大而迅速下降，直至维修费用下降到最低点A，此时最优维修周期$\Delta T^*=12.86$（月），接触网大修周期内不同类型故障次数期望如表 8-12 所示。由此可计算出接触网系统在满足约束条件下 30 年运营时间内的最小维修费用，随着维修周期继续增大，接触网系统寿命周期内的总维修费用开始呈现上升趋势。当维修周期$\Delta T=12.86$（月）时，接触网 30 年寿命周期内最小维修费用为

$$\min C_{\text{sys}}=(28-1)\times 8\ 000+(300\ 000+30\ 000)\times\sum_{k=1}^{4}E[N_{\text{f}}(k)]=0.464\text{（亿元）}$$

在集中修策略中，将故障维修费用和故障损失费用统称为故障损失费用，高速接触网大修周期内总的维修费用为周期维修费用与故障损失费用之和。当维修频率过高时，接触网系统大修周期内的维修次数n取值偏大，频繁的维修能及时消除处于延时时间阶段的潜在故障，有效阻止接触网缺陷发展为故障，降低接触网系统的故障率，提升接触网系统整体可靠度。但是，高频维修产生高昂的维修费用。因此，当集中修频率较高时，接触网系统大修周期内总的维修成本主要来源于周期维修费用。

随着集中修周期逐渐增大，维修次数减少，维修费用降低，但是维修周期增大，缺陷发展为故障的可能性增大，故障率上升，故障损失费用相对增加。当维修周期取值小于最优值时，即$\Delta T<\Delta T^*$，如图 8-6 中A点左侧，随着维修周期增大，因维修次

数减少而降低的维修费用大于故障损失增加的费用，接触网系统大修周期内总的维修成本呈下降趋势；在 A 点，维修周期等于最优值，$\Delta T = \Delta T^*$，此时故障损失费用与周期维修费用达到动态平衡，接触网系统大修周期内总的维修成本下降到最小值，此时 $C_{\text{sys}} = C_{\text{sys}}^*$；随着维修周期继续增大，$\Delta T > \Delta T^*$，接触网缺陷在维修周期内发展为故障的可能性增大，接触网系统故障率上升，由维修次数减少而降低的周期维修费用小于故障损失增加的费用，维修总成本主要来源于故障损失费用的增加，接触网系统大修周期内总的维修费用呈现上升趋势。

若不考虑接触网缺陷发展为故障的延迟时间，直接计算大修周期内的最佳集中修周期及最小维修费用，则优化模型如下：

$$\begin{gathered}\min_{n,\Delta T} C_{\text{sys}} = (n-1)C_{\text{m}} + (C_{\text{r}} + C_{\text{l}})\sum_{i=1}^{n}\sum_{k=1}^{4}\int_{i-1}^{i}\lambda_k(\varsigma)\text{d}\varsigma \\ \Delta R_i > \Delta R_0, R_i > R_0, n\Delta T = T,\ \ n \in N^*, 0 < n \leqslant n_{\max}\end{gathered} \tag{8-50}$$

若不考虑故障延迟时间计算可得维修次数 $n \geqslant 43$，满足可靠度约束，接触网大修周期内最优维修周期 $\Delta T^* = 8.37$（月），最小维修费用 $C_{\text{sys}}^* = 0.897\ 2$（亿元），如图 8-13 所示。与前文基于延迟时间模型的维修费用对比可知，在不考虑故障延迟时间的情况下，必须增加维修次数，才能保证接触网运行的可靠性。

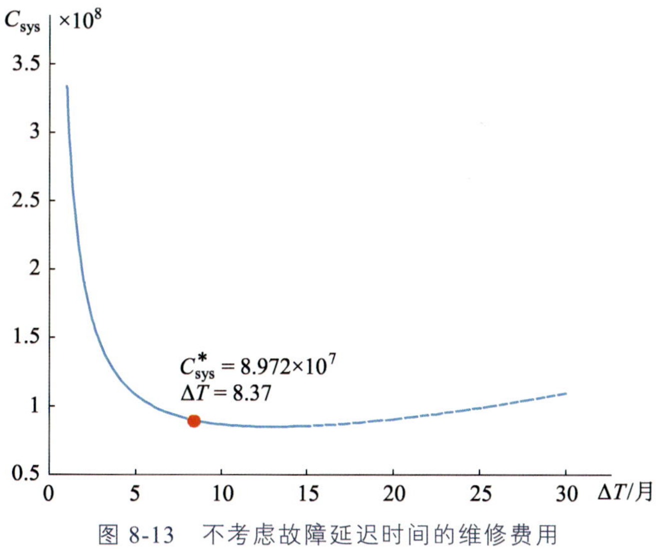

图 8-13　不考虑故障延迟时间的维修费用

当 $\gamma = \gamma_2 = 1/10$，维修周期取最优值 $\Delta T = \Delta T^*$ 时，接触网系统可靠度如图 8-14 所示。在接触网系统投入运行初期，零部件性能状态良好，失效率较低，接触网系统整体性能稳定，故障发生的期望值较低，维修对接触网系统整体可靠度的提升有限。随着运行时间的增长，接触网系统零部件性能下降，致使接触网系统整体可靠性下降，维修对接触网系统整体性能改善明显。尤其在接触网系统大修前，集中修明显提升可靠度，可靠度增量 ΔR_i 显著。

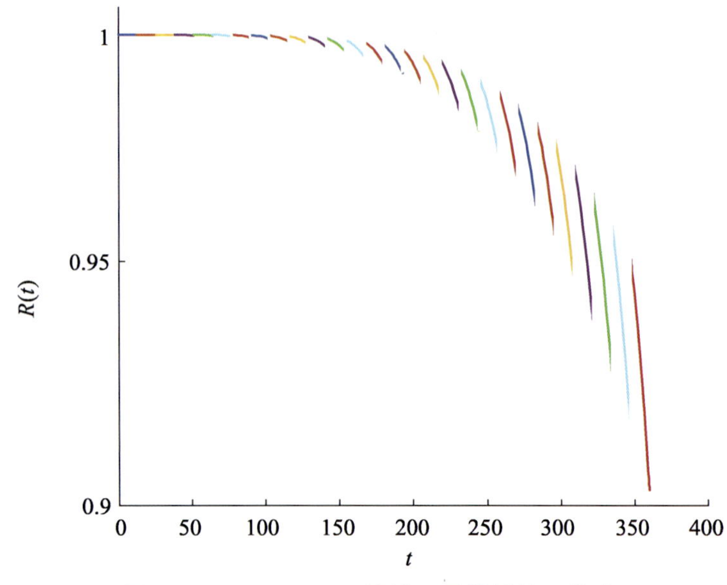

图 8-14　$\gamma=\gamma_2=1/10$ 接触网周期维修可靠度

当延迟时间概率密度函数参数 γ 取值为 $\gamma=\gamma_2=1/10$ 时，维修成本最小时的维修周期为 $\Delta T^*=12.86$（月），接触网大修周期内共有 28 个维修间隔 $n=28$，每个维修周期内故障次数期望不同。在接触网系统投入运行的初始阶段，接触网系统在维修周期内故障次数的期望值相对较小；随着接触网系统运行时间的增长，每个维修周期内故障次数期望值随之增大；在接触网系统运行后期，越接近大修时，维修周期内故障次数期望值就越大，增速越快。图 8-15 所示为接触网维修间隔内的第 1 类故障次数期望，图 8-16 所示为接触网维修间隔内的全部故障次数期望。

在接触网系统运行的初始阶段，各零部件性能状态良好，可靠性较高。因此，零部件因性能下降而发生失效的概率较低。随着接触网投入运行，服役时间累积，性能不可避免地下降，零部件出现失效的概率随之增大，由缺陷进一步发生为对应故障的期望也随之增大。虽然维修对接触网整体性能有一定程度的改善，能适当降低故障率，但无法改变故障率随时间增长的趋势。在接触网系统运行后期，接触网系统经过长时间服役，性能退化严重，故障率急剧上升，因此，维修周期内的故障期望也迅速增长。

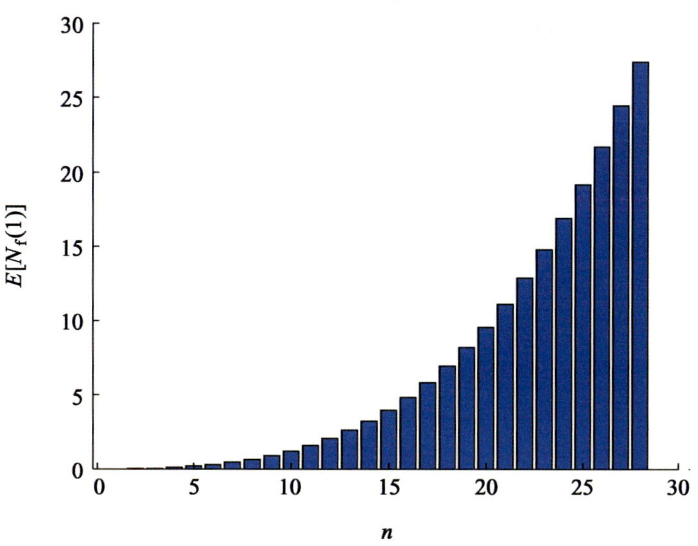

图 8-15　$\gamma=\gamma_2=1/10$ 接触网第 1 类故障期望

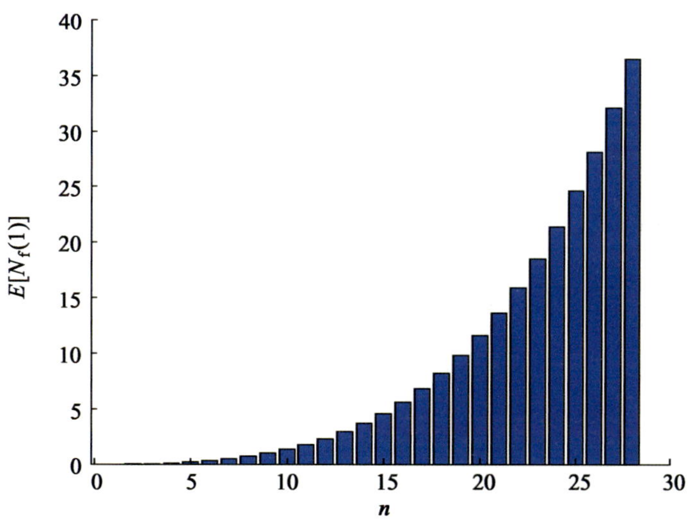

图 8-16　接触网全部故障次数期望

接触网集中修间隔固定，不能根据接触网系统具体的运行状态调节集中修周期。如果集中修周期过长，在接触网系统大修前，不能及时消除潜在故障，存在维修不足的问题，接触网故障风险增大；若集中修周期过短，在接触网投入运行的初始阶段及稳定运行阶段，接触网系统整体运行状态良好，频繁的维修会增加维修成本，存在维修过渡的问题。

8.3 接触网巡检周期决策

接触网零部件性能随着运行时间的退化，失效率增大，故障率也随之增大。集中修周期固定，不能根据接触网运行状态灵活调整维修策略，因此有必要在集中修间隔内对接触网进行适度的巡检，根据巡检结果实施状态修。

接触网内因故障不是突然发生的，在故障发生前，接触网零部件会出现相应“症状”，比如绝缘子出现裂纹、承力索及连接部件锈蚀、接触导线磨损、定位环开裂，吊弦散股等。若“症状”未被及时发现并修复，将发展为接触网故障导致高速列车停运。接触网巡检的本质是当检测发现接触网缺陷时，在故障发生之前为保障接触网能维持正常功能而采用的预防性维修。例如，通过专用检测车辆或者安装于列车顶部的缺陷检测监测装置（4*C* 检测装置）等，可及时发现接触网系统缺陷，并标记、定位为接触网维修提供依据，在接触网故障发生前及时采取相应措施，可阻止缺陷进一步扩大，提前清除潜在故障。

8.3.1 接触网巡检检测方式分类

根据缺陷检测结果的准确性，将接触网巡检检测分为完美检测和非完美检测。

完美检测指能够检出所有存在的接触网缺陷，没有错检和漏检的情况；非完美检测指检测结果存在误差，接触网缺陷只能以一定的概率被检测出。事实上，受接触网检测监测水平的限制，很难达到真正意义上的完美检测，接触网检测监测都存在着误差。目前，我国主要采用 6C 系统（电气化铁路供电安全检测监测系统）进行高速接触网的巡检，具体如下：

1C 装置（弓网综合检测装置）安装于高速综合检测列车，对高铁接触网的状态参数及弓网受流参数进行检测，检测内容主要包括接触线动态拉出值、高度、一跨内接触线高差、燃弧等。

2C 转置（接触网安全巡检装置）对接触网技术状态及外部环境进行检测。主要监测接触网设备有无明显脱落、偏移及其他异常情况；检测有无鸟窝、危树等可能危及接触网供电安全的周边环境因素。

3C 装置（车载接触网运行状态检测装置），对接触网与受电弓运行状态、接触网温度、燃弧时间等进行检测，实时分析处理弓网燃弧、接触网温度、接触网动态几何参数，自动识别弓网燃弧异常、接触网温度异常、几何参数超限、降弓、打弓等疑似缺陷。

4C（接触网悬挂状态检测监测装置）对接触网零部件实施成像检测，检测零部件有无烧伤、缺失、断裂、松动等异常情况。

5C 和 6C 装置主要用于定点监测，不存在巡检周期的问题。

8.3.2　接触网巡检策略

令接触网共有 N_D 种不同类型缺陷，在维修周期 (T_{i-1},T_i) 内的 m 个离散时间点 $t_1,t_2,\cdots,t_m$ 对接触网系统进行 m 次巡检，$t_0=T_{i-1}$，$t_{m+1}=T_i$，如图 8-17 所示。在每个巡检时刻有 N_S 种不同检测方式可供选择，不同的检测方式以不同的概率 η_{kl} 检测出不同的缺陷，且在每次巡检时只能选用一种检测方式。在对接触网系统进行巡检的过程中，若检测到接触网缺陷，采用最小维修方式立即对其进行维修，维修之后接触网系统可靠度保持不变。结合延迟时间模型并引入役龄回退因子，以巡检时间及检测方式为决策变量，以维修周期 (T_{i-1},T_i) 内最小巡检费用为优化目标，建立接触网巡检优化模型，制定最优巡检策略。

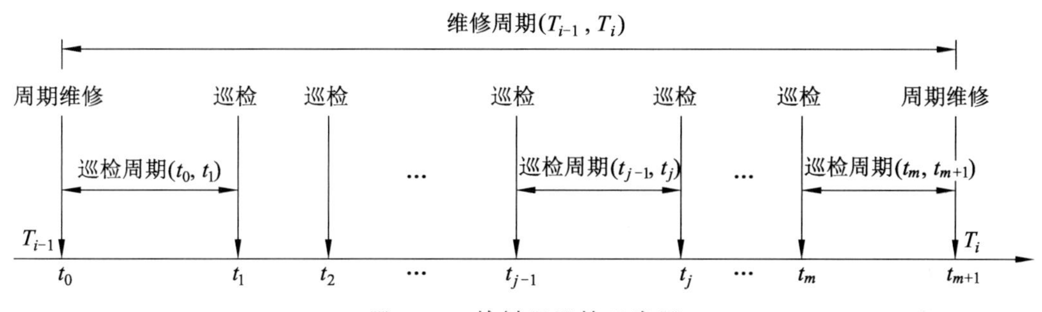

图 8-17　接触网巡检示意图

接触网巡检费用主要包括：① 接触网故障平均维修费用 C_r；② 平均检测费用 C_s；③ 接触网缺陷平均维修费用 C_d。因此，维修周期 (T_{i-1},T_i) 内接触网巡检费用可表示为

$$C=mC_s+C_dE[N_d(i)]+C_rE[N_f(i)] \tag{8-51}$$

式中：$E[N_d(i)]$ 表示维修周期 (T_{i-1},T_i) 内检测到的接触网缺陷次数总期望；$E[N_f(i)]$ 表示维修周期 (T_{i-1},T_i) 内接触网故障次数总期望。

8.3.3　基于最小费用的接触网巡检决策模型

为方便模型构建，将相关变量及符号定义如下：

t_j：优化变量，接触网系统巡检时刻；

m：巡检次数；

N_{D}：缺陷类型数；

N_{S}：检测方式数；

η_{kl}：检测矩阵 $\boldsymbol{\eta}_{N_{\mathrm{D}}\times N_{\mathrm{S}}}$ 的元素，表示第 l 种检测方式检测出第 k 种缺陷的概率，$0<\eta_{kl}<1$，其中，$k=1,2,\cdots,N_{\mathrm{D}}$，$l=1,2,\cdots,N_{\mathrm{S}}$；

$\lambda_k(t)$：接触网第 k 类缺陷对应的零部件失效率，$k=1,2,\cdots,N_{\mathrm{D}}$；

$f_k(t)$：延迟时间概率密度函数，表示第 k 类缺陷从发生到发展为接触网故障的延迟时间 t 的概率密度函数，且 t 为随机变量，$k=1,2,\cdots,N_{\mathrm{D}}$；

$F_k(t)$：第 k 类缺陷的延迟时间 t 的累积分布函数；

$\rho_j(t)$：巡检周期 (t_{j-1},t_j) 内接触网故障率；

(t,x)：巡检策略，$t=(t_1,t_2,\cdots,t_m)$，矩阵 $\boldsymbol{x}=[x_{jl}]$，$j\in\{1,2,\cdots,m\}$，$l\in\{1,2,\cdots,N_{\mathrm{S}}\}$ 且 $x_{jl}\in[0,1]$，当 $x_{jl}=1$ 时，表示在巡检时刻 t_j 选用第 l 种检测方式，否则 $x_{jl}=0$；

C_{r}：平均故障维修费用，巡检周期内接触网系统发生故障，抢修作业产生相应费用；

C_{s}：平均检测费用；

C_{d}：平均缺陷维修费用；

C：维修周期 i 内总巡检成本。

为方便接触网系统巡检模型构建，做以下假设：

（1）接触网零部件失效率满足两参数威布尔分布；

（2）检测到缺陷，采用最小维修使接触网系统恢复至缺陷发生时刻前的状态；

（3）最小维修仅恢复失效零部件的正常功能，不产生其他任何负面影响；

（4）不同类型缺陷相互独立；

（5）检测方式为非完美，每次巡检只能选用一种检测方式以一定概率检出缺陷。

1. 巡检周期内故障次数期望

接触网任意巡检周期 (t_{j-1},t_j) 内的第 k 类内因故障对应两类形式，假设第 k 类缺陷对应的零部件失效率为 $\lambda_k(t)$，对应的延迟时间概率密度函数为 $f_k(t)$，如图 8-18 所示。

Ⅰ型内因故障：由发生于巡检周期 (t_{j-1},t_j) 内的缺陷，如图 8-18 中 A 点，经过延迟时间 t 在本次巡检周期内发展为对应的故障，即发生于巡检时刻 t_{j-1} 之后的缺陷在巡检时刻 t_j 之前发展为故障。因此，巡检周期 (t_{j-1},t_j) 内的Ⅰ型内因故障次数期望 $E^{\mathrm{I}}[N_{\mathrm{f}}(k,j)]$ 与检测方式 x 无关。

Ⅱ型内因故障：由发生于巡检时刻 t_j 之前的缺陷，如图 8-18 中 C 点，经过延迟时间 t 在本次巡检周期内发展为对应的故障，即发生于巡检时刻 t_{j-1} 之前的缺陷未发展成为故障，且在巡检时刻 t_{j-1} 及之前的所有巡检时刻均未被检测出，而在巡检周期 (t_{j-1},t_j)

内发展为故障。因此，巡检周期 (t_{j-1},t_j) 内的Ⅱ型内因故障次数期望 $E^{\mathrm{II}}[N_{\mathrm{f}}(k,j)]$ 与检测方式 x 相关。

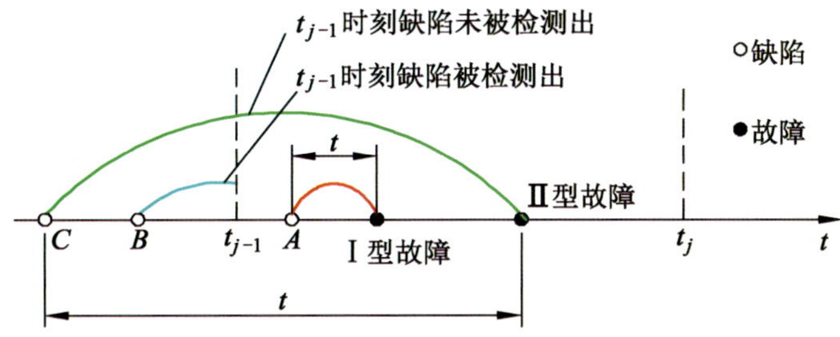

图 8-18　巡检周期 (t_{j-1},t_j) 内两种故障形式

因此，巡检周期 (t_{j-1},t_j) 内的第 k 类内因故障的期望表达式为

$$E[N_{\mathrm{f}}(k,j)]=E^{\mathrm{I}}[N_{\mathrm{f}}(k,j)]+E^{\mathrm{II}}[N_{\mathrm{f}}(k,j)] \tag{8-52}$$

维修周期 (T_{i-1},T_i) 内第 k 类Ⅰ型内因故障次数期望为

$$E_k^{\mathrm{I}}[N_{\mathrm{f}}]=\sum_{j=1}^{m+1}E^{\mathrm{I}}[N_{\mathrm{f}}(k,j)] \tag{8-53}$$

维修周期内 (T_{i-1},T_i) 内第 k 类Ⅱ型内因故障次数期望为

$$E_k^{\mathrm{II}}[N_{\mathrm{f}}]=\sum_{j=1}^{m+1}E^{\mathrm{II}}[N_{\mathrm{f}}(k,j)] \tag{8-54}$$

维修周期 (T_{i-1},T_i) 内第 k 类内因故障次数期望为

$$E_k[N_{\mathrm{f}}]=E_k^{\mathrm{I}}[N_{\mathrm{f}}]+E_k^{\mathrm{II}}[N_{\mathrm{f}}] \tag{8-55}$$

1）Ⅰ型内因故障次数期望计算方法

巡检周期 (t_{j-1},t_j) 内接触网Ⅰ型内因故障率为

$$\rho_j(t)=\sum_{k=1}^{N_D}\int_{t_{j-1}}^{t}\lambda_k[\varsigma-\alpha(i-1)\Delta T]f_k(t-\varsigma)\mathrm{d}\varsigma \quad (t_{j-1}<t<t_j) \tag{8-56}$$

故巡检周期 (t_{j-1},t_j) 内所有Ⅰ型内因故障次数期望为

$$\begin{aligned}E^{\mathrm{I}}[N_{\mathrm{f}}(j)]&=\int_{t_{j-1}}^{t_j}\rho_j(t)=\sum_{k=1}^{N_{\mathrm{D}}}\int_{t_{j-1}}^{t_j}\int_{t_{j-1}}^{t}\lambda_k[\varsigma-\alpha(i-1)\Delta T]f_k(t-\varsigma)\mathrm{d}\varsigma\mathrm{d}t\\&=\sum_{k=1}^{N_{\mathrm{D}}}\int_{t_{j-1}}^{t_j}\lambda_k[\varsigma-\alpha(i-1)\Delta T]F_k(t_j-\varsigma)\mathrm{d}\varsigma\end{aligned} \tag{8-57}$$

则维修周期 (T_{i-1},T_i) 内的所有 I 型内因故障次数期望为

$$\begin{aligned} E^{\mathrm{I}}[N_{\mathrm{f}}(i)] &= \sum_{k=1}^{N_{\mathrm{D}}}\sum_{j=1}^{m+1}E^{\mathrm{I}}[N_{\mathrm{f}}(j)] \\ &= \sum_{j=1}^{m=1}\sum_{k=1}^{N_{\mathrm{D}}}\int_{t_{j-1}}^{t_j}\lambda_k[\varsigma-\alpha(i-1)\Delta T]F_k(t_j-\varsigma)\mathrm{d}\varsigma \end{aligned} \tag{8-58}$$

巡检周期 (t_{j-1},t_j) 内第 k 类 I 型内因故障次数期望为

$$E^{\mathrm{I}}[N_{\mathrm{f}}(k,j)] = \int_{t_{j-1}}^{t_j}\lambda_k[\varsigma-\alpha(i-1)\Delta T]F_k(t_j-\varsigma)\mathrm{d}\varsigma \tag{8-59}$$

2）Ⅱ型内因故障次数期望计算方法

单位时间间隔 $[t,t+\delta t]$ 内缺陷次数期望为 $\lambda(t)\delta t$，如果不进行维修，缺陷在巡检间隔 (t_{j-1},t_j) 内发展为内因故障的概率为 $[F(t_j-t)-F(t_{j-1}-t)]$，单位时间内的缺陷发展为内因故障的期望为 $\lambda(t)\delta t[F(t_j-t)-F(t_{j-1}-t)]$，考虑到多种检测方式且检测为非完美，则发生于巡检周期 (t_{j-2},t_{j-1}) 内的第 k 类缺陷在巡检时刻 t_{j-1} 未被检测出而在巡检周期 (t_{j-1},t_j) 内发展为Ⅱ型内因故障次数期望为

$$E^{\mathrm{II}}[N_{\mathrm{f}}(k,j-1,j)] = \sum_{l=1}^{N_{\mathrm{S}}}x_{(j-1)\cdot l}(1-\eta_{xl})\left\{\begin{aligned}&\int_{t_{j-2}}^{t_{j-1}}\lambda_k[\varsigma-\alpha(i-1)\Delta T]\\&[F_k(t_j-\varsigma)-F_k(t_{j-1}-\varsigma)]\mathrm{d}\varsigma\end{aligned}\right\} \tag{8-60}$$

发生于巡检周期 (t_{j-3},t_{j-2}) 内的第 k 类缺陷在巡检周期 (t_{j-1},t_j) 内发展为Ⅱ型内因故障次数期望为

$$\begin{aligned} E^{\mathrm{II}}[N_{\mathrm{f}}(k,j-2,j)] = &\left\{\begin{aligned}&\sum_{l=1}^{N_{\mathrm{S}}}x_{(j-1)\cdot l}(1-\eta_{kl})\\&\int_{t_{j-2}}^{t_{j-1}}\lambda_k[\varsigma-\alpha(i-1)\Delta T][F_k(t_j-\varsigma)-F_k(t_{j-1}-\tau)]\mathrm{d}\varsigma\end{aligned}\right\}+ \\ &\left(\sum_{l=1}^{N_{\mathrm{S}}}x_{(j-1)\cdot l}(1-\eta_{kl})\right)\left(\sum_{l=1}^{N_{\mathrm{S}}}x_{(j-1)\cdot l}(1-\eta_{kl})\right)\cdot \\ &\left\{\begin{aligned}&\int_{t_{j-3}}^{t_{j-2}}\lambda_k[\varsigma-\alpha(i-1)\Delta T]\\&[F_k(t_j-\varsigma)-F_k(t_{j-1}-\varsigma)]\mathrm{d}\varsigma\end{aligned}\right\} \end{aligned} \tag{8-61}$$

则发生于巡检周期 (t_{j-1},t_j) 之前的任意巡检周期 (t_{v-1},t_v) 内的第 k 类缺陷在巡检时刻 t_j 之前未被检测出而在巡检周期 (t_{j-1},t_j) 内发展为Ⅱ型内因故障次数期望为

$$E^{\mathrm{II}}[N_{\mathrm{f}}(k,j)]=\sum_{v=1}^{j-1}\left\{\begin{array}{l}\left(\prod_{s=v}^{j-1}\left[\sum_{l=1}^{N_{\mathrm{S}}}x_{sl}(1-\eta_{kl})\right]\right)\\ \int_{t_{v-1}}^{t_v}\lambda_k[\varsigma-\alpha(i-1)\Delta T][F_k(t_j-\varsigma)-F_k(t_{j-1}-\varsigma)]\mathrm{d}\varsigma\end{array}\right\} \tag{8-62}$$

巡检周期 (t_{j-1},t_j) 内所有Ⅱ型内因故障次数期望为

$$E^{\mathrm{II}}[N_{\mathrm{f}}(j)]=\sum_{k=1}^{N_{\mathrm{D}}}E^{\mathrm{II}}[N_{\mathrm{f}}(k,j)] \tag{8-63}$$

维修周期 (T_{i-1},T_i) 内所有类型故障的Ⅱ型故障次数期望为

$$E^{\mathrm{II}}[N_{\mathrm{f}}(i)]=\sum_{j=1}^{m+1}E^{\mathrm{II}}[N_{\mathrm{f}}(j)]=\sum_{k=1}^{N_{\mathrm{D}}}\sum_{j=1}^{m+1}E^{\mathrm{II}}[N_{\mathrm{f}}(k,j)] \tag{8-64}$$

因此，维修周期 (T_{i-1},T_i) 内所有内因故障次数期望为

$$\begin{aligned}E[N_{\mathrm{f}}(i)]&=E^{\mathrm{I}}[N_{\mathrm{f}}(i)]+E^{\mathrm{II}}[N_{\mathrm{f}}(i)]\\&=\sum_{k=1}^{N_{\mathrm{D}}}\sum_{j=1}^{m+1}E^{\mathrm{I}}[N_{\mathrm{f}}(k,j)]+\sum_{k=1}^{N_{D}}\sum_{j=1}^{m+1}E^{\mathrm{II}}[N_{\mathrm{f}}(k,j)]\end{aligned} \tag{8-65}$$

2. 检测到缺陷次数期望

检出的接触网缺陷与故障类似，在巡检时刻 t_j 处检测到的缺陷类型也分为两种形式，如图 8-19 所示。假设第 k 种缺陷对应的零部件失效率为 $\lambda_k(t)$，对应的延迟时间概率密度函数为 $f_k(t)$。

Ⅰ型缺陷：由发生于巡检周期 (t_{j-1},t_j) 内的缺陷，如图 8-19 中 A 点，经过延迟时间 t 在本次巡检周期内未发展为对应的内因故障，而在巡检时刻 t_j 被检测出，即发生于巡检时刻 t_{j-1} 之后的缺陷在巡检时刻 t_j 之前未发展为内因故障且在 t_j 时刻被检测出。因此，在巡检时刻 t_j 处检测出的Ⅰ型缺陷次数期望 $E^{\mathrm{I}}[N_{\mathrm{d}}(k,j)]$ 与仅与 t_j 时刻的检测方式 x 相关。

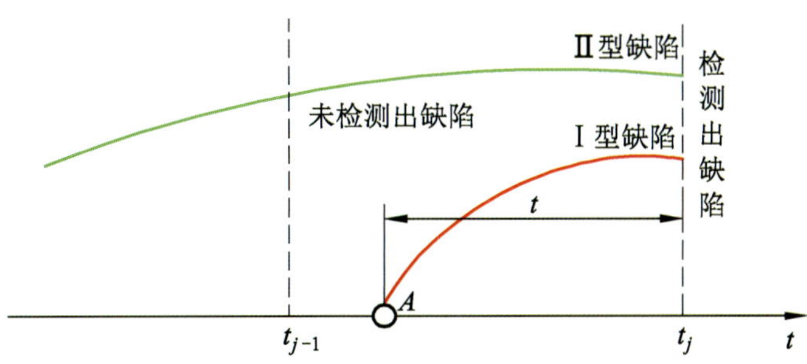

图 8-19　检测到缺陷的两种形式

Ⅱ型缺陷：由发生于巡检周期(t_{j-1},t_j)之前的缺陷，经过一段时间后未发展成为故障，而在巡检时刻t_j被检测出，即发生于巡检时刻t_{j-1}之前的缺陷未发展成为内因故障且在巡检时刻t_{j-1}及之前的所有巡检时刻均未被检测出，而在巡检时刻t_j被检出。因此，在巡检时刻t_j处被检测出的Ⅱ型缺陷次数期望$E^{\mathrm{II}}[N_{\mathrm{d}}(k,j)]$与$t_j$时刻之前以及$t_j$时刻的测检测方式$x$相关。

在巡检时刻t_j处检测到的第k类缺陷次数的期望表达式为

$$E[N_{\mathrm{d}}(k,j)]=E^{\mathrm{I}}[N_{\mathrm{d}}(k,j)]+E^{\mathrm{II}}[N_{\mathrm{d}}(k,j)] \tag{8-66}$$

维修周期(T_{i-1},T_i)内检测到第k类缺陷的Ⅰ型缺陷次数期望为

$$E_k^{\mathrm{I}}[N_{\mathrm{d}}]=\sum_{j=1}^{m}E^{\mathrm{I}}[N_{\mathrm{d}}(k,j)] \tag{8-67}$$

维修周期(T_{i-1},T_i)内检测到第k类缺陷的Ⅱ型缺陷次数期望为

$$E_k^{\mathrm{II}}[N_{\mathrm{d}}]=\sum_{j=1}^{m}E^{\mathrm{II}}[N_{\mathrm{d}}(k,j)] \tag{8-68}$$

维修周期(T_{i-1},T_i)内检测到第k类缺陷次数期望为

$$E_k[N_{\mathrm{d}}]=E_k^{\mathrm{I}}[N_{\mathrm{d}}]+E_k^{\mathrm{II}}[N_{\mathrm{d}}] \tag{8-69}$$

维修周期(T_{i-1},T_i)内检测到的所有缺陷次数期望为

$$E[N_{\mathrm{d}}(i)]=\sum_{j=1}^{m}\sum_{k=1}^{N_{\mathrm{D}}}E[N_{\mathrm{d}}(k,j)] \tag{8-70}$$

1）Ⅰ型缺陷次数期望计算方法

单位时间间隔$[t,t+\delta t]$内第k类缺陷的期望为$\lambda_k(t)\delta t$，如果不进行维修，缺陷在t_j时刻发展为故障的概率为$F(t_j-t)$，未发展为内因故障而在t_j时刻被检测出的概率为$[1-F(t_j-t)]$，考虑到多种检测方式及检测的非完美性，发生于巡检间隔(t_{j-1},t_j)内的第k类缺陷在巡检时刻t_j被检测出的Ⅰ型缺陷次数期望为

$$E^{\mathrm{I}}[N_{\mathrm{d}}(k,j)]=\sum_{l=1}^{N_{\mathrm{S}}}x_{jl}\eta_{xl}\int_{t-1}^{t_j}\lambda_k[\varsigma-\alpha(i-1)\Delta T][1-F_k(t_j-\varsigma)]\mathrm{d}\varsigma \tag{8-71}$$

巡检时刻t_j检测到所有类型缺陷的Ⅰ型缺陷次数期望为

$$E^{\mathrm{I}}[N_{\mathrm{d}}(j)]=\sum_{k=1}^{N_{\mathrm{D}}}E^{\mathrm{I}}[N_{\mathrm{d}}(k,j)] \tag{8-72}$$

维修周期 (T_{i-1},T_i) 内检测到的第 k 类缺陷的 I 型缺陷次数期望为

$$E_k^{\mathrm{I}}[N_{\mathrm{d}}]=\sum_{j=1}^{m}E^{\mathrm{I}}[N_{\mathrm{d}}(k,j)] \tag{8-73}$$

则考虑多种检测方式且检测非完美条件下，维修周期 (T_{i-1},T_i) 检测到的全部 I 型缺陷次数期望为

$$E^{\mathrm{I}}[N_{\mathrm{d}}(i)]=\sum_{j=1}^{m}\sum_{k=1}^{N_{\mathrm{D}}}\left(\sum_{l=1}^{N_{\mathrm{s}}}x_{jl}\eta_{kl}\right)\int_{t_{j-1}}^{t_j}\lambda_k[\varsigma-\alpha(i-1)\Delta T][1-F_k(t_j-\varsigma)]\mathrm{d}\varsigma \tag{8-74}$$

2）Ⅱ型缺陷次数期望计算方法

单位时间间隔 $[t,t+\mathrm{d}t]$ 内第 k 类缺陷的期望为 $\lambda_k(t)\mathrm{d}t$，如果不进行维修，发生于 t 时刻的缺陷在巡检时刻 t_j 未被检测出的概率为 $[1-F_k(t_{j-1})]$，考虑多种检测方式及检测的非完美性，发生于巡检周期 (t_{j-1},t_j) 之前的任意巡检周期 (t_{v-1},t_v) 内的第 k 种缺陷，在巡检时刻 t_j（ $v<j$ ）之前未被检测出而在 t_j 时刻被检测出的Ⅱ型缺陷次数期望为

$$E^{\mathrm{II}}[N_{\mathrm{d}}(k,j)]=\left(\sum_{l=1}^{N_{\mathrm{s}}}x_{jl}\eta_{kl}\right)\left(\sum_{v=1}^{j-1}\left\{\begin{array}{l}\left(\prod_{s=v}^{j-1}\left[\sum_{l=1}^{N_{\mathrm{s}}}x_{sl}(1-\eta_{kl})\right]\right)\cdot\\\left(\int_{t_{v-1}}^{t_v}\lambda_k[\varsigma-\alpha(i-1)\Delta T][1-F_k(t_j-\varsigma)]\mathrm{d}\varsigma\right)\end{array}\right\}\right) \tag{8-75}$$

在巡检时刻 t_j 检测到所有类型缺陷的Ⅱ型缺陷次数期望为

$$E^{\mathrm{II}}[N_{\mathrm{d}}(j)]=\sum_{k=1}^{N_{\mathrm{D}}}E^{\mathrm{II}}[N_{\mathrm{d}}(k,j)] \tag{8-76}$$

维修周期 (T_{i-1},T_i) 内检测到第 k 类缺陷的Ⅱ型缺陷次数期望为

$$E_k^{\mathrm{II}}[N_{\mathrm{d}}]=\sum_{j=1}^{m}E^{\mathrm{II}}[N_{\mathrm{d}}(k,j)] \tag{8-77}$$

则维修周期 (T_{i-1},T_i) 内检测到的全部 k 类缺陷次数期望为

$$E_k[N_{\mathrm{d}}]=\sum_{j=1}^{m}\left(E_k^{\mathrm{I}}[N_{\mathrm{d}}]+E_k^{\mathrm{II}}[N_{\mathrm{d}}]\right) \tag{8-78}$$

3. 接触网巡检优化模型

维修周期 (T_{i-1},T_i) 内的巡检费用表达式为

$$C=mC_{\mathrm{s}}+C_{\mathrm{d}}\sum_{j=1}^{m}\sum_{k=1}^{N_{\mathrm{D}}}E[N_{\mathrm{d}}(k,j)]+C_{\mathrm{r}}\left(\sum_{k=1}^{N_{\mathrm{D}}}\sum_{j=1}^{m+1}E^{\mathrm{I}}[N_{\mathrm{f}}(k,j)]+\sum_{k=1}^{N_{\mathrm{D}}}\sum_{j=1}^{m+1}E^{\mathrm{II}}[N_{\mathrm{f}}(k,j)]\right) \tag{8-79}$$

为求最优巡检策略 (t^*, x^*)，接触网在维修周期 i 内的最小巡检成本优化问题可表示为一个混合整数非线性规划模型，则接触网维修周期 (T_{i-1}, T_i) 内基于最小巡检费用优化模型为

$$\min_{t_j, x_{il}} C(t, x)$$

$$d_0 < t_1 - T_{i-1} < l_0 \tag{8-80}$$

$$d_0 < t_{j+1} - t_j < l_0, \quad \forall j = 1, 2, \cdots, m \tag{8-81}$$

$$x_{jl} \in \{0, 1\} \tag{8-82}$$

$$\sum_{l=1}^{N_S} x_{jl} = 1, \quad \forall j = 1, 2, \cdots, m \tag{8-83}$$

约束条件式（8-80）中，l_0，d_0 为常数，分别表示巡检周期的上下限；式（8-81）在保证优化变量 t_j 取非负值的同时，也将巡检间隔限定在预先设置的范围 (d_0, l_0) 内；式（8-82）表明 x 的元素为二值变量；式（8-83）保证在任意巡检时刻只能选用一种检测方式，可选用分支界定算法求解混合整数非线性规划问题。

8.3.4 高速铁路接触网巡检实例分析

根据 8.2 节计算结果，延迟时间函数参数取值为 $\gamma = \gamma_2 = 1/10$ 的最优维修周期 $\Delta T^* = 12.86$ 时，接触网供电分区最后一个维修间隔内的最小巡检成本、相关巡检费用参数如表 8-16 所示，检测参数如表 8-17 所示，巡检周期内总巡检成本随维修巡检次数变化趋势如图 8-20 所示。

表 8-16 巡检费用参数表

检测费用 C_s/元	故障维修费用 C_r/元	缺陷维修费用元 C_d/元
20 000	300 000	150 000

表 8-17 缺陷检出率 d

检测方式	缺陷 1	缺陷 2	缺陷 3	缺陷 4
2C	0.56	0.59	0.6	0.55
3C	0.62	0.68	0.67	0.6
4C	0.72	0.75	0.78	0.7

维修周期内总巡检成本随着巡检次数的增大而迅速下降，直至下降到最低点 A，此时巡检成本最优为 C^*，巡检成本最小时的最优巡检次数 $m^*=11$，随着巡检次数继续增大，总的巡检费用增加。

维修周期内的不同类型故障次数期望及巡检时刻检测到的缺陷次数期望分别如表 8-18 和表 8-19 所示。

表 8-18　接触网不同类型故障期望

故障类型	符号表达式	Ⅰ型故障期望	Ⅱ型故障期望
1	$E_1[N_f]$	4.806 1	0.430 1
2	$E_2[N_f]$	0.821 4	0.403 7
3	$E_3[N_f]$	0.081 6	0.179 4
4	$E_4[N_f]$	0.365 0	0.356 8

由此可计算出接触网最后一个维修周期内的最小巡检费用 C^*：

$$C^* = C_d\sum_{k=1}^{4} E_k[N_d] + C_f\sum_{k=1}^{4} E_k[N_f] + 11C_s = 36.658\text{（万元）}$$

在巡检策略中，将检测费用和故障维修费用统称为巡检费用，则高速接触网系统总的巡检成本为巡检费用与故障修费用之和。

表 8-19　巡检时刻检测到缺陷期望

缺陷类型	符号表达式	Ⅰ型缺陷期望	Ⅱ型缺陷期望
1	$E_1[N_d]$	1.292	1.982 1
2	$E_4[N_d]$	1.161 2	0.991
3	$E_3[N_d]$	0.815 1	0.392 7
4	$E_5[N_d]$	0.847 6	0.598 3

当巡检频率过高时，巡检次数 m 取值偏大，频繁的巡检及时发现并消除处于延时时间阶段的潜在故障，有效阻止接触网缺陷发展为故障，降低了接触网系统的故障修费用，提升了接触网系统整体可靠度，故障发生的期望值下降到极小，故障修费用极小。但是，高频率的巡检会产生高昂的巡检费用。因此，当巡检频率较高时，接触网系统巡检周期内总成本主要来源于巡检费用。

随着巡检频率降低，巡检次数减少，巡检修费用降低，且巡检次数减小，缺陷未能及时被发现，故障修费用相对增加。当巡检次数取值小于最优值时，即 $m < m^*$，如图 8-20 中 A 点左侧，随着巡检次数增大，因巡检增大而增加的巡检费用小于故障修减少的费用，巡检周期内总的巡检成本呈下降趋势；在 A 点，巡检次数等于最优值，$m = m^*$，此时巡检费用与故障修费用达到动态平衡，接触网系统巡检周期总成本下降到最小值，此时 $C = C^*$；随着维修周期继续增大，$m > m^*$，巡检次数增多，及时检测出接触网缺陷，故障发生次数期望值减小，由故障次数期望减小而减少的故障修费用小于巡检次数增多而增加的巡检费用，巡检周期总的巡检成本费用主要来源于随巡检次数增大而增加的巡检费用，接触网巡检周期内总成本呈现上升趋势。

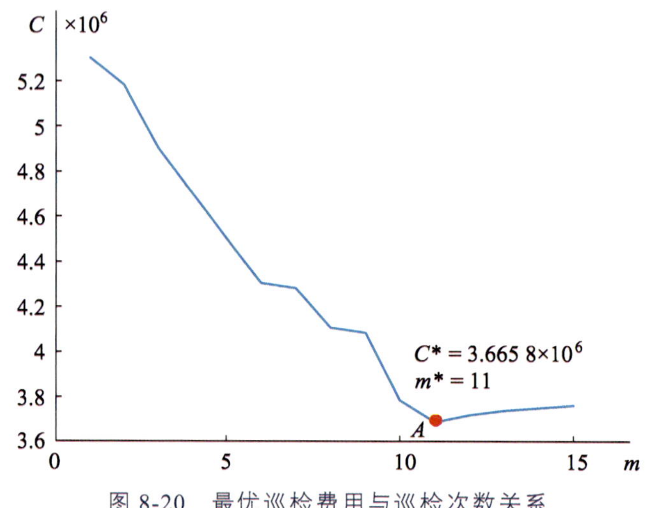

图 8-20　最优巡检费用与巡检次数关系

最优巡检策略详见表 8-20，由表第三列可知，多数情况下 3C 巡检装置作为最优巡检策略的首选。3C 装置检测精确度以及费用处于 2C 装置与 4C 之间，在巡检初期，接触网系统性能状态相对良好，发生故障的可能性相对较低，选用 3C 装置对接触网系统实施巡检，在保证系统可靠度的同时兼顾经济性。分析表第四列，在巡检初期，巡检周期相对长，因为初期系统性能退化并不严重，随着运行时间的增长，接触网系统性能不断退化，巡检周期逐渐缩短。但巡检周期并非完全单调递减，第 8 次巡检中，选择 4C 装置对接触网实施巡检，4C 装置检测精度高，能最大可能检测出接触网缺陷，因此第 9 个巡检周期增长。在巡检后期，接触网性能退化严重，为保证接触网运行安全，巡检周期继续缩短，并选用高精度的检测方式。

表 8-20　最优巡检策略

巡检次数 m	巡检时间/月	检测方式	巡检周期/月
1	349.503	2C	2.363
2	350.958	3C	1.455
3	352.168	3C	1.21
4	353.256	3C	1.088
5	354.273	3C	1.017
6	355.242	3C	0.969
7	356.162	3C	0.92
8	357.05	4C	0.888
9	357.998	2C	0.948
10	358.718	4C	0.72
11	359.393	4C	0.675

参考文献

[1] KIESSLING, et al. Contact lines for electric railways planning, design, implementation, maintenance[J]. Railway gazette international，2018：83-126，425-457.

[2] 国家铁路局.高速铁路接触网运行维修规则：TG/GD 124—2015[S]. 北京：中国铁道出版社，2015.

[3] 铁道部科技司.200～250 km/h 电气化铁路接触网装备暂行技术条件：OCS-2[S].，2009.

[4] 300～350 km/h 电气化铁路接触网装备暂行技术条件：OCS-3[S]. 北京：中国铁道出版社，2009.

[5] 国家铁路局.电气化铁路用铜及铜合金接触线：TB 2087—2017[S].北京：中国铁道出版社，2017.

[6] British Standards Institution.Railway applications fixed installations electric traction copper and copper alloy grooved contact wires：EN50149：2012[S]. [S.l.：s.n.]，2012.

[7] 张宝奇. 改进软横跨处接触悬挂非工作支悬吊方式的建议[J]. 铁道机车车辆，2008，28（4）：76-78.

[8] 刘艳. 电力机车高压电压互感器爆炸引起接触网断线的原因及预防措施[J]. 铁道机车车辆，2010，30（5）：97-98.

[9] 张宝奇，班瑞平. 电力机车车顶绝缘子闪络引发接触网故障的研究及对策[J]. 铁道机车车辆，2007，27（5）：63-66.

[10] 罗健. 高速铁路接触网零部件应用与研究[M]. 北京：中国铁道出版社，2018，73-177，225-239，252-286，317-410.

[11] 贾明汉. 接触网刚性绝缘吊弦的应用及效果[C]. 中国电气化铁路发展 60 年暨智能牵引供电技术论坛论文集，北京：[s.n.]，2018.

[12] 国家铁路局.电气化铁路接触网零部件——整体吊弦及吊弦线夹：TB/T 2075.7—2020[S]. 北京：中国铁道出版社，2020.

[13] 赵戈红. 浅谈高铁接触网整体吊弦存在问题及解决措施[J]. 电气化铁道，2017，28（4）：14-18.

[14] 鲁敏，韩兰贵. 高速铁路接触网耐疲劳载流整体吊弦的研发与比较[J]. 铁路工程技术与经济，2017，32（3）：1-4.

[15] 杨广英. 高速铁路接触网整体吊弦断裂分析及改进效果验证[J]. 铁道技术监督，2016，46（9）：21-23.

[16] 余兆国，葛志锐，等. 高速铁路接触网整体吊弦失效原因分析及优化方案探讨[J]. 电气化铁道，2020，31（1）：10-14.

[17] 陈立明. 高速受电弓作用下接触网整体吊弦动态力研究[J]. 中国铁道科学，2018，39（3）：86-92.

[18] 戚广枫，赵慧，等. 高速铁路接触网吊弦动应力数值模拟及其疲劳荷载特征分析[J]. 中国机械工程，2018，29（9）：1063-1068.

[19] 吴文江，李响，等. 基于有限元法的高徒铁路接触网吊弦动态特性研究[J]. 铁道学报，2020，42（7）：65-72.

[20] 吴文江，李响. 高速铁路接触网吊弦断裂电气因素研究[J]. 中国铁道科学，2021，42（2）：164-172.

[21] 国家铁路局.铁路电力牵引设计规范：TB 10009—2016[S]. 北京：中国铁道出版社，2016.

[22] 国家铁路局.电气化铁路接触网零部件——非限位定位装置：TB/T 2075.4—2020[S].北京：中国铁道出版社，2020.

[23] 国家铁路局.电气化铁路接触网零部件——限位定位装置：TB/T 2075.3—2020[S]. 北京：中国铁道出版社，2020.

[24] 罗健，白裔峰，魏博. 高速铁路接触网定位器坡度问题的深化研究[J]. 铁道工程学报，2013，1(12)：76-80.

[25] 王腾，吴胜强，等. 高速铁路接触网定位器脱落原因分析及解决措施[J]. 电气化铁道，2022，2(8)：30-32.

[26] 朱政，吴积钦，等. 高速铁路接触网定位钩与定位支座磨损失效机理分析[J]. 电气化铁道，2019，11(5)：12-16.

[27] 蒋先国. 电气化铁道接触网零部件设计与制造[M]. 北京：中国铁道出版社，

2009:115-194.

[28] British Standards Institution.Railway applications-fixed installations-electric traction overhead contact lines：EN50119：2020[S]. [S.l.：s.n.]，2020.

[29] 国家铁路局.电气化铁路接触网用绝缘子第 2 部分：棒形复合绝缘子：TB/T 3199.2—2018[S]. 北京：中国铁道出版社，2018.

[30] 王延良，卢华德，赵灵龙. 电气化铁路隔离开关[M]. 北京：中国铁道出版社，2018，12-24.

[31] 刘长利. 高速铁路接触网隔离开关服役状态分析及技术升级策略[J]. 铁道技术监督，2020，48（5）：31-36.

[32] MILENKO B ，et al. 电接触理论、应用与技术[M]. 北京：机械工业出版社，2010，201-252，256-296.

[33] 陈学光. 电气化铁道接触悬挂吊弦和电连接的电气负荷计算[J]. 铁道工程学报，2014，5：84-89.

[34] 国家铁路局.电气化铁路接触网用分段绝缘器：TB/T 3036—2016[S]. 北京：中国铁道出版社，2016.

[35] 于万聚. 高速电气化铁路接触网[J]. 成都：西南交通大学出版社，2007：163-201.

[36] 韩宝峰，李智凯，等. 25 kV 柔性悬挂分段绝缘器电场分析及优化研究[J]. 电气化铁道，2022，2：21-25.

[37] 项杨. 非滑道式分段绝缘器空间几何参数调整方法改进[J]. 电气化铁道，2018，4(9)：34-39.

[38] 王绍普. 接触网菱形分段绝缘器的故障分析与对策[J]. 铁道机车车辆，2009，29（1）：75-78.

[39] 方海龙. 分段绝缘器常见故障成因及防治分析[J]. 上海铁道科技，2008，4(2)：57-59.

[40] 苗为民，李勇力. 关于分段绝缘器运行问题的探讨[J]. 铁道机车车辆，2010，30（1）：83-93.

[41] 杨广英，任兴堂，黄岳群. 对电气化铁道用分段绝缘器滑道存在问题的试验研究[J]. 铁道技术监督，2009，37（12）：10-13.

[42] 徐爱军，许建国，纪小军. 接触网全补偿链形悬挂 5 跨锚段关节过渡跨吊弦计算

模型的探讨[J]. 铁道机车车辆，2005，25（4）：58-61.

[43] 张雪原. 高速重载铁路车网耦合下过电压产生机理与防护方法研究[D]. 成都：西南交通大学，2009.

[44] 宫衍圣. 电力机车过关节式电分相过电压研究[J]. 铁道学报，2008，30（4）：103-107.

[45] 屈志坚，刘雨欣，周敏. 牵引网双中性段电分相过电压分析与抑制[J]. 铁道工程学报，2014，1：75-81.

[46] 李生成. 兰渝线渭源站中心锚结窜动原因分析与对策[J]. 电气化铁道，2019，1(9)：64-76.

[47] 刘让雄. 接触网中心锚结缺失引发二次故障分析及建议[J]. 电气化铁道，2017，5(56)：53-56.

[48] 铁道部劳动和卫生司. 高速铁路接触网维修岗位[M]. 北京：中国铁道出版社，2013:18-67.

[49] 石建华，何锦龄. 银兰客专 18 号道岔无交叉线岔弓网状态分析及优化[J]. 电气化铁道，2022，11(3)：10-13.

[50] 刘再民，张宝奇. 高速铁路接触网无交叉线岔优化设计探讨[J]. 铁道学报，2021，43（9）：32-37.

[51] 杨英明. 18 号道岔两种接触网无交叉线岔布置方案分析[J]. 电气化铁道，2022，2(67)：33-36.

[52] 王章刊. 接触网线岔处弓网故障分析及对策[J]. 电气化铁道，2018，11(2)：42-44.

[53] 王璐. 接触网滑轮补偿装置定滑轮与补偿绳偏磨分析及解决方案[J]. 电气化铁道，2020，24(5)：62-65.

[54] 魏莹. 棘轮下锚补偿装置断线制动研究与探讨[J]. 电气化铁道，2015，12(2)：11-14.

[55] 范远涛，徐剑飞. 低净空隧道内棘轮补偿装置水平安装施工要点[J]. 电气化铁道，2015，6(50)：38-43.

[56] 胡志华. 客运专线棘轮补偿装置的计算及施工的探讨[J]. 电气化铁道，2011，3(20)：33-35.

[57] 潘南红，张翔欧. 棘轮补偿连接架卡滞对补偿绳偏移的分析研究[J]. 电气化铁

道，2014，6(12)：19-24.

[58] 国家铁路局.电气化铁路接触网零部件技术条件：TB/T 2073—2020[S].北京：中国铁道出版社，2020.

[59] 顾永强，贾宏玉. 材料力学[M]. 北京：清华大学出版社，2020：165-207.

[60] 刘惟信. 机械可靠性设计[M]. 北京：清华大学出版社，1996：151-187.

[61] 李舜酩. 机械疲劳与可靠性设计[M]. 北京：科学出版社，2006：47-66.

[62] 戚广枫. 高速铁路接触网安全可靠性即可维修性研究[M]. 成都：西南交通大学出版社，2012：193-207.

[63] Milenko B et al. 电接触理论、应用与技术[M].北京：机械工业出版社，2010：201-252.

[64] 罗健. 高速铁路接触网零部件应用与研究[M].北京：中国铁道出版社，2018：225-239.

[65] 隋荣娟. 不锈钢设备腐蚀失效及可靠性分析[M]. 北京：化学工业出版社，2020：17-34.

[66] 国家市场监督管理总局.人造气氛腐蚀试验—盐雾试验：GB/T 10125—2021[S].北京：中国质检出版社，2021.

[67] POETSCH G，et al.Pantograph/catenary dynamics and control[J]. Vehicle system dynamics，1988，28（2-3）：159-195.

[68] 梅桂明，张卫华. 受电弓/接触网系统动力学模型及特性[J]. 交通运输工程学报，2002，2（1）：20-25

[69] 刘怡，张卫华，梅桂明. 受电弓/接触网垂向耦合运动中接触网动应力研究[J]. 铁道学报，2003，25（4）：23-25

[70] 张卫华，黄标，梅桂明. 基于虚拟样机技术的高速弓网系统研究[J]. 铁道学报，2005，27（4）：30-35

[71] 刘怡，张卫华，黄标. 高速铁路接触网动力学响应实验及仿真[J]. 中国铁道科学，2005，26（2）：106-109

[72] COLLINA A，BRUNI S. Numerical simulation of pantograph-overhead equipment interaction[J]. Vehicle system dynamics，2002，38（4）：261-291.

[73] WU T，BRENNAN M. Basic analytical study of pantograph-catenary system dynamics[J].

Vehicle system dynamics，1998，30（6）：443-456.

[74] WU T，BRENNAN M. Dynamic stiffness of a railway overhead wire system and its effect on pantograph-catenary system dynamics[J]. Journal of sound and vibration，1999，219（3）：483-502.

[75] DAHLBERG T.Moving force on an axially loaded beam-with applications to a railway overhead contact wire[J]. Vehicle system dynamics，2006，44（8）：631-644.

[76] 梅桂明，张卫华. 受电弓/接触网系统动力学模型及特性[J]. 交通运输工程学报，2002，2（1）：20-25

[77] 刘怡，张卫华，梅桂明. 受电弓/接触网垂向耦合运动中接触网动应力研究[J]. 铁道学报，2003，25（4）：23-25

[78] COLLINA A，BRUNI S. Numerical simulation of pantograph-overhead equipment interaction[J]. Vehicle system dynamics，2002，38（4）：261-291.

[79] MEI G M，ZHANG W H，et al. A hybrid method to simulate the interaction of pantograph and catenary on overlap span[J]. Vehicle system dynamics，2006，44（1）：571-580.

[80] SEO J H，KIM S W， et al.Dynamic analysis of a pantograph-catenary system using absolute nodal coordinates[J]. Vehicle system dynamics，2006，44（8）：615-630.

[81] ZHANG W H，LIU Y，MEI G M. Evaluation of the coupled dynamical response of a pantograph-catenary system：contact force and stresses[J]. Vehicle system dynamics，2006，44（8）：645-658.

[82] 梅桂明，张卫华. 利用半实物半虚拟试验方法研究接触网参数对弓网接触力的影响[J]. 铁道学报，2004，26（1）：33-39.

[83] ZHANG W H，MEI G M，et al. Hybrid simulation of dynamics for the pantograph-catenary system[J]. Vehicle system dynamics，2002，38（6）：393-414.

[84] Massat J P，Laine J P，Bobillot A. Pantograph-catenary dynamics simulation[J]. Vehicle system dynamics，2006，44（1）：551-559.

[85] WU T X，BRENNAN M J. Basic analytical study of pantograph catenary system dynamics[J]. Vehicle system dynamics，1998，30（4）：43 56.

[86] SHAN Q，ZHAI W M. A macroelement method for catenary mode analysis[J].

Computers and structures，1998，69（7）：67-72.

[87] PARK T，HAN C，JANG J. Dynamic sensitivity analysis for the pantograph of a high-speed rail vehicle[J]. Journal of sound and vibration，2003，266（2）：235-60.

[88] BRUNO D，LEONARDI A. Nonlinear structural models in cableways transport systems[J]. Simulation practice and theory，1999（7）：207-18.

[89] GARCIA L，CARNICERO A，TORRES V. Computation of the initial equilibrium of railway overheads based on the catenary equation[J]. Engineering structure，2006，28（10）：1387-1394.

[90] GARCIA L，CARNICERO A，MARONO J L. Influence of stiffness and contact modeling on catenary-pantograph system dynamics[J]. Journal of sound and vibration，2007，299（4-5）：806-821.

[91] 高仕斌，蒋先国. 高速铁路牵引供电[M]. 北京：中国铁道出版社，2021.

[92] 高仕斌. 高速铁路智能牵引供电系统[M]. 成都：西南交通大学出版社，2020.

[93] 吴积钦，钱清泉. 受电弓与接触网系统电接触特性[J]. 中国铁道科学，2008，29（03）：106-109.

[94] 钱清泉，高仕斌，等. 中国高速铁路牵引供电关键技术[J]. 中国工程科学，2015，17（04）：9-20.

[95] YU L ，GAO S B ，etal. A survey on automatic inspections of overhead contact lines by computer vision[J]. IEEE Transactions on intelligent transportation systems，2021，10（15）：1-22.

[96] 何正友，冯玎，等. 高速铁路牵引供电系统安全风险评估研究综述[J]. 西南交通大学学报，2016，51（03）：418-429.

[97] 国家铁路局.高速铁路接触网运行维修规则：TG/GD 124—2015[S]. 北京：中国铁道出版社，2015.

[98] 暴英凯，文云峰，等. 影响电力系统运行可靠性的人为失误分析与建模[J]. 电网技术，2016，40（02）：500-507.

[99] 李若靖，李波，魏建忠. 考虑人为因素牵引供电设备可靠性评价研究[J]. 铁道科学与工程学报，2019，16（08）：2083-2090.

[100] 关金发，吴积钦，王旭东，等. 接触网 RCM 维修策略研究[J]. 铁道标准设计，

2013（07）：97-101.

[101] KIESSLING F，PUSCHMANN R，SCHMIEDER A，et al. Contact lines for electric railways：planning，design，implementation，maintenance[J]. Railway gazette international，2018，174（2）:60.

[102] 刘欢，刘志刚，姜静. 基于可靠度约束的接触网系统预防性维修策略优化研究[J]. 机械强度，2016，38（01）：74-79.

[103] 杨媛，吴俊勇，吴燕，等. 基于可信性理论的电气化铁路接触网可靠性的模糊评估[J]. 铁道学报，2008，30（06）：115-119.

[104] SAGARELI S. Traction power systems reliability concepts[C]. ASME/IEEE Joint Rail Conference，[S.l.：s.n.]，2004：35-39.

[105] LAY E A，GIANNOCCARO N I，VERGALLO P，et al. Smartness for railway transducers：reliability experimental verifications and accuracy[J]. IEEE Sensors journal，2015，15（5）：2614-2621.

[106] HAYASHIYA H，MASUDA M，NODA Y，et al. Reliability analysis of DC traction power supply system for electric railway[C]// 2017 19th European Conference on Power Electronics and Applications（EPE'17 ECCE Europe），Poland ：Warsaw, 2017：1-6.

[107] RANGRA S，SALLAK M，SCHÖN W，et al. On the study of human reliability in transportation systems of systems[C]// System of Systems Engineering Conference，USA ：San Antonio, 2015.

[108] RAJABALINEJAD M，DONGEN L，MARTINETTI A. Operation，Safety and human：critical factors for the success of railway transportation[C]// System of Systems Engineering Conference，Norway：Kongsberg， 2016：1-6.

[109] 张卫东，贺威俊. 电力牵引接触网系统可靠性模型研究[J]. 铁道学报，1993，15（1）：31-38.

[110] 中国国家标准化管理委员会. 轨道交通可靠性、可用性、可维修性和安全性规范及示例:GB/T 21562—2008[S]. 北京：中国标准出版社，2008.

[111] 万毅，邓斌，等. 基于 FTA 的接触网系统可靠性研究[J]. 铁道工程学报，2005，1（06）：55-59.

[112] 张明锐，龚晓冬，李启峰. 基于故障树法的城市轨道交通牵引供电接触网可靠性分析[J]. 城市轨道交通研究，2015，18（03）：6-12.

[113] 赵琼，王思华，尚方宁. 基于故障树分析法的接触网可靠性分析[J]. 铁道标准设计，2014，58（01）：105-109.

[114] 陈子文，赵峰，等. 基于 BDD 考虑共因失效的接触网系统可靠性分析[J]. 中国安全生产科学技术，2019，15（02）：170-174.

[115] 赵峰,陈鲜,王英. BDD算法在接触网失效风险评估中的应用[J]. 控制工程,2020，27（01）：15-21.

[116] 赵峰，刘荣峥，等. 基于贝叶斯网络融合共因失效的接触网系统可靠性分析[J]. 中国安全科学学报，2015，25（05）：61-67.

[117] 焦志秀，于龙. 基于动态贝叶斯网络的接触网系统可靠性研究[J]. 铁道科学与工程学报，2021，18（11）：3040-3047.

[118] 刘荣峥，赵峰，梁丽. 基于贝叶斯网络考虑共因失效的高速铁路牵引变电所可靠性分析[J]. 铁道标准设计，2015，59（07）：138-142.

[119] 陈民武，李群湛，解绍锋. 牵引供电系统维修计划的优化与仿真[J]. 东南理工大学学报，2009，37（11）：100-106.

[120] 赵峰,梁丽,王思华. 基于 GO-FLOW 法的高速铁路接触网系统可靠性分析[J]. 电工技术学报，2015，30（12）：351-356.

[121] 刘仕兵，李俊，等. 基于 GO 法融合共因失效的接触网可靠性分析[J]. 计算机仿真，2021，38（01）：120-124.

[122] 刘琛，陈民武，等. 高速铁路接触网系统风险评估与维修计划优化[J]. 铁道科学与工程学报，2017，14（02）：205-213.

[123] KILSBY P，et al. A Modelling approach for railway overhead line equipment asset management[J]. Reliability engineering & system safety，2017，22(168)：326-337.

[124] 王思华，赵琼，等. 接触网系统可靠性的马尔可夫建模分析[J]. 中国安全科学学报，2013，23（09）：39-44.

[125] ALVEHAG K，SODER L. A stochastic weather dependent reliability model for distribution systems[C]// International Conference on Probabilistic Methods Applied to Power Systems，China ：Hangzhou, 2008.

[126] PETROV N I, ALESSANDRO D F. Verification of lightning strike incidence as a poisson process[J]. Journal of atmospheric and solar-terrestrial physics, 2002, 64 (15): 1645-1650.

[127] PS A, DJ A, EM B. Gaussian process regression modeling of wind turbines lightning incidence with lls information – science direct[J]. Renewable energy, 2020, 12 (146): 1221-1231.

[128] ZHOU Y, PAHWA A, YANG S S. Modeling weather-related failures of overhead distribution lines[J]. IEEE Transactions on power systems, 2006, 21(4): 1683-1690.

[129] ARTIGAS S. Stochastic modeling of lightning occurrence by nonhomogeneous poisson process[C]// Lightning Protection(ICLP), 2012 International Conference on Lightning Protection, Austria: Vienna, 2012.

[130] ALVEHAG K,SODER L. A reliability model for distribution systems incorporating seasonal variations in severe weather[J]. IEEE Transactions on power delivery, 2011, 26 (2): 910-919.

[131] IEEE Guide for Improving the Lightning Performance of Electric Power Overhead Distribution Lines: IEEE 1410—2010 [S]. [S.l.: s.n.], 2010: 1-73.

[132] BALIJEPALLI N, VENKATA S S, et al. Distribution system reliability assessment due to lightning storms[J]. IEEE Transactions on power delivery, 2005, 20 (3): 2153-2159.

[133] CHOWDHURI P, ANDERSON J G, CHISHOLM W A, et al. Parameters of lightning strokes: a review[J]. IEEE Transactions on power delivery, 2005, 20(1): 346-358.

[134] VOLPOV E, KATZ E. Characterization of local environmental data and lightning caused outages in the IECo transmission line network[J]. IEEE Transactions on power delivery, 2016, 31 (2): 640-647.

[135] BAO J, WANG X, ZHENG Y, et al. Lightning performance evaluation of transmission line based on data-driven lightning identification, tracking, and analysis[J]. IEEE Transactions on electromagnetic compatibility, 2020, 63 (1): 160-171.

[136] NARITA T, YAMADA T, MOCHIZUKI A, et al. Observation of current waveshapes

of lightning strokes on transmission towers[J]. IEEE Transactions on power delivery, 2002, 15 (1): 429-435.

[137] DOOSTAN M, CHOWDHURY B. Predicting lightning-related outages in power distribution systems: a statistical approach[J]. IEEE Access, 2020, 8: 84541-84550.

[138] KANKANALA P, PAHWA A, DAS S. Exponential regression models for wind and lightning caused outages on overhead distribution feeders[C]// North American Power Symposium, USA : Boston, 2011.

[139] MIYAZAKI T, OKABE S. Experimental investigation to calculate the lightning outage rate of a distribution system[J]. IEEE Transactions on power delivery, 2010, 25 (4): 2913-2922.

[140] CHEN J, ZHU M. Calculation of lightning flashover rates of overhead distribution lines considering direct and indirect strokes[J]. IEEE Transactions on electromagnetic compatibility, 2014, 56 (3): 668-674.

[141] BAO J, WANG X, ZHENG Y, et al. Resilience-oriented transmission line fragility modeling and real-time risk assessment of thunderstorms[J]. IEEE Transactions on power delivery, 2021, 36 (4): 2363-2373.

[142] ASSIS S D C, BOAVENTURA W D C, et al. Lightning performance of transmission line with and without surge arresters: comparison between a Monte Carlo method and field experience[J]. Electric power systems research, 2017, 149 (8): 169-177.

[143] CAI Y, SU H. A Lightning trip automatic identification method for EHV transmission lines[C]// 2019 International Conference on Intelligent Computing, Automation and Systems (ICICAS), China: Chongqing, 2019: 672-676.

[144] KANKANALA P, PAHWA A, DAS S. Regression models for outages due to wind and lightning on overhead distribution feeders[C]// IEEE Power and Energy Society General Meeting, USA: Detroit, 2011.

[145] PANTELI M, PICKERING C, WILKINSON S, et al. Power system resilience to extreme weather: fragility modeling, probabilistic impact assessment, and adaptation measures[J]. IEEE Transactions on power systems, 2017, 32 (5): 3747-3757.

[146] LIU X, HOU K, JIA H, et al. A planning-oriented resilience assessment framework

for transmission systems under typhoon disasters[J]. IEEE Transactions on smart grid，2020，11（6）：5431-5441.

[147] 曹晓斌，熊万亮，等. 接触网引雷范围划分及跳闸率的计算方法[J]. 高电压技术，2013，39（06）：1515-1521.

[148] 边凯，陈维江，等. 高速铁路牵引供电接触网雷电防护[J]. 中国电机工程学报，2013，33（10）：191-199+1.

[149] 卢泽军，谷山强，等. 应用电气几何模型的高速铁路接触网防雷性能分析[J]. 电网技术，2014，38（03）：812-816.

[150] 曹晓斌，田明明，等. PW 线升高或架设避雷线雷电防护效果综合评估[J]. 高电压技术，2015，41（11）：3590-3596.

[151] 王思华，罗媚媚. 一种计算高速铁路绕击闪络率的新方法[J]. 铁道标准设计，2015，59（04）：145-151.

[152] 刘欣，崔翔. 电气化铁路接触网雷电感应过电压计算及其闪络概率研究[J]. 华北电力大学学报：自然科学版，2013，40（02）：10-16.

[153] 赵紫辉，吴广宁，等. 基于电气几何模型的接触网避雷线架设高度计算方法[J]. 中国铁道科学，2011，32（06）：89-93.

[154] 王思华，王宇，等. 高速铁路高架桥区段接触网避雷线架设高度研究[J]. 铁道科学与工程学报，2021，18（07）：1715-1722.

[155] MIYAZAKI T，OKABE S. Experimental investigation to calculate the lightning outage rate of a distribution system[J]. IEEE Transactions on power delivery，2010，25（4）：2913-2922.

[156] CHEN J，ZHU M. Calculation of lightning flashover rates of overhead distribution lines considering direct and indirect strokes[J]. IEEE Transactions on electromagnetic compatibility，2014，56（3）：668-674.

[157] COELHO V L，RAIZER A，PAULINO J. Analysis of the lightning performance of overhead distribution lines[J]. IEEE Transactions on power delivery，2010，25（3）：1706-1712.

[158] WEI S，QINGMIN L，LIANG Z，et al. Research on lightning performance of AC/DC hybrid transmission lines on the same tower[J]. Iet generation transmission &

distribution，2013，7（2）：166-174.

[159] CHEN K，WANG J，XIE C L，et al. A probabilistic model of lightning trip-out rate calculation for overhead contact lines[C]. 2021 IEEE 2nd China International Youth Conference on Electrical Engineering（CIYCEE），China ：Chengdu, 2021：1-6.

[160] 王思华，杨玉，赵峰. 高速铁路牵引网的直击雷跳闸率计算[J]. 铁道学报，2017，39（10）：68-75.

[161] 刘刚，许彬，等. 考虑工频电压影响的输电线路雷击跳闸率计算方法[J]. 高电压技术，2013，39（06）：1481-1487.

[162] 晏威，肖纯，等. 基于雷电活动特征的 10 kV 配电线路雷击跳闸率计算[J]. 高电压技术，2021，47（03）：1118-1127.

[163] 陆俊杰，徐秀峰，梁聪. 基于正态分布雷电参数的 220 kV 线路雷击跳闸模拟[J]. 电瓷避雷器，2015（05）：106-110.

[164] 杨玉，王思华，赵峰. 基于蒙特卡罗法的输电线路绕击跳闸率的计算[J]. 电瓷避雷器，2016（01）：116-122.

[165] YUE M，TOTO T，JENSEN M P，et al. A bayesian approach based outage prediction in electric utility systems using radar measurement data[J]. IEEE Transactions on smart grid，2017，9（6）：6149-6159.

[166] KANKANALA P，PAHWA A，DAS S. Estimation of overhead distribution system outages caused by wind and lightning using an artificial neural network[C]// International Conference on Power System Operation & Planning，[s.n.],2012.

[167] KANKANALA，PADMAVATHY，DAS S，et al. Adaboost +：an ensemble learning approach for estimating weather-related outages in distribution systems[J]. IEEE Transactions on power systems，2014，29（1）：359-367.

[168] WANG G，XU T，TANG T，et al. A bayesian network model for prediction of weather-related failures in railway turnout systems[J]. Expert system applicaion，2017，69：247-256.

[169] KABIR E，GUIKEMA S D，QUIRING S. Predicting thunderstorm-induced power outages to support utility restoration[J]. IEEE Transactions on power systems，2019，34（6）：4370-4381.

[170] 张冬凯. 高速铁路弓网动态几何参数与零部件缺陷检测方法[D]. 成都：西南交通大学，2021.

[171] 铁道部运输局供电部.高速铁路供电安全检测监测（6C 系统）系统总体技术规范铁运[S]. [s.n.],2016.

[172] 蒋欣兰，贾文博. 高铁接触网异物侵入的机器视觉检测方法[J]. 计算机工程与应用，2019，55（22）：250-257.

[173] 王尧，余祖俊，等. 基于高阶全连接条件随机场的高速铁路异物入侵检测方法[J]. 铁道学报，2019，41（05）：82-92.

[174] SONG Y, ZHOU Z, LI Q, et al. Intrusion detection of foreign objects in high-voltage lines based on YOLOv4[C]// 2021 6th International Conference on Intelligent Computing and Signal Processing（ICSP）, China：Fuzhou, 2021.

[175] ZHANG W S，LIU X，YUAN J R，et al. RCNN-based foreign object detection for securing power transmission lines（RCNN4SPTL）[J]. Procedia computer science，2019，147：331-337.

[176] 杨剑锋，秦钟，等. 基于深度学习网络的输电线路异物入侵监测和识别方法[J]. 电力系统保护与控制，2021，49（04）：37-44.

[177] 邢文忠，陈晓彬，等. 基于多旋翼无人机和多自由度机械电热切割器的输电线路异物清除装置的研究[J]. 电工技术，2018，8（04）：34-35.

[178] 赵元林，智勇军，岐召阳. 便携式输电线路异物处理装置的研制[J]. 电力安全技术，2017，19（07）：44-47.

[179] 萧振辉. 基于无人机的输电线路带电清障装置研制[D]. 广州：华南理工大学，2019.

[180] 陈俐仲，杨金杰，杨鹏. 喷火无人机清除输电线路上可燃性异物的应用探讨[J]. 电子世界，2019，15（02）：30-31.

[181] 高峰，刘阳，等.高压输电线聚合物激光清除系统设计与实验研究[J]. 激光与红外，2020，50（11）：1328-1332.

[182] 刘雷，刘霞，单宁. 高压输电线异物激光清除三维仿真研究[J]. 激光与红外，2021，51（10）：1286-1293.

[183] LIU Y，ZHAO H，CHEN J，et al. Research and application of remote removal of

floating foreign objects on transmission lines based on fiber laser[C]// 2019 14th IEEE Conference on Industrial Electronics and Applications（ICIEA），China：Xian, 2019.

[184] ZHOU Z G，ZHOU B，HU X X，et al. Research on laser intelligent removal foreign body in ultra-long distance power grid[C]// 2021 International Conference on Security, Pattern Analysis, and Cybernetics（SPAC）, China：Chengdu, 2021：425-429.

[185] 吴勇军，薛禹胜，等. 台风及暴雨对电网故障率的时空影响[J]. 电力系统自动化，2016，40（02）：20-29+83.

[186] 莫文雄，白剑锋，等. 基于风速风向联合概率的输电线路漂浮物故障风险评估[J]. 高电压技术，2018，44（04）：1085-1092.

[187] 胡长猛，谢从珍，等. 雾霾对输变电设备外绝缘特性影响机理综述[J]. 电力系统保护与控制，2015，43（16）：147-154.

[188] 周广强，陈敏，彭丽. 雾霾科学监测及其健康影响[J]. 科学，2013，65（04）：56-59+2.

[189] YANG W F，YIN Y，CHEN K，et al. The characteristics and source of elemental composition in fine particles during haze days in autumn in Nanjing[C]// International Conference on Environmental Science and Information Application Technology，[s.n.]，2009.

[190] 魏嘉，吕阳，付柏淋. 我国雾霾成因及防控策略研究[J]. 环境保护科学，2014,6（5）：51-56.

[191] 罗俊杰，袁竹林，等. 雾霾颗粒在绝缘子表面积污规律的研究[J]. 热能动力工程，2018，33（07）：106-113.

[192] 张开贤，俞夔根，宿志一. 湿沉降对输变电设备染污及放电的影响[J]. 中国电力，1997（11）：3-7+15.

[193] 余德芬，孙才新，等. 酸性湿沉降对绝缘子闪络特性影响的表征量研究[J]. 中国电机工程学报，2001，17（04）：16-20.

[194] 邓鹤鸣，何正浩，等. 雾霾对冲击放电路径影响特性的分析[J]. 高电压技术，2009，35（11）：2669-2673.

[195] 李永刚，黄成才，等. 雾霾天气对复合绝缘子运行性能的影响[J].电网技术，2014，

38（07）：1792-1797.

[196] 宋玮，贾男，等. 雾霾天气下动车组车顶绝缘子积污特性研究[J]. 电瓷避雷器，2018，78（02）：186-190.

[197] 宿志一. 雾霾天气对输变电设备外绝缘的影响[J]. 电网技术，2013，37（08）：2284-2290.

[198] 蒋兴良，刘洋，等. 雾霾对绝缘子交流闪络特性的影响[J]. 高电压技术，2014，40（11）：3311-3317.

[199] 李华柏，张莹. 铁道供电高压污秽绝缘子泄漏电流在线检测系统研究[J]. 高压电器，2015，51（06）：145-151+160.

[200] 艾建勇，金立军. 基于紫外图像的接触网棒瓷绝缘子污秽状态检测[J]. 电工技术学报，2016，31（10）：112-118.

[201] 金立军，姜浩然，等. 基于紫外成像技术的接触网绝缘子污秽状态检测[J].高电压技术，2015，41（11）：3561-3568.

[202] 景小兵，陈唐龙，等. 接触网绝缘子泄漏电流在线监测装置设计[J].传感器与微系统，2014，33（05）：87-90.

[203] 董海燕，张友鹏，等. 新型接触网腕臂绝缘子积污特性数值分析[J].高电压技术，2019，45（07）：2267-2275.

[204] 董海燕，张友鹏，等. 超大伞裙腕臂复合绝缘子积污分布的风洞模拟[J]. 浙江大学学报：工学版，2019，53（08）：1563-1571.

[205] 蒋渊博，刘长志，王黎明. 铁路腕臂绝缘子污秽外绝缘状态评估方法研究[J]. 铁道标准设计，2016，60（03）：129-134.

[206] 王思华，曹丽明，景弘. 接触网复合绝缘子污闪电压预测方法研究[J]. 铁道科学与工程学报，2018，15（08）：2083-2091.

[207] 王思华，景弘. 一种接触网绝缘子污闪预测方法的研究[J]. 铁道学报，2018，40（03）：58-67.

[208] 淮梦琪，张友鹏，赵珊鹏. 接触网绝缘子污秽度预测模型的建立[J]. 电瓷避雷器，2018（03）：155-160.

[209] 王思华，王军军，赵珊鹏. 高原盐碱区接触网复合绝缘子污闪电压预测研究[J]. 电瓷避雷器，2022（1）：134-142+150.

[210] 王思华，王惠，田铭兴. 盐碱沙尘区域的接触网绝缘子动态积污与预测研究[J]. 铁道学报，2020，42（08）：68-75.

[211] 王思华，刘阳. 考虑 $CaSO_4$ 溶解度的绝缘子闪络电压修正研究[J]. 铁道工程学报，2020，37（07）：89-94.

[212] 王惠，王思华. 基于盐碱沙尘地区的接触网绝缘子污闪预警的研究[J]. 铁道标准设计，2018，62（03）：118-123.

[213] AVEN T. On how to define，understand and describe risk[J]. Reliability engineering & system safety，2010，95（6）：623-631.

[214] 刘琛，陈民武，等. 高速铁路接触网系统风险评估与维修计划优化[J]. 铁道科学与工程学报，2017，14（02）：205-213.

[215] 赵峰，陈鲜，王英. BDD算法在接触网失效风险评估中的应用[J]. 控制工程，2020，27（01）：15-21.

[216] 孙小军，林圣，等. 一种牵引供电系统地震灾害风险评估方法[J].电工技术学报，2021，36（23）：4970-4980.

[217] 程宏波，何正友，等. 高速铁路牵引供电系统雷电灾害风险评估及预警[J]. 铁道学报，2013，35（05）：21-26.

[218] 谷山强，冯万兴，等. 高速铁路牵引网雷害风险评估方法[J]. 高电压技术，2015，41（05）：1526-1535.

[219] 刘晓东，冯建伟，等. 城市地铁交通雷击风险评估与模拟仿真[J]. 科学技术与工程，2018，18（09）：20-28.

[220] FENG D，HE Z Y，LIN S，et al. Risk index system for catenary lines of high-speed railway considering the characteristics of time-space differences[J]. IEEE Transactions on transportation electrification，2017，3（3）：739-749.

[221] FENG D，LIN S，HE Z，et al. Failure risk interval estimation of traction power supply equipment considering the impact of multiple factors[J]. IEEE Transactions on transportation electrification，2018，4（2）：389-398.

[222] FENG D，YU Q，SUN X，et al. Risk Assessment for electrified railway catenary system under comprehensive influence of geographical and meteorological factors[J]. IEEE Transactions on transportation electrification，2021，7（4）：3137-3148.

[223] MA M, DONG W, et al. A dynamic risk analysis method for high-speed railway catenary based on bayesian network[C]// 2019 CAA Symposium on Fault Detection, Supervision and Safety for Technical Processes(SAFEPROCESS), China ：Xiamen, 2019：547-554.

[224] ZHANG Q, ZHOU C, TIAN Y C, et al. A Fuzzy Probability bayesian network approach for dynamic cybersecurity risk assessment in industrial control systems[J]. IEEE Transactions on industrial informatics, 2018, 14（6）：2497-2506.

[225] LI S, ZHAO S, YONG Y, et al. Dynamic security risk evaluation via hybrid bayesian risk graph in cyber-physical social systems[J]. IEEE Transactions on computational social systems, 2018, 5（4）：1133-1141.

[226] LI S, TRYFONAS T, RUSSELL G, et al. Risk assessment for mobile systems through a multilayered hierarchical bayesian network[J]. IEEE Transactions on cybernetics, 2016, 46（8）：1749-1759.

[227] YANG Z X, WU G G, SONG L, et al. Control change cause analysis-based bayesian network modeling for system risk assessment[J]. IEEE Transactions on systems, man, and cybernetics：systems, 2020, 50（8）：2958-2968.

[228] POOLSAPPASIT N, DEWRI R, RAY I. Dynamic security risk management using bayesian attack graphs[J]. IEEE Transactions on dependable and secure computing, 2012, 9（1）：61-74.

[229] CODETTA R D, PORTINALE L. Dynamic bayesian networks for fault detection identification and recovery in autonomous spacecraft[J]. IEEE Transactions on systems, man, and cybernetics：systems, 2015, 45（1）：13-24.

[230] FAHIMAN F, DISANO S, ERFANI S M, et al. Data-driven dynamic probabilistic reserve sizing based on dynamic bayesian belief networks[J]. IEEE Transactions on power systems, 2019, 34（3）：2281-2291.

[231] LIU Z, MA Q, CAI B, et al. Risk coupling analysis of subsea blowout accidents based on dynamic bayesian network and nk model[J]. Reliability engineering & system safety, 2022, 11（218）：108-116.

[232] CHANG Y, WU X, ZHANG C, et al. Dynamic bayesian networks based approach for

risk analysis of subsea wellhead fatigue failure during service life[J]. Reliability engineering & system safety，2019，12（188）：454-462.

[233] LU Q，ZHANG W. Integrating dynamic bayesian network and physics-based modeling for risk analysis of a time-dependent power distribution system during hurricanes[J]. Reliability engineering & system safety，2022，10（220）：108-110.

[234] WANG H，LU B，LI J，et al. Risk assessment and mitigation in local path planning for autonomous vehicles with lstm based predictive model[J]. IEEE Transactions on automation science and engineering，2021，12（3）：1-12.

[235] LIU W AND JIN H. Risk Analysis of a closed-loop artificial pancreas based on generalized predictive control[C]// 2020 5th International Conference on Computational Intelligence and Applications（ICCIA），China ：Beijing, 2020：156-160.

[236] LIU T，PAN W，et al. Multistage model predictive control co-risk dispatch for coupled electricity and heat system[J]. IEEE Access，2021，11（9）：127927-127936.

[237] 解以扬，刘大刚，吴丹朱，等. 黄、渤海恶劣天气影响船舶安全的风险预估技术初探[J]. 灾害学，2014，29（1）：8.

[238] 宋金帛，罗明，张强. 粤港澳大湾区未来洪涝灾害风险预估研究[J]. 灾害学，2022，37（2）：8-10.

[239] DEHGHANIAN P，ZHANG B，DOKIC T，et al. Predictive risk analytics for weather-resilient operation of electric power systems[J]. IEEE Transactions on sustainable energy，2019，10（1）：3-15.

[240] CHEN P C，KEZUNOVIC M. Fuzzy logic approach to predictive risk analysis in distribution outage management[J]. IEEE Transactions on smart grid，2016，7（6）：2827-2836.

[241] 尹晓伟. 基于贝叶斯网络的系统可靠性共因失效模型[J]. 中国机械工程，2009，20（1）：90-94.

[242] TSAI Y T，WANG K S，TSAI L C. A Study of availability-centered preventive maintenance for multi-component systems[J]. Reliability engineering & system safety，2004，84（3）：261-270.

[243] 仇永萍. UPM 共因失效分析方法在概率安全评价中的适用性[J]. 核科学与工程，2008，28（04）：376-380.

[244] Network Rails. Lightning Strikes[EB/OL]. https：//www.nationalrail.co.uk/service_disruptions/81158.aspx.

[245] NECCI A，ARGENTI F，LANDUCCI G，et al. Accident scenarios triggered by lightning strike on atmospheric storage tanks[J]. Reliability engineering & system safety，2014，127（12）：30-46.

[246] NECCI A，ANTONIONI G，COZZANI V，et al. Assessment of lightning impact frequency for process equipment[J]. Reliability engineering & system safety，2014，23（130）：95-105.

[247] 郑健. 中国高速铁路桥梁建设关键技术[J]. 中国工程科学，2008，4（7）：18-27.

[248] BROWN G W. Field and analytical studies of transmission line shielding：Part II[J]. IEEE Trans on power apparatus and systems，1969，88（5）：617-626.

[249] 中铁电气化局集团有限公司.铁路电力牵引供电设计规范:TB 10009—2005[S]. 北京：中国铁道出版社，2005.

[250] GILMAN D W，WHITEHEAD E R. The Mechanism of lightning flashover on high-voltage and extra-high-voltage transmission lines[J]. Electra，1973，27（3）：65-69.

[251] 曹建设. 客运专线接触网保护线兼做避雷线的防雷效果评估[J]. 中国铁道科学，2013，34（6）：79-83.

[252] 刘明光. 铁道电网过电压分析与防护[M]. 北京：水利水电出版社，1991：300-302.

[253] WHITEHEAD J T.Working Group on estimating lightning performance of transmission lines. estimation lightning performance of transmission lines Ⅱ-updates to analytical models[J]. IEEE Transactions on power delivery，1993，8（3）：1254-1267.

[254] SIMA WX A simplified method for estimating lightning performance of transmission lines[J]. IEEE Transactions on power apparatus and systems，1985，104（4）：919-932.

[255] UN/ISDR. Living with risk：a global review of disaster reduction initiatives 2004 Version[Z]. Geneva：United Nations Publication，2004.

[256] 史培军. 三论灾害研究的理论与实践[J]. 自然灾害学报，2002，11（3）：1-9.

[257] CHAMBERS R. Editorial introduction：vulnerability，coping and policy[J]. Institute of development studies bulletin，1989，20（2）：1-7.

[258] CUTTER S L，BORUFF B J，SHIRLEY W L. Social vulnerability to environmental hazards[J]. Social science quarterly，2003，84（2）：242-261.

[259] SMITH D I. Flood damage estimation- a review of urban stage-damage curves and loss functions[J]. Water S A，1994，20（3）：231-238.

[260] 田慧丽，张鼎茂，等. 台风灾害下配电系统受损评估研究[J]. 电网与清洁能源，2021，37（12）：16-24.

[261] 康高强. 高速铁路接触网零部件缺陷的深度学习检测方法研究[D]. 成都：西南交通大学，2020.

[262] JIANG R，LYU W，WU B，et al. Simulation of cloud-to-ground lightning strikes to structures based on an improved stochastic lightning model[J]. Journal of atmospheric and solar-terrestrial physics，2020，203（2）：105274.

[263] 高文胜，张博文，周瑞旭，等. 基于雷电定位系统监测数据的雷暴云趋势预测[J]. 电网技术，2015，39（02）：523-529.

[264] DU Y，LIU Y，WANG X，et al. Predicting weather-related failure risk in distribution systems using bayesian neural network[J]. IEEE Transactions on smart grid，2020，12（1）：350-360.

[265] LI G，YANG L，WANG X H，et al. A bayesian deep learning rul framework integrating epistemic and aleatoric uncertainties[J]. IEEE Transactions on industrial electronics，2020，68（9）：8829-8841.

[266] MAZAEV T，CREVECOEUR G，HOECKE S V. Bayesian convolutional neural networks for rul prognostics of solenoid valves with uncertainty estimations[J]. IEEE Transactions on industrial informatics，2021，17（12）：8418-8428.

[267] GAL Y，GHAHRAMANI Z. Dropout as a bayesian approximation：representing model uncertainty in deep learning[J]. Statistics，2015,3（11）:12-15.

[268] KENDALL A，GAL Y. What uncertainties do we need in bayesian deep learning for computer vision? [J]. Statistics，2017,2（11）:12-15.

[269] YANG Y，LI W，GULLIVER T A，et al. Bayesian deep learning based probabilistic load forecasting in smart grids[J]. IEEE Transactions on industrial informatics，2019，16（7）：4703-4713.

[270] SALIMBENI H，DEISENROTH M. Doubly stochastic variational inference for deep gaussian processes[C]// Proceedings of the 31st International Conference on Neural Information Processing Systems，USA ：California ，2017：4591-4602.

[271] HAVASI M，et al. Inference in deep gaussian processes using stochastic gradient hamiltonian Monte Carlo[C]// Proceedings of the 32nd International Conference on Neural Information Processing Systems，Canada ：Montreal, 2018：7517-7527.

[272] CAO D，ZHAO J，HU W，et al. Robust deep gaussian process-based probabilistic electrical load forecasting against anomalous events[J]. IEEE Transactions on industrial informatics，2022，18（2）：1142-1153.

[273] DAMIANOU A C，LAWRENCE N D. Deep gaussian processes[J]. Computer science，2012：207-215.

[274] DAMIANOU A C. Deep gaussian processes and variational propagation of uncertainty[D]. Sheffield: University of Sheffield，2015.

[275] SNELSON E，GHAHRAMANI Z. Sparse Gaussian processes using pseudo-inputs[C]// Proceedings of the 18th International Conference on Neural Information Processing Systems，USA：St. Paul MN，2005：1257-1264.

[276] 刘继永. 黄骅港地区接触网绝缘子污（雾）闪问题分析与对策[J]. 中国铁路，2014，4（11）：37-41.

[277] 孙忠国，张文轩，王卫东. 电气化铁路接触网绝缘子污闪预警检测技术综述[J]. 中国铁路，2016,8（10）：68-72.

[278] NURPHY K P. Dynamic bayesian network：represnentation，inference and learning [D]. Berkeley：Univeristy of Calfornia，2002.

[279] IEC .International electrotechnical commission. protection against lightning—part 2：risk management: IEC 62305-2：2006[S]. [S.l.：s.n.]，2006.